金融风险
管理方法

Methods of
Financial Risk
Management

刘海龙 编著

上海交通大学出版社
SHANGHAI JIAO TONG UNIVERSITY PRESS

内容提要

本书扎根于中国实际,将金融理论与中国实践紧密结合,分析中国的金融机构和金融市场现状,突出国内外经典风险管理案例。其内容特征可以概括为三多二新:三多是指案例多、实例多和算例多;二新是指突出风险预算管理和组合保险策略的内容。之所以说它新,是因为目前出版的有关金融风险管理的教科书中鲜有此内容,而风险预算管理与组合保险方法已经引起了实际工作者和专家学者的高度重视。本书通俗易懂,普及基础,突出重点,强化差异,适合作为高等学校金融学及相关专业高年级学生和研究生学习金融风险管理方法的教材,更适合作为金融 MBA 的教学参考书,也可以作为金融风险管理的入门书。

图书在版编目(CIP)数据

金融风险管理方法/ 刘海龙编著. —上海:上海
交通大学出版社,2022.11
　　ISBN 978 - 7 - 313 - 27398 - 7

　　Ⅰ. ①金…　Ⅱ. ①刘…　Ⅲ. ①金融风险-风险管理-
管理方法-中国　Ⅳ. ①F832.1

中国版本图书馆 CIP 数据核字(2022)第 162688 号

金融风险管理方法
JINRONG FENGXIAN GUANLI FANGFA

编　　著:	刘海龙		
出版发行:	上海交通大学出版社	地　　址:	上海市番禺路 951 号
邮政编码:	200030	电　　话:	021 - 64071208
印　　制:	上海万卷印刷股份有限公司	经　　销:	全国新华书店
开　　本:	787 mm×1092 mm　1/16	印　　张:	30.5
字　　数:	717 千字		
版　　次:	2022 年 11 月第 1 版	印　　次:	2022 年 11 月第 1 次印刷
书　　号:	ISBN 978 - 7 - 313 - 27398 - 7		
定　　价:	128.00 元		

前　言

本书的主要特征是理论与实践紧密结合,在详细介绍金融风险管理方法的同时,突出在实践中的运用,列举大量最新案例,具体阐述如何为实体经济服务,主要是如何运用远期、期货、互换和期权四大基础衍生品管理企业在生产经营中存在的各类风险,特别注重流动性风险管理、风险预算管理和组合保险策略。作者从事金融风险管理研究与教学已有 20 多年,在此期间大量参考已经出版的各类金融风险管理方面的教材,受益匪浅。作者希望在多年教学经验及讲稿的基础上编写出有特色的教材,主要内容安排如下:

第 1 章,金融风险管理概述。主要介绍管理金融风险的必要性、概念和特征,金融风险的种类、产生与发展,并通过案例说明金融风险在现实中存在的普遍性以及加强金融风险管理的重要意义。

第 2 章,金融风险管理的工具。详细介绍金融风险管理的基本工具和方法,主要包括远期、期货、互换和期权四大基础衍生品。

第 3 章,金融风险度量方法。介绍金融风险最基本、最常用的度量方法,主要包括均值方差模型、期权费用法和金融风险度量的 VaR 方法,并给出了投资组合的边际 VaR、增量 VaR 和成分 VaR 的概念和计算方法。

第 4 章,压力测试。主要包括压力测试管理、VaR 的误差测定和回测,重点讨论产生压力测试情景的不同方法,以及如何应用这些场景,从而进一步说明为什么 2007 年和 2008 年的金融危机会促使银行监管机构要求银行进行更多的压力测试。

第 5 章,市场风险管理。主要介绍市场风险的概念和特征,并通过实例说明市场风险管理的重要性,阐述运用互换管理利率风险、运用期货管理商品价格波动风险和运用期权管理汇率风险的基本思路和方法。

第6章,信用风险管理。主要介绍信用风险的概念、特征及其分类。在传统信用风险度量方法中介绍了信用分析的专家制度法、多元判别分析法和多元Logit法等信用风险度量方法;在现代信用风险度量方法中介绍了信用度量制模型和KMV模型两种方法;最后介绍利用互换、远期、期权管理信用风险的思路和中国创新的信用风险管理工具,介绍了信用违约互换(credit default swap,CDS)的运用。

第7章,流动性风险管理。详细分析资产和融资流动性风险,阐述流动性风险与金融机构的密切相关性和研究流动性风险的重要性,重点讨论金融机构如何度量资产和管理融资流动性风险。

第8章,风险预算管理。通过对话,阐述风险预算管理的概念和特征,风险预算管理的产生与发展,以及风险预算管理的流程。

第9章,投资组合保险方法。主要介绍买入持有和停损策略、静态和动态投资组合保险策略,其中OBPI、CPPI、TIPP和VaR套补的投资组合保险策略是重点。

第10章,基于风险预算的组合保险。本章在第6章和第7章的基础上,着重根据风险预算制定组合保险策略,进而最大限度地接近风险预算目标。

第11章,商业银行风险管理。主要介绍商业银行风险管理类型与管理策略,经济资本的概念和测度方法、《巴塞尔协议》,商业银行资本管理与商业银行压力测试。

第12章,累计期权合约。先阐述累计期权合约的概念与特征;着重分析中信泰富在2008年7月与渣打银行、花旗银行等13家国际金融机构签订多种外汇衍生合约,指出合约中存在的问题;论证投机交易的本质特征。

第13章,摩根大通巨亏事件。介绍摩根大通巨亏事件的过程,探究事件发生的原因及影响,总结经验教训及其对中国的启示。

第14章,原油宝事件。介绍原油期货发展的历史背景和原油宝事件始末,分析原油宝事件产生的根源,总结原油宝事件的经验教训。

第15章,包商银行案例。介绍包商银行破产这一中国金融发展史上的重大事件,着重从财务与公司治理两个方面剖析包商银行破产的根源与教训。

第16章,道道全套保巨亏事件。介绍道道全粮油股份有限公司期货套期保值巨亏事件，分析产生巨亏的原因，总结经验教训。

　　本书内容特征可概括为三多二新：三多是指案例多、实例多和算例多；二新是指突出和加重了风险预算管理和组合保险策略的内容。之所以说它新，是因为目前出版的有关金融风险管理的教材中鲜有此内容，而风险预算管理已经引起了实际工作者和专家学者的高度重视。本书每章都配有复习思考题，不求全面，但求通俗易懂、普及基础、突出重点、强化差异。本书适合作为高等学校金融学及相关专业高年级学生和研究生学习金融风险管理的教材，更适合作为金融 MBA 的教学参考书，也可以作为金融风险分析与管理的入门书。

　　本书是作者在教授金融风险分析与管理课程讲义基础上完成的，在撰写过程中，参考了诸多国内外的论文、论著和教材等。在此，对这些文献的作者表示感谢。

　　作者尽管倾注了大量精力和时间来完成这本教材，但舛误难免，希望读者多提宝贵意见。

刘海龙

2022 年 5 月于上海交通大学

目　录

第 1 章
金融风险管理概述

金融科技时代已经到来，善于将金融理论与最新科学技术进行深度融合的人，将成为新时代独具竞争力的金融科技类人才，将会推动金融科技对金融风险管理的进一步发展。从亚洲金融危机到美国次贷危机，再到欧债危机，人们不仅要问，金融风险管理的理论与方法在不断发展，各国政府和金融机构对金融风险的管理也在不断加强，为何金融危机仍屡屡发生？虽然本章不能完整地回答这个问题，但是一定可以让你受到启发，对于回答这个问题有所帮助。1.1 介绍了学习金融风险管理的目的和管理金融风险的概念及特征，1.2 介绍了金融风险的产生与发展、理论解释与现实原因，1.3 介绍金融风险的分类，1.4 介绍了金融风险管理的概念、程序和策略，1.5 分析了深南电套期保值风波。

1.1 学习金融风险管理的目的 ●

学习金融风险管理的总目标可以概括为 16 个字：识别风险，认识市场，规避风险，减少损失。具体来说：第一，了解金融风险管理的内容、特点与概念；第二，了解国内外金融风险管理的方法和手段；第三，掌握金融风险的分类及各类风险的度量方法；第四，能够正确认识和分析金融风险的危害和作用；第五，能够运用远期、期货、期权和互换等金融衍生品解决现实的风险管理问题。

金融风险是金融活动的内置属性。20 世纪 70 年代中后期以来，由于金融自由化、全球化和金融创新的发展，金融机构所面临的风险环境也日益复杂化，风险在不断增加。随着中国加入 WTO，与世界经济进一步融合，利率市场化程度不断提高，外汇管制将进一步放开，信息技术促使国际金融以前所未有的深度和广度向前发展。这使得近几十年来金融机构所面临的竞争越来越激烈。面对金融风险，我们应该建立现代风险管理机制，降低系统或全局性金融风险，努力避免金融风险的发生。

因此，不断提高金融机构管理金融风险的能力，是其为应对日益复杂多变的金融环境的必然举措。布雷顿森林体系的崩溃、世界性的石油危机、利率管制的放松等，都导致利率和汇率的频繁波动。到了 20 世纪八九十年代，全球金融及商品市场的无序，如取消固定经纪人的手续费，免去利率上限，允许更大的个人投资自由，等等，已演绎成跨国界、跨市场的更大规模资本移动，其最终结果就是增加了金融市场持续的波动性，而新的金融风险也在不断涌现,金融风险影响的范围日益扩大,管理金融风险成为金融机构经营活动中的头等大事。

过去 30 多年中,由于对金融风险管理的不善而造成的损失是巨大的,例如 20 世纪 80 年代美国储贷协会危机、巴林银行倒闭、大和银行亏损等。而在最近几年,股票、债券和石油等大宗商品市场均出现了强劲的投机风潮。在这个过程中,一些金融机构和个人的风险管理意识明显放松,席卷全球主要金融市场的美国次贷危机根源即在于此。法国兴业银行雇员非法交易巨额欺诈案的曝光更是再一次暴露了金融机构对金融风险管理和监管的不足。从巴林银行的倒闭到美国次贷危机,事实表明,即使在金融市场高度发达的国家,对金融风险的监督和管理也十分缺乏。因此,加强对金融风险的监管已经成为全球金融监管的核心。

有效的风险管理不仅能减少损失,还可以通过增加投资机会、降低管理成本等途径为金融机构创造价值。随着这些思想逐渐渗入金融机构的经营理念与发展战略,如何有效地管理金融风险在现代金融发展中无疑占有举足轻重的地位。

1.1.1　金融风险的概念

金融风险已经引起人们的高度重视,但要回答什么是金融风险,首先要回答什么是风险。风险是一个人们常用但又十分模糊的概念,学术界对风险的定义可谓众说纷纭,莫衷一是。美国经济学家、芝加哥学派创始人奈特(Knight)在其 1921 年出版的名著《风险、不确定性及利润》中,较全面地分析了风险与不确定性的关系。奈特认为,真正的不确定性与风险有着密切的联系,也有本质的区别。不确定性是指经济行为人面临的直接或间接影响经济活动的无法充分准确地加以分析、预见的各种因素,而风险不仅取决于不确定性因素的不确定性的大小,而且还取决于收益函数的性质。所以,他认为,风险是从事前角度来看的由于不确定性因素而造成的损失。笔者认为奈特所说的造成不确定性的各种因素是风险源,这些风险源可以分为人为的和非人为的、可控的和不可控的,也可以分为原发性的和继发性的。而奈特所说的风险应该针对风险的主体,从不确定性、损失、风险源和损失的可能(概率)四个方面来理解。

到目前为止,国内外有关金融风险的文献可谓不少,但对金融风险的解释却不尽相同。笔者认为,金融风险是指金融主体在金融活动或投资经营活动中,由于某些风险源变化的不确定性可能给金融主体带来的损失或超额收益。

从上面对金融风险的定义可以看出:金融风险不等于经济损失,它有两种可能,既有蒙受经济损失的可能,又有获得超额收益的可能。不仅要注意它的消极方面,更要注意它的积极因素和作用。如亚洲金融危机在使东南亚各国经济遭受破坏、产生巨大损失的同时,也使东南亚各国政府更加重视对金融体系建设的完善和对经济结构的调整,使各国的经济发展更加稳定,有助于东南亚各国经济向高层次转变。金融风险仅指存在和发生于资金的借贷和经营过程中的风险,只要一进入这个领域,也就是说只要一进行资金的借贷和经营活动,金融风险就随之形成并可能产生实际的损失。

金融风险直接表现为货币资本的损失或收益。不确定的经济活动是产生金融风险的必要条件,预期行为目标的偏离是金融风险产生的充分条件。金融风险中包括金融机构在内的各个经济主体,主要指从事资金筹集和经营活动的经济实体。

1.1.2　金融风险的特征

金融风险的主要特征有社会性、扩张性、可控性、周期性和双重性,下面将分别对其进行介绍。

第一,社会性。金融机构不同于其他行业,特别是银行自有资本占全部资产的比重一般较小,绝大部分资金来自存款和借入资金,因而金融机构的特殊地位决定了社会公众与金融机构的关系是一种依附性的债权债务关系。如果金融机构经营不善,无偿债能力,就会导致客户大量挤兑存款,损害公众利益,使得金融风险具有社会性。

第二,扩张性。现代金融业的发展,使各金融机构更加紧密相连、互为依存,也使金融风险带有扩张性的特点。金融风险的扩张性表现为在时间维度上和空间维度上能够快速地横向和纵向传播。空间维度上的纵向传播是因为信息技术现代化的高速发展,改变了传统的金融风险传播模式,金融活动通过快速发展的网络信息技术,会迅速传遍全球,使金融风险的传播无视物理距离。一家银行发生问题,往往会使整个金融体系周转不灵乃至诱发信用危机,这就是所谓的“多米诺”骨牌效应。金融机构为了追求更高的收益,金融创新层出不穷,新型金融衍生品不断被创造出来,比如期货、互换和期权,2018—2022 年在中国发展比较迅猛的雪球产品就是一种特殊的奇异期权。更高的收益必然蕴含更高的金融风险,随着资本全球化不断发展,创新型金融工具的风险远胜于传统金融工具。而在时间维度上的传播,金融风险的影响通常旷日持久,有较强的持续力,较长的影响期可能会持续几年,较短的影响期也可能有数月之久。金融风险的高度扩张性因为现代金融活动的规模壮大、模式创新、媒介提效、参与者众多而表现得淋漓尽致,雪球产品就是典型例证。

第三,可控性。金融机构通过新型金融交易工具的发明,在获取更高收益的同时也面临着巨大的金融风险,虽然还无法做到准确地预见金融风险的发生,但是随着金融风险管理者对于金融风险的性质特征、传播规律进行不断研究,尽可能减少金融风险所带来的影响,是可以实现的。虽然存在经济形势变化和经济情况不确定因素带来的风险,但就微观意义上的某一金融机构而言,并不是说就不能抵御和控制风险。金融机构恰恰可以通过金融创新与新型金融交易工具,调整风险性资产来增强抵御风险的能力,并及时以分散、转移、补偿等方式将风险控制在一定的范围和区间内,使得金融风险具有一定的可控性。特别是随着金融市场的不断完善,法律法规的建立健全,金融风险管理者对金融风险更加了解,发生金融风险的各种不确定性都得到了有力、有序的管理和控制。同时,金融创新和众多新型金融衍生工具的出现,也使得金融机构管理金融风险有了更多的有效工具和有效手段。不断发展的网络信息技术,也让管理金融风险不再是单一行为主体的责任,更能够协同化、高效化、系统化地形成金融风险管理的完整体系。因此,金融风险是可控的,是可以被管理的。

第四,周期性。任何金融机构都是在既定的货币政策环境中运营的,而货币政策在周期规律的作用下,有宽松期和紧缩期之分,这使得金融风险也带有一定的周期性。一般来说,在宽松期放款、投资及结算矛盾相对缓和,影响金融机构安全性的因素逐渐减弱,金融风险相对较小;反之,在紧缩期,金融同业间及金融与经济间的矛盾加剧,影响金融机构安全性的因素逐渐增强,金融风险相对较大。

第五，双重性。由于金融风险既可能给从事金融活动的经济主体带来损失，也有可能给其带来收益，因此金融风险具有双重性。

1.1.3　金融风险的危害

随着经济和社会发展的良好态势，中国经济金融体制的改革取得了明显的成果。但是，伴随着存款保险制度和利率市场化的推行，由于货币信贷增长过快、贷款结构不合理（房贷和车贷增长过快）、信用观念不强、信用制度不完善、金融机构独立性不够等原因而产生的金融风险隐患也在不断加重。

在很多情况下，金融风险常常来自经济的波动和快速的变化。从当前的国际政治、经济以及自然环境看，未来全球经济将面临更多的挑战。经济领域自身的影响包括国际原油价格的波动、利率的变化，通货膨胀的压力，全球股票市场和房地产市场的波动，等等。除此之外，经济受到政治和国际安全的影响，同时也受到自然环境的影响。21世纪以来，世界各地自然灾害频发，全球恶劣的自然环境给经济带来了很大的负面影响。例如中国在2008年经历的雪灾和洪灾，2020年新冠肺炎疫情等突发性事件，也给全球经济的发展增添了更多的不确定因素。

金融风险可能来自国家宏观经济金融决策的不合时宜或失误，金融机构重要人员的违规经营，金融衍生工具的过度使用，以及金融机构的过快发展。一家金融机构发生的风险所带来的后果，往往超过对其自身的影响。金融机构在具体的金融交易活动中出现的风险，有可能对该金融机构的生存构成威胁；一家金融机构因经营不善而出现危机，有可能对整个金融体系的稳健运行构成威胁；一旦发生系统风险，金融体系运转失灵，必然会导致全社会经济秩序的混乱，甚至引发严重的政治危机。

金融风险的产生是错综复杂的，金融风险可能来自借款人不履行约定的还款承诺，金融机构支付能力的不足，或市场各类资产价格的剧烈波动。金融风险的主要危害体现在：① 金融风险扰乱了金融市场的正常运行和信用秩序，严重破坏了经济运行基础；② 金融风险加大了财政收支平衡的压力，政府被迫增加货币供应，干扰货币政策的有效运作，甚至造成严重的通货膨胀；③ 严重影响国家经济与社会的国际地位，增加对外融资成本；④ 金融风险严重影响国家的各项经济社会发展政策的稳健实施。

1.2　金融风险的产生

1.2.1　金融风险产生的理论解释

1.2.1.1　金融不稳定理论

根据《新帕尔格雷夫货币金融大辞典》的解释，金融不稳定性假说（financial instability hypothesis）是指私人信贷创造机构，特别是商业银行和相关贷款者固有的经历周期性危机和破产的倾向。金融不稳定及其危机是经济生活的现实，经济繁荣时期就已埋下了金融机能失常与金融动荡的种子。在经济发展的初期，贷款人的贷款条件越来越宽松，企业也充分利用宽松的信贷环境多借款。但是到了经济发展的后期,这些贷款无法偿还会导致金融中介机构经营状况的恶化,随后传导到经济的各个方面,从而带来全面的经济衰退。

对金融不稳定性假说做出主要贡献的是两位美国经济学家海曼·明斯基(Hyman Minsky)和查尔斯·金德尔伯格(Charles Kindleberger)。明斯基和金德尔伯格都是从周期性的角度来解释金融体系不稳定的孕育和发展,可称为"周期性"解释一派。另一派解释是以弗里德曼为代表的"货币主义解释"。弗里德曼和施瓦茨认为,如果没有货币过度供给的参与,金融体系的动荡不太可能发生或至少不会太严重,金融动荡的基础在于货币政策,正是货币政策的失误引发了金融不稳定的产生和积累,结果使得小小的金融困境演变为剧烈的金融体系灾难。

1.2.1.2　非对称信息理论

信息经济学认为,现实世界中信息是不完全的,或者是不对称的,即当事人一方比另一方掌握的信息多。信息不对称必然产生逆向选择和道德风险。逆向选择是交易发生前的信息不对称问题。阿克洛夫(Akerlof)1970 年提出的旧车市场模型开创了逆向选择理论的先河,随后约瑟夫·E. 斯蒂格利茨(Joseph E. Stiglitz)和韦斯将这一模型引入金融市场。道德风险是发生在交易之后的信息不对称问题。借贷市场的道德风险有三种具体表现形式:一是改变资金用途;二是一些有还款能力的借款人可能隐瞒自己的收入,有还款能力却不归还银行贷款,特别是在缺乏对违约的相应制裁的情况下更是如此;三是借款人取得资金后,对于借入资金的使用效益漠不关心、不负责任、不努力工作,致使借入资金发生损失。

1.2.1.3　资产价格的剧烈波动理论

许多金融风险都与金融资产价格的过度波动相关,金融资产价格的过度波动是金融风险产生的一个重要来源,金融资产价格的急剧下跌是金融危机的一个重要标志。金融资产价格总是处在不断的波动之中。事实上,远的不说,只要看看近 10 年黄金、石油、铜、棉花、玉米和白糖等商品的价格走势,再看看利率、汇率、波罗的海干散货综合运费指数和上证指数就很清楚了,具体如图 1 - 1 至图 1 - 7 所示。

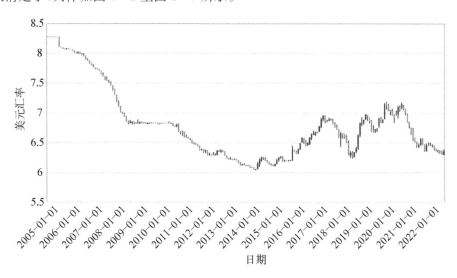

图 1 - 1　美元兑人民币汇率走势(2005—2022 年月线)

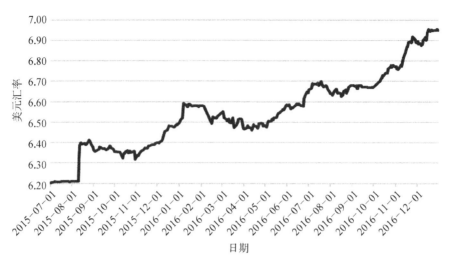

图 1-2 2015—2017 年美元兑人民币汇率

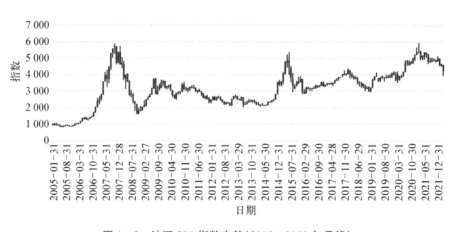

图 1-3 沪深 300 指数走势(2005—2022 年月线)

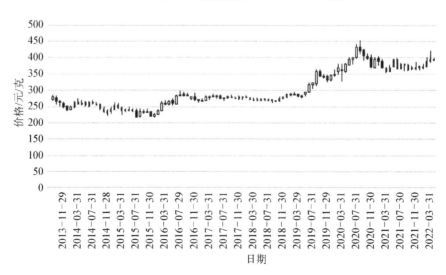

图 1-4 上海黄金期货主力连续合约(2013—2022 年月线)

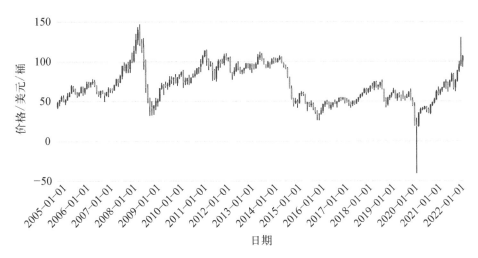

图 1-5　美原油走势(2005—2022 年月线)

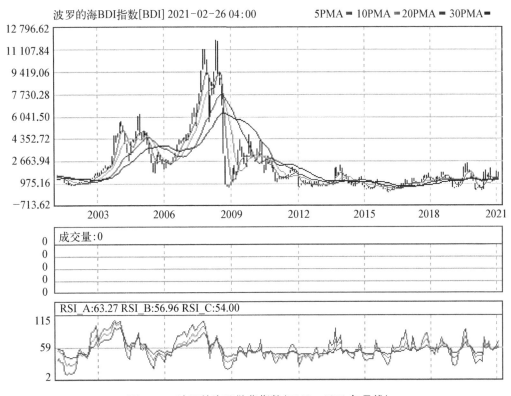

图 1-6　波罗的海干散货指数(2002—2022 年月线)

2005 年 7 月 21 日,中国人民银行宣布,中国自 2005 年 7 月 21 日起开始实行以市场供求为基础、参考一篮子货币进行调节、有管理的浮动汇率制度。这是 1994 年中国进行汇率制度改革以来最大的变化,从此,人民币汇率放弃了盯住单一美元的汇率制度,形成了更富有弹性的人民币汇率制度。

时间轴拉到 2015 年汇改前后。2014 年第一季度,人民币已经开始贬值。因为在 2014

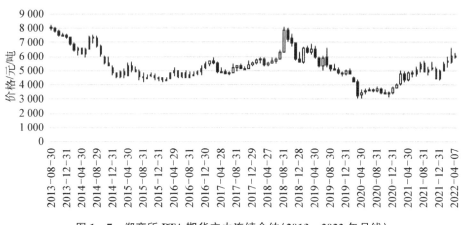

图1-7　郑商所PTA期货主力连续合约(2013—2022年月线)

年第一季度,中国外汇储备增加了1 260亿美元。在本币贬值时,外汇储备增加,说明是通过买入美元,压低人民币汇率。2014年第三季度又开始贬值,因为此时国际收支出现了逆差,是经济实际发展所造成的。2015年第二季度,国际收支又改善了,市场比较稳定,虽然市场有一定的贬值预期,但预期的贬值幅度很小。2015年8月,央行推出了改革计划,于是汇率进入了不稳定时期。按照官方统计的数字,2015年,中国经常项目顺差2 932亿美元,资本和金融项目逆差5 044亿美元,净误差与遗漏为132亿美元。从国际收支平衡角度看,外汇储备减少了3 433亿美元。人民币为何出现贬值? 长期原因是中国经济基本面的状况,短期原因是由资本项目决定的。2015年8月11日汇改后,贬值预期加大,资本外流加剧。但在8月11日贬值后,人民币又升值了。为何当国际收支状况继续恶化的同时,人民币会升值? 这是央行干预的结果。市场认为人民币会继续贬值,央行为了打破贬值预期,就买进人民币,卖出美元,让人民币升值。后来,人民币又贬值了,这是因为市场安静后,贬值预期有所消减,央行减少干预。当市场发现央行停止干预后,认为人民币会继续贬值,就卖出人民币资产,买入美元,导致人民币汇率又继续下降。国际上认为我们的汇率政策是爬行盯住,基本上是在跟投机者博弈。指导思想是打破人民币贬值预期。这种做法同当年人民币升值时期的指导思想是完全切合的。只不过当时是希望打破人民币的升值预期(见图1-2)。

2015年8月11日,央行宣布:为增强人民币兑美元汇率中间价的市场化程度和基准性,中国人民银行决定完善人民币兑美元汇率中间价报价。自8月11日起,做市商在每日银行间外汇市场开盘前,参考上日银行间外汇市场收盘汇率,综合考虑外汇供求情况以及国际主要货币的汇率变化向中国外汇交易中心提供中间价报价。

金融资产价格波动性的原因主要集中在4个方面。① 过度投机的存在。② 大量信用和杠杆交易。③ 宏观经济的不稳定。虽然宏观经济的波动通常并不像股市那样频繁而剧烈,但股市的波动在很大程度上确实受到宏观经济波动的影响。④ 市场操纵行为的作用。所谓证券市场中的操纵行为,是指某人或某组织背离自由供求关系确定证券价格,诱使他人交易证券的行为。通过操纵市场,创造虚假交易繁荣和虚假价格,操纵者牟取利益。接下来介绍几个典型事件。

事件一：2022 年 1 月，证监会网站披露的一则行政处罚决定书显示，证监会对江苏某公司董事长郑某操纵"亚振家居""诺邦股份""圣龙股份"股票价格的行为进行了立案调查和审理，决定没收郑某违法所得 3 144.35 万元，并处以 3 144.35 万元罚款。郑某操纵的手法是控制使用多个证券账户操纵市场，主要包括集中资金优势、持股优势连续买卖，在自己实际控制的账户间交易等，并采取盘中拉抬后反向卖出、对倒交易等方式，操纵"亚振家居"股票价格，累计买入 26 193 943 股，买入金额 3.2 亿元，累计卖出 26 193 943 股，卖出金额 3.38 亿元，盈利 1 795 万元。2018 年 4 月 27 日至 9 月 20 日，"亚振家居"股价从 11.04 元/股上涨至 17.10 元/股，上涨 54.89％。同期，上证综指下跌 11.25％，偏离 66.14 个百分点。根据郑某自认、配资中介或资方指认、账户交易终端硬件信息、账户资金来源与去向、登录留痕、账户统计表等事实和证据，发现在 2018 年 4 月 27 日至 2018 年 9 月 28 日，郑某实际控制并使用龙某等 50 多个证券账户。在 2018 年 12 月 21 日至 2019 年 3 月 21 日，郑某实际控制并使用龙某等 26 个证券账户，其中 25 个账户交易了"圣龙股份"，18 个账户交易了"诺邦股份"。交易地点位于公司投资交易室。期间，郑某通过电话或在交易现场向交易员下达交易指令，交易员按照指令进行交易，交易员包括徐某、梁某、陶某等。根据行政处罚决定书，郑某通过多种手段操纵"亚振家居""诺邦股份""圣龙股份"股票价格。

事件二：2022 年 1 月，上海市人民检察院第一分院披露了发生在 7 年前的一起操纵证券市场犯罪。2015 年年初，犯罪嫌疑人和上市公司高管相互勾结，操纵股价，仅 3 名主犯非法获利就超过 50 亿元，最终被检察机关提起公诉。

S 公司实际控股人何某、麦某为出售所持全部 S 公司股权，同被告人黄某、文某商定后，由黄某、文某及黄某推荐的被告人蒋某，以不低于人民币 38 亿元的总价分步溢价收购。并且何某、麦某配合黄某、文某控制 S 公司发布"定向增发""高送转"等利好公告以拉升股价。同时，黄某、文某基于上述信息优势，通过本人或其控制的他人账户，在二级市场连续买卖 S 公司股票。通过协议转让及在二级市场买卖 S 公司股票，黄某、文某、蒋某分别非法获利 14.9 亿余元、15.5 亿余元、20.6 亿余元；何某、麦某等人以协议转让方式高位套现共 38.46 亿余元，何某、麦某分别非法获利 1.85 亿余元。

2018 年 5 月，上海市人民检察院第一分院以被告人黄某等 5 人犯操纵证券市场罪提起公诉。2018 年 12 月，上海市第一中级人民法院对 5 名被告人分别判处有期徒刑 2 至 8 年不等，并处罚金人民币 1 000 万元至 5 亿元不等。被告人上诉后，上海市高级人民法院于 2020 年 8 月裁定驳回上诉，维持原判。

事件三：2022 年 2 月 20 日晚间，郑州华晶金刚石股份有限公司（股票简称＊ST 金刚，股票代码：300 064）发布公告称，公司于 2022 年 2 月 18 日收到通知，公司法定代表人、董事长郭某因涉嫌违规不披露重要信息罪被公安机关依法采取强制措施，相关事项尚待公安机关进一步调查。公司于 2022 年 2 月 18 日夜晚召开董事会紧急会议，与会董事一致同意免去郭某董事长职务，不再代行董事会秘书职责，选举董事刘淼担任董事长，代行董事会秘书职责。

2015 年 6 月 15 日公司最高股价为 22.11 元，2022 年最低为 1.02 元，截至 2022 年 2 月 18 日收盘，＊ST 金刚报收 1.49 元，微涨 1.36％，最新市值为 17.96 亿元。需要投资者注意的是,从 2015 年 6 月 15 日的高点 22.11 元/股(前复权)至 2022 年 2 月 18 日,公司股价已跌去超过九成。最新股东数据显示,该股股东人数为 3.02 万户。

郑州华晶金刚石股份有限公司的主要业务包括超硬材料及超硬材料制品,超硬材料分为人造金刚石单晶(普通单晶)及大单晶金刚石,超硬材料制品包括培育钻石饰品、微米钻石线与超硬磨具(砂轮)。产品可广泛应用于机械石材、电子电器、光学器件及宝石加工、半导体硅切片等传统应用领域,也可用于国防军工、航天航空、装备制造、电子技术、医疗器械以及珠宝首饰、艺术品等新兴应用领域。

公司存在的主要问题是违规占用资金和担保。截至 2020 年 12 月 31 日,公司实际控制人郭某和控股股东河南华晶超硬材料股份有限公司非经营性占用资金 3.05 亿元。2017 年 7 月至 2019 年 4 月,郑州华晶金刚石股份有限公司未履行审议程序和信息披露义务,向郭某与河南华晶及第三方提供担保。截至 2020 年年报披露日,公司违规担保 19.63 亿元,其中向郭某和河南华晶提供担保 8.83 亿元。2020 年年初公布的 2019 年报业绩大变脸,1 年亏掉 52 亿元。

深交所认为郑州华晶金刚石股份有限公司未能建立健全的内部控制制度并有效实施,存在大额资金被控股股东、实际控制人及其关联方非经营性占用,违规提供担保等多项违规行为,涉及金额巨大,市场影响恶劣,严重违反规定,因此,公开认定郭某 10 年内不适合担任上市公司董事、监事、高级管理人员。并且公司董事刘淼、王大平也表示无法保证公司 2020 年年报及 2021 年一季报真实、准确、完整。因此,公司股票于 2021 年 4 月 28 日开市起被实施退市风险警示。

公告显示,截至 2022 年 2 月 15 日,*ST 金刚共涉及 89 项诉讼/仲裁案件,案件金额合计约 60.61 亿元,其中,公司及控股子公司作为被告涉及的诉讼案件 81 项,案件金额约为 57.54 亿元;公司及控股子公司作为原告涉及的诉讼案件 8 项,案件金额约为 3.08 亿元。公司已被列入失信被执行人名单。

该公司于 2010 年上市,当年的招股说明书提到,公司已成为全国人造金刚石的主要生产企业之一,人造金刚石产销量位居全国第三。上市后,郑州华晶金刚石股份有限公司直接让公司实控人郭某身家大增。上市当年,郭某以 15 亿元身家首次进入 2010 年胡润百富榜,之后更是胡润百富榜的常客。这种证券市场造富运动、上市公司的圈钱行为还有多少?!

市值管理和操纵市场的界限在哪里? 金融学术界和从业人员经常争论不休,从以上这些案例中可以看到,确实越来越多的操纵证券市场的犯罪嫌疑人以"市值管理"和"策略交易"为名操纵市场。事实上,依法合规的市值管理与操纵证券市场的违法犯罪行为之间还是可以甄别的:一是不得控制信息披露的节奏或者进行选择性信息披露、虚假信息披露;二是不得进行内幕交易或操纵股价,谋取非法利益;三是不得损害上市公司及中小投资者的合法权益。

在上述案例中,犯罪嫌疑人的行为明显违反了上述三条原则,是披着"伪市值管理"外衣的操纵犯罪,已触犯刑法,因而被司法机关精准打击。

监管层对于市场操纵行为的"零容忍"态度十分明确。铲除 A 股市场操纵毒瘤、消除市场残存的"坐庄"恶习,在出具罚单和警示函的同时,监管层在多个场合公开表态,操纵市场涉案主体多、违法链条长、危害后果重，且手段隐蔽，对投资者欺骗误导性强，对市场交易秩序破坏性大，必须予以严厉惩治，应从严、从重打击市场操纵等违法违规行为。证监会曾表示，将持续完善资本市场法治基础，从严、从重、从快打击欺诈发行、财务造假以及以市值管理之名行市场操纵之实等恶性违法违规行为，让做坏事之人付出沉痛的代价。近年来，法院、检察院和证监会开出了不少处罚、全链条打击的罚单，包括了网络大 V、私募、牛散和上市公司相关人员等。多年来，多起市场影响大、大价罚单的操纵案被揪出，涉案当事人都付出了惨痛的代价，对资本市场的参与者起到了教育和警示的作用。

1.2.1.4　金融风险的国际传播理论

1) 金融全球化背景下的金融风险

20 世纪 80 年代以来的金融全球化主要表现为金融机构全球化、国际资本流动全球化和金融市场全球化，它们都从不同侧面加大了金融体系的风险。金融全球化加快了金融风险的国际传播。具体而言，金融全球化主要通过以下几个方面影响金融风险在国际上的传播：

（1）金融全球化为金融风险的国际传播提供了自由流动的资本载体。金融全球化最基本的内涵即是国际资本能够在全球范围内无限制地自由流动。20 世纪 90 年代以来，许多国家，尤其是发展中国家放松了外汇管制，开放国内金融市场，实行资本项目自由化，以适应世界经济一体化及本国经济发展的需要。但这些国家没有形成全球性的有效的金融监管体系，不能在促进资本合理流动的同时控制资本无序流动的风险，从而使得大规模的资本转移成为金融风险国际传递的主要载体。

（2）金融交易电子化、网络化为金融风险的国际传播提供了技术基础。金融全球化背景下的金融业已同信息业连成一体，金融交易变成一系列的电子信号，在全球范围内通过网络快速传播。金融电子交易系统的不断创新，使金融交易活动几乎不受时空限制，在全球任何地方瞬间完成，交易成本也明显降低，巨额国际投机资本能迅速地从一国转移到另一国，金融风险的国际传播具备了技术基础。

（3）金融全球化使国际投机资本的冲击作用放大。金融全球化的发展，使国际投机资本可利用的工具更多，特别是衍生金融产品市场的快速发展，不仅使复杂的投机交易活动简单化，而且使投机资本能够以杠杆作用利用其他金融资本进行投机活动。

（4）金融全球化使一国宏观经济政策出现"溢入溢出效应"。"溢出效应"是指国内货币政策没有或者只有很小一部分作用于国内经济变量，从而使货币政策达不到预定的目标。"溢入效应"是指国外的货币政策会影响到国内，从而干预国内货币政策，特别是大国货币政策的变化对于与其密切相连的小国影响更大。受"溢入溢出效应"的影响，一方面，一国控制本国金融风险的作用弱化；另一方面，一国的金融风险会影响到另一国的经济变量和金融市场环境，从而引致国际金融风险。

（5）金融全球化使得国际金融监管变得困难。金融全球化发展的一个重要标志就是国际离岸金融中心的崛起，相当一部分金融交易都是通过这些离岸金融中心完成的。而在这些离岸金融中心，金融监管环境十分宽松，资本可以自由进出，几乎没有任何限制。1997—1999 年亚洲金融危机后，以国际货币基金组织、世界银行为主构架的国际金融组织体系遇到了严峻的挑战，如何加强金融市场监管、防止金融危机的爆发和蔓延已经成为一项日益迫切的课题。

2）金融风险的国际传递机制

（1）国际贸易渠道。国际贸易渠道是指金融风险可以通过国际贸易渠道由一个国家传递到另一个国家。它又分为"直接双边贸易型"和"间接多边贸易型"。"直接双边贸易型"导致金融风险传递有两种情况。第一种情况是一个国家的金融风险导致的货币贬值，使得该国商品的出口竞争能力加强，对其贸易伙伴的出口增加而进口减少，导致贸易伙伴的贸易赤字增加，外汇储备减少，使贸易伙伴受到投机者的货币冲击。第二种情况是一个国家的金融风险导致的货币贬值，使其主要贸易伙伴的货币有效汇率上升，从而引发投机者的冲击。"间接多边贸易型"导致金融风险传递是指由于多个国家出口竞争同一市场，一个国家的金融风险导致其货币贬值，降低了与其竞争同一国际市场的另一个国家的出口竞争力。投机者预期这个国家的货币也很有可能贬值，从而进行货币攻击，最后这个国家主动或被动地进行货币贬值，这种风险传递机制就是竞争性贬值机制。由于亚洲各国出口结构十分相似，每一个国家至少与两个国家是相近的竞争者，根据传统理论解释，竞争性贬值机制是金融风险在亚洲区域内传递的主要原因。

（2）国际金融渠道。国际金融渠道是指一个国家（或地区）的金融风险可以通过国际金融渠道传递给另一个国家（或地区）。例如在1994—1995年的墨西哥金融危机中，美国不仅与墨西哥有着密切的经贸联系，而且美国国内主要金融机构在墨西哥有着大量的债权和投资，墨西哥金融危机的爆发，使得这些金融资产有遭受巨大损失的威胁，会严重影响美国金融市场的健康和稳定。出于保护本国金融资产的考虑，美国在墨西哥爆发金融危机后，立即向墨西哥提供大笔贷款，避免了墨西哥金融危机的进一步蔓延。

（3）相似传递渠道。金融风险不仅可以通过国际贸易和国际金融渠道进行传递，还可以基于环境的相似性而产生传递。相似传递机制是指两个国家经贸、金融联系薄弱，只是两国具有经济、区域、某些历史甚至文化背景的相似性，当某一国家的金融风险改变了投机者对其他相似国家原先的预期时，投机者重新评价相似国家的经济基础及政府的政策，并对这些国家进行货币冲击，最终使得金融风险蔓延和扩散。

1.2.2　金融风险产生的现实原因

金融风险的形成原因很复杂，其引发因素或形成原因在不同国家、不同时期、不同领域也可能有所不同。金融风险有时可能只与一两个因素有关，有时可能是许多因素的综合反映。总的来说，金融风险的产生主要与经济体制、金融监管、金融内控、金融创新、金融投机及金融环境有关。

1）经济体制与金融风险

金融风险的产生与经济体制密切相关。在高度集中的计划经济体制下，由于金融活动并不十分频繁，因此金融风险虽然存在，但并不严重。其主要原因是利率、汇率没有市场化，各种价格都受到一定的控制，所以在计划经济体制下的金融风险并不突出。但是在市场经济体制下，金融风险无处不在，这是因为在市场经济体制下，大多数商品价格由市场供求关系决定，利率和汇率也不完全由政府控制。也就是说金融风险的大小与市场经济化程度正相关，市场经济越发达，金融风险就越突出。

2）金融监管与金融风险

众所周知，金融监管与金融风险是此消彼长的关系，即放松监管或监管不力必然产生、加大金融风险，而金融风险的大量出现又加大了金融监管的难度。从 20 世纪 70 年代开始，工业化国家放松了金融管制，许多发展中国家加快了金融自由化的步伐，促进了金融深化和金融发展，同时也产生了大量的金融风险，甚至成为引发金融危机的重要因素。

3）金融内控与金融风险

从微观经济主体的角度来看，内部控制不严是导致金融风险产生的重要原因。对金融机构来说，健全的内部控制机制和良好的公司治理结构是非常重要的。如果缺乏权力制衡机制和激励约束机制，就会使得金融风险失去制度的约束和防范，从而产生金融风险。事实上，很多金融风险的案例都是由于金融内控的不严密所造成的。

4）金融创新与金融风险

金融创新工具主要指金融衍生工具（derivative products），也就是从传统的货币、利率、股票等基础性金融工具中衍生发展出来的金融创新产品，主要形式有期货、期权、互换和远期等。其设计的初衷是创造避险工具，实现风险对冲及风险管理的目的。但是金融衍生工具本身也潜藏着巨大的市场风险，它较传统金融工具对市场的变化更为敏感，价格波幅也更大。金融衍生工具具有以下风险：

（1）信用风险。包括交易对手风险和支付风险。交易对手风险是指当交易对手丧失清偿能力时，虽然并不一定会导致守约方的损失，但是会使守约方出现缔约时无法预料的风险敞口，因此，守约方的损失将是完成一笔用于代替原交易的新交易时所产生的损失。支付风险存在于一些场外衍生产品要求进行双边支付的情况下，如果合同要求交易双方进行互换，先行支付的一方可能就会承担交易对手无法支付的风险。当处于不同时区的交易对手进行货币互换时，支付风险显得尤为突出。如果交易对手是由于丧失清偿能力而无法支付，那么守约方可能将不再会得到支付，而已经支付的款项也无法收回。如果交易对手是由于操作失败等普通原因而无法按时支付，那么守约方将会得到补偿。可是，即使是后一种情况，延迟支付也可能会影响守约方资金的流动性。

（2）流动性风险。在衍生产品市场中，流动性风险分为两类：资金流动性风险和市场流动性风险。资金流动性风险是指一方由于临时资金短缺而无法进行到期支付。如果由于永久资金短缺而无法进行到期支付，那么由此产生的风险将归入信用风险。在金融机构中，出现资金流动性风险是由于现金流错配。对于金融交易而言，每笔交易都可能产生资金的流动性风险，但衍生产品中的资金流动性风险可能会产生更为严重的影响。市场流动性风险是指一方在交易到期前无法平盘（unwinding）所产生的风险，主要发生在场外衍生产品市场中。

（3）操作风险。衍生产品会产生一系列操作风险，例如法国兴业银行交易员巨额欺诈案便体现了操作风险带来的巨大影响。因此，对交易人员的合规教育，对前台、中台和后台的互相独立与制衡对于防范操作风险显得至关重要。

（4）法律风险。对不同的市场参与者而言，法律风险的含义也许并不相同。但是综合来看，法律风险分为宏观法律风险和微观法律风险。宏观法律风险并不与特定主体相联系，而是法律环境本身无法保证衍生产品的交易方强制执行衍生产品合同。与宏观法律风险相比,微观法律风险则与特定主体相联系。它一般都是由衍生产品合同交易方的操作行为引起的,因此也常被认为是一种操作风险。微观法律风险的典型情况就是由客户诉讼引发的风险,特别是在场外衍生产品的交易中,最终用户在发生亏损以后,如果认为自己被交易商误导或欺骗,常常会提起诉讼。

(5)系统性风险。系统性风险是金融体系整体可能出现危机的风险,这很可能由一两家系统中重要的金融机构倒闭而引发。由于使用场外衍生产品的主体无须披露真实财务情况,因此,场外衍生产品更容易导致系统性风险。在场外衍生产品市场,金融机构既可以是交易商,也可以是最终用户。这些机构既可以为它们的客户提供场外衍生产品,也可以出于对冲或投机目的自营场外衍生产品。除此以外,金融机构全面介入场外衍生产品市场可能会对整体金融体系产生影响,每笔场外衍生产品都在转移标的要素风险的同时创造出了新的信用风险。因此,活跃的场外衍生产品交易形成了网状信用风险敞口,将原本互相独立的金融机构紧密地联系在一起,这可能会引发系统性风险。

在防范系统性金融风险方面,必须通过定量分析等手段检测金融系统的脆弱程度,识别金融风险内在的跨行业、跨机构、跨区域的传递机制,及时捕捉金融体系的顺周期,并有针对性地采取一定的防范手段进行控制和监管,以达到维护金融稳定的目标。随着系统性金融风险研究的逐渐清晰,建立一个可靠的预警体系,评估金融稳定性势在必行。

5)金融投机与金融风险

金融投机可以引发、加剧金融风险,严重时可以引致金融危机。金融资产的价格如股价、汇价和债券价格在投机资本的操纵下短期内暴涨暴跌,人为地造成了金融风险的扩散和发展。投机者往往通过杠杆操作而产生放大效应,其破坏力更大,而大规模金融风险则往往会诱发严重的金融危机。

金融市场存在投机是正常的,但是大规模的过度投机必然会危及金融市场的安全运行。而且对国际机构投资者而言,投机资本运作的风险与收益往往是不对称的,多余的风险只能由金融市场来承担。这多余的金融风险由微观扩展到宏观,便会酿成金融危机。因此,为了保持金融稳定,防止金融危机的发生,必须对金融投机加以适当控制。

6)金融环境与金融风险

金融环境与金融风险有密切关系,这是因为金融风险的产生并非完全源于金融体系内部,也就是说即便是内控体系完备的经济主体,也不可能完全没有金融风险。金融环境的改变可能加大金融风险甚至引发金融危机,也可能降低金融风险,提高金融体系的稳定性。影响金融风险的环境因素很多,包括经济、政治、社会和自然环境因素。

在中国,金融风险受金融环境的影响特别突出,金融风险的产生与金融环境的关系特别明显,因此,中国的金融风险具有明显的外生性特征。第一,中国企业自担风险能力比较差,企业风险很容易转嫁给金融机构,因此,中国的金融风险在一定程度上是企业问题在金融领域的一种反映。第二,中国的金融机构虽然名义上是企业法人,但实际上仍然政企不分,行政干预和信贷资金财政化的现象比较严重。第三,中国的金融机构面临的信用环境和法治环境不够理想,金融机构的债权得不到法律的有力保护。这些因素无疑会导致中国金融风险的产生,应引起高度重视。

1.2.3　金融风险产生的微观机制

微观机制是指金融市场的交易制度、产品结构和投资者结构。那么微观机制与金融风险是什么关系呢？无论是历史悠久、比较成熟的证券市场，还是新兴发展、不够成熟的证券市场，都存在诸多不完善之处，如虚假报表、内幕信息、市场波动过于剧烈、证券价格人为操纵现象严重和一些证券流动性差等问题一直是困扰市场发展的痼疾。纵观世界各国证券市场的发展历史和现状，通过证券交易机制的创新，建立透明、稳定、高效和活跃的金融市场体系，是解决这些问题的基础，是证券市场健康有序发展的前提。此外，证券市场监管的本质在于为市场参与者提供一个信息对称、交易公平的环境，相关政策制定应当从具体市场环境着手，规范证券市场的发展。不仅要有完备的法律法规体系，更要有严格的执行制度。

关于产品结构和投资者结构比较容易理解，这里不再论述，下面重点解释市场交易制度。市场交易制度大的方面来说包括指令驱动交易机制和报价驱动交易机制，指令驱动交易机制又分为集合竞价和连续竞价，如果细分则更复杂，比如各种拍卖制度。实践中，具体涉及更多方面，比如透明度、保证金、涨跌幅、熔断机制、价格变动单位、开盘和收盘价制度等。买卖盘揭示范围属于交易前信息披露透明度问题，保证金制度又包括融资融券制度和信用交易制度。2003 年 3 月 3 日，沪深证券交易所对封闭式交易基金的最小报价单位进行改革，由过去的 1 分改为 0.1 分。这说明价格变化单位对市场质量是有影响的，这些都是金融市场微观机制，需要深入研究。接下来我们要思考并回答微观机制与金融风险是什么关系。简单来说，微观机制合理，金融市场质量高，市场风险发生概率就低，风险比较小，比如，熔断机制是为了抑制投资者可能产生的羊群效应，防止过度追涨杀跌，给投资者一个冷静思考期，降低股票市场的波动，使投资者有充分的时间传播信息和反馈信息，使得信息的不对称性与价格的不确定性有所降低，防止价格的剧烈波动。2015 年 12 月 4 日，中国证监会出台熔断机制，规定熔断基准指数为沪深 300 指数，采用 5% 和 7% 两档阈值，于 2016 年 1 月 1 日起正式实施。由于实施熔断机制后市场恐慌性下跌，2016 年 1 月 8 日，经中国证监会批准，上海证券交易所和深圳证券交易所决定暂停实施"指数熔断"机制。这说明交易制度对金融风险的影响是复杂的，要具体问题具体分析。再比如涨跌幅制度是否合理，多大幅度合理，这些都有很多研究成果值得参考。

1.3　金融风险的种类

国内外理论界和实务界对金融风险种类的归纳不完全一致。金融风险种类的划分方法和标准很多。笔者希望能够找到一种划分方法，使不同种类的金融风险相关性不大，但确实很难找到，即便如此，本部分仍然按照这一思路把金融风险划分为市场风险、信用风险、操作风险、流动性风险和事件风险。其中，最重要、最难把握和最为普遍的金融风险是市场风险和信用风险。

1.3.1　市场风险

市场风险(market risk)是指因为市场供需情况发生变化而可能给投资者带来的损失，是金融市场中最普遍、最常见的风险，广泛存在于股票市场、外汇市场、债券市场、期货市场、租赁市场、票据市场和基金市场之中。从图1-1至图1-7中可以看出，金融资产价格的变化都呈现出市场风险。可以说，如果所有的商品价格、证券价格、利率和汇率都永远不变，那么市场风险也就不存在了，但在市场经济时代这是不可能的。市场风险使得投资者在投资到期时可能得不到投资决策时所预期的收益。引起各种市场风险的原因是错综复杂的，需要具体问题具体分析。虽然市场风险包括许多方面，但是涉及面最广的是下列五个方面价格变化引起的风险。

1）利率风险

利率风险(interest rate risk)，是指由于利率的波动使资产价值或利息收入减少，或者使负债利息支出增加的可能性。而对普通公司来说，经常面临的利率风险是借款利息成本增加的可能性。无论是金融企业还是非金融企业，只要其资产和负债的类型、数量及期限不一致，利率的变动就会对其资产、负债产生影响，使其资产的收益、负债的成本发生变动。

对于某个时期内被重新定价的资产来说，将面临到期日利率下降、利息收入减少的风险；而对于某个时期内被重新定价的负债来说，将面临到期日利率上升、利息支出增加的风险。

对于一些支付固定利率的资产或负债来说，尽管现金流量确定，但是利率的升降也可能带来一些间接的损失，如按固定利率收取利息的投资者必将面临市场利率可能高于原先确定的固定利率的风险。此外，利率的变动可能影响资产的市场价格，利率的变动还会影响汇率，进而给金融活动的当事人造成不利影响。

2）汇率风险

汇率风险(foreign exchange risk)。由于国际分工的存在，国与国之间贸易和金融往来便成为必然，并且成为促进本国经济发展的重要推动力。汇率的波动，会给从事国际贸易的人员和投资者带来巨大的风险，这种风险称为汇率风险。

它表现在两个方面：贸易性汇率风险和金融性汇率风险。在国际贸易活动中，商品和劳务的价格一般用外汇或国际货币来计价，大约70%的国家用美元来计价。在实行浮动汇率制的今天，由于汇率的频繁波动，生产者和经营者在进行国际贸易活动时难以估算费用和盈利，由此产生的风险称为贸易性风险。在国际金融市场上，借贷的都是外汇，如果借贷的外汇汇率上升，借款人就会遭受巨大损失，汇率的剧烈变化甚至可以吞噬整个企业。汇率的波动还将直接影响一国外汇储备价值的增减，从而给各国央行在管理上带来巨大的风险和困难，此种汇率风险称为金融性汇率风险。

3）通货膨胀风险

通货膨胀风险(inflation risk)即购买力风险，是指通货膨胀使经济主体的实际收益率下降，或者使其筹资成本提高。通货膨胀导致单位货币购买力下降，即通常所讲的"货币贬值"，最终会引起货币持有者实际余额的下降。通货膨胀会导致实际收益率下降，因为实际利率近似等于名义利率与通货膨胀率之差。当名义利率一定时,通货膨胀率越高,实际利率就越低;当通货膨胀率超过名义利率时,实际利率将变为负值,即意味着投资者不仅没有收益,而且本金还会受到损失。

4) 证券价格波动风险

证券价格波动风险(securities risk)主要是指债券、股票、基金和票据等的价格变化给投资者带来的风险,这种风险不仅使得投资者在投资到期时可能得不到投资决策时所预期的收益,而且还可能亏损累累。

5) 扰动风险

扰动风险(volatility risk)是指某一风险因素的方差或波动性的变动对金融资产或负债的价值的影响。在金融工程学中,随机变量的方差是表示扰动大小的参数。利率波动性大小的变动对无息债券价格的影响就是典型的扰动风险。在股票、期货等金融市场中,扰动风险也是普遍存在的,如果描述波动性的方差是一个不变的常数,那么就不存在扰动性风险,扰动性风险的存在使市场风险变得更加难以管理。

1.3.2 信用风险

信用风险(credit risk)又称违约风险,是指交易中,当一方违约而无法履行合同义务时可能给另一方带来的损失。信用风险的大小取决于某一特定对方的全部敞口头寸的大小,在某一特定日期需进行结算的交易额大小,以及事先是否有只对交易净额进行支付的约定。信用风险存在于一切信用活动中,也存在于一切交易活动中。由于信用业务既是银行的传统业务,也是主要业务,而银行是社会的信用中心,也是信用风险最集中的地方,信用风险会给银行带来巨大的损失,因此,银行必须高度重视对信用风险的管理和控制。

1.3.3 操作风险

操作风险(operation risk)指由于企业或金融机构内部控制不健全或失效、操作失误等原因导致的风险。操作风险的主要表现有:① 政策执行不当,这有时候是由于有关信息没有及时传达给操作人员,或在信息传递过程中出现偏差,或操作人员没有正确领会上司的意图等原因而造成损失;② 操作不当甚至违规操作,操作人员业务技能不高或偶然失误可能造成损失;③ 交易系统或清算系统发生故障。操作风险造成的后果可能是非常严重的,甚至是致命的。

1.3.4 流动性风险

流动性风险(liquidity risk)指由于缺乏流动性而给经济主体造成损失的可能性。对于一个企业来说,保持流动性是很重要的,流动性的好坏关系到企业生产经营能否正常进行,关系到企业能否生存下去。对国家或家庭来说,流动性风险也是不能忽视的。当然,保持流动性对金融机构特别是商业银行来说是至关重要的,流动性风险可以置金融机构于死地。

流动性使得预期与非预期的负债在关键时刻能够得以偿付,以保证日常事务可以正常运行。在缺少足够现金资本的情况下,机构的日常活动会受到危害,更重要的是,可能会引发更严重的金融危机。因此,流动性风险管理是金融风险管理的一个重要组成部分,必须审慎考量与分析。更多的阐述与分析见第 7 章。

1.3.5　事件风险

事件风险(event risk)指金融活动的参与者面临的自然、政治、军事、法律、政策、社会和环境的突然变化带来的风险。环境变化给金融活动参与者带来的损失可能是直接的,也可能是间接的。如自然灾难、意外事故可能给借款人造成直接的财产损失和人身伤害,致使借款人无法按期归还贷款,进而间接地给发放贷款的银行造成损失。

1.4　金融风险管理概述

1.4.1　金融风险管理的概念

总体上讲,金融风险管理是指人们通过实施一系列政策和措施来控制金融风险以消除或减少其不利影响的行为。金融风险管理的具体内涵是多重的,对金融风险管理的含义应从不同角度、不同层面加以理解。图 1-8 给出了金融风险管理不同的分类方法。

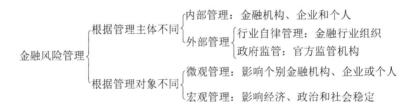

图 1-8　金融风险管理的分类

金融风险管理根据管理主体的不同分为内部管理和外部管理。金融风险内部管理是指作为风险直接承担者的经济个体对其自身面临的各种风险进行管理。内部管理的主体是金融机构、企业及个人等金融活动的参与者,尤以金融机构的风险管理为代表。金融风险外部管理主要包括行业自律管理和政府监管,其管理主体不参与金融市场的交易,因而不需要对其自身的风险进行管理,而只是对金融市场的参与者的风险行为进行约束。金融风险的行业自律管理是指金融行业组织对其成员的风险进行管理,而政府监管是指官方监管机构以国家权力为后盾,对金融机构乃至金融体系的风险进行监控和管理,具有全面性、强制性和权威性。

根据管理对象的不同,金融风险管理又分为微观金融风险管理和宏观金融风险管理。微观金融风险只是对个别金融机构、企业或部分个人产生不同程度的影响,对整个金融市场和经济体系的影响较小。微观金融风险管理的目标是采用合理的方法使微观金融活动主体因金融风险的影响而受到损失的可能性降至最低。宏观金融风险则可能引发金融危机,对经济、政治、社会的稳定可能造成重大影响。因此,宏观金融风险管理的目标是保持整个金融体系的稳定性,避免出现金融危机,保护社会公众的利益。

1.4.2 金融风险管理的价值

1) 金融风险管理对经济主体的价值

(1) 金融风险管理能为各经济主体提供一个安全稳定的资金筹集与经营环境。实施金融风险管理可以提高其工作效率和经营效益。

(2) 金融风险管理能保障经济主体顺利实现经营目标。经济主体筹集和经营货币资金的目的就是获取利润。实施金融风险管理则能把经济主体面临的金融风险降到最低限度,并能在金融风险损失发生后及时合理地提供预先准备的补偿基金,从而直接或间接地降低费用开支。这些都有助于经济主体盈利的增加和经营目标的实现。

(3) 金融风险管理可以稳定经济主体进行经济活动的现金流量,保证生产经营活动免受风险因素的干扰,提高资金的使用效率。

(4) 金融风险管理可以促进经济主体资金筹集和资金经营决策的合理化与科学化,有利于经营主体实现可持续发展。

2) 金融风险管理对宏观经济的价值

(1) 实施金融风险管理,有利于社会资源的优化配置,减少金融风险损失,并促使货币资金向所需部门流动,从而引起其他社会资源合理地流向所需部门,最终避免或减少社会资源的浪费,提高其利用率。

(2) 金融风险管理有助于经济的健康稳定发展。众所周知,金融风险一旦发生,它带来的损失金额往往比一般风险造成的损失大几倍甚至十几倍。这是因为货币资金的筹集与经营,不但涉及生产领域和分配领域,而且还涉及流通领域和消费领域,涉及社会再生产的各个环节。所以,金融风险的存在与发生,无疑是对经济稳定发展的一个威胁。而金融风险管理的实施,不但能在一定程度上减少风险发生的可能性,而且能在金融风险发生后减少它带来的经济损失,从而减少金融风险损失给社会再生产各个环节带来的波及效应和不良后果,最终促进经济的稳定发展和经济效益的提高。

1.4.3 金融风险管理的流程

金融风险管理流程是指包括风险辨识、风险度量、风险应对、风险监测、风险管理决策与实施、风险控制及金融风险管理报告等一系列风险管理活动的全过程。该流程应能贯彻执行既定的战略目标,并与组织的风险管理文化相匹配,支持风险管理文化的落地。

第一,金融风险的识别。金融风险识别是指对经济主体面临的各种潜在的影响金融风险产生的因素进行认识、鉴别和分析。风险识别所要解决的主要问题是确定哪些风险应予以考虑,以及分析引起金融风险的原因、类型、性质及其后果。该工作包括感知风险和分析风险两个环节:感知风险是通过系统化的方法发现商业银行所面临的风险类型、性质;分析风险是深入理解各种风险内在的风险因素。

风险管理者首先要分析经济主体的风险暴露(exposure)。金融风险暴露是指金融活动中存在金融风险的部位以及受金融风险影响的程度。风险管理者可以针对具体的资产负债项目进行分析,还要对经济主体的资产负债搭配进行整体上的考察。风险管理者不仅要考察表内业务的风险暴露,还要关注表外业务的风险暴露,例如承诺、保证等业务以及金融衍生品的风险暴露。通过对风险暴露的判断与分析,风险管理者才可以确定风险管理的重点,进一步分析金融风险的成因和特征。不同的金融风险具有不同的特性,有的可以通过投资分散降低或是消除,有的则无法消除。风险管理者对风险的性质进行分析,可以为制定风险管理策略提供理论基础。

制作风险清单是商业银行识别风险最基本、最常见的方法。它是指采用类似于备忘录的形式,将商业银行所面临的风险逐一列举,并联系经营活动对这些风险进行深入理解和分析。此外,常用的风险识别方法还有专家调查列举法、资产财务状况分析法、情景分析法、价值链分析法等。

第二,金融风险的度量。金融风险的度量是指在通过风险辨识确定风险性质的基础上,对影响目标实现的潜在事项出现的可能性和影响程度进行度量的过程。风险评估通常包括定性与定量结合的方法。定性方法主要适用于历史数据较少、预期损失难以通过数学模型计算得出的风险,如战略风险、声誉风险等。定量方法主要适用于历史数据充足、预期损失可轻易得出且结果可靠的风险,主要适用于市场风险、信用风险。而无论是对于定性还是定量方法,风险评估中都可以运用层次分析法和功效系数法等方法来对评估时人员或风险的权重设置进行计算,对定性信息进行有效的量化处理。金融风险的度量主要是衡量各种风险导致损失的可能性的大小以及损失发生的范围和程度,金融风险度量是风险识别的延续。准确地评估金融风险的大小对最大限度地减少损失和获取利润都十分重要。金融风险的度量是金融风险管理的核心部分。

第三,金融风险应对。金融风险应对是指在风险评估的基础上,综合平衡成本与收益,针对不同风险特性确定相应的风险控制策略,采取措施并有效实施的过程。常见的风险应对方法主要包括以下五种:风险承担、风险缓释、风险规避、风险转移、风险分散。按照国际最佳实践,在日常风险管理操作中,具体的风险应对措施可以采取从基层业务单位到业务领域风险管理委员会的管理方式。

第四,金融风险监测。金融风险监测是指监测各种可量化的关键风险指标和不可量化的风险因素的变化和发展趋势,以及风险管理措施的实施质量与效果的过程。风险管理流程应实现闭环循环运行,尤其是在应用或采用新的产品、业务、程序和系统时,应对其实施风险辨识、评估、应对、监测和报告等一系列风险管理活动。风险管理部门既不应该,也无能力对所有风险管理工作亲力亲为,应在高管层的支持下,在风险管理的整体框架下,以法律和制度为准绳,将职能部门纳入风险管理的重要防线。

第五,金融风险管理的决策与实施。金融风险管理的决策与实施是指在风险识别和风险度量的基础上,风险管理者需要采取措施以减少金融风险暴露,将金融风险水平控制在可承受的范围内。首先,风险管理者应当确定风险管理策略。对于不同的金融风险,可以根据其各自的风险性质、特征和风险水平采取不同的管理策略。其次,风险管理者需要制定具体的行动方案,包括使用何种风险管理工具,如何运用这些工具,以及如何调整资产负债结构等。风险管理者需要从中选出最为合理的方案。最后,风险管理者组织该方案的实施,各部门配合执行。

第六,金融风险的控制。金融风险的控制是指对风险管理措施实施后的检查、反馈和调

2）转嫁风险的保值策略

转嫁风险是指经济主体通过各种合法手段将其承受的风险转移给其他经济主体。由于资产分散化只能减少经济主体承担的非系统性风险,对系统性风险则无能为力,因此,经济主体只能寻找适当的途径将其转移出去。

自从 20 世纪 70 年代中期固定汇率制度崩溃以后,汇率和利率的剧烈动荡,给金融机构和企业的资产和负债带来了风险。对于证券价格风险、汇率风险、利率风险等市场风险,一般难以获得保险,经济主体可以通过其他途径将之转嫁出去。为了避免汇率和利率变动的风险,金融机构和企业不断改变经营方式和采用创新金融工具,以求资产保值,降低经营成本。80 年代金融工具的创新得到了迅猛发展,这些创新金融工具主要有金融期货、期权、互换和远期等。金融远期及期货合约为现货市场提供了一条转移价格风险的渠道。通过远期和期货交易,经济主体可以将未来金融资产交易的价格确定下来,将风险转移给愿意承担风险的投机者,从而将市场价格变动导致的风险从正常的实际经营活动中分离出来。

经济主体还可以通过设定保证担保,将其承受的信用风险向第三方转移。

3）规避风险的保险策略

规避风险的保险策略是通过支付保险费(可看成保险单的价格)来避免损失的转移风险的策略。实质上,是用确定的损失(支付保险费)来替代可能遭受更大损失的做法。向商业保险公司投保,就是以交保险费为代价,将风险转嫁给保险公司,保险公司按保险合同约定承担赔付责任。对于损失概率较小而损失金额较大的风险,通常较为广泛地运用保险的方法。

然而,这种规避风险的方法仅对特定类型的金融风险才行得通,此类风险称为可保风险。所谓可保风险就是指这样一类特定风险,这种风险是很多企业(或个人)都可能遇到的,而这些企业(或个人)发生的风险彼此之间几乎是不相关的,并且这种风险在一定时期内发生的概率在很大程度上是确定的。例如,自然灾害损失、债务及医疗费用等风险是可保风险。

1.5　深南电套期保值风波

远的不说,就说 1998 年的亚洲金融危机到 2008 年美国金融危机再到 2012 年欧债危机,10 多年内,有多少企业和地区因为各种原因造成巨大损失,甚至一些国际著名企业和金融巨头倒闭或濒临倒闭,中国也有很多企业产生了严重损失。以下分析深南电套期保值风波的来龙去脉。

1.5.1　深南电概况

深圳南山热电股份有限公司(以下简称深南电)成立于 1990 年 4 月,是以生产经营供电、供热,从事发电厂(站)的建设工程总承包、提供技术咨询和技术服务为主营业务的国有中外合资股份制企业。成立初期,虽然仅仅拥有 3 台单机容量为 2.45 万千瓦的小型燃机,却为缓解当时深圳市电力紧缺的状况发挥了重要的作用。1993 年 11 月,经深圳市人民政府批准,公司进行股份制改组,将部分净资产折为发起人股 10 300 万股,次年 4 月首次公开发行,A 股上市时总股份 14 300 万股;职工股 155.5 万股于 1995 年 1 月 23 日上市交易。公司由原中外合资深圳南山股份有限公司经改制后于 1994 年成立。公司以燃料油为原料,生产电力和热能,所产电力全部售给深圳供电局,所产热水蒸汽通过热力管道向外销售。电力工业是国家重点支持的基础产业之一,整体而言,属于国家垄断工业,电力供应、电价等均受国家严格控制,受政策影响较大。电力的总体需求相对比较稳定,中国电力从整体上讲仍供不应求,但就广东省而言,从 1994 年年底开始出现电力供过于求的现象。1994 年 7 月 1 日和 11 月 28 日,公司 A 股和 B 股分别在深圳证券交易所上市。截至 2004 年 12 月 31 日,公司总股本为 54 796.6 万股,主要股东包括深圳市能源集团有限公司、深圳市广聚电力投资有限公司、腾达置业有限公司、国家电网深圳能源发展集团有限公司等。

公司经过 10 多年的发展,已由昔日投资仅 780 万美元,装机容量 7.5 万千瓦,单一经营供电、供热的燃气轮机发电厂,发展成为总资产超过 45 亿元人民币,净资产近 17 亿元人民币,拥有总装机容量达 150 万千瓦的全国大型燃机发电企业,是深圳市能源电力行业的骨干企业之一。公司自创立以来累计向深圳市供电超过 200 亿千瓦时,为国家纳税超过 10 亿元人民币。自上市以来,累计向股东派发现金红利超过 12 亿元人民币,为股东创造了满意的投资回报。在取得良好经济效益的同时,公司亦取得了较好的社会效益,得到了社会各界的广泛认同。公司先后有 14 项指标入选深圳市和中国企业新纪录,为深圳市的经济发展做出了积极的贡献,树立了良好的上市公司形象。

1.5.2　协议内容与特征

纽约商业交易所当月轻质原油期货合约从 2008 年 7 月 11 日的历史最高价 147.25 美元/桶跌至 2008 年 10 月 21 日收盘价 72.30 美元/桶,这一天深南电 A 发布的公告称,2008 年 3 月 12 日,公司有关人员在未获公司授权的情况下与高盛全资子公司杰润公司,签订了 2 份期货合约确认书,其主要内容分别如下。

第一份确认书的有效期从 2008 年 3 月 3 日至 12 月 31 日,由 3 个期权合约构成。分 3 种情况:当期限内纽约商业交易所当月轻质原油期货合约的收市结算价的算数平均值(简称浮动价)高于 63.5 美元/桶时,深南电每月可以获得"20 万桶×1.5 美元/桶"合计 30 万美元的收益;当浮动油价介于 62 美元/桶至 63.5 美元/桶之间时,深南电可获得"(浮动价-62 美元/桶)×20 万桶"的收益;当浮动价低于 62 美元/桶时,深南电每月需向杰润公司支付"(62 美元/桶-浮动价)×40 万桶"等额的美元。

第二份确认书的有效期是从 2009 年 1 月 1 日至 2010 年 10 月 31 日,并且赋予了对手方杰润公司一个优先权,也就是杰润公司可以在 2008 年 12 月 30 日 18 点前宣布是否继续执行第二份合约。第二份确认书的基准油价较第一份提高了 3 美元/桶:当浮动油价高于 66.5 美元/桶时,深南电每月可以获利 34 万美元;当油价介于 65 美元/桶至 66.5 美元/桶之间时,深南电每月可获得"(浮动价-65 美元/桶)×20 万桶"的收益;当油价低于 65 美元/桶时,深南电每月付给杰润公司"(65 美元/桶-浮动价)×40 万桶"等额的美元。

　　详细分析两份确认书本质上是一致的,严格来说都是奇异期权的一种,就是障碍期权。简单来说,在一个固定的月份,第一份确认书相当于深南电出售给杰润公司两个认沽期权:一个是约定价格为 62 美元/桶的认沽期权,另一个是约定价格为 63.5 美元/桶的认沽期权。从图 1-9 可以看出虽然 2 个期权费用 c_1 和 c_2 都是不知道的,但可以推测 2 个期权费用 c_1 和 c_2 的和是 1.5 美元/桶,这样图 1-9 恰好反映了第一份协议的内容,清晰地体现了协议双方的损益情况。图 1-9 中细线分别表示 2 个认沽期权到期的损益图,粗线是 2 个认沽期权合成后到期的损益图。

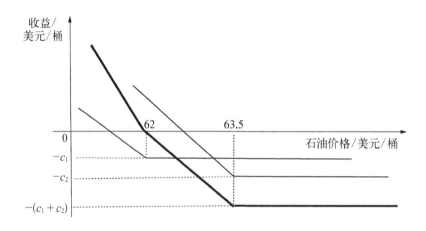

图 1-9　(杰润)购入 2 个认沽期权的损益图

1.5.3　双方的利益与风险

　　第一,如果单纯从深南电所签协议的角度看:深南电在已实施的对赌协议中的获利条件是轻质原油浮动价高于 62 美元/桶,但当浮动价高于 63.5 美元/桶时,无论高多少,深南电每月都可以获利 30 万美元。而对于高盛子公司杰润公司来说,若未来油价浮动价跌到 62 美元/桶以下时,每下跌 1 美元,杰润公司则将多获利 40 万美元,同时深南电也将亏损 40 万美元。由于 2008 年前段时间油价处于相对高位,深南电自 3 月 1 日实施合约以来的 7 个月内,至少获得了 210 万美元的收益。公司的 3 季报披露,公司前 3 季度共实现净利润 2 800.72 万元,其中就包括这 210 万美元的收益。但是国际原油市场风云突变,原本轻松赚钱的筹码有可能成为亏损的祸根。而油价一旦低于 62 美元/桶,深南电的损失是无底的,油价跌得越多,其损失就越大。深南电签订这份对赌协议的时候,正是油价飙升的时期,那时石油均价在 100 美元/桶左右。由于对赌的前 7 个月油价一直没有跌破过 62 美元/桶,所以,当时杰润公司已累计支付了 210 万美元到深南电全资子公司香港兴德盛有限公司账户(见图 1-10)。

　　第二,单纯从深南电生产经营的角度看:如果原油价格涨得越高,深南电的生产成本越大,压力越大,以至于无法生产,所以深南电是不希望油价上涨的。如果原油价格跌得越多,

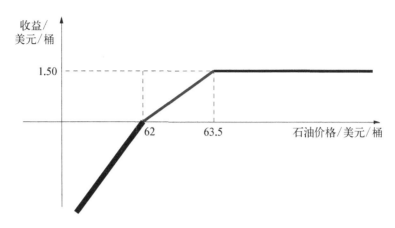

图 1-10　(深南电)出售 2 个认沽期权的损益图

深南电的生产成本越低,就有可能提高深南电的盈利,因此深南电是希望油价下跌的,这就相当于深南电卖出了原油期货(见图 1-11)。

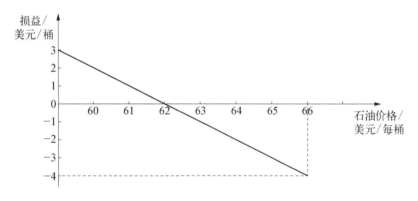

图 1-11　油价走势与深南电生产经营关系

　　第三,把深南电所签协议与生产经验结合起来看,深南电未能对冲风险。① 从合约中不难看出,深南电在已实施的对赌协议中的获利条件是轻质原油浮动价高于 62 美元/桶,但当浮动价高于 63.5 美元/桶时,哪怕油价涨得再高,深南电每月最多也只能获利 30 万美元,这并没有防范油价上涨带来的风险。② 油价一旦低于 62 美元/桶,深南电本可以从油价下跌中获得巨大的好处,但由于深南电所签协议的损失是巨大的,所有两者对冲掉了,相当于把油价锁定在 62 美元/桶。③ 深南电预防的是原油价格上涨的风险,但是该协议没有达到这个目的,因为原油价格大涨时,深南电所获得的收益只是杯水车薪;相反,在原油价格大跌时,深南电应该享有较低成本的好处也没有得到,因为无论价格跌得多么低,深南电的用油成本都不会低于 62 美元/桶。

　　第四,从高盛的角度看:高盛买入认沽期权,当油价上涨时对高盛是不利的,但亏损是固定的较少金额,风险相对较小,而在盈利时可能出现巨额利润。对于国际大投行来说,并不单纯依靠这种产品赚钱,该协议更大的作用是投行内部风险对冲的一种手段。高盛可能一方面在期货市场做多油价,同时又通过这种期权协议来平衡以后油价大跌的风险。否则,高盛明知道与深南电的对赌协议一签订就要每月向深南电白送 30 万美元,为何还要设计这样一份愚蠢的对赌协议呢? 其实,高盛完全可以为石油生产商设计一个 20 万桶标的数额反方向的石油期权进行对冲,不仅能够赚取中间费用,还可以获得差价收益。对冲结果是这样的:当石油价格在 62 美元之上时,石油生产商每月给高盛 40 万美元(2 美元/桶×20 万桶),石油跌破 62 美元之后,每下跌 1 美元,高盛给石油生产商 20 万美元的套期保值收益,完全可以覆盖高盛与深南电对赌协议的财务风险。通过期权对冲,高盛稳赚手续费,另外还赚得对冲者之间每月 10 万美元的差价收益和深南电一份免费 20 万桶标的额的认沽期权收益。这种对冲相当于高盛卖出约定价为 62 美元/桶的认沽期权给石油生产商,石油生产商购入约定价为 62 美元/桶的认沽期权,相当于给石油价格下跌买了保险,石油生产商的到期损益如图 1-12 所示。

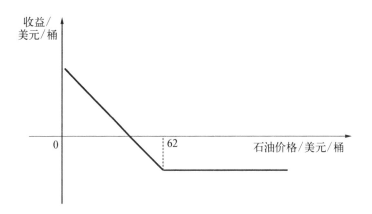

图 1-12　石油生产商购入约定价为 62 美元/桶的认沽期权

高盛找到一个石油生产商来支付深南电每月 30 万美元的对赌损失,自己不仅可以获得每月 10 万美元的期权差价收益,而且,当石油价格跌破 62 美元/桶之后,每下跌 1 美元/桶,高盛还可以获得 20 万美元的期权收益,因为深南电是按照 40 万桶的标的额来赔付的,这就是杠杆给高盛带来的好处。投行高盛对冲交易的收益如图 1-13 所示。

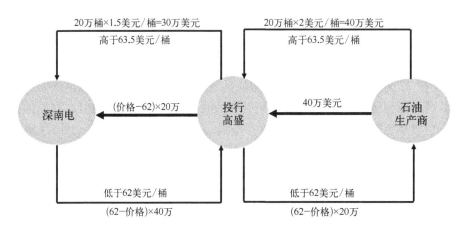

图 1-13　高盛对冲交易收益情况

由图 1-13 可以看出,3 种情况中高盛的最低收益是 10 万美元。

当然,也可能高盛本就是石油期货市场的多头,在石油上涨到 100 美元/桶之后,高盛要对自己的多头部位进行对冲。如果高盛这笔 200 手相当于 20 万桶的多头部位在 62 美元/桶左右建仓,到 2008 年 3 月份高盛这笔合约账面盈余已经达到几亿美元,每月给出 30 万美元的保险费只是很小的一部分,就可以达到套保石油跌破 62 美元/桶的风险。一旦石油跌破 62 美元/桶,每下跌 1 美元/桶,高盛可以获得 40 万美元的收益,覆盖 200 手石油多头合约。跌破 62 美元/桶之后,每下跌 1 美元/桶导致的 20 万美元损失,深南电赔付的钱完全可以对冲高盛在期货市场的损失,还能获得额外 20 万美元的收益。

1.5.4　协议是否投机

芝加哥期货交易所 1994 年版的《商品期货交易手册》中写道:"套期保值是通过在期货市场建立(与现货市场)数量相当但交易方向相反的头寸,来对冲现货市场头寸固有价格风险的活动。套期保值者利用期货市场保证其业务免受不利价格波动的影响。套期保值的整个目的是转移价格风险,或使之最小化。套期保值不是用于盈利,不是投机,也不是出于其他目的,而是为保护已有的利润,或是限制已经存在的损失。"公司从事期货交易坚持遵循套期保值的原则,根据相应合约到期月附近 3 个月的现货需求量或销售量,做买入或卖出套期保值以应对价格波动的风险。具体如下:

(1) 品种相同原则。进行套期保值操作时,所选择的期货品种与要进行套期保值的现货品种相同,最大限度地保证两者在现货市场和期货市场上价格走势基本一致。

(2) 月份相同或相近原则。进行套期保值操作时,所选用期货合约的交割月份与现货市场的计划交易时间尽可能一致或接近,在套期保值到期时,期货价格与现货价格才会尽可能趋于一致。

(3) 方向相反原则。进行套期保值操作时,在现货市场和期货市场的买卖方向必须相反。

(4) 不过量套保原则。进行套期保值操作时,所选用的期货合约的建仓数量小于现货市场上要保值的商品数量,最高时不超过公司 3 个月实际生产数量的 80%。

前 3 个原则前面已经分析,这里只分析第 4 个原则。

公司累计完成综合发电量 53.3 亿千瓦时,其中,南山热助电厂(含新电力)完成发电量 33.36 亿千瓦时(含天然气发电量 10.5 亿千瓦时)。通过研究发现,深南电燃油发电每千瓦时对原油的消耗大约为 200 克。按此推算,则其全年发电量需要耗油 784 万桶,即使扣除 10.5 亿千瓦时的天然气发电量,仍需耗油 629 万桶。而深南电和杰润公司签订的期权合约头寸为每年 480 万桶,完全涵盖在公司正常的原油需求范围之内,由此推断,深南电签订期权合约的初衷从数量上看是套期保值。

从套期保值对冲风险的角度看,这不是理想的避险工具,尤其是在中国企业对海外做空机制和杠杆风控知之甚少的情况下,选择如此复杂的金融衍生工具做套期保值,无疑要承担相当大的风险,更何况该合约对冲风险的能力太弱。下面分析深南电和杰润公司签订的期权合约头寸为每年 480 万桶是否在生产需要范围之内。

按照石油的平均密度 1 公斤＝0.007 35 桶计算,公司累计完成综合发电量 53.3 亿千瓦时,需要原油 783.5 万桶(53.3 亿度×0.2 公斤＝10.66 亿公斤,10.66 亿公斤×0.007 35＝0.078 35 亿桶＝783.5 万桶),减掉天然气发电量 10.5 亿千瓦时需要的 154.3 万桶(10.5 亿度×0.2 公斤＝2.1 亿公斤,2.1 亿公斤×0.007 35＝0.015 435 亿桶＝154.3 万桶)等于 629.2 万桶,也可以直接计算出 629.16 万桶(42.8 亿度×0.2 公斤＝8.56 亿公斤,8.56 亿公斤×0.007 35＝0.062 916 亿桶＝629.16 万桶),因为 480 小于 629,所以说明从数量关系上看不是投机。如果仅从南山热助电厂完成发电量 33.36 亿千瓦时来看,需要原油 490.39 万桶(33.36 亿度×0.2 公斤＝6.672 亿公斤,6.672 亿公斤×0.007 35＝0.049 039 亿桶＝490.39 万桶),因为 480 小于 490,所以也说明从数量关系上看不是投机。但若考虑天然气发电需要的 154.3 万桶,就会发现 480 大于 336.09(490.39－154.3＝336.09),说明从数量关系上看是投机。

1.6　本章小结

　　本章为金融风险管理方法概述,首先从资产波动性、经济的多变性、风险传染性和多元性论述了为什么要管理金融风险,金融风险是如何分类的,这种分类意义何在,其次介绍了金融风险和金融风险管理的概念、价值、程序、策略与工具。最后通过案例说明在生产经营和日常生活中,金融风险无处不在,当然对这个案例的深入;理解有赖对后续内容的不断学习和掌握。

复习思考题

　　1. 什么是金融风险? 金融风险有哪些种类?

　　2. 金融风险产生的理论解释有哪些? 在现实中与哪些因素有关?

　　3. 历史上发生的重大金融风险案例都说明了什么问题? 从中可以得到哪些启示?

　　4. 什么是金融风险管理? 具体有哪些程序、策略和工具?

　　5. 系统性风险是不能控制的,非系统性风险是可以控制的,你认为这种观点正确吗? 为什么?

　　6. 实体企业与投资银行的风险控制有什么不同? 深南电所签协议是否符合风险管理的目标?

　　7. 你认为在当时的市场环境下,深南电最佳的风险控制策略是什么?

　　8. 在深南电的案例中,高盛有哪些控制风险的方法? 深南电有哪些控制风险的方法?

　　9. 简述金融风险管理的价值。

　　10. 怎样理解金融风险管理的程序?

　　11. 怎样理解金融风险的二重性?

12. 怎样理解金融风险的可控性？为什么说风险管理不等于完全控制风险？

13. 请列举 3 个大型金融机构倒闭的案例，并简要说明原因与区别。

14. 为什么说不确定性不等于风险，损失也不等于风险？

15. 请分别列举信息操纵、行为操纵和交易操纵的案例，并简要说明区别。

第2章

金融风险管理的工具

管理金融风险的工具有很多,常用的主要有远期、期货、互换、期权合约以及组合积木式工具。2.1 介绍远期合约,2.2 介绍期货合约,2.3 介绍互换合约,2.4 介绍期权合约,2.5 给出一个典型案例。

2.1 远期合约

2.1.1 远期合约的内涵

远期合约(forward contract)是一个特别简单的衍生证券,是根据买卖双方的特殊需求由买卖双方自行签订的合约,是 20 世纪 80 年代初兴起的一种保值工具。它是一个在确定的将来时刻按确定的价格出售或购买某项资产的必须履行的协议。合约规定交易的标的物、有效期和交割时的行权价格等内容,通常是在两个金融机构之间或金融机构与客户之间签署的合约。一般不在规范的交易所内交易。

远期合约有两个特点。第一,远期的违约(或信用)风险是双向的。合约持有人赚钱或赔钱取决于标的资产价格的变化。第二,合约的价值仅在到期日才表现出来,在合约的签署日或到期日前,不发生现金支付。

当远期合约的一方同意将来在某个确定的日期以某个确定的价格购买标的资产时,称这一方为多头(long position)。另一方同意在同样的日期以同样的价格出售该标的资产时,这一方就称为空头(short position)。在远期合约中的特定价格称为交割价格(delivery price)。在远期合约签署的时刻,所选择的交割价格应该使得远期合约的价值对双方都为零。

远期合约主要有远期利率协议、远期外汇合约、远期股票合约。远期合约是现金交易,买方和卖方达成协议在未来的某一特定时期交割一定质量和数量的商品。价格可以预先确定或在交割时确定。远期合约是场外交易,交易双方都存在风险。如果即期价格低于远期价格,市场状况被描述为正向市场或溢价。如果即期价格高于远期价格,市场状况被描述为反向市场或差价(折价)。

2.1.2 远期合约的定价

某个远期合约的远期价格(forward price)定义为使得该合约价值为零的交割价格。因此,在签署远期合约的时刻,远期价格和交割价格是相近的。随着时间的推移,远期价格有可能改变,而交割价格当然保持不变。在合约开始后的任何时刻,除了偶然之外,远期价格和交割价格并不相等。一般来说,在任何给定时刻,远期价格随该合约期限的变化而变化。例如,购买或出售 3 个月期远期合约的远期价格肯定不同于购买或出售 6 个月期远期合约的远期价格。

远期价格如何确定,不同商品的计算方法有所差别,但基本原则是一致的,就是计算远期价格是用交易时的即期价格加上持有成本(carry cost)。根据商品的情况,持有成本要考虑的因素包括仓储、保险和运输等。尽管在金融市场中的交易与在商品市场中的交易有相似之处,但它们之间也存在着很大的差别。例如,如果远期的石油价格很高,在即期市场上买进一油轮的石油并打算在将来卖掉的行动似乎是一项很有吸引力的投资。

一般来说,商品市场对供求波动更为敏感。例如,收成会受到气候和自然灾害的影响,商品消费会受到技术进步、生产加工过程以及政治事件的影响。事实上,许多商品市场使用的交易工具在生产者与消费者之间直接进行交易,而不是提供套期保值与投机交易的机会。

然而,在商品市场中也存在着基础金属、石油和电力的远期合约,在船运市场中用到的是远期货运协议(FFAs)。

一般情况下,一个不提供中间收入的资产的远期或期货价值为 $S_0 e^{rT}$,其中,S_0 为资产今天的现货价格,T 为期货或远期的到期期限,r 为对应于期限 T 的连续复利无风险利率。如果资产在期限 T 前提供收入,收入的贴现值为 I,以上表达式变为 $(S_0 - I)e^{rT}$。

如果资产提供收入的收益率为 q,资产的远期或期货价值为 $S_0 e^{(r-q)T}$,外汇可以被看作提供收入的投资资产,收入的收益率为外汇所对应的无风险利率,所以外汇远期和期货的价值为 $S_0 e^{(r-r_f)T}$,式中,r_f 为外国无风险利率(连续复利),S_0 为即期汇率。如果一个远期合约的持有方能够以价格 K 买入资产,那么这一远期合约的价格为 $(F-K)e^{rT}$,式中,F 为远期价格;如果持有方以价格 K 卖出资产,那么其价格就变为 $(K-F)e^{rT}$。

2.1.3　远期合约的损益

远期合约的损益可以由图 2 - 1 表示。通常,一单位资产远期合约多头的损益(payoff)是:

$$S_T - K$$

其中,K 是交割价格,S_T 是合约到期时资产的即期价格。合约的持有者有义务用价格 K 购买价值为 S_T 的资产。如果在到期日即期价格高于交割价格,那么合约持有人即多头就可以获利;反之,如果在到期日即期价格低于交割价格,那么合约持有人受损。

类似地,一单位资产远期合约空头的损益是:

$$K - S_T$$

在图 2 - 2 中,购买远期合约的损益添加在原来的风险曲线上。如果合约到期日实际价格高于预期价格,企业的内在风险将导致企业价值下降,但这种下降可以被远期合约的获利

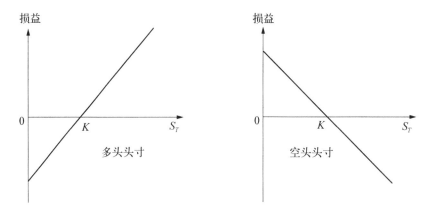

图 2 - 1 远期合约的损益

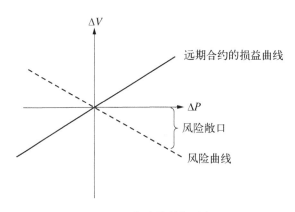

图 2 - 2 远期合约的损益曲线

所抵消。因此,这种远期合约提供了完全套期保值。如果风险曲线斜率为正,则可以通过卖出远期合约来管理风险。

2.1.4 远期汇率与远期利率

1) 远期汇率

远期汇率是远期外汇买卖所使用的汇率。所谓远期外汇买卖,是指外汇买卖双方成交后并不立即交割,而是到约定的日期再进行交割的外汇交易。这种交易在交割时,双方按原来约定的汇率进行交割,不受汇率变动的影响。

远期汇率到了交割日期,由协议双方按预订的汇率、金额进行交割。远期外汇买卖是一种预约性交易,只是由于外汇购买者对外汇资金需求的时间不同,以及为了避免外汇风险而引进的。

远期汇率合约的特征是:① 交易双方约定在未来某一特定日期交割;② 双方按照合约签订时约定的汇率和金额交割;③ 以一种货币交换对方另一种货币的合同。

远期汇率和即期汇率的关系。我们称当日瞬时交易的外汇价格为即期汇率价格。远期外汇合约中约定的在将来某一特定日期的汇率价格称为远期汇率。这里举例说明远期汇率和即期汇率的关系。假设 2016 年 1 月某公司进口一批产品,需要在 270 天内支付 100 万美元,目前 1 美元=6.563 元人民币,美元年利率为 0.75％,人民币年利率为 1.5％。为了规避风险,该公司希望现在确定 270 天的用人民币购买美元的汇率。根据利率的平价关系有:

$$1 \times (1 + 0.007\ 5 \times 9/12)\ 美元 = 6.563 \times (1 + 0.015 \times 9/12)\ 元人民币$$
$$1\ 美元 = 6.563 \times 1.011\ 25/1.005\ 625\ 元人民币 = 6.60\ 元人民币$$

进一步可以得出远期汇率的一般计算公式

$$F = S \times \left[\frac{1 + \left(i_q \times \dfrac{DAYS}{BASIS_q} \right)}{1 + \left(i_b \times \dfrac{DAYS}{BASIS_b} \right)} \right]$$

其中: S 是当前的即期汇率;

　　　i_q 是报价货币(如案例中的人民币)的年利率;

　　　i_b 是基础货币(如案例中的美元)的利率;

　　　$DAYS$ 是从即期到远期的天数;

　　　$BASIS_q$ 是报价货币一年的天数(360 天);

　　　$BASIS_b$ 是基础货币一年的天数(360 天)。

2) 远期利率

要想知道什么是远期利率,首先要知道什么是远期利率贷款。远期利率贷款是指银行向客户提供在未来某一时刻的某一期限的固定利率的贷款。即期利率就是当前的利率,远期利率就是未来某一时刻的利率。比如,当前的 6 个月期利率称为即期利率,3 个月后执行的 6 个月期的贷款利率,就是远期利率。即在 3 个月后才开始贷款,贷款的期限为 6 个月,则从现在开始算 9 个月后到期,用 3×9 表示。

这里还是用一个例子来说明。假设某公司计划 6 个月后从一家银行贷款 100 万元人民币,使用 6 个月,现在开始就要与银行确定下来。银行不希望承担任何风险,因此需要从现在开始在 6 个月内将这 6 个月的融资成本固定下来。目前 6 个月的现金利率是 9.5％,而 12 个月的现金利率是 9.875％。根据这些信息,银行给这家公司的贷款利率应该是多少呢?这时,无风险套利原则可以用来决定公正的报价。为了锁定从现在开始 6 个月内的为期 6 个月的融资成本,银行现在以 9.875％ 的市场利率借款 12 个月。但这样做不仅包括了远期的期限,而且包括了并不需要的前 6 个月。为此,银行就将这笔现金在前 6 个月内以利率 9.5％贷出。

假设从现在开始 6 个月内有效的期限为 6 个月的远期利率为 x,初始借款额为 y 万元,那么有如下关系:

$$(1 + 0.095/2)y = 100$$
$$100(1 + x/2) = (1 + 0.098\ 75)y$$

解方程组得: $x = 0.097\ 85$(万元), $y = 95.465\ 4$(万元)。无套利分析如图 2-3 所示,有套利分析如图 2-4 所示。

贷 954 654元
9.5%
6个月
半年收回本息100万元
贷 100 万元
9.785%
6 个月
1年收回本息1 048 926
借 956 494元
9.875%
12 个月
到期需还 1 048 926元

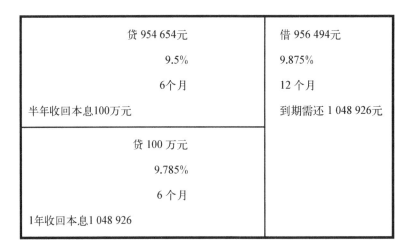

图 2-3　无套利分析图

如果远期利率是 9.5%就可以套利 1 426 元。

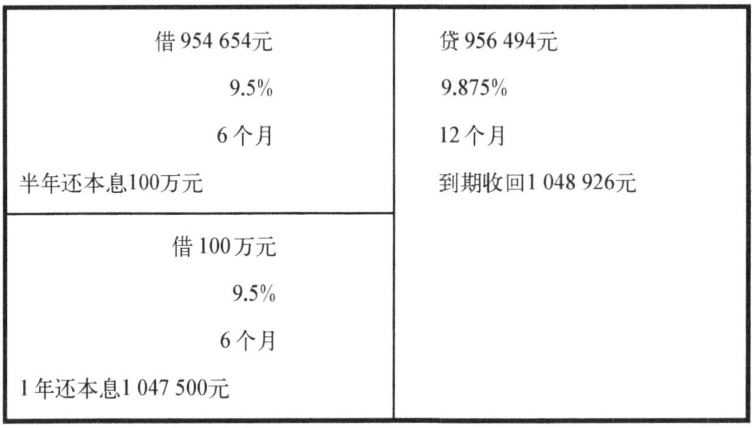

借 954 654元
9.5%
6 个月
半年还本息100万元
借 100 万元
9.5%
6 个月
1 年还本息1 047 500元
贷 956 494元
9.875%
12 个月
到期收回1 048 926元

图 2-4　有套利分析图

2.2　期货合约

2.2.1　期货合约的内涵

期货合约(futures contract)的基本形式和远期合约一样。期货合约是两个对手之间签订的一个在确定的将来时间按确定的价格购买或出售某项资产的协议。期货与远期不同，期货合约通常在交易所内交易。为了使交易能够进行，交易所详细规定了期货合约的标准化条款，交易所提供某种机制保证期货合约的双方都不会违约。期货合约与远期合约的不同点之一是期货合约并不总是指定确切的交割日期。期货合约是按交割月划分，由交易所指定交割月中必须进行交割的交割期限。

　　和远期相比,期货市场通过两个办法基本上消除了信用风险。第一,远期合约的价值仅在到期日才表现出来,而在期货合约中,每天收盘时持有人都可以看到这种价值变化。期货是每天用现金结算的,或采取"盯市制度"。由于期货合约的履约期被盯市制度所缩短,所以其违约风险相应降低。第二,所有市场参与者(包括买方和卖方)都必须缴纳一笔保证金。期货合约价值的增减直接进入保证金账户。如果保证金账户余额低于某个规定的最低水平,则要追加保证金,否则将会被强制平仓。由于在保证金账户干枯前就要平仓,所以履约风险大大降低了。

　　股指期货与商品期货一样都是以现货为标的物的标准化期货合约,是在未来某个特定时间,交易双方按照约定好的价格,对标的指数进行买卖。一般来说,股指期货具有三大基本功能:套利、套期保值和价格发现。对于以套利为目的的投资者来说,如果某一时段的期货价格和现货价格之间出现偏离,投资者可以利用这一偏差赚取收益。但随着频繁的交易操作,期货和现货之间的价格偏离会逐渐减小直至回归正常区间,导致原本存在的套利机会变少或消失,最终变为合理价格。对于以套期保值为目的的投资者来说,则是希望利用期货对冲现货市场上的价格波动风险,避免价格波动造成巨额损失。价格发现功能是股指期货价格对市场信息的一种反映,通过分析期货的价格走势或价格波动方向,能够大致预测现货市场价格的未来走势,可以为投资者在现货市场的操作提供指导作用。

2.2.2　基于持有成本理论的期货定价

　　基于持有成本理论模型的期货定价是由康奈尔(Cornell)和弗伦奇(French)在1983年提出的,该模型是在完美市场的基础假设下运作的,借助一系列套利组合的构造,推导出了简化的期货定价模型。主要的假设条件有:① 借贷利率相同且不变;② 无保证金结算风险;③ 不存在交易成本和税收;④ 成分股可无限分割且允许卖空;⑤ 无股利不确定性风险;⑥ 现货和期货头寸均持有到期。

　　该完美市场的假设消除了税收对于期货定价模型的影响,并认为无风险利率以及股息率是恒定不变的。持有成本实质上是一种机会成本,即持有一种资产而放弃的可能持有另外一种资产的获利机会,例如用现金去购买银行理财产品,那么就放弃了直接将现金投入股票市场获得投资收益的机会。康奈尔和弗伦奇从持有现货和期货的机会成本为出发点,巧妙地构造了在期初持有现货和期货两种情形下的套利组合,通过与期末两种资产的现金流情况进行对比,得到了期货定价公式:

$$F(S, t) = S(t)e^{(T-t)} - D(t, T) \tag{2-1}$$

　　若股利收益率 q 固定且以连续复利计算,则该式可简化为:

$$F(S, t) = S(t)e^{(r-q)(T-t)} \tag{2-2}$$

　　上述两个公式中,$F(S, t)$ 为期货合约的理论价格,$S(t)$ 为现货指数在 t 时的实际价格,q 为股息率,r 为无风险利率,$T-t$ 为从 t 时至到期日 T 的时间长度,以年计算。

由于该模型的假设较多,其中忽略了股价波动性、实际市场交易摩擦和交易制度等条件,所以在实际应用中需要基于持有成本理论,加入条件约束,进一步考虑市场中的各类限制,对该定价模型进行修正完善,使其更贴合实际市场环境。进一步需要考虑的因素有保证金比率、跟踪误差、交易成本、冲击成本、融券成本等。

根据持有成本模型可以得到近月合约和远月合约的定价公式,即

$$F_1 = S_t e^{(r-q)(T_1-t)} \tag{2-3}$$

$$F_2 = S_t e^{(r-q)(T_2-t)} \tag{2-4}$$

其中,F_1 以及 F_2 分别为近月合约和远月合约在 t 时刻的价格,而 T_1 和 T_2 分别为近月合约和远月合约的到期日。可以得到远月合约和近月合约的价差为

$$\Delta F = F_2 - F_1 \tag{2-5}$$

2.2.3　期货合约的应用案例

1) 南京钢铁股份有限公司背景介绍

南京钢铁股份有限公司(简称南钢股份)由南钢集团公司改制成立。1999 年 3 月 18 日,经江苏省人民政府批准,南钢集团公司作为主要发起人,联合中国第二十冶金建设公司、中冶集团北京钢铁设计研究总院、中国冶金进出口公司江苏公司、江苏冶金物资供销有限公司(原江苏冶金物资供销公司)等 4 家企业共同发起设立南京钢铁股份有限公司。公司拥有炼铁厂、炼钢厂、烧结厂、焦化厂、棒材厂、带钢厂、中板厂、宽中厚板卷厂 8 个分厂,主要从事黑色金属冶炼及压延加工、钢材、钢坯及其他金属的销售、焦炭及副产品生产(危险化学品除外),拥有从焦化、烧结、炼铁、炼钢到轧钢的完整生产系统。具有年产钢 200 万吨、铁 200 万吨、线材 220 万吨的综合生产能力,2003 年实际产钢 183 万吨、铁 192 万吨、线材 204 万吨。全部钢材产品生产线均通过 ISO9001:2000 质量体系论证。

经中国证券监督管理委员会核准,2000 年 9 月 1 日至 2 日,公司在上海证券交易所公开发行 12 000 万股 A 股,募集资金 7.78 亿元。南钢股份股票于 2000 年 9 月 19 日在上海证券交易所挂牌交易(股票代码:600282)。首次公开发行后,公司总股本为 42 000 万股。

2003 年,南钢集团公司以其所持有的南钢股份 70.95% 国有股股权,与复星集团公司、复星产业投资和上海广信科技发展有限公司共同投资组建南钢联合,并于 2003 年 7 月 25 日完成股权过户手续。股权过户后,公司控股股东由南钢集团公司变更为南钢联合。经中国证监会核准,公司于 2005 年 1 月向社会公开发行人民币普通股 12 000 万股,每股面值 1 元,每股发行价格为 6.55 元,并于 2005 年 1 月 20 日在上交所上市交易,发行后公司总股本变更为 62 400 万股。

随着金融衍生品在钢铁行业的影响力和作用不断提升,行业内涌现了很多利用期货工具强化风险管理的优秀企业。南钢股份便是其中之一。

2016 年上半年,钢铁下游市场需求持续回暖,主要得益于工程机械、造船、油气等下游行业需求的持续增长,南钢股份上半年板材订单呈现快速增长的态势。这些订单的特

点是交货周期长,产品类型繁杂。但随着公司现货业务平台对期货套保的认识提升,期现套保订单管理模式已逐步为公司上下所接受,订单套保量大幅增长。特别是锁价长单套保模式已经逐步成熟完善,提高了业务部门的接单效率和信心,有效扩大了业务规模。

经过多年的业务开展,2016 年锁价长单套保业务已成为公司常态化业务。上半年,南钢股份各事业部平台申报套保订单量 50 多单,已接近 2015 年全年的套保单量,套保量约占订单合同总量的 65%。在订单套保方案中,南钢不采取教科书式的机械套保,而是依据行业基本面和市场变化趋势,从年度、月度价格区间和基差升贴水状况,进行比例优化套保。期货团队还不定期对铁矿石、焦炭品种进行了基差、价格区间的优化调整设定,依据基差状况和价格区间设定套保比例,保障套保业务达成既定目标。

2016 年以来,铁矿石现货价格回落,期货价格逐步贴水现货,此时对于企业买入套保十分有利,公司择机进行了铁矿石战略买入套保,后期现货采购期货对等平仓,有效对冲了铁矿石的成本上涨。焦煤期货市场交投活跃,市场功能有效发挥,为企业参与套保提供了便利。南钢在持续进行订单套保的同时,也非常重视客户的个性化需求,期货部门主动登门与客户交流,为客户业务团队进行了套保延伸培训服务,提升了公司现货业务产业链服务水平,增加了企业客户的黏性。

在期货操作模式和策略方面,南钢股份已逐步摸索出期现结合的成熟体系,并坚持与时俱进、灵活应变的原则。期货套保没有固定的策略和模式,都需要依据市场及时间变化持续进行优化和调整。在具体交易操作流程上,现货事业部依据订单和库存套保需求发起申报,期货部门随后拟定套保预案,报决策小组审批,并由期货部门具体执行套保业务。随着现货排产或销售交货,原则上在期货市场进行对等平仓,完成期现套保操作,对套保执行结果进行评价。

例如在 2016 年 9 月,焦煤市场价格不断上涨,公司焦煤库存偏低,南钢股份在采购时发现招标采购困难、资源紧缺。同时,如果直接大面积增储焦煤现货,公司还将面临堆场管理难度大、资金占用多等问题。基于现货采购的实际情况,公司考虑在基差有利时,在期货盘面上买入焦煤期货,构建虚拟库存。当时的期现基差状况是:焦炭期货 1 705 合约较现货贴水 530 元/吨,焦煤期货 1 705 合约较现货贴水 150 元/吨。经过充分分析讨论,公司最终决定通过对焦煤期货的买入套保来完成虚拟采购,后期焦煤的现货库存恢复正常水平后在期货市场平仓。随着焦煤期货、现货价格后期均出现大幅上涨,公司适时平仓了结,期货收益较好地对冲了现货成本的上涨。

2) 南钢股份期货市场套保操作

南钢股份期货市场套期保值优先考虑利润锁定。主要思路是根据现货部门采用固定价进行远期订单,同时利用铁矿石、焦炭等原燃料期货对远期成本进行锁定,使得远期销售订单具备稳定的毛利,防止原燃料成本大幅变动对公司利润造成不利影响。长期锁价模式对下游有吸引力,助力接单,增强与下游客户的黏性。自 2018 年起,符合南钢套保要求的钢材申报量逐年增长。在南钢外购方坯进行产成品加工时,也会利用钢材期货对成品价格进行套保,从而锁定销售价格和毛利,获取较为稳定的加工利润。除了生产型套保外,其下属子公司的原材料采购和钢材销售也会利用期货、掉期等工具进行贸易型的套保,在控制风险的前提下增厚贸易利润。最典型的一次成功操作是 2016 年 7 月公司进行买入套期保值的操作,如表 2-1 和表 2-2 所示。

表 2-1   铁矿石套期保值情况   单位:元/吨

日 期	现货市场	日 期	期货市场
7 月	470 元	9 月 20 日	400 元
10 月 9 日	477 元	10 月 13 日	425 元
11 月 8 日	494 元	11 月 8 日	519 元
成本增加	31 元	盈利	144 元

表 2-2   焦煤套期保值情况   单位:元/吨

日 期	现货市场	日 期	期货市场
7 月	1 066 元	9 月 20 日	1 170 元
10 月 9 日	1 567 元	10 月 13 日	1 415 元
11 月 8 日	1 615 元	11 月 8 日	1 966 元
成本增加	1 050 元	盈利	1 041 元

　　销售部门接到某客户的中标通知,签单时预测铁矿石采购价为 470 元/吨,预测焦炭采购价为 1 066 元/吨,并测算吨钢毛利为 423 元/吨。为防止原燃料价格上升噬吞毛利,在对应交货日期,公司对该笔锁价订单在 1701 合约上进行原燃料买入套保,锁定订单利润。这次套保属于基础套保。基础套保指单单对锁,主要以锁价长单套保为主。锁价长单套保是指企业与下游客户签订以固定价格在未来执行的购销合同,同时,通过在期货市场上买入铁矿石和焦炭期货合约来锁定原燃料的成本,形成双边锁定,进而锁定签单毛利。买入套期保值主要运用于:预计未来原材料价格会上涨,锁定原材料成本。卖出套期保值则主要运用于:预计未来价格可能会下跌,锁定预售钢材、钢坯及敞口坯材库存毛利,防范因价格下跌带来的存货跌价损失,实现库存保值。其运用的对象主要是远期交货的锁价长订单和外购钢坯。根据经验,利用铁矿石、焦炭、焦煤进行多品种组合买入套保,可以锁定长期订单约 60% 的生产成本。锁价长单套保的目标在于锁定利润、对冲风险、稳定经营。通过锁价长单套保,帮助钢企改变现有销售以即期订单为主的签单模式,增加中长期订单量,使销售模式多元化。此外,锁价长单套保模式还能帮助企业更好地执行合同内容,提高公司的商业信誉。当原材料价格涨幅大大超过合同中约定的锁价时,部分钢厂会因为签单售价低于其生产成本价格而选择提高售价等违约行为,损害客户利益。南钢在采用锁价长单套保的模式后,可以在确保签单利润的情况下,执行签单售价,避免违约情况的发生。2016 年铁矿石和焦炭的主力连续合约周 K 线图如图 2-5 和图 2-6 所示,月交易数据如表 2-3 和表 2-4 所示。

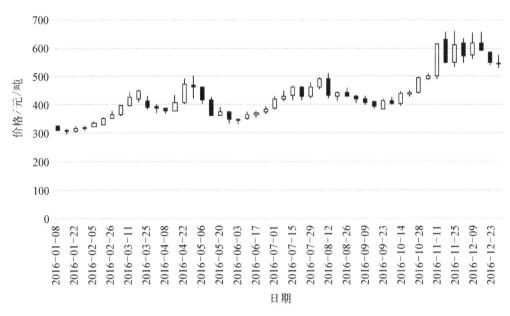

图 2 - 5　铁矿石 2016 年主力连续合约周 K 线走势

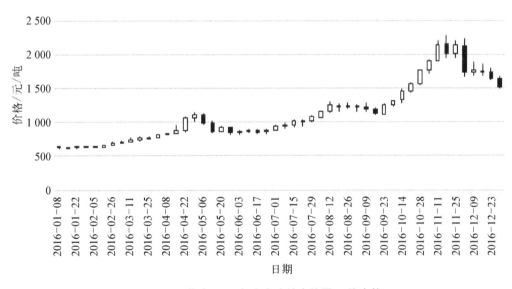

图 2 - 6　焦炭 2016 年主力连续合约周 K 线走势

表 2 - 3　铁矿石 2016 年主力连续合约月价格信息　　　　　　　　　单位：元/吨

时　　间	开　　盘	最　　高	最　　低	收　　盘
2016 - 01 - 29	325.5	327.5	298	321
2016 - 02 - 29	321.5	379	321.5	369.5
2016 - 03 - 31	370.5	454	367	380

时　间	开　盘	最　高	最　低	收　盘
2016 - 04 - 29	381	502	368.5	462
2016 - 05 - 31	462	462	333	344
2016 - 06 - 30	344	431	340.5	428
2016 - 07 - 29	428.5	477	412	461
2016 - 08 - 31	461	511	410	412.5
2016 - 09 - 30	412	432	383	404.5
2016 - 10 - 31	405	502.5	398	502
2016 - 11 - 30	502.5	658.5	488	556
2016 - 12 - 30	556	657	529	548

表 2 - 4　焦炭 2016 年主力连续合约月价格信息　　　　　　　　单位：元/吨

时　间	开　盘	最　高	最　低	收　盘
2016 - 01 - 29	647	654.5	610	639.5
2016 - 02 - 29	638	712.5	632	712
2016 - 03 - 31	716.5	794	693	792
2016 - 04 - 29	794.5	1 142	792	1 107
2016 - 05 - 31	1 110.5	1 132	811	851.5
2016 - 06 - 30	851.5	958	828	952
2016 - 07 - 29	950	1 098	912.5	1 075
2016 - 08 - 31	1 072	1 299	1 071	1 175
2016 - 09 - 30	1 177.5	1 319.5	1 109.5	1 309.5
2016 - 10 - 31	1 325	1 816	1 287.5	1 816
2016 - 11 - 30	1 803	2 276.5	1 745	2 078
2016 - 12 - 30	2 070	2 129	1 495	1 518

3）南钢股份套期保值经验

在南钢的日常经营中，期货工作已成为企业不可或缺的部分。期货部门参加每周经营形势分析会，通过期现结合分析，提供交易策略，应对原料库存风险、成本上升和钢材跌价损失风险。除了风险规避之外，南钢股份还定期对期货品种的持仓量、成交量、价格变化进行分析,并结合期货、现货市场综合情况,为企业采购、销售决策提供依据。

这次套保期货端平仓收益大幅超过现货订单的成本增加,取得了超额的套期效果。该效果得益于南钢在期货深贴水的时候进行了原燃料锁价套保操作,在持有期货头寸的过程中,基差的收敛使得该次套保中的期货端盈利远大于现货端成本的增加。在原燃料深贴水时建仓,能够提供较高的安全边际,同时获取基差收敛带来的超额收益。在南钢股份的期现货结合业务中,基差是最重要的考虑因素。基差交易是企业平稳经营的利器,但在具体实践过程中,也存在一些困难。例如,铁矿石、焦煤、焦炭合约不连续的问题,煤焦期货与现货基差偏大的问题。由于钢厂焦煤现货采购使用月度及旬定价模式,价格不连续,而期货合约是连续交易模式,价格波动幅度通常大于现货,期货交割标的又更贴近进口焦煤,因此两者之间基差偏大,南钢用其做期货套保面临较大的基差风险。依据经验,如果基差交易中现货套利水平不好把握,就需要现货部门做合理的测算,尤其是在有焦炭敞口的情况下。若测算合理,期货参与现货生产销售,能显著提高公司竞争力。

2.2.4　中国期货市场的发展与风险管理

1) 中国期货市场发展现状

经过 1990—1993 年这几年的研究孕育,各有关方面逐渐统一了认识,中国期货市场终于迈出了历史性的第一步。1990 年 7 月,国务院批转《商业部等八部门关于试办郑州粮食批发市场报告的通知》,明确提到,具体交易价格通过市场公开竞争形成,允许远期合同在场内转让。而要转让必须是同质化的物品,其实这里的场内转让就暗含了标准化合约的意思。标准化合约即期货合约。由于当时面临的意识形态阻碍比较大,因此,只能对外宣称建立批发市场,金融属性(T+0 交易)暗藏在交易机制中。1990 年 10 月,郑州粮食批发市场正式开业,这是中国第一个拥有期货交易品种的市场,但当时还没被称为期货交易所。

郑州粮食批发市场开办以来影响很大,全国各地都跟着学习其期货交易机制。但 20 世纪 90 年代初期,社会上关于“姓社姓资”“计划多一点还是市场多一点”的争论仍然激烈,对期货市场的负面舆论居多。1992 年年初,邓小平在南方谈话以后打破了当时人们思想上的桎梏。1994 年 10 月,天津、长春联合期货交易所、上海商品交易所等 14 家试点交易所成立。1998 年 8 月,国务院发布《关于进一步整顿和规范期货市场的通知》,将原 14 家期货交易所合并为大连、郑州、上海 3 家。截至 2022 年 9 月底,中国上市期货品种共 71 个,其中,商品期货 64 个,金融期货 7 个,具体如表 2-5 所示。全市场资金总量 5 000 多亿元,有效投资者139 万户。在表 2-5 中,＊号说明已经推出了对应品种的期权。

表 2-5　中国期货品种及其代码一览表

上海期货交易所		大连商品交易所		郑州商品交易所		中国金融期货交易所	
品种	代码	品种	代码	品种	代码	品种	代码
＊铜	CU	豆一	A	普麦	PM	＊沪深 300	IF
＊铝	AL	豆二	B	强麦	WH	中证 500	IC

上海期货交易所		大连商品交易所		郑州商品交易所		中国金融期货交易所	
品种	代码	品种	代码	品种	代码	品种	代码
*锌	ZN	*玉米	C	*白糖	SR	上证 50	IH
铅	PB	*豆粕	M	*棉花	CF	国债 10 年	T
*橡胶	RU	*棕榈油	P	*PTA	TA	国债 5 年	TF
燃油	FU	*塑料	L	菜籽油	OI	国债 2 年	TS
*黄金	AU	*PVC	V	早籼稻	RI	*中证 1000	IM
白银	AG	焦炭	J	*甲醇	MA		
螺纹钢	RB	焦煤	JM	玻璃	FG		
线材	WR	*铁矿石	I	油菜籽	RS		
沥青	BU	鸡蛋	JD	*动力煤	ZC		
热卷	HC	纤维板	FB	粳稻	JR		
镍	NI	胶合板	BB	晚籼稻	LR		
锡	SN	*聚丙烯	PP	硅铁	SF		
*原油	SC	豆油	Y	锰硅	SM		
纸浆	SP	玉米淀粉	CS	*菜籽粕	RM		
不锈钢	SS	乙二醇	EG	棉纱	CY		
20 号胶	NR	苯乙烯	EB	苹果	AP		
国际铜	BC	*液化气	PG	红枣	CJ		
低硫燃料油	LU	生猪	LH	尿素	UR		
		粳米	RR	纯碱	SA		
				涤纶短纤	PF		
				花生仁	PK		

2）期货市场系统性风险管理

2022 年 4 月 20 日,《期货和衍生品法》获十三届全国人大常委会第三十四次会议高票表决通过,于 2022 年 8 月 1 日实施。在国家鼓励期现结合的大背景下,期货市场与现货市场的联动效应进一步凸显,期货业的法治化进程无疑牵动着大宗商品市场敏感的神经。近年来,由于国际上突发事件和异常行情等不确定性因素引发供需错配,导致以农产品、煤炭、石油、金属为代表的大宗商品市场价格波动剧烈,给生产型企业带来了巨大的成本压力,企业通过期货市场规避价格风险的需求日益增长。全国 4 000 多家上市公司中,参与期货市场的企业达到了 1 000 多家,规模正在快速扩大,形成了良好的示范效应。同时,对期货市场系统性风险和非系统性风险的管理逐渐引起了管理者和广大参与者的高度重视。

期货和衍生品法明确了具体的风险监控和管理措施,主要思想是:第一是合约的设计,包括选择适当的标的物指数和设计合适的合约条款;第二是评估参与机构的资质和信誉,以降低机构恶意操纵价格的风险;第三是建立包括账户管理、大户报告、充分公开交易信息、强行平仓仓位上限、涨跌停板、每日盯市和保证金等制度;第四是建立风险准备基金、实时监控的预警指标体系以及警报产生后的对策措施。

3) 期货市场非系统性风险管理

第一是进行风险识别,即确认所面临的非系统性风险的类别和风险来源,评估风险发生的可能性及影响等。套期保值者虽然在很大程度上可以回避价格波动带来的风险,但是由于市场的变动与投资者对其预测并不一定完全一致,有时会出现很大的偏差,使套期保值者在某种程度上也暴露在价格风险中。投机者的头寸则完全暴露,一旦价格与预期相反,则面临巨大的市场价格风险。如果保证金制度和每日盯市以及强行平仓制度执行不力,就可能导致投资者穿仓甚至破产。

第二是进行风险度量,主要是使用多种计量模型来刻画市场因素的不利变化导致金融资产组合价值损失的大小。目前,常用的风险测度方法有灵敏度分析、波动性方法、VaR 法、压力测试和极值理论等,其中 VaR 法被广泛采用。

第三是进行风险控制,包括采取措施预防风险发生以及在风险发生后采取应急措施。完善的内部控制体制是风险控制的最基本保证。完善的内部控制体制应包括建立适当的业务运作流程,建立独立的金融衍生品交易部门和风险管理部门,动态监控保证金变动、套期保值比率等内容。

2.3　互换合约

2.3.1　互换合约的概念

互换合约是一种约定两个或两个以上的当事人按照协议条件及在约定的时间内交换一系列现金流的衍生品。而有关的回报则取决于所涉及的金融工具类型。例如在涉及两种债券的交换的情况下,回报就是定期利息(或息票)与债券相关的款项。具体来说,这两个对手同意交换对方的另一个现金流。互换协议是规定支付现金流量的日期及其计算方法的金融互换交易。这种交易的渊源是背对背贷款。比如说,一家法国公司向一家美国公司贷出一笔为期 5 年的欧元贷款,利率为 10%,而这家美国公司反过来又向这家法国公司贷出一笔等值的同样为期 5 年的美元贷款,利率为 8%。通过这一过程,这两家公司就交换了本金和利息支付,这就等于法国公司按固定汇率以一定量的欧元换取一定量的美元。从本质上来说,这是一种远期外汇交易。这种背对背贷款在 20 世纪 70 年代盛行。1981 年,出现了货币互换,接着又出现了利息率互换及通货利息率相混合的互换。

2.3.2　互换的特征

互换与其他衍生品相比有着自身的显著特征:① 互换交易集外汇市场、证券市场、短期货币市场和长期资本市场业务于一身,既是融资的创新工具,又可运用于金融风险管理;② 互换能满足交易者对非标准化交易的要求,运用面广;③ 用互换套期保值可以省去对其他金融衍生工具所需头寸的日常管理,使用简便且风险转移较快;④ 互换交易期限灵活,长短随意,最长可达几十年;⑤ 互换仓库的产生使银行成为互换的主体,所以互换市场的流动性较强;⑥ 互换交易本身也存在许多风险。信用风险是互换交易所面临的主要风险,也是互换方及中介机构因种种原因发生的违约拒付等不能履行合同的风险。另外,由于互换期限通常长达数年之久,对于买卖双方来说,还存在着互换利率的风险。

互换交易风险的类型包括:① 信用风险;② 政府风险;③ 市场风险;④ 收支不对应风险;⑤ 结算风险。

互换交易风险的承担者包括:① 合同当事者双方,在互换交易中他们要负担原有债务或新的债务,并实际进行债务交换;② 中介银行,它在合同当事人双方的资金收付中充当中介角色;③ 交易筹备者,它的职责在于安排互换交易的整体规则,决定各当事者满意的互换条件,调解各种纠纷等。交易筹备者本身不是合同当事者,一般由投资银行、商业银行或证券公司担任,收取(一次性)一定的互换安排费用,通常为总额的 0.125% ~ 0.375%。

2.3.3　互换合约的种类

互换合约(swap contract)是两个或两个以上的参与者之间,直接或通过中介机构签订协议,在约定的时间内交换一定的现金流的合约。一份互换合约可以看成远期合约的组合。根据支付内容的不同,金融互换主要有:商品互换、利率互换和货币互换。

1)商品互换

商品互换(goods swaps)是一种特殊类型的金融交易,交易双方为了管理商品价格风险,同意交换与商品价格有关的现金流。它包括固定价格及浮动价格的商品价格互换和商品价格与利率的互换。

2)利率互换

利率互换(interest rate swaps)是交易双方签订的一种合约,是指双方同意在未来的一定期限内根据同种货币的同样的名义本金交换现金流,该现金流以同一货币计算,但利息的计算方式不同,其中一方的现金流根据浮动利率计算,而另一方的现金流根据固定利率计算。最简单的利率互换就是,一方是以固定利率计息的现金流,另一方是以浮动利率计息的现金流,并且双方约定不交换本金。利率互换可看成一个债券组合,对于支付固定利率的一方,相当于在发行一个固定利率债券的同时,把所得收入投资到一个浮动利率的债券上。

3）货币互换

货币互换（currency swaps）是交易双方签订的一种合约，是指将一种货币的本金和固定利息与另一种货币的等价本金和固定利息进行交换。彼此同意在合约规定的期间互相交换一定的现金流，以不同货币计算和支付，利率支付方式可能相同也可能不同。与利率互换相比，货币互换中双方是以不同货币支付的，而且要交换本金。

其他互换还有股权互换、信用互换、气候互换和期权互换等。

2.3.4　互换合约的应用

互换合约的应用比较广泛，比如，政府利用互换市场开展利率风险管理业务，在自己的资产组合中，调整固定与浮动利率债务的比重。大多数有赤字的政府其大部分的债务融资是固定利率，一些国际主权债券是浮动互换利率票据。欧洲及欧洲以外的许多政府利用互换市场将固定利率债券发行从一种货币互换为另一种货币，或者从中获取更便宜的浮动利率资金。

许多政府机关、国有企业、城市与市政机构利用互换市场降低融资成本，或在投资者对其债券需求很大而借款人本身并不需要那种货币的市场上借款。借款人可以利用互换市场将融资决策与货币风险管理决策分开。外币借款会产生债务总成本高于或低于利率的可能性，因为所借货币的价值变动会改变融资成本。

出口信贷机构提供价格有竞争力的融资以便扩大该国的出口。出口信贷机构利用互换降低借款成本，使资金来源多样化。通过信用套利过程节省下来的费用，分摊给当地借款人，它们构成了出口信贷机构的客户群。一些出口信贷机构特别是来自北欧国家的，一直是活跃在国际债券市场上的借款人。有些成功地创造了融资项目从而能够按优惠利率借款。互换市场使它们能够分散筹资渠道，使借款币种范围更广，再互换回它们所需的货币。互换也使借款人能管理利率及货币风险。

使用互换合约最多的是各类金融机构，使用互换市场的金融机构范围很广，包括存贷协会、房屋建筑协会、保险公司、养老基金、保值基金、中央银行、储蓄银行、商业银行、投资银行与证券公司。商业银行与投资银行是互换市场的活跃分子，它们不仅为自己，同时也代表自己的客户交易。银行利用互换作为交易工具、保值技术与做市工具。

许多大公司是互换市场的活跃分子，它们用互换保值利率风险，并将资产与负债配对，其方式与银行大抵相同。一些公司用互换市场交换它们对利率的看法，并探寻信用套利的机会。互换市场还有其他参与者，它们包括各种交易协会、经纪人、系统卖方与出版商。

接下来举一个货币互换方面的例子。货币互换与平行贷款或背对背贷款相似，是指交易双方之间达成的一种协议，双方同意以不同的货币为基础来交换一定的现金流量，计算方式可以相同也可以不同。它与利率互换的区别在于互换双方所支付的币种不同，即双方存在两种货币的本金金额：第一，货币互换在协议到期时始终存在本金金额的交易，在生效日也存在本金的交易；第二，货币互换本金交换比例按照当时的市场即期汇率决定；第三，双方的利息支付可以均是固定利率或浮动利率，或者一个固定利率、一个浮动利率；第四，货币互换的动因可以使借款人得以利用他们在不同货币市场的信用差价，运用比较优势，降低双方的融资成本。

在没有违约风险的情况下,货币互换同样可以分解为两种债券表示的情况。令 B_F 表示互换中以外币形式衡量的外币债券价值,B_D 表示互换中本币债券的价值,S 表示即期汇率,货币互换的价值可以由国内货币的利率期限结构、外币的利率期限结构以及即期汇率来决定:

$$V = SB_F - B_D \qquad (2-6)$$

例: 假定日元和美元的利率期限结构是水平的,日元的年利率为 4%,美元的年利率为 9%。一家金融机构进行货币互换,每年以日元收取年利率 5% 的利息,以美元支付每年 8% 的利息,以两种货币表示的本金分别为美元 $1\,000$ 万元和日元 12 亿元,互换持续 3 年,现在的汇率为 110 日元$/1$ 美元。根据条件,有:

$$B_D = 0.8e^{-0.09} + 0.8e^{-0.09*2} + 10.8e^{-0.09*3} = 9.64(百万美元) \qquad (2-7)$$

$$B_F = 60e^{-0.04} + 60e^{-0.04*2} + 1\,260e^{-0.04*3} = 1\,230.55(百万日元) \qquad (2-8)$$

互换的价值为 $1\,230.55/110 - 9.64 = 1.55$(百万美元)

假设用两种货币表示的本金数量在货币互换开始时完全相等,这时互换的总价值为 0,但不意味着互换的每一个远期合约的价值为 0。它表明,当两种利率有明显差别时,低利率货币的支付处于这样的情形:对应于早期现金流交换的远期合约价值为正,而对应于最后本金交换的远期合约价值为负。当评估货币互换的信用风险时,这些结论很重要。

互换通常由金融机构来安排。为了减少利率或汇率的风险,在理想状态下,金融机构倾向于同时与双方签订相互抵消的互换协议。这个时候,金融机构面临信用风险,当金融机构与其中一方互换的互换价值为正时,如果这一方违约,金融机构会遭受损失,因为它不得不兑现同另一方的互换协议。

2.4   期权合约

2.4.1   期权合约的基本概念

期权(options)是指一标的物的买卖选择权。期权是一种特殊的协议,期权持有人拥有在未来某一限定时间(到期日)内按某一指定的价格(执行价)买进或者卖出某一特定商品或金融资产合约的权利,但不承担买进或卖出某一特定商品或金融合约的义务。在期权合约中,事先规定的价格称为期权的行权价格或敲定价格。当标的资产价格大于行权价格时,持有者执行认购期权是有利可图的。但是这个购买的权利只有在某段时期内有效,称为期权期限。当标的资产价格小于行权价格时,持有者执行认沽期权是有利可图的。期权合约的标的资产很广泛,包括股票、债券、股票指数、ETF、欧洲美元存单、大宗商品、贵金属、石油等。下面介绍期权所涉及的几个基本概念。

1）期权的买方与卖方

在期权交易中,购买期权的一方称为买方,出售期权的一方称为卖方。买方是权利的持有方,通过向期权的卖方支付一定的费用(期权费或权利金)获得权利,有权向卖方在约定的时间以约定的价格买入或卖出约定数量的标的资产,因此买方也称为权利方。期权的卖方没有权利,承担义务。一旦买方行使权利,卖方必须按照约定的时间以约定的价格卖出或买入约定数量的标的证券,因此卖方也被称为义务方。在境外市场,买方通常也被称为长仓方(long position),卖方通常也被称为短仓方(short position)。

2）认购期权与认沽期权

认购期权(call options)是期权的买方有权在约定的时间以约定的价格向期权的卖方买入约定数量的标的证券的期权。认沽期权(put option)是期权的买方有权在约定的时间以约定的价格向期权的卖方卖出约定数量的标的证券的期权。

3）合约单位与行权价

合约单位是一张期权合约对应的标的资产的数量,即买卖双方在约定的时间以约定的价格买入或卖出标的资产的数量。行权价,也称为行权价格、敲定价格、履约价格,是期权合约规定的、在期权买方行权时标的证券的交易价格。

4）欧式期权、美式期权与半美式期权

欧式期权(European options)是指期权买方只能在期权到期日行使权利的期权。美式期权(American options)是指期权买方可以在期权到期前任一交易日或到期日行使权利的期权。半美式期权(百慕大式期权)是指期权买方有权在有效期内约定的若干个特殊时间执行权利的期权。每一个期权合约都有两方:一方是持有期权多头头寸的投资者,即购买期权合约的一方;另一方是持有期权空头头寸的投资者,即出售期权合约的一方。

5）平值期权、实值期权与虚值期权

平值期权,也称平价期权,是指期权的行权价格等于标的资产的市场价格的状态。实值期权,也称价内期权,是指认购期权的行权价格低于标的资产的市场价格,或者认沽期权的行权价格高于标的资产的市场价格的状态。虚值期权,也称价外期权,是指认购期权的行权价格高于标的资产的市场价格,或者认沽期权的行权价格低于标的资产的市场价格的状态。

6）期权的内在价值与时间价值

权利金由内在价值(也称内涵价值)和时间价值组成。期权的内在价值是由期权合约的行权价格与标的证券的市场价格的关系决定的,表示期权买方可以按照比现有市场价格更优的条件买入或者卖出标的证券的收益部分。内在价值只能为正数或者为零。只有实值期权才具有内在价值,平值期权和虚值期权都不具有内在价值。实值认购期权的内在价值等于当前标的资产价格减去期权行权价,实值认沽期权的内在价值等于期权行权价减去当前标的资产价格。期权的时间价值是期权权利金中超出内在价值的部分。期权的有效期越长,对于期权的买方来说,其获利的可能性就越大;而对于期权的卖方来说,其需要承担的风险也就越大,卖出期权所要求的权利金就越多,而买方也愿意支付更多权利金以拥有更多盈利机会。期权剩余的有效时间越长,其时间价值就越大。

7）隐含波动率与历史波动率

隐含波动率，是通过期权产品的现时价格反推出的市场认为的标的证券价格在未来期权存续期内的波动率，是市场对于未来期权存续期内标的物价格的波动率判断。历史波动率是标的物价格在过去一段时间内变化快慢的统计结果，是从标的资产价格的历史数据中计算出价格收益率的标准差。

需要强调的是，期权赋予其持有者做某件事情的权利，但持有者不一定必须行使该权利。这一特点使期权不同于远期和期货，在远期和期货合约中，持有者有义务购买或出售该标的资产。投资者签署远期或期货合约时的成本为零，而投资者购买一张期权合约必须支付期权费。

期权是发展速度最快，也是金融工具中最为独特的一种投资方式，它能使买方有能力避免坏的结果，同时从好的结果中获益。因此，期权已经成为控制风险的理想选择，即主动管理风险而不是消极规避风险。期权与基础资产的组合投资策略，其主要功能是改变最初的风险暴露，以避免或降低因市场价格出现不利变化而给标的资产带来的损失。

2.4.2 期权合约的定价

1）二叉树方法

布莱克和斯科尔斯建立了一个包括一单位衍生证券空头和若干单位标的证券多头的投资组合。若数量适当，标的证券多头的盈利（或亏损）总是会与衍生证券空头的亏损（或盈利）相抵消，因此在短时间内该投资组合是无风险的。那么，在无套利机会的情况下，该投资组合在短期内的收益率一定等于无风险利率。基于无套利原理可以给期权定价。现代期权定价方法分为连续时间期权定价方法和离散时间期权定价方法，这里介绍离散时间期权定价的二叉树方法。二叉树方法是由考克斯（Cox）、罗斯（Ross）和鲁宾斯坦（Robinstein）在1979 年提出来的，其基本思想是：把期权的有效期分为若干个足够小的时间间隔，在每一个非常小的时间间隔内假定标的资产的价格从开始的 x 运动到两个新值。运动到比现价高的值 xu 的概率为 p，运动到比现价低的值 xd 的概率为 $1-p$。由于标的资产价格的变动率服从正态分布，运用风险中性定价原理，可以求得

$$\begin{cases} u = e^{\sigma\sqrt{\Delta t}} \\ d = \dfrac{1}{u} = e^{-\sigma\sqrt{\Delta t}} \\ P = \dfrac{e^{\Delta t} - d}{u - d} \end{cases} \tag{2-9}$$

假设初始时刻时间为 0，已知标的资产的价格为 x，时间为 Δt 时，标的资产价格有 2 种可能：xu 和 xd；时间为 $2\Delta t$ 时，标的资产价格有 3 种可能：xu^2，xud 和 xd^2。注意在计算每个结点标的资产价格时要使用 $u = \dfrac{1}{d}$ 这一关系。一般情况下，在 $i\Delta t$ 时刻，标的资产价格有 $i+1$ 种可能：

$$xu^j d^{i-j}, \quad j = 0, 1, \cdots, i \tag{2-10}$$

如果是认购期权,其价值应为 $\max(x-k,0)$,这样,在已知到期日的股价之后,可求出二叉树的 $M+1$ 个末端期权的价格。依据风险中性定价原理,$T-\Delta t$ 时刻每个节点上期权的价格都可由 T 时刻期权价格的期望值以无风险利率 r 折现求得。以此类推,我们可由期权的未来值回溯期权的初始值。二叉树方法是由期权的未来值回溯期权的初始值,因此可以用于美式期权计算。美式期权在某个节点期权的价格是如下两个价格之中的较大者:一个是立即执行时的价格,另一个是继续持有 Δt 时间的折现值。

假设一个不付红利股票的美式期权的有效期被分成 N 个长度为 Δt 的小段。设 c_{ij} 为 $i\Delta t$ 时刻股票价格为 $xu^j d^{i-j}$($0 \leqslant i \leqslant N$,$0 \leqslant j \leqslant i$)时的期权价值,也就是结点 (i,j) 的期权值。由于美式认购期权在到期日的价值为 $\max(x-k,0)$,因此:

$$c_{Nj} = \max[xu^j d^{N-j} - k, 0], \quad j = 0, 1, \cdots, N \tag{2-11}$$

在 $i\Delta t$ 时刻股票价格 $xu^j d^{N-j}$ 从结点 (i,j) 向 $(i+1)\Delta t$ 时刻结点 $(i+1,j+1)$ 移动的概率为 p,即移动到股票价格为 $xu^{j+1}d^{i-j}$;向结点 $(i+1,j)$ 移动的概率为 $1-p$,即移动到股票价格为 $xu^j d^{i-1-j}$。假设不提前执行,风险中性倒推公式为:

$$c_{ij} = e^{-r\Delta t}[pc_{i+1,j+1} + (1-p)c_{i+1,j}], \quad 0 \leqslant i \leqslant N-1, 0 \leqslant j \leqslant i \tag{2-12}$$

若考虑提前执行时,式中的 c_{ij} 必须与认购期权的内涵价值进行比较,因此可以得到:

$$c_{ij} = \max\{xu^j d^{i-j} - k, e^{-r\Delta t}[pc_{i-1,j+1} + (1-p)c_{i+1,j}]\} \tag{2-13}$$

因为计算是从 T 时刻倒推回来的,所以 $i\Delta t$ 时刻的期权价值不仅反映了在 $i\Delta t$ 时刻提前执行这种可能性对期权价值的影响,而且也反映了在后面的时间里提前执行对期权价值的影响。当 Δt 趋于 0 时,可以获得准确的美式认购期权价值。如果不考虑提前执行,就得出欧式认购期权价值。

2)蒙特卡罗模拟方法

蒙特卡罗模拟方法是一种对欧式衍生资产估值的方法(John,1997),其基本思想是:假设已知标的资产价格的分布函数,然后把期权的有效期限分为若干个小的时间间隔,借助计算机的帮助,可以从分布的样本中随机抽样来模拟每个时间间隔股价的变动和股价可能的运行路径,这样就可以计算出期权的最终价值。这一结果可以被看成全部可能终值集合中的一个随机样本,用该变量的另一条路径可以获得另一个随机样本。更多的样本路径可以得出更多的随机样本。如此重复几千次,得到 T 时刻期权价格的集合,对几千个随机样本进行简单的算术平均,就可求出 T 时刻期权的预期收益。根据无套利定价原则,把未来 T 时刻期权的预期收益 X_T 用无风险利率折现就可以得到当前时刻期权的价格。

$$P = e^{-rT}E(X_T) \tag{2-14}$$

其中,P 表示期权的价格,r 表示无风险利率,$E(X_T)$ 为 T 时刻期权的预期收益。

蒙特卡罗模拟方法的优点在于它能够用于标的资产的预期收益率和波动率的函数形式比较复杂的情况,而且模拟运算的时间随变量个数的增加呈线性增长,其运算是比较有效率的。但是,该方法的局限性在于只能用于欧式期权的估价,而不能用于对可以提前执行合约的美式期权,且结果的精度依赖于模拟运算次数。

3) 有限差分方法

有限差分方法主要包括内含有限差分方法和外推有限差分方法,其基本思想是通过数值方法求解衍生资产所满足的微分方程来为衍生资产估值,将微分方程转化为一系列差分方程之后,再通过迭代法求解这些差分方程(John,1997)。总的来看,有限差分方法的基本思想与二叉树方法基本相似,它们既可以用来求解欧式期权的价格,又可以用来求解美式期权的价格。

2.4.3 期权合约的组合

期权组合是将各种金融工具(主要是衍生金融工具)进行组合,以解决金融问题。一般来说,期权组合工具主要是以金融资产的损益图来作为"积木"进行各种组合的。因此,可以将远期、期货、互换和期权这些"积木"组合在一起使用,形成组合工具。

以下仅给出几种与期权有关的简单组合工具。为了突出这几种简单组合工具的逻辑性和直观性,定义3个期权算术符号:负斜率定义为(−1);正斜率定义为(+1);水平线定义为(0)。不同情况下的收益可以依次排列并用逗号分开,这样图2−7中6个组合工具的基石可以表示为:购买认购期权的结果是(0,+1),购买认沽期权的结果是(−1,0),购买资产的结果是(+1,+1),卖出认购期权的结果是(0,−1),卖出认沽期权的结果是(+1,0),卖出资产的结果是(−1,−1)。

图2−7中6个组合工具的基石存在算术关系,并可构成更为复杂的组合工具,比如,购买资产和卖出以该资产为基础的认购期权组合就相当于卖出以该资产为基础的认沽期权,结果如图2−8所示。同样道理,卖出资产和购买以该资产为基础的认购期权组合就

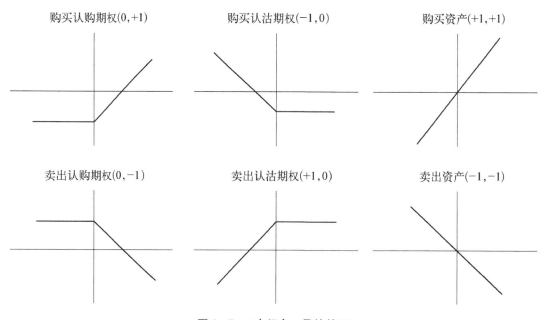

图 2-7　6 个组合工具的基石

相当于买入以该资产为基础的认沽期权,购买资产和购买以该资产为基础的认沽期权组合就相当于购买以该资产为基础的认购期权,卖出资产和卖出以该资产为基础的认沽期权组合就相当于卖出以该资产为基础的认购期权。

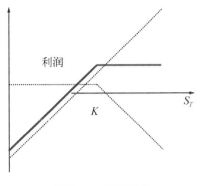

图 2 - 8　期权算术

期权组合的方式有很多,比较基础的组合有:认购期权多头与基础资产空头的组合,认沽期权多头与基础资产多头的组合,认购期权空头与基础资产多头的组合,以及认沽期权空头与基础资产的多头的组合。下面以认购期权多头与基础资产空头的组合进行说明,其他组合分析与此类似。

下面再给出几个常用的组合工具:

(1) 购入较低约定价格的认购期权(或认沽期权)和出售较高约定价格的认购期权(或认沽期权)构成的组合工具称为牛市期权价差;购入较高约定价格的认购期权(或认沽期权)和出售较低约定价格的认购期权(或认沽期权)构成的组合工具称为熊市期权价差。

若投资者预期股票价格小幅上涨从而构造牛市差价期权,购买一个较低行权价格(X_1)的股票认购期权和出售一个相同股票的较高行权价格(X_2)的认购期权;两个期权的到期日相同。行权价格较高认购期权的价值小于行权价格较低认购期权的价值,因此,用认购期权构造牛市差价期权时,投资者需要初始投资,即现金流出 $C_1 - C_2$,如图 2 - 9 所示。

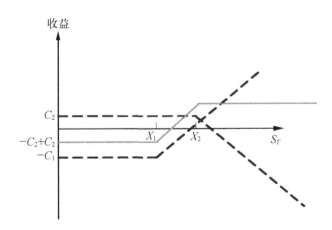

图 2 - 9　认购期权的牛市价差策略

(2) 购买一个较低行权价格(X_1)的认购期权(或认沽期权),购买一个较高行权价格(X_3)的认购期权(或认沽期权),出售两个行权价格(X_2)的认购期权(或认沽期权),这样构成的组合工具称为蝶式价差。购买蝶式价差的投资者预期股票价格会有小幅波动但不能确定方向,从而构造蝶式价差期权,其中,X_2 为 X_1 和 X_3 的中间值。一般来讲,中间值 X_2 非常接近股票的现价,如图 2 - 10 所示。

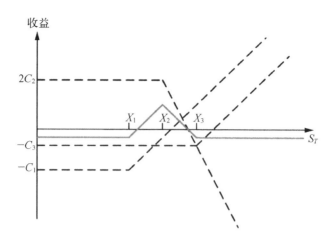

图 2 - 10 认购期权的蝶式价差

（3）同时买入同一种股票的具有相同的行权价格和到期日的认购期权和认沽期权构成的组合工具称为跨式期权组合。购买这种工具的投资者希望股票价格的波动幅度越大越理想，但不能确定方向。

（4）同时购买具有相同到期日但行权价格不同的一个认沽期权和一个认购期权，其中认购期权的行权价格 X_2 大于认沽期权的行权价格 X_1，这种组合工具称为宽跨式期权组合（勒形组合策略）。宽跨式期权组合与跨式期权组合类似，投资者预期股价会有大幅变动，但不能确定股价是上升还是下降。

（5）购买较低约定价格的 1 个认购期权和卖出较高约定价格的 2 个认购期权构成的组合工具称为认购期权比率价差。购买该工具的投资者预期资产价格变化不大，且资产价格下跌的可能性高于上涨的可能性，如图 2 - 11 所示。

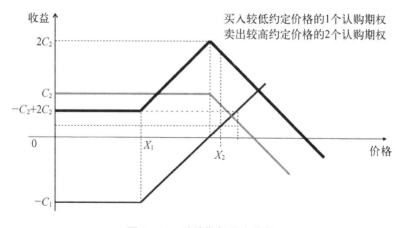

图 2 - 11 认购期权比率价差

（6）卖出较低约定价格的 1 个认购期权和购买较高约定价格的 2 个认购期权构成的组合工具称为认购期权比率反价差。购买该工具的投资者预期资产价格变化比较大，且资产价格下跌的可能性低于上涨的可能性。

（7）购买较高约定价格的 1 个认沽期权和卖出较低约定价格的 2 个认沽期权构成的组合工具称为认沽期权比率价差。购买该工具的投资者预期资产价格变化不大,且资产价格下跌的可能性低于上涨的可能性。

（8）卖出较高约定价格的 1 个认沽期权和购买较低约定价格的 2 个认沽期权构成的组合工具称为认沽期权比率反价差。购买该工具的投资者预期资产价格变化比较大,且资产价格下跌的可能性高于上涨的可能性。

有关组合工具有很多,以期权为基础的衍生产品还有障碍期权、目标累计赎回合约、展期三项式和累计期权合约等,以上只举几个简单的例子。只要掌握了基本原理,就可以通过 6 个基石组合制造各种符合需求的组合工具,只是要清楚这个组合衍生工具的作用和风险,才能使用好这些工具。

2.4.4　期权合约的应用

期权合约的应用极其广泛,这里仅举一例。假如一名投资管理者以 10% 的利率借入资金购买价格为 100 元的股票,他认为股票价格将保持不变,于是他决定出售一些以该股票为标的资产的价外欧式认购期权,这样一方面可以获得出售期权的收入,另一方面,到期的期权不会被执行。于是他出售了 9 个月的认购期权,行权价格为 110 元,收入 5.84 元,可以看出这次交易的初始头寸,以及随着时间变化的价值变化。然而,3 个月以后,股价出乎意料地上升至 120 元,认购期权现在是实值期权,其价值为 16.56 元,投资者此刻的盈利为股票获利 20 元,减去期权损失 10.72 元,再减去融资成本 2.35 元,净利润是 6.93 元。该投资管理者认为,股价上升是暂时的,价格最终会回落,于是他希望锁定目前已实现的利润。

方法之一是可以购回认购期权,卖出股票并偿付借入资金,6.93 元的净收入可以投资 6 个月,从而变为 7.27 元,可是,如果是柜台交易的期权,想买回期权就比较困难,并且卖出股票会发生不必要的交易费用。方法之二是购入认沽期权,这个认沽期权与已售出的认购期权有相同的行权价格和到期日,这样就构成了转换组合策略。认沽期权是合理定价的,其价格为 1.44 元,购入认沽期权所花费的成本将会略微增加借入资金量。现在有了转换策略,无论期权到期时股价如何变化都无关紧要:如果股价高于约定价格,那么,认购期权将会被执行,投资管理人只要移交股票,即可以获得收入 110 元;如果股价低于约定价格,投资管理者就会执行认沽期权,卖出股票获得收入 110 元,这笔收入可用于偿付借入资金及利息剩余 7.27 元,这与采用第一种方法的结果相同(见表 2-6)。在整个过程中所形成的转换策略,可以防范由于资产价格的任何变化给投资组合带来的不利影响。

套利组合的最后一种变化是盒式组合策略,即为转换策略和逆转换策略相结合,但二者的约定价格不同。由于每一个组成部分都是无风险的,因而盒式组合策略也是一种无风险的组合,不过盒式组合策略全部由期权组成。一般的多头盒式组合策略是一个有较高行权价格的转换策略,配合一个有较低约定价格的逆转换策略,这也可以看成一个牛市认购期权价差和一个熊市认沽期权价差的组合。对于转换策略和逆转换策略相结合,市场价格产生偏离,以至于存在套利利润的情况时有发生。盒式组合策略与前面例子所述的转换策略一样,也经常会成为一系列不同交易的最终产品。例如,某人最初认为,市场价格将会上升,于

表 2-6　转换策略

	初始头寸	股票价值变化	买认购期权	最终头寸
	$t=0$	$t=3$ 个月	$t=3$ 个月	$t=9$ 个月
股票	−100	120	120	
认购期权	5.84	−16.56	−16.56	110
认沽期权			1.44	
借入资金	94.16	−94.16	−95.6	−95.6
利息		−2.35	−2.35	−7.13
净值		6.93	6.93	7.27

是购入了牛市认购期权价差,过一段时间,当市场开始发生变化时,他可能会发现,与其把原先的交易对冲,不如购入约定价格不同的熊市认沽期权价差,这样不仅能多点利润,而且可以同样有效地锁定利润。

2.4.5　常用的期权结构设计

(1) 亚式平值认沽期权。这类期权的特点是到期日的结算价取决于合约有效期内一系列交易日的价格均值。由于大多数农副产品的种植和销售模式与亚式期权平均价结算模式天然匹配,且成本较为低廉,因此使用得最为普遍。平值期权也是目前较为普遍使用的期权结构,期权的行权价格,也就是保单的保障价格等同于签约当天标的合约的收盘价格。

(2) 多行权价组合或单一实值行权价的场外期权结构。多行权价指将虚值、平值、实值期权按不同的权重进行组合的期权结构,能够在不增加成本的同时,扩大赔付价格范围,提高保险赔付率。

(3) 亚美式组合(价差)认沽期权。亚美式期权是"亚式"和"美式"期权的组合,执行期权的日期相对灵活,给予了参保农户较大的自主选择空间:既可以选择点价格作为结算价格,也可以选择标的物收盘价均价作为结算价格,能够最大限度地保障农户自身的经济利益,这一方案也和橡胶期货行情波动剧烈的特点相匹配。

(4) 障碍式认沽期权。这类期权的特点是当标的合约触碰到障碍价格时,期权自动提前行权;反之,则直至到期日才终止。当标的期货合约价格下跌到某个事先约定的价位时,敲出式障碍期权相当于一个自动执行的美式期权,过程快速高效。也有一种加入锁定式障碍条款的亚式认沽期权结构,即如果标的期货合约日均价跌破某个事先约定的阈值,则赔付至少为这个数值,保留了后续一旦行情继续单边下跌,还能获得远超既定赔付补偿的可能。雪球产品就是其中的一类。

(5) 雪球产品是一种奇异期权,本质上是组合障碍期权,它的结构特点是具有敲入、敲出条件。雪球是挂钩某个标的物的期权(可以是指数,也可以是个股或者商品期货),收益与标的走势挂钩。一般而言,雪球产品是日观月结,雪球的敲出条件是每月观察,而敲入条件则是每日观察。

2.5 期货加保险策略

2.5.1 背景介绍

农业、农村和农民问题历来是备受各方关注的重大问题,亟待新的制度模式来解决。农业补贴政策由于价格机制等问题,给地方政府带来了巨大的财政压力,农产品期货加保险的发展模式符合当前阶段的发展需要。2016 年中央一号文件和"十三五"规划纲要中都明确提出要稳步扩大"期货加保险"试点。通过"农产品期货加保险"的业务模式创新改变原有的农产品价格风险转移方式和农产品补贴方式。

四川省绿科禽业有限公司成立于 2006 年 11 月,注册资金 7 000 万元,是集鸡蛋加工销售、有机生物肥料生产、健康养殖产品研究开发、技术培训于一体的南充市重点农业龙头企业,是南充市第一家通过农业农村部无公害产地和无公害农产品双重认证的企业。公司占地 450 多亩,有生产园区 3 个,产业基地涉及从青年蛋鸡的培育到蛋鸡健康养殖,以及禽业产品的加工各个环节。公司先后获得"南充市先进农业产业化经营重点龙头企业""南充市农业产业化先进集体""南充市顺庆区优秀农村人才培训基地"等光荣称号。公司的目标是通过进行股份制改造,发展成为国内名列前茅的现代化和集约化的大型农业企业集团。

农产品价格除受其本身基本面供需因素的影响外,还受各种国内以及国际社会经济形势变化的影响,价格波动风险较大。多年来,绿科禽业积极应用各种金融创新工具管理产品风险,实现了价格风险的高效对冲。鸡蛋价格存在明显的周期型特征,受节日效应影响大:过节时市场需求预期增大,节前价格受需求拉动上涨,上游随之扩张产能;节日后短时间出现供过于求,价格会有较大幅度下跌。2018 年一季度,元旦后鸡蛋价格正常回落,加上高补栏量压力下价格创新低,达 6 400 元/吨;二季度在清明、端午等节日的影响下,价格震荡中有所上涨,在 8 000~8 800 元/吨之间波动,端午节后回到下滑区间;三季度延续趋势,在 8 800 元/吨以下低位震荡,8 月末降至 7 400 元/吨;四季度在暑期、中秋和国庆的连续提振下价格逐渐开始走强,11 月初达到 9 400 元/吨的高价后开始跌落,年底降至 7 000 元/吨左右。鸡蛋期货主力连续合约 2018 年价格走势如图 2-12 所示,距离 2018 年最近的一个高点是 2017 年 11 月 30 日的 4 588 元,全年最低点是 2018 年 3 月 30 日的 3 188 元,全年最高点是 2018 年 11 月 21 日的 4 410 元(注意:期货的单位是 0.5 吨)。

2019 年中国鸡蛋产量达 3 309 万吨,占世界总产量的 39.2%。鸡蛋产量和消费量已连续 30 多年保持世界第一。由于中国鸡蛋价格波动频繁,给蛋鸡养殖业带来了较大风险,2013 年 11 月 8 日,鸡蛋期货在大商所上市,开盘价 4 050 元,最高价 4 078 元,最低价 3 970 元,收盘价 3 976 元。鸡蛋价格的阶段性高低点如表 2-7 所示。

鸡蛋期货合约:交易单位是 5 吨/手,报价单位是元/0.5 吨,最小变动价位是:1 元/500 千克,涨跌停板幅度是上一交易日结算价的±8%,最低交易保证金是合约价值的 9%,合约月份是 1—12 月,交易时间是每周一至周五 9:00—10:15,10:30—11:30,13:30—15:00,最

后交易日是合约月份倒数第 4 个交易日，最后交割日是最后交易日后第 3 个交
易方式是实物交割，交易代码是 JD。

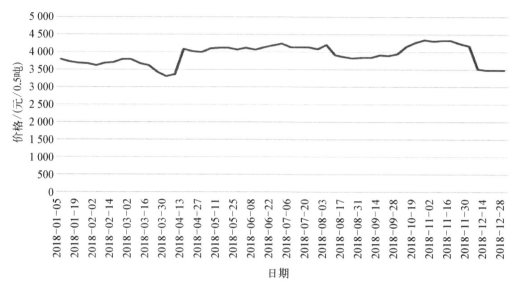

图 2-12 鸡蛋期货主力连续合约 2018 年价格走势图

表 2-7 鸡蛋期货主力连续合约开市及阶段性高低点日期　　　　单位：元/0.5 吨

时　间	开盘价	最高价	最低价	收盘价	高低点
2013-11-08	4 050	4 078	3 970	3 976	开市
2014-02-26	3 680	3 710	3 630	3 697	低点
2014-07-11	5 302	5 559	5 302	5 422	高点
2015-04-01	4 578	4 587	4 523	4 523	高点
2015-12-14	3 183	3 185	3 141	3 169	低点
2016-02-29	3 030	3 030	2 982	3 005	低点
2016-07-07	4 300	4 312	4 126	4 175	高点
2017-04-05	3 086	3 110	3 037	3 057	低点
2017-08-21	4 496	4 626	4 486	4 593	高点
2018-03-30	3 189	3 322	3 188	3 305	低点
2018-11-21	4 332	4 410	4 240	4 248	高点
2019-02-11	3 290	3 386	3 260	3 372	低点
2019-10-28	4 838	4 925	4 821	4 880	高点

续　表

时　间	开盘价	最高价	最低价	收盘价	高低点
2020 - 05 - 28	2 641	2 650	2 530	2 575	低点
2020 - 07 - 27	4 350	4 382	4 198	4 206	高点
2021 - 04 - 26	5 050	5 081	4 923	5 000	高点
2021 - 12 - 20	4 090	4 127	4 033	4 042	低点
2022 - 01 - 18	4 031	4 049	4 006	4 013	低点
2022 - 02 - 10	4 250	4 300	4 237	4 289	高点

2.5.2　期货加保险的逻辑特征

期货加保险的基本逻辑,简单来说是企业或农户与保险公司签订保险合同,保险公司收保险费,如果产生损失,保险公司赔付,如果不产生损失,保险公司获得保险费收益。保险公司为了规避价格下跌的风险,防范单边风险暴露,需要购买认沽期权。出售认沽期权的商家为了规避出售认沽期权存在的风险,需要到期货市场对冲,最终把风险转移到市场,由众多的投机者与保值者分担。具体如图 2 - 13 所示。

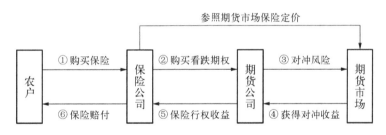

图 2 - 13　期货加保险的逻辑图

2018 年绿科禽业为了防范价格波动的不确定性给公司带来损失,与保险公司开展项目合作。绿科禽业在第一季度的下跌行情中盈利状态并不乐观,第二季度初价格虽然有小幅回升,但其面临着第一季度高补栏量要在第二季度末释放的压力,企业产量预计在端午节前后释放。端午节过后,绿科禽业根据市场经验预测:由于前期价格一直被压制,高补栏产能释放,市场短时间会呈现出供过于求的局面;节日效应不会改变行情趋势,在节后有很大的可能价格仍会掉落回之前的低点。绿科禽业预期端午节过后,从 6 月下旬开始,鸡蛋市场将面临需求放缓,存在较大的库存压力,鸡蛋价格将在未来 1 个月内有幅度较大的回落。

绿科禽业无法及时调整降低产量,只能采取必要的保值手段进行价格风险转移。因此,绿科禽业与保险公司、格林大华期货合作,在大连商品交易所的共同参与下,展开了四川省第一例鸡蛋"期货加保险"试点项目。这次的项目主体包括 3 个直接利益相关方和多个辅助方,一共涉及从农业生产企业到期货市场的 3 次风险转移过程,具体路径如图 2-14 所示。

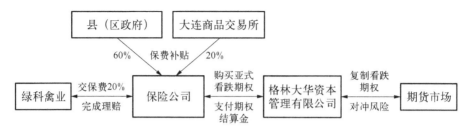

图 2-14　三方直接利益相关图

就这个项目而言,首先,保险公司需要了解期货相关的农产品生长周期、实时价格波动,将农产品期货市场的合约价格作为保险赔偿依据,推出相应的保险产品。其次,公司或农户通过政府的农业补助,只需要支付低廉的费用就可以购买保险,从而获得需要的保障。在保险有效期内,如果最终农产品实际价格低于合同中规定的价格,那么农户就可以获得来自保险公司的赔偿款项。再次,保险公司从期货公司处购买场外认沽期权,将部分风险转移给期货公司。最后,期货公司在得到期权费后,对在场内完成交易的期货合约进行风险对冲。当销售目标期货价格下跌后,期货公司可以用从场内市场获得的收益支付给保险公司赔偿损失。

1) 绿科公司购买鸡蛋价格保险

2018 年 6 月,绿科禽业向保险公司购买了鸡蛋价格保险产品。投保期限为 2018 年 6 月 22 日到 2018 年 7 月 21 日,保单规模为 1 350 吨鸡蛋,目标保障价格为 8 720 元/吨,若到期时鸡蛋价格降低,绿科禽业能够获得保险公司的赔付,保证一部分的收益,总保险金额是 1 177.2 万元。保险公司按照总保险金额的 5%收取总保费 588 600 元,绿科禽业只需支付保费的 20%,即 117 720 元(87.2 元/吨)。大连商品交易所支付 20%,县(区政府)支付 60%。对于保险到期日的理赔结算价的确定,最终决定选取投保期间内大连商品交易所 JD1809 期货合约每日收盘价的算术平均值作为理赔结算价格,并在保险合约到期时算得该理赔单价为 8 229.86 元/吨,按照该结算价低于目标保障价格 8 720 元/吨的差价进行理赔,最终绿科禽业得到保险公司赔付 661 689 元,成功规避了市场价格下跌带来的风险。

2) 保险公司购买亚式认沽期权

在卖出鸡蛋价格保险之后,保险公司面临在将来市场价格下跌时的巨额赔付风险,当价格下跌至一定数额时,保险公司将面临亏损,所以需要进行风险转移。

由于中国目前还没有上市鸡蛋期权,所以保险公司向格林大华的风险管理子公司买入了一份场外亚式认沽期权,生效日期是 2018 年 6 月 22 日到 2018 年 7 月 21 日,行权价格是 8 720 元/吨。为了完全抵消可能赔付给绿科禽业的金额,选择保单中目标保障价格作为期权行权价格,并通过保险公司、期货公司及交易所三方共同商定,将期权费定为 348.8 元/吨,数量仍为 1 350 吨,所以保险公司要支付给格林大华的期权费总额为 470 880 元。到结算日时,算得 JD1809 合约所有交易日的收盘价均值为 8 229.86 元/吨,以此作为期权结算价,并按照结算价低于行权价格的部分进行期权结算,最终保险公司收到格林大华支付的

661 689 元的期权结算金,恰好弥补了支付给绿科禽业的赔付金额,实现了价格下跌风险的有效转移。

3) 格林大华资本管理有限公司场外复制认沽期权

格林大华作为认沽期权的卖方,收益有限而价格下跌风险无限。为转移风险,格林大华公司需要进行对冲。由于场内期权的缺乏,只能通过场外复制期权来对冲风险。具体操作是格林大华要在期权合约生效时,同时在期货市场建立同等规模的 JD1809 空仓,即卖空 JD1809 期货合约,并动态调整仓位:当期货价格下跌时,适当增加空头仓位;当价格上升时,减少空头仓位。如果期权到期时 JD1809 合约价格下跌,格林大华需要向保险公司支付期权结算金,而此时通过将期货市场的全部合约进行平仓,在期货市场的盈利便能弥补作为期权卖方的损失。

2.5.3　行为主体的风险收益分析

1) 绿科禽业效益分析

绿科禽业支付给保险公司 117 720 元的保费。当到期鸡蛋价格高于约定目标价格 8 720 元/吨时,最大损失为 117 720 元;当合约到期鸡蛋价格低于 8 720 元/吨时,价格越低,绿科禽业收到的金额越高,特别是当市场价格低于 8 632.8 元/吨时,绿科获得的赔付将完全抵消掉交的保费,产生盈利。合约到期时,计算得到整个保障期间所有交易日期货收盘价的均值为 8 229.86 元/吨,所以绿科禽业获得的理赔金额为(8 720－8 229.86)×1 350＝661 689 元,每吨鸡蛋获得赔付 490.14 元,最终锁定的销售利润为 490.14－87.2＝402.94 元/吨,净收益为 543 969 元,如图 2－15 所示。

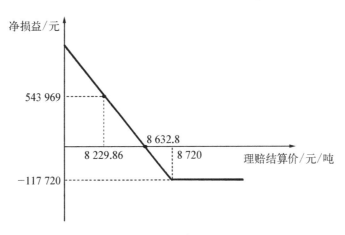

图 2－15　绿科禽业损益图

2) 保险公司效益分析

对于保险公司而言,若合同到期时鸡蛋价格高于保障价格,则无需任何赔付,获得的 588 600 元保费全部是净收益;但是如果市场价格低于目标价格,保险公司的净收益将随着价格的下跌而减少,一旦价格跌破 8 284 元/吨,收到的保费将不能完全覆盖赔付金额,保险公司的净损益由正转负。

所以保险公司选择购买期权,并将行权价格与保险合同的保障价格定于相同价位,其只需支付权利金 470 880 元,即 348.8 元/吨,就能将保险赔付的风险转移给格林大华公司。故而保险公司最终的收益便是所收保费与所交期权费的差值,即 588 600−470 880＝117 720 元,保证了固定的收益,同时还帮助企业转移了市场价格风险,如图 2-16 所示。

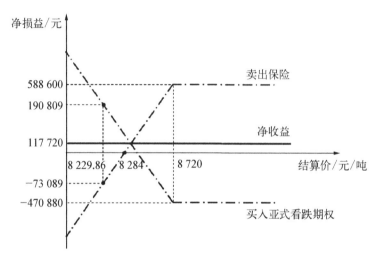

图 2-16   保险公司损益图

3）格林大华资本管理有限公司效益分析

格林大华与保险公司签订了卖出认沽期权的合同,收到期权费 470 880 元,为保险公司提供鸡蛋价格下跌的保障。若到期时市场价格低于 8 371.2 元/吨,收取的权利金将不能完全覆盖结算金所需支付的金额,格林大华将面临亏损风险,所以频繁调整仓位,在合约结束后几日内才将空仓全部买平,最终通过高价卖出开仓、低价买入平仓操作,将风险转移到期货市场。期货市场空头头寸盈利与售出认沽期权的结算金赔付基本相同,最终格林大华资本管理有限公司的收益为收取的权利金减去期货交易成本后的净额,获得了近 20 万元的稳定收益。

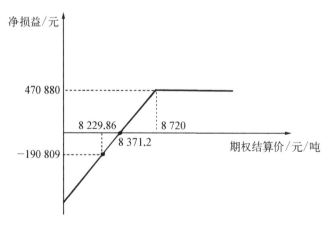

图 2-17   格林大华资本管理公司损益图

2.5.4　期货加保险的优劣势

在期货加保险的模式中,保险公司通过保单将原本规模较小的相关农业生产单位聚集在一起,共同达到期货市场的准入门槛;期货公司通过期货期权将其所需要面临的风险分散到其他各种金融衍生品市场,从而进行风险控制。保险公司通过与格林大华的合作,有效发挥了保险和期货的组合优势,还通过运用期货市场,为农产品价格保险的研发提供了更加科学的依据,使农产品的定价更有针对性。让具有一定技术规模的企业积极参与金融工具的应用与研发,可以实现市场风险的转移,提高农产品价格风险的可保性。该风险管理机制仍存在改进空间。模式虽然引入了期货市场和保险公司实现风险管理,但还存在期货合约流动性不足限制模式可行性、风险对冲工具不足增大成本压力等限制条件。目前中国的期权种类仍不完善,这样的风险管理可复制程度并不高。为了更有效地管理风险,我们需要优化期货市场制度环境,包括及时跟进农产品期货及期权品种上市需求,优化市场准入监督制度,同时也需要提高农产品价格险种设计的灵活性,为有效的金融风险管理提供助力。

"期货加保险"的机制创新把期货市场与农业风险管理有效地结合起来。保险环节,引导种植户转移和释放价格风险,以应对价格波动率放大的趋势,使农险产品结构从保成本、保产量向保价格、保收入转变,是保险经济补偿机制的升级。期权及期货环节,引入期货公司风险管理这一专业的风险管理服务商,使用场外期权产品进行灵活、定制化、非线性的风险转移,发挥期货市场承接和转移农产品价格风险、服务实体产业的功能。

保险公司购买期权将风险转移给期货公司进行再保险,表面上完全转嫁了风险,实际上在发生系统性风险时期货公司仍可能违约。为了更有效地管理风险,一方面要完善保险公司套保者的角色认定,并使用场内期权以降低期货公司为对冲场外期权市场风险进行交易的频率,从而降低交易成本;另一方面要不断探索风险收益更均衡的模式,实现风险合理转移和各经济主体共赢。

2.6　本章小结

本章介绍了金融风险管理的基本方法、使用的基础工具及其组合工具。基础工具就是金融高科技的四大发明——远期、期货、互换和期权合约,在这四大基础金融产品衍生出来的组合工具中,运用期权衍生出来的组合产品是最复杂和最特殊的。

复习思考题

1. 远期与期货的主要区别是什么?
2. 如何计算认购期权卖出开仓的成本和到期日损益?

3. 分别列举 3 个你所知道的收益封顶风险巨大、风险有限收益巨大、风险和收益都有限及风险和收益都巨大的金融衍生工具。

4. 通过举例,画图说明牛市价差的风险和收益特征,并解释购买牛市价差的交易者对标的资产价格走势是如何认识的。

5. 分别列出购买如下 8 个障碍期权的到期损益特征:

(1) 向上敲入认购期权(up and in call options)。

(2) 向下敲入认购期权(down and in call options)。

(3) 向上敲出认购期权(up and put call options)。

(4) 向下敲出认购期权(down and put call options)。

(5) 向上敲入认沽期权(up and in put options)。

(6) 向下敲入认沽期权(down and in put options)。

(7) 向上敲出认沽期权(up and out put options)。

(8) 向下敲出认沽期权(down and out put options)。

6. 在期货加保险的风险管理模式中需要注意哪些问题?

7. 根据表 2-8 在 2022 年 4 月 15 日沪深 300ETF9 月到期的期权行权价与权利金的数据,试分别计算蝶式认购策略和蝶式认沽策略的构建成本、盈亏平衡点及其到期价格分别为 3.7 元、4.2 元和 5.0 元的损益。

表 2-8　2022 年 4 月 15 日沪深 300ETF9 月到期的期权行权价与权利金

代　码	名　　称	期权价格(元)	行权价(元)	期权类型	时间价值	杠杆比率
10004095	300ETF 购 9 月 3900	0.412	3.90	认购	0.13	10.15
10004033	300ETF 购 9 月 4100	0.284	4.10	认购	0.20	14.72
10003993	300ETF 购 9 月 4300	0.189	4.30	认购	0.19	22.05
10004097	300ETF 沽 9 月 3900	0.120	3.90	认沽	0.12	34.84
10004034	300ETF 沽 9 月 4100	0.216	4.10	认沽	0.20	21.28
10004002	300ETF 沽 9 月 4300	0.294	4.30	认沽	0.18	14.20

8. 根据表 2-8 在 2022 年 4 月 15 日沪深 300ETF9 月到期的期权行权价与权利金的数据:

(1) 计算比较以 0.28 元买入行权价是 4.1 元的认购期权和以 0.2 元卖出行权价为 4.1 元的认沽期权两种看多策略在第 10 个交易日和第 25 个交易日的损益。

(2) 计算以 0.19 元卖出行权价是 4.3 元的认购期权,同时以 0.12 元卖出行权价为 3.9 元的认沽期权组合在第 10 个交易日和第 25 个交易日的损益。

(3) 计算以 0.28 元买入行权价是 4.1 元的认购期权,同时以 0.2 元买入行权价为 4.1 元的认沽期权组合在第 10 个交易日和第 25 个交易日的损益。

(注:表 2-9 是第 10 个交易日的收市信息,表 2-10 是第 25 个交易日的收市信息)。

整。风险管理者要督促相关各部门严格执行风险管理的有关规章制度,确保风险管理方案得以落实和实施。因此,管理者需要定期或不定期地对各业务部门进行全面或专项检查,发现隐患后迅速加以纠正或补救。管理者应对风险管理方案的实施效果进行评估,测定实际效果与预期效果之间是否一致,并根据内部条件与外部环境的变化,对金融风险管理方案进行必要的调整。

第七,金融风险管理报告。风险报告是指在风险监测的基础上,编制不同层级和种类的风险报告,遵循报告的发送范围、程序和频率,以满足不同风险层级和不同职能部门对于风险状况的多样化需求的过程。金融风险管理报告可分为外部报告及内部报告两大类。外部报告主要是为了满足外部监管机构包括银保监会、证券交易所的合规要求,以及对外部投资者进行信息披露的要求。内部报告主要是为了满足内部战略决策的需求。

关于金融风险管理外部报告,银保监会已开始按照 2016 年《银行业金融机构全面风险管理指引》要求银行业金融机构定期上报全面风险管理报告,要求银行业金融机构建立全面风险管理报告制度,明确报告的内容、频率和路线,并至少按年度报送全面风险管理报告。而国务院国资委则早在 2006 年起便要求中央企业遵照《中央企业全面风险管理指引》向国务院国资委和董事会提交全面风险管理报告。

金融风险管理内部报告则可以根据银行自身情况及需求,对风险报告进行定制化处理。内部风险报告一般可按报告内容划分为综合风险报告和专项风险报告,也可以按照报告的时间和频率分为定期风险报告和不定期风险报告。不同层次和种类的具体风险报告的内容可依据董事会、管理层对风险的管控要求进行灵活调整,但必须遵循规定的发送范围、程序和频率进行报告。对于内部报告而言,简洁、准确、全面、及时至关重要。在某种意义上,"简洁"与"准确"和"及时"同等重要。如果风险管理者、高层或董事得到的信息过多,反而会导致重要信息缺失。

1.4.4　金融风险管理的策略

很多专家学者都对金融风险管理的策略问题从多方位、多角度进行了研究。经济主体可以根据不同类型的金融风险有针对性地采取多种金融风险管理策略。下面主要介绍分散风险的组合策略、转嫁风险的保值策略和规避风险的保险策略。

　1) 分散风险的组合策略

分散风险的组合策略是指投资者在资金、时间和投资方向上要实现多元化。金融市场中投资风险是多种多样的,投资者在作决策时必须慎重考虑自己承担风险的能力,并在适当的风险水平上选择投资对象,不要将目标集中在某一种资产上,以分散投资来减少风险。这种分散策略主要包括:

(1) 投资方向分散组合策略,即投资不宜集中于某一领域、部门或行业,以防出现不景气。

(2) 投资时间分散组合策略,即在不同的时期购买证券以减少风险。此外,还可以在股票市场、债券市场以及其他市场上进行交叉投资来减少风险。

(3) 资产期限分散组合策略,适当分配长、中、短期的投资比例。

表 2－9 2022 年 4 月 29 日沪深 300ETF9 月到期的期权行权价与权利金

代　码	名　　称	期权价格（元）	行权价（元）	期权类型	时间价值	杠杆比率
10004095	300ETF 购 9 月 3900	0.292	3.90	认购	0.177	13.74
10004033	300ETF 购 9 月 4100	0.193	4.10	认购	0.193	20.81
10003993	300ETF 购 9 月 4300	0.119	4.30	认购	0.120	33.60
10004097	300ETF 沽 9 月 3900	0.181	3.90	认沽	0.181	22.16
10004034	300ETF 沽 9 月 4100	0.279	4.10	认沽	0.194	14.39
10004002	300ETF 沽 9 月 4300	0.405	4.30	认沽	0.120	9.90

表 2－10 2022 年 5 月 25 日沪深 300ETF9 月到期的期权行权价与权利金

代　码	名　　称	期权价格（元）	行权价（元）	期权类型	时间价值	杠杆比率
10004095	300ETF 购 9 月 3900	0.235 8	3.90	认购	0.153 8	16.89
10004033	300ETF 购 9 月 4100	0.139 5	4.10	认购	0.139 5	28.54
10003993	300ETF 购 9 月 4300	0.077 1	4.30	认购	0.0771	51.65
10004097	300ETF 沽 9 月 3900	0.166 6	3.90	认沽	0.166 6	23.90
10004034	300ETF 沽 9 月 4100	0.267 1	4.10	认沽	0.149 1	14.91
10004002	300ETF 沽 9 月 4300	0.402 0	4.30	认沽	0.084 0	9.91

第 3 章

金融风险度量方法

　　投资者和银行等金融机构的管理者,在生产经营和投资管理活动中,面临着风险和收益的权衡。其持有的金融资产所面临的风险大小将影响到机构的正常运行。因此,明确风险的大小对于投资者以及机构管理者是至关重要的。金融风险的度量方法经历了从方差和标准差,到 Beta 值,再到 VaR 的演变过程。本章介绍现代金融风险的度量方法。3.1 介绍均值一方差模型、贝塔值模型和期权费用法;3.2 介绍 VaR 方法的基本理论和计算公式;3.3介绍投资组合 VaR、边际 VaR、增量 VaR 和成分 VaR,从中可以看到 VaR 不仅适用于单项资产的风险度量,也可以对资产组合进行综合的风险度量,还可以对资产组合的变动中所引起的风险变动大小进行度量,这也正是运用 VaR 方法进行风险度量的优势所在;3.4 列举了几个例子;3.5 介绍了 VaR 方法的局限性以及最新进展。

3.1　均值—方差模型

　　人们最早对市场风险的研究借助于效用理论,特别是期望效用理论。市场风险的度量研究从两个方向发展:一是从效用函数本身的研究出发,从一般意义上探讨市场风险的度量问题,如效用函数的风险模型、随机占优选择模型等;二是从具体的度量方法出发,开发各种市场风险度量指标,在这个方向上,Markowitz(1952)的工作具有开创性,以后的各种风险度量方法都是在此基础上进一步发展和完善的。马科维茨(Markowitz)在证券收益率服从正态分布等严格假设下,以收益率的方差作为风险度量指标,提出了马科维茨模型,开创了定量度量市场风险的先河。夏普(Sharpe)的贝塔理论是马科维茨早期工作的简化,针对模型协方差阵计算的困难以及用方差计算市场风险不能有效区分系统性风险和非系统性风险,进而不能对市场风险进行分析和控制的弱点,提出了贝塔值理论,该理论使市场风险度量有了比较强的应用基础。随着研究的深入,投资收益率服从正态分布的假设遇到了挑战,如果投资收益率不服从正态分布,那么运用方差或贝塔值度量市场风险是不正确的或者是没有意义的。针对这种情况,研究者提出了用 Hurst 指数度量市场风险的理论。然而,无论是方差、贝塔值或者是 Hurst 指数,一般都要借助历史数据度量市场风险,因此它们是市场风险的事后度量。为了克服事后度量的不足,有关学者根据信息熵理论,运用分析者对收益率的预测,提出了度量市场风险的信息熵值方法。

无论上述哪个理论,都是以风险是收益率的波动为基础的。真正动摇此理论基础的是风险度量的下偏矩理论,该理论认为,只有收益的损失部分才是风险因素,应该计入市场风险度量模型。更广泛的概念是下方风险,它仅仅关注收益的损失部分,从一般意义上研究市场风险度量问题。在本章接下来的部分,主要研究市场风险的度量。

3.1.1　资产组合的风险

在 1952 年,马科维茨发表了一篇里程碑的论文,被公认为"现代组合理论"的开端。他的方法是:假设投资者有一笔资金在现时购买股票,这笔资金要投资一段时间,即所谓的投资者持有期。在持有期的期末,投资者将卖掉在期初购买的股票。可以将马科维茨的方法视为一个单期方法,将期初记为 $t=0$,期末记为 $t=1$。在 0 时刻,投资者需要决定每种特定股票各购买多少,并持有到 1 时刻。因为一个选择就是一个股票的组合,因此,这个决策常被称为"组合选择问题"。

在 0 时刻做出决策时,投资者应该清醒地认识到:在持有期期末的证券回报是未知的。投资者可能去估计所考虑的各种证券的预期回报率,然后投资于预期回报率最高的一种证券。但马科维茨注意到这种决策是不明智的,因为典型的投资者不仅要求"高的回报率",还要求"回报率的方差最小",这意味着投资者需要在预期回报和不确定性这对相互矛盾的目标中寻找平衡。

若用 R 表示资产的期望收益,σ 表示资产的方差,如前所述,σ 可以用来表示资产的风险。如果投资者改变只选择一种证券的方法而选择购买多种证券,那么如何表示风险呢?

假设用 R_i 表示资产组合中资产 i 的期望收益,σ_i 表示资产组合中资产 i 的风险,w_i 表示投资在第 i 种资产的权重(为了与资产的风险权重相区别,这里称为价值权重),$\sigma_{i,j}$ 表示资产 i 和资产 j 之间的协方差,N 表示资产组合中的资产数量,那么资产组合的期望收益率可以表示为

$$R_p = \sum_{i=1}^{N} w_i R_i \qquad (3-1)$$

资产组合的总风险可以表示为

$$\sigma_p^2 = \sum_{i=1}^{N} \sum_{j=1}^{N} w_i w_j \sigma_{i,j} \qquad (3-2)$$

用矩阵符号表示,资产组合的期望收益率可以表示为

$$R_p = W^{\tau} R \qquad (3-3)$$

资产组合的总风险可以表示为

$$\sigma_p^2 = W^{\tau} \sum W \qquad (3-4)$$

其中,

$$W = \begin{bmatrix} w_1 \\ w_2 \\ \vdots \\ w_N \end{bmatrix}, R = \begin{bmatrix} R_1 \\ R_2 \\ \vdots \\ R_N \end{bmatrix}, \Sigma = \begin{bmatrix} \sigma_{11} & \sigma_{12} & \cdots & \sigma_{1N} \\ \sigma_{21} & \sigma_{22} & \cdots & \sigma_{2N} \\ \vdots & \vdots & \ddots & \vdots \\ \sigma_{N1} & \sigma_{N2} & \cdots & \sigma_{NN} \end{bmatrix}。$$

3.1.2　边际风险

边际风险是指在资产组合中资产 i 每增加 1 个单位对资产组合总风险的影响,资产组合的边际风险向量 MR 可以通过数量关系式(3-5)求出:

$$MR = \frac{\partial \sigma_p^2}{\partial W} = 2\Sigma W = 2W^\tau \Sigma \tag{3-5}$$

资产组合中的第 i 个资产边际风险 MR_i 可以通过数量关系式(3-6)求出:

$$\begin{aligned} MR_i &= \frac{\partial \sigma_p^2}{\partial w_i} = 2w_i \sigma_i^2 + 2\sum_{j=1, j \neq i}^{N} w_j \sigma_{i,j} \\ &= 2Cov(R_i, w_i R_i) + 2Cov\left(R_i, \sum_{j=1, j \neq i}^{N} w_j R_j\right) = 2Cov\left(R_i, \sum_{j=1}^{N} w_j R_j\right) \\ &= 2\sigma_{i,p} \end{aligned} \tag{3-6}$$

$$\Sigma W = \begin{bmatrix} \sigma_{1p} & \sigma_{2p} & \cdots & \sigma_{Np} \end{bmatrix}^\tau$$

边际风险的另一种表示方法见式(3-7):

$$\underline{MR}_i = \frac{\partial \sigma_p}{\partial w_i} \tag{3-7}$$

通过复合函数求导法则可以得到 $MR_i = \frac{\partial \sigma_p^2}{\partial w_i} = 2\sigma_p \frac{\partial \sigma_p}{\partial w_i} = 2\sigma_p \underline{MR}_i = 2\sigma_{i,p}$,即

$$\underline{MR}_i = \frac{\partial \sigma_p}{\partial w_i} = \frac{\sigma_{i,p}}{\sigma_p} = \rho_{i,p} \sigma_i = \frac{MR_i}{2\sigma_p} \tag{3-8}$$

边际风险最重要的作用是可以计算资产组合中每个风险资产的风险占资产组合总风险的比重,这个比率又称为风险贡献率。风险贡献率计算可以用式(3-9)表示:

$$\frac{MR_i}{\sum_i w_i MR_i} = \frac{2\sigma_p \underline{MR}_i}{\sum_i w_i (2\sigma_p \underline{MR}_i)} = \frac{\underline{MR}_i}{\sum_i w_i \underline{MR}_i)} \tag{3-9}$$

可见,两种表示方法计算的边际风险的结果不同,但计算风险贡献率的结果是相同的,说明起到的作用是相同的。

3.1.3　夏普的 β 值度量指标

β 值是资本资产定价模型中计量风险的一个指标,它是夏普在马科维茨均值—方差模

型的基础上提出来的,是对其工作的一种简化。首先,由于它的简洁性,该方法得到了广泛的接受和使用。其次,单一资产的风险溢价与市场组合的风险溢价与该资产的 β 系数成比例。

夏普假定:① 存在大量的投资者,每个投资者都是价格接受者;② 所有投资者在同一证券持有期计划自己的投资行为;③ 投资范围仅限于金融市场上公开交易的资产;④ 不存在证券交易费用以及税负;⑤ 所有投资者都是理性的,追求投资组合的风险最小化;⑥ 所有投资者具有同质预期,即关于证券收益率的概率分布是一致的;⑦ 投资者是厌恶风险的;⑧ 对所有投资者而言,信息是免费的并且是立即可得的。

通过这些假设可以看出,把研究的注意力从单一的投资者如何投资,转移到了如果每个投资者都采用同样的投资态度,证券价格将是怎样的。通过考察市场上所有投资者的集体行为,可以得到每一种证券的风险和收益之间均衡关系的特征。

市场组合 M 是由所有证券构成的组合,在这个组合中,投资于每一种证券的比例等于该证券的相对市值。首先,所有市场上存在的资产必须被包含在 M 所代表的资产组合里,不被 M 所包含的资产会变得无人问津,直到进入 M 所代表的组合;其次,当市场均衡时,对任何一种资产都不会有过度的需求和供给,因为所有的理性投资者所选择的风险资产的比例都应该同 M 所代表的资产组合里的投资比例相同。

在包含无风险证券时,代表有效组合的点必须在无风险组合和市场组合构成的直线上,因此,不管投资者的收益或风险偏好怎样,只有找到切点 M 所代表的市场组合,再加上无风险证券,就能为所有投资者提供最优的投资方案。

假设 R_f 表示无风险利率,$E(R_p)$ 和 $E(R_i)$ 分别表示证券组合的平均预期收益率和第 i 个证券的预期收益率,$\beta_i = \dfrac{\sigma_{i,p}}{\sigma_p^2}$ 表示第 i 个资产相对于整个组合的风险,那么 CAPM 的最普遍形式可以用式(3-10)表示:

$$E(R_i) = R_f + [E(R_p) - R_f]\beta_i \tag{3-10}$$

则对于 β 值大于 1 的投资项目要承担高于市场平均的风险,应该得到高于市场的风险溢价;β 值小于 1 意味着其承担低于市场平均的风险,获得低于市场的风险溢价。

在马科维茨模型中,协方差计算量最大也是最复杂的,在保持模型其他假设不变的情况下,夏普提出了如下市场模型用于简化协方差的计算:

$$R_i = \alpha_i + \beta_i R_p + e_i \tag{3-11}$$

式中,R_i 为证券 i 的回报,R_p 为市场组合的回报,β_i 为证券回报相对于市场组合回报的测度,e_i 为随机误差,α_i 为常数回报。假设 $E(e_i)=0$,市场组合与随机误差项不相关,由式(3-10)可以得到 $\beta_i = \text{cov}(R_i, R_p)/\sigma_p^2$,用来测度股票一起变动情况下证券收益的变动程度。

我们已经看到 β 值是一种对风险的基本度量,为了评价风险,恰当评价个别证券和投资组合的 β 值是必不可少的。尽管 β 值作为风险计量指标得到了广泛的应用,但由于 CAPM 建立在一系列假设的基础上,因此存在一些不足:

（1）β 值度量的投资风险是以波动性作为基础的，而波动性不能正确反映风险。同时，由于 β 值是根据方差和协方差计算的，方差存在的问题，β 值同样存在。

（2）证券市场 β 值与期望收益之间存在正线性关系，市场 β 值足以描述期望收益，这是 CAPM 的核心内容之一，但这一结论是值得怀疑的。最主要的证据有 Fama&French（1992）、Roll&Ross（1994）等人的研究结果；Fama&French（1992）对美国 3 个主要证券交易所 62 年每天证券价格的数据进行研究后发现，β 值与收益之间的关系并不显著，或者说 β 值不能描述过去 62 年平均的证券收益。Roll&Ross（1994）指出，从理论上讲，当且仅当市场指数准确位于均值—方差的有效边界上时，β 值与期望收益之间的正相关关系才能得到满足，但由于估计市场指数的误差，要使得市场指数准确位于有效边界上是不可能的。

β_i 与边际风险的关系是：

$$\beta_i = \frac{\mathrm{cov}(R_i, R_p)}{\sigma_p^2} = \frac{\sigma_{i,p}}{\sigma_p^2} = \frac{MR_i}{\sigma_p} \tag{3-12}$$

β_i 与相关系数的关系是：

$$\beta_i = \frac{\mathrm{cov}(R_i, R_p)}{\sigma_p^2} = \frac{\rho_{i,p}\sigma_i\sigma_p}{\sigma_p^2} = \rho_{i,p}\frac{\sigma_i}{\sigma_p} \tag{3-13}$$

向量 β 可以写成：

$$\beta = \frac{\Sigma W}{W^\tau \Sigma W} = \frac{1}{\sigma_p^2}\begin{bmatrix} \sigma_{1p} & \sigma_{2p} & \cdots & \sigma_{Np} \end{bmatrix}^\tau \tag{3-14}$$

所以边际风险可以写成：

$$\underline{MR}_i = \beta_i \sigma_p \tag{3-15}$$

对于市场组合，其风险溢价 $E(R_p) - R_f$ 和方差 σ_p^2 之比称为风险的市场价格 $\frac{E(R_p) - R_f}{\sigma_p^2}$，这是衡量风险和回报关系的重要指标之一，实际上是 Sharpe 比率的一种变形。显然，根据市场组合是资产市场处于均衡状态时的最优风险资产组合，风险的市场价格就是风险的最优价格。同时，资产市场均衡意味着风险的边际价格是稳定的，即无论是增加市场组合的投资或者是任何单一资产的投资，给整个组合增加一个单位的风险所增加的风险溢价应该是相同的。否则，投资者在追求较高的风险边际价格的过程中，将通过对资产的选择改变市场的供求状况和价格，最终使得市场走向风险的边际价格稳定的均衡状态。

可以说用方差、边际风险和 β 值度量市场风险是直观的和容易理解的，均值—方差模型的特征是资产收益服从某种分布，平均收益用期望表示，收益的波动性用方差表示，方差越大表示风险越大。从统计上讲，描述不确定性程度的较好方法是利用资产未来价格或收益的标准差（即离散程度）。从定性概念上看，这种对风险的理解是不无道理的，但是如果要从实际应用的角度来说，还需要进一步深入研究。因为无论用资产未来收益率的方差或标准差来描述风险的大小，还是用边际风险和 β 值度量风险的大小，都没有与投资主体的损失联系起来。因此,接下来在介绍期权费用法之后,有必要详细介绍可以克服这一不足的市场风险度量 VaR 法。

3.1.4　期权费用法

给定目标收益水平,某种资产的风险可以直观地定义为保证未来资产收益达到这一目标收益所需要的保险费用,它等于以该资产为标的物,以目标收益为敲定价格的认沽期权的费用。期权作为一种风险管理工具,已经广泛地应用于风险管理中。人们自然要问,期权作为风险管理工具,是否合理? 是否可行? 如果可行的话,就可以实现风险测度和风险管理的有机结合。因此,采用期权费作为风险测度具有很明确的经济含义和实际应用价值。

首先,从投资者角度来看,投资者只是将某个目标以下的那部分不确定性视为风险,而乐于接受目标以上的不确定性。投资者如果购买一个以该资产为标的的资产,给定目标值为敲定价格的认沽期权,则投资者完全转移了目标以下的他认为的风险的不确定性,而保留了偏离目标以上的那部分他乐于承受的不确定收益。购买认沽期权的费用,相当于投资者为转移风险而必须付出的保险费,因此,以期权费作为风险测度指标具有直观的经济含义。Jarrow(2002)指出,公司为避免破产的保险费用等于以公司价值为标的资产、执行价为 0 的认沽期权费,因此,他利用该认沽期权费作为风险测度,衡量公司的破产风险。

其次,如果对应资产的期权在市场上有交易,那么期权价格可以直接作为未来资产价格风险的度量。风险是建立在未来损益不确定的基础上的,采用历史数据或者是主观估计,未必能够对未来的风险做出最佳预测。当市场上可能获得最新信息时,这些信息不能简单地反映在历史数据模型中。而衍生工具市场的一个重要功能是价格发现,如果期权市场是有效的,期权价格能够反映未来市场基础资产价格的波动性。事实也证明了期权预测方法的优越性。Jorison(1995)指出,对货币期货而言,期权隐含的波动包括时间序列模型所包含的所有信息。而 Campa&Chang(1998)在研究美元兑马克和美元兑日元汇率的相关性时也发现,期权隐含的相关性比历史数据对于未来的预测性更为优越。

期权费用法是用平均损失水平或期望的损失水平来度量的,其定义形式为 $E\mid S_T - K\mid = E[\max(K - S_T, 0)] + E[\max(S_T - K, 0)]$。其中,$K$ 表示行权价格,S_T 表示标的资产的到期日价格。这种金融风险度量是客观的,可以直接运用,例如 $E[\max(S_T - K, 0)]$ 即表示了价格上涨的风险,也描述了消除此风险的代价。$E[\max(K - S_T, 0)]$ 既表示了价格下跌的风险,也描述了消除此风险的代价。显然,消除风险的代价是与风险的大小相对应的,消除风险的代价应当能够描述风险的大小。

期权作为风险测度的缺陷是市场上期权交易的品种不够丰富。但是随着期权交易在全世界的迅速发展,我们就可以用前瞻性的期权数据来衡量风险。

总的来说,期权作为风险测度具有很明确的经济含义和实际应用价值。但遗憾的是,期权风险测度并不满足 Artzner(1999)中定义的一致风险测度公理中的转换不变性(平移不变性)假设。一种风险测度满足平移不变性,是指如果资产中加入 α 的资金可以使风险测度减少 α。

　　掌握了 β 值度量指标和期权费用法的知识,就可以使用指数期权对投资组合进行保险。假定指数点为 S_0,每点价值为 100 美元,行权价格为 K,如果一个投资组合的 $\beta=1$,则对于投资组合中持有的每 $100S_0$ 美元,通过购买 1 份指数认沽期权合约,投资组合获得了保险。如果 $\beta\neq1$,则对每 $100S_0$ 美元的投资组合,需购买 β 份的指数认沽期权合约,才能使投资组合获得保险。在每种情况下,K 给定了合适的保险水平,比如投资组合的 $\beta=1$,投资组合的当前价值为 $\$500\,000$,指数当前为 $1\,000$ 点,每点价值为 100 美元,为了对投资组合的价值落在 $\$450\,000$ 下方提供保险,需要什么交易才能达到此目标?读者立即就能看出需要购买行权价格是 900 点的指数认沽期权合约 5 份可以达到此目标。下面再给出一个例子。

　　假设投资组合的 $\beta=2$,投资组合当前价值为 $\$500\,000$,指数当前为 $1\,000$ 点,每点价值 100 元,年无风险利率为 12%,投资组合以及指数的红利收益都为 4%,为了对投资组合的价值落在 $\$450\,000$ 下方提供保险,需要购买多少份行权价格是多少的指数认沽期权?

　　先计算 3 个月后指数水平和投资组合价值的关系,如果指数上升到 $1\,040$ 点,则指数在 3 个月提供了 $40/1\,000(4\%)$ 的回报,这时总回报(包括红利)$=5\%$,相对于无风险利率的超额回报 $5\%-3\%=2\%$,投资组合的超额回报 $\beta\times2\%=4\%$,投资组合价值增加 $=4\%+3\%-1\%=6\%$,所以 $1\,040$ 点对应的投资组合价值为 $\$500\,000\times(1+6\%)=\$530\,000$。同理,可以找到任何一个点位对应的投资组合价值。表 3-1 给出了 6 个指数点位对应的投资组合价值。

表 3-1　指数点位对应的投资组合价值

3 个月后指数水平	3 个月后投资组合价值($)
1 080	570 000
1 060	550 000
1 040	530 000
1 000	490 000
960	450 000
920	410 000

　　从表 3-1 可以看出,购买行权价格为 960 点的认沽期权对投资组合价值 10% 的下降提供保护,购买的数量是 10 份,计算如下:

$$N=\beta\times\frac{S}{F}=2\times\frac{500\,000}{1\,000\times100}=10$$

　　也可以直接通过公式(3-10)计算出对应价值为 $\$450\,000$ 的点数是 960 点。

3.2 金融风险度量的 VaR 方法

3.2.1 VaR 方法的基本原理

风险价值(value-at-risk,VaR),或称在险价值、涉险值,是指在正常的市场条件和一定的置信水平 α(通常是 95% 或 99%)下,某一金融资产或证券组合在未来特定的一段时间 Δt 内所面临的最大可能损失。这种基于统计理论的风险测度方法,对于整体风险是一种非常有效的测定和管理工具。

风险价值 VaR 用数学公式可以表示为:

$$P(L(t) > VaR) = \alpha \tag{3-16}$$

其中,$L(t) = W(t) - W(t + \Delta t)$ 表示在 t 到 $t + \Delta t$ 时间内资产的损失绝对值,$W(t)$ 为 t 时刻资产的价值。

从数学意义上来说,VaR 实际上是一个资产(组合)在未来一定持有期内,损失分布的分位数,表明该资产(组合)在持有期内将有 α 的概率能保障损失最大不会超过 VaR 值。

例如,当持有期为 1 个月,概率置信水平为 5% 时,如果所估计的 VaR 值为 5 000 万元,则意味着该投资者估计资产在 1 个月后发生的损失额超过 5 000 万元的概率不会超过 5%,然后凭这一估计的概率损失额,投资者可以作出相关的决策。由此可见,这种基于概率意义上的 VaR 损失在概念上确实十分直观地描述了资产在未来时刻可能发生的损失数额。

接下来可以从数学上给出 VaR 定义更为精确的解释。

假设在 t 时刻,损失变量 $L(t)$ 所服从的概率密度函数为 $f_t(x)$,累积分布函数为 $F_t(x)$,那么在给定置信水平 α 或置信度 $p = 1 - \alpha$ 的情况下,资产的风险价值 VaR 由式 (3-17) 定义:

$$\int_{-\infty}^{VaR} f_t(x) dx = p \quad 即 \quad VaR = F_t^{-1}(p) \tag{3-17}$$

其中,$F_t^{-1}(p)$ 为 $F_t(x)$ 的反函数。式(3-17)意味着:

$P(L(t) \leqslant VaR) = p$ 和 $P(L(t) > VaR) = 1 - p$,其中,$P(\cdot)$ 表示概率。

VaR 损失如图 3-1 所示。

此时,VaR 是概率置信度为 p 且持有期为 1 个时间单位的最大损失。

由定义可知,VaR 刻画的是 t 时刻资产在 1 个时间单位后以置信度 p 估计的损失数额,它涉及 2 个重要参数:持有期和置信水平。不同的持有期和置信水平对应于不同的 VaR 值。选择不同的持有期将会产生不同的资产损失分布,不同的置信水平将会在此损失分布基础上选择不同的分位数,进而产生不同的 VaR 值。在估计实际的市场风险时,持有期通常可以设置为 1 周、10 天或 1 个月等,而置信水平则可以设置为 95% 或 99% 等。巴塞尔风险监管委员会对金融机构的要求通常是在 99% 的置信水平下计算持有期为 10 天的 VaR 值。

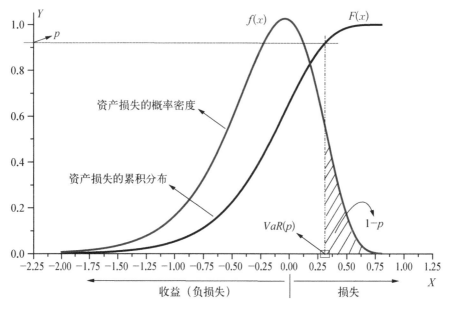

图 3-1   VaR 损失示意图

由此可见，VaR 值可以简明地通过一个数值表明资产(组合)的市场风险的大小，简单易懂，而且 VaR 方法是一种具有前瞻性的计算事前风险的方法。另外，使用 VaR 还可以衡量全部投资组合的整体风险，这也是传统金融风险管理所不能做到的。VaR 方法的这些特点使得它逐渐成了度量金融风险的主流方法，越来越多的金融机构采用 VaR 测量市场风险，使用 VaR 作为风险限额。特别是监管当局也在使用 VaR 确定风险资本金，这使得许多金融机构及其业务部门在投资选择时，往往需要满足 VaR 约束。

VaR 可以这样通俗地表述：假设某投资者拥有一定价值的股票、债券和基金等资产，现在的问题是，一段时期以后，这位投资者可能的最大损失是多少？这个最大损失即风险价值，其中的"一段时期"可以是 1 周、1 年或任何一个时间段，即要估计的时间长度，"可能"是一个概率概念，即置信水平。下面给出风险值的求法。

在实际工作中，当人们需要计算 VaR 值时，通常运用正态求解法、历史模拟法和蒙特卡罗模拟法 3 种方法。

3.2.2   按照 VaR 的定义直接推导 VaR

从 VaR 的定义可知，在求解 VaR 的过程中，损失函数的概率分布是关键的输入变量，在此基础上，风险管理人员可以选择合适的置信水平来得到 VaR 值。

一种传统的假设是认为资产收益率服从正态分布，从而资产的损失函数也会具有正态性质。资产损失的正态化假设具有一定程度的合理性，其优点在于大大简化了 VaR 的计算过程。因为在该假设下，仅需估计资产损失所服从的正态分布的参数(均值 μ_t 和标准差 σ_t)，故而正态法是一种参数方法。

假设 $W(0)$ 为投资者的初始时刻 $t=0$ 时的投资总额，$R(T)$ 为某持有期从 $t=0$ 到 $t=T$ 时刻的收益率，投资者在期末时刻 $t=T$ 的价值记为 $W(T)$，则有 $W(T)=W(0)[1+$

$R(T)$], 其中, T 为持有某一资产的时间长度(以年折合计算, 比如 6 个月计为 0.5 年)。由于风险的存在, 实际上投资者在 T 时刻的收益率 $R(T)$ 和价值总额 $W(T)$ 都是随机变量, 记 μ 和 σ 分别是收益率 $R(T)$ 在 $T=1$ 时的数学期望和波动率, 则在 T 持有期内, 收益率 $R(T)$ 的数学期望和波动率分别为 μT 和 $\sigma\sqrt{T}$。定义 $W^{*}(T)$ 为在给定的置信水平 α 上, 投资者的资产在期末时刻 T 具有的最小价值, 定义 $R^{*}(T)$ 为在给定的置信水平 α 上, 投资者的资产在期末时刻的最低收益率, 即 $W^{*}(T)=W(0)[1+R^{*}(T)]$, 则投资者在时刻 T 的风险价值 $VaR(T)$ 就是相对于期望收益的最大可能损失, 即 $E(W(T))-W^{*}(T)$。

$$VaR(T)=E(W(T))-W^{*}(T) \tag{3-18}$$
$$=W(0)[1+\mu T]-W(0)[1+R^{*}(T)]=W(0)[\mu T-R^{*}(T)]$$

有时也用绝对损失来度量风险价值, 绝对 VaR 是指资产价格相对于 $W(0)$ 的损失, 即

$$W(T)-W^{*}(0)=W(T)-W(0)[1+R^{*}(T)]=-W(0)R^{*}(T) \tag{3-19}$$

3.2.3　根据正态分布推导 VaR

对于 $R(T)$ 服从正态分布的 $VaR(T)$ 计算, 可以通过求投资组合或资产的方差比较简单地得出 $VaR(T)$ 的计算公式。假设投资者在 T 时刻的净资产收益率 $R(T)$ 服从均值为 μT、方差为 $\sigma^2 T$ 的正态分布, 则正态分布的概率密度函数为

$$f(x)=\frac{1}{\sqrt{2\pi\sigma^2 T}}e^{-(x-\mu T)^2/2\sigma^2 T} \tag{3-20}$$

给定置信水平 α, 可以从估计分布的有关参数计算风险价值。用式(3-21)确定最坏情况的 $R(T)$ 值:

$$\alpha=\int_{-\infty}^{R^{*}(T)}f(x)dx \tag{3-21}$$

于是有

$$1-\alpha=\int_{R^{*}(T)}^{\infty}f(x)dx=1-P[R(T)\leqslant R^{*}(T)]=p \tag{3-22}$$

为了查表方便, 令 $Z(T)=\dfrac{[R(T)-\mu T]}{\sigma\sqrt{T}}$, 记 $Z^{*}(T)=\dfrac{[R^{*}(T)-\mu T]}{\sigma\sqrt{T}}$, 则可将密度函数为 $f(x)$ 的一般正态分布转化为密度函数为 $\phi(x)$ 的标准正态分布, 于是由式(3-22)可得

$$\alpha=\int_{-\infty}^{\frac{R^{*}(T)-\mu T}{\sigma\sqrt{T}}}\phi(z)dz=\int_{-\infty}^{Z^{*}(T)}\phi(z)dz \tag{3-23}$$

根据 α 的值, 可以通过查标准正态分布表, 求出 Z_α 的值, 再由参数 μT 和 $\sigma\sqrt{T}$ 的值, 就可以求出 $R^{*}(T)=\mu T+Z_\alpha\sigma\sqrt{T}$。

把 $R^*(T)$ 代入式(3-18)就可以求出风险价值 $VaR(T)$，即

$$VaR(T) = W(0)[\mu T - R^*(T)] = -W(0)Z_a\sigma\sqrt{T} \qquad (3-24)$$

把 $R^*(T)$ 代入式(3-19)就可以求出绝对 $VaR(T) = -W(0)[\mu T + Z_a\sigma\sqrt{T}]$。

另外，还可以通过正态分布的分布函数定义直接得到绝对 $VaR(T)$。用 $W(t)$ 表示 t 时刻的资产价值，假设资产的收益率 $R(T)$ 服从正态分布 $R(T) \sim N(\mu T, \sigma^2 T)$，则 $\dfrac{R(T) - \mu T}{\sigma^2 T} \sim N(0, 1)$。则相对 $VaR(T)$ 满足如下等式：$P(W(0)[\mu T - R(T)] > VaR(T)) = \alpha$。由标准正态分布的对称性可得

$$P\left(\frac{R(T) - \mu T}{\sigma\sqrt{T}} \leqslant \frac{-VaR(T)}{\sigma\sqrt{T}W(0)}\right) = \alpha$$

若用 $\Phi(x)$ 表示标准正态分布的分布函数，则 $\dfrac{-VaR(T)}{\sigma\sqrt{T}W(0)} = \Phi^{-1}(\alpha)$，$\Phi^{-1}(\cdot)$ 是标准正态分布函数的逆函数，$\Phi^{-1}(\alpha)$ 就是根据 α 求出的 Z_a。因此，通过 $\dfrac{-VaR(T)}{\sigma\sqrt{T}W(0)} = Z_a$，可以得到 $VaR(T) = -W(0)Z_a\sigma\sqrt{T}$，这与式(3-24)是相同的，只不过更直观、更简单。用同样的方法可以得到绝对 $VaR(T)$，因为绝对 $VaR(T)$ 必须满足如下等式：

$$P(-W(0)R(T) > VaR(T)) = \alpha$$

即

$$P\left(\frac{R(T) - \mu T}{\sigma\sqrt{T}} \leqslant \frac{-VaR(T) - \mu TW(0)}{\sigma\sqrt{T}W(0)}\right) = \alpha$$

因此有

$$\frac{-VaR(T) - \mu TW(0)}{\sigma\sqrt{T}W(0)} = Z_a$$

$$VaR(T) = -W(0)[Z_a\sigma\sqrt{T} + \mu T] \qquad (3-25)$$

式(3-25)就是绝对 $VaR(T)$ 的计算公式。

可见，在收益率正态分布的假设下，只需要知道分布的参数特征，即均值和方差就可以很方便地求解 VaR 了。正态求解方法最适合于单项资产 VaR 的求解，当考虑多项资产所构成的投资组合时，如果能够获得所有相关资产的历史价格数据，可以将该资产组合视为一个单独的资产，考虑上述均值与标准差的估计，同样可以很容易地获得 VaR 损失的结果。然而，在实际中，金融机构所拥有的资产数量通常十分庞大，这种方法涉及的计算工作量很大，耗时很多，因此往往更倾向于采用方差—协方差方法(见3.1)。

3.2.4　运用历史模拟法计算 VaR

正态分布法求解 VaR 简洁易懂，使用者只需要得到正态参数，即可求解资产的风险价值。然而金融市场的数据证明，正态分布的假设并不完全正确，事实上经常能观察到收益分

布的尖峰、厚尾、偏斜等非正态特征。尤其是 VaR 测度的资产价格分布的左尾,如果出现了厚尾的情况,估计出的 VaR 将会出现较大的偏差。

考虑另一种求解思路,不对资产收益率的分布做出任何假设,从历史数据中可以发现一些有用的信息来帮助预测未来。这种方法就是历史模拟法。

历史模拟法计算 VaR 是一种简单的基于经验分布的方法,它不需要对资产收益的分布做出假设。它假设资产组合未来收益的变化与过去是一致的,因此,用收益的历史分布来代替收益的预期分布,以此来求得资产的 VaR 值。事实上,1993 年巴塞尔委员会制定的银行充足性资本协议的基础便采用了该方法。

历史模拟法利用求解次序统计量的方法对资产的 VaR 损失做出估计,因此,它是模型独立(model-independent)的一种方法。例如,在计算 $\alpha = 95\%$ 置信水平下的 VaR 值时,首先需要选择一个观测时间区间,假设考虑采用最近 $M = 100$ 天的损失数据来估计 VaR,即区间大小为 100。按照升序排列本区间内的资产损失,那么倒数第 $(1-\alpha)M = 5$ 个损失数据即为 95% 置信水平下的 VaR 值。

历史模拟法的计算步骤如下:

(1) 建立价格映射,即识别出基础的市场因子,收集市场因子适当时期的历史数据(典型的是 3～5 年的日数据),并用市场因子表示出证券组合中各个金融工具的盯市价值。

(2) 根据市场因子过去 $N+1$ 个时期的价格时间序列,计算市场因子过去 N 个时期价格水平的实际变化。假定未来的价格变化与过去完全相似,即过去 $N+1$ 个时期价格的 N 个变化在未来都可能出现,这样结合市场因子的当前价格水平可以直接估计市场因子未来一个时期的 N 种可能的价格水平。

(3) 利用证券定价公式,根据模拟出的市场因子的未来 N 种可能的价格水平,求出证券组合的未来 N 种盯市价值,并与对应的当前市场因子的证券组合价值比较,得到证券组合未来的 N 种潜在损益,即损益分布。

(4) 根据损益分布,通过分位数求出给定置信水平下的 VaR。

3.2.5　运用蒙特卡罗模拟计算 VaR

在 3.2.3 节中介绍了正态法基于收益率的正态性假设,而 3.2.4 节中的历史模拟法则通过历史数据推断将来的资产损失分布,其主要区别在于选取了不同的构造资产价格分布的方法,但是这两种方法都存在一定的缺陷。

蒙特卡罗模拟方法提供了另一种模拟构造资产价格分布的思路。其基本思想是:重复模拟金融变量的变动,涵盖所有可能发生的情形的随机过程。假设知道这些变量服从预定的概率分布,则随机模拟的过程就是重现投资组合价值分布的过程。我们在 3.1 节中曾讲到金融资产价格实际上是风险因子向量驱动的一个价值函数,蒙特卡罗模拟就是通过模拟这些风险因子的变动,进而模拟金融资产价格的变动,并建立资产价值变动损失的分布。蒙特卡罗模拟有单因子变量模拟和多因子向量模拟两种灵活的方式,并且在蒙特卡罗模拟下,可以突破传统的正态性假设。技术上说,可以做出任意的资产价值变动的分布形式,然后利用计算机进行模拟,得到资产价值变动在最终目标期的概率分布。

单一风险因子下,运用蒙特卡罗模拟法计算 VaR,主要分为以下几步:

第一步,选择一个随机模型以反映价格的走势,并对其进行模拟。比如金融理论中的一个常用的模型就是假设资产价格服从几何布朗运动:

$$dS_t = \mu S_t dt + \sigma S_t dz \tag{3-26}$$

其中,dz 是均值为 0、标准差为 $\sqrt{t}$ 的正态随机变量,μ 和 σ 分别代表资产收益率的瞬时均值和瞬时标准差(这里假设 μ 和 σ 是时间不变量)。

第二步,分割整个持有期时间区间,在每个小时间区间上模拟资产价格的变动。例如,可以把持有期 $[0, T]$ 分割成一系列小的区间 $[t_{i-1}, t_i]$,$t_0 = 0$,区间长度 $\tau = T/n$,然后对资产价格进行模拟。进行一次模拟,即假定在这样的 n 个时间段上相继发生价格变动,就近似地会产生一条资产价格变动的样本路径。通过足够多次的模拟,可以得到足够多的样本路径,最终形成一定数量的时刻 T 的资产价格的随机实现值,这样就模拟了 S_T 的概率分布。

为了方便模拟,需要按如下方式离散化几何布朗运动模型:

$$\Delta S_t = S_{t-1}(\mu \Delta t + \sigma \varepsilon \sqrt{\Delta t}) \tag{3-27}$$

其中,ε 是一个标准正态随机变量的随机实现值,均值为 0,方差为 1。为了模拟价格走势,可以从 S_0 出发,利用计算机模拟一系列的 ε 值,代入式(3-27)中,得到资产价格 S_1,继续同样的工作,得到 S_2,S_3,$\cdots$,$S_n = S_T$。这样就完成了一个价格序列随机过程样本路径的模拟,重复多次就可以近似得到 S_T 的分布。

此时,根据已经模拟得到的大量资产在目标时期的价格,依据选定的置信水平 α,求解 VaR 的方法和历史模拟法下完全相同,只不过这里的资产价格分布不是从历史数据中得到的,而是通过首先设定资产价格变动的随机过程,利用计算机技术模拟得到的。此时需要选择一个分位数,使得资产价格小于分位数的数目是 $1-\alpha$,这个分位数就是所要求的 VaR 值。

而实际上,投资组合遭受的金融风险往往不止一种,通常需要综合考虑 N 个风险因子。可以通过合适的函数形式把资产价格写成这个 N 维风险向量的函数,然后通过对每个风险因子设定合适的随机过程,通过计算机模拟,得到一些基本因子的变动,然后得到资产价格的变动路径。通过大量的模拟,同样可以得到资产价格在目标时期的分布,据此就可以计算资产组合的 VaR 了。由于多维的蒙特卡罗模拟中涉及较多的随机数学,有兴趣的读者可以参考相关文献的详细介绍。

蒙特卡罗模拟在采取随机变量的形式上拥有较大的灵活性,既可以采取单个风险因子,又可以采取多维的风险向量来描述资产价格的变动。并且,选定了资产价格的风险因子之后,可以根据市场经验或者理论要求来随意设定因子所服从的分布,这些赋予了蒙特卡洛模拟方法极大的灵活性。

从技术上来讲,可以在计算机上生成各种分布的随机变量。令 $\{X_n\}$ 为一个随机过程,若 $X_n = F_{X_n}^{-1}(Y)$,其中,$Y \sim U(0, 1)$,由概率论中的基本结论,我们知道,X_n 的分布函数为 $F_{X_n}(x)$。因此,任何分布都可以表示为 $(0, 1)$ 上的均匀分布的函数。

假设资产价格服从某种分布 $P_t(x)$,但有时候并不容易知道它,或者无法通过确切的解析形式来表达这种分布。一般来说,可以对资产价格的变动做出某种假设。用 X_t 表示资产价格的变动过程,假设其服从分布 $F_{X_t}(x)$,则 $X_t = F_{X_t}^{-1}(U_t)$。 这样可以通过对 U_t 的路径进行模拟进而得到 X_t 的路径。通过大量数据采样的随机模拟,就可以近似地刻画资产价格的分布 $P_t(x)$,这样就可以计算资产的 VaR 值了。

需要注意的是,实际应用中需要对资产价格的变动路径进行模拟,进而得出最终时刻资产价格的分布。但是,往往我们并不能确切地将资产价格的分布用解析表达式表示出来,因此就需要用到蒙特卡罗方法来近似模拟出它的分布。

一般的蒙特卡罗模拟方法的基本步骤如下:

(1) 针对实际问题建立一个简单且便于实现的概率统计模型,使所要求得的解恰好是所建模的期望值。

(2) 对模型中的随机变量建立抽样分布,在计算机上进行模拟试验,抽取足够的随机数,对有关的事件进行统计。

(3) 对模拟试验结果加以分析,给出所求解变量的估计及其方差的估计。

(4) 必要时,还应改进模型以提高估计精度和模拟计算的效率。

3.3　投资组合的 VaR 分析

有了前两节的知识,我们可以分析和计算投资组合的 VaR 值。从投资者的角度来说,投资组合的持有期应由投资组合自身的特点来决定。同时,必须假设持有期内,投资组合内的头寸保持不变,以方便我们的分析。置信水平的选取反映了投资主体对风险的厌恶程度,置信水平越高,厌恶风险的程度越大。同样的投资组合,由于选取的置信水平不同,计算出的 VaR 值也不同。由 VaR 的定义可知,置信水平越高,投资组合的损失小于其 VaR 值的概率越大,也就是说,VaR 模型对于极端事件的发生进行预测时失败的可能性越小。

假定单个证券的收益率服从正态分布,则投资组合收益率(一个正态随机变量的线性组合)也是正态分布的。实际上,只要将资产组合当作单一资产来看,分析方法同 3.2.1 节中是完全一样,根据资产组合的总风险式(3-4)和单一资产 $VaR(T)$ 的计算公式(3-24),可以得到投资组合的 $VaR_p(T)$ 的计算公式

$$VaR_p(T) = -W(0)Z_a\sigma_p = -W(0)Z_a\sqrt{W^{\tau}\Sigma W} \qquad (3-28)$$

3.3.1　投资组合的边际 VaR

为了衡量头寸的变化对投资组合风险的影响,使用单一 $VaR(T)$ 是不够的。就单一资产来说,波动性只能衡量该资产收益率的不确定性,当这些资产属于一个投资组合时,重要的是它将引起投资组合风险如何变化。

边际 VaR 被定义为当投资组合中的某种资产 i 变化一个单位时,引起的投资组合 $VaR_p(T)$ 的变化值。它也是投资组合 $VaR_p(T)$ 对资产 i 的偏导数,用 ΔVaR_i 表示投资组

合的边际 VaR,根据定义有

$$\Delta VaR_i = \frac{\partial VaR_p(T)}{\partial w_i W(0)} \tag{3-29}$$

再根据式(3-28)可以得到

$$\Delta VaR_i = \frac{\partial VaR_p(T)}{\partial w_i W(0)} = -Z_\alpha \frac{\partial \sigma_p}{\partial w_i} = -Z_\alpha \frac{\sigma_{ip}}{\sigma_p} \tag{3-30}$$

这个边际 ΔVaR_i 与 β 系数密切相关,根据 3.1.3 节 β 系数的定义可以得到边际 ΔVaR_i 的另一个计算公式

$$\Delta VaR_i = -Z_\alpha \beta_i \sigma_p = -Z_\alpha \underline{MR_i} \tag{3-31}$$

我们还可以用矩阵形式写出向量 β(包括所有的资产):

$$\beta = \frac{\Sigma W}{W^\tau \Sigma W} = \frac{1}{\sigma_p^2} \begin{bmatrix} \sigma_{1p} & \sigma_{2p} & \cdots & \sigma_{Np} \end{bmatrix}^\tau \tag{3-32}$$

注意,在计算 VaR 的过程中已算出了向量 $\sum w$。因此,只要 VaR 被计算出来,β 值和边际 VaR 就可以很容易得到。

β 系数是夏普(1968)的资本资产定价模型(CAPM)的基础。根据 CAPM,资产分布良好的投资者只是承受市场的系统风险。换句话说,所有资产的风险溢价只取决于 β 值。

由式(3-28)和式(3-31)可知 ΔVaR_i 和 β 的关系可表示为:

$$\Delta VaR_i = -Z_\alpha \beta_i \sigma_p = \frac{VaR_p(T)}{W(0)} \times \beta_i \tag{3-33}$$

例如:假定投资组合由 2 种资产组成,组合中 2 种资产各占 50%,资产 1 相对投资组合的 β 系数为 $\beta_1 = 1.6$,资产 2 相对投资组合的 β 系数为 $\beta_2 = 0.4$,投资组合总的投资为 1 亿元,组合 $VaR_p = 5\,000$ 万元,则资产 1 的边际 VaR 为 $\Delta VaR_1 = 0.5 \times 1.6 = 0.8$。同理,可得资产 2 的边际 VaR 为 0.2。也就是说当投资组合中的资产 1 增加 1 元时,会引起投资组合的 VaR 增加 0.8 元;而当投资组合中的资产 1 减少 1 元时,会引起投资组合的 VaR 减少 0.8 元。类似地,投资组合中资产 2 增加或减少 1 元则只会使得投资组合的 VaR 增加或减少 0.2 元。

边际 VaR 能被用于管理多种风险,从而达到多种风险管理目标。假设一位投资者想要降低投资组合的 VaR,他可以选择所有的头寸,并减去一个固定数额。那么该投资者应该将所有边际 VaR 数据进行排序,并找出最大 ΔVaR 的资产,从而使其达到最佳套期保值效果。

3.3.2 投资组合的增量 VaR

增量 VaR 可以定义为新头寸的变化引起的 VaR 变化。它与边际 VaR 的不同在于它的增加量或减少量可以很大,在这种情况下,VaR 的变化是非线性的。增量 VaR 可从图 3-2 的描述中获得。

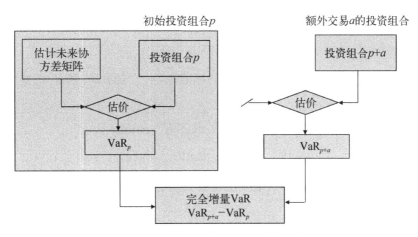

图 3-2　完全重估建议交易的影响

从理论上讲,应先计算初始头寸的 VaR_p,然后计算新头寸的 VaR_{p+a},则:

$$增量 VaR = VaR_{p+a} - VaR_p \qquad (3-34)$$

注意,a 可以表示单一因素的变化,也可以表示一种多因素的复合变化。一般来说,a 是表示新头寸的一个向量。

对 VaR_{p+a} 进行泰勒展开:

$$VaR_{p+a} = VaR_p + (\Delta VaR)' \times a + \cdots$$

在上式中,'表示矩阵的转置。如果 a 特别小的话,就可以忽略掉二次项。这样,增量 VaR 的近似值可表示为:

$$增量 VaR \approx (\Delta VaR)' \times a \qquad (3-35)$$

例如:总投资为 10 亿元的投资组合由资产 a 和资产 b 组成,资产 a 的边际 VaR 为 0.7,资产 b 的边际 VaR 为 0.5。此时如果资产 a 和资产 b 分别增加投资 17 万元和 10 万元,那么投资组合总的 VaR 将近似增加 16.9 万元。这是因为增量 $VAR \approx (0.7 \ \ 0.5)\binom{17}{10} = 16.9$。

事实上,这种线性的关系近似在数学上可以这样理解:投资组合的各项资产边际 VaR 组成的向量实际上是梯度向量,这个梯度向量和资产组合的头寸变动向量的内积即为投资组合的增量 VaR。

可以证明,对大资本量投资组合来讲,该简化可以得出一个较好的近似值,因为对于资产组合调整的交易相对于原本巨大的投资组合而言一般很小。如果对巨大的资本量投资组合进行完全重估需要极大的计算量,而采用简化的增量 VaR 计算方法可以大大加快计算速度。当然,这里应该注意,这仅能得到一种一阶导数的近似值。

增量 VaR 方法通常适用于某项交易包含了一系列新出的风险因素的情况。考虑下面这种特殊的情况,即一种仅基于一个风险因素(或资产)的头寸。投资组合的价值从原值 W 变为新值 $W_N = W + a$,其中,a 是在资产 i 上的投资额。令 R_N、R_p 和 R_i 分别表示新资产

组合、原有资产组合以及新增资产的收益率,则有:

$$W_N R_N = W R_p + a R_i$$

用 σ_N、σ_p 和 σ_i 分别表示 R_N、R_p 和 R_i 的标准差,$\sigma_{i,p}$ 表示 R_p 和 R_i 的协方差。因此,资产组合的方差有如下等式:

$$VaR(W_N R_N) = VaR(W R_p + a R_i)$$

$$\sigma_N^2 W_N^2 = \sigma_p^2 W^2 + 2 a W \sigma_{ip} + a^2 \sigma_i^2 \tag{3-36}$$

对投资组合经理而言,他关心的是找出使投资组合风险达到最小的交易资本量。对 a 求导可得:

$$\frac{\partial \sigma_N^2 W_N^2}{\partial a} = 2 W \sigma_{ip} + 2 a \sigma_i^2 \tag{3-37}$$

令式(3-37)等于 0,得:

$$a^* = -W \frac{\sigma_{ip}}{\sigma_i^2} = -W \beta_i \frac{\sigma_p^2}{\sigma_i^2} \tag{3-38}$$

这是一个最小方差头寸,也是最佳套期保值解。

例如,假定由各占 50% 的两项资产 1 和 2 组成的总投资 1 亿元的投资组合中,资产 1 的 β 系数为 1.6,$\sigma_1 = 4\,800$,而投资组合的方差 $\sigma_p = 3\,000$,那么,如果想要减少投资组合中资产 1 的数额,从而使投资组合的风险达到最小,则 $a^* = -1 \times 1.6 \times 0.3^2 / 0.48^2$ 亿元,即应将资产 1 减少 6 250 万元,也就是说投资组合中应卖空 1 250 万元资产 1。

3.3.3 投资组合的成分 VaR

拥有一个当前投资组合风险分解方法是非常有用的。因为投资组合的波动性是其各组成部分的一个高度非线性函数,所有这种分解方法不能直接得到。比如,把所有单个 VAR 进行加总并计算它们的百分数,但这样做是没有用的,因为它完全忽略了分散投资的影响。因此,把边际 VAR 分解法作为一种工具来衡量每种资产对现有投资组合风险的贡献。

成分 VaR 可以把边际 VaR 乘以资产 i 的当前头寸(投资额)得出:

$$成分 VaR = (\Delta VaR_i) \times w_i W = VaR \beta_i w_i \tag{3-39}$$

资产组合的 VaR 通常有两种基本类型:一种是考虑资产分散化的组合的 VaR,另一种是不考虑资产分散化的组合的 VaR。由于资产分散化的效应,组合中所有组成部分(简称成分)的未分散化 VaR 之和通常不等于组合的分散化 VaR。成分的形式可以是金融工具、资产或某项交易。

成分未分散化的 VaR 显然不能反映资产组合的 VaR 中每一成分的贡献。能够反映资产组合 VaR 中每一成分贡献的成分 VaR 必须具备下述基本特征:

(1) 如果这些成分构成组合的全部,则它们的成分 VaR 之和应该等于组合的分散化的 VaR。

（2）如果把一种成分从组合中删除，则该成分的 VaR 可以反映出组合 VaR 的变化。

（3）如果某种资产的成分 VaR 为负，则它可以对冲组合其余部分的风险。

假定资产组合中第 i 个资产的成分 VaR_i 用 $EVaR_i$ 表示，如果 $VaR_p(T) = \sum EVaR_i$ 成立，事实上可以利用资产 i 的边际 VaR 计算相应的成分 $EVaR_i$。由公式（3-33）和式（3-39）得

$$\sum_i EVaR_i = \sum_i \Delta VaR_i \times w_i W = \sum_i \left(\frac{VaR_p}{W} \times \beta_i \right) \times w_i W = VaR_p \left(\sum_i \beta_i w_i \right)$$

$$(3-40)$$

而

$$\sum_{i=1}^n \beta_i w_i = \frac{1}{\sigma_p^2} \sum_{i=1}^n \mathrm{cov}(l_i, l_p) w_i = \frac{1}{\sigma_p^2} \mathrm{cov}\left(\sum_{i=1}^n w_i l_i, l_p \right) = 1 \qquad (3-41)$$

故由公式（3-40）和（3-41）可知

$$\sum_i EVaR_i = VaR_p \qquad (3-42)$$

而 $\dfrac{EVaR_i}{VaR_i} = w_i \beta_i$ 恰好反映了资产 i 的 VaR 贡献率。

VAR 可进一步简化。实际上，β_i 就等于相关系数 ρ_{ip} 与 σ_i 的乘积与投资组合 σ_p 的比值，因此有：

$$EVaR_i = w_i \beta_i VaR_p = w_i \beta_i \times (Z_a \sigma_p W) = w_i \times \frac{\rho_{ip} \sigma_i \sigma_p}{\sigma_p^2} \times (Z_a \sigma_p W) = \rho_{ip} VaR_i$$

只要我们把单个 VaR 乘以相关系数，就可以将单个 VaR 转换成整体投资组合的分布函数。成分 VaR 表明，若该构成成分被从投资组合中剔除掉，该投资组合的 VaR 将如何近似地变化。当 VaR 的各成分较小时，线性近似值的精确度较高。

3.4　VaR 的计算举例

3.4.1　算例 1

某投资者有 400 万元，其中 60% 投资债券，40% 投资基金，假设债券与基金这 2 种资产不相关，且波动率分别为 3% 和 10%。试计算 95% 置信水平下这 2 种资产的投资组合的总 VaR、边际 VaR、成分 VaR 和风险贡献率。

已知 $w = 400$ 万元，配置比例 $W^\tau = [0.6 \quad 0.4]$，方差—协方差矩阵 $\Sigma = \begin{bmatrix} 0.03^2 & 0 \\ 0 & 0.1^2 \end{bmatrix}$

则总风险 $\sigma_p^2 = W^\tau \Sigma W = \begin{bmatrix} 0.6 & 0.4 \end{bmatrix} \begin{bmatrix} 0.03^2 & 0 \\ 0 & 0.1^2 \end{bmatrix} \begin{bmatrix} 0.6 \\ 0.4 \end{bmatrix} = 0.001\,924 = 0.043\,86^2$

边际风险 $\underline{MR} = \dfrac{\Sigma W}{\sigma_p} = \dfrac{1}{0.043\,86} \times \begin{bmatrix} 0.000\,9 & 0 \\ 0 & 0.01 \end{bmatrix} \begin{bmatrix} 0.6 \\ 0.4 \end{bmatrix} = \begin{bmatrix} 0.012\,3 \\ 0.091\,2 \end{bmatrix}$

相对风险 $\beta = \dfrac{\Sigma W}{W^\tau \Sigma W} = \dfrac{1}{0.001\,924} \times \begin{bmatrix} 0.000\,9 & 0 \\ 0 & 0.01 \end{bmatrix} \begin{bmatrix} 0.6 \\ 0.4 \end{bmatrix} = \begin{bmatrix} 0.280\,7 \\ 2.079 \end{bmatrix}$

债券的 $VaR_1 = Z_a \underline{MR}_1 = 1.645 \times 0.012\,3 = 0.020\,23 = 1.645 \times 240 \times 0.03 = 11.844$

基金的 $VaR_2 = Z_a \underline{MR}_2 = 1.645 \times 0.091\,2 = 0.15 = 1.645 \times 160 \times 0.1 = 26.32$

债券的边际 $VaR_1 = Z_a \underline{MR}_1 = 1.645 \times 0.012\,3 = 0.020\,23$

基金的边际 $VaR_2 = Z_a \underline{MR}_2 = 1.645 \times 0.091\,2 = 0.15$

债券的成分 $EVaR_1 = W(0)w_1 Z_a \sigma_p \beta_1 = 240 \times 1.645 \times 0.043\,86 \times 0.280\,7 = 4.86$

基金的成分 $EVaR_2 = W(0)w_2 Z_a \sigma_p \beta_2 = 160 \times 1.645 \times 0.043\,86 \times 2.079 = 24.00$

总的 $VaR = W(0)Z_a \sigma_p = 400 \times 1.645 \times 0.043\,86 = 28.859\,9$ 或

总的 $VaR = EVaR_1 + EVaR_2 = 4.86 + 24.00 = 28.86$

债券风险贡献率 $c_1 = \dfrac{EVaR_1}{VaR} = \dfrac{4.86}{28.86} = 16.84\%$

基金风险贡献率 $c_2 = \dfrac{EVaR_2}{VaR} = \dfrac{24.00}{28.86} = 83.16\%$

把计算结果列在表 3-2 中：

表 3-2   投资组合的 VaR 分解

单位：万元

资　产	头寸	单个 VAR	边际 VAR	成分 VAR	风险贡献
债券	240	11.844	0.020 23	4.86	16.84%
基金	160	26.32	0.15	24.00	83.16%
单一 VAR		38.164			
组合 VAR				28.86	100%

特别注意，表 3-2 中的 38.164 没有任何意义。

3.4.2　算例 2

2021 年 11 月 1 日某投资者想拿出 100 万元人民币进行投资，希望在表 3-3 所列示资本资产中选 1~2 个产品，目标年收益率超过 20%，最大损失不超过 15%，可靠度不低于 95%，犯错误的概论不高于 5%，问如何选择？如果只用 2019 年 11 月至 2021 年 10 月 2 年完整的日收益率数据分析，分别运用正态分布法和历史模拟法计算分析结果，给出决策选择。

表 3-3　基本统计结果

代码	名　称	日标准差	日均收益率	年标准差	年均收益率	样　本
159949	创业 50ETF	0.020	0.002 16	0.324	0.539	484
510050	上证 50ETF	0.014	0.000 36	0.215	0.090	484
510300	沪深 300ETF	0.014	0.000 64	0.214	0.161	484
510500	中证 500ETF	0.013	0.000 90	0.206	0.226	484
512000	证券 ETF	0.020	0.000 61	0.323	0.153	484
512800	银行 ETF	0.013	0.000 21	0.210	0.053	484
601166	兴业银行	0.021	0.000 38	0.326	0.095	484
600519	贵州茅台	0.021	0.001 19	0.333	0.297	484
300059	东方财富	0.032	0.002 91	0.507	0.728	484
000538	云南白药	0.025	0.000 54	0.389	0.136	484
601318	中国平安	0.018	−0.000 93	0.282	−0.231	484
600028	中国石化	0.015	0.000 06	0.232	0.015	484
600030	中信证券	0.022	0.000 70	0.354	0.175	484
601766	中国中车	0.019	−0.000 12	0.303	−0.030	484
601668	中国建筑	0.015	0.000 04	0.241	0.009	484

　　正态分布法：首先收集表 3-3 中 15 个资本资产在 2019 年 11 月至 2021 年 10 月 2 年完整的日收益率数据,15 个资本资产的收益率样本都是 484 个,计算日标准差和日平均收益率、年标准差和年平均收益率,具体如表 3-3 所示,运用公式(3-24)和(3-25)分别在置信水平为 5％和 1％的情况下计算日相对 VaR 和日绝对 VaR,结果如表 3-4 所示。同样可以计算年相对 VaR 和年绝对 VaR,结果如表 3-5 所示。

表 3-4　运用正态分布法计算的日 VaR

P	名　称	临界值	日标准差	日均收益率	相对 VaR	绝对 VaR
95％	创业 50ETF	1.645	0.020	0.002 16	−0.034	−0.032
	上证 50ETF	1.645	0.014	0.000 36	−0.022	−0.022
	沪深 300ETF	1.645	0.014	0.000 64	−0.022	−0.022
	中证 500ETF	1.645	0.013	0.000 90	−0.021	−0.020

P	名　称	临界值	日标准差	日均收益率	相对 VaR	绝对 VaR
95%	证券 ETF	1.645	0.020	0.000 61	−0.034	−0.033
	银行 ETF	1.645	0.013	0.000 21	−0.022	−0.022
	兴业银行	1.645	0.021	0.000 38	−0.034	−0.034
	贵州茅台	1.645	0.021	0.001 19	−0.035	−0.033
	东方财富	1.645	0.032	0.002 91	−0.053	−0.050
	云南白药	1.645	0.025	0.000 54	−0.041	−0.040
	中国平安	1.645	0.018	−0.000 93	−0.029	−0.030
	中国石化	1.645	0.015	0.000 06	−0.024	−0.024
	中信证券	1.645	0.022	0.000 70	−0.037	−0.036
	中国中车	1.645	0.019	−0.000 12	−0.032	−0.032
	中国建筑	1.645	0.015	0.000 04	−0.025	−0.025
99%	创业 50ETF	2.330	0.020	0.002 16	−0.048	−0.046
	上证 50ETF	2.330	0.014	0.000 36	−0.032	−0.031
	沪深 300ETF	2.330	0.014	0.000 64	−0.032	−0.031
	中证 500ETF	2.330	0.013	0.000 90	−0.030	−0.029
	证券 ETF	2.330	0.020	0.000 61	−0.048	−0.047
	银行 ETF	2.330	0.013	0.000 21	−0.031	−0.031
	兴业银行	2.330	0.021	0.000 38	−0.048	−0.048
	贵州茅台	2.330	0.021	0.001 19	−0.049	−0.048
	东方财富	2.330	0.032	0.002 91	−0.075	−0.072
	云南白药	2.330	0.025	0.000 54	−0.057	−0.057
	中国平安	2.330	0.018	−0.000 93	−0.042	−0.042
	中国石化	2.330	0.015	0.000 06	−0.034	−0.034
	中信证券	2.330	0.022	0.000 70	−0.052	−0.051
	中国中车	2.330	0.019	−0.000 12	−0.045	−0.045
	中国建筑	2.330	0.015	0.000 04	−0.035	−0.035

表 3 - 5　运用正态分布法计算的年 VaR

P	名　称	临界值	年标准差	年均收益率	相对 VaR	绝对 VaR
95%	创业 50ETF	1.645	0.324	0.539	−0.532	0.007
	上证 50ETF	1.645	0.215	0.090	−0.353	−0.263
	沪深 300ETF	1.645	0.214	0.161	−0.352	−0.190
	中证 500ETF	1.645	0.206	0.226	−0.338	−0.112
	证券 ETF	1.645	0.323	0.153	−0.531	−0.378
	银行 ETF	1.645	0.210	0.053	−0.345	−0.292
	兴业银行	1.645	0.326	0.095	−0.537	−0.442
	贵州茅台	1.645	0.333	0.297	−0.547	−0.250
	东方财富	1.645	0.507	0.728	−0.833	−0.105
	云南白药	1.645	0.389	0.136	−0.640	−0.505
	中国平安	1.645	0.282	−0.231	−0.464	−0.695
	中国石化	1.645	0.232	0.015	−0.381	−0.367
	中信证券	1.645	0.354	0.175	−0.582	−0.407
	中国中车	1.645	0.303	−0.030	−0.499	−0.529
	中国建筑	1.645	0.241	0.009	−0.396	−0.387
99%	创业 50ETF	2.330	0.324	0.539	−0.754	−0.215
	上证 50ETF	2.330	0.215	0.090	−0.500	−0.410
	沪深 300ETF	2.330	0.214	0.161	−0.498	−0.337
	中证 500ETF	2.330	0.206	0.226	−0.479	−0.253
	证券 ETF	2.330	0.323	0.153	−0.752	−0.599
	银行 ETF	2.330	0.210	0.053	−0.489	−0.436
	兴业银行	2.330	0.326	0.095	−0.760	−0.665
	贵州茅台	2.330	0.333	0.297	−0.775	−0.478
	东方财富	2.330	0.507	0.728	−1.180	−0.452
	云南白药	2.330	0.389	0.136	−0.907	−0.771

续　表

P	名　称	临界值	年标准差	年均收益率	相对 VaR	绝对 VaR
	中国平安	2.330	0.282	−0.231	−0.657	−0.888
	中国石化	2.330	0.232	0.015	−0.540	−0.525
99%	中信证券	2.330	0.354	0.175	−0.825	−0.650
	中国中车	2.330	0.303	−0.030	−0.707	−0.736
	中国建筑	2.330	0.241	0.009	−0.561	−0.552

历史模拟法：同样运用表 3-3 中 15 个资本资产在 2019 年 11 月至 2021 年 10 月 2 年完整的日收益率数据，15 个资本资产的收益率样本都是 484 个，计算日标准差和日平均收益率，然后把每个资本资产的日收益率按照从大到小排列，再按照可靠度不低于 95% 或犯错误的概论不高于 5% 的原则，计算 484×0.05%＝24.2 约等于 24，因此，取每个资本资产排在倒数第 24 个位置的数作为 95% 置信水平下的日相对 VaR，再运用公式(3-25)计算日绝对 VaR，同样道理可以计算年相对 VaR 和年绝对 VaR，结果如表 3-6 所示。

表 3-6　运用历史模拟法计算的 VaR

置信水平	资产简称	运用历史模拟法计算日 VaR			运用历史模拟法计算年 VaR		
		相对 VaR	日均收益率	绝对 VaR	相对 VaR	年均收益率	绝对 VaR
	创业 50ETF	−0.033 2	0.002 16	−0.031 0	−0.524 7	0.539 2	0.014 5
	上证 50ETF	−0.021 9	0.000 36	−0.021 5	−0.345 7	0.090 4	−0.255 3
	沪深 300ETF	−0.019 9	0.000 64	−0.019 2	−0.314 4	0.161 2	−0.153 1
	中证 500ETF	−0.019 2	0.000 90	−0.018 3	−0.304 3	0.225 7	−0.078 6
	证券 ETF	−0.029 1	0.000 61	−0.028 5	−0.460 8	0.152 6	−0.308 2
	银行 ETF	−0.019 2	0.000 21	−0.019 0	−0.303 8	0.053 1	−0.250 7
95%	兴业银行	−0.030 8	0.000 38	−0.030 4	−0.487 4	0.095 4	−0.392 1
	贵州茅台	−0.036 8	0.001 19	−0.035 6	−0.581 7	0.297 0	−0.284 7
	东方财富	−0.049 1	0.002 91	−0.046 2	−0.777 0	0.728 0	−0.049 0
	云南白药	−0.033 7	0.000 54	−0.033 2	−0.533 3	0.135 7	−0.397 6
	中国平安	−0.026 3	−0.000 93	−0.027 2	−0.415 1	−0.231 3	−0.646 3
	中国石化	−0.022 6	0.000 06	−0.022 5	−0.356 6	0.014 7	−0.341 9

续　表

置信水平	资产简称	运用历史模拟法计算日 VaR			运用历史模拟法计算年 VaR		
		相对 VaR	日均收益率	绝对 VaR	相对 VaR	年均收益率	绝对 VaR
95%	中信证券	−0.031 8	0.000 70	−0.031 1	−0.502 4	0.174 8	−0.327 6
	中国中车	−0.024 0	−0.000 12	−0.024 1	−0.379 0	−0.029 8	−0.408 8
	中国建筑	−0.020 6	0.000 04	−0.020 6	−0.326 0	0.009 1	−0.316 9
99%	创业 50ETF	−0.058 9	0.002 16	−0.056 7	−0.930 9	0.539 2	−0.391 7
	上证 50ETF	−0.040 3	0.000 36	−0.039 9	−0.637 4	0.090 4	−0.547 0
	沪深 300ETF	−0.042 7	0.000 64	−0.042 1	−0.675 2	0.161 2	−0.514 0
	中证 500ETF	−0.048 5	0.000 90	−0.047 6	−0.766 7	0.225 7	−0.541 0
	证券 ETF	−0.057 8	0.000 61	−0.057 2	−0.913 8	0.152 6	−0.761 1
	银行 ETF	−0.035 0	0.000 21	−0.034 8	−0.553 7	0.053 1	−0.500 6
	兴业银行	−0.055 1	0.000 38	−0.054 7	−0.870 9	0.095 4	−0.775 5
	贵州茅台	−0.051 6	0.001 19	−0.050 4	−0.815 6	0.297 0	−0.518 6
	东方财富	−0.086 5	0.002 91	−0.083 6	−1.367 9	0.728 0	−0.639 9
	云南白药	−0.064 3	0.000 54	−0.063 8	−1.016 6	0.135 7	−0.880 9
	中国平安	−0.042 2	−0.000 93	−0.043 2	−0.667 9	−0.231 3	−0.899 2
	中国石化	−0.043 4	0.000 06	−0.043 3	−0.685 8	0.014 7	−0.671 1
	中信证券	−0.060 7	0.000 70	−0.060 0	−0.959 9	0.174 8	−0.785 1
	中国中车	−0.060 5	−0.000 12	−0.060 6	−0.956 2	−0.029 8	−0.986 0
	中国建筑	−0.037 8	0.000 04	−0.037 8	−0.597 8	0.009 1	−0.588 6

分析计算结果表明，只有创业 50ETF、中证 500ETF 和东方财富年平均收益率超过 20%，且绝对 VaR 都小于 15%，因此，只能考虑这 3 种资产中的任何一个，或者是这 3 种资产的组合。

3.4.3　算例 3

以宝钢股票作为例子，运用 3 种主要方法，计算单一资产的 VaR 值。数据选取 2006 年 1 月 4 日到 2008 年 6 月 30 日宝钢股份（600019）股票交易的每日收盘价。采用相邻 2 个交易日收盘价的对数，近似获得单日持有宝钢股份的收益率。

1）正态法求解法

正态法首先假定资产价格服从过程：$dS/S = \mu dt + \sigma dz$，即 S 服从对数正态分布，这样资产的收益服从正态分布 $N(\mu, \sigma^2)$。

那么，回想正态求解法下计算 VaR 的公式：$VaR = \alpha W(t)\sigma$。

其中 $W(t)$ 为资产总价值，σ 为收益率波动率，$\alpha = \Phi^{-1}(p)$，p 为置信度，$\Phi^{-1}(p)$ 是标准正态分布的分布函数的逆函数。

首先利用移动平均法估计出收益率日波动率 $\sigma = 3.108\,4\%$。持有资产价值假定为 1 000 万元，然后运用公式，分别计算在 90%、95%、99% 置信度下的单日 VaR（万元）：

90% 置信度下：$VaR = 1\,000 \times 3.108\,4\% \times \Phi^{-1}(0.90) = 39.836$

95% 置信度下：$VaR = 1\,000 \times 3.108\,4\% \times \Phi^{-1}(0.95) = 51.129$

99% 置信度下：$VaR = 1\,000 \times 3.108\,4\% \times \Phi^{-1}(0.99) = 72.312$

这说明，持有宝钢股份 1 000 万元资产，在下一交易日的最大损失在 90%、95%、99% 的把握下分别为 39.836 万元、51.129 万元和 72.312 万元。

2）历史模拟法

考虑另一种求解思路，不对资产收益率的分布做出任何假设，假定过去包含了未来的重要信息，考虑用历史数据对未来资产价值及其收益率的变动进行估计，也即采用历史模拟法。

本例中，数据集样本量为 600，因此通过对历史收益率从小到大进行排序，获得最差第 60 个、第 30 个、第 6 个数据，即可分别获得对未来一天 90%、95%、99% 置信度下的 VaR 值。

90% 置信度下：$VaR = 1\,000 \times 3.642\,4\% = 36.424$

95% 置信度下：$VaR = 1\,000 \times 5.357\,6\% = 53.576$

99% 置信度下：$VaR = 1\,000 \times 8.530\,4\% = 85.304$

这说明，持有宝钢股份 1 000 万元资产，在下一交易日的最大损失在 90%、95%、99% 的把握下分别为 36.424 万元、53.576 万元和 85.304 万元。

可以看到历史模拟法下，90% 置信度的 VaR 小于正态法的结果，而 95% 和 99% 置信度下的结果均大于正态法的结果，说明收益率的真实分布的确存在着厚尾的特性，正态方法并不能刻画这样一种分布的特性，因而在较高的置信度下就明显低估了风险。

3）Monte Carlo 模拟法

用模拟方法求解金融资产价格变动，其想法是假定资产价格分布是一个随机过程。如果能够明确地知道这个随机波动的过程，就可以通过随机模拟该过程的一个样本路径，最终产生一个资产的价格。每一次模拟都将产生一个这样的结果，进行大量的若干次样本路径模拟，就可以得到一个最终资产价格的分布。利用这个分布，就可以对资产价格的性质进行分析。Monte Carlo 模拟就是这样一种计算机模拟技术，即通过对随机变量实现及样本路径进行模拟，进而达到模拟分布目的的一种仿真技术。这里的目的是通过大量模拟资产价格的样本路径，得到目标期资产价格的分布，进而获得 VaR 值。

下面，利用 Monte Carlo 模拟方法计算宝钢股份的单日 VaR。

选用金融理论中的一个常用模型，假设资产价格服从几何布朗运动：

$$dS_t = \mu S_t dt + \sigma S_t dz$$

其中，dz 是均值为 0、标准差为 $\sqrt{t}$ 的正态随机变量。μ 和 σ 分别代表资产收益率的瞬时均值和标准差。为了进行编程模拟，离散化后的几何布朗运动模型为：

$$\Delta S_t = S_{t-1}(\mu \Delta t + \sigma \varepsilon \sqrt{\Delta t})$$

可以据此运用 Monte Carlo 模拟，通过将 1 天划分为足够多的小区间，在每个时间区间上模拟随机正态数 ε，可以获得股票价格的样本路径。通过大量的模拟，获得相应的 1 天后的股票价格的实现值。通过模拟出的分布，分别选出股价最低的 1%、5% 和 10% 的临界价格，也就是 Monte Carlo 模拟的 VaR 值。

为了对比，分别利用计算机模拟 100 次、1 000 次和 10 000 次来构造股票价格的分布，表 3 - 7 为模拟后 VaR 的结果：

表 3 - 7　蒙特卡罗模拟 VaR 值的结果

模拟次数	90% 置信度	95% 置信度	99% 置信度
100 次	1 000×3.890%=38.90	1 000×4.922%=49.22	1 000×7.068%=70.68
1 000 次	1 000×3.764%=37.64	1 000×5.211%=52.11	1 000×5.71%=71.11
10 000 次	1 000×3.900%=39.00	1 000×5.157%=51.57	1 000×7.247%=72.47

可见，当模拟次数从 100 次逐渐增加到 10 000 次时，模拟的结果逐渐接近正态分布假设下的结果。

应该注意，在本例中，如果假设的股票价格服从对数正态分布，实际上是可以求得股票价格的解析表达式的：

$$S_t = \exp\{(u - \sigma^2/2)t + \sigma\sqrt{t}\varepsilon\}$$

因此，并不必要利用 Monte Carlo 方法模拟。但是可以把模拟得出的结果同对数正态分布假设下的结果进行对比，进而了解 Monte Carlo 方法的精度。

以上仅说明计算 VaR 的基本方法和思想，在实际运用中是远远不够的，甚至还存在许多问题需要解决，接下来介绍一下 VaR 方法的局限及其最新进展。

3.5　VaR 方法的局限与进展

3.5.1　一致性风险度量

学术界和金融机构日益关注 VaR 度量风险的准确性，并对风险度量技术应该满足哪些基本要求展开了进一步研究。Artzer(1999)提出了著名的一致性公理(coherent axiom)，从理论上全面阐述了风险计量方法的一致性要求,并指出不满足一致性要求的风险度量函数有可能颠倒风险之间的相对关系,从而隐藏真实的风险水平。

一致性风险度量的基本内容是:若某种风险计量满足次可加性(subadditivity)、正齐次性(positive homogeneity)、单调性(monotonicity)和传递不变性(translation inVaRiance)4个条件,则该风险计量是一致性风险计量(coherent risk measures)。Artzer 等指出,只有满足一致性要求的风险计量方法才能充当投资组合管理工具。若用向量 X,Y 表示 2 个投资组合以货币形式表达的最终净值,$\rho(\cdot)$ 表示风险度量函数,则一致性公理的四大条件可以表示如下:

(1) 次可加性:$\rho(X+Y) \leqslant \rho(X)+\rho(Y)$。这个最重要的性质反映了投资组合具有分散风险的特点。因此,任一投资组合的总风险应当不超过该组合中每个构成部分风险之和。

(2) 正齐次性:对于所有的 $\lambda \geqslant 0$,均有 $\rho(\lambda X)=\lambda \rho(X)$。这说明风险度量不受风险计量单位的影响。另外,此性质也可被看成次可加性的一个特例,反映了没有分散风险的情况。

(3) 单调性:若任意情况下都有 $X \leqslant Y$,则 $\rho(Y) \leqslant \rho(X)$。该式表明在所有可能的结果下,如果一个资产组合占优于另一个资产组合,即前者随机收益的各分量大于或等于后者随机收益所对应的分量,则前者的风险至少不大于后者。

(4) 传递不变性:又译为平移不变性,指的是对于任意确定收益的资产 α,$\alpha \geqslant 0$,都有 $\rho(X+\alpha \cdot r) = \rho(X)-\alpha$。其中,$r$ 为按无风险利率计算的终值系数,$\alpha \geqslant 0$。该性质表明:若增加无风险头寸到投资组合中,则组合的风险随着无风险资产头寸的增加而减少。

一致性公理所提出的 4 个条件可以检验风险度量工具对资产组合中部分与整体的风险测度有无矛盾。只有完全符合这些条件,才能称之为一致性风险度量。

在一致性公理的四大条件中,次可加性是最重要的。若不满足次可加性,就不是凸性的风险计量,我们也就不能通过优化来求得最小风险投资组合。而且,当风险度量函数不满足次可加性时,投资组合的风险度量值会大于投资组合中各项资产的风险度量值之和,这将产生一个错误的风险规避策略:一个包含多个部门的金融机构只要将其资产分别划分给各个部门,由各个部门分别计算风险度量值再求和,就能实现整个金融机构的风险降低。显然,违背次可加性将有可能给金融监管系统带来系统漏洞。

可以证明,当且仅当投资组合的收益呈正态分布时,VaR 才满足次可加性,进而满足一致性要求。但是,经过众多学者的理论探索与实证检验,无论是在国内或是国外的金融市场,投资组合的收益分布都是尖峰、厚尾和有偏的,即不满足正态分布。这也意味着,用 VaR 来衡量投资组合风险是不满足次可加性的,不符合一致性公理的要求。

3.5.2　VaR 方法的局限

VaR 方法衡量的主要是市场风险,如单纯依靠 VaR 方法,就会忽视其他种类的风险如信用风险。另外,从技术角度讲,VaR 值表明的是一定置信度内的最大损失,但并不能绝对排除高于 VaR 值的损失发生的可能性。例如,假设一天的 99% 置信度下的 VaR 为 1 000 万美元,损失超过 1 000 万美元的可能性仍有 1%。这种情况一旦发生,给经营单位带来的后果就是灾难性的。所以在金融风险管理中,VaR 方法并不能涵盖一切,仍需综合使用各种其他定性、定量分析方法。1997 年的亚洲金融危机,以及 2008 年的美国次级贷款危机还提醒风险管理者:VaR 法并不能预测到投资组合的确切损失程度,也无法捕捉到市场风险与信用风险间的相互关系。

VaR 方法主要具有如下几个方面的限制:

第一,VaR 方法存在异常值过度的风险。VaR 方法最为明显的限制是它无法提供一种绝对最"大"的损失值。VaR 仅仅提供了一种在某一置信水平下的损失的估计值。因而,一定会有某些情况存在,即 VaR 的值会被超出。置信水平越低,VaR 度量的值就越低,但我们观察到异常值的可能性就越高。这就是为什么"回测检验"会成为 VaR 系统中最基本的成分之一,因为它可以随时提醒我们,异常值将会发生,并希望是在一种所选择的置信水平的比例下发生。

第二,VaR 方法存在头寸改变的风险。VaR 方法假定头寸在预测时段上是固定的。这也说明了为什么一般我们可以进行 VaR 的时段调整,仅仅是采用时间的平方根因子将一日值调整到多日值的方法。但是,这种调整忽略了交易头寸在预测时段上会因为市场条件的变化而发生改变的可能性。事实上,评估改变头寸对组合总 VaR 值的影响对于一项规模比较大、组成比较复杂的资产组合来说并不容易。

第三,VaR 方法存在事件风险和稳定性风险。VaR 方法的另一个缺陷是它是基于历史数据的方法,典型的如 J. P. Morgan 的风险矩阵,即假定刚刚过去的是对未来不确定性的一个很好预测。然而我们应该知道,过去的数据以及经验事实,并不能说明未来不会发生一个过去从没有发生过的巨大的市场震荡,从而导致极端情形出现,让金融机构遭受重大损失。这种巨大的极端情形一般有两种形式:一种是一次性的事件,如贬值或违约;一种是结构性的改变,如从固定汇率到浮动汇率。如果结构模式上出现了突然的改变,那么基于历史数据的模型就隐藏了一种非常巨大的风险。并且,市场上的相关系数的改变也会导致度量组合风险上的显著差别,这些种种的不稳定因素将会导致运用 VaR 模型的巨大失误。

第四,VaR 方法存在过渡期的风险。只要有很大的变化发生,比如,在组织结构上的改变,向新市场或新产品的扩张,或是新的监管条例颁行,就会存在一个发生潜在误差的可能性。现存的控制方式仅能应对现在的风险,它们在从一种状态变化到另一种状态的过渡期间可能不再那么有效。过渡期风险是很难应对的,因为无法对其进行明确的建模。唯一保险的办法是在过渡期时增加警惕性。

第五,VaR 方法存在缺乏数据的风险。对于某些证券,尤其是那些交易不频繁的新兴市场的股票、私人领地、初始公开发行权以及一些小国的货币,有意义的市场出清价格可能并不存在。没有充足的价格信息,风险就不能够通过历史数据来评估,当然这里没有考虑隐含的数据。这样,在这些资产上的头寸所造成的潜在损失可能就无法量化。在缺乏数据的情况下,唯一可行的评估风险的方法是可以通过压力测试来完成。

第六,VaR 方法还存在模型风险。模型风险定义为使用不适当的模型估价证券从而导致损失的风险。这可以是由于错误地估价组合从而也错误地估计它的风险所造成的。例如,Black-Scholes 模型要求输入隐含波动率,如果输入了错误的值将会导致重大失误。还有一种情况被称为参数风险,这种风险来自历史数据对参数的不精确的度量。即使是在一个完全稳定的环境下,我们也无法观察到"真正"的期望回报和波动率。因而,偶尔可能会由于抽样的变化,发生一些随机的误差。绝大多数人将模型风险解释为模型选择风险。产生估价的偏误可能是由于为证券定价所选择的函数形式是不正确的。例如,期权定价的 Black-Scholes 模型,它依赖于十分严格的一组假定,如对数正态分布、常数的无风险利率和常数的波动率等。即使对于传统的股票期权,偏离这些假定也并非少见。还存在有些情况,模型本身就是完全错误的。

3.5.3 VaR 方法的改进:条件 VaR 方法

VaR 方法越来越为人们所熟知和认可而广泛应用于金融系统的风险度量,但其本身又存在着一些不容忽视的缺陷:如 VaR 的计算结果不稳定;VaR 不满足次可加性,所以不是一致性风险度量;VaR 不满足凸性,其局部最优解不一定是全局最优解;等等。为了克服 VaR 的内在不足,人们提出了各种改进方法。其中,Rockafeller & Uryasev(2000)提出了 VaR 的一种替代方法,即 CVaR(conditional value at risk,条件 VaR)。CVaR 与 VaR 相比,无论是在理论上还是在优化计算上都有了很大改进。首先,CVaR 满足一致性风险度量的 4 条公理;其次,CVaR 考虑了损失超过 VaR 的极端值的风险测度;最后,CVaR 的优化问题可转化为线性规划,计算简便,结果稳定,而且在优化 CVaR 的同时可以得到最优的 VaR。

CVaR 是指在正常市场条件和一定的置信水平下,在给定的时间段内损失超过 VaR 值的条件均值,代表了超额损失的平均水平。CVaR 亦被称作平均超额损失(mean excess loss)、平均短缺(mean shortfall)或尾部 VaR。

令资产组合的随机损失为 X(此处 X 表示损失,负损失表示实际上获得了收益。即发生损失时 X 为正,实现收益时 X 为负),VaR 为置信水平 p 下的 VaR 值,则 CVaR 可表示为:

$$CVaR(X) = E(X \mid X \geqslant VaR)$$

也可以表示为:

$$CVaR(X) = E(X \mid X \geqslant VaR) = \frac{1}{1-p} \int_{VaR}^{+\infty} X \cdot f(y) dy$$

其中,$f(y)$ 是随机变量 X 的概率密度函数。

从数学意义上讲 CVaR 是一个条件期望,是大于 VaR 的极端损失的平均值,反映了损失超过 VaR 值时可能遭受的平均潜在损失的大小,可以更好地体现潜在的风险价值。

与 VaR 相比,大量的理论研究与实证分析已证实 CVaR 具有更加良好的数学性质和可操作性。

首先,CVaR 具有次可加性和凸性,符合一致性风险度量的条件。次可加性意味着资产组合的分散化将降低总体 CVaR 值,即 $CVaR(X+Y) \leqslant CVaR(X) + CVaR(Y)$ 始终成立。

在正态分布情况下,CVaR 和 VaR 两种度量是等价的,可得出同样的最优解。但是,对于非正态分布情形,CVaR 不仅满足次可加性的要求,而且是凸的,可以求得全局最优解。此时,VaR 仅为极小值点,可能不存在最优解,而 CVaR 为极小值。另外,在 CVaR 的计算过程中,可以通过构造一个功能函数转化为凸函数的优化问题,在适当的条件下可用线性规划技术与优化算法来进行最小化,因此,不仅数学上计算更加简便易行,而且在实践中特别适宜用来处理大规模的组合工具和情况分析。

其次,CVaR 与 VaR 不同,它不是损失分布上单一的分位点,而是尾部损失的平均值,反映了损失超出 VaR 部分的相关信息。只有把大于 VaR 的所有尾部损失进行充分估计,才能用以计算 CVaR。因而,CVaR 测度过程中对损益分布的尾部损失度量是相对充分和完整的,尤其是在损益分布并非正态分布的情况(比如厚尾、偏斜等)下,CVaR 比 VaR 能够更加全面、有效地刻画损失分布的数理特征。此外,由于 CVaR 的计算是建立在 VaR 基础之上的,所以在得到 CVaR 值的同时,也可以获得相应的 VaR 值,故而能够针对风险实施双重监测,也便于相互校验。

依照上述理论分析容易看到,CVaR 较之 VaR 无疑是更加优秀的现代风险度量工具。而在实践当中,CVaR 主要应用于以下两个方面:

一是度量和控制风险。这是 CVaR 最基本的功能。由于 CVaR 能够比 VaR 更加准确和全面地揭示真实的风险水平,因此,它能够为管理者及时提供整体与局部单元或产品服务的风险信息,便于风险管理决策的制定与实施,进而有利于整体风险管理系统的有效运转。而且,CVaR 还可以作为一种更为理想的信息披露工具,使外部投资者以及监管机构等相关利益群体或市场主体迅速掌握真实的动态风险状况,并判断其实际的风险管理控制水平。

二是绩效度量。CVaR 不但可以反映整体风险状况和运营态势,从战略角度计量基于风险的公司绩效和股东价值增长,而且能够通过不同层面、不同模块的风险贡献分析(包括绝对风险贡献、相对风险贡献或边际风险贡献等不同形式)揭示某一分支机构、某类业务、某种产品或某一交易员等不同口径的风险水平,并通过 RAROC 进行收益调整和绩效考评,从而建立起一个基于 CVaR 的业绩度量框架,亦可通过整体与局部 CVaR 限额的设置来约束过度投机行为与平衡可容忍的风险水平。

最后,从根本上来说,CVaR 较 VaR 更为稳健,可以更好地满足监管机构的审慎性要求,也更易得到这些机构的认可。所以说用 CVaR 替代 VaR 的充要条件已经完全具备。

其他的风险度量新方法还有许多,譬如 Artzner(2000)指出,传统的 VaR 方法采用统计概率测度计算某一置信水平下的损失值,这种方法并没有考虑到不同的经济个体由于财务状况的差别等原因,对同样的损失,风险感受是不一样的。而风险中性测度包含了个体对风险的态度、时间的偏好等信息,因此,他们根据状态价格函数从经济定价的角度来测度风险,由此提出了在风险中性测度下的 VaR,即 E - VaR。通过实证检验,他们发现,统计概率测度和风险中性测度是有显著区别的。但是,相对于由历史统计数据计算的 S - VaR,E - VaR 的计算显然更加复杂。读者感兴趣的话可查阅相关文献,限于篇幅,在此不再一一介绍。

3.6   本章小结

风险价值 VaR，是指在正常的市场条件和一定的置信水平下，某一金融资产或证券组合在未来特定的一段时间内所面临的最大可能损失，是一种有效的总体市场风险的测度工具，它实际上是一个分布的分位数。实际中计算 VaR 值，通常有正态求解法、历史模拟法以及蒙特卡罗模拟法 3 种手段。正态求解法尽管比较方便，但是由于金融数据"厚尾"的缘故，往往容易低估风险，尤其是当置信水平比较高的时候。而历史模拟法的优点在于全值模拟，可以充分利用过去的信息，但往往容易忽视金融市场的发展变化。当计算比较复杂的非线性资产组合的风险价值时，蒙特卡罗方法往往使用起来比较方便有效。在分析资产组合的风险时，除了 VaR，还应考虑边际 VaR、增量 VaR 和成分 VaR。这些度量为我们提供了考量组合中不同资产的风险贡献的方法和工具，也为资产组合风险管理提供了依据。当改变组合的头寸时，风险的变动可以通过增量 VaR 来进行度量，这些对于组合风险控制意义重大。由于 VaR 方法存在一些固有的缺陷，它不是一个一致的风险度量值，并且度量极端风险的能力比较弱，因此才发展出了条件 VaR 的方法。VaR 方法广泛地应用于组合风险的监控、风险的披露以及风险的管理中。

复习思考题

1. 什么是 VaR？应如何计算 VaR？
2. 计算 VaR 的方法有哪些？它们各自的优缺点和适用范围是什么？
3. 投资组合的边际 VaR、增量 VaR 和成分 VaR 分别是怎样计算出来的？各有什么用途？
4. VaR 的应用有哪些？试举例说明。
5. VaR 方法有哪些局限性和不足？如何改进？
6. 什么是一致性风险度量？它需要满足哪些条件？VaR 方法是一致性风险度量方法吗？
7. CVaR 方法与 VaR 方法有何区别与联系？
8. 什么是绝对 VaR？什么是相对 VaR？两者有何关系？
9. 任选一种资产，试根据这种资产历史上连续 200 个交易日的收益率情况，分别用正态分布法、历史模拟法和蒙特卡罗模拟法在 95% 的可靠程度上，计算下一交易日的最大可能损失值。
10. 某投资组合的 $\beta = 1.5$，投资者以 10 元价格购买该股票 10 万股，指数当前为 250 点，每点价值 100 元。年无风险利率为 12%，投资组合的红利收益为 2%，指数的红利收益为 4%。若投资希望半年损失不超过 10%,为了对该投资组合进行保险,需要购买多少份行权价格为多少的指数认沽期权? 若以同样的手数购买平价认沽期权,最多损失多少?

11. 某投资者有 300 万美元,有 2/3 投资加拿大元,1/3 投资欧元。假设这 2 种货币不相关,且相对美元各自有 5% 和 12% 的波动率,试计算 95% 置信水平下该投资组合的 VaR、边际 VaR 和成分 VaR。

第4章

压力测试

　　在本章中将讨论产生压力测试情景的不同方法,以及如何应用这些场景。通过对这部分内容的介绍,进一步说明为什么 2007 年和 2008 年的金融危机会促使银行监管机构要求银行进行更多压力测试(stress testing)。而且,监管机构本身也已经开发了压力测试程序以检验整个金融行业作为一个整体应对市场突变的能力。4.1 讲述了为什么要进行压力测试,4.2 讲述了压力测试的管理,4.3 讲述了 VaR 模型的误差测定方法,4.4 讲述了 VaR 模型的回测。

4.1　为什么要进行压力测试

　　VaR 风险度量的主要目的是计量在"正常"市场条件下的潜在损失,而所谓"正常的市场条件"是指市场没有发生可引致极端损失的情况。所以这种基于历史数据的 VaR 度量就存在这样的问题:它可能无法辨识出那些极端的、可能会导致严重损失的异常情况。这是要求 VaR 方法要辅以定期的压力测试程序的原因。事实上,压力测试也是巴塞尔委员会对使用内部模型的需求。

　　压力测试的目的是评估极端情况的影响,这些情况有发生的可能性,但又没有被风险价值度量模型所考虑。如果要从 2007 年和 2008 年的金融危机中吸取一个教训,那就是我们应该更加重视压力测试,而不应只是机械地应用风险价值度量模型。风险价值度量模型很有用,但这种模型不可避免地采用历史回望的方式来进行分析,而风险管理应当更关心今后将会发生什么,简单地说就是更加关注波动率的巨大变化。

　　VaR 是否能够有效地度量风险?答案是不确定的。很明显,如果我们限制交易头寸的额度,那么自然将限制交易行为的 VaR。不幸的是,这还不够。限定 VaR 并不意味着我们已经防止了无法承受的损失。VaR 量化的是在"标准"的市场条件下资产潜在的损失。一般而言,增加置信水平能够揭示出日益巨大却不太可能的损失。但问题是基于最近的历史资料所得到的 VaR 值往往不能识别那些可能引起巨大亏损的极端情形,这些情形是不常见的。同时,VaR 风险模型将风险和波动画上了等号,并且以历史数据为基础进行计算,因此,模型中没有考虑到以前未曾发生的市场变动,特别是那些致命危机引起的市场变动。例如,1987 年美国股市崩盘,2007 年开始的次贷危机,等等。此外,VaR 模型仍无法预测流动性风险。

自从布雷顿货币体系解体以来,受金融自由化、金融一体化和金融创新的影响,金融市场的不确定性大大加强。金融资产价格极端波动使得各个金融机构面临着巨大损失的风险,仅使用 VaR 作为风险的度量方式是不够的。风险管理者必须提供一个鉴别和量化金融机构资产组合极端价格变动效果的手段。处理极端价格变动影响更适当的风险度量方法是一类称为压力测试的方法。压力测试是一套合理的程序,问一系列关于"如果……发生,则会使资产组合损失多少?"的问题并寻找合理的答案。在整合这些资讯后,由金融机构的风险管理主管者预测未来市场极端情况下所面临的风险。因此,有人认为压力测试只是一种辅助市场风险管理的微调过程。压力测试法包括情景分析和系统化压力测试。

4.1.1 情景分析的实施

压力测试是一种辨识和管理可能造成严重损失的情形的过程。它由一系列的程序所组成,包括:① 情景分析;② 压力模型、波动性和相关性;③ 政策反映。压力测试包含检测金融机构的产品组合在极端市场条件下的表现。有时,极端市场变化以标准差来度量,压力测试的关键是如何选择情景。

情景分析,是指在市场各种可能的状态下,对投资组合进行不同的估值。特别地,因为关键变量在不同的状态下,可能会在很大范围内变动,因此,情景分析要求对资产的价值进行完全的重新估值。压力测试最早的应用仅仅考虑了关键变量在很大范围的波动,却常常忽略了各种变量之间的相关性。更一般性的压力测试会给出对金融变量联合运动的描述,而且可以是历史性的(historical)或者前瞻性的(perspective),即可以通过从历史事件或从很明显的经济或政治格局的变动及其预期来设计情景。接下来考虑不同的选择方法。

情景分析是最常用的压力测试方法,目的在于评估金融市场中的某些特殊情景或事件对资产组合价值变化的影响。情景分析包括两步:情景构造和情景评估。

1) 情景构造

情景构造是情景分析的基础,目的在于产生金融市场的某些极端情景。这些极端情景包括资产价值极端损失的情景、市场因子波动性和相关性的极端情景等。情景构造的主要方法包括历史情景分析、典型情景分析和假设情景分析。

(1) 历史情景分析。历史情景分析是指以历史上曾经发生过的极端事件为基准,构造金融市场的未来极端情景。历史极端事件包括极端金融市场的事件,及引发了金融市场大幅震荡的政治、经济事件和自然灾害等。典型的极端金融市场事件有 1987 年 10 月的美国股市崩溃、1992 年的欧洲货币危机、1995 年的墨西哥比索危机、1997 年的亚洲金融危机等;典型的引发金融市场动荡的政治事件有中东战争,它导致世界石油价格上升 50%,美元贬值 20%,利率上升 1%。这些历史事件常被用来构造金融市场未来极端情景的基础。

历史情景分析法的主要优点是客观性,利用历史事件及实际风险因子的波动情况,在构建风险情景时较具有说服力,但也同时造成了这种方法的先天缺陷。历史事件不可能重演,金融市场的复杂性一方面使许多未来的突发性变化不可预测(如 2007 年开始的次贷危机就没有被预期到，导致了金融机构的大面积亏损和倒闭）；另一方面，即使未来市场情景在本质上与某一历史情景具有相似性，但在具体表现形式和程度上也不可能完全相同。

（2）假设情景分析法。历史情景分析法有其自身的不足，我们可以在历史情景分析法的基础上采用假设情景分析法，从而使得压力测试情景分析更具有完整性。通过风险管理者的经验和主观判断，对资产的损失程度和风险因子的变动和相关程度进行设定，以生成假设情景。

一般来说，经过主观设定的压力情景，可能是目前从事压力测试较为简单且迅速的方式，但是情景设定的严谨程度是决定压力测试效果的关键因素，而这又和风险管理人员的经验以及对金融产品相关知识的掌握程度密切相关。假设情景能够得到严谨并且持续的维护，压力测试效果将得到可靠的保证。

另外一种假设性情景称为系统设计法。由于不论是历史情景分析法还是主观情景设计法，很难保证压力测试情景的完整性，因此有必要采用系统化的方法对所有可能的情景进行设计。最常使用的方法为蒙特卡罗法。但是，系统设计法仍然有其不足之处。一般来说，银行的投资组合所牵涉的风险因子通常达数百个，而要想对所有因子设计整合情景对于系统设备和运算时间将是一个极大的负担。另外，在整合情景时，风险管理者很难对情景发生的概率进行估计。

针对历史情景分析与假设情景分析的特性，相关比较如表 4-1 所示：

表 4-1　历史情景分析法与假设情景分析法的比较

	历史情景分析法	假设情景分析法
情景设计	历史曾经发生的事件	主观或系统形成
风险因子变动	以历史变动率为基础	主观假设
情景形成背景	明确	不明确
情景设计完整性	不易面面俱到	可完整设计
投资组合特殊性	不易兼顾特殊性	可特别设计
运算资源及时间	容易且省时	复杂且耗时

2）情景评估

情景评估是指完成极端市场情景构造后，评估该极端情景的发生对资产组合价值变化的影响和后果。它是情景分析的核心和最终目的。情景评估的主要方法包括基于灵敏度的情景评估和全值情景评估两种。

基于灵敏度的情景评估主要是利用资产头寸对市场因子的灵敏度，分析市场因子的极端变化对资产头寸的影响。对于结构简单的金融资产，其头寸与市场因子间的关系呈线性关系。对于复杂的金融产品如期权、债券等，具有局部特性的灵敏度方法，在市场因子变化的范围较小时，其准确性较好；当市场因子变化幅度较大时，尽管可以采用某些修正措施，如对期权可以在 Delta 基础上引入 Gamma、Vega 或其他风险参数,对债券可以引入凸性,但由于情景分析考虑的是极端市场变化,因此,基于灵敏度的情景评估有效性往往很差。实际中,对于复杂的资产组合通常采用基于全值的情景评估方法,即利用定价公式对市场因子发生大幅波动后的资产组合重新估值,减去原资产组合价值,就得到了这种情景下资产组合的损失。

评价情景对资产组合的影响时,必须特别考虑市场流动性的变化。极端市场情景下的市场流动性往往发生巨大变化,导致正常市场情形下的市场交易行为失效。如在正常情况下,股票市场交易在几分钟内就完成,而在股票市场崩溃时,卖出指令或者由于时间、价格的限制失效,或者只能以很低的价格执行,从而导致指令的执行需要很长时间。极端市场情景下的市场流动性变化,对于进行动态对冲策略或短线操作的机构而言,还会严重影响其策略实施效果。

计算风险价值最为流行的方法是在第 3 章中所讨论的历史模拟法。在这一方法中,我们假定过去几年的历史数据为我们提供了今后 1~10 天内或略长一点时间内市场变化的指导。如果某种事件在数据所覆盖的时间内没有发生,那么在基本 VaR 计算方法中,这一事件不会对计算出的 VaR 有任何影响。

我们已经讨论过几种改进的计算 VaR 的方法,这些方法不再简单地假设市场变量在未来短期内的变化仅仅是以往情景的随机抽样。但是,VaR 计算方法的本质是回望型的,那些将来可能会发生但又不能在历史数据中体现的情景是不能在 VaR 中体现出来的,压力测试就是为了克服 VaR 测度中的这一弱点。

我们需要知道,情景分析可以弥补风险管理系统的一些其他弱点。情景分析过程可以使机构的风险管理者和高层充分考虑不利情景的影响,检查其风险策略的缺陷,评估偶然性事件的危害。

情景分析的最大缺陷在于其效果很大程度上依赖于有效情景的构造和选择。但有效情景的构造很困难:其一,不可能将所有的极端市场情景都考虑进去,从而导致情景分析的不全面性;其二,历史事件不可能重演。金融市场的复杂性一方面使许多未来的突发性变化不可预测;另一方面,即使未来市场情景在本质上与某一历史情景具有相似性,但在具体表现形式和程度上也不可能完全相同。因此,有效情景的构造与选择既重要但又十分困难,需要良好的判断、丰富的经验和技巧。

对情景的认定应该根据手头上所持有的投资组合来得出。例如,假设国债和企业债券不存在相关性,那么如果用一个国债空头头寸去冲抵企业债券多头头寸的高杠杆资产组合,可能会使组合依然遭受巨大的损失。这样,相应的情景构造就应该考虑到这种相关性。

当通过压力测试暴露出投资组合的某些弱点时,管理层必须采取一定的措施来控制这些辨识出来的风险。其中一种解决的办法是留出足够的专项资金来弥补潜在的巨大损失。然而,这一资金的数额通常是非常巨大的,从而最终会影响到资本的回报率。另一种替代的方法就是可以改变风险资产的头寸来减少风险暴露。这些处理方式的目的只有一个,那就是保证机构能够安全度过市场的异常时期。换句话说,压力测试是为了能够提供一种机制来保护机构得以生存下去。

4.1.2 一维情景的产生

一维情景的产生就是对单一变量进行压力测试,经常采用的一种方法是假定某一变量有很大变化而其他变量保持不变的情景,对于这种情形,有时会考虑下面的例子。

(1) 收益率曲线平行移动(上或下)100 个基点。

(2) 假定某资产的隐含波动率会由当前水平上下波动 20%。

(3) 股指上下变动 10%。

(4) 一个主要货币的汇率上下变动 6%。

(5) 一个非主要货币的汇率上下变动 20%。

市场变量一个微小变化所产生的影响可由 Delta 来描述。市场变量一个较大变化所产生的影响可由 Delta 及 Gamma 组合来描述。在以上所描述的情景中,市场变化量太大,我们不能再用希腊值来估计产品组合价值的变化。

传统的情景分析方法是一次只集中考虑一个变量。对于一天的时间范围来讲,这些变动是相当大的。这样一组情景设计的目的是希望提供一组能够将资产组合的风险在机构间进行比较的结果,从而可以评价当前市场是否处于脆弱期。通过制定统一标准,可以确保市场上不同的机构使用的模型"具有广泛的类似表现"。

这些情景一次只针对一种风险因子的冲击(除了第 3 个情景之外)。这种方法适用于投资组合主要取决于一种风险来源的情形。举例来说,机构管理者可以采用情景分析来评估投资组合的市场风险,机构可以估计当收益率曲线平行移动−400 到+400 个基点时,它们的经济价值会发生什么样的变化,将基于风险的资本需求直接与被监管机构的利率风险联系起来。

下面,通过一个标准组合风险分析(standard portfolio analysis of risk,SPAN)系统的例子来说明一维情景的压力测试是如何进行的。

标准组合风险分析系统是基于情景分析度量组合风险方法的一种。SPAN 是在 1988 年由芝加哥商品交易所(Chicago Mercantile Exchange,CME)创建的,用于计算基于全部资产组合风险的抵押品需求。自从它出现以来,SPAN 已经被期货和期权交易所广泛地应用于设立保证金要求机制。

SPAN 的目的是辨识出组合价值在一系列情景下的变化。SPAN 系统可以找出组合可能遭受的最大损失,并以此为标准设置保证金。但 SPAN 系统仅适用于同一基础工具下的期货和期权。它采用完全估值的方法,并且重点考虑期权。

例如,考虑一个包含美元兑欧元的期货(如欧元汇率期货)与期货期权的资产组合。SPAN 将审查在一定范围内的价格和波动率假设下的资产组合价值,所选择的范围是它们能覆盖某个固定比例的损失,譬如说,99% 的损失(99%- VaR)。例如考虑一个名义价值为 125 000 欧元的合约,欧元当前的价格为 $1.05/€(1 欧元兑 1.05 美元的汇率)。假定年波动率为 12%,价格范围被设定为 99% 的日 VaR:

$$价格范围 = 2.33 \times (0.12/\sqrt{252}) \times (€125\,000 \times \$1.05/€) = \$2\,310$$

这接近于对某个期货头寸的日保证金要求。接下来,波动率的变动范围被设定为 1%。

表 4-2 给出了产生情景的一个例子：我们从某个初始价格开始，加或减价格范围的某个步长，最小为 1 个步长，我们将价格范围划分成 3 个等分的步长，即每一步长为 $0.006 1。波动率的上下变动为 1%。另外，为了给处于虚值期权的空头头寸提供保护，这里还考虑了 2 个带有极端价格波动的情形，即设计了 2 个情景考虑这一极端的价格变动，该价格变动被定义为 2 倍的价格范围的变动。但由于这种价格改变是很少见的，因此，保证金的要求仅为损失的 35%。在所给出的 16 种情景下，采用完全估价法来对每个期货和期权头寸进行估值。但这一表格中仅仅给出了 16 种情景中任意一个情景下的 2 种头寸（看涨多头和期货多头）的计算情况。

表 4-2 SPAN 情景系统的一个例子

情景	所考虑的损益的比例（保证金要求）（%）	价格波动（以范围表示）	波动率波动（以范围表示）	收益/损失	
				认购期权多头（$）	期货多头（$）
1	100	0	1	198	0
2	100	0	−1	−188	0
3	100	+1/3	1	395	767
4	100	+1/3	−1	−21	767
5	100	−1/3	1	23	−767
6	100	−1/3	−1	−332	−767
7	100	+2/3	1	615	1 533
8	100	+2/3	−1	170	1 533
9	100	−2/3	1	−132	−1 533
10	100	−2/3	−1	−455	−1 533
11	100	1	1	858	2 300
12	100	1	−1	388	2 300
13	100	−1	1	−268	−2 300
14	100	−1	−1	−559	−2 300
15	35	2	0	517	1 610
16	35	−2	0	−240	−1 610
范围：（单位改变）		$ 0.006 1	1%		

注：euro 外汇期货以及对该期货的期权，名义价值为 € 125 000，当前汇率为 1.05 $ / €，执行价为 1.10 $ / €，年波动率为 12%，90 天到期，无风险利率为 5%（等价年利率）。

随着价格向下波动,期货出现大幅下跌,看涨多头在第 14 种情景下遭受损失最大。类似地,期货的多头头寸也在价格下降最大时遭受最大的损失。这种分析在资产组合的所有期权和期货中重复进行,然后将所有的头寸集中(相加)起来。最后,保证金被设定为在所有情景下资产组合的最大损失值。

SPAN 系统是运用完全估值法的基于情景分析的一种方法。它的系统化的扫描方法之所以可行是因为它仅仅考虑 2 个风险因素。然而,当需要考虑许多风险因子时,情景排列组合的数量可能很快就变得非常巨大,从而使得情景分析难以进行。这也许就是系统化情景分析的最大障碍。

这种方法的另一个缺陷是它基本上对所有的情景都赋予同样的发生概率,并且没有考虑风险因子之间的相关性。正如我们所看到的,相关性是考虑资产组合风险时的一个基本组成部分。

4.1.3　多维情景的分析

单维情景分析仅仅提供了对关键变量变动所造成影响的一种直观理解,问题在于它并没有考虑相关性,这也是为什么多维的情景分析显得这样有价值。它包括两个步骤:① 假设一种现实情形;② 推导出市场变量的变动。

下面我们简单给出几种多维情景分析常见的方法。

1)前瞻性的情景

前瞻性情景是指一种假设的、一次性突发事件对金融市场的影响。对于前瞻性情景的定义应该由高层管理人员提出,他们最熟悉公司的业务以及极端事件可能造成的影响。

让我们考虑一个有关汇率机制可能会崩溃的情景分析的例子,比如现在站在 1992 年夏天的角度进行分析。在这一情景分析的例子中,风险管理者可以设想意大利里拉相对于德国马克贬值 20%。我们甚至可以进一步假定如果意大利中央银行让里拉浮动,短期利率也可能会有同样的下跌,而股票市场将止跌回升。然而,除了对意大利利率和股票价格产生影响外,对其他金融变量的影响可能不那么轻易地就能得到明显的效果。问题是资产组合仍然可能会受到其他潜在风险因素的冲击,但这些风险因子并没有显露出来。因此,这种主观的情景分析不太适合用于大型的、复杂的投资组合,它受到高层管理人员主观意识和知识局限性的影响。

2)因素尝试法

在某些压力测试的实施办法中,试图通过一个粗略的两步法来考虑多维性。首先,将所有风险因子的变量逐个地让其上升或下降 2.33 个标准差(即 99% 的置信水平),然后计算投资组合价值的变化。第二步,估计一个最坏的情景,对投资组合进行估值。这里所谓最坏的情景是指将所有的变量都设定为会产生最大损失的情况。例如,变量 1 可能会被提升 $a\sigma_1$,而变量 2 则可能被降低 $a\sigma_2$,等等(如在 SPAN 系统中那样)。

这种方法虽然非常保守,但是却完全忽视了相关性。如果变量 1 和变量 2 是高度正相关的,那么使它们朝着相反的方向变动就没有什么意义了。进一步来说,考虑极端的变动并不一定是合适的。某些头寸,如包括了跨式期权的多头头寸,在标的变量没有任何变化时损失最大,而不是在极端变动时产生损失。

3) 条件情景法

然而,有一种系统的方法可以一致地协调所有变量之间的相关性。我们将某些关键的市场变量的变动表示为 Δx^*,而将其他的变量变动简单地表示为 Δx。压力测试的通常做法是仅仅关注 Δx^*,而将其他变量设为 0。我们称之为窄压力损失(narrow stress loss,NSL),$\mathrm{NSL} = \sum_i w_i^* \Delta x^*$。注意,这里的 $\sum_i w_i = W$(总价值)。

为了说明多维情景分析的特点,首先在控制变量 Δx^* 的情况下对变量 Δx 进行回归,即从下式获得条件预测:

$$\Delta x_j = \alpha_j + \sum_i \beta_j \Delta x_i^* + \varepsilon_j = E(\Delta x_j \mid \Delta x^*) + \varepsilon_j \qquad (4-1)$$

这就可以利用协方差矩阵的信息,在给定关键变量变动的条件下,预测其他变量的变动。

因此,可以构建一个预测压力损失(predicted stress loss)的公式:

$$\mathrm{PSL} = \sum_i w_i^* \Delta x^* + \sum_j w_j E(\Delta x_j \mid \Delta x^*) \qquad (4-2)$$

预测压力损失是比窄压力损失更为宽泛的损失测度,它包括了测度关键变量变动引起的窄压力损失和非关键变量变动引起的损失。而非关键变量变动引起的损失,是可以通过关键变量变动加以预测的。这样,预测压力损失就是一个基于关键变量变动的压力情形下较为全面的损失预测。

可以将预测压力损失与实际的压力损失(actual stress loss)进行比较,实际的压力损失,即 ASL 的表达式为:

$$\mathrm{ASL} = \sum_i w_i^* \Delta x^* + \sum_j w_j \Delta x_j \qquad (4-3)$$

4) 历史情景法

另外一种情景分析的方法是通过考察历史数据来提供金融变量的联合变化的情况。风险管理者的角色是要辨识出可能被排除在 VaR 之外的情景,通过考虑历史上真实发生过的极端的市场情况,如石油危机、股市崩盘、货币贬值等,每个这样的情景都将产生一组金融变量的联合变动,并且会自动地考虑相关性的因素。

通过考虑在某个历史事件下各种金融变量的变化,并考虑这种金融变量变化的组合将会对当前机构持有的资产组合价值如何影响,从而让风险管理者意识到与历史极端情况类似的市场动荡将会对资产组合产生风险。

历史情景对度量金融变量的联合变动是十分有用的。但从风险管理者的角度来看,它的缺陷在于考虑的极端事件的数量是有限的,并且过去已经发生的极端情况在将来未必会再次发生。如果有可能,应该考虑更长的时期,这样会提供近期数据所无法提供的有关长期问题的信息。

5) 系统情景法

历史的或前瞻的压力测试虽然具有直观性,但可能还无法揭示最危险的状况。对于大型的并且又很复杂的资产组合,损失可能来自各种无法预期的金融风险因素的不同组合。

另一个特别的方法是基于 VaR 蒙特卡罗模拟分析得出的结果。风险管理者这时并不仅限于对个别分位点的关注,而是从模拟过程中找出最"坏"的情况,监测到可能发生的最大损失。这有可能会揭示特殊的风险因素组合,并能为机构预测可能存在的危险。问题在于这些变量的组合是否会产生很大的影响。无论怎么样,这种分析对找到某个特定资产组合的弱点提供了非常有价值的信息。

还有一种方法是最大损失准则(maximum loss criterion)。它试图通过优化来辨识出最大的损失。这一优化过程是在考虑各风险因素之间的相关性的约束下,求出当风险因子变动 Δx 时所对应的最大损失,即:

$$\text{ML} = \max \text{loss}(\Delta x) \tag{4-4}$$

$$\text{s. t} \quad \Delta x^{\mathrm{T}} \Sigma^{-1} \Delta x \leqslant p \tag{4-5}$$

上式中,$\text{loss}(\Delta x)$ 是损失值,它的值取决于模拟的 Δx 值,Σ 为风险因子的协方差矩阵,p 是置信水平,它的值能够根据需要进行改变。

另一种办法是把过去发生的变化量放大。例如,我们可以选取一个市场趋向不利但变化比较温和的时期,然后将这一时期的实际变化幅度放大 3~5 倍。这样做的一个问题是,在市场受压的情况下,相关度会增加,但将所有市场变量同时放大一定的倍数,不会增大相关性。有些历史情景对应于一天市场变化的幅度,而其他一些情景,尤其是涉及信用及流动性变量其变化对应于若干天、若干星期甚至若干个月。在情景中考虑市场变量的波动率十分重要。一般来讲,当利率及汇率有剧烈变动时,其隐含波动率以及其他很多变量的波动率也会增加。有些情景可能会涉及大宗商品价格的剧烈变化。2008 年 9 月 22 日,石油价格一天的变化幅度创历史最高纪录;在 1999 年 9 月 27 日至 28 日,黄金价格上涨了 15.4%。有些情景也许会涉及择优而栖现象(flight to quality)以及随之而来的流动性枯竭,从而使信用溢差增大。这一情景对应于 1998 年 8 月俄罗斯国债的违约,以及 2007 年 8 月当投资者对由次贷生成的证券化产品丧失信心的情形。

4.1.4 由管理人员所产生的情景

历史绝对不会一成不变地重复自身,其中的部分原因是因为交易员熟知过去的危机,并引以为鉴以避免重蹈覆辙。美国房地产市场导致了 2007 年开始的金融危机。将来的信用危机不太可能仍由按揭信用审批制度的松懈而触发,但无论如何,今后仍会有信用危机的产生。

从多方面来看,压力测试中最有用处的情景是由金融机构的高管或经济研究团队所提出的,公司高管和经济研究团队可以综合他们对市场、世界政治、经济环境以及当前全球市场的不确定性来产生合理的、会造成巨大损失的情景。有时管理人员产生的某些情景是基于历史事件,但往往根据当前金融及经济条件对这些事件进行了调整。

一种产生压力测试情景的方法是由高管组成一个委员会,定期召开会议,并通过头脑风暴(brainstorm)的形式来回答这个简单问题:"市场会出现什么预想不到的情景?"Clemens

及 Winkler 对这种委员会的最佳构成进行了研究,他们的结论是:委员会应由 3～5 个成员构成;委员会成员的背景应各不相同;委员会成员之间应有一个健康的交流渠道。为了产生恰当的情景,一个重要的前提是委员会成员必须跳出他们在日常工作中担负的职责来衡量全局风险。

为了产生相关的情景,有时高管的想法并不一定要十分有创意。在 2005 年及 2006 年,许多金融评论员认识到美国市场正在经历一场泡沫,而这些泡沫迟早会破灭。当然我们现在很容易做事后诸葛亮,但在当时压力测试委员会可能会提出的一个合理情景是全国范围内房价会下跌 10%～20%。

公司高管及董事会都要懂得压力测试的重要性,做到这一点十分重要。公司高管与董事会成员要以压力测试为依据来做出战略决策。由公司高管来提出分析情景的一大好处是,这一做法很容易使得高管认识到压力测试的重要性,而由公司中层管理人员所产生的情景往往不会得到严肃的对待。

管理人员应该仔细检测压力测试情景,以确认所有的不利情景均已被考虑在内。这些情景不但要包括市场剧烈变化对金融机构自身产品组合的即时效应(immediate effect),同时还要考虑来自其他众多金融机构的连带效应(knock-on effect),因为这些金融机构往往会受到相同的冲击,并做出相同的反应。许多人声称,他们认识到美国房屋市场的泡沫会在 2007 年破裂,但是他们并没有认识到泡沫破裂的严重后果,也没有充分认识到许多金融机构会同时蒙受损失,从而造成市场的择优而栖现象以及随之而来的流动性问题和信用溢差的巨幅增大。

另外一个关于连带效应的例子是 1998 年长期资本管理公司(Long-Term Capital Management,LTCM)的失败。LTCM 的业务模式是持有流动性差的债券,并同时卖空流动性好的债券。LTCM 的破产是由于俄罗斯国债违约而触发的择优而栖现象。出现这一现象后,许多投资人只想买入流动性好的债券,流动性好的与流动性差的证券间的溢差显著增加。LTCM 认为自身已经进行了压力测试检验,并对择优而栖现象的冲击有了一定的认识。但不幸的是,这些择优而栖现象是基于 1998 年之前所发生的情景,其中恰恰没有考虑连带效应。许多对冲基金交易策略与 1998 年 LTCM 的交易策略相似,所以当择优而栖现象产生后,它们也几乎在同时试图将各自的交易平仓。平仓即意味着要变卖流动性差的证券,并同时买入流动性好的证券,这进一步加重了择优而栖现象,使其比以前发生过的同类现象更为严重。

4.2　压力测试的管理

4.2.1　压力测试的模型参数

进行压力测试的情景分析,还应该注意到的一个十分关键的问题是,仔细检查压力测试的每一个步骤。一个压力测试的程序不应该仅仅考虑市场变量的变动,还应该考虑风险管理系统中的其他成分,比如说有价证券的估值模型和产生情景的过程,等等。

对模型的检验常常是通过敏感性分析来实现的。敏感性分析通过改变模型的形式以及压力测试模型的参数等模型的输入变量,来检查它们所产生的影响。

首先,考虑敏感性分析。衍生证券可以通过各种模型来定价。例如,利率衍生工具可以通过单因素或多因素模型来定价,而模型参数可以通过历史数据估算出来。而对于房地产抵押贷款支撑的证券(MBS),建模时必须考虑预付款的因素。所有这些假定都会招致不易辨识的风险。当前的定价模型可能只适合于近期的市场数据,但是可能在关键变量大幅变动的情况下就无法提供较好的近似。定价模型在变化的环境下可能会失效。

类似地,在风险管理系统中的简化也会造成隐含的风险。例如,债券映射将一个连续型的收益率曲线转换成了一组有限的风险因子。如果在选择风险因子时没有足够的间隔,或者细分不够,资产组合就有可能暴露在风险中,而遭受的损失是风险管理系统所无法度量的。

其次,看模型的参数。定价和风险管理系统都依赖于某一特定的数据输入,如一组波动率和相关系数。而相关系数,在考虑压力的时候,可能会显著地偏离历史平均水平。问题的关键是传统的、基于方差—协方差的 VaR 方法能否在历史相关性模式被破坏时,还能提供适当的风险度量。

例如,考虑某个由最近的历史数据所得出的协方差矩阵,其显示出某两个系列之间有高度的相关性。但是,风险管理者不相信这种高度的相关性会持续至未来,并因此改变协方差矩阵中某些原本被认为是合理的值。此时,压力测试可用来将新的 VaR 度量与原来的进行比较。

在所有这些情景下,对压力测试来讲,并没有简单的规则可循。更确切地说,风险管理者必须注意到系统中的局限性、假定和度量上的误差。压力测试可以被描述成是这样一种艺术,即用来检验风险预测的结果是否对于系统结构的改变影响较大的一门艺术。

4.2.2　管理压力测试

压力测试中一个十分重要但又经常被忽略了的议题是如何将压力测试的结果与传统的风险模型进行协调。比如,考虑某个单维的情景分析,风险管理者指定了一个发生概率 π。这一度量可能是主观的,或者是通过某种形式的模型获得的。例如,当根据某些基础性的指标,比如说,购买力平价,或者全球范围的波动率指标对某种货币的币值高估时,该货币贬值的概率可能会随着币值的高估而增加。

为了能够了解如何将情景分析折算到一个新的分布中,考虑一种传统的历史数据模拟,在其中对所有收益率赋予同等的权重($1/T$),这里 T 为所有观察值的个数,即样本容量。Berkwitz(2000)认为,能够协调压力测试的最具一致性的方法是构造一个新的概率分布,它是以权重 $(1-p)$ 赋予通常的分布,并以权重 p 赋予压力测试的损失的一个组合。也就是说,新的概率分布是由通常的分布和极端分布混合而成的。

如果压力测试设计得很好,新的分布将会更好地描述预期损失。问题是如果损失的范围显示大到无法接受的地步,接下来该怎么办。

这个问题也是压力测试的关键议题。压力测试的结果经常被忽视,这是因为压力测试所显示的损失太大了,经常被认为是不可能发生的而被忽视了。

确实,机构不必去考虑世界上的每一种情况。比如可以假定,中央银行应该会提供针对某些系统性危机的保护。类似地,谁也不会试图去考虑如何减少一种大范围的核战争所造成的影响。

但是,相关的情景则是需要认真地对待和仔细地做出计划的。机构的一种正确的回应就是要预留出足够的资本金来应付由压力测试所揭示出的最大损失。但是在很多情况下,这一数额可能会太大了,预留这么多资本金被认为是不经济的。

尽管如此,机构可以考虑一些其他的行动方式:

(1)为所怀疑的事情购买保险或提供担保。

(2)调整投资组合以减少特殊事件的影响,减少风险暴露或是在资产间进行分散化处理。

(3)重新构造商业或产品组合来进一步分散经营风险。

(4)如果一种特殊的情景开始变为现实,就开发出一种纠正程序来应对这种变化。

(5)如果资产组合的流动性出现问题,就要尽快准备筹集资金。

这些行动方案应该能够帮助机构渡过某些困境。

4.2.3 逆向压力测试

逆向压力测试(reverse stress testing)是指采用一定的计算步骤,寻找会导致重大损失的情景。逆向压力测试已经成为风险管理中的一个重要工具。在实际应用中,对金融机构有风险暴露的每一个市场变量进行搜索,因计算量过大而不切实际。一种做法是,识别出3～7个关键的市场变量,并假定其他变量的变化依赖于这些变量的变化。DerivaGem 软件中的应用生成器可以被用来搜索一天内资产价格的变化以及波动率该如何变化以产生最大损失。采用 DerivaGem 应用生成器,可以确定最差情景,于是通过逆向压力测试,得出该金融机构的最大损失发生在资产价格下跌且波动率急剧下降的情景。

另一个简化搜索过程的办法是将问题结构化。主成分分析法可以应用于市场变量,然后进行搜索以确定会造成重大损失的主成分变化量。这一方法会降低搜索空间的维数,而且会减少不合理情景的产生。

还有一个方法是风险管理人员可以将情景结构化。例如,管理层可能对过去发生的某个情景感兴趣,在这一情景中,利率升高,股价下跌,某些汇率下滑。根据这样的要求,风险分析师可以找出应该对历史上观测到的变量做多少倍的放大,才能使损失达到某种程度。

逆向压力测试可以被压力测试委员会用来触发更多的头脑风暴。在压力测试委员会召集会议之前,分析人员可以通过逆向压力测试来求得几种会给金融机构带来灾难的情景,这些情景和委员会成员自身产生的情景将在压力测试委员会会议上加以讨论,委员会成员可以凭借自己的判断来排除那些分析员给出的不合理情景,并对其他一些情景进行修改来使其合理,然后对这些情景进行更深入的研究。

压力测试情景最好能动态变化,以考虑进行压力测试的金融机构以及其他金融机构对剧烈变化的反应。例如,考虑一家卖出期权的投资银行,这里的期权依赖于某标的产品,投资银行在交易中保持 Delta 中性。标的资产价格的大幅上升(或下降)会马上触发期权交易的损失。为了保持 Delta 中性,投资银行需要买入(或卖出)大量的标的资产。Delta 对冲费用与资产价格变化的路径有关。进行压力测试的风险管理人员必须考虑的最差情景是在期权到期前资产价格的巨幅振荡。

4.3　VaR 模型的误差测定方法

在运用计算 VaR 的方差—协方差方法中,需要根据历史数据来估计出资产收益率的均值和方差—协方差矩阵作为该模型必要的输入变量;在历史模拟法以及蒙特卡罗等其他方法中,还需要通过资产的分布估计一定置信区间下的分位数。无论哪种方法,都需要估计一定的参数,然而统计方法下的估计量总是存在一定的误差,只能在一定的置信水平下相信这个参数的合理性,或者说只能在围绕这个参数的一个区间内相信这个参数的大小。

那么这样的区间到底是多大呢? 比如在 95% 的置信水平下估计了 VaR 的值为 1 000 万元,那么实际的数值是多少呢? 是在 900 万到 1 100 万元之间呢,还是在 300 万到 1 700 万元之间呢? 这两种情形的差别是显而易见的。第一种情况下的估计就比较精确,而第二种情况下的估计就显得没什么意义。如果能够证实估计的精度比较高,或者如果能够有效地提高估计的精度,使得真实损失值在我们估计的 VaR 周围变动的区间比较小,那么就能够比较有效地估计资产的风险,从而使我们有比较强的信心去使用 VaR 系统。

评价 VaR 模型的精确性,一般可以对均值、方差以及分位数等基础变量进行误差分析。

4.3.1　均值和方差的估计误差

当基本分布呈正态分布时,样本均值分布和方差分布均为已知,估计均值 $\hat{\mu}$ 在真实值周围呈正态分布,$\hat{\mu} \sim N(\mu, \sigma^2/T)$,其中,$T$ 为样本中的独立观察值的个数。注意:估计均值的标准误差以 T 的速度随着 $\sigma\sqrt{1/T}$ 的增加而趋于零。

估计方差 σ^2 服从自由度为 $(T-1)$ 的卡方分布:$(T-1)\hat{\sigma}^2/\sigma^2 \sim \chi^2(T-1)$。实际上,随着样本容量 T 变得足够大时,上述的卡方分布就会近似等同于如下的正态分布:

$$\hat{\sigma}^2 \sim N(\sigma^2, 2\sigma^4/(T-1)) \tag{4-6}$$

对于样本标准差而言,大样本的标准误差为:

$$se(\hat{\sigma}) = \sigma\sqrt{1/2T} \tag{4-7}$$

例如,对于 1973—1998 年德国马克/美元收益率,样本参数 $\hat{\mu} = -0.15\%$,$\hat{\sigma} = 3.39\%$,$T = 312$ 个观测值。估计的标准误差表明了样本值的置信程度如何,误差越小,置信度越高。$\hat{\mu}$ 的一个标准误差是 $se(\hat{\mu}) = \hat{\sigma}\sqrt{1/T} = 3.39\sqrt{1/312} = 0.19\%$。因此,$\hat{\mu}$

的点估计为 -0.15%，小于一个远离零的标准差。即使用了 26 年的数据，$\hat{\mu}$ 的衡量值仍然很不精确。

反之，$\hat{\sigma}$ 的一个标准误差为 $se(\hat{\sigma}) = \hat{\sigma}\sqrt{1/2T} = 3.39\sqrt{1/624} = 0.14\%$。由于这一数字远小于 3.39% 的估计值，可以认为对波动性的估计比对预期的收益率估计要精确得多，从而让人有信心去运用 VaR 系统。显而易见，随着样本的增大，估计值的精确性也在提高。

还可以用 $\hat{\sigma}$ 估计任意分位数。由于正态分布仅用了 2 个参数就可以表示标准差包含了所有衡量分散性所必需的因素，任何基于 $\hat{\sigma}$ 的分位数都可表示为 $\hat{q}_\sigma = \alpha\hat{\sigma}$。例如，在 95% 的置信水平下，只用 1.65 乘以 $\hat{\sigma}$ 的估计值就得到了 5% 的左尾分布数。当然，这种方法只有在基础分布非常接近正态分布的时候才有效。当分布为非正态分布时，其他方法，如 Kernel 核估计法，也给出了基于完全分布的分位数的估计值。

4.3.2 分位数估计误差

对于任意分布而言，一定置信水平下 p 的分位数可以从历史经验中获得，记作 $(\hat{q}_p)$，并存在一些统计相关的样本误差。Kendall(1994)给出了 $(\hat{q}_p)$ 的标准差估计值：

$$se(\hat{q}) = \sqrt{p(1-p)/Tf(q)^2} \tag{4-8}$$

其中，T 为样本容量，$f(q)$ 为分位数估计的概率分布函数。

样本容量对于分位数的估计误差也有如同均值方差估计那样的关系，也就是说，样本容量越大，估计的准确性越高。对于正态分布而言，5% 的左尾区间以 1.65 为中心。当 $T = 100$ 时，置信区间很大，为 $[1.24, 2.04]$；当 $T = 250$ 时，置信区间为 $[1.38, 1.91]$；当 $T = 1\,250$ 时，区间减小为 $[1.52, 1.76]$。当考虑区间为 $[1.85, 2.80]$ 时，其不确定性大约是 5% 时的 2 倍。Kupiec 指出，当测量越接近左尾时，样本分位数就越不可靠。这是因为越接近尾部，数据越少。因此，在估计高置信水平上的 VaR 时，要非常小心。

4.3.3 不同估计方法的精度比较

在上一章中，给出了诸多估计 VaR 的方法，可以归为两类：① 直接估计一定置信水平下的分位数；② 通过计算标准差，然后通过合适的因素 $\alpha\hat{\sigma}$ 来衡量。问题是，哪一种方法更好？或者说，哪一种方法的精度更高？

直觉上，我们认为基于 σ 的方法更精确。事实上，$\hat{\sigma}$ 使用了整体分布的数据（就围绕均值的全部方差而言），而分位数只是使用了列出的观测值和围绕估计值的 2 个观测值。在正态分布的情况下，我们确切地知道如何使用 α 将 $\hat{\sigma}$ 转化为估计值分位数。对于其他分布，α 值可能不同，但由于标准差来自所有样本数据，我们仍能得出较好的结果。

表 4-3 比较了两种方法中的 95% 置信区间。基于 σ 方法下的置信区间比基于样本分位数的置信区间对于使用而言，更有效率一些。例如，在 95% 的 VaR 置信水平下，对样本分位数而言，围绕 1.65 的区间为 $[1.38, 1.91]$；对 $\alpha\hat{\sigma}$ 而言，这一区间减少至 $[1.50, 1.78]$，与前一区间相比，变得更小。

表 4-3   正态分布下 VaR 估计值的置信区间(T=250)

	VaR 的置信水平 α	
	99%	95%
精确的分位数	2.33	1.65
置信区间		
样本 $\hat{q}$	[1.85, 2.80]	[1.38, 1.91]
基于 σ 的, $\alpha\hat{\sigma}$	[2.24, 2.42]	[1.50, 1.78]

从表 4-3 中,可以得到一些非常重要的结论:第一,尤其在置信水平很高时,估计分位数存在很大的估计误差,这与小样本引起的难以检验有关;第二,参数方法使得精确度不断提高,因为样本标准差比样本分位数能提供更多的信息。

4.4   VaR 模型的回测

使用 VaR 来度量市场风险时,存在所谓的模型风险。有学者曾采用多种常见的 VaR 计算方法对 3 种假设的金融资产组合进行了 VaR 估计测定,结果发现各种不同的方法之间有很大的差异,这表明 VaR 测定对模型、参数、数据以及相关假设的依赖性非常强。那么哪种计算模型能够更好地反映当前的市场风险呢?

只有能准确地预测风险的 VaR 模型才是有效的。因此,模型的运用过程就是一个不断检验证明的过程。模型验证是检验一个模型是否正确的一般过程,它可以运用回测检验、压力测试、独立的审查和监测等一系列工具进行验证。

回测检验是一种规范的统计方法,是通过将实际发生的损失,与统计预测的损失进行比较,从而验证模型的有效性。对 VaR 模型来说,这包括把 VaR 模型的历史预测与投资组合真实的回报进行系统的比较。通俗地讲,也就是把利用模型进行事前预测得到的 VaR 结果与事后真实发生的损失进行统计意义上的比较,从而检验模型的预测能力是否能符合我们的要求。

这一过程,有时也被称作真实性检验。真实性检验对于 VaR 使用者和风险管理者对所建立的 VaR 模型进行有效性核查和检验来说,是至关重要的。如果不是这样,就要重新对模型进行假设错误、参数错误和建模错误的检验,将增加问题的复杂性。同时,回测检验过程也可以为模型的改进提供一些思路。

回测检验也是巴塞尔委员会在银行资本金要求的标准上,允许银行使用内部 VaR 模型的重要原因之一。因为银行会有低报风险的动机,所以如果没有严格的回测检验机制做保证,巴塞尔委员会可能不会允许使用内部 VaR 模型来决定银行的最低资本要求。这也是为什么这一系统要设计成为能够最大可能地捕捉到那些故意低报其风险的银行。但是,这一系统也要避免不恰当地惩罚那些可能只是由于运气不好而造成 VaR 超标的银行。这种权衡"存伪"和"去真"之间的关系,类似于在统计学中提到的权衡第一类错误和第二类错误之间的关系,这也是回测检验统计决策方法的核心问题。

4.4.1　回测检验的设立

像任何统计模型一样,VaR 模型要想成为确实可用的模型,必须证实其准确性。什么是准确性呢? 从统计学的意义上讲,是指风险模型能够有效地反映标的的实际价值。最直接的办法就是系统地比较实际损失水平与用模型预测出的预期损失水平之间的差距。

当模型被完全验证后,所观察到的在 VaR 预测值以外的点,就应该会与置信水平相一致。偏离 VaR 的观察值的数量称为例外的数量,也被称为异常回报个数。如果出现的异常回报个数很多,则表明模型低估了风险。这个问题很重要,因为这实际上意味着单位风险所对应的资本量太小了。而那些风险偏好的单位会选择尽量少地配置其风险头寸所对应的资本金,所以监管单位可以考虑对于使用这种低估风险模型的单位进行一定的惩罚。回测检验可以最直接地对这种模型进行验证。当然,如果例外的数量太少也同样存在问题,因为这意味着高估了风险,实际上单位风险配置的资本金过多会导致宝贵的资本金闲置或无效。

图 4-1 是模型验证的一个例子,它描绘了信孚银行(Trust bank)实际日 VaR 与预测值的拟合情况。这一图形显示的是日损益的绝对值相对于 99% 的 VaR 值的散点图。假设该模型计算得出的 VaR 等同于"日价格波动率",因此,在图 4-1 中,位于对角线以上的观察值表示在该日,当天损益的绝对值超过了与其对应的 VaR 值。

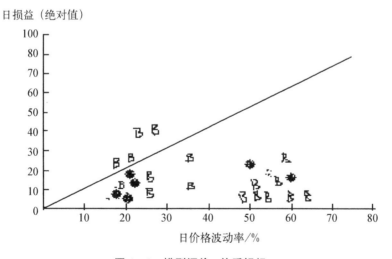

图 4-1　模型评价: 信孚银行

假定损益分布是对称的,那么应该有大约 2% 的日观察值(正值或负值)会位于对角线的上方,或者说一年当中有 5 个数据点会落到对角线之上。在这里(图 4-1 中),我们观察到有 4 个数据点位于对角线之上,这似乎表明 VaR 模型得到了很好的验证。然而,我们也可能会仅仅由于运气不好而观察到更多的偏离点。这就产生了一个问题:根据什么来拒绝

VaR 模型呢?

在开始探讨统计上的问题之前,必须先弄清楚一个很重要的数据方面的问题。VaR 方法假定在整个预测时段内当前组合的头寸是固定不变的。而在实际中,交易投资组合的构成即使是在一天当中都是动态变化的。实际收益率对应的是实际的损益,即考虑了日间的交易和其他的利润项目。如果预测时段非常短,则投资组合受到交易变化等的影响就很小。这从某种意义上解释了为什么回测检验常常是根据日收益率来进行的。

为了使以这种方法验证模型的有效性有意义,风险管理者应该既要追踪实际的投资组合收益率 R_t,又要考虑某个假想的收益率 R_t^*。收益率 R_t^* 代表了一种固定不变的投资组合的回报,它是假设证券组合在一定时间内是不变的,是该固定组合头寸的固定收益率。为了提高这种近似的精确度,收益率 R_t^* 需要尽可能在较短的时段计算出来。用这样的收益率 R_t^* 进行计算,更加接近于 VaR 的预测值。

有时候,也可以考虑通过采用清洁回报来计算利润的近似值。所谓清洁回报,是指实际收益率减去所有的非逐日结算项目(如融资成本、费用收入和已使用的准备金等)得出的。

由于 VaR 预测实际上是与 R_t^* 匹配的,所以回测检验事实上也是针对这些假想的收益率做出的。但是,对于实际收益率的分析也是很重要的,因为它们反映了实际损益,其波动率反映了真实的、事后的交易回报的波动性,并且银行监管部门是根据实际的损益来对银行风险管理进行审查的。最理想的是,实际的和假想的收益率都应该被用于回测检验,因为这两组数据都会传达具有可比性的信息。然而,如果是出于监管的目的,则回测检验应该运用于实际的收益率。

VaR 模型的准确性有多种表述形式,因此其检验方法也有多种,在这里我们主要介绍基于异常回报个数的模型、概率分布预测模型以及参数模型。

4.4.2　用异常回报个数建立回测检验模型

建立回测检验模型是指系统地比较历史 VaR 预测值和序列收益率。其问题是,既然 VaR 是建立在特定的置信水平上的,那么我们可以设想在某些情况下,数值会落在图形之外。比如说在 95% 的置信水平下,有 5% 的观察值没有落入图形之中。但几乎可以肯定,我们不一定正好观察到 5% 的异常回报。由于运气不好,可能导致某个比较大的比例,如 6%~8% 的异常回报。但是,如果异常回报的百分比非常大,比如达到 10%~20%,则使用者应该认为模型是不好的,而不仅仅是由于运气不好,并采取措施来纠正模型。这就涉及应该如何做出决策。这种"拒绝还是接受"的决策是典型的统计决策问题。

关于这样的统计问题,可以构造多种统计量来进行假设检验。本节首先介绍一种基于异常回报个数的回测检验模型。

事实上,证实某个模型准确性最简单的方法是记录下其"失效率",也就是说给出在某个给定的样本中,超出 VaR 预测值的次数的比率。假定某银行 T 天的 VaR 图形有 1% ($q = 1 - p$) 的左尾。使用者可以数出有多少次实际的损失超过了前一天的 VaR 值。若定义 N 为异常情况的数目,则 N/T 即为失效率。理论上,失效率应该是 q 的一个无偏测度,即应该随着样本容量的增大而收敛于 q。

现在的问题是,我们想要知道,在样本容量为 T 的情况下,给定某个置信水平, N 对于零假设 $q=0.01$ 是太大还是太小。值得注意的是,这一统计检验对收益率的分布没有进行任何假设。收益率的分布可以是正态的,也可以是有偏的,或是厚尾的。因此,这种方法是完全非参数的检验方法。

这种检验方法属于一种古典的检验体系,即对一系列成功或失败的检验。这又被称为贝努利试验。异常的个数服从某个二项分布:

$$f(x)=C_T^x q^x(1-q)^{T-x} \tag{4-9}$$

二项分布 x 的期望值 $E(x)=qT$,以及方差 $V(x)=q(1-q)T$。当 T 相当大时,根据中心极限定理,二项分布随机变量将渐进服从一个正态分布:

$$z=\frac{x-qT}{\sqrt{q(1-q)T}} \sim N(0,1) \tag{4-10}$$

这样,在很大程度上就简化了计算。

二项分布可以用来检验异常的次数是否在可接受的范围之内,即发生第一类错误(type 1 error)的概率。图 4-2 描绘了当模型被验证为正确时异常回报个数的分布,即当 $q=0.01$, $T=250$ 时的情形。从该图形中可以看到,在这一零假设下,如果观察到 4 个异常值,那么将会有 10.8% 的概率犯第一类错误,即拒绝该正确模型的概率有 10.8%。

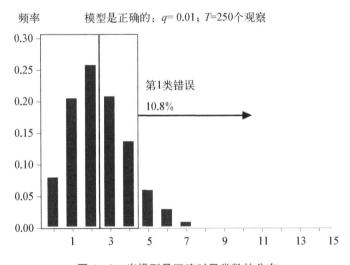

图 4-2　当模型是正确时异常数的分布

接下来,图 4-3 描绘了当模型被验证为不正确时异常值个数的分布。该图形给出了 $q=0.03$(不是 0.01)和 $T=250$ 时异常数的分布。该图形表明,如果依然观察到 4 个异常值,那么将会以稍大于 12.8% 的概率接受这个错误模型。这表明犯第二类错误(type 2 error),即接受错误模型的概率为 12.8%。

当使用者设计某个用来证实模型正确与否的回测检验时,通常面临着犯这两种类型错误的一个权衡问题。为了达到后续检验的目的,VaR 模型的使用者必须在第一类错误和第

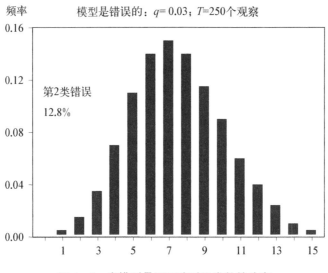

图 4-3 当模型是不正确时异常数的分布

二类错误之间进行权衡。在理想状态中,人们总是确立一个较低的犯第一类错误的概率,然后采用一种检验以使犯第二类错误的概率也非常低。在这种情况下,检验才能被称得上是"有效的"。

对于这样一个检验,Kupiec(1995)开发出了一个 95% 置信水平下,针对观察到的异常值,决断是否应该拒绝模型,给出了一个异常值的近似区间。如表 4-4 所示,对这一检验置信区间的选择与 VaR 模型中所选择的 q 的水平无关,它是由一些对数似然比尾部的点构成的。

$$LRuc = -2\ln[(1-p)^{T-N}p^N] + 2\ln\{[1-(N/T)^{T-N}(N/T)^N]\} \qquad (4-11)$$

在零假设成立,即 q 为真实概率的条件下,这其实是一个非对称的、自由度为 1 的 χ^2 分布。Kupiec 证明,如果 $LR > 3.84$,我们将拒绝零假设。

例如,如果有 2 年的数据($T=510$),我们会期望观察到 $N=qT=1\% \times 510=5$ 个异常回报值。但是只要 N 在(1,11)的范围之内,VaR 模型的使用者都不能拒绝零假设。当 N 的值大于或等于 11 时,说明 VaR 的预测值太低,或者说模型低估了发生巨大损失的可能性;当 N 的值小于或等于 1 时,则表示该 VaR 模型过于保守了。

表 4-4 还显示,以 N/T 的比率表示的这一区间会随着样本容量的增大而缩小。举个例子,当 $q=0.05$ 时,对于 $T=255$ 的区间为$[6/255=0.024,21/255=0.082]$;而对于 $T=1\,000$ 的区间为$[37/1\,000=0.037,65/1\,000=0.065]$。这表明样本容量增大时,区间缩小了。也就是说,如果有更多的数据,当模型为假时,我们更容易拒绝它,即犯第二类错误的概率会减小。

但是当 VaR 的参数 q 很小时,确定偏误成了一件很困难的事。例如,在 $q=0.01$ 和 $T=250$ 时的非拒绝区域为($N<7$)。因而,在 N 非常小或当模型系统地高估风险时,我们没有办法分辨任何信息。直觉上,对很低的 q 值,辨识出系统的偏误是比较困难的,因为此时对应的是小概率事件。

表 4-4　对模型的回测检验，95％的非拒绝检验的置信区间（没有拒绝好模型）

概率水平 q	VaR 置信水平	失效次数 N 的非拒绝区域		
		$T=255$ 天	$T=510$ 天	$T=1\,000$ 天
0.01	99％	$N<7$	$1<N<11$	$4<N<17$
0.025	97.5％	$2<N<12$	$6<N<21$	$15<N<36$
0.05	95％	$6<N<21$	$16<N<36$	$37<N<65$
0.075	92.5％	$11<N<28$	$27<N<51$	$59<N<92$
0.10	90％	$16<N<36$	$38<N<65$	$81<N<120$

注：N 为在样本容量为 T 的样本中，在检验置信水平为 95％的情况下，不足以拒绝零假设，即 p 为一正确的概率水平（$1-p$ 为置信水平）时，所能观察到的失效次数。

这也解释了为什么有些银行会选择较高的 q 值，比如说 $q=0.05$，即置信水平 p＝95％，它们是为了能够观察到足够多的偏离值来验证模型正确与否，然后再通过一个乘数因子将具体的 VaR 值转换成安全资本金缓冲的数字。

至此，上述关于该检验的讨论是基于无条件的分析，忽略了数据的时间变化。然而，异常回报数据可能是具有时变性的，这一点会使得回测模型变得无效。例如，在 VaR 的置信水平为 95％时，期望每年的失败天数为 13。理论上这些失败天数应该均匀地分布在时间序列中，然而，如果其中有 10 次失败都发生在最近 2 周内，这就应当引起特别的注意了。例如，市场可能经历了 VaR 观测不到的波动性上升，或交易员可能持有了不正常的头寸。无论哪种情况发生了，回测验证系统都应被设计成能够测量金融数据的时变性特点的系统，即验证系统应该以当前环境为条件。

Christofferson(1998)扩展了 LR_{uc} 统计量，以保证偏离量在每一个时刻都是相互独立的。这一检验被设计为如下形式：在一天中，如果 VaR 没有被超过，则我们将偏差指标定为 0，否则将其定为 1。接下来，我们将 T_{ij} 定义为在发生状态 i 的后一天就发生状态 j 的天数，而 π_i 定义为前一天发生状态 i 的条件下观察到 1 次异常的概率，i, $j=0$ 或 1。表 4-5 说明了如何构造一个有条件的异常数。

表 4-5　构建异常数的表格，异常数的期望值

当前日	前一天（有条件的）		无条件
	没有异常	有异常	
没有异常	$T_{00}=T_0(1-\pi_0)$	$T_{10}=T_1(1-\pi_1)$	$T(1-\pi)$
有异常	$T_{01}=T_0(\pi_0)$	$T_{11}=T_1(\pi_1)$	$T(\pi)$
总异常数	T_0	T_1	$T=T_0+T_1$

如果今天有无异常出现是独立于前一天有无异常发生的,表 4-5 的第 2 列和第 3 列的式子应该是一样的,即等同于无条件的情形。Christofferson(1998)给出相应的检验统计量为:

$$LR_{ind} = -2\ln[(1-\pi)^{T_{00}+T_{10}} \pi^{T_{01}+T_{11}}] + 2\ln[(1-\pi_0)^{T_{00}} \pi_0^{T_{01}} (1-\pi_1)^{T_{10}} \pi_1^{T_{11}}]$$

$$(4-12)$$

其中,第一项为假定异常情形的发生在各天之内是相互独立的,或者说 $\pi = \pi_0 = \pi_1 = (T_{01} + T_{11})/T$ 时,所对应的极大似然值;而第二项则是所观察到的数据对应的极大似然值。

则有条件覆盖率总的统计量为:

$$LR_{cc} = LR_{uc} + LR_{ind}$$

$$(4-13)$$

它近似地服从一个非对称的 $\chi^2(2)$ 分布。这样,如果 $LR > 5.99$,我们将会在 95% 的置信水平上拒绝模型。因为有足够的证据证明各种市场都会经历平稳期和动荡期,所以这一检验方法是十分重要的。

巴塞尔规则就是基于这样的异常回报个数检验方式的一种直接应用。为了设计这样一种检验,首先要确定犯第一类错误的概率,即当模型是正确时却被拒绝的概率。当该类错误发生时,银行只能怪自己运气不好,因为它们是不应该受到这种不适当的惩罚的。因此,我们首先应该选择一个检验,让它有较低的犯第一类错误的概率,比如说,5%(这取决于它的成本)。而这里矛盾的中心在于,监管者会因此而犯第二类错误,因为银行都会有意愿在它们的 VaR 报告中误导监管者甚至蓄意作假,这是不可避免的。

巴塞尔委员会认为甚至出现 4 个异常都可以接受,这就是银行的"绿灯区"。如果异常数升至 5 个或更多,则银行便会落在了"黄灯区"或"红灯区",这时会招致惩罚,而且惩罚的乘数因子也将逐步上升,如表 4-6 所示。如果直接落在"红灯区"则自动招致惩罚。

表 4-6   巴塞尔的惩罚区域

区 域	异常的次数(过去 1 年)	乘数 k 值的增加
绿灯	0~4	0.00
黄灯	5	0.40
	6	0.50
	7	0.65
	8	0.75
	9	0.85
红灯	10 个以上	1.00

如果在"黄灯区",是否惩罚将取决于监管者,取决于异常的原因。巴塞尔委员会采用以下分类来划分可能的原因:

(1) 模型基本完整(可信)。偏误的发生是由于头寸价值报告得不正确,或是因为程序编程时出现的错误。

(2) 模型的精度可以依靠自身得到修正。偏误的产生是由于模型并没有以足够的精度度量风险(例如,模型的输入数据太少)。

(3) 日间的交易。头寸在当天发生了改变。

(4) 运气不好。市场极为动荡,尤其是相关性改变了。

对运用惩罚条款的描述通常比较模糊。当异常是由前两种原因造成时,"应该"施以惩罚。当异常是由第三种原因造成时,则"应该考虑"惩罚。当异常是由于第四种原因造成时,巴塞尔委员会没有给出成文的指导条款,仅仅提到,"这些异常应该被预见到至少有时会发生"。当异常是由于"诸如利率或汇率突然的异常变化,或是严重的政治事件或自然灾难"造成时,可以被排除掉。也可以这样说,银行的监管者希望能有更多的灵活性,能够根据他们认为的适宜性来调整规则,尤其是在遭遇经济动荡的特殊时期。

回测检验问题的关键是要能够区分运气不好和模型错误。或者说在第一类错误和第二类错误之间进行权衡。表 4-7 给出了对一个正确的模型(有 99% 的覆盖率,置信水平)和一个不正确的模型(仅有 97% 的覆盖率)得到某个给定的异常数的概率。有 5 个异常数发生的累计概率,或者说第一错误的概率,为 10.8%。这是一个相当高的比例,即 10 家银行就会有 1 家被错误地惩罚,尽管它有正确的内部模型。

表 4-7　回测检验的巴塞尔规则,得到异常的概率($T=250$)

区域	异常的个数 N	覆盖率=99%,模型正确		覆盖率=97%,模型不正确		
		概率 P ($X=N$)	累计的(第 1 类, 拒绝)$P(X \geq N)$	概率 P ($X=N$)	累计的(第 2 类, 不拒绝)$P(X<N)$	效力(第 1 类, 拒绝)$P(X \geq N)$
绿灯	0	8.1	100.0	0.0	0.0	100.0
绿灯	1	20.5	91.9	0.4	0.0	100.0
绿灯	2	25.7	71.4	1.5	0.4	99.6
绿灯	3	21.5	45.7	3.8	1.9	98.1
绿灯	4	13.4	24.2	7.2	5.7	94.3
黄灯	5	6.7	10.8	10.9	12.8	87.2
黄灯	6	2.7	4.1	13.8	23.7	76.3
黄灯	7	1.0	1.4	14.9	37.5	62.5
黄灯	8	0.3	0.4	14.0	52.4	47.6

续　表

区域	异常的个数 N	覆盖率＝99%,模型正确		覆盖率＝97%,模型不正确		
		概率 P $(X=N)$	累计的(第1类,拒绝)$P(X \geqslant N)$	概率 P $(X=N)$	累计的(第2类,不拒绝)$P(X < N)$	效力(第1类,拒绝)$P(X \geqslant N)$
黄灯	9	0.1	0.1	11.6	66.3	33.7
红灯	10	0.0	0.0	8.6	77.9	21.1
红灯	11	0.0	0.0	5.8	86.6	13.4

更糟的是,犯第二类错误的比例也相当高。假设覆盖率为97%,则监管者可能会接受12.8%的有不正确模型的银行。因此,这一框架不是很有效。而且,99%的覆盖率和97%的覆盖率的 VaR 模型之间的差别在经济上是显著的。假定正态分布,真实的 VaR 会比官方报告的 VaR 高出1.237倍。

这种构架缺乏效力的原因是选择了很高的 VaR 置信水平(99%),从而使得一个检验,即使是可靠的,也仅允许产生很少的异常数目。现在来考虑 VaR 置信水平为95%时的效果(为了保证资本金的数额不会因此而受到影响,必须使用大的乘数 k)。我们必须找出异常值数目的临界点,以使第一类错误的概率与《巴塞尔协议》的规定相一致。当每年的平均异常数为13时,我们将拒绝异常数超过17的模型,与此相对应的犯第一类错误的概率为12.5%。这里我们将犯第1类错误的概率控制在与《巴塞尔协议》中的10.8%相接近的水平。但现在犯第二类错误的概率大大地降低了,仅为7.4%。这样,仅仅简单地改变 VaR 的置信水平,将 VaR 的置信水平从99%调至95%,就大大地降低了检测不出错误模型的概率。

另一种提高检验效率的方法是增加观察的次数(样本容量)。比如,当 $T=500$ 时,如果选择8为异常值数目的临界点,此时犯第一类错误的概率为13.4%,而犯第二类错误的概率为1.7%。在第一类错误率与以前大致相等的情况下,我们现在犯第二类错误的概率就要低得多,这是一个很大的改进。当 $T=1000$,选择异常数为14作为异常值数目的临界点,此时犯第一类错误的概率为13.4%,犯第二类错误的概率仅为0.03%。增加样本容量显著地改善了检验效率。问题在于可能没有那么多的数据点来进行检验,或者模型随数据增加可能已经发生改变了。

使用巴塞尔规则时应注意以下问题:

(1) 是否存在例外情况聚集出现。除了从绝对数量上分析例外情况出现的个数,还应该分析例外情况是否集中出现,例外情况集中出现意味着风险的高度自相关。如果市场的波动率突然增大,而 VaR 的回溯检验结果显示在这段时间例外情况集中出现,可能意味着 VaR 模型遗漏了风险因素或者参数设置存在问题。

(2) 例外情况出现时超过 VaR 的幅度。尽管压力测试可用于解决这一方面的问题,但是长远来看,如果例外情况出现时超过 VaR 的幅度过大,应该考虑修正 VaR 模型以充分考虑极端情形下的风险。

(3) 确定导致例外情况出现的原因是什么,比如波动率、相关性和风险因素变化。

4.4.3　模型验证的其他方法

基于异常回报个数的模型仅仅考虑了一个分位点,而不是整个分布。这对某些使用者,如银监会,可能是适合的,因为他们所希望的是根据这一分位点来设置资本充足率的要求。对其他的一些用户,仅用这一方法可能是不够的。本节将介绍几种其他的建模方法来进行 VaR 方法的回测检验。

1) 概率分布预测模型

Crnkovic & Drachman(1996)认为,几乎所有的机构都在预测自己的整体概率分布函数(pdf),而且也应该根据整个概率分布来评价预测的质量,而不是仅以函数中的某一个点为基础来评价预测的质量。

该方法在以下几个方面扩展了异常回报个数分析:

(1) 选择 0～1 之间的一系列概率 p,譬如说,0.01,0.02,0.03 等。

(2) 风险管理系统每天报告在不同的置信水平下的 VaR 数值,如 VaR_1,VaR_2,VaR_3 等。

(3) 第二天,风险管理者记下其损益是否低于前一天所报告的 VaR_1,VaR_2,VaR_3 等。

(4) 在观测期结束时,风险管理者将观测值低于 VaR_1 的总数记为 N_1,低于 VaR_2 的总数记为 N_2,依此类推。

风险管理者针对每个概率水平报告总的观察值比率:$N_i/T = \hat{F}(p_i)$。 这类似于在异常数检验中的 N/T,只不过现在有一组数据而不是只有一个数据。

如果该分布被验证为准确的,会发现这个经验分布函数 $\hat{F}(p_i)$ 与 p 完全匹配。这正好可以得出一个检验用来检查实际的损益分布是否与模型所预测的形状相一致。

$$K = \max_i[\hat{F}(p_i) - p_i] + \max_i[p_i - \hat{F}(p_i)] \tag{4-14}$$

这是一个 Kuiper 统计量,该统计量有已知的分布。对于 250 个观测点的 95% 置信水平下的临界值为 0.109。

2) 参数模型

概率分布预测方法仍然是一种非参数方法,也就是说,它没有给出对概率分布函数(pdf)形式的任何假定。如果风险管理者对函数的形状非常有把握,那么他可以设计出更加有效的检验方法。

例如,风险矩阵法假定函数是正态分布的。这种分布可以完全由其均值和标准差决定。如果是这样的话,我们就没有必要考虑采用 95% 的分位数,因为我们知道这可以直接从正态分布导出。因而,应该直接用标准差来进行分析。这一方式也可以扩展到更加一般的分布,只要是能够用标准差来测度分布函数的离散程度就可以采用该做法。

一个具体的检验可以设计如下:首先,要记录下日回报与风险的比率,定义为 $\varepsilon_t = r_t/s_t$,这一比率是已实现的日交易损益与所预测的标准差之比。接下来,计算 ε_t 的方差,然后将它乘以天数 T。当条件分布为正态分布时,统计量为:

$$V(\varepsilon_t)T \sim \chi^2(T) \tag{4-15}$$

它服从自由度为 T 的卡方分布。当观测值很多时,该统计量可以进一步简化为以下形式(对于 95% 的置信区间):

$$\left[1-1.96\sqrt{2/T} < V(\varepsilon) < 1+1.96\sqrt{2/T}\right] \qquad (4-16)$$

这种方法比基于异常数的检验方法有效得多。例如,表 4-7 显示在巴塞尔检验下犯第二类错误的概率为 12.8%,这是相当高的。而采用标准差检验方法,这一错误率降至 0.02%。而且由于这一错误率建立在标准差而不是分位数的基础上,所以它是独立于置信水平 p 的。运用这一方法将会很快找出蓄意低报风险的银行。

这种检验方法效率的提高源于两个方面。第一,这一方法关注的是整个分布函数而不是某一个特定的分位数,这会比仅仅依靠任何一个分位点的度量精确得多,因为你使用的是所有数据提供的信息,而不仅仅是某个尾部的点提供的信息。第二,这一方法对分布进行了参数假定,即假定它是正态分布的。这一假定是可以证明的,因为一个大的投资组合易受到多种风险的影响,而这些风险因子集成在一起会使收益率趋于某个正态分布。事实上,绝大多数年度报告中的分布图都类似于正态分布。此外,这种方法也可以扩展到具有厚尾的分布。

4.5   本章小结

模型的验证系统是风险管理不可缺少的一部分。VaR 模型的建立中可能存在很多问题,比如数据的敏感性过高,模型设定错误,等等。回测检验就是基于这样一个目的展开的。因此,为了增强模型的可靠度,就应该有效改进输入参数估计的精度,以及模型的稳健性。参数估计中,选择的期限越短越好,置信水平也不应该定得过高,否则会导致统计检验方法的效力下降。对于模型正确性的检验最常用的办法是对异常数进行分析,但是必须注意第一类错误和第二类错误之间的权衡问题。

尽管回测检验能够提高 VaR 模型的有效性,但是 VaR 模型度量的是正常市场状态下的风险,将极端的市场动荡引致的损失排除在外,而这些极端的损失却恰恰威胁了企业和机构的生存能力。压力测试则在这方面做了改进,它强调回报率分布尾部的分析,因而也成为风险管理系统的一个重要组成部分。在某种意义上,压力测试可以被看成历史数据模拟方法的一种扩展,只不过是在一个更高的置信水平下进行模拟,也可以通过情景假设进行分析。当然,压力测试应该被看作对 VaR 度量方法的一种补充,而不是被看作对 VaR 方法的一种替代。压力测试对评估关键变量发生很大变动时所造成的最大损失是很有用的,但前提是分布的其他部分也要被详细地进行说明。此外,压力测试给了我们一个很好的提示,那就是 VaR 并不能保证测出最坏的损失。因此,压力测试和回测检验是提高风险度量水平的重要环节。

复习思考题

1. 回测检验在操作上存在哪些缺点?

2. 怎样评估第一类错误与第二类错误?

3. 你能说出压力测试的核心作用吗? 压力测试能够作为一种标准的风险管理方法吗? 还是必须要与一般的 VaR 方法结合起来使用?

4. 怎样选择情景? 情景分析与历史数据模拟有什么不同?

5. 什么是反向压力测试? 如何应用?

6. 为什么监管环境会导致金融机构低估压力情景的严重性?

7. 为什么高管要参与压力测试? 他们参与的方式是什么?

8. 银行监管人员给出某些压力测试的优缺点是什么?

9. 解释主观概率及客观概率的不同,在压力测试中,我们应该采用哪一种概率?

10. 指数加权平行移动模型对于不同情景设定权重会有什么影响?

第5章

市场风险管理

金融风险的日益扩大,越来越严重地威胁着各个经济主体,因此,金融风险管理显得越来越重要,越来越迫切。随着人们避险需求的日益扩大,各种金融风险管理工具和管理策略也如雨后春笋般地涌现出来。市场风险管理是内容最重要、最多、最成熟、最为人们所了解的知识体系,虽然相关的书籍资料比较多,但本章突出市场风险管理的核心内容和基本方法。5.1在读者已经具备一定金融风险知识的基础上,进一步详尽而全面地介绍市场风险管理的基本概念、特征和分类;5.2介绍运用互换管理利率风险的原理;5.3介绍运用期货管理价格波动风险的方法;5.4介绍运用期权和远期管理汇率风险;5.5给出典型风险管理案例。

5.1 市场风险的概述 ●

5.1.1 市场风险的定义

市场风险一词有广义和狭义两种定义。巴塞尔银行监管委员会采用了广义的定义,将市场风险定义为因市场价格波动而导致表内和表外头寸损失的风险,并根据导致市场风险因素的不同将市场风险划分为利率风险、股票风险、汇率风险和黄金等商品价格风险;国际清算银行将市场风险定义为资产负债表内和表外的资产价格由于股票、利率、汇率、商品价格的变动而发生变化的风险。狭义的市场风险仅指股票市场风险,因此,在风险分类中与利率风险和汇率风险并列。随着巴塞尔协议在全球金融界的影响日趋扩大,广义的用法越来越普遍。

在相当长的时间中,市场风险并没有同信用风险一样引起银行和金融监管部门的充分重视,甚至在1988年巴塞尔银行监管委员会颁布的资本协议中,计算银行资本充足率对银行资产风险的影响也只局限于信用风险,并没有包括市场风险。造成这一结果的原因主要有:第一,由于传统商业银行的收入主要来源于存贷款的利率差,且利率水平因受到政府管制而相对稳定,所以利率风险并不突出;第二,以美国为代表的主要金融市场长期实行银行业与证券业分业管理,商业银行很少从事以市场风险为特征的证券业务,表外业务风险也不突出。因此,长期以来,商业银行的风险以传统信贷业务带来的信用风险为主,所承担的市场风险相对并不明显。

一直到 20 世纪 70 年代初布雷顿森林体系崩溃之前,国际货币体系实行固定汇率制度,汇率在美国政府和国际货币基金组织的严格管理之下非常稳定,给国际经济活动带来的汇率风险也较少。然而,20 世纪 80 年代后,国际金融市场发生了很大的改变,金融自由化、全球化、融资证券化等发展趋势对金融领域产生了重大的影响。这些变化一方面使得银行所面对的市场风险大大增加,另一方面,银行和监管部门对市场风险的管理水平和监管力度也有了很大的提高。

具体而言,引起金融机构所面临的市场风险增大的原因主要有以下几个方面:

(1) 随着各国利率管制的逐步取消、利率市场化的推进以及布雷顿森林体系在 70 年代的崩溃,利率和汇率的波动明显加剧。此外,外汇管制的解除和资本国际流动规模的日益扩大,不仅加大了汇率波动的幅度,也加大了各国证券市场价格的波动性。

(2) 金融自由化和银行混业经营使得银行除充实传统的存贷款业务外,证券交易业务也迅速发展,因而面临更多、更复杂的市场风险。

(3) 市场全球化和业务国际化使得银行拥有越来越多的外币资产和负债,因而越来越多地暴露在汇率风险中。

(4) 衍生金融工具市场得到迅速发展,银行开始大量进入这一市场。大规模的交易头寸,尤其是投机性交易使银行面临的市场风险被具有杠杆性质的衍生产品交易成倍放大。

商业银行在市场风险中受到巨大损失的例子比比皆是:1987 年,美林公司在抵押证券交易上损失超过 2 亿美元;1991 年,所罗门兄弟公司因被发现在美国国债拍卖中采取欺骗性手段,公司被罚款 2 亿美元,被迫关闭;最引人注目的是巴林银行的倒闭,作为一家知名的投资企业,由于 28 岁的交易员尼克里森(Nicholas Leeson)在衍生金融工具交易中损失 13 亿美元,造成了具有 233 年历史的英国巴林银行破产。

5.1.2　市场风险的特征

市场风险是一种综合风险。例如,资产组合的市场风险等于相应时间段从交易开始到交易结束时间市场价值的变化,但是将交易工具的持有期作为衡量市场风险的大小是不科学的,因为在任何时间都存在清偿交易工具和未来避险的需要,因此,市场价值是随着清偿交易的期限变化而变化的,市场风险受到清偿期限的影响。在清偿期以外的时间,市场风险具有不同的性质,具体来说,它是监管市场组合体系中存在的一种可能损失,在风险监管无效的情况下,市场价值从清算交易到规避风险可以无限制地变化,同时就造成了与实际价值的偏差,这种潜在的偏差可以在任何很短的时间中发生。一般认为,清偿期是随着交易工具的不同而不同的,对于外汇交易可以是短期的,对于特殊的衍生物又可以是长期的,无论何种对象,监管者都应该设定法律来规定交易期限。可以看出,市场风险是一种复合风险,多种风险因素都可能导致市场风险的发生。

尽管市场风险千变万化,但任何市场风险除了具有客观性、普遍性、复杂性、风险的偶然性、风险的必然性以及风险的可变性这些特性外,还具有以下几个特点:

(1) 扩散性,这是指随着现代银行业的发展,金融体系内部各种机构主体的联系日益密切,金融机构之间每时每刻都会发生复杂的债权、债务关系,存在着由于一家金融机构出现支付危机而导致多家金融机构接连倒闭这样的"多米诺骨牌"效应,最终使得整个金融机构陷入瘫痪状态。

（2）加速性，这是指一旦金融机构出现经营困境，会引起关联企业的财务状况受到影响，反过来对企业的市场价值构成危险，甚至出现挤兑风潮，这样的结果会加速金融机构的倒闭。

（3）不确定性，这是指市场风险的发生需要一定的经济或者非经济条件，市场风险事件发生状况以概率表示，在金融风险发生以前都是不确定的。

（4）可管理性，这是指通过金融理论的发展、金融市场的规范、智能型的管理媒介，金融风险可以得到优先的预测和控制，但管理的目的并不是消除风险，而是将风险降低到可以承受的范围内。

（5）周期性，这是指市场风险受到经济循环周期和经济政策的影响，呈现规律性、周期性的变化特点。一般而言，在经济政策宽松期，社会资金流动规模大，货币供给矛盾容易被掩盖，市场风险处于低发期；反之，市场风险处于高发期。

5.1.3　市场风险分类

市场风险的分类就如同定义一样难以明确和统一。但是，由于分类是定义的逻辑延伸，在实践中也是金融机构风险管理和风险监控的前提和依据，所以风险分类非常重要，不可或缺。现实中，风险的分类非常复杂，由此而导致的困惑和工作障碍并不鲜见。

关于风险分类，首先必须确定分类标准。由于分类是在定义的基础上对事物从不同角度进行的考察和认识，分类的前提就是分类标准的确定。不同分类标准代表着认识事物的不同角度，因而会有完全不同的分类结果。

（1）根据诱发风险的具体原因，可以将市场风险分为利率风险、汇率风险和商品风险等。尽管在具体分类上可能存在一些差异，但是这是理论界和业界最流行的一种分类方法。

（2）根据市场风险发生的范围，可以将市场风险分为系统性风险和非系统性风险。系统性风险是指由外部系统性因素变化引起，对所有企业和投资项目都产生影响的风险。系统性风险是单个经济体无法控制的，是不能通过分散投资来消除，因此又叫作不可分散的风险。非系统性风险是由个别企业和个体或者投资项目本身而引起的，不对所有企业和投资项目产生影响的风险。非系统性风险可以通过多样化分散投资的方法来降低，甚至最终消除，因此可以称为可分散风险。

（3）根据损失的严重程度，可以将市场风险分为预期损失市场风险、非预期损失市场风险和灾难性市场风险。这种分类的前提是损失的概率能够被估算。随着现代风险计量方法的发展，这种分类的应用广泛且十分重要。在这种分类下，不同的风险具有不同的管理策略，预期损失市场风险通过提取与预期损失相当的准备金来应对，非预期损失市场风险通过提取与给定置信水平下的非预期损失相当的资金来应对，而灾难性市场风险则采用购买保险的策略来应对。

显然，市场风险的分类标准难以完全罗列出来，对于风险管理而言，重要的并不是一定要罗列出不同的分类标准，而是要认识到任何分类必须有明确的分类标准，并且不能混淆不同分类标准下的风险。

根据诱发风险的原因进行风险分类是最重要和最常见的分类标准。从管理的角度来看，对风险原因的识别是非常重要的，因为不同的风险源意味着不同的风险性质，从而意味着不同的风险管理策略和方法。风险分类是随着风险管理和风险监管的发展而发展的。1994 年，巴塞尔银行监管委员会针对衍生产品交易迅猛发展所带来的风险管理问题，出台了《衍生品风险管理指引》，在该文件中，金融机构所面临的风险首次被系统概括为：信用风险、市场风险、流动性风险、操作风险和法律风险。这一分类与国际 30 人集团(G30)在 1993 年提出的著名的《衍生产品：事件和原则》基本上是一致的。1996 年，巴塞尔银行监管委员会出台《关于将市场风险纳入资本要求的巴塞尔资本协议的补充协议》，将市场风险明确定义为"由于市场价格的波动而导致金融机构表内和表外头寸遭受损失的风险"，并明确指出"市场风险可以分为利率风险、汇率风险、股票价格风险、商品价格风险"，从此，市场风险的概念和内涵更加明确和统一。至此，"新巴塞尔协议"以信用风险、市场风险和操作风险三大风险的基本风险分类框架在国际上产生了广泛的影响。

5.2　用互换管理利率风险

利率风险产生于利率的不断变化，这种变化导致了更高的利息成本或更低的投资收益，因此导致利润减少，甚至发生亏损。任何进行资金借贷和投资的企业，无论它的投资是长期还是短期，也无论它投资的是金融债券、国债还是货币市场存单，它们都暴露在利率风险下。利率风险是指利率变化导致企业利息成本升高、投资或贷款收益降低、金融工具市场价格下跌而导致企业利润减少的风险。

利率有不同的变化方式：利率总体水平可能会上升或者下降；相关利率可能发生变化，即一些金融工具的利率相对于其他金融工具的利率发生变化；收益曲线(利率期限结构)可能发生变化，从而短期利率相对于长期利率而言发生变化。

5.2.1　利率互换的基本原理

利率风险之所以会发生，是因为利率水平经常变动，而且其变动的方向、幅度和时间难以预测。利率的波动性是指利率变动的频率、方式和幅度，波动性越大，利率风险越高。其中基差风险和缺口暴露是金融机构特别是银行面临的两种利率风险。在自由市场上，利率水平主要由资金的供求关系决定，通常受到下列因素的影响：① 经济增长将增加企业的资金需求，而经济衰退时，银行和其他投资者给企业贷款的意愿就很低；② 经济形势预期发生变化时，利率一般会随之变化；③ 政府的借款规模和政府的货币政策同样影响利率。

即使在发达国家，利率的波动也是很剧烈的。利率的波动性，如 3 个月美元 LIBOR 的变动幅度，常常可以用数值来衡量，诸如 Bloomberg 系统就经常提供不同时段利率波动率的数值。如果历史数值给定，利率波动率的均值和标准差可用来预测下一个时间段利率变动的可能幅度，按照三西格玛原则，变动超过 3 倍标准差的事件为小概率事件，所以一般认为，在一个时间段内，利率变动的幅度不会超过波动率的 2 倍。

长期以来，银行一直将"缺口头寸"作为衡量利率风险的基本方法，其中，缺口指的是某一时间段需要重新设定利率的那部分资产和需要重新设定利率的负债之间的差额，而缺口暴露是当具有相同利息基础的债券利率发生变动时,不同的利率重设将导致利率水平的不匹配,从而产生缺口暴露。因为利率在展期内可能发生变化,利率调整的时机不同就会产生风险暴露。

互换是 20 世纪 80 年代创新产品中一个十分出色的管理市场风险的工具,从 1980 年几乎为 0 开始起步,现在已经发展为每年超过 18 万亿美元的市场规模,目前互换已成为降低长期融资成本和资产负债管理中防范利率和汇率风险的最有效的金融工具之一。

互换是指互换交易双方达成协议并在一定的期限内转换彼此货币种类、利率基础以及其他金融资产的一种交易。互换交易的核心工具是利率互换(interest rate swap)、远期利率协议、长期外汇交易、长期利率期权和货币互换,其他如商品互换和股票指数互换可以看成上述基本类型的拓展。互换涉及的支付交易,最终对交易双方有利,但是每种互换在实际应用中却有各种独特的使用方法。

利率互换是指互换双方之间达成一种协议,同意以名义本金为基础交换现金流,一方支付固定利率,另一方支付浮动利率,或者双方以不同的浮动利率支付。最普通的利率互换是一方按照名义本金支付固定利率,另一方支付浮动利率,其基本结构如图 3-4 所示:

图 5-1   利率互换示意图

一个互换合约可以将一系列浮动利率的应付或应收款转换为固定利率的应付或应收款。考虑一个发行了 LIBOR+0.5% 的浮动利率债券的公司,如果它签订了一个互换合约,收取浮动利率 LIBOR 支付固定利率 6%,那么它的净支付为 6%+0.5%=6.5%。通过这笔交易,该公司将浮动利率的债务转换为固定利率的债务。如果另外一个公司发行 6.2% 固定利率的债券,但是又想换成浮动利率,那么通过一份"收取 6% 固定利率,支付 LIBOR 浮动利率"的互换合约,它可以达到目的,这使它得到一个 LIBOR+0.2% 浮动利率的债务。

现在来看怎样通过互换减少利率风险。假定一家商业银行存在固定的利率收入(比如12%),但是其融资却是通过短期储蓄存款的方式得到的(比如 LIBOR-1%),如果 LIBOR 上涨,金融机构将遭受损失。如果它签订互换合约,接受 LIBOR,支付 11% 的固定利率,那么它可以保护自己免受利率上涨带来的损失,因为不管利率如何变化,它可以固定收到 2% 的利息。

公司进行互换的另一个原因是,一些公司可以在固定市场或者浮动利率市场上更便宜地借到钱,双方通过互换协议能够节约成本,其节约的成本归因于互换的比较优势。

利率互换的基本特征是:① 互换双方使用相同的货币,互换交易额称为名义本金,是计算利息的基础,交易过程中没有本金的交换,只有利息的交换;② 对于互换中的任何一方,互换交易与各自实际的借款行为是相互独立的;③ 互换结果并没有改变原先的如期偿还本金的义务,即互换双方始终有义务对各自先前的贷款进行还本付息。

互换从本质上与另外两种类型的金融工具在效果上是一致的。① 利率互换等同于发行一种票据,然后买入另一种票据。不难看出,固定利率与浮动利率的互换交易等同于发行一种固定利率的票据或者浮动利率票据,然后用得到的收入换取另一种票据。② 利率互换等同于即期交易加上一系列远期利率协定。③ 利率互换等同于利率期权的组合,支付固定利息、收入浮动利息的互换交易等价于一个利率上限期权的多头头寸以及一个利率下限期权的空头头寸的组合,其中利率上限和利率下限的执行利率均为互换利率。

为什么要利率互换,为什么能够达成利率互换,主要原因有两个。第一,是每个公司的信用评级不同,融资成本也不同:信用评级好的企业,融资成本较低;信用评级欠佳的企业,融资成本就相对高一些,而不同信用评级的公司固定利率融资和浮动利率融资成本具有比较优势。第二,不同信用评级的公司对市场认识不同,因而需求不同,而双方的需求恰恰不是自己的比较优势,这样就有互换的需求。

5.2.2 利率互换举例

假设有公司 A 和公司 B 可以按照表 5-1 所示利率借到 2 000 万元 5 年期的贷款,表中 LIBOR 是英文 London Interbank Offering Rate 的缩写,表示伦敦银行间同业拆借利率,为短期利率。公司 A 想得到浮动利率贷款,公司 B 想得到固定利率贷款,问:如何设计一个互换不通过中介,并使得该互换对公司 A 和公司 B 具有相同的吸引力? 若通过一家银行作为中介,如何使得该互换对银行、公司 A 和公司 B 具有相同的吸引力?

表 5-1 两个公司的贷款利率

	固 定 利 率	浮 动 利 率
公司 A	7%	LIBOR+0.4%
公司 B	8.5%	LIBOR+0.7%

为了回答这个问题,首先必须清楚公司 A 和公司 B 是否具备能够达成互换的基本条件,根据具体问题可以把公司 A 和公司 B 的比较优势和需求列在表 5-2 中。从表 5-2 中明显看出,A 公司想获取浮动利率的贷款,B 公司想得到固定利率的贷款,都不是双方的比较优势,因此具备达成互换的基本条件。公司 A 和公司 B 不通过中介,并使得该互换对公司 A 和公司 B 具有相同的吸引力的结果如图 5-2 所示,互换后的融资成本如表 5-3 所示。

表 5-2 公司 A 和公司 B 的比较优势和融资需求

	公司 A	公司 B	两公司利差
信用评级	高	低	
固定利率融资成本	7%	8.5%	1.5%

续　表

	公司 A	公司 B	两公司利差
浮动利率融资成本	LIBOR+0.4%	LIBOR+0.7%	0.3%
比较优势	固定利率	浮动利率	
融资需求	浮动利率	固定利率	

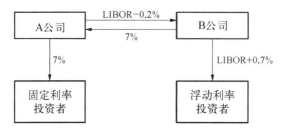

图 5‑2　公司 A 和公司 B 直接利率互换示意图

表 5‑3　互换后的融资成本

	互换前融资成本	互换后融资成本	降低成本
公司 A	LIBOR+0.4%	7%+(LIBOR−0.2%)−7%=LIBOR−0.2%	0.6%
公司 B	8.5%	(LIBOR + 0.7%) + 7% − (LIBOR−0.2%)=7.9%	0.6%

利率互换中介的作用：实务中寻找互换对方需要花费相当长的时间，且还要承担彼此不认识的信用风险，而金融机构由于自身业务往来的关系，接近利率互换的供需双方，容易找到潜在的互换者。金融机构本身也可凭其信用来降低交易双方的信用风险。中介者与互换双方分别签订利率互换协议，互换中介并不要额外的资金，而是仅仅从中赚取服务费用或差价。若公司 A 和公司 B 通过一家银行作为中介，设计使得该互换对银行、公司 A 和公司 B 具有相同的吸引力的互换如图 5‑3 所示。互换后的融资成本分析读者可以自己完成。

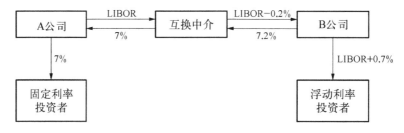

图 5‑3　有中介的公司 A 和公司 B 利率互换示意图

5.3　用期货管理价格波动风险

5.3.1　用期货管理风险的原理

期货市场的基本功能之一就是提供价格风险的管理机制。为了避免价格风险,最常用的手段便是套期保值。套期保值最基本的做法就是买进或卖出与现货市场交易数量相当、交易头寸相反的商品期货合约,以期在未来某一时间通过卖出或买进相同的期货合约,对冲平仓,结清期货交易带来的盈利或亏损,以此来补偿或抵消现货市场价格变动所带来的风险,使交易者的成本或收益稳定在一定的水平。

在商品生产和流通过程的每一个环节都可能出现因价格波动而带来的风险,不论对处于哪一环节的经济活动的参与者来说,套期保值都是一种能够有效地保护其自身经济利益的方法,也是商品期货交易的目的所在。商品期货价格与现货价格受许多相同的经济因素和非经济因素影响,变动的趋势基本一致。但是,期货市场毕竟是不同于现货市场的独立市场,它还会受一些其他因素的影响,因而,期货价格的波动时间与波动幅度不一定与现货价格完全一致,加之期货市场上有规定的交易单位,两个市场操作的数量往往不完全相等,这些就意味着套期保值者在冲销盈亏时,有可能获得额外的利润或亏损,从而使其交易行为仍然具有一定的风险。

企业是社会经济的细胞,企业用其拥有或掌握的资源去生产经营什么、生产经营多少以及如何生产经营,不仅直接关系到企业本身的经济效益,而且还关系到社会资源的合理配置和社会经济效益的提高。而企业生产经营决策正确与否的关键,在于能否正确地把握市场供求状态,特别是能否正确掌握市场下一步的变动趋势。期货市场的建立,不仅使企业能通过期货市场获取未来市场的供求信息,提高企业生产经营决策的科学性与合理性,而且为企业通过套期保值来规避市场价格风险提供了场所。套期保值在防止价格反向运动可能的带来损失的同时,也使企业失去了因价格正向运动带来意外收益的可能性。

在现货市场和期货市场对同一种类的商品同时进行数量相等但方向相反的买卖活动,即在买进或卖出现货的同时,在期货市场上卖出或买进同等数量的期货,经过一段时间,当价格变动使现货买卖上出现盈亏时,可由期货交易上的亏盈得到抵消或弥补,从而在"现货"与"期货"之间、近期和远期之间建立一种对冲机制,以使价格风险降到最低限度。这样的套期保值通常可分为以下两种情况:

(1) 买入套期保值:是指交易者先在期货市场买入期货,以便将来在现货市场中买进现货时不致因价格上涨而给自己造成经济损失的一种套期保值方式。这种方法可以将远期价格锁定在预期的水平,以锁定企业生产成本。一般情况下能源和原材料需求企业经常是买入套期保值者。

例如在 3 月 1 日,某铜加工企业 2 个月后需用 100 吨铜作为原材料。当时铜现货价格为每吨 15 000 元。为锁定成本,回避将来价格上涨的风险,该企业在当日买进 3 个月以后交割的铜期货 100 吨,价格是每吨 15 500 元。到 5 月 1 日时,现货价格涨到每吨 16 500 元,期货价格涨至 17 100 元。此时该企业卖出已持有的 100 吨期货合约进行平仓。平仓盈利是 160 000 元[即(17 100－15 500)×100]，即该企业在期货市场共赚 160 000 元。同时。该企业在现货市场买进 100 吨现货作为原料。而此时的现货价格每吨已涨 1 500 元，所以在现货市场要多付出 150 000 元，与期货交易盈亏相抵后还赚 10 000 元(这里没有考虑交易费用)，赚取 10 000 元不是目的，因为也可能亏损，主要目的是避免价格波动的影响(见表 5-4)。

表 5-4　买入套期保值的盈亏情况

	当前价格(元/吨)	未来价格(元/吨)	盈亏(元)
现货	15 000	16 500(买入现货)	亏损：1 500×100
期货	15 500(买入期货)	17 100(卖出期货平仓)	盈利：1 600×100
基差	－500	600	总计：盈利 10 000

(2) 卖出套期保值：是指交易者先在期货市场上卖出期货合约，以便将来在现货市场中卖出现货时不致因价格下跌而给自己造成经济损失的一种套期保值方式。这种方法可以将远期价格锁定在预期的水平，以锁定企业收入。卖出套期保值主要适用于商品提供商，对于农产品来说主要是农场主，他们担心将来商品价格下跌使自己遭受损失。例如某铜业公司是一家生产有色金属铜的公司，它在 5 个月后能生产出阴极铜(一种精炼铜)10 000 吨。当前阴极铜的市场价格为 14 200 元/吨，6 个月后交割的期货合约当时价格为 14 100 元/吨，而且最近的铜价格一直处于下跌之中。公司担心铜价会进一步下跌，如果 6 个月后的铜价跌破 13 500 元/吨，那么公司将无法实现预定的最低目标利润。于是公司决定在期货市场卖出 6 个月后交割的 10 000 吨铜。具体盈亏如表 5-5 所示。

表 5-5　卖出套期保值的盈亏情况

	当前价格(元/吨)	未来价格(元/吨)	盈亏(元)
现货	14 200	13 700(卖出现货)	亏损：10 000×500
期货	14 100(卖出期货)	13 600(买入期货平仓)	盈利：10 000×500
基差	100	100	总计：不亏不盈

由于期货市场价格与现货市场价格走势基本一致，但并不完全一样，所以经常难以达到百分之百保值，传统套期保值方法(或者称为经典套期保值方法)是采用 1∶1 的方法，上述例子均采用了 1∶1 方法。由于基差的变化，这种方法常常并不理想，因此怎样进行套期保值，怎样尽可能做到回避风险，或在兼顾收益的前提下回避风险，这就是最佳套期保值的问题，也是现代套期保值方法。此外，套期保值者为避免较大基差的风险，会选择相对较小基差的品种做套期保值。同样，也有人能从基差变动中获取额外利润。因此，套期保值者可以

根据不同的保值目标,运用不同的统计和数学方法,选择不同的套期保值策略,具体方法有最小风险套期、最大效用套期、选择性风险套期、组合套期等。

最小风险套期是将风险最小作为生产经营者的套期目标,通过最小化风险来计算最佳套期比,不考虑套期成本费用以及收益等因素。这种方式对那些绝对的风险回避者才是最优的。而对于许多套期保值者来说,他们希望在回避风险的同时,能够考虑到收益,最大效用套期方法就是以套期者效用的最大化为目标,得出最佳套期比,其抑制波动的能力比最小风险套期方法低,但期望效用增大了,实际上其收益的增大是以风险的增大为代价的,具体套期策略取决于个人的效用函数。选择性风险套期则根据基差变化而调整,并非一种优化的结果。而对于一个购买原料,生产出产品,然后再销售产品的商品生产者来说,既需要稳定成本,又需要稳定收入,以达到最终稳定利润,这就需要组合套期方法,同时对多种商品进行套期保值。

5.3.2 最小风险套期保值的原理

一般把方差看成风险(当然如果选择其他风险定义,结果就是其他形式),最小方差看成最小风险,因此,这里的所谓最小风险套期方法就是指最小方差方法。

现假设有一套期者做卖出套期保值,用 P_1 表示开始套期时的现货价格,P_2 表示套期结束时的现货价格,F_1 表示开始套期时的期货价格,F_2 表示结束套期时的期货价格,Q_s 表示套期保值者在现货市场上的成交量,Q_f 表示套期保值者在期货市场上的成交量;则在不考虑交易成本的情况下,该套期保值期间的收益为:

$$R_h = (P_2 - P_1) \times Q_s - (F_2 - F_1) \times Q_f \tag{5-1}$$

式中,P_1、F_1 和 Q_s 是已知的,Q_f 是未知待求变量,而 P_2、F_2 则为未知随机变量,则收益 R_h 也为一随机变量。预期收益用 R_h 的数学期望 $E(R_h)$ 表示,而风险则用 R_h 的方差 $\mathrm{var}(R_h)$ 表示,由传统的方差最小方法有:

$$
\begin{aligned}
\mathrm{var}(R_h) &= \mathrm{var}(P_2 Q_s - P_1 Q_s - F_2 Q_f + F_1 Q_f) \\
&= \mathrm{var}(P_2 Q_s) + \mathrm{var}(F_2 Q_f) - 2\mathrm{cov}(P_2 Q_s, F_2 Q_f) \\
&= Q_s^2 \mathrm{var}(P_2) + Q_f^2 \cdot \mathrm{var}(F_2) - 2Q_s Q_f \mathrm{cov}(P_2, F_2)
\end{aligned} \tag{5-2}
$$

要使风险最小,Q_f 必须满足一阶条件 $\dfrac{d\,\mathrm{var}(R_h)}{dQ_f} = 0$,

则有最小方差时的套期量 $Q_f = \dfrac{\mathrm{cov}(P_2, F_2)}{\mathrm{var}(F_2)} Q_s$,

令

$$h_{mr} = \frac{\mathrm{cov}(P_2, F_2)}{\mathrm{var}(F_2)} \tag{5-3}$$

h_{mr} 称为最小风险套期比。如果能通过历史数据估计出 $\mathrm{cov}(P_2, F_2)$ 和 $\mathrm{var}(F_2)$,则可求出基于历史经验的最小风险套期比 h_{mr}。 如果 $\mathrm{cov}(P_2, F_2) > 0$,则 $h_{mr} > 0$,它表示期货市场持有头寸方向与现货市场相反,否则相同。一般情况下,由于 P_2,F_2 变化方向基本一致,

$h_{mr} > 0$。

若套期者在此期间没有进行套期保值，则其收益为 $R_u = (P_2 - P_1) \times Q_s$，其方差为 $\text{var}(R_u) = Q_s^2 \text{var}(P_2)$。

令

$$H_e = 1 - \frac{\text{var}(R_h)}{\text{var}(R_u)} \qquad (5-4)$$

则 H_e 表示相对于不套期交易的风险回避程度，称作套期有效性指标。

以上在研究最小方差套期保值时，几乎都没有考虑套期成本费用等因素。当考虑套期成本费用时，套期策略将会产生较大变化，一般会减少套期比。考虑交易费用、税收及保证金利息等情况的套期策略，以及考虑效用最大化情况下的套期保值问题就会比较复杂，一般情况下会变成一个有约束的随机优化问题。

5.3.3　组合套期保值的原理

对于一个购买原料，生产出产品，然后再销售产品的商品生产者来说，应该采取怎样的套期方式来最大限度地回避风险呢？这就是组合套期问题。现考虑生产者在 0 时刻打算在 1 时刻买进 Q_I 单位原料进行生产。由于在 1 时刻原料价格 $\tilde{P}_I$ 的不确定性，于是该生产者决定在 0 时刻以价格 F_I 买入 X_I 单位期货，并在 1 时刻以期价 $\tilde{F}_I$ 卖出期货来完成套期。到了 2 时刻，生产结束，产出产品 Q_O 并以未知价格 $\tilde{P}_O$ 出售，但由于 $\tilde{P}_O$ 未知，自然为了锁定利润，必须对产品 Q_O 进行套期，于是生产者在 0 时刻以价格 F_O 卖出 X_O 单位期货，并在 2 时刻以价格 $\tilde{F}_O$ 买进平仓，从而完成对产品 Q_O 的套期保值。Q_I 和 Q_O 的关系由具体生产过程决定。令 $\tilde{H}_I$，$\tilde{H}_O$ 分别表示套期后的成本和收入，则：

$$\begin{cases} \tilde{H}_I = \tilde{P}_I Q_I - (\tilde{F}_I - F_I) X_I \\ \tilde{H}_O = \tilde{P}_O Q_O - (\tilde{F}_O - F_O) X_O \end{cases} \qquad (5-5)$$

为了降低风险，稳定成本和收入，必须使 $\text{var}(\tilde{H}_I)$ 和 $\text{var}(\tilde{H}_O)$ 最小化，则可得

$$\begin{cases} X_I = \dfrac{\text{cov}(\tilde{P}_I, \tilde{F}_I)}{\sigma^2(\tilde{F}_I)} Q_I \equiv \beta_{I.FI} Q_I \\ X_O = \dfrac{\text{cov}(\tilde{P}_O, \tilde{F}_O)}{\sigma^2(\tilde{F}_O)} Q_O \equiv \beta_{O.FO} Q_O \end{cases} \qquad (5-6)$$

其中，$\beta_{I.FI}$，$\beta_{O.FO}$ 为 $\tilde{P}_I$ 对 $\tilde{F}_I$；$\tilde{P}_O$ 对 $\tilde{F}_O$ 的线性回归系数。

以上考虑是相当自然和直观的，常称为经典组合套期。它通过套期和选定最优套期量 X_I 和 X_O 稳定成本和收入，从而稳定利润。由于原料和产品的价格有着很大的相关性，而以上的讨论却没有体现，因此还可进一步探讨是否还存在更优方案，即风险更小的套期量 X_I 和 X_O。稳定成本和收入的最终目的是稳定利润，而上述讨论中却没有直接使利润风险最小化。接下来按这一思路进行探讨，这就是所谓的现代组合套期。

令 $M = \tilde{H}_O - \tilde{H}_I$，即 M 代表利润，利润风险最小化作为目标，则有 $Min\sigma^2(M)$，得：

$$\begin{cases} X_O = \beta_{O.FO}Q_O - \beta_{I.FO}Q_I + \beta_{FI.FO}X_I \\ X_I = \beta_{I.FI}Q_I - \beta_{O.FI}Q_O + \beta_{FO.FI}X_O \end{cases} \tag{5-7}$$

其中，$\beta_{O.FI} = \dfrac{\mathrm{cov}(\tilde{P}_O, \tilde{F}_I)}{\sigma^2(\tilde{F}_I)}$，是 $\tilde{P}_O$ 对 $\tilde{F}_I$ 的回归系数；

$\qquad \beta_{I.FO} = \dfrac{\mathrm{cov}(\tilde{P}_I, \tilde{F}_O)}{\sigma^2(\tilde{F}_O)}$，是 $\tilde{P}_I$ 对 $\tilde{F}_O$ 的回归系数；

$\qquad \beta_{FI.FO} = \dfrac{\mathrm{cov}(\tilde{F}_I, \tilde{F}_O)}{\sigma^2(\tilde{F}_O)}$，是 $\tilde{P}_O$ 对 $\tilde{F}_O$ 的回归系数；

$\qquad \beta_{FO.FI} = \dfrac{\mathrm{cov}(\tilde{F}_O, \tilde{F}_I)}{\sigma^2(\tilde{F}_I)}$，是 $\tilde{F}_O$ 对 $\tilde{F}_I$ 的回归系数；

$\qquad \beta_{I.FI} = \dfrac{\mathrm{cov}(\tilde{P}_I, \tilde{F}_I)}{\sigma^2(\tilde{F}_I)}$，$\beta_{O.FO} = \dfrac{\mathrm{cov}(\tilde{F}_O, \tilde{F}_O)}{\sigma^2(\tilde{F}_O)}$；

$\beta_{I.FI}$，$\beta_{O.FO}$ 与式(5-6)意义一样。

求解式(5-7)可得：

$$X_I^* = \frac{\beta_{I.FI} - \beta_{FO.FI}\beta_{I.FO}}{1 - \beta_{FO.FI}\beta_{FI.FO}}Q_I - \frac{\beta_{O.FI} - \beta_{FO.FI}\beta_{O.FO}}{1 - \beta_{FO.FI}\beta_{FI.FO}}Q_O \tag{5-8}$$

$$X_O^* = \frac{\beta_{O.FO} - \beta_{FI.FO}\beta_{O.FI}}{1 - \beta_{FI.FO}\beta_{FO.FI}}Q_O - \frac{\beta_{I.FO} - \beta_{FI.FO}\beta_{I.FI}}{1 - \beta_{FI.FO}\beta_{FO.FI}}Q_I \tag{5-9}$$

以上 X_I^*，X_O^* 称为最优套期量，如果 $\tilde{F}_I$ 与 $\tilde{F}_O$，$\tilde{P}_I$ 与 $\tilde{F}_O$，$\tilde{P}_O$ 与 $\tilde{F}_I$ 各不相关，则 $X_I^* = X_I$，$X_O^* = X_O$，即现代组合套期退化到经典组合套期。如果不存在上述关系，则 X_I^*，X_O^* 应是更优的方案。

5.3.4 套期保值举例

例 1：某铜业公司是中国的大中型铜矿开采和加工公司，该公司认为 2001 年 2 月 15 日铜现货价格 17 180 元/吨可能是阶段性顶部区域，未来向下运行的可能性较大，该公司预计 6 月和 7 月可生产铜精矿 5 000 吨，为了避免将来价格下跌引起的损失，该企业将进行卖出套期保值，问：如何确定套期保值的数量？

该公司通过对铜期货和铜现货的历史走势进行分析以获得价格变化的统计特性。首先利用期铜 0010 合约 2000 年 5 月 29 日至 8 月 18 日共 60 个样本的历史数据估计出 $\mathrm{cov}(P_2, F_2)$ 和 $\mathrm{var}(F_2)$。其中，在交割日的铜现货价格，采用了当日的铜期货价格来代替，主要理由就是随着交割日的到来，铜期货价格与现货价格趋于一致；在非交割日(即两个交割日之间)的铜现货价格，本章的处理方法是采用等差插值方法进行插值得到。然后根据这些数据计算出套期比，根据该套期比算出要购买的期货合约数目，最后计算套期有效性指标。通过对实际历史数据计算，得到 $\mathrm{cov}(P_2, F_2) = 49\,151.61$，$\mathrm{var}(F_2) = 61\,898.31$，得出最小套期比 $h_{mr} = \dfrac{\mathrm{cov}(P_2, F_2)}{\mathrm{var}(F_2)} = \dfrac{49\,151.61}{61\,898.31} = 0.794$。

要购买的期货合约数为 $N = 0.794 \times \dfrac{5\,000}{5} = 794 \approx 800$，即相当于购买 800 手铜期货。

通过计算可得有效性指标为：

$\text{var}(P_2) = 59\,285.92$，$Q_s = 5\,000$，$\text{var}(F_2) = 61\,898.31$，$Q_f = 4\,000$；

$\text{cov}(P_2,\ F_2) = 49\,151.61$，$\text{var}(R_h) = 384\,879\,004\,000$，$\text{var}(R_u) = Q_s^2 \text{var}(P_2) = 1\,482\,148\,000\,000$。

$$H_e = 1 - \frac{\text{var}(R_h)}{\text{var}(R_u)} = 1 - \frac{384\,879\,004\,000}{1\,482\,148\,000\,000} = 0.740\,3。$$

同样，还可以利用其他时间段数据，例如用 2000 年 11 月 1 日至 2001 年 2 月 2 日，2000 年 11 月 2 日至 2001 年 2 月 5 日，2000 年 11 月 3 日至 2001 年 2 月 6 日，2000 年 11 月 6 日至 2001 年 2 月 7 日这 4 个时间段的 0103 合约各 60 个样本进行计算，结果与上述计算相差不大。因此，公司决定就以 17 930 元/吨卖出铜期货 0107 合约 800 手，即 4 000 吨，到了 2001 年 7 月 17 日铜的现货价格到了 15 780 元/吨，铜的期货价格也到了 15 780 元/吨，这时该公司就按期货合约价格 17 930 元/吨卖出 800 手铜，不但减少损失：(17 180−15 780)×4 000＝5 600 000 元，而且多收入：(17 930−17 180)×4 000＝3 000 000 元。

即使把资金成本考虑在内，收入也是相当可观的。可参见 2001 年 2 月 15 日至 2001 年 7 月 17 日铜现货价格和期货价格走势图。

当然如果价格变化相反，则公司会失去赢利机会。

例 2：甲公司持有以欧元计价的某项资产 1 000 万欧元，1 年以后可以交易。公司决定到期后出售该项资产兑换成美元，公司面临资产价格变动风险和汇率变动风险，公司决策层经分析后认为，1 年以后出现下列 3 种情况的概率相同：

(1) 汇率是 1 欧元＝0.9 美元，资产价值为 1 000 万欧元；

(2) 汇率是 1 欧元＝1.1 美元，资产价值为 978 万欧元；

(3) 汇率是 1 欧元＝1.2 美元，资产价值为 1 200 万欧元。

问：公司如何在远期外汇市场操作，才能使这项资产面临的风险最小？

假设用 F 表示 1 年的远期汇率，S_i 表示 1 年以后第 i 种情况的即期汇率，V_i 表示 1 年以后第 i 种情况资产的价值，x 表示套期保值的数量，p_i 表示第 i 种情况出现的概率，用 $R(x)$ 表示套期保值后的收益，则到期后该资产美元价值是随机变量为 $R(x) = V_i S_i + x(F - S_i)$，波动率可以表示为

$$\text{var}R = \text{var}[V_i S_i + x(F - S_i)] = \sum_{i=1}^{n} p_i \left[Fx - S_i x + V_i S_i - \sum_{i=1}^{n} p_i (Fx - S_i x + V_i S_i) \right]^2$$

$$= \sum_{i=1}^{n} p_i \left[Fx - S_i x + V_i S_i - Fx + x\sum_{i=1}^{n} p_i S_i - \sum_{i=1}^{n} p_i V_i S_i \right]^2$$

$$= \sum_{i=1}^{n} p_i \left[\left(\sum_{i=1}^{n} p_i S_i - S_i \right) x + V_i S_i - \sum_{i=1}^{n} p_i V_i S_i \right]^2$$

我们的目的是找到能使方差最小的 x，由一阶条件得

$$\frac{\partial \text{var}(R)}{\partial x} = \sum_{i=1}^{n} 2 p_i \left(\sum_{i=1}^{n} p_i S_i - S_i \right) \left[\left(\sum_{i=1}^{n} p_i S_i - S_i \right) x + V_i S_i - \sum_{i=1}^{n} p_i V_i S_i \right] = 0$$

解得

$$x = \frac{\sum\limits_{i=1}^{n} p_i \left(S_i - \sum\limits_{i=1}^{n} p_i S_i\right)\left(V_i S_i - \sum\limits_{i=1}^{n} p_i V_i S_i\right)}{\sum\limits_{i=1}^{n} p_i \left(S_i - \sum\limits_{i=1}^{n} p_i S_i\right)^2}$$

也可以直接通过对 $\mathrm{var}R = \mathrm{var}(V_i S_i) + x^2 \mathrm{var}(S_i) - 2x\,\mathrm{cov}(V_i S_i, S_i)$ 求导数,由一阶条件得

$$\frac{d\,\mathrm{var}R}{dx} = 0$$

$$x = \frac{\mathrm{cov}(V_i S_i, S_i)}{\mathrm{var}(S_i)}, \ x = 1\,667.95$$

所以,甲公司在远期外汇市场卖出 1 667.95 万欧元,才能使这项资产面临的风险最小。

5.4　用期权管理汇率风险

5.4.1　汇率风险

从事跨国交易的公司,在交易过程中其所面临的汇率风险是非常明显的。只要公司在国际经济、贸易和金融资产的交往中以外国货币来计价或结算,或者在合同中规定以外国货币收款或付款,那么就有可能面临汇率风险,从而使该经济体存在蒙受经济损失的可能性。

汇率风险是指当汇率发生变化时,经济主体产生损失的可能性,并不是指损失本身,也就是说不是必然发生损失。事实上,汇率风险的结果有两种:一种是蒙受损失,一种是获得经济收益。通常分析经济主体的汇率风险时,更多的是关注受损的可能性。汇率的不利变动从以下几个方面对公司产生影响:① 减少其现金流入;② 增加其现金支出;③ 减少其账面利润;④ 减少其外币资产的账面价值;⑤ 增加其外币负债的价值。

5.4.2　汇率风险管理案例背景

外汇风险是各类企业和投资者面临的重要风险,这里将以一家中国公司为例,对规避风险的各种方法加以说明。2016 年 1 月,某中资公司需要在 270 天内支付 100 万美元。作为套期保值的目标,该公司希望:① 防止在美元升值时造成过高的损失;② 如果美元贬值的话,尽可能地从中获利;③ 使用期权对美元的不利变动提供保护所需的成本最低,但保护程度应充分。

美元当前按即期汇率 1 美元=6.563 元人民币,且 9 个月的远期汇率为 1 美元=6.600 0 元人民币。人民币与美元 9 个月的利息率分别为 1.5% 和 0.75%。而 20 天的历史价格波动率折算成年利率为 11%。该公司对未来市场变动的方向没有特定的预期,但认为美元价格

在此期间内不大可能超出 6.30～7.00 元人民币的范围。这一范围因此将构成该公司对汇率可能变动水平的预期。图 5-4 给出了 2016 年人民币兑美元走势周 K 线图。

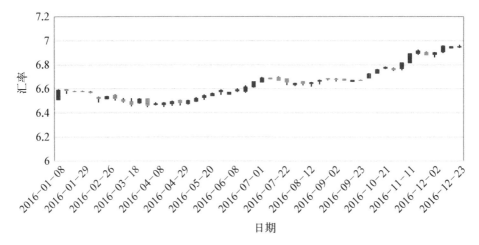

图 5-4　人民币兑美元走势(2016 年周 K 线)

表 5-6 概括了各种执行价格水平的欧式期权的期权价格,所有的报价都以 1 美元的人民币价格来表示。由于实际市场在反映期权价格时经常采用隐含波动率,因此这里给出了隐含波动率,一般情况下隐含波动率具有两头大、中间小的特征。利用这一套报价来对该公司管理其外汇风险的不同方法进行考察,特别需要重视的是该公司对未来的判断和套期保值的目标。几乎在每一种情况下,都可以假定该公司想要设立一种保护,并一直将其保持至到期日。正是基于这一原因,表 5-6 中只显示了到期时的结果,而没有给出到期日前的结果。

表 5-6　期权报价

执行价格	美元的认购期权 (人民币的认股期权)(万元)	美元的认股期权 (人民币的认购期权)(万元)	隐含波动率(%)
6.300 0	29.5	5.7	14
6.400 0	23.8	9.5	13
6.500 0	20.9	12.7	12
6.600 0	16.5	15.8	11
6.700 0	12.9	21.6	12
6.800 0	9.6	23.9	13
6.900 0	7.3	26.3	14
7.000 0	5.8	30.9	15

5.4.3　保值策略的比较

对各种不同的套期保值策略进行比较的最直观的方法是画出损益图。该公司在 9 个月后必须要支付美元,即相当于卖出远期美元,这一无保护头寸的损益图是一条斜线。若 9 个月后美元兑人民币的即期汇率低于 6.60 的话就会盈利,否则就会亏损。图 5-5 显示了不同的美元兑人民币的最终价格所对应的损益。

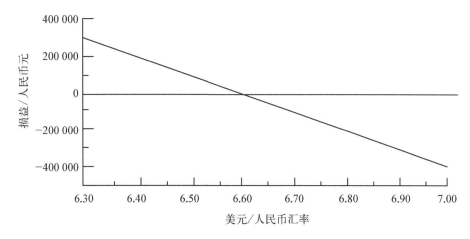

图 5-5　公司不进行套期保值时的损益

若在公司需要买入美元时美元兑人民币的即期汇率为 1 美元＝6.40 元人民币,20 万元人民币的盈利代表了与最初的远期价格相比所节省的开支。在坐标的另一端,若最终美元兑人民币的即期汇率为 1 美元＝6.90 元人民币,该公司将招致 30 万元人民币的额外开支,盈亏平衡点为 1 美元＝6.60 元人民币。如果在 9 个月期末的即期汇率与开始时的远期汇率相同,则该公司不进行保值的话既不亏也不赚。

为了避免这种外汇风险,也许你会认为可以设想购买 1 美元＝6.60 元人民币的 9 个月期人民币兑美元的远期汇率或者期货合约进行对冲,但是它们不满足公司的目标要求。当然也可以设想该公司买入一份行权价格为 6.60 元人民币的平值认购期权(执行价格与远期汇率相同的期权),总成本为 16.5 万元人民币。图 5-6 画出了原有风险暴露的损益图、该期权在到期日的损益图以及两者结合在一起的结果。其中代表原有风险暴露的斜线与图 5-5 相同,而期权的损益线与认购期权的特征线具有近似的形状。最后,实线显示了将两个组成部分进行简单算术加总所得到的总体结果。

为了对总体结果的形状加以说明,这里可以把图 5-6 分解为三部分。第一部分,恰好在行权价格上,基本的风险暴露既不亏也不赚,但期权到期时的价值依然为零,因为需要支付期权费,所以净损失为 16.5 万元人民币。第二部分,在低于 6.60 元的下方,期权到期时为虚值,不执行期权,但这时公司可以净享其汇率低于 6.60 元的差额,差额越大,公司收益越大,而公司净支出的固定费用仍是 16.5 万元人民币。第三部分,在高于 6.60 元的上方,期权到期时为实值,其盈利与原有风险暴露带来的损失以相同的速度增长。在此部分,期权上升的损益线与初始风险的下降的损益线相互抵消,其结果为一

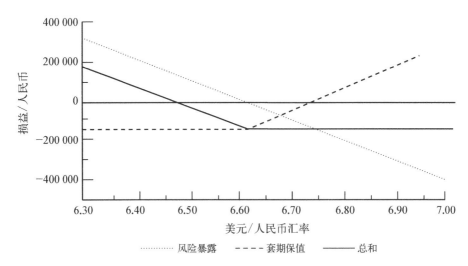

图 5-6　使用平值期权进行套期保值的损益

条水平线,但显示出 16.5 万元人民币的固定损失,再一次反映了所支付的期权保险费作用。

因此,图 5-6 描述了该公司的财务结果,这是一个决策者计算该策略的结果时所可能使用的方法,一种衡量财务结果的完全有效的方法,但其他方法同样可行。也可以考察该公司购买美元的支出。有时为了突出成本,代表初始风险暴露的斜线也可以用另一种方式绘制,从左至右向上倾斜。这是因为若不进行保值,公司购买美元时的汇率越高,该公司以人民币计算的成本也将越大。这两种描述方法都是考察同一情况时的等价的方法。一种站在交易者的角度,看涨期权的损益线在图中像看涨期权特征线的形状,有一个右上角倾斜的斜线部分,其关心的是相对于最初汇率所计算的损益;另一种站在公司的角度,将注意力转向总成本,即一般不怎么考虑从风险和保值中获得的相对的"收益"与"损失",其关注以绝对形式表示的总成本或者换汇成本。

5.4.4　基本的期权套期保值

在这个案例中,公司在 9 个月后必须支付美元,因此在买入所需的 100 万美元时可能会面临美元走强这一不利变动所带来的风险。对该公司而言,最简单也是最显而易见的基于期权的套期保值方法就是买入 9 个月的美元认购期权。接着需要解决的问题是要选择一个适当的行权价格。

一种极端情况是选择行权价格为 6.30 元人民币的深度实值期权,其期权费为 1 美元 0.295 元人民币。乍一看该期权似乎确保了该公司可以以不超过 6.595 的价格买入美元(即行权价格 6.30 元人民币加上期权费 0.295 元人民币),总成本要低于当前的远期汇率 6.60。然而,这一简单的计算并没有把现金流量的时间价值考虑在内。期权费需要在最开始时支付,但行权价格只在合同到期时才支付。而若使用直接的远期合约,所有的现金流量都在到期日才发生。为了将每一种情况都置于相同的基础之上,需要考虑 9 个月期的期权费融资成本。若年利率为 1.5%,则需要在期权保值的成本中加入每美元 $1.5\% \times 0.75 \times 0.295 =$

0.003 318 75 元人民币的利息,这就使得最高成本变为 6.3+0.295+0.003 318 75＝6.598 3。对于公司而言,这与远期价格 6.60 元人民币相比还节省了 0.001 68 元人民币,这是在美元跌至 6.300 0 以下时可以不必履行期权合约而以低于 6.300 0 元人民币的价格买入美元的这一权利的价值。

另一种极端情况是行权价格为 7.000 0 元人民币的期权,其成本极低,仅为每美元 0.000 58 元人民币,总计 58 000 元人民币,但该期权所能提供的保值程度也非常低。到期时在该期权合约还不具有任何价值之前美元就有可能已经上涨了 0.40 元人民币。这时,这与远期价格 6.60 元人民币相比,该公司为了买入 100 万美元必须额外支付 40 万元人民币。

以上讨论过的两种情况构成了两个边界。实值期权在公司的保值期限内具有一条完全水平的特征线,与完全通过买入美元的远期合约来进行套期保值的损益线几乎完全相同。虚值期权的现金流量图是一条贯穿全图的斜线,实际上与公司初始风险暴露的图线几乎相同。换句话说,这就相当于什么也不做。

令人遗憾的是,所有期权都不是免费的,提供额外保护的实值期权有着较高的期权费。行权价格为 6.50 元人民币的期权费为每美元 0.209 元人民币,是行权价格为 6.800 0 元人民币的期权费 0.096 元人民币的 2.18 倍,这代表了若美元价格下跌时该公司的花费。事实上,每一种期权都并不比其他几种更好。深度实值期权所提供的更高的保护程度固然令人满意,但要有额外的开支。较便宜的期权虽然具有一定的吸引力,但保值效果相对较差。若美元价格升值,最好的期权即为深度实值期权(即行权价格最低的期权);若美元价格下跌,低成本的虚值期权则是最好的选择。

行权价格与远期汇率相同的平值期权提供了一种真正的折中方式。其将成本限制在当前远期汇率的水平之内,所以一旦该公司支付了期权费,美元价格的任何上涨都立即被期权的支出所抵消。反之,美元价格的任何下跌都将使期权到期时为虚值,该公司可以按到期时更便宜的价格买入。行权价格为 6.60 元人民币的期权的这种折中性可以很清楚地从图 5-6 中看出。不过,其同样要支付期权费。开始时支付的 16.5 万元人民币的期权费全部都是时间价值,且当期权到期时将不可避免地全部损失掉。将利息考虑在内,该期权的实际成本为 16.685 6 万元人民币。若期权到期时为虚值,该公司将比未加保值时多支付 16.685 6 万元人民币。这便是折中的全部代价。

因而在考虑一个基本的期权套期保值时没有一种完美的选择,必须要在所提供的保护程度与所需的成本之间求得一种均衡。答案并没有正确与错误之分,面临风险的公司需要选择一种能最好地满足其所设定的保值目标的特定折中方案。

5.4.5　在满足目标前提下售出期权降低成本

金融中介在设计基于期权的保值方法时所面临的主要问题之一是降低产品的成本。公司不愿意预先付款以避免汇率波动的影响,也不愿意支付较高的期权费。例如,在这个例子中,为平值期权预先支付的期权费为 16.5 万元人民币,几乎占全部受险资产额的 2.5%。一些公司,特别是那些利润率较低的公司,可能会感到这种花费太高了。

从公司的角度看,这似乎是一种两难的选择。一方面,公司不想负担购买期权类保护产品的过高费用,因为期权费看起来太高。另一方面,公司又不能不进行套期保值,因为若美元升值则会带来损失。若该公司选择远期合约,可以保证一个固定的利润,却放弃了从美元贬值中获利的机会。

解决这一问题的办法是设计一种基于期权组合的保值产品,使其能够提供所需要的好处,又没有其他方面的要求。基本期权套期保值的困难在于其特征线每次只变化一个点。一旦标的资产的价格超过了行权价格从而变为实值时,不管情况有多糟,该期权都可以对标的资产价格的进一步不利变动提供无限的保护。而一旦标的资产的价格朝另一个方向变动,从而使得期权变为虚值时,不管这种变动程度有多大,顾客都可能从标的资产的有利变动中获得无限可能的收益。图 5-7 中绘出了该公司买入平值期权的现金流量图。若美元价格超过了 6.600 时,不管它有多高,该期权都提供了无限的保护;而当美元价格低于 6.600 时,不管它下跌到何种程度,该公司都有无限的获利潜力。

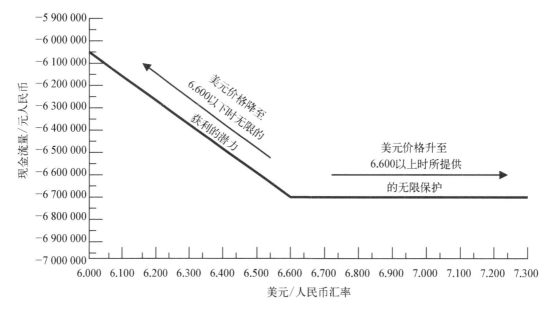

图 5-7　基本期权套期保值所提供的无限保护与无限的获利能力

这种对美元升值的无限保护以及从贬值中的无限获利潜力不一定是该公司所需要的。在制定保值目标时,该公司声明它不认为美元汇率的变动会超出 6.30～7.00 的范围,那么为什么要对超过这一范围的保护或获利机会付费呢?

银行可以设计一个仅在此范围内的套期保值方法。若该公司购买美元从 6.60 元人民币升高到 7.00 元人民币的保护,要比购买一项对所有高于 6.60 元人民币的美元价格变动提供的保护要便宜一些。同样,若该公司将美元跌至 6.300 以下时的获利机会售出,便可以用这一收入冲抵购买保护的成本。最终的现金流量图如图 5-8 所示。

使用第 2 章中所定义的术语,这里可以将这一图线的形状表示为{0,−1,0,−1},而图 5-7 中基本的期权套期保值图形可表示为{−1,−1,0,0}。使用构造法,经制作的套期

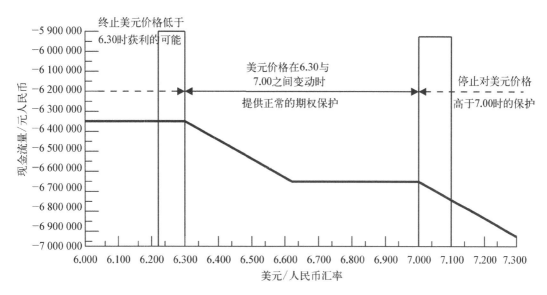

图 5-8 定做的套期保值

保值可以通过以下步骤得出：

基本风险暴露	{−1, −1, −1, −1}
买入一个行权价格居中的认购期权	{ 0, 0, +1, +1}
净结果	{−1, −1, 0, 0}

　　基本的套期保值在标的资产(本例中为美元)的价格越来越低时有无限的获利机会。该公司可以通过以一个较低的行权价格卖出一个认沽期权来将这一机会售出,并用期权费收入来抵消认购期权的买入成本。同样,此项认购期权的套期保值也提供了对更高美元价格的无限保护,因此也可以通过卖出一个行权价格较高的认购期权使该种保护终止在一个特定的水平。同样,卖出这一认购期权的期权费收入也可以用来抵消购买认购期权的开支。使用构造法,经制作的套期保值可以利用以下步骤得出：

基本风险暴露	{−1, −1, −1, −1}
买入一个行权价格居中的认购期权	{ 0, 0, +1, +1}
卖出一个行权价格较低的认沽期权	{+1, 0, 0, 0}
卖出一个行权价格较高的认购期权	{ 0, 0, 0, −1}
净结果	{ 0, −1, 0, −1}

　　为了避免设计期权类保值产品时的复杂性,并克服公司在出售认购或认沽期权时的反感情绪,银行经常构造一种打包产品并给它取一个专有名称,其有许多可能的排列变化。在许多情况下,这些打包产品都是经过精心设计的,其出售期权所得到的期权费收入与购买期权的期权费支出恰好相等,从而构造出一个零成本的风险管理方法,其中包括最著名的零成本领形策略。

　　这一技巧的实质是设计一项保护以满足顾客的特定需要,期权被买来在需要的地方提供保护。在不需要保护时卖出类型相同的期权,在不需要获利机会时售出类型相反的期权。期权与远期管理汇率风险的本质不同是:远期只能防范风险,而得不到相反方向的好处;期权不仅能防范风险,同时可以获得相反方向运动的好处,只是要额外付出期权费用。需要深入思考的是汇率一旦超出预期范围,结果会怎样?

5.5　市场风险实例

5.5.1　重庆秦安机电股份有限公司期货交易案例

重庆秦安机电股份有限公司(以下简称"秦安股份")是国内具有一定规模水平的汽车发动机核心零部件专业生产企业,主要从事汽车发动机核心零部件——气缸体、气缸盖、曲轴、变速器箱体等产品的研发、生产与销售,产品全部面向以整车制造企业为主的乘用车及商用车整车市场(即 OEM 市场),是专业为整车制造企业提供发动机核心零部件的一级供应商。

2020 年 5 月 22 日,秦安股份首次设立期货交易管理制度,正式开启期货交易业务。截至 2020 年 9 月 15 日,短短 5 个月不到的时间,公司近 20 次公告期货交易盈利,累计盈利约 7.7 亿元。公司通过期货交易一度谋取巨额利润,后被下发监管函。2020 年 9 月 14 日,公司公告称期货投资具有高风险性,其收益具有极大不确定性,随着期货标的的价格恢复常态,未来期货投资的盈利空间有限,所以公司将有序退出对大宗商品期货的操作,降低期货交易规模。不久,公司又 3 次发公告宣布期货交易亏损近 2.5 亿元,截至 2020 年年底,公司通过期货交易获取利润逾 5 亿元,总体来说秦安股份期货交易还是成功的,但是否符合套期保值还需要进一步判断。沪铝和沪金期货价格走势如图 5-9 所示,沪铝期货价格月交易数据如表 5-7 所示。

图 5-9　上海期货交易所铝和金期货价格走势图

2020 年,秦安股份期货投资品种主要为铝和黄金,作为汽车制造企业,上述主要投资品种与秦安股份生产经营所需原材料确实有一定相关性,公司也长期跟踪相关价格走势。新冠肺炎疫情期间,由于预期经济堪忧,铝价格从 2019 年年底 14 000 元/吨左右下跌到次年 4 月份 11 000 元/吨的水平,这已经跌到正常生产成本附近。这时秦安股份利用期货市场逢低买进。

截至 9 月中旬,随着经济的复苏,铝价上涨到了 14 000 元/吨的水平,秦安股份获得了套期保值的收益。此外,黄金价格 2020 年 4 月至 9 月也是一路高涨,沪金价格突破 400 元/克,创下历史新高。

秦安股份为正常展开期货交易,公司成立了期货投资小组,小组成员包括总经理、财务总监、财务主管和子公司财务主管、出纳等,在董事会授权范围内,由期货管理小组和总经理办公室研究决定投资与公司生产经营相关或价格阶段性异常的铝、铜、锌及黄金等品种,由期货小组根据价格走势判断是否进行建仓或结算。但据披露,此期货投资小组中的所有经营管理人员均无实际期货专业背景。期货投资小组进行期货投资的依据主要依赖于公司长期对铝等大宗商品价格跟踪形成的价格判断。由于公司在生产经营中对铝的需求量较大,公司对铝价长期关注,且在早几年就和期货公司建立了联系,了解期货套保和期货交易规则。

无疑秦安股份投资小组对大宗商品价格走势(铝和黄金)的判断是有经验的。然而考虑到秦安股份的正常生产经营过程,秦安股份开展期货交易应该不仅仅是为了套期保值,更多还是出于投机的目的,这主要看秦安股份在生产经营过程中对铝和黄金的需求量。2017 年、2018 年、2019 年秦安股份的净利润分别为 1.88 亿元、−0.64 万元、1.18 亿元,上市 3 年的利润累计 2.42 亿元。2020 年秦安股份仅凭开展期货交易获得的利润就是公司上市 3 年累计利润的 2 倍多。且据秦安股份公告披露,公司开展期货投资交易,实际投入资金 8.71 亿元,但公司 2019 年对铝的采购量为 7 312.5 吨,采购金额为 1.03 亿元。公司开展期货交易的数量已远远超过套期保值所需数量。

表 5 - 7　沪铝主力连续期货合约月交易价格信息　　　　　　　单位:元/吨

时　　间	开盘价	最高价	最低价	收盘价
2019 - 01 - 31	13 555	13 610	13 230	13 510
2019 - 02 - 28	13 510	13 795	13 305	13 680
2019 - 03 - 29	13 680	13 840	13 430	13 720
2019 - 04 - 30	13 740	14 270	13 730	14 175
2019 - 05 - 31	14 100	14 420	13 895	14 155
2019 - 06 - 28	14 165	14 220	13 745	13 830
2019 - 07 - 31	13 830	14 015	13 620	13 895

续　表

时　间	开盘价	最高价	最低价	收盘价
2019 - 08 - 30	13 905	14 455	13 755	14 260
2019 - 09 - 30	14 250	14 680	13 885	14 015
2019 - 10 - 31	13 995	14 040	13 720	13 840
2019 - 11 - 29	13 835	14 120	13 635	13 885
2019 - 12 - 31	13 885	14 285	13 810	14 110
2020 - 01 - 23	14 080	14 375	13 910	14 100
2020 - 02 - 28	13 600	13 840	13 070	13 110
2020 - 03 - 31	13 300	13 385	11 275	11 590
2020 - 04 - 30	11 570	12 700	11 225	12 660
2020 - 05 - 29	12 595	13 260	12 285	13 215
2020 - 06 - 30	13 245	13 965	13 000	13 830
2020 - 07 - 31	13 825	14 860	13 825	14 685
2020 - 08 - 31	14 675	14 985	14 195	14 540
2020 - 09 - 30	14 580	14 740	13 510	14 145
2020 - 10 - 30	14 235	14 910	14 230	14 370
2020 - 11 - 30	14 410	16 600	14 410	16 485
2020 - 12 - 31	16 505	16 925	15 295	15 460

从这个案例可以看出,套期保值和投机的界限在现实中虽然的确没有那么清晰,但也绝不能混为一谈,因为表现在具体文件中可能就一句"套保数量不得超过当年公司实际生产数量的 80%",但真正到操作上,实际的交易过程中承担的风险并不会对小股东以及公众进行披露。就像这个例子中,秦安股份确实是期货交易盈利了,但是公司的实际操作不管是从操作数量上还是操作依据上都和企业的实际套保需求关联不大,更多的还是基于公司管理层对于受疫情影响的宏观经济一定会反弹的预判。

但如果宏观经济走势不是像 2020 年年初的时候这么极端呢?就比如 2021 年经济的不确定性就很强,那么秦安股份的投资小组就大概率不敢下判断,因为市场是变幻莫测的,当然,如果有公司敢下类似的判断,那它们冒的风险也是要比之前的秦安股份大很多的。特殊的环境造就特殊的人和事,所以秦安股份的成功是无可复制的,就连自己也无法复制。最重要的是这个案例说明,判断一个实体企业在期货市场上交易是否正确不是看是否盈利,而是看是否符合规范。

5.5.2　A公司外汇风险管理案例

1）A公司简介

A公司自1984年创立以来,始终坚持以用户需求为中心的创新体系驱动企业持续健康发展,从一家资不抵债、濒临倒闭的集体小厂发展成为全球最大的家用电器制造商之一。2016年A公司全球营业额预计实现2 016亿元,同比增长6.8%,利润实现203亿元,同比增长12.8%,利润增速是收入增速的1.8倍。2018年,A公司全球营业额达2 661亿元,同比增长10%,全球利润总额突破331亿元,同比增长10%。A公司近10年收入复合增长率达到6.1%,利润复合增长率达到30.6%。互联网交易产生交易额2 727亿元,同比增长73%。2017年年报显示,公司全年实现收入1 592.54亿元,增长33.68%,实现归母净利润69.26亿元,增长37.37%。

A公司始终以用户体验为中心,踏准时代节拍,在持续创新过程中,始终坚持"人的价值第一"的发展主线。A公司创始人提出"人单合一"模式。A公司拥有上市公司4家,孵化独角兽企业5家,在全球设立10大研发中心、25个工业园、122个制造中心、108个营销中心,拥有众多子品牌,连续11年稳居欧睿国际世界家电第一品牌,子公司Z位列《财富》世界500强和《财富》最受赞赏公司,旗下新物种卡奥斯COSMOPlat,在工信部双跨工业互联网平台中排名榜首,被ISO、IEEE、IEC三大国际标准组织指定牵头制定大规模定制模式的国际标准。

2）并购事件介绍

B公司创立于1892年,是一家多元化跨国集团,产品和业务遍布全球100多个国家和地区,拥有员工315 000人,是世界上最大的提供技术和服务业务的跨国公司。据2007年统计,B公司的销售收入为1 727.38亿美元,是世界上拥有市场资产第二多的公司,并且在过去4年销售收入一直位于世界第一或第二。B公司是在公司多元化发展中较为出色的跨国公司,旗下的家电业务部门在美国拥有较高的市场占有率。B公司总部设在康涅狄格州的费尔菲尔德。其前身包括爱迪生于1878年创办的爱迪生电灯公司,以及汤姆森-休斯敦电公司和汤姆森-休斯敦国际电气公司。B公司在40多个国家设有700多个制造、销售机构,年销售额达367.25亿美元(1986年),居世界九大电工企业之首,年利润43.10亿美元。B公司一直重视技术研究与开发,成立近百年来共获得5万多项技术专利权。1900年,B公司在纽约创立了美国第一家从事基础研究的工业实验室,1968年又发展成为公司的研究发展中心。中心有职工2 200多名,其中科学家和工程师有1 200名,他们中有博士学位者共465名(包括1名诺贝尔奖获得者、9名美国科学院院士和工程科学院院士)。中心一年的研究经费超过30亿美元(1986年)。

B公司主要业务领域涉及电力设备、电气设备、家用电器、喷气发动机、医疗电器、航空航天设备等十大类共25万种产品。其中,大型火电厂和核电站成套设备、医疗电器、喷气发动机、工业材料(主要是工程塑料、硅材料、绝缘材料、工业用钻石、石油和天然气)等类产品居世界领先地位。电工领域是B公司发展的根基,它生产的10万千瓦以上燃气轮机占世界拥有量的一半,生产的大型汽轮发电机组有950台。全美国一半的电力由B公司制造的机组生产。公司的发展几乎与电工的发展同步。

A公司并购B公司从2016年1月开始,至2016年6月完成并购。时间流程表如表5-8所示。

表 5-8   并购时间流程表

时　　间	并　购　进　度
2016 年 1 月 14—15 日	A 公司与 B 公司正式签署关于 A 公司并购 B 公司的《股权与资产购买协议》。A 公司宣布与 B 公司就收购其旗下的家电业务达成了收购协议,拟用 54 亿美元购买 B 公司及相关资产
2016 年 3 月 12 日	A 公司对 B 公司的并购通过了美国司法部门的反垄断审查
2016 年 3 月 14 日	A 公司召开董事会会议,审议并通过了《重大资产购买报告书》等并购 B 公司的相关文件
2016 年 3 月 31 日	A 公司召开临时股东大会,审议并且通过了有关《B 公司与 A 公司股权和资产购买协议》等 12 项议案
2016 年 6 月 6 日	A 公司与 B 公司签署所需的交割文件,支付了总额约为 55.8 亿美元的并购费用

3）并购面临的外汇风险

由于企业跨国并购持续时间较长,且并购双方使用不同的币种,因此存在汇率风险。A 公司本次交易所支付的并购价款采用的是现金支付方式,从正式签订协议到最终支付交易价款,中间时隔近 5 个月的时间。由图 1-2 可知,从 2015 年下半年起,人民币与美元的汇率波动较大。

并购交易中,A 公司以贷款和自有资金组合的方式来支付。此次并购的交易货币为美元,而 A 公司的自有资金为 22 亿美元,主要以人民币为主,双方约定的交割日期为 6 月。由于并购金额达到 55.8 亿美元,因此即使汇率发生微小波动,也会对 A 公司的现金流产生极大的影响,基于当时的人民币汇率情况,如果在此期间人民币汇率波动 1%,22 亿美元的自有资金将会产生超过 1.3 亿人民币的损失或受益。因此,并购存在较大的汇率风险。

4）汇率风险的控制方法

本次并购中,A 公司主要采用了转嫁风险的保值法,并通过多种外汇期权组合的方法达到锁定汇率、套期保值的效果。在对当时的外汇市场和汇率波动趋势进行分析后,A 公司共提出了 3 种解决方案。

（1）交割日以即期汇率进行购汇。当时美国正在放松量化宽松政策,市场对于美元的预期大多是升值,再加上“811”汇改之后,人民币兑美元的汇率波动较大,且方向难以把控,人民币兑美元贬值的概率更大,这是不利于 A 公司的,因为要换美元就要支付更多的人民币。所以该方法没有被采纳。

（2）通过远期外汇交易的方法锁定汇率。从理论上来讲,通过采取远期外汇交易的方式来锁定汇率,从而规避汇率风险的方式较为可行,但是由于 2016 年人民币兑美元的汇率不断下跌,市场过度预期了人民币下跌的速度,采取远期外汇交易的成本相较之前有所增加。因此虽然该方法可行,但成本较高。

（3）使用多种外汇期权组合的方法来锁定汇率。在进行期权组合之前,首先要做出准确的市场判断。A 公司的专家团队认为,2016 年年初人民币兑美元虽然仍然保持下跌态势,但跌幅明显减小,并且当时中国央行明确地表达了维持人民币汇率稳定的决心,而放眼美国,由于全球经济的持续低迷,美国短时间内加息的概率不大,美元升值空间缩小。因此,A 公司做出判断,2016 年上半年,人民币兑美元仍然会继续下跌,但跌幅相对温和,预计汇率会在 6.4～6.8 之间。

在分析之后,A 公司选择了第三种方法,即使用多种外汇期权组合的方法来规避汇率风险。首先 A 公司选择在 6.60 的价位买入美元认购期权,与此同时在 6.80 的价位卖出美元认购期权,组成了牛市价差期权组合。该期权组合的收益情况如图 5 - 10 所示,其中虚线为组合收益。

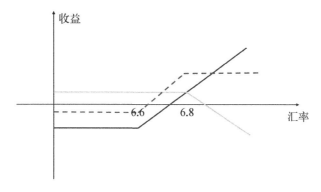

图 5 - 10　牛市价差期权组合

该期权组合成本相对较低,仅为 0.78%,远远低于使用远期外汇交易需要的成本,可节约几千万元人民币的资金。并且期权相对灵活,如果到 6 月期权到期的时候,人民币升值,客户可以放弃行使期权,并按照有利的汇率进行购买。因此,最终 A 公司选择了该方案,并在 2 至 4 月完成了交易。

5）成功经验

通过对三种方法的对比,A 公司认为,如果在交割日以即期汇率进行购汇,人民币兑美元贬值的概率更大,无法起到规避风险的作用。通过远期外汇交易的方法锁定汇率虽然方法可行,但是成本较高。使用多种外汇期权组合的方法来锁定汇率,既可以锁定汇率,同时所需的成本远远低于使用远期外汇交易需要的成本。

A 公司集团的成功之处在于,通过对外汇市场环境的调研和分析,同时结合自身抗风险能力和自身条件总结出了 3 种可行的抵御风险的手段,并调用专业人才,建立专门的风险管理机构。通过对外汇市场全面的分析和预测,A 公司根据对市场和自身的分析选择了第三种方法,从而在对外投资过程中减小了汇率风险的影响,达到了风险管理的目的。

2016 年 6 月 7 日,A 公司收购 B 公司,顺利完成这一 55.8 亿美元的收购。此次对 B 公司的收购,潜在的买家众多,其中,有三星集团、伊莱克斯、美的等全球知名企业,最后被低调的 A 公司夺得。A 公司并购 B 公司的成功,就意味着 A 公司拿下了它的研发渠道、产品品牌,更重要的是,B 公司拥有大量的高端市场用户,这对于拓展国际市场的 A 公司而言尤为重要,比联想收购 IBM 的意义还要大,能全面加速 A 公司的国际化进程。

5.5.3　良运集团套期保值案例

1）背景介绍

良运集团有限公司成立于 1962 年,其前身是旅大市粮食接运指挥部,50 年来,企业坚持相关多元化发展战略,不断开拓经营,顺势而为,由单一的进口粮转运业务发展为以粮食供应链为基础,集地产开发、酒店和有机食品于一体的综合性股份制企业集团。集团总资产达到 49 亿元,年营业额近 60 亿元,各类员工近 1 800 人,拥有下属独资、控股、参股企业 20 多个。2012 年入选中国服务业 500 强。集团秉持绿色发展理念,谋篇布局新兴产业,已在航空、金融、旅游度假等领域取得突破。2011 年起启动海外并购,现已收购包括法国波尔多葡萄酒庄园、澳大利亚悉尼橄榄油庄园、俄罗斯海参崴有机杂粮种植园等项目,自产自销进口葡萄酒、橄榄油、有机杂粮等商品。

2020 年 2 月,新冠肺炎疫情导致各省市交通封闭,玉米存量入市困难,因此玉米库存量仍然偏高,再加上生猪复产周期拉长,禽流感疫情再起,玉米需求端前景比较悲观。伴随着玉米市场及相关农业政策的不断调整,玉米价格波动加剧,因此对玉米价格风险的管控需求也在不断加深。大连良运集团的粮食供应链业务是受玉米价格波动影响非常大的一个业务,良运集团的储运部门建有粮食收储及加工基地,玉米年贸易量达 200 多万吨,粮食品种总经营量突破 480 万吨,年收储能力超过 200 万吨。因此,其储运部门的玉米采购和库存业务受到玉米价格影响越来人。图 5-11 为 2010—2020 年中国玉米现货市场价格图。

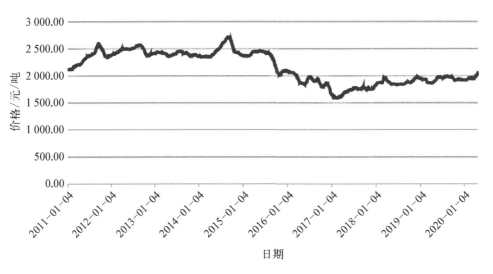

图 5-11　2010—2020 年中国玉米现货市场价格图

从 2016 年开始就有玉米场外期权交易,作为期货工具的重要补充,玉米期权进一步丰富了场外对冲工具和产业套保策略,也点燃了玉米产业链企业参与的热情。从全球衍生品市场来看,玉米期权在农产品期权中交易活跃度位于前列:2018 年上半年 CBOT 玉米期权成交量约 14 516 380 手,占标的期货成交量的 26%;CBOT 豆粕期权成交量为 2 080 954 手,占标的成交量的 12%。同期大商所豆粕期权成交 5 602 611 手,相对标的占比 5%,持仓量

285 311 手,相对标的占比 13%。豆粕期权市场活跃度在 2018 年快速增长,2018 年上半年成交量较去年同期增长 440%,持仓量同比增长 163%。国内期权市场发展迅速,且更多的期权品种计划将逐步推出。玉米期权作为 2019 年首批次上市的农产品期权品种意义重大,玉米期权可以为服务"三农"提供更为市场化的方式,例如通过补贴农户期权权利金,在保障农户收入水平的同时保留商品的市场化定价。期权以其灵活的组合策略可为饲料、加工贸易等相关产业链提供多样化的套期保值工具,基差点价贸易模式中利用期权做保护头寸可降低点价的风险。对于期权投资者而言,更多期权品种的上市将带来更多的交易机会,也将逐渐打开期权跨品种交易策略的空间。

玉米期权和棉花期权、天然橡胶期权在 2019 年 1 月 28 日联袂开锣,到 2019 年 12 月 31 日,玉米期权共运行 226 个交易日,共挂盘 10 个期权系列、460 个合约。期间累计成交量达 676.0 万手,日均成交量 3.0 万手,累计成交额 16.6 亿元,日均成交额 0.07 亿元,日均持仓量 28.8 万手。在行权履约方面,2019 年玉米期权累计行权 11.0 万手,其中多数为到期日行权。到期日行权量 9.2 万手,占总行权量的 83.8%。玉米期权上市后,仓量呈稳步增长趋势。玉米期权上市当月日均持仓量为 6.5 万手,至 2019 年 12 月日均持仓量已增至 43.0 万手,在国内已上市的商品期权品种中,玉米期权超过豆粕期权,排名第一位。

大商所 2019 年相继推出期权组合保证金制度、持仓增加套保属性、提高限仓标准等措施,进一步降低了投资者的交易成本,提高了投资者使用期权进行对冲的能力。以玉米期权交易规模为例,2019 年 6 月 6 日开启期权组合保证金业务后,交易规模明显增大,之前玉米期权日均成交量约 2 万手,之后成交量明显放大,涨幅达 50% 以上。

从玉米期权上市后的市场运行、市场参与以及服务实体经济的情况来看,市场运行稳健,定价合理有效,企业客户参与积极,持仓量稳步增长;助力企业从单一利用期货套期保值转为综合运用多种工具进行风险管理,玉米期权服务实体经济的功能渐显。

大商所玉米期权合约交易单位为 1 手(10 吨)玉米期货合约。合约月份方面,期权合约月份与标的期货相同,即 1/3/5/7/9/11 月合约。期权合约最后交易日为标的期货合约交割月份前 1 个月的第 5 个交易日,标的期货到期日为合约月份的第 10 个交易日,到期日设置方面与豆粕期权相同。期权最小价格变动单位为 0.5 元/吨,期货最小价格变动单位为 1 元/吨,这主要是考虑到理论上平值期权价格变化约等于期货价格变化的一半。玉米期权行权方式为美式,期权的买方可以在到期日及到期前任一交易日提出行权,若期权的买方未提出行权,最后交易日虚值期权作废,实值期权收盘后集中自动行权,其中期权的虚/实值基于最后交易日期货结算价判断。期权卖方则相应地可能会被动履约,认购期权卖方被动履约建标的空头,认沽期权卖方被动履约建标的多头。玉米期权代码及信息如表 5-9 所示。

表 5-9 玉米期权代码及信息

期 权 代 码	认购/认沽	行 权 方 式
C2001-C-1860	认购	美式
C2001-C-1960	认购	美式

期　权　代　码	认购/认沽	行　权　方　式
C2001 - P - 1960	认沽	美式
C2001 - P - 2060	认沽	美式

大商所玉米期权上市后,主力合约流动性较好。当然,与境外成熟期权市场相比还有很大的提升空间。毕竟场内玉米期权推出时间不长,在生产企业、期货公司、做市商等各方参与者的共同努力下,玉米期权市场将更加活跃,也能更好地满足各方不同的交易需求。

2) 玉米价格下跌预期下的保值策略

良运集团采购玉米活动中面临的主要风险来自价格风险,从每年 4 月开始,集团会在仓库中保持一定的玉米库存,通常情况下到 9 月中下旬,玉米库存量在 1 000 吨左右,这部分库存在 11—12 月投入生产。在市场价格剧烈波动的时间段,若定价过高,企业面临亏损风险;定价过低,则农户种植积极性受影响,因此订单双方势必有一方要承担市场价格波动造成的损失。违约风险同样存在,采购方不仅要面对市场价格大幅波动的风险,还要面对农户在市场波动背景下违约的道德风险,当订单价格过低时,农户会为了利益放弃合约。企业需要制定一个新的策略对冲玉米现货市场的价格风险,之前所采取的策略是利用期货建立玉米的反方向头寸来对冲价格变动风险,即在买入玉米前通过期货市场玉米多头头寸来防止日后价格上涨,在买入玉米之后再在期货市场卖出玉米期货。该策略存在很大的问题,当期货市场与现货市场的基差大幅拉大时,亏损会非常大。因此,集团需要制定新的套期保值策略——期权垂直价差组合。

期权垂直价差组合更适合于在行情小幅波动的时候保持收益,而不是在大行情中追逐盈利,这比较适合良运集团,因为良运集团认为未来行情具有一定的方向,但是在到期日前发展空间有限,有可能止步于某支撑位。所以,可选择在当前位置买入认购期权或认沽期权,同时于支撑位置卖出认购期权或认沽期权,通过这种操作一方面可以降低买入期权的成本,另一方面可以在价格处于支撑位时增加收益。期权垂直价差组合由两个同类期权构成,两个期权的到期月份和标的物是相同的。购买较低行权价的期权,并出售较高行权价的期权,这种价差称为垂直牛市价差;相反,出售较低行权价的期权,同时购买较高行权价的期权,这种价差称为熊市价差(具体见附录 C)。在对企业库存进行保值管理的过程中,决策小组可以利用熊市价差组合替代期货空单进行套期保值,设计出熊市认购价差组合,即买入高行权价的认购期权的同时卖出低行权价的认购期权。期权垂直价差组合利用的是期权而并非期货,资金占用量较小,可以利用较少的资金提升风险管理的精细度。同时,该策略为企业套保操作严格界定了盈利上限和亏损下限,且波动率比单纯采用期货套期保值的波动率更小,进一步增强了公司经营的安全性。

这里以良运集团公司 2019 年 9 月 22 日的交易数据为例,期货 C2001 合约价格为 1 960元/吨,执行小组选取 C2001 - C - 1960 及 C2001 - C - 1860 合约构建熊市认购价差组合,即以 46 元/吨的价格买入 C2001 - C - 1960 合约的同时以 116 元/吨的价格卖出 C2001 - C - 1860 合约。同时,期初权利金净收入为 70 元/吨,其盈亏曲线如图 5 - 12 所示。从图 5 - 12

中可以清晰地看出，通过同时买入和卖出一组价格不同但类别相同的认购期权，企业将盈亏缩小在一个特定的区间内，降低了价格波动为企业带来的不确定性风险。

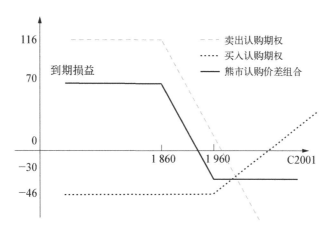

图5-12　熊市认购价差组合

　　2019—2020年大连玉米期货主力连续合约月交易数据如表5-10所示。当期货合约C2001在不同价位时，熊市认购价差组合策略的盈亏情况如表5-11所示，当期货C2001合约价格大于1 960元/吨时，两个期权都得到执行，此时期权达到最大亏损，其亏损额＝(1 860-1 960)+70＝-30元/吨。当期货C2001合约价格小于1 860元/吨时，两个期权都不会执行，此时期权组合达到最大收益＝净权利金。当期货C2001合约价格在1 860～1 960元/吨间波动时，期权组合收益为1 930元/吨-C2001价格。当期货C2001合约价格为1 930元/吨时，期权组合达到损益平衡点，无收益或亏损。即无论C2001合约价格如何变化，通过采用熊市认购价差组合，都可以将企业面临的涨跌波动缩小到-30元/吨至+70元/吨的区间之中，使企业风险敞口缩小为100元/吨，这就帮助企业在玉米市场价格下跌的预期下，减小了价格下跌对库存玉米价值造成的不确定性风险。

表5-10　大连玉米期货主力连续合约月数据　　单位：元/吨

时　　间	开盘价	最高价	最低价	收盘价
2019-01-31	1 865	1 872	1 802	1 863
2019-02-28	1 866	1 875	1 780	1 821
2019-03-29	1 825	1 859	1 806	1 844
2019-04-30	1 845	1 925	1 831	1 916
2019-05-31	1 932	2 021	1 913	1 971
2019-06-28	1 968	1 984	1 934	1 948
2019-07-31	1 948	1 949	1 909	1 930

时　　间	开盘价	最高价	最低价	收盘价
2019 - 08 - 30	1 978	1 990	1 864	1 871
2019 - 09 - 30	1 873	1 889	1 810	1 823
2019 - 10 - 31	1 823	1 894	1 810	1 873
2019 - 11 - 29	1 873	1 895	1 814	1 830
2019 - 12 - 31	1 829	1 922	1 817	1 910
2020 - 01 - 23	1 911	1 950	1 906	1 912
2020 - 02 - 28	1 920	1 948	1 900	1 922
2020 - 03 - 31	1 927	2 062	1 923	2 048
2020 - 04 - 30	2 048	2 109	2 022	2 074
2020 - 05 - 29	2 090	2 094	2 013	2 078
2020 - 06 - 30	2 078	2 149	2 053	2 090
2020 - 07 - 31	2 090	2 289	2 076	2 248
2020 - 08 - 31	2 244	2 322	2 213	2 262
2020 - 09 - 30	2 265	2 499	2 262	2 468
2020 - 10 - 30	2 499	2 629	2 495	2 621
2020 - 11 - 30	2 624	2 628	2 492	2 601
2020 - 12 - 31	2 681	2 747	2 556	2 742

表 5 - 11　熊市认购价差期权组合盈亏　　　　　　　　　　　单位：元/吨

C2001 合约的价格区间	熊市认购价差组合盈亏
≥1 960	−30
≥1 930 且<1 960	1 930 - C20001
1 930	0
≥1 860 且<1 930	1 930 - C20001
<1 860	70

　　由于 9 月下旬公司库存玉米为 1 000 吨，预计于 10 月投入生产，公司决定对这 1 000 吨玉米进行套期保值。若按照传统的套期保值方式，那么公司将执行卖出套期保值，即在 9 月末以 1 960 元/吨的价格卖出 100 手玉米期货，再在 10 月下旬全部平仓，这里选用 10 月 30 日玉米期货的价格，即 1 918 元/吨，那么部门将在期货市场盈利 42 元/吨，总计盈利

42 000 元。而玉米现货价格则从 9 月末的 1 869.91 元/吨,下跌到 1 784.23 元/吨,现货市场亏损 85.68 元/吨,总计亏损 85 680 元。那么若用期货套期保值策略,部门此次套期保值就会亏损 43 680 元。然而,若企业改用熊市认购价差组合套期保值策略,期初就会收取 70 元/吨的权利金,在 11 月末,当期货价格为 1 918 元/吨时,此次熊市认购价差组合盈利 12 元/吨,扣减现货的亏损,企业利用此套期保值策略可以仅亏损 3 680 元,远远小于利用期货套期保值亏损的 43 680 元,故熊市认购价差组合策略在规避玉米采购价格风险时更有效。具体如表 5-12 所示。

表 5-12　玉米库存风险的新旧套期保值策略盈亏对比

	期货套期保值	现货批发价格	熊市认购价差组合策略
9 月	1 960 元/吨	1 869.91 元/吨	70 元/吨
11 月	1 918 元/吨	1 784.23 元/吨	12 元/吨
盈亏	+42 元/吨	-85.68 元/吨	82 元/吨
套期保值效果	-43.68 元/吨		-3.68 元/吨
总体盈亏	-43 680 元		-3 680 元

针对看涨熊市期权价差组合策略来说,当玉米价格如企业预期,玉米期货到期价格处在两个期权的行权价之间时,该策略的收益结构类似于做空期货合约,但是显然该组合相对于期货空单能够更加有效地控制风险。而当玉米市场价格超过预期跌幅时,应该更加关注看涨熊市期权价差组合的盈利情况,因为在这种情况下,储运部门仓储玉米成本所面临的损失可能超于预期。为了保证套期保值的有效性,当玉米价格出现大幅度下降,玉米期货 C2001 价格接近于较低的期权行权价时,期货部门考虑将 C2001-C-1860 期权进行平仓了结,或者移仓至行权价为更低的认购期权合约,以保证在玉米价格下跌风险中,看涨熊市期权价差组合的盈利尽可能抵补库存损失。

3）成功经验

期权垂直价差组合策略是当下农产品贸易企业进行套期保值的重要工具,相较于传统策略,该方法能够提高稳定性,减少波动性,契合农产品企业的需求。该策略起到了一定的保险作用,这是期货合约所不具备的。良运集团能够利用该策略实现套保也离不开企业内部的管理机制。策略小组内部分为 4 个小组:策略分析、策略决策、策略执行、风险控制。4 个小组各司其职,实时检测现货、期权市场的实际情况,根据市场情况选择具体组合。

社会大众普遍认为期货因高杠杆的特性,具有投机性质,风险较大,然而良运集团利用期现市场结合,严格风险管控,不仅规避了价格波动带来的风险,更是通过标准化仓单协助中小企业减缓资金沉淀,有助于扩大经营规模。本案例说明衍生品的本质还是规避风险,适当使用可稳定企业经营管理,减少企业受到外在因素波动带来的可能损失,值得有需求的企业参考。

5.5.4　LY 公司风险管理案例

1）公司背景

烟台龙口市高新区的 LY 公司是一家高速成长的干鲜果出口龙头企业,自 2002 年 3 月成立以来,一直致力于种植、加工、储存及销售鲜果、果干、果脯等产品,主要产品为新鲜苹果和葡萄干。LY 公司注册资本为人民币 8 000 万元,实收资本为人民币 8 000 万元,拥有 5 座现代化的气调保鲜库,总库存容量 1.5 万吨,日加工能力 100 万吨,年经营苹果 2 万吨,年销售收入 1.5 亿元。2010 年 11 月 26 日,LY 公司通过证监会创业板发审委审批,公司股票代码为 300175,2011 年 1 月 27 日网上发行,价格为每股 17.1 元,市盈率为 51.82 倍,发行数量为 2 700 万股,发行后总股本 1.07 亿股,占发行后总股本的 25%,募集资金 4.6 亿元,2011 年 2 月 15 日开盘交易。该公司上市发行募集的资金将全用于年产 8 600 吨葡萄干果干果脯扩建项目、年产 5 000 吨果仁生产项目、年产 10 000 吨高质量鲜果扩建项目,项目达产后,可以进一步提高公司的竞争力和盈利能力。

公司采用“公司+协议基地+标准化”的种、产、销全产业链一体化业务模式,在果品种植和消费市场之间建立了紧密的纽带,加快了农业产业化步伐,走出了一条自我发展的成功之路。公司在山东、新疆分别建有基地,保证优质果源,在中间环节进行产品加工,提升附加值,最后依靠强大的销售渠道将产品销售给全球高端客户,保证良好、稳定的利润。公司的组织架构较为简单,公司法人为董事长兼任总经理,负责公司的重大决策和日常经营。

2）市场环境

苹果是国内产量最大的季产年销水果,在苹果收购的季节,影响苹果价格的主要因素是苹果的产量,大量的苹果集中上市销售,而苹果的保存量是有限的,所以大量不能入库保管的苹果占市场供给的绝大部分。对果商而言,进入冷库保管的苹果则需要等待时机入市销售,或者选择合适的渠道销售,公司的盈利主要来自苹果收购价格和销售价格的差额,销售价格的变动会给公司的经营带来极大的不确定性。

苹果期货是国内第一个鲜果类期货,苹果期货的交割月份为 1、3、5、7、10、11、12 月,共 7 个月份,1 月份是春节消费高峰,春季期间亚热带水果没有集中上市,市场上能够消费的水果不多,苹果成为水果消费主力;5 月是苹果集中销售的季节,价格波动较大,期货能够为贸易商提供避险工具;10 月是苹果集中收购的季节,收购价格需要一个权威的指导价格,给果商收购苹果提供依据;12 月也是苹果销售的旺季,圣诞节、元旦消费需求旺盛,苹果现货价格波动大。

套期保值的基本原理是,当苹果销售商预期未来苹果价格会上涨时,买入相应月份的期货合约,提前锁定未来买入苹果的价格;预期未来苹果价格会下跌时,卖出苹果期货合约,提前锁定未来卖出苹果的价格。苹果期货交易规则如表 5-13 所示。

表 5-13　苹果期货交易规则

交易单位	10 吨/手
报价单位	元/吨

每日价格最大波动限制	5%
最低交易保证金	合约价值的 7%
合约交割月份	1、3、5、7、10、11、12 月
交易时间	每周一至周五上午 9:00—11:30，下午 13:30—15:00，最后交易日上午 9:00—11:30
最后交易日	合约交割月份的第 10 个交易日
最后交割日	合约交割月份的第 12 个交易日
交割地点	交易所指定的交割仓库
交割方式	实物交割
交易代码	AP
上市交易所	郑州商品交易所

3）风险管理分析

2018 年 10 月份是苹果收购季节，LY 公司收购苹果 1 万吨，但距其销售量仍有不小的差距。2018 年苹果受到自然灾害的影响，产量大幅下降，预期远期价格会上升，公司决定在期货市场开展套期保值业务，避免补库存时价格上涨带来的成本增加。

2019 年 2 月 23 日苹果现货公司的采购价格为 11 300 元/吨，公司经理认为，苹果属于非必需的消费品，销售量受价格的影响较大，苹果价格过高会抑制消费，导致消费量下滑，自己公司的库存可能会供大于求，于是卖出 100 手 AP1905 合约，此时 AP1905 的价格为 11 430/吨，LY 公司投入保证金 114.3 万元。

表 5-14　2019 年苹果期货主力连续合约交易价格信息　　　　单位：元/吨

时　间	开盘价	最高价	最低价	收盘价
2019-01-31	11 310	11 335	10 476	10 906
2019-02-28	10 906	11 474	10 810	11 017
2019-03-29	11 050	11 678	10 920	11 618
2019-04-30	11 634	11 956	7 585	8 126
2019-05-31	8 164	10 190	8 109	9 681
2019-06-28	9 650	9 758	8 801	9 120
2019-07-31	9 150	9 866	8 965	9 318

时　　间	开盘价	最高价	最低价	收盘价
2019 - 08 - 30	9 284	9 533	8 830	9 468
2019 - 09 - 30	9 468	9 487	7 335	7 400
2019 - 10 - 31	7 363	8 121	7 351	7 961
2019 - 11 - 29	7 953	8 317	7 808	8 055
2019 - 12 - 31	8 080	8 658	7 708	7 738

2019 年 4 月 6 日,AP1905 合约的价格为 11 622 元/吨,LY 公司亏损 19.2 万元,保证金 95.1 元,如果保证 100 手持仓不被平仓,应当缴纳 21.1 万元。但公司备用资金不足,没有保证金,被强行平仓 20 手,且平仓亏损 3.84 万元。

2019 年 4 月 19 日,LY 公司持有的 80 手 AP1905 合约的价格已经到了 12 268 元/吨,当日结算金额不低于 98.1 万元,但公司的亏损已经达到 51.68 万元,保证金账户余额仅剩 43.42 万元,需要增加保证金 54.68 万元,且需要在规定时间内完成追加,这时的现货价格为 12 800 元/吨,较 2 月份开展的套期保值的价格已经上涨了 1 500 元/吨。针对这种情况,LY 公司内部产生了分歧,销售部经理认为现货市场销售顺畅,苹果的销售量并没有因为价格上涨出现明显下滑,应当果断平仓,但是总经理认为历史上没有出现如此高的价格,认为消费一定会受到抑制,价格一定会下跌,因此坚决做空苹果期货头寸。

2019 年 4 月 30 日,苹果期货 AP1905 合约从一般月份转为交割月,持仓限额从 100 手缩小至 10 手,LY 公司因不懂期货限仓制度及大户报告制度,未向交易所申请期货套期保值头寸,不得不作出平仓处理,将 AP1905 合约从持仓 80 手平仓至 10 手,以符合交易所的限仓规定。此时 AP1905 合约平仓价格为 12 596 元/吨,期货市场亏损 80.92 万元,保证金余额为 17.18 万元。

2019 年 5 月 10 日,苹果期货 AP1905 合约价格继续上涨至 13 645 元/吨,该合约面临到期摘牌,LY 公司因期货持仓继续亏损,套期保值数量和现货需求量相差较远,套期保值的意义不大,LY 公司经理选择平仓。至此 LY 公司在期货市场的最后 10 手合约平仓,亏损 22.05 万元。

LY 公司此次套期保值业务,期货市场损失 106.81 万元,现货市场采购成本增加 370 万元。由于对市场认识产生了较大偏差,该交易策略不但没有起到避免价格上涨带来的成本增加的目的,反而产生了重大损失。

4) 失败原因分析

基于期货的交易制度和套期保值的理论,LY 公司没有专门制定合理的套期保值制度,并且对套期保值的相关业务内容没有明确的概念。主要表现为两点。第一,套期保值的目的不明确。LY 公司没有明确套期保值的目的,套期保值是为了将现货的经营风险通过期货市场转移给其他的风险偏好者。参与期货市场套期保值业务要求企业必须严格按照套期保值的业务进行。LY 公司将套期保值业务扭曲为投机目的,当时 5 月份补库存用于终端销售,那么就应该在现货上对应的就是空头的角色,S 公司应该在期货市场建立多头头寸,避免现货市场价格上涨导致的成本增加。但是从 LY 公司套期保值业务的开展情况看,其在期货市场上建立的空头头寸违反了原则,导致现货市场、期货市场同时亏损。第二,决策机制缺失。LY 公司没有明确的套期保值决策机制,套期保值业务需要企业内部各部门配合,从市场调研、策略制定、资金调配等环节均需要不同的部门参与决策,形成共同的套期保值策略,并坚决执行。LY 公司的总经理却一人决定套期保值业务的开展,没有进行公司内部的讨论,即使在重大亏损的情况下,LY 公司就是否开展套期保值业务存在争议,没有明确的决策体系。

5) 风险管理事件反思

利用金融衍生工具进行避险是现在很多公司的策略之一,投资者特别是卖出期货合约的人通常需要基于成本和未来远期价格预测等综合考量,套期保值的原则是购买数量相等、方向相反、时间相同或者相近且交易品种相同的合约。本次事件中,公司的总经理利用自己的经验和主观判断认为未来苹果的价格一定会下跌,采取投机的措施想在期货和现货上都赚一笔,但这样也就增加了公司所承担的风险。从结果来看,苹果期货和现货的价格并没有出现预期的变化,公司面临巨大的损失。资本市场上的投资和衍生工具的使用都是存在风险的,我们要做的就是在风险和收益之间,找到最佳的平衡点。这个案例给人们的主要启示是:

首先,在进行期货套期保值交易时,一定要注意承受风险的能力。企业套保业务相关负责人必须树立资金安全、保本第一、收益第二的投资理念,切不可产生投机想法。企业的内控制度、风控制度不完善都可能会导致企业面临严重风险。企业需在进行谨慎的预测、严密的论证以及企业各部门和股东大会一致同意之后通过套期保值操作,在套保企业内控制度的约束下,尽可能地减少投资风险。

其次,要关注套期保值模型偏差风险。在进行套期保值操作时,由于国际的市场环境同国内的市场环境有较大差别,可能会导致套保交易模型和数据出现偏差,所以套保企业需谨慎研究,设置好止损点,尽可能地规避掉所有风险敞口,不要盲目冒进到无法挽回的地步。

最后,需要注重人才的专业性培养和素质提升。一个国家的金融衍生品交易投资需要一个庞大的系统网络支撑其达到投资目的,在这个系统网络中的各个层面、各个节点都需要大量金融复合型人才,除了具备相关的金融和管理专业知识背景,还应具备法律、财会、审计等专业背景。但是目前来看,中国的人才储备远远没有达到要求,这就要求这些部门依据企业的实际情况,从国家金融战略层面出发,制定长远的战略计划,逐步扩大人才储备。

5.6　本章小结

任何风险事件发生的背后,一个共同的原因就是缺乏对金融风险的管理和控制,这也提醒人们必须在理念上树立对市场的敬畏之心,高度重视内部管理的重要性和必要性。因此,应该建立有效的风险控制体系,加强对金融风险的管理和监督,分离各部门职能,保持各部门职能的独立性,合理运用衍生品,最大限度地利用衍生品的避险、套期保值和风险对冲功能,避免利用衍生品进行过度投机所带来的巨大风险。当然,最重要的是公司要有健全的法人治理结构、制度建设、严格的办事流程和监督稽核流程,并且照章办事、执法如山。强化内控机制和增强风险掌控能力是现代金融机构核心竞争力的重要内容,必须引起金融机构的高度重视,并在思想意识上有一种紧迫感,在实践中有切实可行的实施计划。

几个案例说明任何一个公司在签订任何一个协议或进行任何一次交易时,不能仅仅看到光明的一面、收益的一面、好处的一面,更要看到复杂的一面、损失的一面,不利的一面,不仅如此还要有防范措施和手段,仅仅认为不可能而不加控制就会酿成悲剧。事实上,稳健的、管理优秀的企业一定会把风险转移掉,不会长期处于单边风险暴露中。

总之,通过本章对市场风险的定义、管理历史、度量标准以及管理手段发展的论述,可以得出如下结论。第一,虽然对市场风险的认识有不同的理解,但总体上看,市场风险来自市场上价格的波动,市场上参与者面临的风险起源于同一件事情。可以采用敏感度分析、缺口分析、久期分析等许多方法来度量风险。第二,风险管理的根本目标是实现现金流的稳定,发掘风险带来的好处,通过有效的风险管理,缩小未来现金流的概率分布区域,从而使得企业获得稳定的收益。第三,伴随着风险的变化和金融业的发展,风险管理的形式也在发生改变,保险、证券组合投资等新的风险管理手段越来越居于主要地位。第四,近年来发展起来的金融工程技术,改变了人们对风险管理方法的传统思维,不再需要改变原有的基础业务的风险暴露,而是在表外建立一个风险暴露趋势与原有业务相反的头寸,从而达到表内表外业务的完美中和。

复习思考题

1. 2006 年 4 月 28 日,G 沪机场股票价格为 12.22 元,认沽权证价格为 1.325 元,行权价格为 13.60 元,若以 12.22 元买 1 万股 G 沪机场股票,并在最差情况下损失不超过 10%,问:若以 1.325 元价格买入 1 万份 G 沪机场认沽权证是否能达到规避风险的要求?

2. 甲公司持有以欧元计价的某项资产 100 万欧元,1 年以后可以交易。公司决定到期后出售该项资产兑换成美元,公司面临资产价格变动风险和汇率变动风险,公司经分析认为,1 年以后可能出现下列 3 种情况:

(1) 汇率是 1 欧元＝0.9 美元,资产价值为 100 万欧元;

(2) 汇率是 1 欧元＝1.1 美元,资产价值为 97 万欧元;

(3) 汇率是 1 欧元＝1.2 美元,资产价值为 110 万欧元。

问:若 3 种情况出现的概率相同,公司如何在远期外汇市场操作,才能使这项资产面临的风险最小(提示:用这项资产美元价值波动方差表示风险大小)?

3. 某对冲基金公司经过认真讨论分析认为股票 A 的价格 2 年内可能上涨 100%,希望赚取 1 亿美元利润,又没有可供支配的现金,银行贷款又有"规则 T"规定,美联储的保证金贷款上限是全部投资的 50%。该对冲基金公司找到了合作伙伴银行 B,签订了一份"互换"

合同。在这份合同中,该对冲基金公司同意每年向银行 B 支付一笔固定的费用,作为 1 亿美元的利息,而如果股票价格上涨,银行 B 则同意向对冲基金公司支付全部可能的赢利,相反,对冲基金公司则向银行 B 支付全部损失。问:签这样一个合同,对冲基金公司和银行 B 各有什么好处,各存在什么风险? 有什么规避方法?

4. 一般来说卖出期权风险是极大的,在 5.4 节汇率风险管理的案例中,怎样分析中国公司卖出的 2 个期权,是否有很大的风险。

5. 公司 A 和公司 B 可以按照表 5-15 所示利率借到 2 000 万元 5 年期的贷款:

表 5-15　两个公司的贷款利率

	固 定 利 率	浮 动 利 率
公司 A	9.%	LIBOR+0.2%
公司 B	10.5%	LIBOR+0.6%

公司 A 想得到浮动利率贷款,公司 B 想得到固定利率贷款,请设计一个互换,一家银行作为中介,净收益为年利率 0.1%,并使得该互换对公司 A 和公司 B 具有相同的吸引力。

6. 怎样分析华友钴业 2022 年一季度公司衍生金融负债金额由 2021 年年底的 1.05 亿元大增 1 396% 至 15.7 亿元? 经验教训是什么?

第6章

信用风险管理

信用的可获得性以及人们从观念上对信用的接纳促进了现代社会的发展。一方面，信用使得一个人即使收入不高也能买得起房子、汽车和其他消费品。这样反过来又创造出新的就业机会，促进经济增长。信用能促使企业快速增长，如果没有信用的存在，企业仅凭自有资金的积累很难发展成国际性的大企业。信用还使得国家和地方政府能够满足公众对一些公共产品的需求。但另一方面，随着信用的迅速发展，各种信用风险也越来越引起人们的注意。从借款人不能按时还钱，到银行呆账、坏账的增多，这一切必然影响到了社会的正常经济秩序和发展。信用风险度量和管理的研究得到了学术界、金融机构、监管者和投资者的密切关注。本章主要站在金融机构或监管者的角度介绍信用风险度量和管理的主要方法。6.1 介绍了信用风险的概念、特征及其分类；6.2 介绍了信用分析的专家制度、多元判别分析和多元 Logit 等传统的信用风险度量方法；6.3 介绍信用度量制模型和 KMV 模型；6.4 介绍利用期权、远期和互换等信用衍生工具对冲和管理信用风险的方法；6.5 介绍了标普、穆迪和惠誉三大国际评级机构和中国的信用评级概况；6.6 给出了一个应用 CDS 的案例。

6.1　信用风险管理概述

6.1.1　信用风险的概念和特征

信用风险管理的萌芽开始于古罗马时代，一直延续至今。关于信用的概念，不同学科对其有不同的解释，在此所指的信用仅指经济信用，即信用是以信为条件的价值运动，债权人以有条件让渡的方式，贷出或赊销商品，债务人则按约定的日期偿还借款或货款，并支付利息。信用的特点是与一定的经济收益和风险相联系，有各种信用表现的形式，如银行信用、租赁信用和消费信用等。

关于信用风险的概念，也有许多不同的观点。

传统的观点认为，它是指交易对象无力履约的风险，也即债务人未能如期偿还其债务而给经济主体经营带来的风险。其基本思想是：只有当交易对手在到期时不履约并且这种行为给经济主体造成损失时，经济主体才遭受信用风险的损害。

随着信用风险管理技术的发展，出现了另一些定义信用风险的观点：

一种观点认为,信用风险有广义和狭义之分。广义的信用风险指所有因客户违约(不守信)所引起的风险,如:资产业务中的借款人不按时还本付息引起的资产质量恶化;负债业务中的存款人大量提前取款形成挤兑,加剧支付困难;表外业务中的交易对手违约引致或有负债转化为表内负债;等等。狭义的信用风险通常是指信贷风险。

另一种观点认为,信用风险是指由于借款人或市场交易对手违约而导致损失的可能性;更为一般地,信用风险还包括由于借款人信用评级的变动和履约能力的变化导致其债务市场价值变动而引起损失的可能性,这种风险定义认为信用风险不仅存在合约到期时交易对手是否履约这一时点,还存在于合约的整个有效期。

6.1.2　信用风险产生的原因和作用

信用风险的成因是信用活动中的不确定性,包括外在不确定性和内在不确定性两种。

外在不确定性来自经济体系之外,是经济运行过程中随机性、偶然性的变化或不可预测的趋势,包括来自国外金融市场不确定性的冲击。一般外在不确定性对整个市场都会带来影响,其所导致的信用风险又被称为系统性风险。系统性风险的特征是:它是由共同因素引起的,如经济方面的利息率、汇率、通货膨胀率、宏观的财政与货币政策、经济周期循环等的改变,或者政权更替等政治事件等引起的;它对市场上的所有参与者都有影响;很难通过投资分散化而消除;与投资收益正相关,即资产的系统性风险越大,其投资所带来的收益也应该越大。

内在不确定性来源于经济体系之内,它是由行为人主观决策及获取信息的不充分等原因造成的,带有明显的个性特征。内在不确定性产生的风险又称为"非系统性风险"。非系统性风险是由特殊因素引起,它只会对某一金融机构,而不会对整体金融体系带来影响,可通过投资分散化加以消除。

信用风险是金融市场的一种内在推动和制约力量,它在给金融市场参与者带来机遇的同时也带来了挑战。一方面,信用风险促进金融市场参与者提高管理效率,洞察金融市场变化,采取有效管理规避负面影响。能够迅速行动并把握时机者,将能获得较好的收益;反之,则可能遭受损失。另一方面,信用风险对可能造成的严重后果具有的警戒作用,能对金融市场参与者产生一定的约束,从而对整个金融市场起到调节作用。

6.1.3　信用风险度量方法的演变

信用风险度量是进行信用风险管理的基础和前提。信用度量模型可用于分析信用组合的信用风险暴露,分析由债务人违约或信用状况等因素而引起的投资组合价值的变动,分析投资组合分散化带来的收益及信用过度集中的潜在风险。信用风险的分析方法根据分析技术和方法的不同可分为古典信用分析方法和现代信用或工程技术分析方法。两者主要的区别是信用风险能否被单独剥离和定价。从出现的时间上来说,20 世纪 80 年代中期以前为古典信用分析方法,20 世纪 80 年代中期以后为现代信用分析方法。但是并不能在它们之间做出严格的划分,因为现代模型中沿用了许多传统模型的思想。本章主要介绍信用风险的传统和现代度量模型:传统的信用度量模型中主要介绍多元判别分析、线性概率模型等信用评分方法;现代度量模型主要介绍信用度量制(credit metrics)模型、KMV 模型、信用风险附加计量(credit risk＋)模型和信用组合观点(credit portfolio view)模型等现在流行的信用组合风险的度量模型。

6.2　传统信用风险度量方法

信用风险是金融机构,尤其是商业银行面临的基本风险之一,早在20世纪30年代就得到重视,经过几十年的发展,逐步形成了度量信用风险的各种"传统"方法,主要可分为专家法、信用评分法和信用评级方法。

信用评分法是以评价对象的财务比率为解释变量,运用数理统计建立模型,以模型输出的信用分值或违约概率与基准值比较来度量评价对象信用风险的大小。运用此模型预测某种性质事件发生的可能性,以便及早发现信用危机信号,使经营者能够在危机出现的萌芽阶段采取有效措施改善企业经营、防范危机,使投资者和债权人可依据这种信号及时转移投资、管理应收账款及做出信贷决策。目前国际上这类模型的应用是最有效的,是国际金融业和学术界视为主流的方法,也是度量信用卡和中小企业贷款信用风险的主要方法。美国联邦储备委员会于1996年11月对银行贷款活动的高级信贷员调查显示,在信用卡应用方面,97%的美国银行使用内部评分模型,70%的小额贷款业务也使用信用评分模型。

当前使用最为广泛的信用评分技术包括4个多元评分模型:多元判别分析模型、线性回归概率模型、Logit模型和Probit模型。在这些模型间如何选择也是现在银行所面临的一个重要问题,一般认为一个好的评分模型大概有5个方面的质量要求:

(1) 准确度,模型中假设产生的误差率较低。

(2) 变量少,不包含太多的解释变量。

(3) 不琐碎,能够产生明显的结构。

(4) 可行性,能够在合理的时间跨度内运行,并且采用可实现的资源。

(5) 透明性和解释性,能高水平地反映数据之间的关系和趋势,知道模型结果的出处。

6.2.1　信用风险度量的专家制度法

1) 专家制度法的内容

专家制度法是一种最古老的信用风险分析方法,传统银行信贷的决策权是由该机构中经过长期训练、具有丰富经验的信贷人员所掌握,它是商业银行在长期的信贷活动中所形成的一种行之有效的信用风险分析和管理制度。

在专家制度法下,由于各商业银行自身条件的不同,在对贷款申请人进行信用分析时所涉及的内容也不尽相同,最终形成了"5C""5W"和"5P"等因素分析方法。其中,"5C"包括:品德与声望(character),指借款人的作风、观念以及责任心等,借款人过去的还款记录是银行判断借款人品德的主要依据;资格与能力(capacity),指借款者归还贷款的能力,包括借款企业的经营状况、投资项目的前景;资金实力(capital cash),指借款人资产的价值、性质、变现能力；担保（collateral），指抵押品及担保人；经营条件和商业周期（cycle and condition），指企业自身的经营状况和其外部的经营环境。"5W"包括借款人（who）、借款用途（why）、还款期限（when）、担保物（what）和如何还款（how）。"5P"是指个人因素（personal）、目的因素（purpose）、偿还因素（payment）、保障因素（protection）和前景因素（perspective）。"5C""5W"或是"5P"法在内容上大同小异，其共同之处是对每一要素逐一进行评分，使信用数量化，从而确定其信用等级，并作为其是否贷款、贷款标准的确定和随后贷款跟踪监测期间政策调整的依据。

2）专家制度法的缺陷和不足

作为一种古老的信用分析和信贷管理方法，专家制度法在当时的条件下有其存在的理由，对现在的管理也有一定的指导作用，但它仍然存在着一些难以克服的缺陷和不足：

（1）需要相当数量的专门信用分析人员。

（2）实施的效果很不稳定。

（3）与银行在经营管理中的官僚主义方式密切相关，降低了银行应对市场变化的能力。

（4）加剧了银行在贷款组合方面过度集中的问题，使银行面临更大的风险。

（5）对借款人进行信用分析时，难以确定共同遵循的标准，造成信用评估的主观性、随意性和不一致性。

6.2.2　多元判别分析模型

多元判别分析法就是要从若干表明观测对象特征的变量值（财务比率）中筛选出能提供较多信息的变量并建立判别函数，使推导出的判别函数对观测样本分类时的错判率最小。多元判别分析技术应用于信用风险研究最大的优点就是考虑了整体变量的特征而不仅是单个变量的特征，从而消除了单个变量用于判别时的模棱两可性，提高了分类的准确性。

建立判别函数是构建判别分析的关键，根据多元统计的理论建立判别函数的方法有距离判别法、贝叶斯（Bayes）判别方法和费希尔（Fisher）准则，感兴趣的读者可参考相关多元统计的教材或《信用风险度量与管理》中的相关内容。在此主要对 Z-score 模型和 ZETA 模型的思想进行简单介绍。

1）Z-score 模型

爱德华·阿尔特曼（Edward I. Altman）博士率先将多元判别分析的方法应用于财务危机、公司破产及违约风险分析，他在 1968 年对美国破产和非破产的生产企业进行观察，运用数理统计的方法从 22 个财务比率中筛选出了 5 个变量建立了 Z-score 模型，并在此基础上提出了改进的 ZETA 判别分析模型。

阿尔特曼确立的分辨函数为：

$$Z = 0.012 \times X_1 + 0.014 \times X_2 + 0.033 \times X_3 + 0.006 \times X_4 + 0.999 \times X_5 \quad (6-1)$$

其中，X_1 表示流动资本/总资产，X_2 表示留存收益/总资产，X_3 表示息前、税前收益/总资产，X_4 表示股权市值/总负债账面值，X_5 表示销售收入/总资产。

阿尔特曼经过统计分析和计算最后确定了借款人违约的临界值 $Z_0 = 2.675$，如果 $Z_0 < 2.675$，借款人被划入违约组；反之，如果 $Z_0 \geqslant 2.675$，则借款人被划为非违约组。当

$1.81 < Z < 2.99$ 时,判断失误较大,称该重叠区域为"未知区"(zone of ignorance)或称"灰色区域"(gray area)。

2) ZETA 模型

ZETA 模型是继 Z-score 模型后的第二代信用评分模型,变量由 Z-score 模型的 5 个增加到了 7 个,适应范围更广,对不良借款人的辨认精度也有了很大提高。

模型中的 7 个变量是:资产收益率、收益稳定性指标、债务偿付能力指标、累计盈利能力指标、流动性指标、资本化程度的指标、规模指标。由于模型简便、成本低、效果佳,所以它们一经推出便在许多国家和地区推广,现已成为预测企业违约和破产的核心方法之一。但是这两个模型都存在以下缺点:

(1) 两个模型都依赖于财务报表的账面数据,忽视日益重要的各项资本市场指标,这会削弱预测结果的可靠性和及时性。

(2) 由于模型缺乏对违约和违约风险的系统认识,理论基础薄弱,难以令人信服。

(3) 两个模型都假设解释变量符合正态分布(财务比率并不符合)和变量间服从线性关系,但现实的经济现象往往是非线性的,这使得违约模型不能精确地描述经济现实。

(4) 两个模型都无法计量企业的表外信用风险,另外对某些特定行业的企业如公用企业、财务公司、新公司以及资源企业也不适用,因而它们的使用范围受到较大限制。

6.2.3　广义线性、Logit 和 Probit 模型

广义线性概率模型以评判对象已知的信用状况为因变量,将多个财务比率为解释变量代入线性回归模型,利用最小二乘法回归得出各解释变量与企业违约选择之间的相关关系,建立预测模型,然后预测企业未来的违约概率。它可以解决自变量不服从正态分布的问题,模型使用不需要转换,但该模型的概率预测值可能落在 (0,1) 之外,不符合概率理论,现在这种方法很少使用。

为了改进线性概率模型的预测值落在区间 (0,1) 之外的缺陷,后续学者便假设违约事件发生的概率服从某种累积概率分布,使模型产生的预测值落在 (0,1) 之间。若假设违约事件发生的概率服从累积 Logistic 分布,则称为 Logit 模型;若假设违约事件发生的概率服从累积标准正态分布,则称为 Probit 模型。Probit 模型和 Logit 模型基本形式相同,只是转换的概率函数不同,在此主要介绍 Logit 模型。

1) 线性 Logit 模型

假设将公司分为两类:违约公司和非违约公司,分别表示为 ω_1 和 ω_2, $x = (x_1, x_2, \cdots, x_n)$ 表示公司财务数据的向量,假设评分与概率存在下面的关系:

$$S(x) = w^T x + \alpha = \log\left(\frac{p(x \mid \omega_1)}{p(x \mid \omega_2)}\right) \tag{6-2}$$

那么公司落在分类 ω_2 的条件概率为:

$$p(\omega_2 \mid x) = \frac{1}{1 + \exp\left(\sum_{i=1}^{n} w_i x_i + \beta\right)} \tag{6-3}$$

其中，β 表示公司在两种分类中的相对比例常数，可表示为：

$$\beta = \alpha + \log[p(\omega_1)/p(\omega_2)] \tag{6-4}$$

如果 $\omega^T x + \beta > 0$，则观测到财务比率为 x 的借款人归到违约公司（ω_1），否则归到非违约公司（ω_2）。对 ω 的估计采用极大似然方法，所估计权重的样本越大，估计值越接近于未知的真实值。

2）非线性 Logit 模型

线性 Logit 模型假设评分与变量之间存在着线性关系，但是其忽略了更为复杂的非单调性关系。

为了刻画这种关系，可以将评分因子进行如下的非线性转换：

$$S(x) = \omega^T T(x) + \alpha = \log\left(\frac{p(x \mid \omega_1)}{p(x \mid \omega_2)}\right) \tag{6-5}$$

上式中的数据转换为 Box - Cox 函数：

$$T_i(x_i) = \frac{(x_i)\lambda_i - 1}{\lambda_i} \tag{6-6}$$

其中，如果 $\lambda_i < 1$，λ_i 为凸性函数，则此转换为凹性的；当 $\lambda_i > 1$，则转换为凸性的。还有其他转换方法，如二次 Logit 模型，它是线性模型的直接扩展，包括了二阶项：

$$F(x) = \frac{1}{1 + \exp\left(\beta + \sum_{i=1}^{p} \delta_i x_i + \sum_{i=1}^{p} \sum_{j=1}^{p} \gamma_{ij} x_i x_j\right)} \tag{6-7}$$

其中，β 为常数，δ 和 γ 为权重。二次 Logit 模型不仅反映了评分和每个解释变量之间可能的非线性关系，而且反映了变量之间通过 $x_i x_j$ 的相互影响。因为它包括更多的参数，所以比线性模型有更强的预测能力。

6.3 现代信用风险度量方法

商业银行贷款利润持续下降和表外业务风险不断加大，促使银行采用更经济的方法度量和控制信用风险，而现代金融理论的发展和新的信用工具的创新，也给开发新的信用风险度量模型提供了可能。与过去信用风险管理相对滞后和难以适应市场变化的特点相比，新一代金融工程专家将建模技术和分析方法应用到这一领域，在传统信用评级的基础上提出了一批信用风险模型。现代信用风险度量模型主要包括信用度量制模型（credit metrics）、KMV 模型、信用风险附加计量模型和信用组合观点模型等 4 类。本书只介绍信用度量制模型和 KMV 模型。

6.3.1　信用度量制模型

信用度量制模型是一组用来测定信用资产组合价值和风险的方法和数据库,它通过计算给定的期限(通常为 1 年)内一个贷款或债券组合未来价值的分布,然后计算信用组合的在险价值(value at risk)。它需要以下三方面的资料:① 借款人的信用等级资料;② 下一年度该信用级别水平转换为其他信用级别的概率;③ 违约贷款的回收率。

与市场风险 VaR 相比,信用度量制模型主要存在两个问题:首先,资产组合的分布并非正态分布;其次,衡量信用分散的资产组合效应比市场风险要困难得多。尽管有理由相信由市场风险导致的资产组合的价值变化服从正态分布,然而对信用风险引起的收益变化却有典型的尖峰厚尾特征。信用质量的改善只会给投资者带来有限的收益上升,而信用质量下降和违约的影响却是显著的。因此,信用资产组合 VaR 的计算并不能仅通过计算收益的均值和方差就得到,需要得到整体的分布函数。

为了计算资产组合的分散效应,需要估计债务人两两之间信用质量变化的相关性,然而并不能直接观测到上述相关性。Credit Metrics 模型一般通过对债务人的资本结构和股权收益率做一定简化的基础上,运用资产收益率的联合分布来近似计算,这也是 Credit Metrics 的典型特征之一。

Credit Metrics 和其他产业模型一样没有考虑市场风险,远期价值和风险暴露都是从确定的远期收益曲线中推导出的。在此模型中,唯一的不确定性与信用潜移有关,即与债务人的信用级别改善或恶化有关。也就是将信用风险作为一个与市场风险相独立的风险来分析,这也是此模型的一个局限性。

1) Credit Metrics 模型的框架

Credit Metrics 模型的框架主要由两部分组成(见图 6 - 1):

(1) 单个金融工具的信用 VaR。

(2) 考虑了分散效应后资产组合的 VaR。

另外,还需要两个重要的函数:一是通过资产收益相关性推导的"相关度"函数,通过这一函数可以得到资产的联合信用转移概率;二是"风险暴露"函数,通过它计算像互换等衍生产品未来的风险暴露。

2) 债券的信用 VaR(支柱 1)

计算单支债券的信用 VaR 主要遵循以下步骤:

第一步就是选定一个评级体系,该评级体系包含评级分类方法的说明和给定期限内从一个等级转移到另一个等级的概率,这个信用概率转移矩阵是信用 VaR 模型的关键组成部分。信用评级体系可以是穆迪或标准普尔的外部评级系统,也可以是银行内部的评级系统。Credit Metrics 模型有一个很强的假设:在同一个信用级别内的公司具有相同的信用风险,即具有相同的转移概率和相同的违约概率(KMV 模型和 Credit Metrics 模型的一个重要区别是在 KMV 的框架内每个债券发行人都是特定的,它具有各不相同的资产收益分布、资本结构和违约概率)。

第二步是设定期限的长度。一般均设定为 1 年,当需要关注超过 1 年的金融工具的风险状况时,可以考虑选择不同的期限,例如 1～10 年。

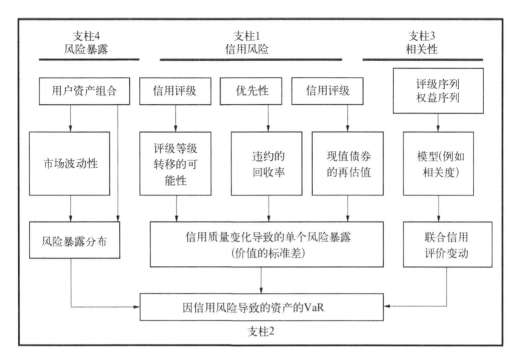

图 6-1 Credit Metrics 的框架：4 个支柱(资料来源：Credit Metrics,JP 摩根)

第三步是设定每一个信用类别在相应期限的远期折现率曲线。当债务人违约时,债券的价值等于债券面值或"事先设定值"的某一比例,这一比例通常称为"回收率(recovery rate)"。

第四步是将这些信息纳入与信用等级转移相关的资产组合的价值变动的远期分布中去。

下面,通过一个例子来说明上述 Credit Metrics 模型的四个步骤。

例：计算一个 5 年期无担保的 BBB 级 100 万美元债券的 VaR,年利率为 6%。

(1) 设定信用转移矩阵。表 6-1 是根据标准普尔公司的数据得到的信用转移概率矩阵,从表中可以看出 BBB 级债务人在 1 年内由现在评级转移到其他评级的可能性,保持原有评级的概率最大。

信用转移矩阵是在初始评级的基础上考虑了企业经历的各种历史事件后所得到的。穆迪公司也有类似的信息,它公布的概率是基于跨越所有行业、利用超过 20 年以上历史数据计算做出的。由于这些信用评级的数据对跨越不同种类企业计算出了平均统计值,还涵盖了好几个经济周期,因此对于上述数据需要做一定的处理。现在许多银行都注意搜集自己的统计数据,因为这些数据和它们所持有的贷款和债券组合的关系更为密切。

另外,穆迪和标准普尔的评级系统也计算债务人长期的平均累计违约概率,表 6-2 给出了各个评级水平的债务人不同年份的累计违约概率,可以发现违约概率随期限的增长而增加,例如 BBB 级的债券发行人在 1 年内发生违约的概率为 0.18%,在 2 年内违约的概率为 0.44%,10 年之内违约的概率为 4.34%。

表 6-1 和表 6-2 本质上应当是一致的,通过表 6-2 可以推得信用转移矩阵表 6-1,对表 6-1 重复也会得到长期的平均违约概率。若假设违约的过程服从平稳的马尔可夫过程,

将1年的信用转移矩阵重复 n 次,就得到 n 年的信用转移矩阵,信用转移矩阵最后违约列的数据即为 n 年的违约概率。

表 6-1   一年期信用等级转换矩阵

年初信用等级	年底时的信用评级转换概率(%)							
	AAA	AA	A	BBB	BB	B	CCC	违约
AAA	90.81	8.33	0.68	0.06	0.12	0	0	0
AA	0.70	90.65	7.79	0.64	0.06	0.14	0.02	0
A	0.09	2.27	91.05	5.52	0.74	0.26	0.01	0.06
BBB	0.02	0.33	5.95	86.93	5.36	1.17	0.12	0.18
BB	0.03	0.14	0.67	7.73	80.53	8.84	1.00	1.06
B	0	0.11	0.24	0.43	6.48	83.46	4.07	5.20
CCC	0.22	0	0.22	1.30	2.38	11.24	64.86	19.79

资料来源:Stand & Poor's Credit Week(April15,1996)。

表 6-2   累计平均违约概率   单位:%

年初信用评级	1	2	3	4	5	7	10	15
AAA	0	0	0.07	0.15	0.24	0.66	1.4	1.4
AA	0	0.02	0.12	0.25	0.43	0.89	1.29	1.48
A	0.06	0.16	0.27	0.44	0.67	1.12	2.17	3
BBB	0.18	0.44	0.72	1.27	1.78	2.99	4.34	4.7
BB	1.06	3.48	6.12	8.68	10.97	14.46	17.73	19.91
B	5.2	11	15.95	19.4	21.88	25.14	29.02	30.65
CCC	19.19	26.92	31.63	35.97	40.15	42.64	45.1	45.1

资料来源:Stand & Poor's CreditWeek(April15,1996)。

实际上,违约概率和信用转移的概率每年都会发生变化,它依赖于经济所处的状态(扩张状态和衰退状态)。当利用信用转移概率建模时,应该对历史的平均数据进行调整,使其能够反映经济所处的状态。

穆迪做了一项研究(卡迪和勒伯尔曼于1996年),研究了1970—1995年间由穆迪进行评级的债务人的评级分类,并且提供了历史违约统计数据,这些数据既包括均值,也包括标准差(见表6-3)。

表 6-3　按信用评级列出的 1 年期违约率(1970—1995 年)

信 用 评 级	1 年期违约率	
	均值(%)	标准差(%)
Aaa	0.00	0.0
Aa	0.03	0.1
A	0.01	0.0
Baa	0.13	0.3
Ba	1.42	1.3
B	7.62	5.1

资料来源：卡迪和勒伯尔曼(1996)。

（2）设定信用期限的长度。为了与评级机构公布的数据和信用转移矩阵相一致,信用期限的长度一般设定为 1 年。然而上述设定带有很大的任意性,并且受企业财务报表可获性的影响巨大。在 KMV 的框架内,由于市场数据的及时更新性,可以选择任何时间期限。

（3）设定远期定价模型。债券的定价一般依赖于根据债券发行者的信用评级推导的收益率曲线。如果有 7 个信用评级,则存在着 7 条收益率曲线,同一信用评级的债券对应着相同的收益率曲线。收益率曲线一旦确定,将相应的现金流折现就得到了各种债券的现值。表 6-4 给出了每一信用等级上的收益率曲线。

表 6-4　每一信用评级的 1 年期远期零息曲线　　　　单位：%

信 用 评 级	1	2	3	4
AAA	3.6	4.17	4.73	5.12
AA	3.65	4.22	4.78	5.17
A	3.72	4.32	4.93	5.32
BBB	4.1	4.67	5.25	5.63
BB	5.55	6.02	6.78	7.27
B	6.05	7.02	8.03	8.52
CCC	15.05	15.02	14.03	13.52

资料来源：Credit Metrics,JP 摩根。

假设债券发行人某年发行 100 万美元评级为 BBB、期限为 5 年、利息率为 6% 的债券,现金流量如图 6-2 所示：

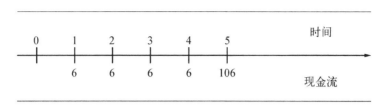

图 6-2 BBB 级债券现金流量表

如果第 2 年债券仍为 BBB 的评级,那么该债券的价值为:

$$V_{BBB} = 6 + \frac{6}{1.041} + \frac{6}{(1.046\,7)^2} + \frac{6}{(1.052\,5)^3} + \frac{106}{(1.056\,3)^4} = 107.55 \qquad (6-8)$$

按照同样的方法,可以计算得到每一个信用评级的债券价值,如表 6-5 所示。

同理,对债券期末变动到其他等级的情况,也分别进行估价,可得表 6-5:

表 6-5 信用评级债券的价值

一年结束时信用等级	AAA	AA	A	BBB	BB	B	CCC	违约
市值金额（百万美元）	109.37	109.19	108.66	107.55	102.02	98.10	83.64	51.13

资料来源: Credit Metrics,JP 摩根。

表 6-5 中的 51.13 是优先无担保债券的违约平均回收率。

即使债券在年底违约,也并不假设一切都损失掉了。根据金融工具在偿付上具有优先权,投资者可以根据评价收益率收回一部分投资,收回投资占债券面值或某个临界值的比例称为回收率,这一回收率由评级机构根据历史数据估算得到。表 6-6 列出了穆迪公司按照债券在偿付上的优先状况推导出的预期回收率。在本例中,无担保债券的回收率为 51.13%。在随机模拟产生损失的分布函数时,一般假设回收率服从与表 6-6 相同均值和标准差的贝塔分布。

表 6-6 按照优先级给出的回收率(占面值的比例,%)

优 先 级	均 值	标 准 差
优先担保债券	53.8	26.86
优先无担保债券	51.13	25.45
优先次级债	38.52	23.81
次级债券	32.74	20.18
底等次级债	17.09	10.9

资料来源: Carty & Lieberman(1996)。

由表 6-5 并结合信用等级变化的概率,就得出年末债券的加权平均值 m 和方差 σ:

$$m = \sum_{i=1}^{s} \rho_i \mu_i = 0.02\% \cdot 109.37 + 0.33\% \cdot 109.17 + \cdots + 0.18\% \cdot 51.13 = 107.09$$

$$(6-9)$$

$$\sigma = \sqrt{\sum_{i=1}^{s} \rho_i (\mu_i - m)^2} = 2.99 \qquad (6-10)$$

对于该债券投资组合,一方面可以用正态分布假设来求其 VaR 值,另一方面可以用债券实际价值概率分布曲线来求其 VaR 值。如以正态分布来求,则在 95%、99% 置信度下风险价值分别为:

$$VaR_1 = Z_a \sigma \sqrt{T} = 1.65 \times 2.99 = 4.93 \qquad (6-11)$$

$$VaR_2 = 2.33 \times 2.99 = 6.97 \qquad (6-12)$$

如果按实际的债券价值的变动情况来计算,则 95%、99% 置信度下的 VaR_3、VaR_4 值分别为:

$$VaR_3 = 107.09 - 98.10 = 8.99 \qquad (6-13)$$

$$VaR_4 = 107.09 - 83.64 = 23.45 \qquad (6-14)$$

上式结果实际上是近似值,计算结果是偏小的,因为从信用转换矩阵中可知,该债券有 6.77%(5.3%+1.17%+0.12%+0.18%) 的可能性其价值低于 102.02;有 1.47% (1.17%+0.12%+0.18%) 的可能性其价值低于 98.10;有 0.3%(0.12%+0.18%) 的可能性其价值低于 83.64。如果第 2 年仍然是 BBB 级,真实价值是 107.55,但第 2 年的预期价值是 107.09,预期价值低于真实价值,两者之差是 107.09-107.55=-0.46。

$VaR_1 < VaR_2$,可见,由于信用风险损益分布的不对称性,用正态分布来计算 VaR 会有一定的误差,计算结果偏小,从而低估投资组合的风险。根据相对损失和绝对损失计算 VaR 的结果如表 6-7 所示,显然,相对损失+均值=绝对损失。

表 6-7　相对损失 VaR 和绝对损失 VaR 的计算结果

		正态分布	实际分布
95%	相对损失	$1.65 \times 2.99 = 4.93$	$107.09 - 98.1 = 8.99$
	绝对损失	$1.65 \times 2.99 + (+0.46) = 5.39$	$107.55 - 98.1 = 9.45(8.99 + 0.46)$
99%	相对损失	$2.33 \times 2.99 = 6.97$	$107.09 - 83.64 = 23.45$
	绝对损失	$2.33 \times 2.99 + (+0.46) = 7.43$	$107.55 - 83.64 = 23.91(23.45 + 0.46)$

(4) 计算组合价值变化的远期分布。表 6-8 给出了债券价值在 1 年期由于信用质量的变化而导致的分布变化。这一分布函数有厚尾的特征。根据上述分布,99% 的分位数,即在

99%的置信水平上的 VaR 为－23.91,它明显大于假设 ΔV 服从正态分布时 99%的 VaR 的值－7.43。

表 6-8　1 年期 BBB 级债券的价值和变动值

年终评级	所处状态的概率(%)	远期价格(美元)	价值的变动(美元)
AAA	0.02	109.37	1.82
AA	0.33	109.19	1.64
A	5.95	108.66	1.11
BBB	86.93	107.55	0
BB	5.3	102.02	－5.53
B	1.17	98.1	－9.45
CCC	0.12	83.64	－23.91
违约	0.18	51.13	－56.42

资料来源:Credit Metrics,JP 摩根。

3)两个债券或信贷组合信用 VaR 的计算(支柱 2)

(1)不考虑违约相关性。首先,计算由两个债券构成的投资组合,它们的初始评级分别为 BB 级和 A 级。假定信用转移矩阵如表 6-2 所示,并且假定两个债券信用质量的变化不存在相关性,那么容易得到如表 6-9 所示的信用转移的联合概率。表 6-9 中每个概率值为两个债券信用转移概率的乘积,例如债券 1 和债券 2 处于同一信用评级的概率为 80.53%×91.05%=73.32%,其中,80.53%为债券 1 保持 BB 级的概率,91.05%为债券 2 保持 A 级的概率。

表 6-9　两个评级分别为 BB 和 A 级债务人之间,相关度为零的
信用等级联合转移概率　　　　　　　　　　　　　　　　　　单位:%

借款人 1 (信用等级:BB)		借款人 2(信用等级:A)							
		AAA	AA	A	BBB	BB	B	CCC	违约
		0.09	2.27	91.05	5.52	0.74	0.26	0.01	0.06
AAA	0.03	0.00	0.00	0.03	0.00	0.00	0.00	0.00	0.00
AA	0.14	0.00	0.04	0.13	0.01	0.00	0.00	0.00	0.00
A	0.67	0.00	0.02	0.61	0.40	0.00	0.00	0.00	0.00

续 表

借款人 1 （信用等级：BB）	借款人 2（信用等级：A）							
	AAA	AA	A	BBB	BB	B	CCC	违约
	0.09	2.27	91.05	5.52	0.74	0.26	0.01	0.06
BBB	7.73	0.01	0.18	7.04	0.43	0.06	0.02	0.00	0.00
BB	80.53	0.07	1.83	73.32	4.45	0.60	0.20	0.01	0.05
B	8.84	0.01	0.20	8.05	0.49	0.07	0.02	0.00	0.00
CCC	1.00	0.00	0.02	0.91	0.06	0.01	0.00	0.00	0.00
违约	1.06	0.00	0.02	0.97	0.06	0.01	0.00	0.00	0.00

（2）考虑违约相关性。当需要对一个大的债券或信贷组合的分散效应进行测评时，表 6-9 不能提供任何帮助。实际上，债券间信用质量变化的相关性并不为零，并且信用组合的 VaR 对债券间信用质量变化的相关性也非常敏感。

一般情况下，同行业或同一地区内公司间的相关性明显大于不同行业或不同地区间企业的相关性。并且，相关性也随经济状态的变化而变化，在经济衰退时期，大部分债券发行人的资产价值和质量都会下降，几家公司共同违约的概率也明显增加。因此，违约和信用转移概率不可能保持不变，需要利用结构模型在违约概率的变化和经济基本因子间建立一定的关系，这些经济因子的相关性是不随时间变化的。Credit Metrics 和 KMV 模型根据公司资产间的相关性来计算信用违约和转移概率矩阵。

由于公司的资产价值无法直接观测到，Credit Metrics 模型将公司的股票价格作为公司资产价值的近似替代变量。上述假设是影响 Credit Metrics 模型准确性比较强的假设。Credit Matrics 模型通过不同债券发行者股票收益率的相关性来估计不同债券信用质量变化的相关性。

上述方法都是基于公司债券的期权定价方法（Merton，1974）。该模型假设公司的资产服从标准的布朗运动：

$$V_t = V_0 \exp\left\{ \left(\mu - \frac{\sigma^2}{2} \right) t + \sigma \sqrt{t} Z_t \right\} \tag{6-15}$$

其中，$Z_t \sim N(0,1)$，μ 和 σ^2 表示资产收益率 dV_t/V_t 的均值和方差。V_t 服从对数正态分布，其均值为 $E(V_t) = V_0 \exp\{\mu t\}$。

该模型对公司的资本结构也做了简化，公司的股权融资部分为 S_t，债券融资为面值等于 F、当前市场价值为 B_t、到期日为 T 的零息债券。在上述结构中，对债券持有者来说，当公司资产的价值低于承诺偿还值（即债券的面值）F 时，债券就会在到期日发生违约。公司的违约只发生在债券到期日，图 6-3 表明了到期日 T 时资产价值的分布，低于 F 的阴影部分表示了债券违约的概率。

Credit Metrics 将 Merton 模型进行了扩展，它增加了信用质量变化的因素，如图 6-4

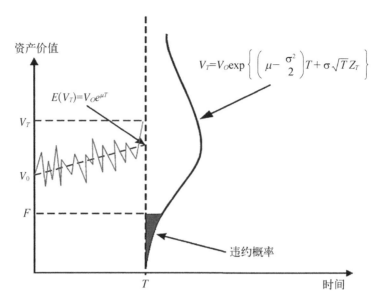

图 6-3　债券到期时资产价值的分布

所示,这个扩展将资产收益的分布限定在一定的范围内。在此情况下,如果从这个分布函数中随机取值,就可以得到信用等级的转移矩阵。图 6-4 表明了 1 年前标准化的资产收益率的分布,它服从均值为 0、方差为 1 的正态分布。信用评级的门槛对应表 6-1 中评级为 BB 级的债券的信用概率转移矩阵。分布函数的右尾段对应债券从 BB 级上升到 AAA 级的概率,为 0.03%,往左,在 Z_{AA} 到 Z_{AAA} 之间对应债券上升到 AA 级的概率,Z_{CCC} 左端对应债券违约的概率为 1.06%。

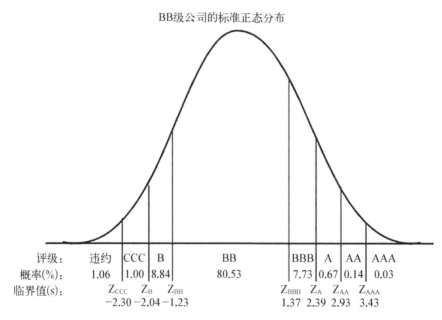

图 6-4　包含信用评级变化的默顿模型

表 6-10 给出了评级为 A 级和 BB 级两个债务人各自的信用等级转换概率，以及其对应的信用质量变化的门槛值。

表 6-10　BB 级和 A 级债务人的信用等级转移概率和信用质量变化的门槛值

1 年内的评级	A 级 债 务 人		BB 级 债 务 人	
	概率(%)	概率门槛值	概率(%)	概率门槛值
AAA	0.09	3.12	0.03	3.43
AA	2.27	1.98	0.14	2.93
A	91.05	−1.51	0.67	2.39
BBB	5.52	−2.30	7.73	1.37
BB	0.74	−2.72	80.53	−1.23
B	0.26	−3.19	8.84	−2.04
CCC	0.01	−3.24	1.00	−2.30
违约	0.06		1.06	

对 Merton 模型来说，很容易完成上述扩展。它假设标准化的对数收益率在任何时期都服从均值为 0、方差为 1 的正态分布，并且处于同一个评价等级内的所有债务人都服从同样的概率分布。若 P_{Def} 表示 BB 级债券违约的概率，那么违约的门槛值 V_{Def} 满足下式：

$$P_{Def} = \Pr[V_t \leqslant V_{Def}] \tag{6-16}$$

它可以转化到标准化下的门槛值 Z_{CCC}，Z_{CCC} 满足低于 V_{Def} 的概率等于 P_{Def}。在式 (6-15) 成立的条件下，Z_t 满足下式：

$$p_{Def} = \Pr\left[\frac{\ln(V_{Def}/V_0) - (\mu - (\sigma^2/2))t}{\sigma\sqrt{t}} \geqslant Z_t\right] = \Pr\left[Z_t \leqslant -\frac{\ln(V_0/V_{Def}) + (\mu - (\sigma^2/2))t}{\sigma\sqrt{t}}\right]$$
$$= N(-d_2) \tag{6-17}$$

其中，标准化的收益率为：

$$r = \frac{\ln(V_t/V_0) - (\mu - (\sigma^2/2))t}{\sigma\sqrt{t}}$$

它服从标准正态分布 $N[0,1]$。Z_{CCC} 为标准正态分布中与 p_{Def} 相对应的分位数。那么，与违约相对应的资产价值的关键值 $Z_{CCC} = -d_2$，这里

$$d_2 = \frac{\ln(V_0/V_{Def}) + (\mu - (\sigma^2/2))t}{\sigma\sqrt{t}} \tag{6-18}$$

它也称为违约距离(distance to default,DD)[1]。注意：在此处为了得到联合的信用转移概率,只需要得到各种门槛值,而不要观测到资产价值,不需要估计它们的均值和方差。为了得到资产价值的门槛值 V_{Def},需要估计资产收益率的均值 μ 和波动率 σ。

同理,Z_B 为对应的处在违约和评级为 CCC 之间的概率,也就是说它对应的概率为 $p_{Def} + p_{CCC}$。另外,前面已经提过,因为公司资产的收益率无法直接观测到,因此 Credit Metrics 选择将股票收益率作为资产收益率的近似,上述假设等价于假设公司全部是股权融资。

现在假定公司资产之间的相关系数为已知的,并用 ρ 表示,在本例中假设等于 0.2,则两项资产标准化的对数收益率服从联合正态分布：

$$f(r_{BB},r_A;\rho) = \frac{1}{2\pi\sqrt{1-\rho^2}}\exp\left\{\frac{-1}{2(1-\rho^2)}\left[r_{BB}^2 - 2\rho r_{BB} r_A + r_A^2\right]\right\} \quad (6-19)$$

根据式(6-19)就可以计算两个债务人处于任何信用评级的联合分布概率,例如两者维持原有等级的概率为：

$$\Pr(-1.23 < r_{BB} < 1.37, -1.51 < r_A > 1.98) = \int_{-1.23}^{1.37}\int_{-1.51}^{1.98} f(r_{BB},r_A;\rho)dr_{BB}dr_A = 0.7365$$

$$(6-20)$$

式(6-20)和下面的式(6-23)中使用的信用评级的门槛值均取自表 6-10 中所对应的数值。如果按照上述方法计算 63 对联合分布概率的话,就得到了表 6-11,对比表 6-11 和表 6-9 可以发现,两者有明显不同。

表 6-11   当 BB 级和 A 级债务人之间的资产相关度为 20%时,两者的联合评级概率

对第一家公司的评级(BB)	对第二家公司的评级(A)								
	AAA	AA	A	BBB	BB	B	CCC	违约	总计
AAA	0	0	0.03	0	0	0	0	0	0.03
AA	0	0.01	0.13	0	0	0	0	0	0.14
A	0	0.04	0.61	0.01	0	0	0	0	0.67
BBB	0.02	0.35	7.1	0.2	0.02	0.01	0	0	7.69
BB	0.07	1.79	73.65	4.24	0.56	0.18	0.01	0.04	80.53
B	0	0.08	7.8	0.79	0.13	0.05	0	0.01	8.87
CCC	0	0.01	0.85	0.11	0.02	0.01	0	0	1

---

[1] d_2 与 Black-Scholes 公式中的对应是不同的,因为在这里我们用的是资产收益率的实际分布,而不是"风险中性"下的收益率分布,因此此处 d_2 中的漂移项为公司资产的收益率,而在 B-S 公式中的漂移项为无风险利率。

续　表

对第一家公司的评级（BB）	对第二家公司的评级（A）								
	AAA	AA	A	BBB	BB	B	CCC	违约	总计
违约	0	0.01	0.9	0.13	0.02	0.01	0	0	1.07
总计	0.09	2.29	91.06	5.48	0.75	0.26	0.01	0.06	100

资料来源：Credit Metrics，JP 摩根。

表 6-11 展现了资产相关性对 BB 级和 A 级债务人联合违约概率的影响。为简单化，假设两个债务人的违约概率分别为 $P_1(P_{DEF_1})$ 和 $P_2(P_{DEF_2})$，资产的相关系数为 ρ。债务人 1 和债务人 2 的违约事件分别表示为 DEF_1 和 DEF_2，$P(DEF_1，DEF_2)$ 表示联合违约概率。那么两者的违约相关性为：

$$corr(DEF_1，DEF_2)=\frac{P(DEF_1，DEF_2)-P_1 \cdot P_2}{\sqrt{P_1(1-P_1)P_2(1-P_2)}} \tag{6-21}$$

根据 Merton 模型，两个债务人联合违约的概率为：

$$P(DEF_1，DEF_2)=\Pr[V_1 \leqslant V_{DEF_1}，V_2 \leqslant V_{DEF_2}]$$

其中，V_1 和 V_2 为两个债务人的资产价值，V_{DEF_1} 和 V_{DEF_2} 为违约的临界点，上式等价于：

$$P(DEF_1，DEF_2)=\Pr[r_1 \leqslant -d_2^1，r_2 \leqslant -d_2^2]=N_2(-d_2^1，-d_2^2，\rho) \tag{6-22}$$

其中，r_1 和 r_2 为两个债务人标准化的资产收益率，d_2^1 和 d_2^2 为两者对应的违约距离，$N_2(x，y，\rho)$ 为二元标准正态分布联合分布函数，ρ 为两个随机变量的相关系数，图 6-5 表示了联合违约概率与资产相关性的关系。

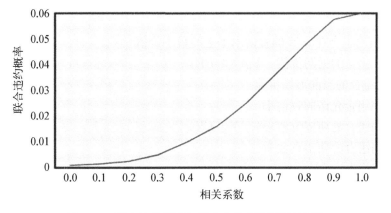

图 6-5　联合违约概率与资产收益相关系数的函数

资料来源：Credit Metrics，JP Morgan。

例如,假设 A 级和 BB 级债务人的违约概率分别为 $P_1(A) = 0.06\%$,和 $P_1(BB) = 1.06\%$,两种资产收益率之间的相关系数 $\rho = 20\%$,那么两者的联合违约概率可表示为:

$$
\begin{aligned}
P(DEF_1, DEF_2) = \Pr[r_1 \leqslant -d_2^1, r_2 \leqslant -d_2^2] &= N_2(-d_2^1, -d_2^2, \rho) \\
&= N_2(-3.24, -2.30, 0.20) \\
&= 0.005\,4\%
\end{aligned}
\tag{6-23}
$$

那么由式(6.3.14)可得两者之间的违约相关性 $corr(DEF_1, DEF_2) = 1.9\%$。

当资产收益率的相关性在 $20\% \sim 60\%$ 之间时,资产收益率的相关性为违约相关性的 10 倍。这说明联合违约概率对资产收益率的相关性非常敏感,准确估计资产收益的相关度对估计资产组合的分散效应至关重要。对选择比较信用模型的基准组合而言,相关度对信用 VaR 的影响非常大,并且对信用等级相对较低的资产组合而言,这种影响更大些。实际上,当资产组合信用质量恶化和预期违约数量增加时,随着违约相关度的增加,这种影响会放大。

4) 信用 VaR 和经济资本测度

信用风险的经济资本是指由于信用违约或信用降级而导致的非预期损失的缓冲。图 6-6 表示了信用风险经济资本测度的过程。

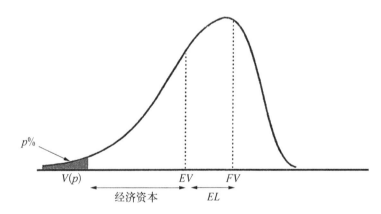

图 6-6 信用 VaR 和经济资本

$V(p)$ = 信用组合在 $p\%$ 的置信水平上的最小价值

FV = 资产组合的远期价值 = $V_0(1 + PR)$

V_0 = 信用组合的当前市场价值

PR = 信用组合允诺的收益率

EV = 信用组合的期望价值 = $V_0(1 + ER)$

ER = 信用组合的期望收益率

EL = 期望损失 = $FV - EV$

期望损失并不计算到资本配置中,只是作为信用风险的拨备,在 RAROC 的计算中当作成本。经济资本只用来缓释非预期的损失。

$$
\text{经济资本} = EV - V(p)
\tag{6-24}
$$

5）边际风险测度（支柱 2 继续）

Credit Metrics 不仅可以计算整体信用组合的风险，而且还可以用来估计单个金融工具对整体信用组合的边际风险贡献，在用 VaR 计量经济资本时，就是计算单个资产对整体组合标准差的贡献，它被称为边际标准差。通过比较单个资产的边际标准差和它自己的标准差，就可以得到单个资产对整体组合分散效应的贡献。图 6-7 给出了一个信用组合中，不同资产的边际标准差（它是作为占信用组合整体标准差的比例给出的）与绝对风险暴露的分布关系，由此图就可以发现，哪些是对资产组合风险贡献较大的资产，哪些是对资产组合贡献较低的资产。

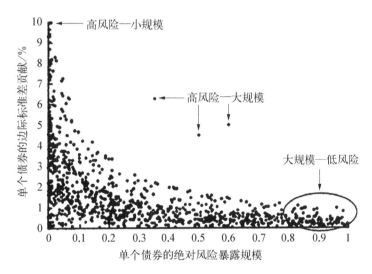

图 6-7 信用组合中风险与规模的分布图

上述工具可以帮助发现债券或信贷组合中的交易机会，并且可以帮助减少信用组合的风险集中，从而减少信用组合的整体风险。上述框架也可以用在 RAROC 的框架中，计算每一项交易的调整风险的资本回报率。

6）资产相关性的估计（支柱 3）

因为资产的价值不能直接观测到，Credit Metrics 模型利用上市公司的股票价格数据计算资产的相关性。对于较大的债券和信贷组合而言，计算两两债务人的相关矩阵需要很大的计算量。为了便于计算，Credit Metrics 采用多因子分析。

7）风险暴露（支柱 4）

Credit Metrics 模型中关于风险"暴露"的含义容易引起误解，因为市场风险中这一因子通常为常数，它主要被用来给每一个信用评级的远期定价。远期价格等于根据相应评级的远期收益率的曲线来计算，得出债券的现值。

对于互换和远期等衍生产品，风险暴露依赖于未来的利率水平。与债券不同，如果不对利率水平的动态变化做一定的假设，就很难计算出存在风险的未来现金流。举例来说，互换的信用风险暴露既可以是正的（如果该互换对银行来说是盈利的），也可以是负的（如果是处于赔钱状态）。图 6-8 给出了利率互换平均风险暴露和最大风险暴露（是时间的函数）

的大致形态——假设交易对手和银行的风险评级不变,由此图可以发现,在利率互换的期初和期末,最大风险暴露与期望风险暴露都为0,在中间时间段,两者都达到最大值,这与利率互换的产品特征和未来利率期限结构的变换有关。银行只有在当风险暴露为正时才存在风险。

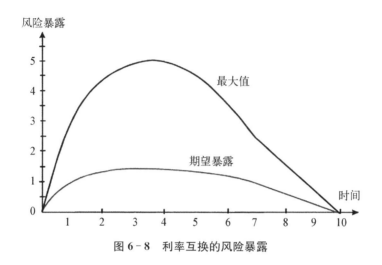

图6-8　利率互换的风险暴露

6.3.2　KMV 模型

KMV 模型是基于 Merton(1974)的期权定价模型,假定信用风险是由资产价值的动态变化造成的。给定公司现有的资本结构:股权、长期债、短期债和可转换债等,一旦给定了资产价值的动态过程,就可以推出给定时间内的违约概率。

1) 预期违约概率的估计

预期违约概率(expected default frequencies,EDF)的计算可分为三个步骤:估计公司资产的市场价值和公司资产的波动率;估计违约距离;利用违约的数据库将违约距离与实际的违约概率联系起来。

第一步:资产的价值和资产波动率的估计。

利用期权定价公式在给公司资产定价时,一般假设公司的资产价值服从对数正态分布,即资产的收益率服从正态分布。根据 KMV 公司的实证研究,上述假设与数据拟合较好。并且,如果公司资产收益率的分布是稳定的,则资产收益率的波动性为常数。

如果公司所有的负债都可以在市场上交易,并且交易每天都在进行,那么公司的资产价值和资产收益的波动率计算将会非常简单。公司资产的价值就等于公司股票价值和债券价值之和,而资产收益率的波动率可以从资产价值的时间序列中得到。

然而实际中,只有上市公司的股票和部分债券能够在市场上交易。一种方法就是利用期权定价的公式来估算资产的价值和波动性。为了计算方便,KMV 假设公司的资本结构只是由股票和短期债券组成。

因为公司股票类似于一个认购期权,同样,公司股票价值,在债券到期日,如果公司资产价值高于公司债券面值,则公司股票价值为公司资产和债券面值之间的差值,如果此时公司资产价值低于公司债券面值,公司变卖所有资产也不足以偿还债务,公司将发生违约,同时股票价值为零。这样就可以根据期权定价公式得到股票的价值和股票的波动性:

$$V_E = f(V_A, \sigma_A, K, c, r) \tag{6-25}$$

其中,K 代表资本结构的杠杆率,c 代表长期的平均红利率,r 代表无风险利率,V_A 和 σ_A 分别表示公司的价值和波动率,V_E 表示公司股票的价值。公司资产价值和资产收益标准差是隐含变量,不能从市场中获得。为解出这两个变量,还需另一个方程,由公司股票收益率标准差 σ_E 和公司资产收益率标准差 σ_A 之间的关系式 $\sigma_E = \eta_{E,A}\sigma_A = \dfrac{V_A}{V_E} \cdot \dfrac{\partial V_E}{\partial V_A} \cdot \sigma_A$ 就可以得到

$$\sigma_E = g(V_A, \sigma_A, K, c, r) \tag{6-26}$$

下面证明 $\sigma_E = \eta_{E,A}\sigma_A = \dfrac{V_A}{V_E} \cdot \dfrac{\partial V_E}{\partial V_A} \cdot \sigma_A$ 这个关系式成立。

假设资产价值服从几何布朗运动 $dV_A = V_A(\mu_A dt + \sigma_A dB)$,则相当于认购期权的股权价值可以表示为 $V_E = (V_A - L)^+ = f(V_A, t)$,$L$ 为股东对于公司的初始投资,运用伊藤(Ito)定理可以得到:

$$\begin{aligned}
dV_E &= \frac{\partial V_E}{\partial V_A}dV_A + \left(\frac{\partial V_E}{\partial t} + \frac{1}{2}\frac{\partial^2 V_E}{\partial V_A^2}(V_A\sigma_A)^2\right)dt \\
&= \left(\frac{\partial V_E}{\partial V_A}V_A\mu_A + \frac{\partial V_E}{\partial t} + \frac{1}{2}\frac{\partial^2 V_E}{\partial V_A^2}(V_A\sigma_A)^2\right)dt + \frac{\partial V_E}{\partial V_A}V_A\sigma_A dB
\end{aligned}$$

所以有 $\dfrac{dV_E}{V_E} = \dfrac{(\cdots)}{V_E}dt + \dfrac{\partial V_E}{\partial V_A}\dfrac{V_A}{V_E}\sigma_A dB$,另外有 $\dfrac{dV_E}{V_E} = \mu_E dt + \sigma_E dB$,根据对应系数必相等的关系得到 $\sigma_E = \dfrac{\partial V_E}{\partial V_A}\dfrac{V_A}{V_E}\sigma_A = N(d_1)\dfrac{V_A}{V_E}\sigma_A$,$\eta_{E,A}$ 为股票价值对公司资产价值的弹性,$\dfrac{\partial V_E}{\partial V_A}$ 为期权 Delta 值,因为欧式认购期权 Delta 值为 $N(d_1)$,所以一般关系式可以写成式(6-26)。

如果 σ_E 能够直接被观测到,那么通过求解联立方程(6-25)和(6-26),就可以求得 V_A 和 σ_A。 然而,σ_E 相当不稳定,随着资产价值的变化而变化,因此不存在一种简单的方法能从市场数据中获得 σ_E 的准确估计值。由于股票的价值 V_E 能够被直接观测到,可根据(6-25)式计算出 V_A 的值,它是股票的价值和资产收益率波动性的函数:

$$V_A = h(V_E, \sigma_A, K, c, r) \tag{6-27}$$

KMV 模型利用迭代法计算出 σ_A 的估计,即给定 σ_A 的一个初值(一般假设 $\sigma_A^0 = \sigma_E$),通过式(6-27)计算出每个交易日所对应的 $\hat{V}_A$ 的估计值,然后利用 $\hat{V}_A$ 的时间序列计算出资产收益率的波动值 σ_A^1,再代入式(6-27),重复上述计算直到资产收益率波动率的估计值收敛。

第二步：关于违约距离(distance to default，DD)的计算。

在期权定价的框架中，违约等价于破产，即当资产的价值低于公司负债的价值时的情况。然而实际中，违约与破产是两个不同的概念：破产是公司将自己的资产变卖，然后根据所有权的分配顺序依次分配给所有者；而违约是公司不能够按时偿还到期负债的本金和利息。

KMV 从几百家样本公司中发现当公司的资产价值达到某个水平，即介于公司的整体负债和短期负债的某个数值时，公司将会发生违约行为。因此，资产分布函数中，低于整体负债的部分并不是实际违约率的真实测度。资产收益分布的非正态性、对企业资本结构的简化假设等因素都可能降低估计的准确性；如果企业可以使用银行的贷款承诺，则估计的准确性还会降低。当企业处于困境时，使用这些贷款承诺会增加负债总额，但可以为偿付其他负债提供必要的现金。

KMV 模型在计算违约概率之前，首先计算一个被称为违约距离(DD)的中间指标。DD 即对数资产价值的均值与对数违约门槛值的距离除以资产收益率的标准差，违约点大概等于给定的时间区间内短期负债和一般的长期负债的数量。

$$DD = \frac{E\left[\ln(V_{A,T})\right] - \ln(DPT_T)}{\sigma\sqrt{T}} \tag{6-28}$$

其中，DPT_T 表示 T 时刻的违约门槛值，它一般等于给定的时间区间内短期负债和长期负债的数量一半之和，即 $DPT = STD + 1/2LTD$，其中 STD 表示短期负债的价值，LTD 表示长期负债的价值。假定资产的价值服从正态分布，将式(6-15)代入式(6-28)可以得到：

$$DD = \frac{\ln(V_0/DPT_T) + (\mu - (1/2)\sigma^2)T}{\sigma\sqrt{T}} \tag{6-29}$$

其中，V_0 表示资产当前的价值，μ 表示资产收益率，σ 表示按年利率计算的资产收益率的波动率。

第三步：从 DD 计算违约概率。

最后一步就是从 DD 计算给定时间内的违约概率，这一概率在 KMV 模型中称为预期违约频率(expected default frequencies，EDF)。

如果能够得到大量样本公司(包括了那些违约公司)的信息，在给定的某个层级上，例如 DD=4，则其中估计的违约概率为 40 个基点或者 0.4%，如图 6-9 所示。

2) KMV 模型资产相关性的建模——因子模型

Credit Metrics 和 KMV 模型通过结构模型推导资产收益的相关性，通过结构模型将相关性与基本的经济因子联系起来。假定资产收益率存在一个相关性的结构，可以

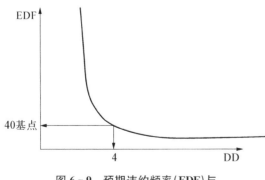

图 6-9　预期违约频率(EDF)与违约概率(DD)对应图

避免单一历史相关度所暗含的采样错误,并且在相关性的预测方面达到更高的精度。另外,实际中需要大大降低计算相关性的维度。假设银行有 1 000 家的客户,那么需要估计 $N(N-1)/2$ 个相关系数,即有 499 500 个参数需要估计。资产收益率的多因子模型能够减少待估相关参数的数量,在这种模型中只需要计算影响资产收益的共同因子之间的相关度。

一般假设资产收益率受一些共同因子或系统性风险因子和异质因子影响。异质因子可以是公司、地区或行业的特殊因子,它们不影响资产收益率的相关性(因为它们互不相关,并且和普通因素无关)。两个公司之间的资产相关性受共同因子的影响,异质的风险因子可以通过资产组合分散掉,而系统风险却无法分散。

为了描述方便,假设所有公司资产的收益率受下列风险因子的影响:

$$r_k = \alpha_k + \beta_{1k}I_1 + \beta_{2k}I_2 + \varepsilon_k \quad k = 1, \cdots, N \tag{6-30}$$

其中,N 表示公司的数目,r_k 表示公司 k 的资产收益率,α_k 表示资产收益中独立于共同因子的部分,β_{1k}、β_{2k} 分别表示两个共同因子的载荷,I_1、I_2 分别表示共同的因子,ε_k 表示公司资产的异质风险因子,它与共同的风险因子不相关,并且与其他公司的异质风险因子也不相关。

可以计算得到资产收益率的方差和两个公司资产收益率之间的协方差:

$$\begin{aligned}
\mathrm{var}(r_k) &= \sigma_k^2 \\
&= \beta_{1k}^2 \mathrm{var}(I_1) + \beta_{2k}^2 \mathrm{var}(I_2) + \mathrm{var}(\varepsilon_k^2) + 2\beta_{2k}\mathrm{cov}(I_1, I_2) \\
\mathrm{cov}(r_i, r_j) &= \sigma_{ij} \\
&= \beta_{1i}\beta_{2j}\mathrm{var}(I_1) + \beta_{2i}\beta_{2j}\mathrm{var}(I_2) + (\beta_{1i}\beta_{2j} + \beta_{2i}\beta_{1j})\mathrm{cov}(I_1, I_2)
\end{aligned}$$

定义两个公司的相关系数为:

$$\rho_{ij} = \frac{\sigma_{ij}}{\sigma_i\sigma_j}$$

为了推导 N 家公司资产收益率的相关系数,需要估计参数 β_{ik}(共有 $2N$ 个)和 3 个共同因子的相关系数。如果有 1 000 家公司需要估计,那么需要估计 2 003 个参数。如果有 K 个共同因子,那么需要估计的参数数量就是 $KN + K(K-1)/2$ 个。

6.4 信用风险管理方法

信用衍生合约已经存在很长一段时间了,具有 30 多年历史的债券保险,实际上就是当一个债券发生违约时可以获得的赔付。尽管传统的信用产品含有衍生要素,但是"信用衍生工具"通常是和总收益互换、信用违约互换、信用联系票据的场外交易的产品联系在一起的。

按照国际互换和衍生产品协会(ISDA)的定义,信用衍生工具是用来分离和转移信用风险的各种产品和技术的统称。它是一种双方签订的金融合约,它使得投资者能够对债务人的相关风险进行交易。该合约通常通过柜台签订,其损失为或有的,取决于基础参照主体的信用事件(包括违约事件、信用降级或差价变化)。一些信用衍生工具以现金交割(损益以现金交割),也有些信用衍生工具以实物形式交割(支付一定的基本金融工具)。

本节将介绍各种类型的信用衍生工具,展示它们如何用于信用风险的管理,解释它们的结构,并分析信用衍生工具的作用和本身存在的风险。

6.4.1　利用期权对冲信用风险

1) 用期权管理信用风险

利用期权对冲信用风险的原理是:银行在发放贷款时,向借款者收取一种类似于银行出售资产认沽期权可以得到的报酬。这是因为,银行发放贷款时,其风险等价于出售该

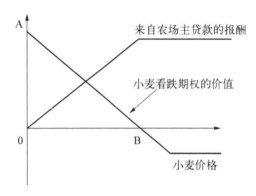

图 6 - 10　小麦认沽期权示意图

贷款企业资产认沽期权的风险。这样,银行就会寻求买入该企业资产的认沽期权来对冲这一风险。美国中西部的农业贷款最早运用这种思想对冲信用风险。为保证偿还贷款,小麦农场主被要求从芝加哥期权交易所购买认沽期权,以这一期权作为向银行贷款的抵押。如果小麦价格下降,那么小麦农场主偿还全部贷款的可能性下降,从而贷款的市场价值下降;与此同时,小麦认沽期权的市场价格上升,从而抵消贷款市场价值的下降。图 6 - 10 显示了小麦认沽期权具有的抵消性效应。

当小麦价格为 B 时,农场主的资产(小麦)价值恰好保证能偿还银行贷款,同时小麦认沽期权的价值为零;当小麦价格从 B 下降时,银行贷款的报酬下降,但是同时小麦认沽期权的价值上升;当小麦价格从 B 上升时,银行贷款的报酬保持不变,同时小麦认沽期权的价值下降。但是,小麦认沽期权作为贷款的抵押是由农场主购买的,因此银行贷款的报酬并不发生变化。此时,农场主的最大借贷成本是购买小麦认沽期权的价格。

这种信用风险的对冲方法看上去很完美,但是存在以下两个问题。第一,农场主可能由于个人的原因,而不是因为小麦价格的下降而违约。也就是说,这种方法只保证了贷款者的还款能力,但是对于贷款者的还款意愿却没有任何的保证。信用风险的产生是还款能力和还款意愿这两者共同作用的结果。第二,农场主要想获得贷款必须购买认沽期权,从而必须支付一定的期权费,使得农场主贷款的成本上升。从农场主的角度来看,他肯定不愿意这样做。如果银行强迫农场主购买期权就有可能会损害银行和农场主的关系,农场主可能不选择这家银行贷款。

2) 信用违约期权

信用违约期权的买方通过向卖方支付期权费,来获取在未来"参考信用资产"发生信用事件时,要求期权卖方执行清偿支付的权力。信用违约期权的买方即为信用保险的买方。

假定银行 A 对企业有一个信贷敞口,由于担心企业的项目失败导致违约,银行可以在发放贷款的时候购买一个违约期权,与该笔贷款的面值相对应。当贷款违约事件发生时,期权出售者向银行支付违约贷款的面值;如果贷款按照贷款协议得以清偿,那么违约期权就自动终止。

从图 6-11 结构形式上来看,信用违约期权与信用违约互换的区别并不大,因为在信用事件发生后,期权的购买方总会执行期权以获得补偿。不同的是,在信用违约互换中存在相当于名义贷款本金转移的问题,即信用保险买方以贷款本金为基数按双方商定的基点支付费用,而信用违约期权不存在这个问题。另外,在支付方式上,信用违约互换是在合约有效期内,定期多次支付,而信用违约期权为一次性支付期权费。

图 6-11　信用违约期权

这类期权还可以出现一些变体,比如,可以把某种关卡性的特点写入该期权合约中。如果交易对手的信用质量有所改善,比如说从 B 级上升到 A 级,那么该违约期权就自动中止。作为回报,这种期权的出售价格应该更低。

另外,类似于与利率相联系的期权,债券的发行者可以利用期权对平均信用风险贴水进行套期保值。例如,A 公司信用评级为 BBB+1,它计划在 2 个月后发行总价值为 100 万元的 1 年期债券。如果在这 2 个月内该公司的信用等级下降,那么它付给投资者的信用风险贴水就会上浮,则公司势必要以更高的利率发行债券,融资成本必将升高。为防止此类情况的发生,A 公司可以购入一个认购期权,双方约定在信用风险贴水上浮到一定限度后,由期权的出售方弥补相应多出的费用。

3) 信用差价期权

信用差价期权不是纯粹的信用衍生工具,不过它具有一些和信用衍生工具相似的特征。该期权的标的资产是特定企业债券收益率与到期日相同的政府债券收益率的差额。期权买方通过向卖方支付期权费,获取在未来市场利差高于事先约定的利差时,要求期权卖方执行清偿支付的权利。如果在市场利率变动时,敏感性债券与无风险债券的价格呈同方向变动,那么两者之间的差价变化都是由敏感性债券的预期信用风险所造成的。信用差价期权便可以将敏感性债券的信用风险从市场风险中剥离了出来,其结构如图 6-12 所示。

假定银行 A 对某企业 X 有一个信用敞口(比如持有其债券),为对冲该债券所带来的信用风险,银行 A 在市场上购买该债券的信用差价认购期权。在支付了期权费之后,银行 A 便拥有了在未来该企业债券与政府债券之间的差价超过一定限度时,要求投资者(即期权卖方)按事先约定的价格购买企业债券的权利。若期权到期时,X 企业债券的市值由于信用等

图 6 - 12　信用差价期权

级的下降而下降,并且其价格与政府债券之间的差额超过了一定的限度,那么银行 A 要求执行期权,按约定价格出售 X 企业债券给对方,或从对方那里获得或有偿付,以达到信贷保值的目的。如果期权到期时,差价没有超过规定的限度,那么 A 银行就不执行期权,投资者获得了期权费收入。

　　信用差价期权分为美式期权和欧式期权,也可以设定出一些限制条款。在 20 世纪 90年代刚推出时,信用差价期权并没有实现人们预期的功能。信用差价期权的发行量和交易量相对较低。其主要原因是:① 与信用违约互换等标准化产品相比,信用差价期权是一种定价和对冲都更为复杂的工具;② 大多数公司的债券流动性非常低,因此人们有可能操纵它们的差价,当交易冷清时,大的买卖指令可能影响某一债券的差价,从而使信用差价期权的价格偏离正常水平;③ 广泛使用的信用违约互换实现了信用差价的部分保护功能。

6.4.2　利用远期对冲信用风险

　　利用远期合约对冲信用风险的信用衍生工具主要是信用价差远期合约。信用价差远期合约类似于标准的远期合约,唯一差别就是基础指标不同,此为敏感性债券与政府无风险债券之间的价差。由于价差可以将信用风险从市场风险中剥离出来,这样,具有信用风险敞口的贷款方或债券持有方就可以通过远期合约卖出浮动利率债券,来抵补信用差价扩大时所发生的信贷损失,如图 6 - 13 所示。

图 6 - 13　信用远期合约

　　如果远期合约在到期日,由于债券发行方的信用等级上升而导致债券价格上升,信用差价缩小,那么远期合约的卖方(例如银行)就应该向远期合约的买方(投资者)支付一定金额的或有支付。如果远期合约在到期日,债券发行方的信用等级下降,使得债券价格低于票面价值,信用差价扩大,那么远期合约买方(投资者)就应该向远期合约卖方(如银行)支付一定数额的或有支付,这抵补了买方在信贷市场的损失。如果债券发行方在远期合约交易的到期日之前违约,那么信用远期合约就因为债券消失而失效,交易取消,远期合约卖方承担全部风险。如果在远期合约到期前仅仅是债券发行方的信用等级降低,那么信用差价远期合约继续有效。由此可见,在信用差价远期合约中,远期合约的卖方承担了违约风险,远期合约买方承担了信用等级风险。

6.4.3　利用互换管理信用风险

1) 资产互换

资产互换(asset swap)是第一种类型的信用衍生工具。可以将它视为标准的信用风险产品利率的互换(见图 6 - 14)。固定利率债券头寸的投资者与持有浮动利率的交易对手(通常为商业银行或投资银行)互换利息。

图 6 - 14　资产互换结构

投资者进行资产互换的主要动机是为了从信用风险中分离出利率风险。它们想获得信用差价,而不愿意暴露于无风险利率上升的风险之下。因为大多数公司的债券以固定利率发行,资产互换可以使投资者用债券固定利率交换 Libor 加上预先设定的信用差价。

若基础债券违约,互换协议不会终止,这是资产互换的一个缺陷。投资者仍然承担支付固定利息的责任,获得浮动利息。违约发生后,投资者就会暴露于力求避免的利率风险之下。

2) 总收益互换

总收益互换(total return swap)是一种简单的金融产品,它允许投资者支付浮动的利息流(通常为 Libor 或相似的利率加减一定的息差)来交换某一债券、投资组合、贷款或指数的全部收益(基础资产所产生的所有资产收益和利息、费用)和风险。总收益互换使投资者暴露于基础资产而不必持有该项资产。

与一般互换不同的是,总收益的支付者和投资者除了交换在互换期间的现金流之外,在资产组合到期或者出现违约时,还要结算贷款或债券组合的价差,计算公式在签约时事先确定。如果到期时,贷款或债券的市场价格出现升值,支付者将向投资者支付差价;反之,如果出现减值,则由投资者向支付者支付差价。

很显然,总收益互换可以对冲信用风险暴露,但是这种互换又使银行面临利率风险。如

图 6-15 所示,即使基础贷款的信用风险没有发生变化,只要 LIBOR 发生了变化,那么整个总收益互换的现金流也要发生变化。

图 6-15 总收益互换

严格地说,总收益并不是纯粹的信用互换。因为影响信用资产总收益的不仅是信用风险,如利率、汇率等市场风险因素也会使收益发生波动。总收益的支付方通过此金融工具不仅转移了信用风险,也转移了市场风险。

与投资货币市场相比,投资总收益互换有许多优点。投资者不必从货币市场上筹集必需的资金来购买资产组合,其杠杆效应明显。投资者也可以避免交易成本,尤其是当总收益是基于某海外债券指数收益时。总收益还可以使某些投资者卖空一些信用工具,这些信用工具由于某些原因无法在货币市场上直接卖空。

6.4.4　信用违约互换

6.4.4.1　信用违约互换概述

信用违约互换(credit default swap,CDS)是信贷衍生品之一,是一种对银行间债券业务的保险。购买 CDS 类似于买保险,买方(被保险方)同意在一段期间内支付费用给卖方,而卖方(保险方)仅在特定事件发生(如违约)时才支付一笔金额给买方。但签订合约的两方都可以把 CDS 转售给其他人。事实上 CDS 没有那么简单,CDS 结构更类似于期权,合约双方的风险是不对称的。购买方本质上是卖空了标的实体的信用风险,出售方则是买入了标的实体的信用风险,同时双方都承担了对手风险(counterparty risk)。当买方在有抵押的情况下借款给第三者(欠债人),而又担心欠债人违约不还款时,就可以向信用违约互换合约提供者买入一份有关该欠债人的合约/保险。通常这份合约需定时供款,直至欠债人还款完成为止,否则合约失效。倘若欠债人违约不还款(或出现其他合约指定情况,令人相信欠债人无力或不打算按时还款),买方可以拿抵押物向卖方索偿,换取应得欠款。卖方所赚取的是倘若欠债人依约还款时的合约金/保险费。有些信用违约互换合约不需要抵押物便可以向卖方索偿(理赔金额与保险费成正比),只需要欠债人破产(或发生其他合约指定情况)即可。这些合约的功能不局限于风险转移(对冲),而是具有投机性质,例如买方像以合约赌某家公司会破产一样,即使它从未对该公司做出放债。在实际操作中,由于金融衍生品的杠杠性会放大投机风险,需要监管部门严格控制。

信用违约互换的买方相当于为一个"参照资产"购买了信用风险保护。如果在信用违风险期限内,"信用事件"发生了,则卖方向买方做出"支付"(见图 6 - 16)。信用违约互换的买方和卖方必须就交易的 3 个关键条款达成一致: ① 参照资产; ② 信用事件; ③ 当信用事件发生时支付的结构。

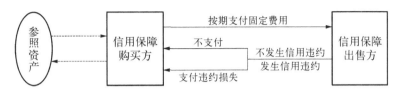

图 6 - 16　信用违约互换交易结构图

1) 参照资产

参照资产可以是交易双方同意的某个特定的债务、一组债务或特定类别的所有债务。

2) 信用事件

国际互换与衍生品协会(ISDA)规范(1999)给予了信用违约互换的交易双方在定义信用事件时很大程度的自由: ① 借款企业破产; ② 无法支付贷款; ③ 延期支付贷款; ④ 信用等级降低。随着市场的发展和信用衍生工具的不断丰富,上述定义也会发生相应变化。

3) 违约支付

信用违约互换的交易双方必须指定当信用事件发生时如何结算交割。

(1) 现金结算(cash settlement): 如果信用违约互换是现金结算,交易双方会得到违约参照资产的市值,互换的卖方将支付当前价格和合约中的行使价(通常是票面价格)之间的差价,比如某对冲基金持有 A 公司面值 100 万元的债券,并向银行通过 CDS 购买信用保障。当信用事件发生时,该债券的市场价格为 25%,则银行向对冲基金支付 $1\,000\,000 \times (1 - 0.25) = 750\,000$ 元的现金。

(2) 实物交割(physical settlement): 如果信用违约互换是实际结算的,信用保护的买方将向卖方交割参照资产,或者其他满足可交割债务条件的资产,同时卖方按照行使价向买方支付现金。

(3) 如果交易的是"数字"(digital)信用违约互换,当信用事件发生时,保护的卖方将向买方支付预先设定的数额。

与资产互换不同,大多数信用违约互换是标准化的合约,流动性比较高。它采用逐日盯市制度,其价格非常接近地反映了市场对基础债务人违约概率的看法。当违约概率变化时,信用违约互换将发生变动,基础债券的差价也会发生变化。因此,信用违约互换不仅可以在违约时提供保护,而且可以通过差价变化开展对冲交易。

信用违约互换的定价相对来说是很直接的,是根据经折现后的、不同时期赔付额(减保费)与其发生概率乘积的现值确定的。CDS 的价格随信用参照体(债券发行公司)的信用等级的改善而下降;反之则上升。CDS 定价与 t 时刻支付的年费一致,该费用是在 t 与 T 时刻之间为了对违约进行保护而支付给卖方的金额。因此,信用违约互换的价格可以用年费的百分比来表示。债券的交易价格可以反映信用违约定价的风险中性概率。当观测到信用违约互换的价格时,就可以迅速地推断出市场对发行人违约概率的看法。

在经济状况较好时，CDS 的风险很低，能够为贷款和债券避险，是一种良好的投资避险手段。但在危机发生后，它却因保证金杠杆交易放大了 CDS 的虚拟需求而成为众矢之的。如果对公司资信的变化趋势的判断正确，投资于 CDS 所能得到的利润将超过投资于作为 CDS 保险对象的债券本身所能带来的利润。如果发生参照实体（出售公司债券的第三方）违约、破产等信用事件时，保险卖方（可以是投资银行或其他金融机构）就必须向保险买方赔偿损失。

6.4.4.2　信用违约互换的合约形式与用途

CDS 合约一般要求明确说明以下几个方面。参照实体（reference entity），一般为一个发行了债券的公司或机关。参照债务（reference obligation），一般为非次级的公司债或者政府债。合约规定的违约保护的期限为生效日期（effective date）至计划终止日期（scheduled termination date）。合约中还会明确定义信用事件。典型的信用事件包括参照实体的破产或参照实体担保的债券无法赔付。另外，合约还会明确参照实体的重组（restructure）、可交付债务特征（deliverable obligation characteristics），以此来限制信用保障购买方在发生信用事件时可交付债务的范围。典型的限制包括该债务应该为贷款或者债券，到期日不超过 30 年，非次级等。注意，CDS 并不要求信用保障买方持有信用工具，因此这也为投机提供了条件。

信用违约互换的主要用途是投机、套期保值和套利。

（1）投机（speculation）：由于 CDS 不要求买方持有信用工具，因此投资者可以通过参照实体信用质量的变化来进行投机。这是因为 CDS 利差是随着参照实体违约的可能性，即其信用质量的变化而变化的。一种常用的投机策略称为"curve trades"。举例来说，如果投资者对参照实体的长期信用质量较有信心，而认为短期内参照实体的公司价值将有较大的波动和不确定性，那么他就会采取卖出长期 CDS（如利差 170bps，时限为 7 年）而买入短期 CDS（如利差为 70bps，时限为 2 年）的交易。

（2）套期保值（hedging）：这是 CDS 产品设计时的本意，将持有债券的信用风险转移给信用保障卖方，虽然在一定程度上降低了收益，但是同时消除了持有债券的信用风险。这在保守的投资组合，如养老基金中多有使用。

（3）套利（arbitrage）：资本结构套利（capital structure arbitrage）是套利策略中的一种。它是以公司的股票价格与其 CDS 利差呈负相关为基础的一种投资策略。但是由于市场上对债券和股价信息反映存在不完全性，这为套利提供了机会。例如，如果某公司发布利空消息，而公司的股价下跌了 25%，但是 CDS 利差没有变化，此时投资者将会预期 CDS 利差会增加，因而买入 CDS（购买信用保障）并且与此同时买入该股票。

6.4.4.3　信用违约互换的风险

卖家：信用保障卖家也承担买家的违约风险。如果信用保障买家停止支付固定费用，那么对卖家来说则失去了部分确定的现金流。另外，信用保障卖家，通常是银行等投资机构，在卖出 CDS 之后会以买方身份签订另外一个 CDS 合约，以将风险转移。但是如果此时信用保障买家违约，那么银行则相当于做多参考资产的风险，并且为其支付费用存在单边风险暴露。此时银行不得不继续寻找下家，做空该风险。但此时的 CDS 售价一般比市场价要便宜一些。

买家：信用保障买家面临卖家的违约风险。如果发生信用事件需要信用保障卖家进行赔付时，信用保障卖家无法赔付，即卖家违约，则买家不光面临所持债券带来的损失，还将承受固定支付所带来的损失。

流动性风险：由于 CDS 没有集中的交易场所，而是实行 OTC 交易，因此一般来说都要交纳一定的保证金。这便形成了一定的流动性风险。

6.4.4.4　信用违约互换与其他金融衍生品的比较

CDS 的非对称性像期权，交易像期货，作用像保险。

购买一个公司的股权，相当于购买了一个以公司资产为标的、以公司负债为敲定价格的认购期权。而购买一个公司的债券，则相当于卖出了一个以公司资产为标的、以公司负债为敲定价格的认沽期权。那么在理论上，如果在购买一个公司的债券的同时，也买入一个以公司资产为标的、以其负债为敲定价的认沽期权，就可以完全对冲公司债券的风险。而实际上，CDS 就相当于这个认沽期权的角色。事实上，很多实际情况中，CDS 的定价就是以这个关系为基础的。

CDS 是场外 OTC 交易，并不像期货那样标准化和规范化，并且有集中的中央清算系统及集中交易的报价系统。因此，CDS 持有者不能像期货一样，通过卖出一个相同面值和到期日的 CDS 来达到平仓的目的。举一个例子，如果 B 公司从 A 公司以 2% 的价格购买了一个固定名义本金的 CDS，当参照实体的条件恶化时，则 CDS 利差将升高。此时 B 公司以 5% 的价格把 CDS 卖给 C 公司，期望将 3% 收入囊中。如果这里将 CDS 换成期货的话，那么就结束了。B 公司可以拿着这 3% 退场。但是事实并非如此。如果参照实体没有违约，那 B 公司是可以拿着 3% 退场，确实套利成功。如果这里参照实体违约，那么 B 公司并没有可以赔付给 C 公司的资产，只有依靠 A 公司赔付给它的资金来赔付 C 公司。但是如果这时 A 公司没有办法拿出这么多钱，即 A 公司违约，那么就会产生多米诺骨牌效应，B 公司也会违约，而 C 公司同样会经受相当大的损失。问题在于，此时 C 公司甚至不知道自己的命运与 A 公司相关，而仅仅以为自己在同 B 公司做生意。

CDS 与保险不同，CDS 可以类似地看成是给金融资产的保险。但是两者有一个很大的不同是 CDS 合约中不要求 CDS 的购买者确实地持有该金融资产（信用工具），这也是 2008 年金融危机中 CDS 扮演重要角色的原因之一。

6.4.4.5　信用违约互换的例子

例 1：以下是世界上第一笔 CDS 创建的过程：1993 年美国埃克森石油公司因为一艘油轮发生了原油泄漏而面临 50 亿美元的罚款，埃克森公司找到了它的金融老客户 J. P. 摩根银行要求贷款。但是，这笔贷款只有很低的利润，如果贷了，不仅没多少赚头，关键它会攫取摩根银行的信用额度，银行还要为这笔贷款留出大笔的资本储备金。

当时的 J. P. 摩根正在为贷款信用额度的问题大伤脑筋。因 1988 年的《巴塞尔资本规定》规定，所有银行的账面都必须保留银行贷款总额 8% 的资本储备：每借出 100 美元就要留存 8 美元的准备金。J. P. 摩根认为这一规定相当不合理，因为它的贷款都是针对可靠的企业客户和国外政府，违约率非常低，每借出 100 美元，就要保存 8 美元的准备金完全是一种资源浪费。由于 J. P. 摩根的贷款风险接近于零，因此收益率也低。这样一来，J. P. 摩根已经感到了业务发展的危机。

如何能既贷出这笔款,又不影响 J. P. 摩根的信用额度呢? J. P. 摩根银行的金融衍生品部门想出了一个办法,他们找到了欧洲重建和发展银行的官员,并提出每年向欧洲重建和发展银行支付一定的费用,而欧洲重建与发展银行则承担埃克森公司这笔贷款的信贷风险,以有效保证 J. P. 摩根的这笔贷款没有任何风险。

如果埃克森公司违约无法偿还贷款,欧洲重建与发展银行则承担 J. P. 摩根的损失;但是,如果埃克森公司没有违约而偿还贷款,欧洲重建与发展银行则会取得不错的收益。欧洲重建与发展银行业认为埃克森这样的大公司违约的可能性为零,还能稳赚一笔担保佣金,因此答应了这笔交易。按照当时的金融衍生品交易方案,这笔贷款虽然贷给了埃克森公司,但因它是没有任何风险的,所以,它不影响 J. P. 摩根公司的内部信用额度。

J. P. 摩根用很小的一笔保险金付出,就获得了 50 亿美元的额外信用额度,这个信用额度本来需要 4 亿美元的资本金来支撑,但 J. P. 摩根并没有为之准备 4 亿美元的资本金。结果证明,这次发明创造给各方都带来了收益,埃克森获得了贷款,J. P. 摩根获得信用额度。

例 2：A 持有一张面值为 100 万美元 5 年后到期的公司债,为规避该公司债的信用风险,与 B 承做一笔 5 年期的 CDS,名义本金 100 万美元,CDS 利差为 2%,一年结算 4 次。根据契约内容,A 每年要支付 $1\,000\,000 \times 2\% = 20\,000$ 美元给 B,分 4 次结算,即每次付 5 000 美元。若没有发生违约事件,则 A 将不会得到任何赔付金额;反之,如果公司债发生违约,若采用现金结算,记清偿率为 60%,则 B 就须支付 $100 * 0.6 = 60$ 万美元给 A。

6.4.5 中国的信用风险管理工具

2010 年 10 月 29 日,中国银行间市场交易商协会发布了《银行间市场信用风险缓释工具试点业务指引》,从此中国有两种信用风险管理工具:一种是信用风险缓释合约(credit risk mitigation aggrement,CRMA),另外一种是中国创新的信用风险缓释凭证(credit risk mitigation warrant,CRMW)。与信用风险缓释合约相比,凭证需要登记,类似于债券一样交易,可以流通。两种都是用来对冲信用风险的,对银行最具实际意义的就是可以降低资本金要求,扩大放债规模。信用风险缓释工具(credit risk mitigation,CRM)是中国银行间市场交易商协会组织广大市场成员,经过深入研究和充分论证,自主创新开发的可交易、一对多、标准化和低杠杆率的产品,被业内认为是中国对世界信用衍生品市场的一个创新。信用风险缓释工具是指信用风险缓释合约、信用风险缓释凭证及其他用于管理信用风险的简单的基础性信用衍生工具,类似于国际上的 CDS。信用风险缓释合约是指交易双方达成的,约定在未来一定期限内,信用保护买方按照约定的标准和方式向信用保护卖方支付信用保护费用,由信用保护卖方就约定的标的债务向信用保护买方提供信用风险保护的金融合约。

信用风险缓释凭证是指由标的实体以外的机构创设的,为凭证持有人就标的债务提供信用风险保护的,可交易流通的有价凭证。信用风险缓释凭证的创设机构是需要监管核准的,在国外的创设机构不但不需要监管核准,而且多数情况下是未能签署主协议的那些机构,基本上这类交易很少;出售 CRMW 能马上全部转移风险,能够避免多米诺骨牌效应,能降低像金融危机那样的系统性风险。

CRMA 不同于 CDS,CRMA 是针对某一个具体债项的,但国外的 CDS 则是针对主体的,同时杠杆率也不同,中国银行间信用风险缓释工具交易商同时也是 CRMW 创设机构。

CRMA 只针对某一主体对某一特定债券违约时创设,而不同于国外 CDS 是针对某一主体只要对其任何一项债务违约时都需要赔偿。信用风险缓释合约是双边产品,不可转让,其内容由买卖双方自行协商确定;信用风险缓释凭证为标准化产品,是指由标的实体以外的第三方创设的、为持有人就公开发行的标的债务提供信用风险保护的有价凭证,并可以在市场中销售、流通、交易。

截至 2011 年 12 月,已经有 17 家机构获准成为交易商,中资商业银行有中国银行、建设银行、交通银行、工商银行、光大银行、民生银行、兴业银行、浦发银行,外资银行有汇丰银行(中国)、德意志银行(中国)、巴黎银行(中国)、花旗银行(中国)、巴克莱银行(上海分行)。CRMW 实行集中登记、集中托管、集中清算,有利于增强市场透明度,严格控制杠杆率,有效防范市场风险;作为标准化的、可在二级市场交易流通的有价凭证,CRMW 的推出有利于促进该产品二级市场流动性的提高,也将进一步拓展信用衍生工具市场的深度和广度。

2010 年 11 月 5 日,中债信用增进投资股份有限公司与中国工商银行股份有限公司签署贷款信用风险缓释合约交易确认书,正式达成了以银行贷款为标的的"信用风险缓释合约"交易,共 7 笔,合计名义本金 5 亿元人民币,期限小于等于 1 年。这是中国第一笔贷款信用风险缓释合约。

在 CRMW 机制下,中国市场中会出现这样一种类似保单的凭证,如 A 公司发行一单 6 年期中期票据,投资人为一些银行、保险等机构投资者,作为标的实体以外的核心交易商 C 保险公司可以创设一种凭证,卖给多个投资人并在市场中流通转让,有价格的波动,部分投资人甚至只赚取中间差价。这些投资人有的是银行,希望降低资本占用缓释风险,有的则是纯粹为了交易获利。假如最后 A 公司在这单中期票据上违约了,则凭证持有人享有向 C 保险公司的赔偿权。国外多数运用的就是这种合约性质的,信用保护提供方如果不想承担这个风险了,则只能通过再找一个交易对手,再签署一个合约,成为在新合约中的信用保护买入方,即通过签署反向合约的方式才能平掉风险敞口。这里的合约是非标准化、不可转让、一对一的,合约签署了之后权利义务就针对签署合约的双方了。

2014 年,中国首次出现债券违约事件,在随后违约事件频繁发生的背景下,市场对 CDS 产品的需求上升。2016 年 9 月 23 日,中国版 CDS 相关业务规则正式发布。CDS 就是信用违约互换,这标志着中国金融创新进入了一个新的阶段,这是股指期货推出后,中国最具震撼力的金融衍生工具。

所谓 CDS,即信用违约互换(credit default swap),又称为信贷违约掉期,是进行场外交易的最主要的信用风险缓释工具之一。用简单的金融语言来说,就是将违约风险定价并买卖,当债券的违约风险低时,那么价格就低,当债券的违约风险高时,那么价格就高,说白了,CDS 就是风险权证。比如 A 发行债券,B 购买债券,但是 B 担心债券风险,于是 C 提供担保,只是这种风险权证可以转让。

CDS 指数是一种多参考实体 CDS 交易工具,它以多个单一名称 CDS 为基础,按一定的标准编制而成。CDS 指数本质上是高度标准化、按一定权重(通常是同权重)的一篮子单一名称 CDS 合约的组合,跟踪的是多个基础 CDS 的平均利差,而不是一个价格指数。由于 CDS 指数具备标准化程度高、透明度强、标的资产广泛且天然分散化的特点,在管理投资组合信用风险方面效果突出,迅速成为国际信用衍生品市场中的重要组成部分,受到了市场各方面的普遍认可。

2019年12月26日,中国外汇交易中心、银行间市场清算所股份有限公司和国泰君安证券股份有限公司宣布,将于即日起联合发布并试运行"CFETS‐SHCH‐GTJA高等级CDS指数"。这是中国市场首个CDS指数,也是全球首个立足于中国市场的CDS指数。业内人士表示,审慎推进CDS指数,有利于进一步完善中国信用衍生品市场,强化信用风险合理定价,促进市场对信用风险的有效识别,进而实现资源有效配置,对推动实体企业融资,尤其是民营企业债务融资,落实金融市场服务实体经济具有重大意义。

6.5　信用评级

6.5.1　信用评级概述

标普、穆迪和惠誉并称为世界三大评级机构。三者评级均有长期和短期之分,但级别序列各有不同。一般来说,信用评级并不是给证券的投资建议。标普认为,"信用评级是标普对债权人总体信誉的评价,或对债务人在某一特定债务、证券或其他金融债务上的信用的评价(基于相关的风险因素)"。穆迪认为,评级就是"对发行者未来按时支付固定收益证券的本金和利息的能力和承担相应法律义务的评价"。由于标普和穆迪都被认为在信用评级方面具有专长且能做出公正的评价,并且能够获得公司的内部资料,因此它们的评级被市场参与者和监管机构广泛接受。当监管机构要求金融机构必须持有投资级债券时,金融机构就是根据标普和穆迪这样的信用评级机构做出的评级来确定债券的投资等级的。

信用评级主要分为发行人信用评级和特定债项评级两种。其中,发行人信用评级是对债务人总体偿债能力的评价。发行人信用评级包括交易对手信用评级、公司信用评级和主权信用评级。在这种情况下,评级机构在其评级体系和标识中对长期和短期贷款做出了区分。短期评级适用于商业票据(CP)、大额存单(CD)和可赎回债券。在特定债项评级中,评级机构还要考虑到发行的属性,以及发行的具体条款、抵押品的质量和担保人的信誉度等。

评级过程包括定量分析、定性分析和法律分析。定量分析主要是根据公司的财务报表进行财务分析。定性分析关心的则主要是管理水平,既要深入分析公司的行业竞争力,又要全面考察该行业预期增长能力,以及对商业周期、技术变革、监管变化和劳资关系等的敏感程度。

1975年,美国证券交易委员会首次将全国公认的统计评级机构的评级结果纳入联邦证券监管体系,标普等三大信用评级机构才日渐形成垄断之势。时至今日,信用评级机构的评级结果已对国际金融交易市场产生直接影响,某种程度上能够决定融资利率的高低,甚至能够决定融资能否顺利完成。

6.5.2　标普评级

标普是第一家为抵押贷款支持债券(1975)、共同基金(1983)、资产支持证券(1985)评级的公司。标普的长期评级主要分为投资级和投机级两大类,投资级的评级具有信誉高和投资价值高的特点,投机级的评级则信用程度较低,违约风险逐级加大。投资级包括 AAA、AA、A 和 BBB,投机级则分为 BB、B、CCC、CC、C 和 D。信用级别由高到低排列,AAA 级具有最高信用等级;D 级最低,视为对条款的成约。

从 AA 到 CCC 级,每个级别都可通过添加"+"或"-"来显示信用高低程度。例如,在 AA 序列中,信用级别由高到低依次为 AA+、AA、AA-。

此外,标普还对信用评级给予展望,显示该机构对于未来(通常是 6 个月到 2 年)信用评级走势的评价。决定评级展望的主要因素包括经济基本面的变化。展望包括"正面"(评级可能被上调)、"负面"(评级可能被下调)、"稳定"(评级不变)、"观望"(评级可能被下调或上调)和"无意义"。

标普的短期评级共设 6 个级别,依次为 A-1、A-2、A-3、B、C 和 D。其中 A-1 表示发债方偿债能力较强,此评级可另加"+"号表示偿债能力极强。

标普目前已对 128 个国家和地区进行主权信用评级。自美国失去 AAA 评级后,目前拥有 AAA 评级的国家和地区还有澳大利亚、奥地利、加拿大、丹麦、芬兰、法国、德国、中国香港特别行政区、马恩岛、列支敦士登、荷兰、新西兰、挪威、新加坡、瑞典、瑞士和英国。

6.5.3　穆迪评级

穆迪的总部位于纽约的曼哈顿,最初由约翰·穆迪(John Moody)于 1900 年创立。穆迪投资者服务公司曾经是邓白氏(Dun & Bradstreet)的子公司,2001 年邓白氏公司和穆迪公司两家公司分拆,分别成为独立的上市公司。1909 年穆迪首创对铁路债券进行信用评级;1913 年,穆迪开始对公用事业和工业债券进行信用评级。

穆迪长期评级针对 1 年期以上的债务,评估发债方的偿债能力,预测其发生违约的可能性及财产损失概率。而短期评级一般针对 1 年期以下的债务。

穆迪长期评级共分 9 个级别:Aaa、Aa、A、Baa、Ba、B、Caa、Ca 和 C。其中 Aaa 级债务的信用质量最高,信用风险最低;C 级债务为最低债券等级,收回本金及利息的机会微乎其微。

在 Aa 到 Caa 的 6 个级别中,还可以添加数字 1、2 或 3 进一步显示各类评级中的排位,1 为最高,3 为最低。通常认为,从 Aaa 级到 Baa3 级属于投资级,Ba1 级以下则为投机级。

此外,穆迪还对信用评级给予展望评价,以显示其对有关评级的中期走势看法。展望分为"正面"(评级可能被上调)、"负面"(评级可能被下调)、"稳定"(评级不变)以及"发展中"(评级随着事件的变化而变化)。

穆迪的业务范围主要涉及国家主权信用、美国公共金融信用、银行业信用、公司金融信用、保险业信用、基金以及结构性金融工具信用等评级。穆迪在全球 42 个国家和地区设有分支机构,员工约 13 100 人。

6.5.4　惠誉评级

惠誉成立于 1913 年,是唯一的欧资国际评级机构,规模较标普和穆迪 2 家稍小。

惠誉的长期评级用以衡量一个主体偿付外币或本币债务的能力。惠誉的长期信用评级分为投资级和投机级,其中投资级包括 AAA、AA、A 和 BBB,投机级包括 BB、B、CCC、CC、C、RD 和 D。以上信用级别由高到低排列,AAA 等级最高,表示最低的信用风险;D 为最低级别，表明一个实体或国家主权已对所有金融债务违约。

惠誉的短期信用评级大多针对到期日在 13 个月以内的债务。短期评级更强调的是发债方定期偿付债务所需的流动性。

短期信用评级从高到低分为 F1、F2、F3、B、C、RD 和 D。

惠誉将"＋"或"－"用于主要评级等级内的微调，但这在长期评级中仅适用于 AA 到 CCC6 个等级，而在短期评级中只有 F1 适用。

惠誉还对信用评级给予展望，用来表明某一评级在一两年内可能变动的方向。展望分为"正面"（评级可能被上调）、"稳定"（评级不变）和"负面"（评级可能被下调）。但需要指出的是，正面或负面的展望并不表示评级一定会出现变动；同时，评级展望为稳定时，评级也可根据环境的变化调升或调降。

惠誉的业务范围包括金融机构、企业、国家、地方政府等融资评级，总部分设于纽约和伦敦两地，在全球拥有 50 多家分支机构和合资公司，拥有 2 000 多名专业评级人员，为超过 80 个国家和地区的客户提供服务。

6.5.5　中国信用评级机构

中国信用评级行业诞生于 20 世纪 80 年代末，是改革开放的产物。中国第一家信用评级机构——上海远东资信评估有限公司诞生于 1988 年，但是由于没有统一的法律规范约束，这一市场一直处于比较混沌的状态。最初的评级机构由中国人民银行组建，隶属于各省市的分行系统。20 世纪 90 年代以后，经过几次清理整顿，评级机构开始走向独立运营。1977 年，中国人民银行认定了 9 家评级公司具有在全国范围内从事企业债券评级的资质。2005 年，形成了中诚信、大公国际、联合资信、上海新世纪和上海远东 5 家具有全国性债券市场评级资质的评级机构。2006 年后，上海远东因"福禧短融"事件逐渐淡出市场。

据公开资料显示，现在，中国规模较大的全国性评级机构有大公国际、中诚信、联合资信、上海新世纪 4 家。然而，自 2006 年起，美国评级机构就开始了对中国信用评级机构的全面控制。2006 年，穆迪收购了中诚信 49％的股权并接管经营权，同时给定 7 年后持股 51％，实现绝对控股；2007 年，惠誉收购了联合资信 49％的股权并接管经营权；2008 年标普也与上海新世纪开始了战略合作，双方在培训、联合研究项目以及分享信用评级技术等领域进行合作，可以说，美国信用评级机构几乎控制了中国 2/3 的信用评级市场。由于国际评级机构的控制，国内评级机构话语权严重缺失。

在被美国收购的评级机构中，中诚信、联合资信在全国各省均设有分公司，它们可以从事国内的所有评级业务，市场份额合计超过 2/3。美国评级机构借助被收购公司的分支机构，迅速将触角伸展到全中国，直接或间接从事所有评级和相关业务。穆迪、标普、惠誉已先后在中国设立了独资经营的子公司。2018 年 5 月，穆迪设立穆迪（中国）有限公司；2018 年 6 月，标普设立标普信用评级（中国）有限公司；2018 年 7 月，惠誉在中国成立惠誉博华信用评级有限公司。2019 年 1 月 28 日，中国人民银行营业管理部发布公告称，对标普全球公司在北京设立的全资子公司-标普信用评级（中国）有限公司予以备案。2019 年 1 月 28 日，中国银行间市场交易商协会亦公告接受标普信用评级（中国）有限公司进入银行间债券市场开展债券评级业务的注册。这标志着标普已被批准进入中国开展信用评级业务。

目前中国的信用评级公司主要有：① 大公国际资信评估有限公司；② 东方金诚国际信用评估有限公司；③ 中诚信国际信用评级有限公司；④ 联合资信评估股份有限公司；⑤ 上海新世纪资信评估投资服务有限公司；⑥ 中证鹏元资信评估有限公司；⑦ 国衡信国际信用评级中心有限公司；⑧ 上海远东资信评估有限公司；⑨ 辽宁省人民信用评级有限公司；⑩ 福建中诚信信用评级咨询有限公司。

6.6　B 公司案例分析

2020 年发生的 Covid - 19 新冠肺炎疫情对美国股市造成了历史罕见的冲击。3 月 11 日，世卫组织正式宣布 Covid - 19 病毒疫情为全球大流行病，美国成为世界上疫情最为严重的国家。随着欧美及其他国家和地区为控制疫情而实施封锁政策，对于经济的担忧以及相应的供应链危机可能转为全球性经济衰退。这是第二次世界大战以来最为严峻的全球性危机，导致以美股为首的全球股市大跌。以美国股市为例，美国道琼斯指数自 2 月 21 日开始连续下跌，从 28 992.41 点到 3 月 23 日一路跌至 18 213.65 点；标普 500 指数从 2 月 20 日的 3 373.23 点到 3 月 23 日跌至 2 191.86 点；纳斯达克指数从 2 月 19 日的 9 817.18 点到 3 月 23 日最低点跌至 6 631.42 点。其间发生了历史罕见的数次熔断，VIX 恐慌指数飙升至接近 2008 年金融危机时的水平，当时的情况是投资者疯狂抛售一切资产，甚至避险资产黄金的价格也大跌。大幅度市场下跌使得投资者遭到了巨额损失，但是如果可以做出积极的风险管理，可以规避市场大幅下跌的风险，甚至在市场下跌的过程中获得巨额收益。

B 公司的创始人，利用 CDS 信用违约互换指数，进行了成功的风险对冲，短短 1 个月左右，以 2 700 万美元的成本，创造了 26 亿美元的收益，赚了将近 100 倍，成功抵消了股票投资组合的下跌损失。2020 年 2 月底，新冠肺炎疫情还没有蔓延到美国，市场的情绪依然比较稳定，投资者对实体企业的信用风险并没有太大的担忧，信用利差处于历史的低位。但是 B 公司创始人对新冠肺炎病毒所引发的健康风险和造成的经济影响十分担忧，认为持有的股票投资组合在未来可能遭遇较大的下跌风险。

2020 年 3 月 3 日，B 公司在新闻公告中作了披露："在过去的 10 天中，采取了相应措施来保护投资组合免受市场波动的影响。这样做是因为公司相信为遏制新冠肺炎病毒作出的努力可能会对美国和全球经济、股票和信贷市场造成巨大的负面冲击。解决这一问题的方法是进行对冲，它们具有收益不对称的特点，也就是对冲产生的损失风险是有限的，但它们潜在的上行空间是公司面临风险的许多倍。这些对冲可以减轻投资组合在严重的市场下跌中的损失，尽管可能在病毒对经济和市场的影响不大的时候，会一定程度上抵消由投资组合带来的收益。"

具体操作来看，B 公司的创始人在 2020 年 2 月份购买了大量信用违约互换 CDS 和高收益信用违约互换指数 CDX IG，CDX HY 和 ITRX EUR 等产品。在买入这些信用违约互换指数的时候，市场并没有意识到疫情的巨大冲击，CDX 的 spread 利差处于历史非常低的水平。以投资级 investment grade 的 CDX 利差为例，在 2020 年 2 月 20 日，spread 仅为 45 个基点,代表市场对投资级债券的表现非常乐观,认为违约风险很低;高收益债 CDX 的指数表现也呈现类似的情况。

在 B 公司的创始人买入 CDX 后,疫情在美国不断蔓延,伴随着市场的下跌,投资者对企业违约的风险非常恐慌,CDX IG 和 CDX HY 大幅上涨,因为投资者认为企业违约的风险大幅上升,投资级的 CDX IG 最高上升到 150 个基点,高收益 CDX HY 最高上升到 866 个基点,市场陷入了恐慌的情绪之中(见图 6-17)。

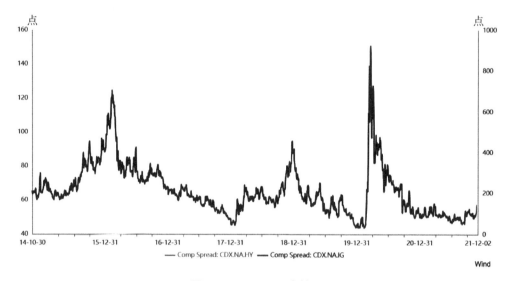

图 6-17 CDX IG 走势图

在 3 月 12 日,CDX IG 上升到 140 个基点,B 公司的创始人持有的 CDS 合约市值高达 27.5 亿美元。此时,该创始人逐渐选择了在 CDX 上止盈,因为要想在 CDS 获得更高的利润,利差必须进一步扩大到金融危机时曾短暂达到的大概水平,当利差达到 140 个基点,并且伴随政府逐渐对疫情进行有效的防控,美联储开始救市,持有合约的回报空间已经不大了。

最终的投资表现来看,B 公司资本在 2 月底产生了 7.1% 的亏损,但是到 3 月 24 日,B 公司取得了 0.2% 的正收益,与此同时,各大指数的下跌超过了 30%,证明 B 公司创始人的对冲操作对基金起到了保护作用,在没有对股票仓位大量减仓的情况下获得了大幅的超额收益。

假设投资者以 50 个基点购买了 CDX IG 名义价值 10 亿美元的 CDS,投资者将支付 5 年期限中每年 500 万美元的费用。假设 1 个月以后 CDX IG 上升到 150 个基点,此时平仓卖出,得到合约剩余 4 年 11 个月有效期内每年 100 个基点乘以合约 10 亿美元名义价值。因此,花费成本 42 万美元,投资者能获得 4 500 万美元的利润。

想要对金融风险做到有效的对冲,需要及时甚至提前预期潜在风险的到来。在本案例中,B 公司创始人就是提前预期到了疫情的全球性扩散会导致经济衰退,在市场还没有此预期时,即 CDX 的 spread 利差仍处于历史地位时,就进行大笔买入,从而成功进行对冲。试想,如果 B 公司创始人的动作再晚一些,市场已经注意到了疫情蔓延的潜在风险,那么将会大大降低对冲的效用。

另一方面,对冲风险很重要的一点就是控制初始成本。本案例中,B 公司创始人买入 CDX 时 spread 利差处于历史低位,初始成本在 2 700 万美元,就算未来疫情扩散并没有如 B 公司创始人预期的那样导致经济衰退,这部分的 CDX 价值也不会大幅下降,且该部分成本远低于其原本持有的投资组合价值,才能确保将对冲失败的风险降到最低。

6.7　本章小结

信用风险的度量和管理已经得到了国内外学术界、金融机构、监管者和投资者的密切关注。任何风险的管理都包括风险的识别、度量和控制三个程序,其中风险的度量是风险管理的核心。本章主要介绍了信用风险度量和管理的传统和现代方法,并介绍了互换、远期、期权和信用联系票据等信用衍生工具对冲和管理信用风险的方法,特别是对证券化产品的结构和信用违约互换进行了详细介绍。最后简单介绍了标普、穆迪和惠誉三大国际评级机构和中国的信用评级概况,并给出了一个应用 CDS 规避风险的案例。

复习思考题

1. 找到一类上市公司的数据,利用 Z -评分和 ZETA 模型对公司的信用状况进行分析,并比较两个模型估计结果有何不同。

2. 比较 Probit 模型和 Logit 模型两个模型的异同,并简述两者适合的情形。

3. 思考现代信用度量模型与传统度量模型的异同。

4. 分析信用衍生工具在信用风险管理中的作用,并分析中国在发展信用衍生工具中的机遇与挑战。

5. 找出目前国内外的信用评级机构,并从不同角度分析信用评级的功能和作用。

6. 利用案例分析方法研究中国目前资产证券化的发展,及其对中国商业银行不良资产管理的作用。

7. 结合本章内容分析 2008 年美国次贷危机发生的原因,以及对中国证券市场和金融机构信用风险管理的启示。

8. 如何认识 CDS 的作用与风险?

9. 简单分析信用风险缓释合约、信用风险缓释凭证与 CDS 的异同点。

10. 怎样理解 CDS 像期权而不是期权,像期货而不是期货?

11. 在本章 B 公司的案例分析中,如果 B 公司的创始人不利用 CDS 信用违约互换指数进行风险对冲,是否有其他办法进行风险对冲?

12. 简单说明信用风险度量模型中的"5C 因素分析法"。

13. 简单解释债券发行人主体信用评级和特定债项评级的区别。

14. 简单解释信用转移矩阵的含义。

15. 标准普尔和穆迪对于投资级别和投机级别的信用评级是怎样区分的？

16. KMV 模型的基本原理是什么？理论基础是什么？

17. 应用 Z 评分模型应该注意哪些问题？

18. CDS 相当于什么期权？

第 7 章

流动性风险管理

　　流动性风险给予人们的最直接的感受就是没有足够的资金或根本就没有资金用于支付或购买,尤其对于金融机构来说,由于其资产负债等业务及职能作用的特殊性,金融机构的许多其他风险诸如信用风险、市场风险、操作风险几乎最终都导致流动性不足而引发流动性风险。流动性风险不仅会威胁金融机构自身的生存,而且还具有很强的传染性和负外部效应。因此,金融机构特别是商业银行、证券、基金公司都非常重视流动性风险管理,本章主要介绍流动性风险度量与管理。7.1 详细分析资产和融资流动性风险,并重点阐述流动性风险与金融机构的密切相关性和研究流动性风险的重要性。7.2 介绍证券或基金公司如何度量资产流动性风险。其中,资产流动性风险主要基于其持有资产变现能力,但针对不同的资产变现策略有不同的风险分析方法,最简单的策略是假定即时清算,并利用 VaR 方法度量经流动性调整的风险价值。7.3 分析如何进行流动性风险管理与监控。7.4 给出了基于均值方差效用的流动性风险管理策略。

7.1　流动性相关概念 ————————————————————●

7.1.1　流动性与流动性风险

　　流动性是一切商业与主权实体的生命之源。正因为流动性问题对金融机构特别是对银行具有重要意义,这一部分将对流动性及流动性风险展开分析。较为普遍的解释,就是将流动性定义为"资产能够以合理价格迅速变现,成为现金或现金等价物的能力"。但这仅仅是狭义流动性的概念。流动性应指支付能力的大小,它不仅包括现实的流动性,即实际拥有的支付能力及将资产变现的能力,而且还包括潜在的流动性,即经济主体采用各种融资方式、金融工具从居民、同业、金融市场等渠道获得现金用于支付的能力,可见流动性由资产的流动性和负债的流动性两个方面构成,即所谓广义上的流动性。资产的流动性是指现实资产在不发生损失或少发生损失的情况下迅速变现的能力,而负债的流动性是指资金需求主体以较低的风险、以最合理的成本通过负债手段随时获得所需要资金的能力。

　　流动性包括资产/市场流动性和公司流动性:资产/市场流动性(资产/市场流动性风险)主要在资本市场研究中用到,而公司流动性(资产负债流动性风险)主要在公司财务研究领域中用到。流动性是金融机构、企业,甚至政府机构、普通家庭都必须面对并解决的问题。从国内外出版发行的有关刊物和书籍上来看,人们对流动性一词的理解和解释不完全相同,有些定义只是专属于某些特殊的金融机构,而有些广义的流动性定义可适用于整个市场。但有一种较为流行的解释,就是将"流动性"定义为"资产在不发生损失的情况下迅速变现的能力",也可以把流动性理解为在不发生损失的情况下现金及等价资产之间转换的难易程度。无论定义怎么描述,都离不开价格、数量和时间这三个变量,固定任何两个变量,都可以用另一个量描述流动性好坏,比如固定数量和时间,价格变动越小,流动性越好;若固定价格和数量,时间越短,流动性越好。固定任何一个变量都可以用另外两个变量描述流动性的高低,这里不再详细描述。

巴塞尔银行监管委员会《有效银行监管的核心原则》对流动性风险的定义为:流动性风险是指银行无力为负债的减少或资产的增加提供融资的可靠性,即当银行流动性不足时,无法以合理的成本迅速增加负债或变现资产获得足够的资金,从而影响其赢利水平。在极端情况下,流动性不足会造成银行的清偿问题。流动性风险有两种主要形式:资产流动性风险和负债流动性风险。前者指当交易头寸太大时,资产不能按现行市场价格进行变现交易,从而产生损失的风险;后者是指经济主体缺乏资金且没有能力筹集新资金来偿还债务而产生的风险。

总的来说,如果定义流动性为产生或者获取现金及现金等价物的一种能力,那么流动性风险即可直接定义为"由于缺乏现金或等价物而导致损失的可能性"。具体地,流动性风险就是指金融机构不能够通过正常渠道以合理的成本迅速融资,或者不能以现行价格迅速变卖资产获取资金(即资产缺乏变现能力),从而造成损失的风险。流动性与流动性风险是相互统一的关系:流动性越强且变化不大,则风险越小;反之,流动性变化越大且变得更差,则风险越大。

流动性风险包括资产流动性风险(asset liquidity risk)、融资流动性风险(funding liquidity risk)以及资产与融资综合流动性风险(joint liquidity risk)。当交易头寸过大或者过小,资产不能按照正常现行价格转成现金流时,就产生了资产流动性风险。融资流动性风险又称负债流动性风险,是指由于缺乏偿还债务的流动资金,却没有能力筹集新资金而产生损失的风险。综合流动性风险一般发生在机构没有能力筹集资金,而只能以低于现行价格变卖其所持有资产的时候。

7.1.2　内生流动性风险与外生流动性风险

根据对市场中投资者的影响范围不同,流动性风险又可分为内生流动性风险(endogenous liquidity risk)与外生流动性风险(exogenous liquidity risk)。内生流动性风险是指市场中投资者所面临的与自身因素(如所持有资产流动性、资产头寸规模、交易策略等)有关的流动性风险。而外生流动性风险是指在整个市场范围内,所有投资者共同面临的风险,它与市场总体特性有关,尽管在某些特殊情况下,个别机构的行为也会导致外生流动性风险。

事实上,这两种流动性风险可与 Markowitz 资产组合理论中提及的系统风险和非系统风险相类比,表 7-1 给出了它们之间的异同之处:

表 7 - 1　两种流动性风险与系统风险、非系统风险的比较

	系统风险	外生流动性风险	非系统风险	内生流动性风险
作用范围	全市场范围的所有股票	全市场范围的所有投资者	市场中个别股票	市场中个别投资者
风险类别	波动性风险	流动性风险	波动性风险	流动性风险
影响因素	所有影响整体市场波动性的因素	所有影响整体市场流动性的因素	公司自身的因素	投资者自身的因素
规避方式	在不同类别市场中配置(如,相对于股票市场的债券市场、货币市场,相对于国内股票市场的国外股票市场)		分散投资于市场中的不同股票上	持有较高流动性的资产;持有较小的头寸规模;制定合适的交易策略

在两种流动性风险中,外生流动性风险对所有处于该市场中的投资者都是相同的,投资者对这类风险的规避只能通过不同类别市场(如股票市场、债券市场、货币市场等)中的资产配置进行;内生流动性风险则在不同投资者之间存在显著差异,一般而言,持有较高流动性资产的投资者将面临较低的内生流动性风险,持有较大头寸规模的投资者将面临较高的内生流动性风险,因此,投资者可以通过持有高流动性资产和降低持有头寸规模来降低所面临的内生流动性风险。另外,交易策略也会影响内生流动性风险,投资者可以通过选择合适的交易策略来降低内生流动性风险。

7.1.3　流动性风险的来源

金融机构不同于一般工商企业的重要特征之一是其高资产负债率,正是这一特征导致在金融机构中,流动性风险始终处于重要地位。以商业银行为例,对于一家经营正常的银行而言,资产和负债期限的不匹配、利率波动都有可能导致流动性风险。而对于一家经营不善的银行而言,除了以上原因外,信贷风险往往是流动性危机的先导诱因。

1) 资产和负债期限不匹配

众所周知,银行自诞生的那天起,其核心技能就是"期限的转换"(maturity transformation),即将短期存款或负债转变为长期的盈利资产(如贷款等)。这种"借短贷长"的行为在银行的资产负债表中具体表现为资产与负债期限的不匹配。换言之,由资产产生的现金流入与由负债产生的现金流出不能相互吻合。更具体地说,银行持有太高比例的活期存款、短期拆入资金等需要立即偿付,因而银行总是面临顾客提现的需求。值得说明的是,"借短贷长"所引起的资产负债期限不匹配是一种正常的流动性风险。银行要盈利,要发展,不可避免地要面临这一风险,因而"借短贷长"的资产负债结构是流动性风险产生的重要原因之一。

在资产和负债期限不匹配的情况下,往往出现以下两种问题:第一,银行过分地依靠负债管理;第二,银行用于应急的资金来源不够充足。

2) 对利率变动的敏感性

当市场利率水平上升时,某些客户会将存款提现,转为其他报酬更高的产品,某些贷款客户可能推迟新贷款的申请或者加速使用利率成本较低的信用额度。因此,利率的变动对

客户的存款需求和贷款需求都会产生影响,以致严重影响到银行的流动性头寸。此外,利率的波动还将引起银行所出售资产(换取流动性)市值的波动,甚至直接影响到银行在货币市场的借贷资金成本。

　　3)信贷风险

对于一家经营不善的银行来说。信贷风险往往是流动性危机的诱因。一家管理拙劣的银行,往往甘冒极大的风险将资金贷给信誉欠佳的机构。由于借款者经营不善导致贷款坏账而使银行盈利下滑。一旦金融市场流传这个银行盈利下滑的传言,该银行将不得不以更昂贵的代价去保留原有的存款或从市场上购买资金。随着银行盈利状况的进一步恶化,甚至严重亏损,这时不受存款保险公司保护的存款者将首先抽走其资金,迫使银行不得不通过低价变卖资产来解燃眉之急,而低价变卖资产将有可能导致这家银行最终破产倒闭。

7.1.4　流动性风险与其他风险关系

对于金融机构或企业而言,流动性风险与其他金融风险密切相关,流动性风险则可能由经营风险、信用风险、市场风险、管理层以及法律问题等原因而引发。如果上述这些因素同时发生,则流动性风险所带来的损失将更加严重。

(1)经营风险,包括在日常业务流程中(如:原料采集、兼并收购、货单提取等)的意见分歧,都能够对企业现金流产生影响并导致流动资金损失(liquidity loss)。尽管某些谨慎的企业会采取一定的预防损失手段,如购买保险、或有资产以及其他方法,但方案很可能无法及时奏效,或者预防措施仍不够完善。当然,那些根本没有采取任何预防措施的企业肯定会面临更严峻的风险。

(2)信用风险,是由另一方违反合约而造成企业损失的风险。合约另一方不履行合约义务将会使企业走入流动性困境,引发企业流动性风险。尽管所有企业都面临着一定程度的信用风险,但是金融机构更易遇到问题,许多具有一定规模银行的惨败大多是基于信用风险与流动性风险共同作用的影响。

(3)市场风险,是指企业在交易或者证券投资过程中可能遇到的风险。当所持有资产价格下降时,会导致企业流动资金的缺失。尽管市场风险主要对采取盯市会计政策的企业有影响,但是它对那些遭受永久性资产价值损失的企业也会有影响。

(4)管理、声誉、法律法规以及税务上的问题都会导致或加剧流动性风险。一个企业如果声誉扫地,如经营管理失败、发生诈骗行为或者出现产品售后问题,那么将失去大量的客户和盈利,从而引起投资者和债权人重新评估该公司是否值得投资。法律制裁、诉讼或者其他形式的法律案件与处罚,都将恶化当前的情势,并且强制支出的补偿金会给企业带来更大的经济压力。

从上述分析中,我们不难发现:市场风险、信用风险、流动性风险等各类金融风险时常相伴而生。当企业面临严峻的市场风险或信用风险时,它们很可能同时承受着流动性风险带来的巨额损失。市场风险与信用风险的价值大小,直接或间接关系到流动性风险水平。如果企业的资产组合因市场风险而承受巨额损失,那么企业可能会以较高的融资成本借入资金,或者通过处置其资产来弥补损失。同样地,如果企业受到未预期的信用风险所带来的损失,也会采用类似的方法,以较高的成本融入资金来抵补现金流损失,其结果都将是承受流动性不足而带来的再一次损失。因此,我们在进行流动性风险管理的同时,需要考虑到市场上的其他金融风险。

7.2 流动性风险度量方法

流动性与流动性风险不是一回事,当然流动性度量与流动性风险度量也不是一回事。关于市场风险的度量方法研究成果相当丰富,基于 VaR 的市场风险管理得到广为普遍的应用。而且,作为银行业主要监管部门的巴塞尔委员会允许大银行自 1998 年 1 月起利用 VaR 来设定充足性资本金以后,基于 VaR 的风险管理在实践中得到了迅速发展,绝大多数已有相关研究主要是比较基于 VaR 风险管理和传统风险管理之间的差异(Alexander & Baptista,1999;Kast et al.,1999),而很少涉及基于 VaR 风险管理的公司应当如何制定最优政策以实现风险管理目标这方面的问题。在少数的几篇相关文献中,Luciano(1998)将监管机构对 VaR 的要求纳入经济人的约束中,研究了效用最大化目标经济人的最优组合策略,Basak & Shapiro(2001)将 VaR 引入经济人的效用函数中,分析动态资产配置策略,在 Almgren & Chriss(1999,2000)、仲黎明等(2002,2004)和刘海龙等(2003)的研究中,变现期都是外生给定的。

一般假定证券价格服从几何布朗运动是比较合理的。事实上,当证券价格波动不大、变现期较短时,可以对这一假设作出简化,假定证券服从算术布朗运动。在接下来的分析中可以看到,这一简化为最优策略的求解,尤其是给出解析解,带来了极大的便利。

7.2.1 基本假设

考虑一名投资者在初始零时刻持有一种证券的头寸为 X,假设投资者对该股票准备长期持有的保留头寸为 Y,一旦由于外生冲击不得不变现股票时,投资者将会在持有期第 T 个交易日结束时仍持有股票头寸 Y,即将在持有期内变现 $X-Y$ 的股票。

定义在 t 时刻,$t \in [0,T]$,投资者持有的头寸为 $x(t)$,证券的价格为 $p(t)$,则有:

$$x(0) = X, \ x(T) = Y$$

由于投资者可以通过选择 t 时刻持有的组合头寸来确定交易策略,从而可以将在变现期 $(0,T)$ 期间随时间变化的组合头寸 $x(t)$ 等价于投资者的交易策略。

定义交易速度为:

$$v(t) = -\frac{dx(t)}{dt}$$

假定证券价格 $p(t)$ 服从无漂移的标准几何布朗运动:

$$dp(t) = \bar{\sigma} p(t) dB_t \tag{7-1}$$

由于本章只考虑短期内的变现,变现前后价格变动差额相对较小,从而可以将价格服从的几何布朗运动近似为服从算术布朗运动,即令

$$\sigma = \bar{\sigma} p(t) \approx \bar{\sigma} p_0$$

其中,p_0 为证券在零时刻的价格,$\bar{\sigma}$ 为原始波动率,则 σ 在变现期内也为常数。为简便起见,接下来直接将 σ 作为波动率。则式(7-1)可化为:

$$dp(t) = \sigma dB_t \tag{7-2}$$

7.2.2 流动性冲击

当投资者对组合中的股票进行持续的卖出交易时,股票价格将承受向下的价格冲击。这种冲击可分解为永久冲击和瞬时冲击两部分:永久冲击使得股票的均衡价格发生改变,在股票价格决定的模型中,表现为价格运动的微分方程中增加一负向漂移项。瞬时冲击使得股票的供给和需求在瞬间出现不平衡,股票成交价格与交易前的市场价格存在一定的差额,而一旦下一笔相反方向的指令到达,股票价格就会回到原来的均衡水平。

同样假定永久冲击为交易速度的线性函数 $\gamma v(t)$,γ 为永久冲击系数,此时价格运动的微分方程变为:

$$dp(t) = -\gamma v(t) dt + \sigma dB_t \tag{7-3}$$

则在 t 时刻,证券价格 $p(t)$ 为:

$$p(t) = p_0 + \int_0^t dp(t) = p_0 - \int_0^t \gamma v(t) dt + \int_0^t \sigma dB_t \tag{7-4}$$

同样,由于瞬时冲击的存在,投资者在 t 时刻的成交价格 $\tilde{p}(t)$ 和未成交前的证券价格 $p(t)$ 之间存在一个差值,假定瞬时冲击为交易速度的线性函数 $\beta v(t)$,得到 t 时刻的成交价格 $\tilde{p}(t)$ 为:

$$\tilde{p}(t) = p(t) - \beta v(t) \tag{7-5}$$

7.2.3 执行成本

1) 变现期间现金的变化

投资者对证券进行变现时,在任一 $(t, t + \Delta t)$ 时间区间内,其持有现金的变化量为证券头寸的变动量与成交价格之间的乘积:

$$\Delta TC(t) = \tilde{p}(t) \cdot (-\Delta x) \tag{7-6}$$

将式(7-4)、(7-5)代入式(7-6):

$$\Delta TC(t) = \left(p_0 - \int_0^t \gamma v(t) dt + \sigma B_t - \beta v(t) \right) \cdot (-\Delta x(t)) \tag{7-7}$$

令 $\Delta t \rightarrow 0$,对式(7-7)在 $(0, T)$ 积分,得到在变现期末 T 时刻,变现获得的所有现金为:

$$TC = p_0 \cdot (x(0) - x(T)) + \int_0^T \left(\int_0^t \gamma v(t)dt \right) dx(t) - \int_0^T \sigma B_t dx(t) + \int_0^T \beta v(t)dx(t)$$

$$(7-8)$$

利用 $dx(t) = -v(t)dt$，可得：

$$\int_0^T \beta v(t)dx(t) = -\int_0^T \beta v(t)^2 dt \qquad (7-9)$$

利用 $dx(t) = -v(t)dt$ 和分部积分公式，可得：

$$\int_0^T \left(\int_0^t \gamma v(t)dt \right) dx(t) = x(T) \cdot \int_0^T \gamma v(t)dt - \int_0^T \gamma v(t)x(t)dt$$

$$= -\frac{\gamma}{2}x(T)^2 - \frac{\gamma}{2}x(0)^2 + \gamma x(0)x(T) \qquad (7-10)$$

$$\int_0^T \sigma B_t dx(t) = \sigma B_T x(T) + \int_0^T \sigma x(t)dB_t \qquad (7-11)$$

将式(7-9)、(7-10)和(7-11)代入式(7-8)：

$$TC = p_0(x(0) - x(T)) - \frac{\gamma}{2}x(T)^2 - \frac{\gamma}{2}x(0)^2 + \gamma x(0)x(T)$$

$$- \int_0^T \beta v(t)^2 dt - \sigma B_T x(T) - \int_0^T \sigma x(t)dB_t \qquad (7-12)$$

在 T 时刻，剩余头寸的价值为：

$$p(T)x(T) = \left(p_0 - \int_0^T \gamma v(t)dt + \sigma B_T \right) x(T) \qquad (7-13)$$

则 T 时刻投资者资产价值为现金总额 TC 与剩余头寸价值 $p(T)x(T)$ 之和。

2) 执行成本的表达式

定义投资者执行成本 EC 为期初资产价值与期末资产价值之差：

$$EC = p_0 x(0) - (p(T)x(T) + TC)$$

$$= \frac{\gamma}{2}x(0)^2 - \frac{\gamma}{2}x(T)^2 + \int_0^T \beta v(t)^2 dt + \int_0^T \sigma x(t)dB_t \qquad (7-14)$$

此时，投资者的执行成本是一个与交易策略有关的随机变量，其期望和方差分别为：

$$E[EC] = \frac{\gamma}{2}x(0)^2 - \frac{\gamma}{2}x(T)^2 + \int_0^T \beta v(t)^2 dt \qquad (7-15)$$

$$V[EC] = \int_0^T \sigma^2 x(t)^2 dt \qquad (7-16)$$

7.2.4 考虑流动性的 *LrVaR*

有了执行成本的期望和方差，根据 *LrVaR*（liquidity risk incorporated value at risk，

$LrVaR$)的定义,可以得到置信水平 $1-\alpha$、持有期 T 下,该投资者采用交易策略 $x(t)$, $t \in$ $(0, T)$,将组合头寸由 X 降至 Y 时的最大可能损失 $LrVaR$ 为:

$$
\begin{aligned}
LrVaR &= \mathrm{E}[EC] + Z_\alpha\sqrt{\mathrm{V}[EC]} \\
&= \frac{\gamma}{2}x(0)^2 - \frac{\gamma}{2}x(T)^2 + \int_0^T \beta v(t)^2 dt + Z_\alpha\sqrt{\int_0^T \sigma^2 x(t)^2 dt}
\end{aligned}
\tag{7-17}
$$

其中,Z_α 为正态分布的 α 分位数。

式(7-17)所定义的 $LrVaR$,即为置信水平 $1-\alpha$、持有期 T 下,考虑内生流动性风险的 $LrVaR$,$LrVaR$ 即为连续时间框架下的 $LrVaR$ 表达式。

$$
LrVaR = \mathrm{E}[EC] + Z_\alpha\sqrt{\mathrm{V}[EC]}
\tag{7-18}
$$

同样道理,在离散时间框架下,可以得到证券价格服从算术布朗运动情况下的 $LrVaR$。 投资者执行成本的期望和方差分别为 $\mathrm{E}[EC]$ 和 $\mathrm{V}[EC]$,如式(7-19)所示。

$$
E(EC) = \frac{1}{2}\gamma X^2 - \frac{1}{2}\gamma Y^2 + \frac{1}{2}\gamma\sum_{k=1}^{K}\tau^2 v^2(k) + \sum_{k=1}^{K}\beta v^2(k)\tau
$$

$$
V(EC) = \sigma^2\sum_{m=1}^{K}x^2(m)\tau
\tag{7-19}
$$

把式(7-19)代入式(7-18)就得到在离散时间框架下证券价格服从算术布朗运动的情况下的 $LrVaR$。$LrVaR$ 就是流动性风险度量的表达式。

7.3   基于 $LrVaR$ 的流动性风险管理

7.3.1   最优策略求解的基础准备

基于 $LrVaR$ 的风险控制策略的求解实际上是求解最优轨迹 $x(t)^*$,$x(t)^*$ 满足:

$$
x(t)^* = \underset{x(t)}{\mathrm{argmin}}\left(\frac{\gamma}{2}X^2 - \frac{\gamma}{2}Y^2 + \int_0^T \beta x'(t)^2 dt + Z_\alpha\sigma\sqrt{\int_0^T x(t)^2 dt}\right)
\tag{7-20}
$$

首先,不加证明地给出引理 7.1,该引理的证明很容易在有关变分法的教科书中找到。

引理 7.1:如果函数 $y = f(x)$ 在 $[a, b]$ 上连续,又

$$
\int_a^b f(x)\eta(x)dx = 0
$$

对任何具有如下性质的函数 $\eta(x)$ 都成立:
(1) $\eta(x)$ 在 $[a, b]$ 上有 n 阶连续导数(n 为任何给定的非负整数);
(2) $\eta(a) = 0 = \eta(b)$;
(3) $|\eta(x) < \varepsilon|$ (ε 为任意给定的正数)。
则函数 $y = f(x)$ 在 $[a, b]$ 上恒为零。

证明：令

$$J[x(t)] = \int_0^T \beta x'(t)^2 dt + Z_a \sigma \sqrt{\int_0^T x(t)^2 dt}$$

则式(7-1)所定义的最优策略 $x(t)^*$ 也将使得泛函 $J[x(t)]$ 取得最小值：

$$x(t)^* = \underset{x(t)}{\arg\min} J[x(t)] \tag{7-21}$$

利用引理 7.1，我们有命题 7.1，得到 $x(t)^*$ 满足的微分方程。

命题 7.1：式(7-21)所定义的泛函 $J[x(t)]$ 在某条确定的曲线 $x(t)$ 上取极值，且 $x(t)$ 在 $(0, T)$ 上有二阶连续导数，那么函数 $x(t)$ 满足微分方程

$$-2\beta x''(t) + \frac{Z_a \sigma}{\sqrt{\int_0^T x(t)^2 dt}} x(t) = 0 \tag{7-22}$$

证明：既然泛函 $J[x(t)]$ 在曲线 $x(t)$ 上取极值，故当 $x_1(t)$ 是 $x(t)$ 的某个 1 阶 ε-邻域中的曲线时[①]，有 $J[x_1(t)] \geqslant$（或 $\leqslant$）$J[x(t)]$。

现在任取一个函数 $\eta(t)$，$\eta(t)$ 满足：

(1) $\eta(t)$ 在 $(0, T)$ 有 1 阶连续导数；

(2) $\eta(0) = 0 = \eta(T)$。

则当 $|c|$ 充分小时，曲线 $x_1(t) = x(t) + c\eta(t)$ 在 $x(t)$ 的 1 阶 ε-邻域内。

事实上，当 $|c|$ 充分小时，

$$|x_1(t) - x(t)| = |c\eta(t)| \leqslant \varepsilon$$
$$|x'_1(t) - x'(t)| = |c\eta'(t)| \leqslant \varepsilon$$

从而曲线 $x_1(t)$ 在 $x(t)$ 的 1 阶 ε-邻域内。

现在，$x(t)$ 及 $\eta(t)$ 均已给定，显然泛函 $J[x(t) + c\eta(t)]$ 为变量 c 的函数，记为

$$\psi(c) = J[x(t) + c\eta(t)]$$

当 $c = 0$ 时，

$$\psi(0) = J[x(t)]$$

泛函 $J[x(t)]$ 取极值，即函数 $\psi(c)$ 在 $c = 0$ 处取极值。

由微分中值定理可知，若 $\psi'(0)$ 存在，则

$$\psi'(0) = 0$$

而

---

① 所谓"$x_1(t)$ 是 $x(t)$ 的某个 1 阶 ε-邻域中的曲线"，指 $x_1(t)$ 满足：

$$\begin{cases} |x_1(t) - x(t)| \leqslant \varepsilon \\ |x'_1(t) - x'(t)| \leqslant \varepsilon \qquad \text{当 } x_1(t) \in (0, T) \\ x_1(t) \text{ 在 } (0, T) \text{ 有 1 个连续导数} \end{cases}$$

$$
\left.\frac{d\psi}{dc}\right|_{c=0}=\left.\frac{d\left[\dfrac{\gamma}{2}(X^2-Y^2)+\displaystyle\int_0^T\beta\cdot(x'(t)+(c\delta x)')^2dt+Z_a\sigma\sqrt{\displaystyle\int_0^T(x(t)+c\delta x)^2dt}\right]}{dc}\right|_{c=0}
$$

$$
=\left.\int_0^T2\beta(x'(t)+(c\delta x)')\cdot(\delta x)'dt+\frac{Z_a\sigma}{2\sqrt{\displaystyle\int_0^T(x(t)+c\delta x)^2dt}}\int_0^T(2(x(t)+c\delta x)\cdot\delta x)dt\right|_{c=0}
$$

$$
=\int_0^T2\beta x'(t)\eta'(t)dt+\frac{Z_a\sigma}{2\sqrt{\displaystyle\int_0^Tx(t)^2dt}}\int_0^T2x(t)\eta(t)dt
$$

$$(7-23)$$

利用分部积分公式和 $\eta(0)=0=\eta(T)$，式(7-23)可以化简为：

$$
\left.\frac{d\psi}{dc}\right|_{c=0}=\left.2\beta x'(t)\eta(t)\right|_0^T-\int_0^T2\beta x''(t)\eta(t)dt+\frac{Z_a\sigma}{2\sqrt{\displaystyle\int_0^Tx(t)^2dt}}\int_0^T2x(t)\eta(t)dt
$$

$$
=-\int_0^T2\beta x''(t)\eta(t)dt+\frac{Z_a\sigma}{\sqrt{\displaystyle\int_0^Tx(t)^2dt}}\int_0^Tx(t)\eta(t)dt
$$

$$
=\int_0^T\left(-2\beta x''(t)+\frac{Z_a\sigma}{\sqrt{\displaystyle\int_0^Tx(t)^2dt}}x(t)\right)\eta(t)dt
$$

又 $x(t)$ 有 2 阶连续导数，故 $-2\beta x''(t)+\dfrac{Z_a\sigma}{\sqrt{\displaystyle\int_0^Tx(t)^2dt}}x(t)$ 是连续的，而 $\eta(t)$ 是满足以

下条件的任意函数：

（1）$\eta(t)$ 在 $(0，T)$ 有 1 阶连续导数；

（2）$\eta(0)=0=\eta(T)$。

由引理 7.1 可知极值曲线 $x(t)$ 满足：

$$
-2\beta x''(t)+\frac{Z_a\sigma}{\sqrt{\displaystyle\int_0^Tx(t)^2dt}}x(t)=0
$$

证毕。

7.3.2　最优策略解析形式解

这样，通过命题 7.1，求解最优轨迹 $x(t)^*$ 的问题(7-20)转化为求解 2 阶微分方程：

$$
x''(t)=\theta x(t) \tag{7-24}
$$

边界条件为 $x(0)=X$，$x(T)=Y$，其中

$$\theta = \frac{Z_\alpha \sigma}{2\beta\sqrt{\int_0^T x(t)^2 dt}}$$

2 阶微分方程(7-24)的通解形式为：

$$x(t) = h\sinh(t\sqrt{\theta}) + l\cosh(t\sqrt{\theta})$$

利用边界条件，可得

$$h = \frac{Y}{\sinh(T\sqrt{\theta})} - \frac{X}{\tanh(T\sqrt{\theta})}, \quad l = X$$

即：

$$x(t) = X\cosh(t\sqrt{\theta}) + \left(\frac{Y}{\sinh(T\sqrt{\theta})} - \frac{X}{\tanh(T\sqrt{\theta})}\right)\sinh(t\sqrt{\theta}) \qquad (7-25)$$

将式(7-25)代入式(7-22)，并化简得到：

$$X^2 T\sqrt{\theta} - T\sqrt{\theta}\left(\frac{Y}{\sinh(T\sqrt{\theta})} - \frac{X}{\tanh(T\sqrt{\theta})}\right)^2$$

$$+ X^2\sinh(T\sqrt{\theta})\cosh(T\sqrt{\theta}) + \frac{Y^2}{\tanh(T\sqrt{\theta})} + \frac{X^2\cosh^2(T\sqrt{\theta})}{\tanh(T\sqrt{\theta})}$$

$$- \frac{XY}{\sinh(T\sqrt{\theta})\tanh(T\sqrt{\theta})} + 2XY\sinh(T\sqrt{\theta}) - X^2\sinh(2T\sqrt{\theta}) - \frac{Z_\alpha^2\sigma^2}{2\beta^2\theta^{1.5}} = 0$$

$$(7-26)$$

至此，问题转化为求解超越方程(7-26)，利用数值解法可以得到满足方程的解 θ^*，最后得到极值曲线：

$$x(t) = X\cosh(t\sqrt{\theta^*}) + \left(\frac{Y}{\sinh(T\sqrt{\theta^*})} - \frac{X}{\tanh(T\sqrt{\theta^*})}\right)\sinh(t\sqrt{\theta^*}) \quad (7-27)$$

式(7-27)表明，基于 $LrVaR$ 的最优变现策略为时间的双曲正弦和双曲余弦函数的线性组合。

7.3.3 基于 $LrVaR$ 最优变现策略的数值解

考虑投资者在 2001 年 1 月 8 日持有平安银行(原名深发展，股票代码 000001)1 000 万股，市值 1.4 亿元，其中 400 万股是准备长期持有的头寸，即一旦发生外生冲击，它不得不对股票进行变现时，在持有期末它会保留 400 万股的头寸，从而初始头寸 X 和目标头寸 Y 为：

$$X = 10^7, Y = 4 \times 10^6$$

下面将利用改进的 N-R 算法求解在 95% 置信水平下、持有期为 5 个交易日的最大可能损失,即 $LrVaR$ 最小的交易策略。

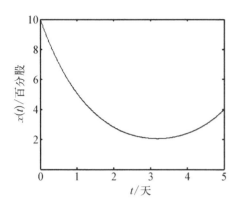

图 7-1　基于 $LrVaR$ 的最优变现策略(数值解法)

利用 2000 年 10 月 9 日至 2000 年 12 月 31 日平安银行的分时交易数据,计算得到永久冲击系数 $\gamma = 5.60 \times 10^{-8}$、瞬时冲击系数 $\beta = 1.75 \times 10^{-8}$、日收益波动率为 $\bar{\sigma} = 4.18 \times 10^{-4}$,调整后的季波动率 $\sigma = 0.297$,置信水平为 $\alpha = 95\%$。利用 MATLAB 编程,并在程序中设定最大迭代次数 $M = 600$,迭代精度为 $\varepsilon = 10^{-6}$,最终得到的交易策略如图 7-1 所示。

投资者采用该交易策略,得到的 $LrVaR$ 为:

$$LrVaR = 8.47 \times 10^6 \qquad (7-28)$$

从图 7-1 可以看出基于 $LrVaR$ 最优变现策略的大致形状,不过,最优策略究竟具有何种表达式?单纯的数值解法和非显函数的近似解析表达式无法给出确切的答案。为此,7.4 节将利用变分法求出该最优策略的解析形式,以确定该最优策略的具体形状。

7.3.4　基于 $LrVaR$ 的最优策略与其他策略的比较

为从直观上说明,7.3.3 所求得的基于 $LrVaR$ 的最优变现策略是所有交易策略中使 $LrVaR$ 取最小值的交易策略,下面以线性、折线和下凸二次函数等三种策略作为例子,分别求出它们的 $LrVaR$,并与已经求得的基于 $LrVaR$ 的最优策略的 $LrVaR$ 做比较。这 3 种策略的表达式如下:

$$x_L(t) = Y + \left(1 - \frac{t}{T}\right)(X - Y)$$

$$x_C(t) = \begin{cases} \left(1 - \dfrac{t}{3}\right)Y & 0 \leqslant t \leqslant 3 \\[2mm] \dfrac{t-3}{T-3}Y & 3 < t \leqslant 5 \end{cases}$$

$$x_D(t) = \frac{2X}{T^2}t^2 - \frac{3X - Y}{T}t + X$$

图 7-2 给出了 3 种策略的图示。

在上述 3 种策略中,线性策略是最简单的形式,采用线性策略的投资者试图通过降低预期执行成本来降低 $LrVaR$ 值;折线策略中,投资者会首先按照线性策略将头寸规模下降至零头寸,而后,再按照线性策略进行买入操作,通过降低持有期内的波动性

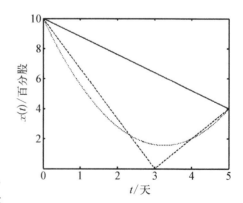

图 7-2　其他交易策略图示(线性策略、折线策略、下凸二次函数策略)

注:实线为线性策略,破折线为折线策略,虚线为下凸二次函数策略

风险来降低 $LrVaR$ 值；下凸二次函数策略中，投资者的目的同样是通过降低波动性风险来降低 $LrVaR$ 值。

表 7-2 比较了包括基于 $LrVaR$ 的最优变现策略在内的 4 种交易策略的 $LrVaR$，本节所求得的最优变现策略的 $LrVaR$ 值确实低于其他几种策略。从图 7-2 可以看出，下凸二次函数策略的形状与基于 $LrVaR$ 的最优变现策略的形状较为相似，在表 7-2 中，下凸二次函数策略的 $LrVaR$ 与最小 $LrVaR$ 值也较为接近。

表 7-2　不同交易策略 $LrVaR$ 的比较

	基于 $LrVaR$ 的最优变现策略	线性交易策略	折线交易策略	下凸二次函数交易策略
$LrVaR$	8.47×10^6	1.19×10^7	9.09×10^6	8.59×10^6

7.4　基于均值方差效用的流动性风险管理

7.4.1　问题的提出

假定所考虑的投资者在初始零时刻持有一种股票的头寸为 X，其中，他准备长期持有的头寸为 Y，一旦发生外部冲击，他必须在 T 个交易日内变现股票以获得现金，而且在变现期末他仍将持有 Y 头寸。在 7.3 中已经得到了基于 $LrVaR$ 的风险控制策略的解析解，但是这个风险控制策略的解析解是近似的非显性解。这一部分仍然在连续时间框架下，考虑只有一种资产价格服从算术布朗运动时，得到基于均值方差效用的风险控制策略。执行成本的期望和方差的表达式仍然为

$$\mathrm{E}[EC] = \frac{1}{2}\gamma(X^2 - Y^2) + \beta\int_0^T v^2(t)dt \tag{7-29}$$

$$\mathrm{V}[EC] = \int_0^T \sigma^2 x^2(t)dt \tag{7-30}$$

显然，$\mathrm{E}[EC]$ 和 $\mathrm{V}[EC]$ 为交易策略 $x(t)$ 的泛函。

对于具有均值方差效用的投资者而言，其损失效用泛函 $W(x(t))$ 为：

$$\begin{aligned}
W(x(t)) &= \mathrm{E}[EC] + \frac{\lambda}{2}\mathrm{V}[EC] \\
&= \frac{1}{2}\gamma(X^2 - Y^2) + \int_0^T \left(\beta v^2(t) + \frac{\lambda}{2}\sigma^2 x^2(t)\right)dt
\end{aligned} \tag{7-31}$$

其中，λ 为投资者的风险厌恶系数：

$$\begin{cases} \lambda > 0 & \text{投资者为风险厌恶的；} \\ \lambda = 0 & \text{投资者为风险中性的；} \\ \lambda < 0 & \text{投资者为风险喜好的。} \end{cases}$$

接下来只将风险厌恶型投资者作为研究对象，即只考虑 $\lambda > 0$ 的情况。

该投资者的决策目标是使得损失效用泛函最小化，则投资者变现的最优策略 $x^*(t)$ 满足：

$$x^*(t) = \underset{x(t)}{\operatorname{argmin}} \, W(x(t)) \tag{7-32}$$

7.4.2　基于均值方差效用的解析解

令

$$J(x(t)) = \int_0^T \left(\beta v^2(t) + \frac{\lambda}{2} \sigma^2 x^2(t) \right) dt$$

则 $x^*(t)$ 使得 $W(x(t))$ 取得最小值，等价于 $x^*(t)$ 使得指标泛函 $J(x(t))$ 取得最小值。

令

$$F(x(t)) = \beta v^2(t) + \frac{\lambda}{2} \sigma^2 x^2(t) \tag{7-33}$$

为使 $J(x(t))$ 取得最小值，$F(x(t))$ 应满足如下形式的欧拉方程：

$$\frac{\partial F}{\partial x} - \frac{d}{dt} \left(\frac{\partial F}{\partial \dot{x}} \right) = 0 \tag{7-34}$$

由于 $v(t) = -\dfrac{dx(t)}{dt}$，式(7-34)可化为：

$$\frac{\partial F}{\partial x} + \frac{d}{dt} \left(\frac{\partial F}{\partial v} \right) = 0 \tag{7-35}$$

将式(7-33)代入式(7-35)，并化简得到：

$$\ddot{x} = \frac{\lambda \sigma^2}{2\beta} x \tag{7-36}$$

当 $\lambda = 0$ 时，利用边界条件 $x(0) = X$，$x(T) = Y$，可得方程(7-36)的通解为：

$$x(t) = (Y - X) \frac{t}{T} + X \tag{7-37}$$

当 $\lambda > 0$ 时，方程(7-36)为二阶微分方程，利用边界条件 $x(0) = X$，$x(T) = Y$，可得通解为：

$$x(t) = \left(\frac{Y}{\sinh(\rho T)} - \frac{X}{\tanh(\rho T)} \right) \sinh(\rho t) + X \cosh(\rho t) \qquad (7-38)$$

其中，$\rho = \sqrt{\dfrac{\lambda \sigma^2}{2\beta}}$。

容易验证，当 $\lambda \to 0$ 时，

$$\lim_{\lambda \to 0} x(t) = (Y - X) \frac{t}{T} + X$$

与 $\lambda = 0$ 时的通解相同。

即当 $\lambda \geqslant 0$ 时，可以使得投资者损失效用泛函 $W(x(t))$ 最小的最优策略 $x^*(t)$ 为：

$$x^*(t) = \left(\frac{Y}{\sinh(\rho T)} - \frac{X}{\tanh(\rho T)} \right) \sinh(\rho t) + X \cosh(\rho t) \qquad (7-39)$$

式(7-39)表明，最优策略实际上是由 ρ 所确定的，故将 ρ 称为"形状参数"。

7.4.3 数值算例分析

本部分将利用实际市场的数据，给出投资者最优策略的实例和图示。

考虑某投资者在 2001 年 1 月 8 日持有 1 000 万股平安银行，他准备长期持有的头寸为 400 万股，一旦发生外部冲击，他必须在 5 个交易日内变现股票。考虑到他准备长期持有的头寸，则变现结束时他仍将持有 400 万头寸，首先假定变现期为 5 个交易日。则在零时刻和 $T = 5$ 时刻：

$$x(0) = X = 10^7, \quad x(T) = Y = 4 \times 10^6$$

利用 2000 年 10 月 9 日至 2000 年 12 月 31 日的分时数据得到永久冲击系数 γ、瞬时冲击系数 β 及调整后的日波动率 σ：

$$\gamma = 5.62 \times 10^{-8}, \quad \beta = 1.75 \times 10^{-8}, \quad \sigma = 0.297$$

假定投资者的风险厌恶系数为 $\lambda = 10^{-6}$，则形状参数为：

$$\rho = \sqrt{\frac{\lambda \sigma^2}{2\beta}} = 0.502 \qquad (7-40)$$

1）不同形状参数下最优策略的比较

图 7-3 给出了不同形状参数下的最优策略。

图 7-3 显示，当形状参数较大时，投资者会在变现初期迅速变现，甚至在一段时期内只持有低于目标头寸的股票，以降低所承受的风险，而后在临近变现期末转而买入以弥补与目标头寸的差额。

显然从式(7-40)和图 7-3 中可以看出，在变现中，投资者会以更快的速度变现波动性高、流动性好的股票，迅速降低这类股票的头寸，以便同时降低执行成本的期望和方差。而且，投资者的风险厌恶程度对最优交易策略具有重要影响，高度风险厌恶的投资者以预期执

行成本的增加为代价来降低所承受的执行成本的不确定性。市场中其他投资者进行相同方向的交易增加了执行成本，并使得原来的最优策略不再是最优的。$\lambda > 0$ 越大越厌恶风险，变现的速度越快，反之，变现速度越慢。

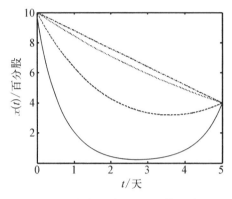

图 7 - 3　形状参数对最优交易策略的影响

注：图中实线、破折线、虚线分别为 $\rho = 1.588$、$\rho = 0.502$、$\rho = 0.159$，点划线表示 $\rho \to 0$ 的最优交易策略，即线性策略。

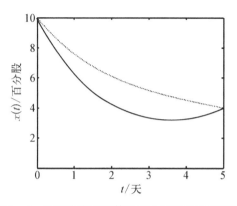

图 7 - 4　不完全变现和等价完全变现的最优策略

注：(1) 图中实线为不完全变现时的最优策略，虚线为等价完全变现的最优策略；(2) $\rho = 0.502$。

2) 不完全变现与完全变现控制策略比较

Almgren & Chriss(2000)在研究完全变现的最优策略时提出，可以将不完全变现转化为等价的完全变现问题。例如，初始头寸为 X、目标头寸为 Y 的不完全变现问题可以转化为等价的初始头寸为 $X - Y$ 的完全变现问题。我们认为两个问题之间存在较大的差异。图 7 - 4 比较了形状参数 $\rho = 0.502$ 时不完全变现和等价完全变现的最优策略。

在等价的完全变现中，投资者的头寸始终高于目标头寸，直至变现期末达到目标头寸；而在不完全变现中，投资者在变现初期迅速将头寸降至目标头寸以下，在临近变现期末时再行买入以补足与目标头寸的差额。

造成两种情况下最优策略差别的主要原因在于等价的完全变现中不考虑目标头寸那部分股票的波动性对执行成本方差的影响，而不完全变现时将这一因素考虑在内。这样，在不完全变现时，投资者有可能将头寸持有量降至目标头寸以下，以便降低风险，实现预期执行成本和所承受的执行成本不确定性之间的平衡，使得损失效用最小。仔细思考一下，只有当融资融券无限顺畅时，不完全变现和完全变现的最优控制策略才是完全等价的。事实上，这是一种非常理想的不现实的情况，因为融资融券不可能无限顺畅。

7.5　本章小结

本章分别在离散时间和连续时间框架下得出了考虑流动性风险的 VaR，即 $LrVaR$，然后，求得基于 $LrVaR$ 的只有一种资产的简化情况下的风险控制策略。这里所考虑的投资者

是以当前时刻的 $LrVaR$ 最小为决策目标制定未来可能变现时的交易策略，而在实践中，投资者的决策目标千差万别，在不同决策目标下的最优策略肯定存在较大差异，这无疑也是未来研究方向之一。同样道理，基于均值方差效用函数也得到了最优风险控制策略。而且最优风险控制策略是时间双曲正弦和双曲余弦函数的线性组合，属于指数函数族。投资者在对股票进行变现时，应当同时考虑预期执行成本和执行成本的不确定性，以控制流动性风险。本章研究了不完全变现时投资者基于均值方差效用的最优策略，在一定的假设下求得风险控制策略的解析形式，并利用实际市场中的数据给出了实例图示，最后还考察了市场中其他投资者的交易对执行成本的影响。结论表明，为实现预期执行成本和执行成本的不确定性之间的平衡，投资者会按照时间的双曲正弦和双曲余弦函数的线性组合进行交易，将组合头寸在规定的期限内降至目标头寸。通常情况下投资者组合中会包括多种资产，这些资产之间的相关性会使最优策略的求解变得更为复杂，组合中拥有多个资产时的最优策略及考虑时变、非线性价格冲击模型下的最优策略都是需要深入研究的。

复习思考题

1. 度量流动性的 3 个要素是什么？
2. 流动性与流动性风险有什么不同？

3. 在流动性风险管理中，如何运用形状参数 $\rho = \sqrt{\dfrac{\lambda \sigma^2}{2\beta}}$ 制定交易策略？对于建仓初期有什么特别意义？

4. 假设某一封闭式基金在到期清算前持有一揽子股票，市值是 15 亿美元，用 10 天把这一揽子股票全部变现为现金，市值却只有 12 亿美元。问：这 3 亿美元市值的损失是由什么原因造成的？为什么？

5. 基于均值方差效用的流动性风险管理与基于 $LrVaR$ 的流动性风险管理有什么异同点？

第 8 章
风险预算管理

风险预算管理作为一种新的风险管理理念和技术,已经在理论研究方面有了许多研究成果。它是风险度量和风险管理工具进一步发展的结果。目前风险预算理论在养老基金中得到了广泛的应用。风险预算作为一种新的风险管理方法,已经将资产配置从一个限制风险的防御型角色转变为一个优化风险的主动进攻型角色。它不仅要求对投资组合进行长期的战略资产配置,更是寄托于积极管理者,目标是通过发掘市场的失效点来追求超额收益,从而超越基准或市场指数。风险预算管理的关键在于能够适时地发现混沌世界金融市场的失效点,并且动态调整组合头寸达到投资收益最大化的目的。正是基于此目的,本章详细介绍了风险预算管理。8.1 介绍了交易行为与交易目标,8.2 介绍了风险预算管理的产生与发展、风险预算管理的概念和意义、风险预算管理的特征;8.3 介绍了风险预算管理的技术和流程,包括战略性资产分配、基准组合设计和投资经理结构与投资经理选择 3 个层次;8.4 介绍了风险预算管理应注意的问题。

8.1 交易行为目标

8.1.1 什么是交易行为

按照马克思政治经济学的观点,资本是一种可以带来剩余价值的价值。交易原意是指以物易物,现泛指买卖一切商品。交易行为就是指在市场买卖过程中参与主体的心理变化。在证券市场上的交易行为主要说明价格波动曲线背后参与各方的心理变化。交易行为与行为交易对应,行为交易就是指由于市场参与主体心理波动变化表现出的行为决策或动作。仅了解以上基本概念和定义是远远不够的,众所周知,人们之所以去交易,其目的并不是为了去买卖证券本身,而是为了买卖证券附加的"能够带来的收益"。我们看到几乎所有参与市场交易的人都是冲着这个"能够带来收益的"目标而来的。

那么有哪些交易行为呢? 交易行为有很多种分类方法,可以按照交易的期限分为短期交易、中期交易和长期交易;可以按照交易的动机分为保值性交易、套利性交易、投资性交易、投机性交易、赌博性交易、情绪性交易、操纵性交易和关联性交易;可以按照交易的依据分为基本面交易、技术面交易、被动性交易和内幕交易;其中最多的一种就是按照交易的动机分类。事实上,把交易行为按照交易的期限分为短期交易、中期交易和长期交易意义不大,因为对不同品种的交易和不同的交易者存在很大差异,比如对期货而言,短期交易就是指当日回转,不过夜,甚至 1 日可以有多次回转,中期交易也很少超过 10 天或半个月,长期交易更不会超过 3~5 个月,其中短期交易占大多数。对股票而言差异更大,有人认为短期交易就是 2~5 天,中期交易就是 3~5 周,长期交易就是 3~5 个月;也有人认为短期交易就是 2~5 周,中期交易就是 3~6 个月,长期交易就是 2~5 年,千差万别。对债券而言,认识也存在差异。更重要的是交易期限不是影响交易风险的主要因素。下面重点分析按照交易动机的分类和按照交易依据的分类。

1) 按照交易动机分类

保值性交易多发生在期货市场,主要以保值为目的,规避风险,降低成本,减少损失,这种交易的风险较小,在商品期货市场和股指期货市场占有一定的比例。

套利性交易主要是指通过套利模型分析,发现相关金融产品的正常关系发生扭曲,并相应地对一种证券做多,并对另一种证券做空。当价格变化且相关金融产品恢复正常关系时,两个头寸必然出现一个盈利一个亏损的情况,而且盈利大于亏损,这种多出来的盈利就是套利,这种交易避免了投资组合收益的大幅波动。简单说,其基本思想是找到两个相似的现金流,然后对便宜的现金流做多,对价格高的现金流做空。

投资性交易主要以价值投资为主,以获取高于银行存款收益的红利为目标,多为长期投资,追求长期稳定收益,这类投资者在新兴市场上占比不高。

投机性交易主要是以价差收益获利为目的,发现价格,承担风险,这类交易者在新兴市场上占多数。

赌博性交易就是类似于赌博或押宝一样,以赌某公司发布什么信息或国家经济政策使股票发生涨跌来进行交易,这类交易者多数损失多盈利少。

情绪性交易主要是以自己的心情、喜好和憎恶来交易,这种交易虽然不是主流,但在少数投资者中时有发生。

操纵性交易主要是指运用信息发布、行为参与或靠资金实力通过交易操纵市场或股票,这是法律所不允许的,是需要监管和打击的。操纵性交易的类型和手法多种多样:蛊惑交易操纵,是指行为人进行证券交易时,利用不真实、不准确、不完整或不确定的重大信息,诱导投资者在不了解事实真相的情况下做出投资决定,影响证券交易的价格或者交易量,以便通过期待的市场波动取得经济利益的行为;欺骗性交易行为是指经营者采用不正当手段从事市场交易,损害竞争对手的利益及消费者利益的行为;尾市交易操作,是指行为人在即将收市时,通过拉抬、打压或锁定手段,操纵证券收市价格的行为,还有对敲、逼空、轧空等。

2021 年 12 月初,证监会下发了一则针对个人投资者的行政处罚决定书。处罚决定书显示,因控制 71 个账户,操纵 4 只股票,51 岁的潘某被证监会罚没 4.46 亿元。这一案件刷新了 2021 年证监会对个人操纵市场行为的罚没金额纪录。据证监会披露,为实施操纵行为,潘某自行借入部分证券账户,并通过配资中介董某、王某配资借入部分证券账户,共控制并使用戴某等 71 个证券账户。其中,操纵"天铁股份"使用 31 个账户,操纵"嘉澳环保"使用 32 个账户,操纵"鼎捷软件"使用 42 个账户,操纵"瑞普生物"使用 49 个账户。

2021 年 9 月 24 日,证监会发布了 3 起市场操纵案的重大进展,涉嫌操纵"南岭民爆""今创集团""昊志机电"股票价格的相关人员已被抓捕归案,其中就包括了爆料中源家居涉嫌操纵股价的叶某。证监会新闻发言人表示,此次查办的市场操纵案件反映了操纵团伙与配资中介、市场掮客、股市"黑嘴"等相互勾结的灰黑利益链条,是近年来证监会"零容忍"打击的重点违法类型。

2020年,嘉美包装、仁东控股(见图8-1)等多只个股背后"杀猪盘"被曝光,涉嫌市场操纵的个人或团伙被追责。经证监会调查发现,私募基金实际控制人郑某及其团伙与配资中介合谋,借入近4亿元资金和80多个证券账户,以连续交易、对倒等方式大幅拉抬嘉美包装股票价格,并伙同股市"黑嘴",利用直播间、微信群诱骗投资者高价买入接盘,其反向卖出非法获利数千万元,涉嫌操纵市场、非法经营等违法犯罪行为。证监会已配合公安机关将郑某团伙23名主要成员抓捕归案。

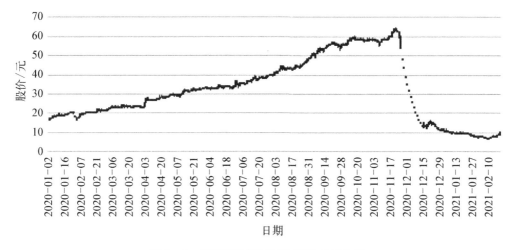

图 8-1   仁东控股(002647)2020 年日 k 线

2021年12月28日晚,昊志机电发布公告称,公司控股股东、实际控制人、副董事长、总经理汤某和公司董事、副总经理、董事会秘书、财务总监肖某因涉嫌操纵证券、期货市场罪被金华市公安局指定居所监视居住。相关事项尚待公安机关进一步调查。

类似的操纵性交易还很多,2022年2月16日晚间北京商报讯,杭可科技(688006)、＊ST广珠、巴安水务等3家上市公司相继披露了立案调查公告,其中被调查主体涉及上市公司、实控人等。截至2021年前三季度末,上述3家公司合计股东户数达6.87万户。浙江杭可科技股份有限公司在2月16日晚间披露公告称,公司实际控制人、董事长曹骥因配偶违规买卖公司股票导致其涉嫌短线交易,根据《中华人民共和国证券法》《中华人民共和国行政处罚法》等法律法规,证监会决定对其立案。＊ST广珠、巴安水务则均因涉嫌信息披露违法违规而被立案,其中巴安水务表示,公司及副董事长张春霖双双遭到证监会立案调查。

还有中国首例证券特别代表人诉讼案件康美药业案例,该案判决一出即引起业内广泛关注。该案由11名投资者启动,后续由中证中小投资者服务中心作为代表人参加诉讼。广州中院经审理后判令康美药业向5万多名投资者赔偿损失共约24.59亿元,康美药业部分高级管理人员、会计师事务所及合伙人承担100%连带赔偿责任,康美药业部分独立董事在一定范围内承担连带赔偿责任。康美药业判决生效后,各证券公司纷纷开展相应投资者教育活动,为投资者维权提供有力支持。

2022 年 5 月 15 日是全国投资者保护宣传日,中国证券业协会发布的《2021 年度证券公司投资者服务与保护报告》显示,证券公司积极落实,多措并举开展打击非法证券活动,切实维护投资者合法权益。通过制定专门的打非工作制度及工作流程,建立接入系统的非法证券活动甄别机制和持续核查机制,通过官方网站、客服热线等途径设立了非法证券活动投诉和举报单元。据不完全统计,共发现假冒仿冒证券公司网站、客服人员等非法证券活动信息 2 370 件,通过证券公司网站发布投资者风险提示公告、防范非法证券活动信息数量 8 127 条,开展以打非为主题的投资者教育宣讲活动 18 620 次,覆盖投资者超过 1 337 万人次。登记纠纷案件共 7 616 件,争议金额近百亿元。

关联性交易是指关联方直接转移资源、劳务或义务的行为,而不论是否收取价款。关联交易在市场经济条件下广为存在,但它与市场经济的基本原则却不相吻合。按市场经济原则,一切企业之间的交易都应该在市场竞争的原则下进行,而在关联交易中,由于交易双方存在各种各样的关联关系,有利益上的牵扯,交易并不是在完全公开竞争的条件下进行的。关联交易客观上可能给企业带来或好或坏的影响。从有利的方面讲,交易双方因存在关联关系,可以节约大量商业谈判等方面的交易成本,并可运用行政的力量保证商业合同的优先执行,从而提高交易效率。从不利的方面讲,由于关联交易方可以运用行政力量撮合交易的进行,从而有可能使交易的价格、方式等在非竞争的条件下出现不公正的情况,形成对股东或部分股东权益的侵犯。正是由于关联交易的普遍存在,以及它对企业经营状况有着重要影响,因此,全面规范关联方及关联交易的信息披露是非常有必要的。

2) 按照交易依据分类

大家可以思考一个问题:在股票市场和期货市场上,参与者是根据什么进行交易的?对于以投资和投机交易来获取收益为目的的交易者来说,交易依据分为基本面交易、技术面交易、被动性交易和内幕交易。

基本面交易是指根据国家的经济政策、宏观形势及上市公司的生产经营和财务指标的分析来决定交易的对象、时机和规模。这类交易者占主体地位。

技术面交易是指根据各类量价关系来进行交易,也就是根据各类技术指标进行交易,其理论基础是一切信息都反映在量价关系上,而且有滞后和超前的特征,常用的技术指标有趋势理论、价格平均线理论、MACD 指标、KDJ 指标等,依靠技术指标分析来进行交易的在市场上也不在少数。

被动性交易主要是交易者完全不懂基本面分析和技术分析,完全听信于亲属、朋友、专家和媒体的推荐和建议。

内幕交易是指掌握未公开的价格敏感信息的人,利用该信息进行的股票交易,目的是获取收益或减少损失。内幕交易行为是指,知悉证券交易内部信息的人员或非法获取证券交易内部信息的人员在涉及证券的发行、交易或其他对证券交易价格有重大影响的信息未公开前,买入或卖出该证券的行为。内幕交易行为具有如下特征。其一,违法行为主体具有特定性和广泛性,违法行为主体包括禁止证券交易的内幕信息知情人、内幕信息泄露人、非法获取内幕信息人、短线交易行为人、"老鼠仓"行为参与人等。《证券法》第 74 条还对内幕信息知情人作了归纳。其二,违法行为产生于对信息不对称的利用。即利用行为主体的特殊地位,在信息的获得和利用上形成不对称优势。因此,考虑到作为受害者的中小投资者处于弱势地位,故必须在法律制度上予以特殊保护。其三,违法行为具有隐蔽性和多样性,即违法行为主体充分利用证券交易制度中的种种不完善与执法不严,规避法律和反监管以获得非法收益。其四,内幕交易行为往往同虚假陈述行为、操纵市场行为相联系,相互配合,前后连接,互为因果。

根据上述交易行为的分类,不难看出保值性交易和套利性交易风险是不大的;被动性交易、赌博性交易和情绪化交易风险是极大的,是绝对不鼓励的,要坚决反对;操纵性交易和内幕交易是法律所不允许的,需要坚决打击;对关联性交易则需要加强监管。

8.1.2　交易目标

8.1.1 介绍了什么是交易行为和交易行为的分类,接下来我们要考虑的问题是：无论哪类交易行为,是否有交易目标? 如果有交易目标,那么交易目标是否合理? 有了清晰、明确、合理的交易目标,对交易行为有何影响? 首先来看撒普博士写的《通向金融王国的自由之路》书中一段对话,这是作者在芝加哥的奥黑尔菲尔德机场一次商务旅行快要结束时与萨姆的 10 分钟对话。

博士:我能帮你些什么,萨姆?

萨姆:哦,我就是觉得我的交易结果没上轨道。

博士:什么是"没上轨道"?

萨姆:我对我的结果不满意。

博士:你今年在市场中的交易目标是什么?

萨姆:哦,其实我并没有任何目标。

博士:你今年想在市场中实现什么?

萨姆:(停顿了很长一段时间后)我想用交易所得的利润为我妻子买一辆汽车。

博士:好的,那么你想买一辆什么样的汽车? 劳斯莱斯? 奔驰? 凌志? 还是敞篷小载货卡车? 你想给你妻子买什么样的车?

萨姆:哦,就是一种美国车,售价大概是 15 000 美元。

博士:很好。你想什么时候买这辆车?

萨姆:9 月份,在 3 个月内。

博士:好的。你的交易账户中有多少钱?

萨姆:大约 10 000 美元。

博士:那么说来,你想在 3 个月内让你的账户获利 150%?

萨姆:可能,我想是的。

博士:你有没有想过 3 个月内 150% 的回报率相当于每年几乎 1 000% 的回报率?

萨姆:没有想过。

博士:为了赚到那么多钱,你最多能够承受你的账户损失多少钱?

萨姆:我不知道。我真的没有想过这些。

博士:你可以承受损失 5 000 美元吗?

萨姆：不能，我不可能这么做的。这损失实在是太大了。

博士：那你能承受损失 2 500 美元吗？就是 25%。

萨姆：不能。还是很多。可能 10%左右。

博士：那就是说你想在 3 个月内从市场中获利 150%，却只愿意在此过程中承受 10% 的风险？

萨姆：是的。

博士：你有没有听说过有哪种交易方法可以连续地给你 15 比 1 的风险回报率？

萨姆：没有。

以上对话说明了什么，值得我们认真思考。这些问题与交易行为是什么关系？存在什么交易风险？对大多数交易者来说是否存在这些问题？为了系统分析这些问题，可以思考一下，在中国股票市场有接近 2 亿个投资账户，有多少是有投资目标的？在有投资目标的投资者中又有多少投资目标是理性和科学的？比如说有的投资者，投资股票 1 年内就想翻倍，也就是 100%的收益，而不想承担任何风险，这显然是不切实际的。那么，什么是科学合理的目标呢？虽然问题比较复杂，但是简单地说，就是综合考虑收益和风险之后，能够容易实现和接受的目标，它的科学性就体现在本章的风险预算当中，它的理性就体现在个体的风险偏好当中。换句话说，就是高风险高收益，低风险低收益，要想获得更高的收益，就必然准备承担更大的风险，只有做好承担更大风险的准备，才有可能获得更高的收益。具体的数量关系见 8.3。

8.2 风险预算管理概述

8.2.1 风险预算管理的产生与发展

整个风险管理理论发展至今，基本上可以分为 4 个阶段：第一个阶段是经验性质的风险管理方法；第二个阶段是基于投资组合理论，利用标准差和 Beta 值作为风险度量指标的风险管理方法；第三个阶段是 VaR 模型的应用；第四个阶段则是风险预算管理。

在现代投资组合理论诞生以前，早期的投资者们大多是依靠个人的主观经验来判断投资风险的大小，风险管理手段比较落后，人们往往只关注投资收益率，对风险的忽视相当普遍和严重。

1952 年"现代金融学之父"Harry Markowitz 把收益与风险这两个原本有些含糊的概念明确地表达成为具体的数学概念——均值与标准差。也就是说，若视证券的收益为一随机变量，则投资者期望获得的收益可以定义为这一随机变量的均值，投资风险则被定义为这一随机变量的标准差。在此基础上，Markowitz 建立了资产组合选择理论的基本框架。投资组合理论标志着现代金融经济学的诞生，从此，金融理论研究和金融投资实践步入了一个新的时代。

在此基础上，William Sharpe 和另外一些经济学家则在一般经济均衡的理论框架下，推导出了资本资产定价模型（CAPM）。特别是 Sharpe 所提出的单指数模型大大减少了均值方差模型的计算量,而在实践中得到了广泛的应用。现代投资组合理论和资本资产定价模型为投资风险管理提供了一个有力的工具,这一时期可以视为风险管理理论发展的第二个阶段,其标志就是以标准差和 Beta 值作为风险的度量指标。

20 世纪 70 年代以来,金融创新及金融衍生工具层出不穷。这些衍生产品本身也成了风险管理的有力武器。Black - Scholes 的期权定价公式是第二次"华尔街革命",在这次革命中,期权定价公式不仅为衍生产品的定价提供了一个利器,而且为现代风险管理——基于严格和全面的量化分析、适用于不同金融产品的第三个阶段的 VaR 风险管理方法的产生打下了坚实的基础。

90 年代以来,随着衍生金融工具及其交易的迅猛增长,市场风险显著放大。金融灾难的发生促使人们开始关注市场风险,并发展出了各种各样的市场风险测量与资本配置模型。其中最著名的当属 VaR 方法。VaR 方法带来了市场上金融风险管理的革命,使风险管理进入了全面风险管理的阶段。

虽然 VaR 的方法如此强大,它的出现使得风险管理有了崭新的面貌,但 VaR 也确实存在一定的局限性。这种局限性表现在两方面:一是 VaR 概念本身的内在局限性,如它只适用于可交易的资产与负债,只能度量市场风险而不能度量信用风险,而且没有考虑市场流动性风险等;二是计算 VaR 的统计方法的局限性,VaR 的测算是建立在统计假设和统计方法论基础上的,如果这些假设不符合实际,或者这些方法无法体现真实世界金融市场的复杂性,就会影响测算结果的准确性。因此,对于风险管理者来说,仅依赖于 VaR 是远远不够的。尤其对于机构投资者来说,往往拥有多个投资组合管理者,因此,他们更加关注风险管理的透明性以及风险的分配与控制,仅有 VaR 技术是不够的。他们希望了解投资组合管理者是如何产生价值的,积极收益产生的风险源是什么,如何建立机构投资的风险规划并在这些管理者之间进行风险配置和管理,等等。为了满足这种需求,金融界近年来兴起了一种新的风险管理技术——动态的、过程与结果并重的风险预算理论。

第四个阶段就是风险预算管理的出现,在以往风险管理的基础上,风险预算管理旨在将风险管理结合进整个投资过程中,形成一种全新的动态风险管理方法,使风险管理的工作变得更加主动。学术界对于风险预算的研究问题主要有资产负债比率、基准组合设计、时间周期、利率风险、管理者选择、风险分解、alpha 的配置,以及如何利用工具和系统来监管预算模型。同时风险预算也存在自身的缺陷:数据和统计上存在问题和不足,需要依赖历史数据,同时风险预算并不是一个简单的过程。尽管存在以上问题和缺陷,但是风险预算并不单是增加 alpha,它还带来了一些外围的利益,例如:能够更准确地理解风险,更多地关注对资产负债的研究,更好地理解在建立基准和投资决策过程中风险的作用等,投资收益和贡献水平的稳定性,更佳的管理者选择,更有效的平衡投资组合。

迄今为止,风险预算管理已经受到全球范围内的重视。风险预算理论从开始到现在发展了 10 年左右的时间,虽然已经取得了一定的研究成果,但是与那些历史悠久的风险管理方法相比,仍然欠缺一套完整的理论体系。国内外很多证据已经表明,风险预算在机构投资者中具有很大的用武之地,发展潜力巨大。风险预算方法在国外已经被广大的机构投资者所重视,尤其在养老基金中得到了很多应用,近年来,中国的机构投资者也开始关注并使用风险预算管理方法。

8.2.2　什么是风险预算管理

风险预算是一个分配稀缺资源的基本经济问题,不过这里的稀缺资源是可以接受和度量的投资风险。风险预算的目标就是,在投资者可以接受的风险水平下获得最大的收益。通常的风险预算定义认为,风险预算是度量和分解风险、在资产配置决策时加入风险度量,并且将预算的风险分配给投资组合经理,同时监测资产配置和投资组合管理人的过程。

风险预算的前提条件是风险分解,包括:① 辨别各种风险来源,即风险因子,比如证券收益、利率、汇率的波动;② 度量每一个风险因子、投资经理以及资产类别对于总风险的贡献程度;③ 将事后实现的风险和预期的风险进行比较;④ 识别愿意承担的风险与意外承担的风险。

通过风险分解,管理人能更好地理解风险是如何被设定和如何变化的,从而能更加有效地与投资经理交流。当投资风险过大时,投资人可以辨别哪些是不想要的风险,并在任何不好的结果出现之前发现投资经理是否偏离他们以前的投资风格。这对于提高资产配置的效率以及制定投资策略都有积极意义。

在风险分解的基础上,把风险精确地分配到各个因子、投资经理以及资产类别上,就称为风险配置或者风险预算。风险预算包括:① 给每种资产类别、投资经理和风险因子设定限制因素或风险预算,设定定量的风险;② 对各因子或资产类别、投资经理承担的风险进行度量;③ 比较风险预算与现行的各资产类别上所承担的风险;④ 调整资产配置,使风险保持在预算范围之内。

不过风险预算不仅仅是一些步骤和程序,广义来说,风险预算是一种投资组合管理的方法。普遍的观点认为,风险预算依赖于对风险的概率或统计度量,并且使用现代的风险和组合管理工具来管理风险。自然而然,可以用风险配置的思路代替传统的资产配置方法来考虑资产配置的问题。当然,也可以用传统的资产配置方法,即投资于每类资产占组合的百分比。但是通过风险预算,可以看到传统的资产配置方法只是前面提到的资产预算过程的一种近似而已,其中的组合权重代替了风险度量。与传统方法相比,风险预算的优点在于它清楚所承担的风险,并且承认风险是随着时间变化的。除此之外,风险预算也比较自然地用于一些非传统类型的资产,比如对冲基金。与传统资产类别不同,这类投资基金经常采取高杠杆的投资策略,因此,如果不关注其风险,就很难度量这类基金的投资绩效。

学术界尚存争议的是风险预算是否可以作为投资和组合管理的更为有效的方法。这不是风险预算的定义是否准确的问题,也不是风险预算从成本上考虑是否有效的问题,这些争论之所以产生是由于投资人和组合管理人持不同的观点。

反对风险预算的观点认为,风险的计算以及风险的分解和风险预算过程需要大量的人力物力,并且,数量度量工具,比如 VaR,本身也存在不足和错误之处。理性的人认为,即使风险预算用于组合管理比较合适,但是也会觉得它的花费是不值得的。也就是说,由风险预算提供的关于组合风险的额外信息以及对组合风险的理解并为之付出的成本,是得不偿失的。但是随着时间的推移,风险管理教育的加强和知识的普及,以及风险度量系统的改进,提高了风险预算带来的收益,降低了风险预算的成本。

8.2.3 风险预算管理的意义

风险预算管理作为一种风险管理方法,突破了传统的风险管理,将风险管理和投资过程系统地结合起来,成为事前、事中和事后并重的一种全新的风险管理模式。风险预算是风险管理的革命。

由于中国证券市场长期以来的不规范以及投资者风险意识不足,投资者以及投资组合管理者对风险并不重视,而仅仅把注意力放在收益上。在市场发生变化(尤其是下跌)时,这样的投资理念往往会使投资者和管理者束手无策。2007 年开始的一轮下跌中,中国股票市场指数跌幅达 2/3,众多机构投资者和个人投资者亏损累累,这一惨痛的现实已使部分机构投资者开始将风险因素纳入投资组合管理中,资产配置逐渐得到业界的重视和应用。十几年来,国内已经有一些机构投资者开始重视对风险预算的研究,并尝试应用于投资实践中。国内第一只风险预算基金——湘财荷银风险预算混合型基金已在全国范围内正式发行,该基金采用从荷兰银行引进的最新风险预算技术,依托荷兰银行专门开发的相关专用软件(LIBRA 软件)对投资决策的风险进行事前测算和事中、事后控制。风险预算是一种新的风险管理理念,将会有效提高国内机构投资者和个人投资者的风险意识和风险管理能力。中国证券业正同时面临着巨大的机遇与挑战,大胆利用国外先进的风险管理新技术和新方法是国内证券业发展中必须引起高度重视的问题。

8.2.4 风险预算管理的特征

作为一种新的风险管理手段,风险预算具有鲜明的特征。风险预算的优点主要在于其能清楚地向风险管理人员呈现所承担的风险,而实际运用中的难点,恰恰在于风险的计算与风险的分解。

事实上,人们对风险本质认识上的差别,会产生风险理论研究方法上的差异,从而导致不同的风险管理理论框架体系,由此,也会形成迥然不同的处理风险问题的思路和方法,导致不同的风险管理理念和策略。人类对风险本质的认识也是随着社会的不断进步和发展而逐步深入的,从传统资产配置理论到风险预算方法的转变过程正是这一认识发生变化的结果。

早期的风险研究一般都是把"风险"与"危险"等同起来。研究的核心是设法消除和规避危险。其中心思想是为了抵御自然界和意外事件对人们造成的危害,保证人们的正常生产和活动得以进行,日常生活得以保障。后来,随着研究的逐步深入,人们将风险与损失的不确定性联系起来,使风险理论的研究由主要侧重自然的危险转向主要着眼于经济活动中损失的不确定性。特别是在自 20 世纪初的经济大萧条以后,经济危机这个魔鬼就始终周期性地伴随着商品经济和市场经济的发展过程:工厂倒闭、工人失业、生产过剩、经济衰退,使整个社会财富遭受了巨大损失。因此,人们开始从对自然风险的防范向寻求最有效地规避经济活动中的风险转变。这样,就萌发了以控制和规避风险为主要内容的资产配置方法研究。

不过,这一风险研究核心内容的转变并没有使风险理论研究产生质的变化。因为这种变化只是研究的对象主要由过去的自然界转变为经济活动,而无论是自然界的危险还是经济活动中的不确定性危害,都是风险不利性的单向结果。但是,问题的实质在于不确定性带来的并不都是利益损失,在很多情况下,不确定性所形成的恰恰是利益增加。所以,在风险预算下将风险的本质归结为利益风险,风险理论的研究就发生了根本改变,而这种改变具有重要的理论创新意义。

首先,风险理论研究的对象发生了根本改变。把风险的本质归结为利益风险,就是说,由于经济活动中风险的存在,其结果就不再是单向的,而是双向的,既可能出现利益的损失,又可能出现利益的增加。

其次,风险的性质发生了根本性改变。当风险研究的内容包括风险利益时,风险就由一种被动性、消极性的事物转变而成为一种主动性、积极性的事物,即通过冒险获取超额利益(利润),在很大程度上,就成为值得推崇和效仿的进取性和创造性的行为。"风险投资"应该是这种行为和理念的最好阐释。这时,风险的性质发生了根本性改变。

再次,风险研究的重心发生了根本性改变。当风险研究的核心是危险和损失时,风险理论研究的重心是如何使风险损失最小化的问题。但是,在风险研究的对象包括风险利益时,获取风险利益,就成为人们追求的目的。而风险损失的防范和规避则成为获取更大风险利益的手段,因此,风险理论研究的重心自然转到了风险利益最大化方面。

最后,有关风险的观点发生了根本性转变。因为,风险不仅存在危险或损失这一单向性结果,它还有可能获取风险利益,而且风险越大,收益也越大。这时,人们就会对风险产生偏好,愿意从事风险性的经济活动。正是因为人们对风险认识的这一根本性转变,使得只注重风险的规避和控制,而忽视风险的获利性的传统资产配置理论不能适应现代投资组合发展的需要。风险预算作为一种新的风险管理方法,它适应了当今投资者资产组合的要求,摆脱了传统资产配置的束缚,不仅可以用于对资产进行有效配置,还可以用于对风险这一稀缺资源进行最优配置,从而实现在总风险规划下最大化投资组合收益的目的。

8.3　风险预算方法

8.3.1　风险预算管理的流程

在风险预算过程当中,有三个主要的层次:一是战略性资产分配,二是基准组合设计,三是投资经理结构与投资经理选择。在第一个层次,最重要的是确定资产类别,比如债券、股票以及其他可选择的资产。这是风险预算中的主要决策。第二个层次是设计基准组合,也即选定投资的工具范围,如确定投资的股票库。这个投资的股票库就类似于一个新的"小型的市场组合",它的收益率就被当作基准收益。在第三个层次,投资人可以选择被动投资,完全跟踪战略性基准组合;也可以选择积极投资,设计合适的投资经理结构,选择适当的投资经理。不同的投资经理结构有着不同的风险收益,也可以用类似于资产配置的方法来优化。对于基金经理而言,风险预算不再将他们的投资目标单纯地设定为打败基准,而是要求他们在给定的风险范围内,尽可能获取相对于基准的超额收益。如果投资者决定要求某一个基金经理承担更多的风险,以获取更大的收益,只需要给这一个基金经理分配更多的跟踪误差;如果投资者觉得某一个基金经理承担的风险过大,需要适当减少,只需要分配给这个基金经理更少的跟踪误差即可。通过风险预算,原有的对于基金经理的积极管理策略,变成了基金经理在预先设定好的风险结构内获取最大收益的投资策略。

所有这些风险预算和风险分解的问题都可以用模型来解决。模型的核心是一些关于收益、方差以及各类资产收益率之间的相关系数的假设。对于每一种决策,模型可以得到如下结果:① 相对于无风险头寸的积极回报率(超额收益);② 跟踪误差(或者积极风险);③ 信息系数(积极回报/积极风险);④ 以货币形式表示的实际期望收益和可能的损失(VaR)。

超额收益指的是超过无风险资产的收益,积极风险指的是经理人由于采取积极的投资策略而承担的额外的超过基准组合的风险,积极回报是指积极策略下经理人获得的超过基准组合的收益,VaR 是选定的一种度量风险的工具,当然这里度量风险也可以选择其他的工具,比如标准差等。

可以将风险预算的流程大致归为以下步骤:设定风险预算,也即设定在一定时段内基金可以承担的最大风险;然后将愿意承担的风险这种“稀缺资源”在资产种类或基金经理中进行分配,这种分配通常是基于一定的模型计算出来的;进行战略性资产配置,也即进行资产配置,包括不同风险、不同长短期限资产的选择等;设计基准,选定股票库;基于风险预算,确定投资经理构成;根据投资经理的特征,选择合适的投资经理;进行风险收益综合衡量业绩的监督与控制;反馈调整。上述步骤如图 8 - 2 所示。风险预算的过程就是通过三个层次的投资配置、对每一个环节的风险进行监控以及对风险进行分配来实现的。因此,风险预算管理是一种实时的、动态的、积极的风险管理方法。

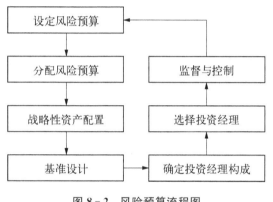

图 8 - 2   风险预算流程图

8.3.2   总体风险的确定及组成

某一个时间段,同一金融资产所带来的风险是相同的,但投资者的风险承受能力却是千差万别的,投资者可以承担的总风险取决于投资人的财务状况和非财务状况以及投资限制等方面的影响,因而其衡量也较为困难。

1)投资人的财务状况

投资人的财务状况主要是指投资人的资产负债性质。

对于保险公司、养老基金在内的存在债务压力的投资人来说,负债的性质决定了投资人对未来现金流的最低要求。投资人在设定投资目标时,必须考虑自身的负债性质。因而资产管理人在选择其投资组合中的资产类型时,负债的性质就成为其主要的考虑因素了。所谓负债的性质指的是投资人支付时间和金额的确定与否。例如银行定期存款属于负债金额和偿还时间均确定的金融资产,而人寿保险合同的负债金额确定但偿还时间不确定。与此同时,由于一些安排的存在,即使是确定支付金额或者确定支付时间的负债,也有可能在某些情况下变得不确定,如定期存款的提前支取,这使得投资人在正常的资产负债管理之外,还需要准备一定数量的现金储备以应付不确定性的赎回,用于投资的资金来源与资金性质也会影响投资人的风险承受能力。

2）投资人的非财务状况

非财务状况主要是指投资人的心理因素，尤其是指投资人的风险偏好。如果投资人属于风险偏好类型的，则其风险承受能力将较高；反之，如果投资人属于风险厌恶类型的，则其风险承受能力必然较低。心理因素对风险承受能力的影响在个人投资者中表现得比较明显。投资者是否属于风险规避型的，其程度如何，这些因素都将影响投资人的风险偏好。在机构投资者方面，机构的行为方式与风格，主要取决于决策者的心理因素和投资风格等。这些因素都将影响投资人的风险偏好，进而影响其风险承受能力。

3）投资限制

投资限制是指投资者由于自身的某种特性而在某些领域的投资受到限制。这些限制可能来自法律法规，也可能来自外汇管制、股东要求等具体因素。例如，法律法规可能对养老金的投资范围进行了较为严格的限制，不允许其投资于高风险的期货市场。又如，在中国外汇管制的情况下，国际股票投资或者债券投资就将受到限制，外国投资者也很难进入国内市场，因而不能把这一市场纳入国际资产配置的范畴之内。在某些情况下，公司股东还将对投资范围进行明确的界定。因此，必须充分了解投资者在短期、中期和长期投资时所受到的金融和非金融限制因素。

4）总风险的度量

确定总体风险承受度时，在考虑以上这些因素后，必须把这些因素转化为数量指标。风险本身可以有很多的方法来度量，每个指标都有其优点，也有其缺点，但都不完善。选择风险度量工具需要注意以下两点。第一，也是最重要的一点，就是要选择操作性强、可比性好，并且可以加总的风险度量工具。第二，在整个风险预算过程中，所有的投资组合使用的风险度量工具应该是一致的。风险度量工具如表 8-1 所示。

表 8-1 风险度量工具

风险度量工具	定　　义
标准差/方差	收益率偏离平均收益的程度
跟踪误差/积极风险	积极收益的标准差
Beta 系数	对市场变化的灵敏度
下行风险	小于平均收益的标准差
信息系数	积极收益/积极风险
VaR	给定置信区间的一个持有期内最坏的预期损失

在选定了一个合适的风险度量工具后，可以把投资者的总风险承受度转化为用这种工具表达的形式。例如选择跟踪误差这个风险度量指标后，可以设定总风险水平为每年 9%～10%（相对于无风险资产）。最优的风险水平应该跟投资者的风险承受能力完全一致。

与风险预算的三个层次相对应,总风险由战略性风险、结构性风险和投资经理(积极)风险构成(见图 8 - 3)。

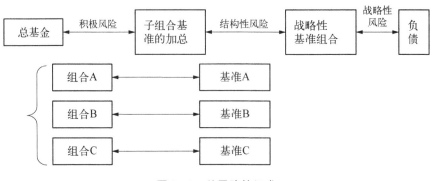

图 8 - 3　总风险的组成

积极风险是指积极的投资经理为了达到战胜基准的目标所承担的风险。经验证明,总风险中,如果以跟踪误差来表示,由积极管理和投资经理选择带来的风险大约为 0%～5%,大多数基金的风险水平为 2% 左右;

战略性风险是基准中应该包含哪些资产的决定(资产配置)所带来的风险。与 2% 的积极风险相比,战略性风险要大得多。一般为 10%～20%。结构性风险是由于总的基准和每个资产的子部分的基准加总可能不一致的风险。如果投资规模不是太小的话,结构性风险一般都非常小。

图 8 - 3 中,基金的资产,经过战略性资产分配后,选定了整个基金的基准组合,从而就产生了所谓的战略性风险;而总的基金将被分配到各个基金经理手中,从而形成新的“子基金”,每一个“子基金”也会在总体的基准之上,形成一个新的基准,如图中的组合 A、组合 B 和组合 C 分别对应了基准 A、基准 B 和基准 C;这几个基准所形成的风险之和与原有的基准风险有一定的差距,这个差距就是结构性风险;而每一个基金经理,为了打败市场,所承担的超过了基准 A、基准 B、基准 C 的风险就是积极风险。这些风险加在一起,就是这只基金的总风险。

因此风险预算可以分成两步:一是把总风险分解为战略性风险和积极性风险;二是把积极性风险分配给各个投资经理,这需要对投资经理进行风格分析。这样可以保证挑选到每种投资风格中最好的经理,并且使基金整体的投资风格比较中性。尽管在中国,投资经理的风格并不明显,但是至少可以保证在选择多个投资经理时,不会过分集中于某种风格。

8.3.3　风险配置

战略性风险是资产配置带来的风险,而总风险的配置就是资产配置,因此资产配置是投资管理过程中最为关键的环节,战略性风险也是总风险的最主要来源。资产配置的目标在于以资产类别的历史表现与投资人的风险偏好为基础,降低风险,提高收益,构造最优的投资组合。一般来说,通过资产配置,可以提高组合的长期期望收益。然而天下没有免费的午餐,提高期望收益的资产配置必然导致组合的系统风险上升。

进行资产配置时,最重要的是要考虑投资人的风险承受能力。也就是说,为了提高长期收益,他们愿意承担多大的风险。实际上,决策制定人的行为也是资产配置中风险的来源之一。积极风险管理的确定与此不同。积极风险远远小于战略性风险,当两者结合时,被大大分散了。积极风险管理的关键问题是,投资人是否相信积极风险管理会产生正的超额收益,或者更加确切地说,他们是否相信,基金经理们可以挑选出能够带来正的超额收益的资产组合。如果他们相信的话,那么由于承担积极风险而带来的收益也是相当可观的。

资产配置有多种方法,但通常都有以下步骤:① 设定资产类别集(如股票、债券、现金等);② 预期的长期投资特征,比如收益、方差、相关系数等;③ 在客户的限制条件下,找到有效组合集;④ 描述这些有效组合的风险收益特征及结果,从中选择最优组合。

Markowitz 投资组合理论是当今投资界进行投资资产配置的主流方法,采用的均值—方差模型,是以概率中的方差或标准差来度量风险的大小,并假定在没有交易成本的有效市场中,由资产持有人的效用函数 EU 出发,假定投资者力求在一定风险下获取最大收益或在一定收益下承担最小风险,推导出达到收益风险最佳平衡的资产组合,如式(8-1)所示。投资者只要提供资产的期望收益、风险矩阵和风险规避系数,就可以通过数学规划求解优化式(8-1),得到最适合的资产配置。

$$\begin{cases} \max EU = R_p - \dfrac{1}{\lambda} \cdot \sigma_p^2 \\ \text{s. t.} \quad \displaystyle\sum_{i=1}^{N} w_i = 1 \end{cases} \quad (8-1)$$

其中,EU 为效用函数;R_p 表示资产组合的期望收益;σ_p^2 表示资产组合的风险,用方差表示;w_i 表示第 i 种资产的权重;λ 为风险规避系数,λ 越小越厌恶风险,λ 的经济意义是每获得 1 个单位的超额收益需要承担的风险,同样 $1/\lambda$ 的经济意义是每承担 1 个单位的风险获得的超额收益。

Sharpe(2002)利用 Markowitz 有效资产组合的特性,给出了风险贡献率的表达式:

$$c_i = \frac{w_i \cdot \sigma_{i,p}}{\sigma_p^2} \quad (8-2)$$

其中,c_i 是资产 i 的风险贡献率,w_i 是资产 i 在 Markowitz 有效资产组合中的权重,$\sigma_{i,p}$ 表示资产 i 和资产组合之间的协方差。

在求解 Markowitz 的均值—方差模型时,一般会使用拉格朗日乘数法,构造辅助函数:

$$F(w_1, w_2, \cdots, w_N, \gamma) = R_p - \frac{\sigma_p^2}{\lambda} - \gamma\left(\sum_{i=1}^{N} w_i - 1\right) \quad (8-3)$$

由此,原问题转化为辅助函数的极大值问题。对辅助函数求一阶偏导后,可得

$$\begin{cases} \dfrac{\partial F}{\partial w_i} = \dfrac{\partial R_p}{\partial w_i} - \dfrac{\partial \sigma_p^2}{\lambda \partial w_i} - \gamma = R_i - \dfrac{1}{\lambda} MR_i - \gamma = 0 \\ \dfrac{\partial F}{\partial \gamma} = 1 - \displaystyle\sum_i w_i = 0 \end{cases}$$

整理得

$$\begin{cases} R_i - \dfrac{1}{\lambda}MR_i = \gamma \\ \sum\limits_i w_i = 1 \end{cases} \Rightarrow MR_i = \lambda(R_i - \gamma) \tag{8-4}$$

其中，$MR_i = \dfrac{\partial \sigma_p^2}{\partial w_i}$ 就是第 3 章讲的边际风险，测度当资产 i 每增加 1 单位时，对总体风险的贡献。

原问题的边际效用为：

$$MEU_i = \frac{\partial EU}{\partial w_i} = \frac{\partial R_p}{\partial w_i} - \frac{1}{\lambda} \frac{\partial \sigma_p^2}{\partial w_i} = R_i - \frac{1}{\lambda}MR_i = \gamma \tag{8-5}$$

所以，资产 i 的边际风险为：

$$MR_i = \lambda(R_i - \gamma) \tag{8-6}$$

当组合中存在某一无风险资产时，由于无风险资产的边际风险始终为 0，因此对于无风险资产有：$MR_f = \lambda(R_f - \gamma) = 0$，因此，$\gamma$ 就是这一无风险资产的收益率，也即 $\gamma - R_f$。

所以有

$$MR_i = \lambda(R_i - R_f) \tag{8-7}$$

由于式$(8-2)$中的 w_i 是资产 i 在 Markowitz 有效资产组合中的权重，是 Markowitz 均值—方差模型的解，因此资产 i 的边际风险 MR_i 符合$(8-7)$式。

由于 w_i 是式子$(8-1)$的解，那么$(8-7)$可以用矩阵形式可以表示为：

$$MR = \frac{\partial \sigma_p^2}{\partial W} = \frac{\partial}{\partial W}(W^\tau \Sigma W) = 2\Sigma W = 2W^\tau \Sigma \tag{8-8}$$

$$MR = 2\Sigma W = \lambda(R - ER_f)$$

解得：$W = \dfrac{1}{2}\lambda \Sigma^{-1}(R - ER_f) = \dfrac{\lambda \tilde{\Sigma}(R - ER_f)}{2|\Sigma|}$。

其中，$E = (1, 1, \cdots, 1)^\tau$ 表示元素都是 1 的 N 维向量，W，Σ，R 如第 3 章第 1 节所述，$\tilde{\Sigma}$ 是方差协方差矩阵 Σ 的伴随矩阵，$|\Sigma|$ 表示矩阵取行列式。

求解优化式$(8-1)$，可以证明风险贡献率与收益贡献率必然相等。

根据风险贡献率的定义，资产 i 的风险贡献率为

$$c_i = \frac{w_i MR_i}{\sum w_i MR_i} = \frac{w_i(R_i - R_f)}{\sum w_i(R_i - R_f)} \tag{8-9}$$

把 $MR_i = \lambda(R_i - R_f)$ 代入式$(8-9)$中得

$$c_i = \frac{w_i MR_i}{\sum w_i MR_i} = \frac{\lambda w_i (R_i - R_f)}{\sum \lambda w_i (R_i - R_f)} = \frac{w_i \cdot (R_i - R_f)}{\sum w_i \cdot (R_i - R_f)}$$

因此,风险贡献率与收益贡献率必相等。

另外,根据 $MR_i = 2\sigma_{i,p}$,并且 $\beta_i = \dfrac{\text{cov}(R_i, R_p)}{\sigma_p^2} = \dfrac{\sigma_{i,p}}{\sigma_p^2} = \dfrac{MR_i}{2\sigma_p^2}$,所以有 $MR_i = 2\beta_i \sigma_p^2$。

$$c_i = \frac{w_i MR_i}{\sum w_i MR_i} = \frac{2 w_i \beta_i \sigma_p^2}{\sum 2 w_i \beta_i \sigma_p^2} = \frac{w_i \sigma_{i,p}/\sigma_p}{\sum w_i \sigma_{i,p}/\sigma_p} = \frac{w_i \sigma_{i,p}}{\sum w_i \sigma_{i,p}} = \frac{w_i \sigma_{i,p}}{\sigma_p^2} \tag{8-10}$$

同样可以证明风险贡献率与收益贡献率必相等。

从式(8-7)和式(8-8)中可以看出,资产 i 的边际风险 MR_i 的表达式含有 $1/\lambda$ 这一乘数,向量 W 中的每个分量也都含有 λ 这一乘数,因此在计算风险贡献率 c_i 时,会将分子和分母中的 λ 抵消掉,也即 Markowitz 均值—方差模型下的资产组合中的任意一种资产的风险贡献率与 λ 无关,仅由资产的期望收益和协方差确定。所以,当风险规避系数不同时,不同的资产配置方案具有相同的风险分配比例,使得 Markowitz 均值—方差模型下的同一种资产的风险贡献率,或者说是风险预算值始终相等。

接下来考察如何基于风险预算进行资产组合配置。首先要将资产分为风险资产和无风险资产两类,这是因为无风险资产的多少不会影响资产组合的风险,其风险预算或风险贡献率与其价值权重无关,始终为零。由此,就得到一个简单的只有两种资产的 Markowitz 有效资产组合方程:

$$\begin{cases} \max EU = w_f R_f + w_r R_r - \dfrac{1}{\lambda} \sigma_p^2 \\ s.t. \ w_f + w_r = 1 \end{cases} \tag{8-11}$$

其中, w_f、w_r 分别表示无风险资产和风险资产的权重, R_f 和 R_r 分别表示这两类资产的期望收益率, λ 表示风险规避系数, σ_p^2 是资产组合的风险,用方差表示。由于无风险资产不会对资产组合增加任何风险,因此 σ_p^2 也就是风险资产承担的风险,所以有 $\sigma_p^2 = w_r^2 \sigma_r^2$, σ_r^2 表示风险资产的方差。

求解式(8-11),得到无风险资产和风险资产的权重分别为:

$$\begin{cases} w_f = 1 - \lambda \dfrac{R_r - R_f}{2\sigma_r^2} \\ w_r = \lambda \dfrac{R_r - R_f}{2\sigma_r^2} \end{cases} \tag{8-12}$$

从式中可以看出,只要知道风险资产收益率 R_r 和风险资产方差 σ_r^2,就可以计算出无风险资产和风险资产的权重。而由于无风险资产不会产生风险,因此,风险在风险资产中的分配对风险资产权重的影响就是需要研究的重点。我们希望能够用设定好的风险贡献率,表示投资者对风险预算的需求,从而计算出风险资产的权重配置。值得注意的是,这里提到的收益贡献率指的是相对于无风险收益的超额收益的贡献率。这样,无风险资产的风险贡献率与收益贡献率都是零。

从式(8-9)可以看出 $\dfrac{w_i(R_i-R_f)}{\sum w_i(R_i-R_f)}$ 正是资产 i 的超额收益贡献率。由于在资产最优配置下,资产的收益贡献率之比等于资产的风险贡献率之比,并且 $c_i=\dfrac{w_i(R_i-R_f)}{\sum w_i(R_i-R_f)}$,所以对于任意两种风险资产 i 和 j 而言,它们的风险贡献率之比为:

$$\frac{c_i}{c_j}=\frac{w_i MR_i}{\sum w_i MR_i}\Big/\frac{w_i MR_i}{\sum w_i MR_i}=\frac{w_i(R_i-R_f)}{w_j(R_j-R_f)} \tag{8-13}$$

可以推出:

$$w_i=\frac{w_j c_i(R_j-R_f)}{c_j(R_i-R_f)} \tag{8-14}$$

由于 w_i 有 $\sum_i w_i=w_r$,由式(8-14)可以求出:

$$\sum_i \frac{w_j c_i(R_j-R_f)}{c_j(R_i-R_f)}=w_r \tag{8-15}$$

可以将 $\dfrac{w_j(R_j-R_f)}{c_j}$ 提到求和号外面,得到:$\dfrac{w_j(R_j-R_f)}{c_j}\sum_i \dfrac{c_i}{(R_i-R_f)}=w_r$。两边同时除 $\dfrac{(R_j-R_f)}{c_j}\sum_i \dfrac{c_i}{(R_i-R_f)}=w_r$ 得到:

$$w_j=w_r\frac{c_j}{(R_j-R_f)}\Big/\sum_i \frac{c_i}{(R_i-R_f)} \tag{8-16}$$

所以风险资产的权重可以表示为:

$$w_i=k\times w_r\times \frac{c_j}{R_j-R_f} \tag{8-17}$$

其中,$k=1/\sum_i \dfrac{c_i}{(R_i-R_f)}$,风险资产的收益率为

$$R_r=\frac{\sum_i w_i R_i}{\omega_r}=k\sum_i \frac{c_i R_i}{R_i-R_f}, \tag{8-18}$$

风险资产的方差为

$$\sigma_r^2=\frac{1}{w_r^2}\sum_i\sum_j w_i w_j\sigma_{ij}=k^2\sum_i\sum_j \frac{c_i}{R_i-R_f}\frac{c_j}{R_j-R_f}\sigma_{ij} \tag{8-19}$$

根据上述分析,可以得到在既定风险贡献的情况下,有效资产组合权重为:

$$
\begin{cases}
w_f = 1 - \lambda \dfrac{R_r - R_f}{2\sigma_r^2} \\[2mm]
w_r = \lambda \dfrac{R_r - R_f}{2\sigma_r^2} \\[2mm]
w_i = k \times w_r \times \dfrac{c_i}{R_i - R_f}
\end{cases}
\tag{8-20}
$$

其中,
$$
\begin{cases}
R_r = k \cdot \sum_i \dfrac{c_i \cdot R_i}{R_r - R_f} \\[2mm]
\sigma_r^2 = k^2 \sum_i \sum_j \dfrac{c_i}{R_i - R_f} \dfrac{c_j}{R_j - R_f} \sigma_{ij} \\[2mm]
k = 1 / \sum_i \dfrac{c_i}{(R_i - R_f)}
\end{cases}
$$

这样,投资者除了要提供资产的期望收益、风险矩阵和风险规避系数,还可以根据自己的风险预算需求,额外加入有计划的风险贡献率作为条件,求解得到最适合自己的资产配置方案,这就是基于风险预算理论的资产配置方法。

8.3.4　算例分析

下面给出一个简单的例子,对基于风险预算的资产配置方法进行简单的阐释。假设资产组合中有 3 种资产,其收益、风险情况如表 8-2 所示,方差—协方差矩阵如表 8-3 所示:

表 8-2　三种资产的收益与风险情况表

资　产	收　益　率	标　准　差
现金	0.02	0
债券	0.04	0.10
股票	0.10	0.18

表 8-3　方差—协方差矩阵

资　产	现　金	债　券	股　票
现金	1	0	0
债券	0	0.01	0.007 2
股票	0	0.007 2	0.032 4

在 2 维情况下公式(8-8)可以写成

$$\begin{bmatrix} w_1\sigma_1^2 + w_2\sigma_{1.2} \\ w_2\sigma_2^2 + w_1\sigma_{1.2} \end{bmatrix} = \frac{1}{2}\begin{bmatrix} \lambda(R_1 - R_f) \\ \lambda(R_2 - R_f) \end{bmatrix} \tag{8-21}$$

解二元一次方程组(8-21)得

$$\begin{bmatrix} w_1 \\ w_2 \end{bmatrix} = \frac{\lambda}{2}\begin{bmatrix} \sigma_1^2 & \sigma_{12} \\ \sigma_{12} & \sigma_2^2 \end{bmatrix}^{-1}\begin{bmatrix} R_1 - R_f \\ R_2 - R_f \end{bmatrix} \tag{8-22}$$

下面分别给出风险厌恶系数 $\lambda = 0.5$，$\lambda = 0.7$，$\lambda = 0.81$ 和 $\lambda = 2.5$ 情况下的资产配置策略、风险预算、风险贡献率和边际风险。从表 8-4 到表 8-7 中明显看出无论资产如何分配，只要满足优化式(8-1)，风险贡献率和收益贡献率都是不变的，而且 λ 越小，投资在无风险资产的比重就越大，反之，投资在无风险资产的比重就越小。具体结果见表 8-4、表 8-5、表 8-6 和表 8-7。

表 8-4　风险厌恶系数为 0.5 的资产配置与风险预算情况表

	无风险资产	债　券	股　票	总　和
R_i	0.02	0.04	0.08	
$R_i - R_f$	0	0.02	0.06	
σ_i	0	0.1	0.18	
相关系数	1	0	0	
	0	1	0.4	
	0	0.4	1	
λ				0.5
方差—协方差	0	0	0	
	0	0.01	0.007 2	
	0	0.007 2	0.032 4	
$\lambda\tilde{\Sigma}(R - ER_f)$		0.000 108	0.000 228	
$2|\Sigma|$		0.000 544	0.000 544	
资产配置比例 w_i	0.382 7	0.198 4	0.418 9	1
无风险资产	0	0	0	0
债券的风险	0	0.000 394	0.000 598	0.000 99
股票的风险	0	0.000 598	0.005 68	0.006 28

续　表

	无风险资产	债　券	股　票	总　和
风险预算 $w_i\sigma_{ip}$	0	0.000 992	0.006 28	0.007 28
σ_p	0	0.031 497	0.079 26	0.085 29
风险贡献率 c_i		0.136 36	0.863 6	1
σ_{ip}		0.005	0.015	
β_i		0.687 27	2.061 8	
收益 w_iR_i	0.007 65	0.007 9	0.033 5	0.049 1
收益贡献率 c_i	0	0.136 36	0.863 6	1
$c_i/(R_i-R_f)$	0	6.818 18	14.393 9	21.212 1
$kc_i/(R_i-R_f)$	0	0.321 43	0.678 57	1
$w_rkc_i/(R_i-R_f)$		0.198 4	0.418 9	0.617 3
边际风险 $MR_i=2\sigma_{ip}$	0	0.01	0.03	
风险厌恶系数 λ	0	0.5	0.5	0.5
w_iMR_i	0	0.001 98	0.012 56	0.014 55
风险贡献率 c_i	0	0.136 36	0.863 63	
$\underline{MR}_i=\beta_i\sigma_p=\rho_{ip}\sigma_i$		0.058 62	0.175 86	0.234 48
$w_i\underline{MR}_i$		0.011 63	0.073 66	0.085 29
ρ_{ip}		0.586 2	0.977 0	

表 8-5　风险厌恶系数为 0.7 的资产配置与风险预算情况表

	无风险资产	债　券	股　票	总　和
λ				0.7
方差—协方差	0	0	0	
	0	0.01	0.007 2	
	0	0.007 2	0.032 4	
$\lambda\tilde{\Sigma}(R-ER_f)$		0.000 151 2	0.000 319 2	
$2\mid\Sigma\mid$		0.000 5	0.000 5	
w_i	0.135 8	0.277 8	0.586 4	1.000 0

	无风险资产	债　券	股　票	总　和
无风险资产	0.000 0	0.000 0	0.000 0	0.000 0
债券的风险	0.000 0	0.000 8	0.001 2	0.001 9
股票的风险	0.000 0	0.001 2	0.011 1	0.012 3
风险预算 $w_i\sigma_{ip}$	0.000 0	0.001 9	0.012 3	0.014 3
σ_p	0.000 0	0.044 1	0.111 0	0.119 4
风险贡献率 c_i		0.136 4	0.863 6	1.000 0
$\sigma_{i,p}$		0.007 0	0.021 0	
β_i		0.490 9	1.472 7	
收益 w_iR_i	0.002 7	0.011 1	0.046 9	0.060 7
收益贡献率 c_i	0.000 0	0.136 4	0.863 6	1.000 0
$1/k$　$c_i/(R_i-R_f)$	0.000 0	6.818 2	14.393 9	21.212 1
$kc_i/(R_i-R_f)$	0.000 0	0.321 4	0.678 6	1.000 0
$w_ikc_i/(R_i-R_f)$		0.277 8	0.586 4	0.864 2
边际风险 $MR_i=2\sigma_{ip}$	0.000 0	0.014 0	0.042 0	0.056 0
风险厌恶系数	0.000 0	0.700 0	0.700 0	0.700 0
w_iMR_i	0.000 0	0.003 9	0.024 6	0.028 5
风险贡献率 c_i	0.000 0	0.136 4	0.863 6	1.000 0
边际风险 $\underline{MR}_i$		0.058 6	0.175 9	0.234 5
$w_i\underline{MR}_i$		0.016 3	0.103 1	0.119 4
ρ_{ip}		0.586 2	0.977 0	

表 8 - 6　风险厌恶系数为 0.81 的资产配置与风险预算情况表

	无风险资产	债　券	股　票	总　和
λ				0.81
方差—协方差	0	0	0	
	0	0.01	0.007 2	
	0	0.007 2	0.032 4	

续　表

	无风险资产	债　券	股　票	总　和
$\lambda \tilde{\Sigma}(R - ER_f)$		0.000 175	0.000 369	
$2\lvert\Sigma\rvert$		0.000 544	0.000 544	
w_i	0	0.321 43	0.678 57	1
无风险资产	0	0	0	0
债券的风险	0	0.001 03	0.001 57	0.002 6
股票的风险	0	0.001 57	0.014 9	0.016 49
风险预算 $w_i\sigma_{ip}$	0	0.002 6	0.016 5	0.019 09
σ_p	0	0.051 0	0.128 4	0.138 18
风险贡献率 c_i		0.136 3	0.863 6	1
σ_{ip}		0.008 1	0.024 3	
β_i		0.424 2	1.273	
收益 w_iR_i	0	0.012 8	0.054 3	0.067 14
收益贡献率 c_i	0	0.136	0.863 6	1
$c_i/(R_i - R_f)$	0	6.818	14.39	21.212 1
$kc_i/(R_i - R_f)$	0	0.321	0.679	1
$w_r kc_i/(R_i - R_f)$		0.321	0.679	1
边际风险 $MR_i = 2\sigma_{ip}$	0	0.016 2	0.048 6	0.064 8
风险厌恶系数 λ	0	0.81	0.81	0.81
w_iMR_i	0	0.005 2	0.032 98	0.038 19
风险贡献率 c_i	0	0.136 36	0.863 6	
$\underline{MR_i} = \beta_i\sigma_p = \rho_{ip}\sigma_i$		0.058 6	0.175 86	0.234 48
$w_i\underline{MR_i}$		0.018 8	0.119 3	0.138 18
ρ_{ip}		0.586 2	0.977 0	

表 8 - 7　风险厌恶系数为 2.5 的资产配置与风险预算情况表

	无风险资产	债　券	股　票	总　和
λ				2.5
方差—协方差	0	0	0	
	0	0.01	0.007 2	
	0	0.007 2	0.032 4	
$\lambda \tilde{\Sigma}(R - ER_f)$		0.000 54	0.001 14	
$2 \mid \Sigma \mid$		0.000 5	0.000 5	
w_i	$-2.086\ 4$	0.992 1	2.094 4	1.000 0
无风险资产	0.000 0	0.000 0	0.000 0	0.000 0
债券的风险	0.000 0	0.009 8	0.015 0	0.024 8
股票的风险	0.000 0	0.015 0	0.142 1	0.157 1
风险预算 $w_i \sigma_{ip}$	0.000 0	0.024 8	0.157 1	0.181 9
σ_p	0.000 0	0.157 5	0.396 3	0.426 5
风险贡献率 c_i		0.136 4	0.863 6	1.000 0
$\sigma_{i.\,p}$		0.025 0	0.075 0	
β_i		0.137 5	0.412 4	
收益 $w_i R_i$	$-0.041\ 7$	0.039 7	0.167 5	0.165 5
收益贡献率 c_i	0.000 0	0.136 4	0.863 6	1.000 0
$1/k \quad c_i/(R_i - R_f)$	0.000 0	6.818 2	14.393 9	21.212 1
$kc_i/(R_i - R_f)$	0.000 0	0.321 4	0.678 6	1.000 0
$w_i kc_i/(R_i - R_f)$		0.992 1	2.094 4	3.086 4
边际风险 $MR_i = 2\sigma_{ip}$	0.000 0	0.050 0	0.150 0	0.200 0
风险厌恶系数	0.000 0	2.500 0	2.500 0	2.500 0
$w_i MR_i$	0.000 0	0.049 6	0.314 2	0.363 8
风险贡献率 c_i	0.000 0	0.136 4	0.863 6	1.000 0
边际风险 $\underline{MR}_i$		0.058 6	0.175 9	0.234 5

续　表

	无风险资产	债　券	股　票	总　和
$w_i\underline{MR}_i$		0.058 2	0.368 3	0.426 5
ρ_{ip}		0.586 2	0.977 0	

通过计算分析表明,仅仅知道 λ 越小越厌恶风险是不够的,我们还应该能够通过 VaR 约束反推 λ,才能进一步得出资产配置比例。比如,就这个具体例子而言,如果投资者希望有 99％的可靠度,犯错误的概率不超过 1％,最大损失不超过 5％,我们可以推出组合的波动率不能超过 0.021 4,对应的风险厌恶系数是 0.125 7,则资产配置是:84.48％存银行获取无风险收益,4.99％投资债券,10.53％投资股票(具体见表 8-8 正数第 5 行)。再比如,如果投资者希望有 95％的可靠度,犯错误的概率不超过 5％,最大损失不超过 30％,我们可以推出组合的波动率不能超过 0.182 4,对应的风险厌恶系数是 1.07,则资产配置是:按照无风险利率从银行借入资金 32.1％,42.46％投资债券,89.64％投资股票(具体见表 8-8 倒数第 7 行)。

表 8-8　风险预算表

风险厌恶系数	波动率	超额收益	权　重			VaR	
λ	σ	$R_i - R_f$	w_i	w_i	w_i	95％	99％
0.001 0	0.000 2	0.000 1	0.998 7	0.000 4	0.000 8	0.000	0.000
0.100 0	0.017 1	0.005 8	0.876 5	0.039 7	0.083 8	0.028	0.040
0.125 7	0.021 4	0.007 0	0.844 8	0.049 9	0.105 3	0.035	0.050
0.177 8	0.030 3	0.010 4	0.780 5	0.070 5	0.149 0	0.050	0.071
0.252 0	0.042 9	0.014 6	0.688 9	0.100 0	0.211 1	0.071	0.100
0.300 0	0.051 1	0.017 5	0.629 6	0.119 0	0.251 3	0.084	0.119
0.356 0	0.060 7	0.020 7	0.560 1	0.141 4	0.298 5	0.100	0.141
0.500 0	0.085 3	0.029 1	0.382 7	0.198 4	0.418 8	0.140	0.199
0.503 1	0.085 8	0.029 0	0.378 8	0.199 6	0.421 5	0.141	0.200
0.600 0	0.102 4	0.034 9	0.259 3	0.238 1	0.502 6	0.168	0.239
0.650 0	0.110 9	0.037 8	0.197 5	0.257 9	0.544 5	0.182	0.258
0.712 7	0.121 6	0.041 5	0.120 0	0.280 0	0.600 0	0.200	0.283
0.750 0	0.127 9	0.043 7	0.074 7	0.297 6	0.628 3	0.210	0.298

续　表

风险厌恶系数	波动率	超额收益	权　重			VaR	
λ	σ	$R_i - R_f$	w_i	w_i	w_i	95%	99%
0.810 0	0.138 2	0.047 1	0.000 0	0.321 4	0.678 6	0.227	0.322
0.950 0	0.162 0	0.055 3	−0.172 8	0.377 0	0.795 9	0.266	0.377
1.070 0	0.182 4	0.062 2	−0.321 0	0.424 6	0.896 4	0.300	0.425
1.000 0	0.170 6	0.058 2	0.234 6	0.396 8	0.837 7	0.281	0.397
1.257 0	0.214 4	0.073 3	0.551 9	0.499 0	1.053 0	0.353	0.500
1.782 0	0.303 9	0.103 7	1.200 0	0.707 1	1.492 9	0.500	0.708
2.000 0	0.341 2	0.116 4	1.469 1	0.793 7	1.675 5	0.561	0.795
3.000 0	0.511 7	0.174 6	2.703 7	1.190 0	2.513 2	0.842	1.192
5.000 0	0.852 9	0.291 0	5.170 0	1.984 0	4.188 0	1.403	1.987

8.4　风险预算管理存在的问题

8.4.1　投资经理结构与投资经理选择

尽管资产配置研究使得投资者能拥有最恰当的资产结构,但是大部分投资者对于如何决定他们的投资经理结构,以最大效率发挥资金的作用,都没有明确的方法。一般认为,投资经理的选择不是一次性的问题,而是一个组合的构建问题。应该在参考资产组合构建的基础上,来解决投资经理结构的问题,也就是说,投资经理结构问题就是构建一个投资经理的组合。

通过这种方法,需要解决以下问题。① 风险预算:如何控制由于使用积极投资经理带来的积极风险? ② 积极和指数经理:投资经理结构中,指数基金经理、增强指数基金经理、积极型基金经理结构如何确定? ③ 应该保留哪些投资经理? 各自的投资比重分别是多少? ④ 如何对比平衡型投资经理与投资者的总资产分配政策基准?

直到今天,在投资经理结构方面,投资者所能得到的理论知识依然不多。下面讨论在传统的风险收益最优化的基础上,构建投资经理结构的最优模型。

回想在图 8-2 中,在战略性的投资组合确定之后,需要做的是基准设计,然后进行投资经理结构的选择。组合的基准设计能够反映投资者的投资专长,一般包括了投资者选择的典型证券构成的股票库,同时也为业绩提供了一个准确的度量方法。设定了基准组合,也即选定了股票库。投资经理就是基金投资决策的实施者,他们在股票库里面进行选股,影响基金的业绩。基金经理一般分为积极型和消极型两种，其根本区别在于对市场的认识：如果基金经理认为市场是无效的，那么实施一项积极的投资战略将有可能获得超额收益；而如果他认为市场是有效的，那么基金经理只要盯住基准就可以了，因为市场不会提供超额收益的机会。在风险预算的实施中，有这样的假定，当积极经理人从总投资组合约束中分担额外的风险时，能生成积极收益，即持有组合的收益超过所选择基准收益的部分，一般用 α 表示。所以在风险预算中，投资者能否取得更多的投资收益，在很大的程度上取决于事前能否鉴别并选择出优秀的积极管理者。对于风险预算管理中的积极经理人，为了获得超额收益，必须承担积极风险，积极风险是超过基准超额收益率的波动性。基准组合不用承担积极风险，相应地，也就不能获得超额收益。

在构建积极经理人的组合时，可以把每一个积极经理人当作一项资产，积极经理人的选择问题就可以用类似于资产配置的方法来解决。参考上述基于风险预算的资产配置方法，可以得到在既定经理人的风险贡献情况下，经理人的资产配置。

前文提到，一个符合无套利原理的资产组合中，每一个资产的风险贡献率应与超额收益贡献率相同，否则投资者就可以通过减少投资于风险贡献率大于超额收益贡献率的资产，并增加投资于风险贡献率小于超额收益贡献率的资产，获取套利收益。

所以，对于积极经理人 i 的积极风险贡献率有：

$$c_i = \frac{w_i \alpha_i}{\sum_i w_i \alpha_i} \tag{8-23}$$

其中，c_i 表示的是积极经理人 i 的积极风险贡献率，w_i 表示的是积极经理人 i 的配置权重，α_i 表示的是积极经理人 i 的超额收益率。上式右边的比值式子是积极经理人 i 的超额收益贡献率。

由于积极经理人的配置权重和为 1，所以有 $\sum_i w_i = 1$。由式(8-23)可以求出：

$$w_i = k \cdot \frac{c_i}{\alpha_i}, \text{其中}, k = \frac{1}{\sum_j c_j / \alpha_j} \tag{8-24}$$

这一方法中，投资者根据积极经理人的不同特点，在不同的积极经理人之间有计划地分配风险，通过加入风险贡献率作为条件，求解得到最适合自己的积极经理人结构，这就是基于风险预算理论的积极经理人选择。

8.4.2　基准组合的选择和动态调整问题

风险预算管理中存在一个应该由谁来构建基本组合的问题。关于这一问题，存在两种不同的观点。有些研究者认为管理者自己故意构建易于超越的基准组合，从而减少努力就可以轻易超越基准，以获得更多的激励费用，因而损害了投资者的利益，应该由第三方来构建基准组合以保证公平。有些研究者则持相反的意见，认为度量经理人最好的指标是信息系数，如管理者构建一个容易超越的基准，那么在获得超额收益的同时积极风险也在增大，信息系数的变化并不大。同时，由于超额收益的方差增加，也增加了管理者在低收益时被解雇的可能性，所以管理者不会构建一个容易超越的基准组合。

中国的经理人市场和发达国家相比，还处在发展初期，投资者根据基准组合的收益和风险比较来对管理者进行选择的能力还比较弱，经理人市场的淘汰机制也不是非常完善。因此，中国机构投资者在构建基准组合时，还应该适当地吸收第三方的意见，甚至可以委托第三方进行基准组合的构建，这样有利于投资者用基准组合对投资机构的管理者进行激励与约束。

8.5　本章小结

风险预算，就是通过度量和分解风险，在资产配置决策时加入风险度量，将风险分配给投资组合经理，组合经理在投资者可以接受的风险水平下获得最大收益的过程。和其他预算一样，风险预算是一个分配稀缺资源的基本经济问题，不过这里的稀缺资源是可以接受的投资风险。风险预算的优点主要在于其能清楚地向风险管理人员呈现所承担的风险，但实际运用中的难点恰恰在于风险计算与风险分解。利用当前最为流行的均值—方差方法，设定资产的风险贡献率，可以实现对风险的计算和分解。

在整个风险预算过程的三个层次中，战略性资产分配中选择要投资的资产类别，是风险预算中的最主要的决策环节，也是导致风险最多的一个环节。基准组合的设计和投资组合的选择都是在此基础之上进行的，并希望投资经理能够在股票库的基础上，实现风险调整下的业绩最优化。

风险预算管理改变了投资者对待风险的态度，使其认为风险是获利的源泉，因此愿意主动承担风险，并且对风险在事前进行预算分解，事中进行分配监控，事后进行评价调节。

复习思考题

1. 什么是风险预算管理？风险预算管理有何特征？
2. 风险预算管理是如何产生的？人类对于风险的态度和认识经历了怎样的变化？
3. 风险预算管理的流程是什么？
4. 你如何理解积极风险和积极收益之间的关系？
5. 风险预算管理与传统的资产配置管理有什么区别和联系？
6. 怎样理解风险贡献率和收益贡献率的关系？
7. 怎样理解风险厌恶系数的经济意义？
8. 假设资产组合中有 3 种风险资产和 1 种无风险资产，其收益与风险情况由表 8-9 给出，相关系数矩阵由表 8-10 给出，问：当风险厌恶系数为 0.6 时，如何进行资产配置？此时总风险是多少？单位资产的总收益是多少？问题答案见表 8-11。

表 8 - 9　收益与风险情况表

资　产	无风险资产	低风险资产	中风险资产	高风险资产
收益率	0.02	0.04	0.07	0.10
方差	0	0.1	0.18	0.25

表 8 - 10　相关系数矩阵

资　产	无风险资产	低风险资产	中风险资产	高风险资产
无风险资产	1	0	0	0
低风险资产	0	1	0.3	0.2
中风险资产	0	0.3	1	0.4
高风险资产	0	0.2	0.4	1

表 8 - 11　风险厌恶系数为 0.6 的资产配置与风险预算情况表

资　产	比　例	边际风险	收　益	风险预算
无风险资产	0.141 8	0	0.002 8	0
低风险资产	0.321 7	0.012	0.012 9	0.001 9
中风险资产	0.250 4	0.03	0.017 5	0.003 7
高风险资产	0.286 1	0.048	0.028 6	0.006 9
合计	1	0.09	0.061 8	0.012 5

9. 运用 8.3.4 算例数据：（1）分别计算风险厌恶系数为 0.2、0.8 和 1.5 三种情况下的资产配置比率，并在 99% 置信水平下计算持有一整年的最大损失。（2）分别计算在 95% 和 99% 置信水平下持有一年最大损失不超过 10% 与 20% 的资产配置比率，并确定对应的风险厌恶系数分别是多少。

第9章
投资组合保险方法

一般认为,投资组合面临的风险包括系统性风险和非系统性风险。系统性风险是由宏观性因素决定的,难以通过分散投资的方法加以规避。非系统性风险是针对特定的个别资产发生的风险,与整个市场无关,投资者通常可以采取投资组合的方式规避此类风险。投资组合虽然能在很大程度上降低非系统性风险,但当整个市场环境或某些全局性的因素发生变动时,即发生系统性风险时,各种股票的市场价格会朝着同一方向变动,单凭股票市场的分散投资,显然无法规避市场价格整体变动的风险。尤其在 20 世纪 70 年代,政治因素引发的系统性风险使全球投资者损失惨重,现代投资组合理论没能在这次股灾中保护投资者的安全,这使得机构投资者开始思考如何尽量避免系统性风险造成的巨额损失,如何在保障一部分本金的前提下获取股市上涨的收益,因此投资组合保险策略便应运而生了。9.1 简单介绍了投资组合保险策略产生的背景和发展现状;9.2 介绍静态投资组合保险策略,主要包括较为传统的买入持有策略、停损策略以及较为先进的欧式保护性策略和信托式保护性策略;9.3 介绍动态投资组合保险策略,包括复制性卖权策略、固定比例投资组合保险策略、时间不变性投资组合保险策略和 VaR 套补的投资组合保险策略;9.4 对各种方法进行了比较和总结,并介绍了投资组合的调整策略。

9.1 投资组合保险方法概述 ─────────────────────●

投资组合保险策略的主要目的是保证投资者在继续拥有资产增值潜力的同时,回避或者锁定资产价格下跌的风险。运用投资组合保险策略,可以利用低风险资产的收益来弥补高风险资产的损失,保障投资组合的价值在一定程度内不受侵蚀,相应减少投资组合的系统性风险和非系统性风险,以实现既能保证本金安全,又能获得可能的收益。

近 20 年来,在欧洲和亚洲,以动态资产组合保险策略为核心技术的保本基金迅猛增长。2004 年 3 月 2 日中国内地首只正式冠名"保本"的保本基金(银华保本增值证券投资基金)宣告成立(香港之前就有)。实际上,银华保本增值证券投资基金一再创下募集量的新高,且个人投资者持有比例超过 95%,说明中国内地普通投资者已经开始认同保本基金作为低风险的储蓄替代型投资产品。有理由相信,保本基金在中国内地的市场上必然会得到更快更好的发展,而动态组合保险策略已经成为这些基金公司投资的核心策略,所以研究资产组合保险策略有重要的现实意义。

在操作上，投资组合保险策略一般可以分为两大类。一类是运用 Black—Scholes 期权定价公式所衍生出的基于期权的投资组合保险策略（option-based portfolio insurance，OBPI），如欧式保护性卖权（protective put option，PPO）策略、信托式保护性买权（fiduciary call option，FCO）策略和复制性卖权（synthetic put option，SPO）策略。另一类则是依据投资者本身的风险收益偏好及承受能力，设定一些简单的参数，以达到保险的目的，如买入持有（buy-and-hold，BH）策略、停损（stop-loss，SL）策略、固定组合（constant-mix，CM）策略、固定比例投资组合保险（constant proportion portfolio insurance，CPPI）策略、时间不变性投资组合保险（time invariant portfolio protection，TIPP）策略。

投资组合保险可分为静态投资组合保险策略和动态投资组合保险策略。静态投资组合保险于 1981 年首先由 Hayne E. Leland 和 Mark Rubinstein 提出，它通过期初购买股票期权或股票期货来进行避险，并一直持有至期末，在持有期间内不做任何调整。按购买期权的不同，静态保险策略可分为欧式保护性卖权策略和信托式保护性买权策略两种。由于衍生金融工具市场不能随时提供投资者所需要的特定期权种类，在这种情况下，1985 年 Rubinstein 提出期权复制的观点。投资者需要采用动态的投资组合保险策略，即利用动态复制技术，利用股票自身或期货来构建模拟所需期权的组合，其实现方式是利用动态资产配置方法来模拟卖出期权。所谓动态配置是指投资者根据市场行情的变化在股票和无风险证券之间进行投资调整和转换，以保证整个投资组合的收益率在设定的保护收益率之上。

9.2　静态投资组合保险方法

所谓静态投资组合保险方法，就是利用市场上现有的金融衍生工具来达到对投资组合保险的目的。投资者持有期权至到期日为止，期间并不作任何头寸调整，所以称为静态投资组合保险策略。按购买期权的不同，静态保险策略可分为欧式保护性卖权和信托式保护性买权两种，事实上，买入持有策略和停损策略也可以认为是静态投资组合保险策略。

9.2.1　买入持有策略

买入持有策略是所有投资组合保险策略中最简单的一种操作策略，即将投资按照一个固定比例分别投资于风险资产和无风险资产。买入持有策略是一种买入后就什么也不做的策略，无论风险资产发生了什么变化，资产配置均不做调整。如果投资者希望将投资损失维持在一个限度内，则可将要保险的金额投资于无风险债券，将剩余资金购买股票。当投资期满时，无风险债券本息的收回就已经达到保险的底线。在买入持有策略下，投资者可以维持一个最低的报酬率不受侵蚀，同时又可以享受投资于股票市场的增值收益，期初投资于风险性资产的比率越高，可享受的增值收益越高，但相应的保险底线也就越低。

假设投资者的初始资产为 100 万元，股票指数的初始点位为 100，投资期限为 1 年，1 年期国债的利率为 5%，投资者要求的保本底线为 94.5 万元，则期初投资债券资产的价值为

$94.5/(1+0.05)=90$ 万元，投资股票资产的价值为 $100-90=10$ 万元。表 9-1 列示了 1 年后不同股票价位时资产组合的价值。

表 9-1　买入持有策略组合的价值变动

	情况 1	情况 2	情况 3	情况 4	情况 5
股票指数	40	55	90	100	120
债券价值(万元)	94.5	94.5	94.5	94.5	94.5
股票价值(万元)	4.0	5.5	9.0	10.0	12.0
BH 资产组合价值(万元)	98.5	100	103.5	104.5	106.5

9.2.2　停损策略

投资者可以根据自己对风险的容忍度对其投资的资产设立一个停损点，执行停损策略，来达到对投资组合保险的目的。投资者于期初先将所有投资金额投资于风险性资产，当股价一旦触及停损点时，便出售所有的风险性资产，并将全部所得转投于无风险资产，使该投资组合能在期末时保有要保险的金额。采取该策略时，若股价在保险期间并未跌至停损点之股价，则无须进行任何交易，亦不用支付任何成本，即可享有股价增值的利益。该策略在流动性不差的情况下，基本可以达到保险目标。

假设初始资产为 100 万元，股票指数的初始点位为 100，停损点为 95 万元。停损策略的调整过程如表 9-2 所示：

表 9-2　停损策略的调整过程

时　　期	1	2	3	4	5	6
股票指数	108.83	115.52	118.50	117.19	112.17	105.00
股票资产比率(%)	100	100	100	100	100	100
债券资产比率(%)	0	0	0	0	0	0
SL 资产价值(万元)	108.83	115.52	118.50	117.19	112.17	105.00
时　　期	7	8	9	10	11	12
股票指数	97.83	95	91.50	94.48	101.17	110.00
股票资产比率(%)	100	0	0	0	100	100
债券资产比率(%)	0	100	100	100	0	0
SL 资产价值(万元)	97.83	95	95	95	95	103.29

9.2.3　欧式保护性卖权

投资组合保险策略中,欧式保护性卖权策略给股票投资者提供了一个简单、有效的保险方法。具体的策略是:持有标的资产,并买入该标的资产的认沽期权,其行权价格等于标的资产的最初价值。若期末股价低于合约行权价格,投资者可以执行卖权,使投资组合的价值符合要保险的金额;若期末股价高于合约行权价格,投资者则不必执行卖权,即可保有高于合约行权价格的投资组合价值。证明如下:

W_0 和 W_T 分别代表一份资产组合的最初和最终价值,且投资期与以其为标的资产的期权的执行期相同。如果投资者对其资产组合进行全额保险,则期末资产价值 Y 为:$Y(W_T;W_0)=\mathrm{Max}[W_T,W_0]$。

一个行权价格为 W_0 的认沽期权期末价值为

$$P(W_T;W_0)=\mathrm{Max}[W_0-W_T,0] \tag{9-1}$$

持有一份标的资产和一个行权价格为 W_0 的认沽期权的期末价值是

$$W_T+P(W_T;W_0)=W_T+Max[W_0-W_T,0]=Max[W_T,W_0]=Y(W_T;W_0) \tag{9-2}$$

因此,持有一份标的资产和一个行权价格为 W_0 的认沽期权等同于对一份标的资产进行组合保险。保险的价格等于行权价格为 W_0 的认沽期权的价格。

假设投资者投资期限为 1 年,初始资产为 100 元,股票组合 A 的初始点位为 100,1 年后到期且标的资产为股票组合 A 的认沽期权的价格为 0.5 元,其行权价格为 100 元,投资者要求的保本底线为 100 元。PPO 策略要求投资者在购入 100 元组合 A 的同时,购入对应的认沽期权,以保证期末资产组合的价值满足所要求的保本底线,投资者为此所付出的代价即为 0.5 元。表 9-3 列示了期末不同股票指数下的资产组合价值。

表 9-3　欧式保护性卖权策略的组合价值变动

	情况 1	情况 2	情况 3	情况 4	情况 5	情况 6	情况 7
股票组合 A 指数	80	90	95	100	110	125	140
认沽期权价值(元)	20	10	5	0	0	0	0
股票组合价值(元)	80	90	95	100	110	125	140
PPO 资产组合价值(元)	100	100	100	100	110	125	140

2022 年 1 月 21 日是上证 50 股指期货 1 月合约到期日,这一天与上证 50 指数对应的资产上证 50ETF 的收盘价是 3.206 元,当日大多数时间是可以在 3.2 的价格买到的。某投资者测得上证 50ETF 收益率的波动率是 15%,市场上的无风险利率是 3%,上证 50ETF6 月到期的认沽期权价格 0.111 9 元。若能够分别以 3.2 元和 0.111 9 元的价格买到风险资产上证 50ETF 和以其为标的还有半年到期的欧式认沽期权各 10 000 个单位,投资者希望把

3.2万元投资在风险资产上,并保证在半年内不产生任何损失,而又能享有风险资产价格上涨带来的收益,则投资者需要使用欧式认沽期权进行保值交易,付出期权费。期权费用的具体计算如表9-4所示。2月、3月和6月到期的上证50ETF认购与认沽期权的实际交易价格信息见附录A中的附表A-8、附表A-9和附表A-10。

表 9-4　组合保险的认沽期权与认购期权价格

时间段 t	利率 r	执行价格 X(元)	目前价格 S(元)	波动率 (%)	标准正态 N (d_1)	现值 $Xexp(-rt)$ (元)	认购期权 C (元)	认沽期权 P (元)
0.083 3	0.03	3.20	3.60	0.15	0.997 4	3.192 0	0.408 1	0.000 1
0.166 7	0.03	3.20	3.50	0.15	0.942 4	3.184 0	0.321 4	0.005 4
0.250 0	0.03	3.20	3.40	0.15	0.827 9	3.176 1	0.248 3	0.024 4
0.333 3	0.03	3.20	3.30	0.15	0.696 4	3.168 2	0.189 8	0.057 9
0.416 7	0.03	3.20	3.25	0.15	0.632 2	3.160 2	0.173 8	0.084 0
0.500 0	0.03	3.20	3.20	0.15	0.577 1	3.152 4	0.159 5	0.111 9
0.416 7	0.03	3.20	3.10	0.15	0.440 2	3.160 2	0.093 1	0.153 4
0.333 3	0.03	3.20	3.05	0.15	0.346 2	3.168 2	0.058 5	0.176 6
0.250 0	0.03	3.20	3.00	0.15	0.234 8	3.176 1	0.029 8	0.205 9
0.166 7	0.03	3.20	2.95	0.15	0.112 0	3.184 0	0.009 6	0.243 6
0.083 3	0.03	3.20	2.90	0.15	0.014 1	3.192 0	0.000 6	0.292 6

9.2.4　信托式保护性买权策略

所谓信托式保护性买权策略是在确定组合投资期限和保险底线的基础上,购买根据投资期限设定的短期国债或零息债券等无风险资产,再加上一个买权(call option),以便在该标的股票价格上涨时可以较低价格买进股票,获取增值利益。证明如下:

W_0 和 W_t 分表代表一份资产组合的最初和最终价值,且投资期与以其为标的的资产的认购期权的执行期相同。如果投资者对这份资产组合进行投资组合保险,即期末资产价值 Z 为:$Z(W_T; W_0) = Max[W_T, W_0]$。

一个行权价格为 W_0 的认购期权期末价值为

$$C(W_T; W_0) = Max[W_T - W_0, 0] \qquad (9-3)$$

持有一份期末价值为 W_0 的无风险资产和一份行权价格为 W_0 的认购期权的期末价值是

$$W_0 + C(W_T; W_0) = W_0 + Max[W_T - W_0, 0] = Max[W_T, W_0] = Y(W_T; W_0)$$

$$(9-4)$$

因此,持有一份期末价值为 W_0 的无风险资产和一个行权价格为 W_0 的认购期权等同于对期权标的资产进行投资组合保险。保险的价格等于行权价格为 W_0 的认购期权的价格。

这个策略同样可以利用买权和卖权的平价公式做进一步的解释:

$$S + P = C + X \cdot e^{-rt}$$

$$(9-5)$$

其中,$S =$ 标的股票价格,$X =$ 行权价格,$C =$ 买权价格,$P =$ 卖权价格。式(9-5)的左边即为欧式保护性卖权,而右边即为信托式保护性买权。信托式保护性买权所达到的保险效果,同欧式保护性卖权的效果是一样的。

这里还是来看同一个数值算例:假设有一风险资产上证 50ETF 和以该风险资产为标的还有半年到期的欧式认购期权,当时价格分别为 3.2 元和 0.159 5 元,测得该资产收益率的波动率是 15%,市场上的无风险利率是 3%,若投资者希望投资在一个单位风险资产上的价值保证在半年内不产生任何损失,怎样用欧式认购期权来为该组合进行保险?期权费用同样如表 9-4 所示。从表 9-4 可以看出,对于一个完全相同的问题,投资者总资金仍然是 3.311 9 万元,只是运用了认购期权。在这种情况下的资产配置是:用 3.152 4 万元投资无风险资产,0.159 5 万元购买认购期权,这样基本上可以保证到期后在不利的环境下总资产不低于 3.2 万元,而又能在有利的环境下享有风险资产价格上涨带来的收益。

以上两种投资组合保险策略虽然可行,但是在投资实践中经常会遇到的问题是:① 对于特定的风险资产,其对应的欧式期权不一定存在;② 市场上交易期权的到期日与投资组合保险的保险期间不一定相符;③ 投资组合保险需要欧式期权,而市场上多数的期权是可提前履约的美式期权,利用美式期权会增加提前履约的风险并增加成本;④ 市场上交易期权的履约价格与投资组合的保险额度不一定相符。

由于现有的期权可能并不适合执行投资组合保险策略,此时就有必要通过动态地投资于风险资产(risky asset)与无风险资产(reserve asset)的组合来复制期权,使其收益结构与卖权的收益结构相同,或者说利用动态资产配置方式来达到投资组合保险的效果。

9.3　动态投资组合保险方法

由于静态投资组合保险策略的一些局限性,动态投资组合保险策略随着期权理论的不断发展应运而生了。动态的投资组合保险(portfolio insurance)已逐渐成为一种流行的资产分配策略,它是一种动态避险(dynamic hedging)策略,即它的投资组合中的风险资产和无风险资产的比例需要根据股票价格的波动情况不断进行调整。投资组合保险策略在投资组合保险执行时,必须在风险资产价格上扬时,增加风险性资产的持有;反之则削减其持有的比重。这种动态的资产分配方式显示出两个特点:第一,必须随着风险资产价格的变化进行持续调整,以达成保险的精确度;第二,就风险性资产而言,基本上是一种买高卖低的策略或称追涨杀跌的策略。就总体效果而言,投资组合保险策略能够将投资组合所面临的风险控制于一定程度内,以锁定整个投资组合的价格下跌的风险,同时又不致损失价格上涨的利益。投资组合保险策略尤其适用于大笔资金的持有者,他们一般只愿意承受一定范围内的损失,如:退休基金、保险基金、共同基金或各类信托基金的基金经理人。一般而言,构建投资组合可以分散非系统性风险,至于如何消除系统性风险,则可通过投资组合保险来达成。动态投资组合保险策略主要包括停损策略、复制性卖权策略、固定比例投资组合保险策略和时间不变性投资组合保险策略等。动态投资组合保险策略就是一旦资产分配策略设定好后,管理团队就需要在主动管理过程中进行战术性的调整。战术调整非常重要,因为基金组合中的每一类资产对于经济周期的反应都是不同的,基金经理可以改善它们的风险分配来应对市场状况以提高收益。

9.3.1　复制性卖权策略

为了解决市场上缺乏适当的期权作为投资组合保险工具的问题,Rubinstein & Leland (1981)提出了复制期权的概念,即经由连续调整投资组合中无风险资产与风险性资产的相对比例,以达到与欧式保护性卖权策略一致的保险功能。该策略可由 Black - Scholes 期权定价公式代入买权卖权平价公式而得:

$$
\begin{aligned}
C &= S \times N(d_1) - e^{-rT} \times X \times N(d_2) \\
S + P &= C + X \times e^{-rT} \\
&= S \times N(d_1) - e^{-rt} \times X \times N(d_2) + X \times e^{-rt} \\
&= S \times N(d_1) + e^{-rT} \times X \times [1 - N(d_2)] \\
&= w_1 S + w_2 X e^{-rt}
\end{aligned}
\tag{9-6}
$$

其中,$w_1 = N(d_1)$,$w_2 = N(-d_2)$。上式左边即为保护性卖权策略的收益形态,此时若以投资组合的角度看,可以利用持有 w_1 单位的股票(组合)及 w_2 单位期初价值为 Xe^{-rt}、年利率为 r 的无风险资产,来复制一个与保护性卖权相同的投资组合,以达到相同的保险效果。由于 $N(d_1)$ 和 $N(-d_2)$ 并非定值,而是随着股价及距到期日的时间影响而变动,这就意味着必须连续不断地调整风险资产与无风险资产的头寸,也就是说在任何一个时刻某一个股价之下,要维持所持有的股数为 w_1,无风险资产数为 w_2。一般而言,当股价下跌时,投资者将股票卖出一部分转换为现金,当股价上涨时,投资者将现金一部分转换为股票,以享受股价上涨的收益。

这里还是用同一个数值算例来说明动态组合保险策略,风险资产还是上证 50ETF,只是没有以该风险资产为标的还有半年到期的欧式认购期权和欧式认沽期权,当时上证 50ETF 的价格 3.2 元,同样计算该资产收益率的波动率是 15%,市场上的无风险利率是 3%,若投资者共有资产 3.311 9 万元,希望用 3.2 万元购买上证 50ETF 风险资产,在半年内不产生任何损失,怎样来通过投资组合进行保险? 具体运用公式(9.3.1)可以计算出购买股票 1.846 7 万元,存入银行 1.465 2 万元(见表 9 - 5)。

表 9-5 动态组合保险策略(初始保险比例)

时间段	目前价格	标准正态	现值	认购期权	认沽期权	初始保险比例		
t	$S(元)$	$N(d_1)$	$Xexp$ $(-rt)$	期权 C (元)	期权 P (元)	股票 (万元)	现金 (万元)	合计 (万元)
0.083 3	3.600 0	0.997 4	3.192 0	0.408 1	0.000 1	3.590 8	0.009 3	3.600 1
0.166 7	3.500 0	0.942 4	3.184 0	0.321 4	0.005 4	3.298 6	0.206 8	3.505 4
0.250 0	3.400 0	0.827 9	3.176 1	0.248 3	0.024 4	2.814 8	0.609 6	3.424 4
0.333 3	3.300 0	0.696 4	3.168 2	0.189 8	0.057 9	2.298 1	1.059 8	3.357 9
0.416 7	3.250 0	0.632 2	3.160 2	0.173 8	0.084 0	2.054 6	1.279 4	3.334 0
0.500 0	**3.200 0**	**0.577 1**	**3.152 4**	**0.159 5**	**0.111 9**	**1.846 7**	**1.465 2**	**3.311 9**
0.416 7	3.100 0	0.440 2	3.160 2	0.093 1	0.153 4	1.364 7	1.888 7	3.253 4
0.333 3	3.050 0	0.346 2	3.168 2	0.058 5	0.176 6	1.055 9	2.170 7	3.226 6
0.250 0	3.000 0	0.234 8	3.176 1	0.029 8	0.205 9	0.704 5	2.501 4	3.205 9
0.166 7	2.950 0	0.112 0	3.184 0	0.009 6	0.243 6	0.330 3	2.863 3	3.193 6
0.083 3	2.900 0	0.014 1	3.192 0	0.000 6	0.292 6	0.040 9	3.151 7	3.192 6

表 9-6 动态组合保险策略(不变保险比例)

时间段	目前价格	标准正态	现值	认购期权	认沽期权	不变保险比例		
t	S	$N(d_1)$	$Xexp$ $(-rt)$	期权 C	期权 P	股票	现金	合计
0.083 3	3.600 0	0.997 4	3.192 0	0.408 1	0.000 1	2.077 5	1.483 6	3.561 1
0.166 7	3.500 0	0.942 4	3.184 0	0.321 4	0.005 4	2.019 8	1.479 9	3.499 7
0.250 0	3.400 0	0.827 9	3.176 1	0.248 3	0.024 4	1.962 1	1.476 2	3.438 3
0.333 3	3.300 0	0.696 4	3.168 2	0.189 8	0.057 9	1.904 4	1.472 5	3.376 9
0.416 7	3.250 0	0.632 2	3.160 2	0.173 8	0.084 0	1.875 5	1.468 8	3.344 4
0.500 0	**3.200 0**	**0.577 1**	**3.152 4**	**0.159 5**	**0.111 9**	**1.846 7**	**1.465 2**	**3.311 9**
0.416 7	3.100 0	0.440 2	3.160 2	0.093 1	0.153 4	1.789 0	1.468 8	3.257 8
0.333 3	3.050 0	0.346 2	3.168 2	0.058 5	0.176 6	1.760 1	1.472 5	3.232 6
0.250 0	3.000 0	0.234 8	3.176 1	0.029 8	0.205 9	1.731 3	1.476 2	3.207 5
0.166 7	2.950 0	0.112 0	3.184 0	0.009 6	0.243 6	1.702 4	1.479 9	3.182 3
0.083 3	2.900 0	0.014 1	3.192 0	0.000 6	0.292 6	1.673 6	1.483 6	3.157 2

表 9-7　动态组合保险策略(调整保险比例)

时间段	目前价格	标准正态	现值	认购期权	认沽期权	调整保险比例		
t	S	$N(d_1)$	$Xexp(-rt)$	期权 C	期权 P	股票	现金	合计
0.083 3	3.600 0	0.997 4	3.192 0	0.408 1	0.000 1	3.590 8	0.040 0	3.630 8
0.166 7	3.500 0	0.942 4	3.184 0	0.321 4	0.005 4	3.298 6	0.237 4	3.535 9
0.250 0	3.400 0	0.827 9	3.176 1	0.248 3	0.024 4	2.814 8	0.636 8	3.451 6
0.333 3	3.300 0	0.696 4	3.168 2	0.189 2	0.057 9	2.298 1	1.081 1	3.379 2
0.416 7	3.250 0	0.632 2	3.160 2	0.173 8	0.084 0	2.054 6	1.289 8	3.344 4
0.500 0	**3.200 0**	**0.577 1**	**3.152 4**	**0.159 5**	**0.111 9**	**1.846 7**	**1.465 2**	**3.311 9**
0.416 7	3.100 0	0.440 2	3.160 2	0.093 1	0.153 4	1.364 7	1.893 1	3.257 8
0.333 3	3.050 0	0.346 2	3.168 2	0.058 5	0.176 6	1.055 9	2.184 6	3.240 5
0.250 0	3.000 0	0.234 8	3.176 1	0.029 8	0.205 9	0.704 5	2.524 2	3.228 7
0.166 7	2.950 0	0.112 0	3.184 0	0.009 6	0.243 6	0.330 3	2.893 0	3.223 3
0.083 3	2.900 0	0.014 1	3.192 0	0.000 6	0.292 6	0.040 9	3.184 0	3.224 9

　　这里再举一个例子,假设有一风险资产当前价格是 20 元,测得该资产收益率的波动率是 25%,市场上的无风险利率是 5%,由此运用 B-S 公式计算该资产还有半年到期的行权价格为 19 元的欧式认沽期权和行权价格为 19 元的欧式认购期权的价格分别是 0.746 元和 2.215 5 元,问:

　　(1) 若投资者只有资金 20.746 万元,且市场上能够以 0.746 元的价格买到行权价格为 19 元的欧式认沽期权,如何把 20.746 万元配置在风险资产和行权价格为 19 元的认沽期权上,才能在半年时间使总资产不低于 20 万元,同时当资产上涨时尽可能获得更大的收益?

　　(2) 若投资者只有现有资金 100 万元,且市场上没有任何期权,投资者希望通过自制行权价格为 19 元的认沽期权或行权价格为 19 元的认购期权的办法,在半年内使总资产 100 万元的最大损失不超过 5%,同时当资产上涨时尽可能获得更大的收益。

　　第一个问题的解决方法是:

　　首先计算 $N(d_1)=0.698\,4$,这样分配给股票资产的资金是 13.969 万元,存入银行获得无风险收益的资金是 6.777 万元(20.746−13.969),如表 9-8 第 1 行所示。

$$股票 = SN(d_1) = 20 \times 0.698\,4 = 13.969$$

$$现金 = e^{-rT}X[1 - N(d_2)] = 18.531 \times [1 - 0.634\,3] = 6.777$$

　　同样道理,如果当时你没有买,过了 10 天股票的价格上涨到了 20.9 元,你此时恰好有现金 21.378 万元,仍然希望从期初开始算半年内资产不低于 19 万元,同时当资产上涨时尽可能获得更大的收益,这时你分配在风险资产股票上的资金是 16.365 万元,存入银行的资金是 5.013 万元,如表 9-8 第 2 行所示。表 9-8 中的初始保险比例就是指按当时的股票价格、资金情况和到期限计算的保险金额需要的分配比例,当然在资金小于一定额度时,只能全部存入银行,也不一定能达到保险目标。表 9-8 和表 9-9 的价格时间序列是相隔 10 天。

表 9-8　复制性卖权策略下资产组合的初始保险比例

时间段	当时价格	标准正态	标准正态	现值	认购期权	认沽期权	初始保险比例	
t	S	$N(d_1)$	$N(d_2)$	$Xexp$ $(-rt)$	期权 C （元）	期权 P （元）	股票 （万元）	现金 （万元）
0.500	20.00	0.698	0.634	18.531	2.216	0.746	13.969	6.777
0.460	20.90	0.783	0.730	18.568	2.811	0.478	16.365	5.013
0.421	22.00	0.868	0.830	18.605	3.651	0.256	19.086	3.169
0.381	21.00	0.802	0.756	18.642	2.743	0.385	16.844	4.540
0.341	19.80	0.682	0.628	18.679	1.769	0.647	13.496	6.951
0.302	18.00	0.415	0.362	18.716	0.687	1.403	7.466	11.937
0.262	17.00	0.241	0.203	18.753	0.291	2.043	4.097	14.946
0.222	16.30	0.126	0.103	18.790	0.114	2.604	2.048	16.857
0.183	17.50	0.264	0.230	18.827	0.284	1.612	4.620	14.492
0.143	18.10	0.348	0.314	18.865	0.380	1.145	6.299	12.946
0.103	19.00	0.542	0.510	18.902	0.657	0.559	10.290	9.269
0.063	18.00	0.219	0.201	18.940	0.138	1.078	3.938	15.140
0.024	18.30	0.178	0.168	18.977	0.067	0.744	3.258	15.786

现在解释表 9-9 中的不变保险比例和调整保险比例。不变保险比例是指投资者按照半年内资产不低于 19 万元的目标,把 20.746 万元分配在股票资产 13.969 万元和存入银行 6.777 万元以后,过了一段时间股票价格发生变化了,但仍然没有改变这个比例,比如过了 20 天股票价格变成了 22 元,投资者此时的股票价值是 15.366 万元(13.969×1.1＝15.365 9),银行存款是 6.804 万元(6.777×exp(0.05×20/252)＝6.803)(见表 9-9 第 3 行)。调整保险比例是指在初始分配比例的基础上,随着时间的推移和价格变化调整分配比例,调整的原则是按照要调整时刻的总资产和套期比 $N(d_1)$ 重新分配资产。比如投资者按照半年内资产不低于 19 万元的目标,把 20.746 万元分配在股票资产 13.969 万元和存入银行 6.777 万元以后,过了 10 天股票价格变成了 20.9 元,投资者此时的股票市值是 14.597 6 万元(13.969×20.9/20),银行存款是 6.79 万元(6.777×exp(0.05×10/252)＝6.79)。 调整的

思路是由于套期比 $N(d_1)$ 由 0.698 5 增加到了 0.783，所以增加股票资产的数量是 1.766 5 万元（20.9×（0.783−0.698 5）），当然银行存款也减少 1.776 5 万元，调整后股票市值是 16.365 万元（14.597 6+1.766 5），银行存款是 5.023 万元（6.79−1.766 5），总资产是 21.388 万元（16.365+5.023），这就是调整后的结果。由于股票价格在变动，因此总资产也在变动，如果在此基础上按照表 9-9 第 2 列价格变化序列继续调整，过了 120 天当股票价格是 18.3 元时，应该持有股票 3.258 万元，存入银行 15.724 万元，总资产是 18.982 万元（见表 9-9 最后 3 列）。复制性买权策略下资产组合的计算结果和调整结果完全相同。调整过程如表 9-9 所示：

表 9-9　复制性卖权策略下资产组合的调整保险比例

时间段	当时价格	不变保险比例（万元）			调整保险比例（万元）		
t	S	股票	现金	合计	股票	现金	合计
0.500	20.00	13.969	6.777	20.746	13.969	6.777	20.746
0.460	20.90	14.598	6.791	21.388	16.365	5.023	21.388
0.421	22.00	15.366	6.804	22.170	19.086	3.173	22.260
0.381	21.00	14.668	6.818	21.485	16.844	4.554	21.398
0.341	19.80	13.829	6.831	20.661	13.496	6.949	20.445
0.302	18.00	12.572	6.845	19.417	7.466	11.766	19.232
0.262	17.00	11.874	6.858	18.732	4.097	14.743	18.840
0.222	16.30	11.385	6.872	18.257	2.048	16.654	18.701
0.183	17.50	12.223	6.886	19.109	4.620	14.265	18.885
0.143	18.10	12.642	6.899	19.541	6.299	12.773	19.072
0.103	19.00	13.271	6.913	20.184	10.290	9.120	19.410
0.063	18.00	12.572	6.927	19.499	3.938	14.949	18.887
0.024	18.30	12.782	6.941	19.722	3.258	15.724	18.982

不过，执行复制性卖权做组合保险也有如下缺点：

首先，由于在实务上复制性卖权的操作无法达到连续调整的境界，只能以间断的方式调整，使执行结果常会因理论上的给付误差造成保险效果大打折扣。

其次，一旦考虑交易成本，复制策略可能因动态操作而衍生许多交易成本，调整的间隔越密，所需付出的交易成本也越大。

最后，卖权的构建，理论上需要估计波动率。但波动率的估计至今在学术界仍然是一个较难的问题，其精确与否，将会影响到组合保险的构建。

第二个问题的解决方法是：

如果有以价格为 2.215 5 元买入的执行价格是 19 元的认购期权,首先必须把 92.654 万元存入银行,确保到期为 $92.654 * \exp(0.5 * 0.05) = 95$(万元),然后用 $100 - 92.654 = 7.346$(万元),买入看涨期权 $\dfrac{7.346}{2.215\ 5} = 3.315\ 5$ 万份,如果到期股票价格上涨 30%,执行看涨期权收益是 $3.315\ 5 * (26 - 19) = 23.208$(万元),资产总值是 $95 + 23.209 = 118.208$(万元),如果到期股票价格下跌 20%,不执行看涨期权,资产总值是 95 万元。

如果有以价格为 0.746 元买入的执行价格是 19 元的认沽期权,设买入看跌期权 x 份,那么买入股票必须是 x 股,买看跌期权 x 份的资金为 $0.746x$,买入股票 x 股的资金是 $20x$,存入银行的资金是 $100 - 20x - 0.746x$,依半年内使总资产 100 万元的最大损失不超过 5% 的要求,必有 $(100 - 20x - 0.746x) * \exp(0.5 * 0.05) + 19x = 95$。

解出 $x = \dfrac{100 * \exp(0.5 * 0.05) - 95}{20.746 * \exp(0.5 * 0.05) - 19} = 3.315\ 5$(万份),就是说买入看跌期权的资金是 $0.746\ 39 * 3.315\ 5 = 2.745$(万元),买入股票的资金是 $20 * 3.315\ 5 = 66.31$(万元),存入银行的资金是 $100 - 66 - 2.475 = 31.215$(万元),到期本利和是 $31.215 * \exp(0.5 * 0.05) = 32$(万元),如果股票价格上涨 30%,资产总值是 $32 + 66.31 * 1.3 = 118.203$(万元);如果股票价格下跌 20%,资产总值是 $32 + 66.31 * 0.95 = 95$(万元)。

如果没有任何期权:(1) 制造看涨期权,买入股票的数量 $3.315\ 5 * 0.698\ 5 = 2.315\ 8$(万股),买股票的资金 $2.315\ 8 * 20 = 46.31$(万元),买入股票后,银行还剩资金 $92.654 - 46.32 = 46.334$(万元),存入银行总资金是 $46.334 + 7.346 = 53.69$(万元),如果股票价格上涨 30%,资产总值是 $53.68 * \exp(0.5 * 0.05) + 46.31 * 1.3 = 115.242$(万元),如果股票价格下跌 20%,资产总值是 $53.68 * \exp(0.5 * 0.05) + 46.31 * 0.8 = 92.09$(万元);(2) 制造看跌期权,卖出股票的数量 $3.315\ 5 * (1 - 0.698\ 5) = 1$(万股),卖出股票的资金 $1 * 20 = 20$(万元),存入银行的金额是 $20 + 31.215 + 2.475 = 53.69$(万元),买入股票的资金是 $66.31 - 20 = 46.31$(万元),或买入股票的资金是 $100 - 53.39 = 46.31$(万元)。

买入 $46.31/20 = 2.315\ 8$ 万股股票就相当于买入 $2.315\ 8/0.695\ 8 = 3.315\ 5$ 万份看涨期权,卖出 $(66.31 - 46.31)/20 = 1$ 万股股票就相当于买入 $1/(1 - 0.698\ 5) = 3.315\ 5$ 万份看跌期权。

通过这个例子说明,当有所需要的期权的时候,基本上能够完全实现目标;当没有所需要的期权的时候,通过自制认购或认沽期权,如果恰当调整可以基本接近所实现目标,如果不及时调整就很可能与要实现的目标有一定的距离,甚至相差较大。但是,总体来说,与不进行风险管理相比会减少一定的损失。

9.3.2　固定组合保险策略

固定组合保险策略也是一种动态的组合保险策略,操作中在保险期间要求投资组合中风险资产和无风险资产维持固定比例。即

$$\frac{S_t}{P_t} = c \qquad\qquad (9-7)$$

其中，$S_t = t$ 时刻风险资产的价值，$P_t = t$ 时刻无风险资产价值，c 为比例系数。

随着时间的变化，组合中风险资产和无风险资产的价值都会发生变化，固定组合策略要求投资者调整组合中的风险资产和无风险资产，使其保持固定的比例，即：

$$S_{t+1} = \frac{c}{1+c}(S_t + P_t) \tag{9-8}$$

$$P_{t+1} = \frac{1}{1+c}(S_t + P_t) \tag{9-9}$$

固定组合保险策略没有设定价值底线，只规定了风险资产和无风险资产的比例。从原理上看是一种低买高卖策略，当股价上涨时，卖出股票，降低风险资产在组合中的比例；当股价下跌时，增持股票，提高风险资产在组合中的比例。采用固定组合策略，投资者要根据自己的风险偏好和市场走势选择合适的比例系数 c，由于没有价值底线，CM 不能保证实现保险目标。

为了考察固定组合策略的运作情况，选取一组 12 个随机数据模拟市场走势，根据固定组合保险策略的原理进行模拟分析。假设初始资产为 100 万元，股票指数的初始点位为100。风险资产与无风险资产的投资比例为 6:4，风险资产为股票，无风险资产为债券；不考虑债券价格变化和利息收入的影响；不考虑交易成本。在时点 1，当股价上涨 8.83% 时，股票部位价值为 65.3 万元，占总资产的比例大于 60%，此时必须卖出股票，买入债券，使得股票在投资组合中的比例仍维持在期初所设定的 60%。调整后的股票部位价值为 63.18 万元，债券部位价值为 42.12 万元，总资产为 105.30 万元。反之，当股价下跌时，股票在总资产中的比例会下降，此时必须买入股票以维持期初设定的比例。表 9-10 列示了 CM 策略的调整过程及每一阶段资产组合的价值。

表 9-10   固定保险组合策略下的资产组合价值变动

时　期	1	2	3	4	5	6
股票指数	108.83	115.52	118.5	117.19	112.17	105
调整后的股票价值(万元)	63.18	65.508	66.522	66.084	64.386	61.914
调整后的债券价值(万元)	42.12	43.672	44.348	44.056	42.924	41.276
CM 资产组合价值(万元)	105.3	109.18	110.87	110.14	107.31	103.19
时　期	7	8	9	10	11	12
股票指数	97.83	92.81	91.5	94.48	101.17	110
调整后的股票价值(万元)	63.18	57.552	57.06	58.176	60.648	63.822
调整后的债券价值(万元)	42.12	38.368	38.04	38.784	40.432	42.548
CM 资产组合价值(万元)	98.96	95.92	95.1	96.96	101.08	106.37

从原理上看，固定组合策略为一种"低买高卖"策略，即在股价上涨时卖出股票，降低其比例到设定值；在股价下跌时买入股票，增加其比例到设定值。在上面的例子中，固定组合保险策略下的投资组合的涨幅在市场上涨时略低于市场，在市场下跌时略高于市场。由于股票投资的比例不变，在股票市场上涨时，股票投资的价值增加，抛售股票；在股票市场下跌时，股票投资的价值降低，买入股票。

9.3.3　固定比例投资组合保险策略

Black 和 Jones 于 1987 年提出了针对股票的 CPPI 策略。CPPI 的基本思路是风险资产的最大损失不超过预先确定的数额，让投资者根据个人对收益的要求程度和对风险的承受能力选择适合自己的参数，通过动态调整资产组合，保证风险资产的损失额不超过投资者的承受能力。

在保险期间内，投资于风险资产的价值为：

$$S_{t+1} = \min(mC_t, V_t) = \min[m(V_t - K), V_t] = \min[m(S_t + P_t - K), (S_t + P_t)]$$

$S_t = t$ 时刻风险资产的价值，$m =$ 乘数，$V_t = t$ 时刻组合总价值

$K =$ 组合价值底线，$P_t = t$ 时刻无风险资产价值，$C_t =$ 安全垫。

首先，投资者要设定组合的价值底线 K，即能承受的最低组合价值；其次，计算组合的现时价值 V_t 超过价值底线 K 的数额，也就是我们说的安全垫 $V_t - K$；最后，投资者选择适当的系数 m，即将安全垫放大 m 倍投资于风险资产，其余的投资于无风险资产，如短期国债。

假设保险初期投资者的资产总额为 100 万元，股价指数为 100。所设定的保险底线为70 万元，乘数为 2，并选择股票作为风险资产。则投资者初期应投资 60 万元在股票上，其余40 万元以债券形式保留。假设经过一段时间后，股票指数由 100 跌至 80，此时投资者的股票价值由 60 万元跌为 48 万元，此时资产总值为 48＋40＝88 万元。根据 CPPI 策略，此时投资者投资在股票部位的数额就应变成 2×（88－70）＝36 万元，即投资者应卖出 12 万元的股票，以达到避险的目的。当股票指数由 100 上涨到 120 时，投资者投资在股票上的部位从 60万元上升到 84 万元。表 9 - 11 列示了 CPPI 策略的调整过程及每一阶段资产组合的总价值。

表 9 - 11　固定比例投资组合保险策略下的资产组合价值变动

时　期	1	2	3	4	5	6
股票指数	108.83	115.52	118.50	117.19	112.17	105.00
股票资产（万元）	70.596	79.275 3	83.365 4	81.522 2	74.537 9	65.008 9
债券资产（万元）	34.702	30.362 3	28.317 3	29.238 8	32.731 0	37.495 5
CPPI 总资产（万元）	105.30	109.64	111.68	110.76	107.27	102.50
最低保险额度（万元）	70	70	70	70	70	70

续　表

时　　期	7	8	9	10	11	12
股票指数	97.83	92.81	91.50	94.48	101.17	110.00
股票资产(万元)	56.130 5	50.370 0	48.948 1	52.136 4	59.519 8	69.909 4
债券资产(万元)	41.934 7	44.814 9	45.525 9	43.932 7	40.240 0	35.045 2
CPPI总资产(万元)	98.07	95.19	94.47	96.07	99.76	104.95
最低保险额度(万元)	70	70	70	70	70	70

由此可见,CPPI策略为一种"买高卖低"的策略,即在股价上涨时根据缓冲额度的增加买入股票,在股价下跌时根据缓冲额度的降低卖出股票。CPPI策略的涨幅在市场上涨时略低于市场,跌幅在市场下跌时略高于市场。相对于固定组合策略,CPPI策略在同样市场状况下风险资产投资部分的波动较为剧烈,这是因为乘数的放大作用。

9.3.4　时间不变性投资组合保险策略

Estep和Kritzman于1988年提出,当投资组合的价值上涨时,投资者希望能保护当前的价值,而不是像CPPI一样保护期初设定的价值底线,并因此提出了TIPP策略。TIPP与CPPI都不需要复杂的计算公式来进行资源配置,与CPPI不同的是,在TIPP策略中,价值底线并不固定,而是在某一时刻按当前组合价值确定的价值底线和原来的价值底线中,选择较大的一个作为新的价值底线。即当投资组合的总值上涨时,价值底线也会随之上调;当组合总值下跌时,价值底线维持原有水平。

$$S_{t+1} = m(V_t - K_{t+1}),\ K_{t+1} = \max(K_0, V_t \times \lambda),\ \lambda = K_0 / V_0$$

$S_{t+1} = t+1$时刻应投资的风险资产,m=乘数,$V_t = t$时刻组合的总价值,$K_{t+1} = t+1$时刻价值底线,$K_t = t$时刻的价值底线,λ=保本比例,K_0=期初的价值底线,V_0=期初组合的价值。

设定期初投资者的资产总额为100万元,股价指数为100。所设定的最低保险额度为70万元,保本比例λ为0.7;乘数为2,并以股票作为风险资产。则投资者初期应投资60万元在股票上,其余40万元以债券形式保留。假设经过一段时间后,股价指数由100涨至120,此时投资者的股票价值由60万元涨为72万元,此时资产总值为112(=72+40)万元。根据TIPP策略,此时最低保险额度为原有保险额度70万元和112×0.7=78.4万元之间的大者即78.4万元。投资者应投资在股票部位的大小就应变成2×(112−78.4)=67.2万元,即投资者应卖出4.8万元(72−67.2)的股票,以达到避险的目的。表9-12列示了TIPP策略的调整过程及每一阶段资产组合的总价值。

TIPP策略是一种较CPPI更为保守的策略。它在股价变化时根据组合总资产调整最低保险额度,按变化后的缓冲额度确定股票投资的部分。在考察的例子中,采用TIPP策略的投资组合价值,在市场上涨时略低于CPPI策略,在市场下跌时略高于CPPI策略,较大幅度地修正了市场的波动。

表 9 - 12 时间不变性投资组合保险策略下的资产组合价值变动

时　　　期	1	2	3	4	5	6
股票指数	108.83	115.52	118.50	117.19	112.17	105.00
股票资产(万元)	63.178 8	65.509 0	66.522 9	66.081 7	64.383 3	61.914 0
债券资产(万元)	42.119 2	43.672 7	44.348 6	44.054 4	42.922 2	41.276 0
TIPP 总资产(万元)	105.30	109.18	110.87	110.14	107.31	103.19
最低保险额度(万元)	73.71	76.43	77.61	77.10	75.11	72.23
时　　　期	7	8	9	10	11	12
股票指数	97.83	92.81	91.50	94.48	101.17	110.00
股票资产(万元)	57.924 4	51.974 8	50.512 4	53.802 6	60.426 6	63.591 0
债券资产(万元)	41.037 7	44.010 1	44.747 3	43.098 6	40.284 4	42.394 0
TIPP 总资产(万元)	98.96	95.99	95.26	96.90	100.71	105.99
最低保险额度(万元)	70.00	70.00	70.00	70.00	70.50	74.19

9.3.5 VaR 套补策略

VaR 套补的投资组合保险策略是根据风险收益对应论发展起来的一种新的投资组合保险策略方法,它的具体思想是:具有不同风险偏好的投资者,根据自己的风险容忍度估算出一定置信度水平下一定期间的风险资产的 VaR 值,通过资产的配置使总资产价值中投资于无风险性资产的部分所获得的回报等于或覆盖投资于风险资产的 VaR 值。

假设 A 代表资产总值,r 为无风险收益率,w 为投资于无风险性资产的比重,VaR 为一定置信度下投资于风险性资产的 VaR,那么投资于风险性资产和无风险资产的比例由以下公式确定:

$$Aw(e^{rt} - 1) = A(1 - w)VaR \qquad (9 - 10)$$

$$w = \frac{VaR}{e^{rt} + VaR - 1} \qquad (9 - 11)$$

上式确定的 w 就是投资于无风险性资产的比例,那么投资于风险性资产的资产价值就相当于 $A(1-w)$。式(9-10)的含义就是投资于无风险资产上所获的收益足以抵补投资于风险资产上所面临的潜在损失。随着证券市场的变化,VaR 值也会变化,从而投资于无风险资产和风险资产之间的比例也会发生变化。而为了更好地捕捉市场的上升或下降趋势,对VaR 值要作如下修正,即:

$$V'_{T-1} = Max\{0, [V_{T-1} - Max(0, AR_{T-t})]\} \tag{9-12}$$

其中，AR_{T-t} 为时间 $T-t$ 期间的累积收益率。做这样的修正也是基于 VaR 的套补思想，因为时间 $T-t$ 期间正的累积收益率 AR_{T-t} 可以套补部分 VaR 的值，所以剩余还需套补的 VaR 值应把这部分扣除。

以上 VaR 套补组合保险策略是典型的厌恶风险，百分之百保险策略，几乎相当于不投资于风险资产。当然，对有一定风险承受能力的投资者也可以应用这种方法，比如能够承担的最大损失是总资产的 α 倍，那么可以重新确定投资于无风险性资产的比例 w：

$$Aw(e^{rt} - 1) + \alpha A = A(1 - w)VaR \tag{9-13}$$

$$w = \frac{VaR - \alpha}{e^{rt} + VaR - 1} \tag{9-14}$$

若投资者能够承担的最大损失是总资产不低于初始总资产的 α 倍，用 A^* 表示最初总资产的价值，那么投资于无风险性资产的比例 w 为：

$$Aw(e^{rt} - 1) + A - \alpha A^* = A(1 - w)VaR \tag{9-15}$$

$$w = \frac{VaR - 1 + \alpha A^*/A}{e^{rt} + VaR - 1} \tag{9-16}$$

如果用 α 表示能够承担的最大损失是初始总资产的倍数，用 A^* 表示最初总资产的价值，那么投资于无风险性资产的比例 w 为：

$$Aw(e^{rt} - 1) + \alpha A^* = A(1 - w)VaR \tag{9-17}$$

$$w = \frac{VaR - \alpha A^*/A}{e^{rt} + VaR - 1} \tag{9-18}$$

假设有一风险资产，当时价格为 100 元，测得该资产收益率的波动率是 20%，市场上的无风险利率是 3%，若投资者希望有 95% 的把握享有风险资产价格上涨带来的收益，又希望在半年内的最大损失为总资产不低于最初总资产的 95%，问：如何在风险资产和无风险资产之间分配资金，才有 95% 的把握满足投资者的愿望？分析结果如表 9-13 所示：

表 9-13　VaR 套补的投资组合保险策略下资产组合的变动

时间段 t	当时价格 s(元)	VaR	无风险资产(元)	风险资产(元)	总资产 v(元)
0.5	100	0.232 6	73.718 3	26.281 6	100
0.46	90	0.223 1	78.005 8	20.480 1	98.485 9
0.42	80	0.213 2	81.676 5	15.617 7	97.294 2
0.38	70	0.202 8	84.791	11.586 7	96.377 7
0.34	75	0.191 8	77.473 6	20.703 8	98.177 4

续　表

时间段 t	当时价格 s(元)	VaR	无风险资产(元)	风险资产(元)	总资产 v(元)
0.3	86	0.180 2	60.101 2	41.907 1	102.008 3
0.26	70	0.167 7	91.924 5	2.830 4	94.754 9

VaR 套补的投资组合保险策略不仅实现了投资保险的功能,而且由于它基于 VaR 的特性,使它能动态测定风险性资产投资所面临的风险值,能更有效地进行市场风险的监控和管理,所以更符合机构投资者的需求。同时,该策略充分注意了市场风险的时变性。它能根据投资者不同的风险偏好和风险容忍度的大小来选择、确定置信水平和资产调整频率,从而拓宽了投资组合保险策略创新的视野,大大提高了投资组合保险产品设计的灵活性,为具有不同的风险收益对应关系的个性化投资品种的设计提供了理论基础,能够逐步满足中国证券市场日益兴起的对保本型或保险型投资理财产品或基金产品的需求。

9.4　组合保险方法的特征与调整

9.4.1　组合保险方法特征

投资组合的保险策略有买入持有策略、静态投资组合保险策略、动态投资组合保险策略、VaR 套补的投资组合保险策略等。这些策略各具特色,每种策略都拥有各自的优缺点和使用范围。本节将对这些策略进行比较和分析。

买入持有策略的优点是简单易行,但由于它过于死板,表现为一种被动的策略,因此在买入持有策略下的组合资产业绩经常不如非保险的买入持有策略(即风险资产的比例为 100%)。

停损策略的特点是可以预防较大规模的损失。但是,如果市场处于较为危险的情况,可能引起流动性大幅下降,从而可能很难预防价格的突然大幅下跌,因此经常也达不到停损的目的。

欧式保护性卖权策略给股票投资者提供了一个相当方便且有效的方法,但期权合约是标准化的,市场上交易的卖权种类也不够多,往往无法满足个别投资人的避险需求,加上卖权流动性不足,所以购买卖权进行投资组合保险的策略虽有效,但实际运用起来并不那么容易。

对于大型机构投资者而言,复制性卖权策略是其回避风险的一种较为理想的选择,相对于直接购买欧式卖权,复制性卖权有如下优点:

(1) 若购买市场上所交易的期权以进行投资组合保险策略,则可能会付出过高的成本。原因主要是市场上的期权大多属于美式,亦即可在到期日之前履约,因此,它的价格一般高于欧式期权,而组合保险的管理者只需要在到期时对组合进行保险,并无提前执行期权的要求,这一功能对执行组合保险策略的管理者而言,是不必要的成本。

（2）市场上存在的期权的到期日和要保险的期间并不一致；通常市场上交易较活跃的期权，多集中于未来 2～3 个月到期的上市期权契约。此外，上市期权契约多为标准化规格，常无法满足投资者的需求，而通过使用复制性卖权的方法，可以解决此问题。

（3）并非所有的股票都有期权或权证上市交易，在中国只有少部分上市公司有权证交易，而期权市场还没有正式形成。

（4）如前所述，即使构成投资组合的个股都有期权交易，分别购买个股期权的成本，也必定高于购买整个投资组合期权的成本。因为根据 Makowitz 的投资组合理论，投资组合可以分散非系统性风险，故其风险会较个股低，而在 B-S 分析中，期权的价值会随股票的波动性提高而增加。因此，投资组合将因降低风险，而不必付出高额的期权费用，这就意味着保费的降低。但是复制性卖权的策略也存在一个问题，就是很难对波动率做出正确估计。

CPPI、TIPP 等策略可以通过几个简单的参数设定来动态调整资产配置，从而达到保险的目的，而复制性卖权策略则必须对波动性进行正确的估计，在一定期间内使累积波动率保持在预定水平上，从而达到保险的目的；CPPI 及 TIPP 策略则不对波动率进行估计，但只能在累积波动达成预设水平时达到保险目的，因而无法准确要求在一定时间内达成保险目的。

复制性卖权策略采用股票与现金复制策略时，必须随着股价的变动随时调整持有的股票与现金的比例，因此，比较适用于单一资产的投资组合；反之，若投资组合为包含多个资产的投资组合，则采用上述的复制策略，会导致需要经常耗时费力地对资产比例进行调整，并产生巨额交易成本。因此，在进行较多资产的组合投资时，指数期货（index futures）是较佳的复制策略。

固定比例投资组合保险策略（CPPI）和时间不变性投资组合保险策略（TIPP）的原理类似，区别仅在于时间不变性投资组合保险策略的保险金额是可变的，策略更为保守。采用固定比例投资组合保险策略和时间不变性投资组合保险策略时无须预测波动率，运用起来远比复制性卖权策略简单。

9.4.2 组合保险方法调整

不论是复制性卖权策略、CPPI 策略还是 TIPP 策略，其共同的特点都是在风险性资产价格下跌时，增加无风险资产的持有比例，以达到保险的目的；反之，则削减无风险资产的比重，增加风险性资产的比重，以提高组合收益。换句话说，这 3 种组合保险策略都必须随着市场的变动，持续调整其投资组合中风险性资产与无风险资产的相对比重，以及风险资产的组合搭配。但在实务中连续调整不仅无法做到，而且交易成本也相当可观。更何况上述调整策略都是在股票价格上升时增加股票持有数量，在股票价格下跌时减少股票持有数量。这种高买低卖的特性，在股票市场盘整时，会产生过于频繁的调整，反而对于执行保险策略有着相当不利的影响。因此，采用投资组合保险策略时必须在执行精确度与交易成本之间做一定的权衡，建立适当的调整法则，以增进投资组合保险策略执行的效率。

比较传统的调整法则，一般包括定期法则（time discipline）、市场波动性法则（market move discipline）与落差法则（lag discipline）3 种调整方式。所谓定期法则，是指每隔一段时间就调整一次。市场波动法则，是指在市场变动达到一定的程度时，才进行调整。落差法则的调整方式，是在风险性资产占总资产的实际比例偏离理想比例达到一定程度以上时才予以调整。依据 Etzioni(1986)针对复制性卖权策略分别采用前述 3 种调整法则的实证研究结果,以落差 3%的落差调整法则所提供的执行效果最佳。若采用定期法则,则以每星期调整一次较为适当。而市场波动性法则不论起始比例设为 1%还是 5%,其执行效果都表现得不如落差法则和定期法则。但是,定期法则只是机械地随时间而调整,忽略了市场行情的变化,而落差法则只针对资产比例的误差来决定调整时机,因此可能在市场变化时,未能如市场波动法则那样敏感地争取较佳的收益。

还有两个调整法则。一个是技术分析法则。投资组合保险策略因具有买高卖低的特性,在有明显趋势的行情时应用投资组合保险策略最为有利,在横向整理的震荡行情下则由于应用投资组合保险策略会导致进行频繁的调整,从而最不利,因此,为了提高投资组合保险的绩效,应该遵循与技术分析相同的原则,必须及早确认趋势的变动,以便在掌握趋势后,继续保持其投资策略,直到该趋势出现反转时为止。基于以上分析,将技术分析法引入调整法则,同时由于两条长短周期的移动平均线交叉,在技术分析上综合来说有两个作用:一是滤除小幅震荡所发出的噪音,二是确认当时价格走势是否已由多头转空头或空头转多头。

下面给出一个技术分析法则调整操作的例子。首先,以风险资产价格为样本绘出移动平均线,以 20~60 日的移动平均线为例,20 日移动平均线上每一时刻的值均为该时刻前 20 天收盘价的平均值,60 日移动平均线上每一时刻的值均为该时刻前 60 天的收盘价的平均值,其他周期类似。其次,在同一图表中观察风险资产价格变动曲线与 20 日、60 日移动平均线,当 20 日移动平均线从下方向上穿过 60 日移动平均线,且 60 日移动平均线斜率为正,股价大于等于短期移动平均线时,即出现黄金交叉,代表市场行情已确认走向多头,因此在下一个死亡交叉出现前,只需依据市场波动法则,当价格上涨达到一定百分比如 1%时,进行单向买入操作,当下跌在一定百分比之内时,任何卖出信号皆被视为噪音而不作调整,即此时只当上证综合指数价格上涨超过 1%时调整风险资产比例,下跌时则不进行调整。反之,出现死亡交叉时,只在股价下跌超过 1%时进行调整,上涨时则不进行调整。

另一个是滤嘴法则。滤嘴法则是一种能够产生买入和卖出信号,使投资人在股票市场波动期间以一定的法则进行买进与卖出风险资产的机制。其操作方法有如 Fama & Blume(1986)提出的"买长、卖空"法则与 Sweeney(1988)提出的"买长"法则。

(1) 买长卖空法则(go long and go short discipline)。当风险资产价格上涨超过事先设定的一定比率时,即断定其价格受某种影响将持续上涨,此时买入并持有该风险资产,称为"买长(go long)"。当风险资产价格出现回跌,且跌幅超过前次最高点的该比率时,则预测其价格将持续下跌,此时即卖出原有风险资产,并借券从事卖空交易,直至风险资产价格止跌回升,并且涨幅超过前次最低点的该比率时再买入风险资产,并回补卖空交易借入的风险资产,称为"卖空(go short)"。在操作过程中低于该比率的价格变动不予考虑,视为噪声。

(2) 买长法则(go long discipline)。与"买长卖空法则"不同的是,在价格回跌超过前次最高点的一定比率时,不从事卖空交易,只是卖出原本持有的风险资产并将所得资金全部投资于无风险资产,直至风险资产价格止跌回升且涨幅超过前次最低点的一定比率时,再购入风险资产。实务中,使用滤嘴法则获取超额收益的大小受三个因素的影响:滤嘴比例的大小、价格变动的持续程度、交易成本。下面采用简单数字对滤嘴法则进行说明：

当股票价格由 10 元上涨到 20 元时，滤嘴比例选用 5%，则投资者会在 $10 * (1+5\%) = 10.5$ 元时买入，在 $20 * (1-5\%) = 19$ 元时卖出，获益 $19-10.5 = 8.5$ 元。在"买长、卖空"法则下由于在股票价格下跌时要借券从事卖空交易也能得到同样的收益。如股票价格由 20 元下跌到 10 元，滤嘴比例选用 5%，则投资者会在 $20 * (1-5\%) = 19$ 元时借券从事卖空交易，在 $10 * (1+5\%) = 10.5$ 元时回补借入的风险资产，同样可获益 $19-10.5 = 8.5$ 元。

9.5　本章小结

投资者可以利用分散化的技术消除非系统性风险，但是系统性风险却不能被分散化。系统性风险一般是由宏观因素决定的。当整个市场环境或某些全局性的因素发生变动时，也存在规避系统性风险的需求。本章所介绍的投资组合保险策略，正是为了对系统性风险进行规避而产生的一系列理论与实务运作方法。本章主要介绍了 4 类投资组合保险策略，包括买入持有策略、静态投资组合保险策略、动态投资组合保险策略，以及基于 VaR 套补的投资组合保险策略，其中重点介绍了动态投资组合保险策略，包括 OBPI、CPPI、TIPP 和 VaR 套补保险策略的理论模型。这些理论都存在不同的适用情形和优缺点，使用者应该根据需要以及对待风险的态度进行选择。在资产组合保险策略的实务运用中，往往由于市场的交易成本等因素，使得实际的组合保险策略不能完全被执行，因此也就存在所谓调整法则。投资组合管理者应该在成本与保险收益之间进行权衡，然后制定合适的调整法则。一般常见的调整法则有定期调整法则、市场波动性调整法则、落差调整法则、技术分析调整法则和滤嘴调整法则等。调整法则最重要和最困难的是考虑波动率及其变化。

复习思考题

1. 以沪深 300ETF 作为标的风险资产，无风险资产的年收益率假定为 3%，当固定风险乘数（M）取不同值时，测试 CPPI 和 TIPP 方法是否可保证保本，测定 M 取值大小对保本效果的影响。

2. 比较 SPO 策略、CM 策略、CPPI 策略和 TIPP 策略在牛市中的保本效果。

3. 假设有一风险资产，当时价格为 100 元，测得该资产收益率的波动率是 20%，市场上的无风险利率是 3%，若投资者希望有 95% 的把握享有风险资产价格上涨带来的收益，又能保证在半年内的最大损失为零。问：如何在风险资产和无风险资产之间分配资金，才有 95% 的把握满足投资者的愿望？如果能够承受的损失是不超过最初总资产的 10%，又该如何在风险资产和无风险资产之间分配资金？

4. 假设有一风险资产当前价格是 20 元，测得该资产收益率的波动率是 25%，市场上的无风险利率是 5%,由此运用 B‒S 公式计算该资产还有半年到期的平价欧式认沽期权和平价欧式认购期权的价格分别是 1.158 2 元和 1.652 元,某投资者现有资金 500 万元,问:

(1) 若市场上能够以 1.158 2 元的价格买到平价欧式认沽期权,如何把 500 万元配置在风险资产和平价认沽期权上,才能使配置在风险资产上的资金不产生损失?

(2) 若当时市场上所有需要的期权都没有,投资者希望通过自制平价认沽期权或平价认购期权的办法,在半年内使总资产 500 万元的最大损失不超过 10%,则在初始时刻如何在风险资产和无风险资产间分配这 500 万元($N(d_1) = 0.590 88$)?

5. 假设有一风险资产当前价格是 20 元,测得该资产收益率的波动率是 25%,市场上的无风险利率是 5%,由此运用 B‒S 公式计算该资产还有半年到期的行权价格为 18 元的欧式认沽期权和行权价格为 18 元的欧式认购期权的价格分别是 0.443 元和 2.887 元,某投资者现有资金 200 万元,问:

(1) 若市场上能够以 0.443 元的价格买到行权价格为 18 元的欧式认沽期权,如何把 200 万元配置在风险资产和行权价格为 18 元的认沽期权上,才能在半年时间使资产配置效益最大化?

(2) 若当时市场上所有需要的期权都没有,投资者希望通过自制行权价格为 18 元的认沽期权或行权价格为 18 元的认购期权的办法,在半年内使总资产 200 万元的资产配置效益最大化,在初始时刻如何在风险资产和无风险资产间分配这 200 万元($N(d_1) = 0.795 5$)?

(3) 若投资者只有 20 万元,又希望保证期末该投资至少为 20 万元,同时在有利情况下尽可能获得更高的收益,如何配置资金?(见表 9‒14)

表 9‒14　不同行权价格不同期望下的资产配置策略($r = 0.05$, $\sigma = 25\%$, $t = 0.5$, $S = 20$)

行权价格	标准正态	标准正态	现　值	认购期权	认沽期权
X(元)	$N(d_1)$	$N(d_2)$	$X exp(-rt)$(元)	期权 C(元)	期权 P(元)
17	0.874 8	0.834 6	16.580 3	3.657 7	0.238 0
18	0.795 5	0.741 8	17.555 6	2.887 4	0.443 0
19	0.698 5	0.634 3	18.530 9	2.215 5	0.746 4
20	0.590 9	0.521 1	19.506 2	1.652 0	1.158 2
21	0.481 6	0.411 8	20.481 5	1.197 7	1.679 2
22	0.378 5	0.313 4	21.456 8	0.845 2	2.302 0
23	0.287 5	0.230 4	22.432 1	0.581 3	3.013 4
23.054 247 3	0.282 9	0.226 4	22.485 0	0.569 2	3.054 2
24	0.211 4	0.164 0	23.407 4	0.390 3	3.797 8
25	0.150 9	0.113 3	24.382 7	0.256 3	4.639 1
29	0.030 6	0.020 2	28.284 0	0.039 5	8.323 5

| 不同行权价格最差情况下期望总资产 20 万元不产生损失的资产配置结果 | | | | | | | |
| 有认购期权的资产配置 | | | 有认沽期权的资产配置 | | | 无期权的资产配置 | |
存银行资金（万份）	买认购期权（万份）	期权份数（万份）	买认沽期权（万元）	买股票（万元）	存银行资金（万元）	股票（万元）	存银行资金（万元）
19.506 2	0.493 8	0.135 0	0.032 1	2.700 1	17.267 8	2.361 9	17.638 1
19.506 2	0.493 8	0.171 0	0.075 8	3.420 4	16.503 9	2.721 1	17.278 9
19.506 2	0.493 8	0.222 9	0.166 4	4.457 7	15.375 9	3.113 5	16.886 5
19.506 2	0.493 8	0.298 9	0.346 2	5.978 2	13.675 6	3.532 4	16.467 6
19.506 2	0.493 8	0.412 3	0.692 3	8.245 8	11.061 8	3.971 0	16.029 0
19.506 2	0.493 8	0.584 3	1.345 0	11.685 5	6.969 6	4.423 3	15.576 7
19.506 2	0.493 8	0.849 5	2.559 9	16.989 7	0.450 4	4.884 0	15.116 0
19.506 2	0.493 8	0.867 5	2.649 6	17.350 4	0.000 0	4.909 1	15.090 9
19.506 2	0.493 8	1.265 1	4.804 5	25.301 5	−10.105 9	5.348 9	14.651 1
19.506 2	0.493 8	1.926 3	8.936 4	38.526 5	−27.462 9	5.814 6	14.185 4
19.506 2	0.493 8	12.488 0	103.944 0	249.759 4	−333.703 4	7.642 2	12.357 8
不同行权价格最差情况下期望总资产 20 万元损失不超过 10% 的资产配置结果							
有认购期权的资产配置			有认沽期权的资产配置			无期权的资产配置	
存银行资金（万份）	买认购期权（万份）	期权份数（万份）	买认沽期权（万元）	买股票（万元）	存银行资金（万元）	股票（万元）	存银行资金（万元）
17.555 6	2.444 4	0.668 3	0.159 0	13.365 9	6.475 1	11.691 9	8.308 1
17.555 6	2.444 4	0.846 6	0.375 0	16.931 5	2.693 5	13.469 8	6.530 2
17.555 6	2.444 4	1.103 3	0.823 5	22.066 5	−2.890 0	15.412 5	4.587 5
17.555 6	2.444 4	1.479 7	1.713 8	29.593 4	−11.307 2	17.486 2	2.513 8
17.555 6	2.444 4	2.040 9	3.427 1	40.818 7	−24.245 8	19.657 4	0.342 6
17.555 6	2.444 4	2.892 3	6.657 9	57.845 4	−44.503 4	21.896 2	−1.896 2
17.555 6	2.444 4	4.205 1	12.671 9	84.102 8	−76.774 7	24.176 7	−4.176 7
17.555 6	2.444 4	4.294 4	13.116 2	85.888 0	−79.004 2	24.301 2	−4.301 2
17.555 6	2.444 4	6.262 4	23.783 1	125.247 6	−129.030 7	26.477 9	−6.477 9
17.555 6	2.444 4	9.535 7	44.237 1	190.714 4	−214.951 4	28.783 3	−8.783 3
17.555 6	2.444 4	61.818 1	514.544 5	1 236.361 3	−1 730.905 7	37.830 6	−17.830 6

续　表

不同行权价格最差情况下期望总资产 20 万元收益不低于 1% 的资产配置结果							
19.701 3	0.298 7	0.081 7	0.019 4	1.633 5	18.347 1	1.428 9	18.571 1
19.701 3	0.298 7	0.103 5	0.045 8	2.069 2	17.884 9	1.646 2	18.353 8
19.701 3	0.298 7	0.134 8	0.100 6	2.696 8	17.202 5	1.883 6	18.116 4
19.701 3	0.298 7	0.180 8	0.209 4	3.616 7	16.173 9	2.137 0	17.863 0
19.701 3	0.298 7	0.249 4	0.418 8	4.988 6	14.592 6	2.402 4	17.597 6
19.701 3	0.298 7	0.353 5	0.813 7	7.069 5	12.116 9	2.676 0	17.324 0
19.701 3	0.298 7	0.513 9	1.548 7	10.278 4	8.172 9	2.954 7	17.045 3
19.701 3	0.298 7	0.524 8	1.603 0	10.496 6	7.900 4	2.969 9	17.030 1
19.701 3	0.298 7	0.765 3	2.906 6	15.306 9	1.786 5	3.235 9	16.764 1
19.701 3	0.298 7	1.165 4	5.406 3	23.307 7	−8.714 1	3.517 7	16.482 3
19.701 3	0.298 7	7.555 0	62.884 0	151.099 3	−193.983 2	4.623 4	15.376 6

6. 假设有一风险资产当前价格是 10 元，测得该资产收益率的波动率是 30%，市场上的无风险利率是 3%，由此运用 B-S 公式计算该资产还有半年到期的平价欧式认沽期权和平价欧式认购期权的价格分别是 0.766 元和 0.915 元，某投资者现有资金 100 万元，问：

(1) 若市场上能够以 0.766 元的价格买到平价欧式认沽期权，如何配置这 100 万元资金，才能使这 100 万元在半年到期时不产生损失？

(2) 若目前市场上所有需要的期权都没有，投资者希望通过自制平价认沽期权或平价认购期权的办法，在半年内使总资产 100 万元的最大损失不超过 10%，在初始时刻如何配置这 100 万元（注：$N(d_1) = 0.570\,2$）？

(3) 若市场上能够以 0.915 元的价格买到平价欧式认购期权，如何把 100 万元配置在无风险资产和平价认购期权上，才能在有利环境下收益不低于 10%，在不利环境下损失尽可能小？

7. 假设市场上无风险利率是 3%。不考虑佣金和印花税，2021 年 11 月 24 日某投资者用 32 300 元购买上证 50ETF 10 000 个单位，投资者希望 6 个月后最差情况总资产至少不低于 32 000 元，最好情况收益尽可能高，需要另外投入多少资金购买期权，才能实现目标？如果市场上所有需要的期权都没有，投资者如何分配另外投入购买期权的资金再加上投入上证 50ETF 的资金 32 300 元，才能实现相同的目标？如果按照表 9-15(A)(B)(C)(D) 的模拟路径运行结果如何？如果按照上证 50ETF 真实的路径运行结果如何？真实的路径如表 9-16(A)(B)(C)(D) 所示。

表 9 – 15(A)　相隔 10 个交易日的模拟路径的动态组合保险策略(2021 年 11 月 24 日)

时间段	利率	行权价格	目前价格	波动率	标准正态	现值	认购期权	认沽期权
t	r	X(元)	S(元)	波动	$N(d_1)$	$Xexp(-rt)$ (元)	期权 C (元)	期权 P (元)
0.500	0.03	3.2	3.23	0.15	0.611 2	3.152 4	0.177 3	0.099 7
0.460	0.03	3.2	3.25	0.15	0.632 7	3.156 1	0.182 3	0.088 4
0.421	0.03	3.2	3.31	0.15	0.700 5	3.159 9	0.214 6	0.064 4
0.381	0.03	3.2	3.39	0.15	0.786 0	3.163 6	0.266 4	0.040 0
0.341	0.03	3.2	3.35	0.15	0.752 8	3.167 4	0.227 7	0.045 1
0.302	0.03	3.2	3.29	0.15	0.687 1	3.171 2	0.176 0	0.057 1
0.262	0.03	3.2	3.26	0.15	0.649 0	3.175 0	0.146 8	0.061 8
0.222	0.03	3.2	3.21	0.15	0.569 0	3.178 7	0.106 6	0.075 3
0.183	0.03	3.2	3.19	0.15	0.527 4	3.182 5	0.085 2	0.077 8
0.143	0.03	3.2	3.15	0.15	0.431 0	3.186 3	0.054 9	0.091 3
0.103	0.03	3.2	3.2	0.15	0.535 2	3.190 1	0.066 5	0.056 6
0.063	0.03	3.2	3.27	0.15	0.739 5	3.193 9	0.095 9	0.019 8
0.024	0.03	3.2	3.3	0.15	0.915 0	3.197 7	0.105 3	0.003 0

表 9 – 15(B)　相隔 10 个交易日的模拟路径的动态组合保险策略(2021 年 11 月 24 日)

时间段	目前价格	标准正态	现值	认购期权	认沽期权	初始保险比例		
t	S	$N(d_1)$	$Xexp(-rt)$	期权 C	期权 P	股票	现金	合计
0.500	3.23	0.611 2	3.152 4	0.177 3	0.099 7	1.974 2	1.355 5	3.329 7
0.460	3.25	0.632 7	3.156 1	0.182 3	0.088 4	2.056 2	1.282 2	3.338 4
0.421	3.31	0.700 5	3.159 9	0.214 6	0.064 4	2.318 6	1.055 9	3.374 4
0.381	3.39	0.786 0	3.163 6	0.266 4	0.040 0	2.664 7	0.765 3	3.430 0
0.341	3.35	0.752 8	3.167 4	0.227 7	0.045 1	2.522 0	0.873 1	3.395 1
0.302	3.29	0.687 1	3.171 2	0.176 0	0.057 1	2.260 7	1.086 5	3.347 1
0.262	3.26	0.649 0	3.175 0	0.146 8	0.061 8	2.115 9	1.205 9	3.321 8
0.222	3.21	0.569 0	3.178 7	0.106 6	0.075 3	1.826 4	1.458 9	3.285 3
0.183	3.19	0.527 4	3.182 5	0.085 2	0.077 8	1.682 3	1.585 5	3.267 8

续 表

时间段	目前价格	标准正态	现值	认购期权	认沽期权	初始保险比例		
t	S	$N(d_1)$	$Xexp(-rt)$	期权 C	期权 P	股票	现金	合计
0.143	3.15	0.431 0	3.186 3	0.054 9	0.091 3	1.357 6	1.883 6	3.241 3
0.103	3.2	0.535 2	3.190 1	0.066 5	0.056 6	1.712 6	1.544 0	3.256 6
0.063	3.27	0.739 5	3.193 9	0.095 9	0.019 8	2.418 2	0.871 7	3.289 8
0.024	3.3	0.915 0	3.197 7	0.105 3	0.003 0	3.019 4	0.283 7	3.303 0

表 9‑15(C) 相隔 10 个交易日的模拟路径的动态组合保险策略(2021 年 11 月 24 日)

时间段	目前价格	标准正态	现值	认购期权	认沽期权	不变保险比例		
t	S	$N(d_1)$	$Xexp(-rt)$	期权 C	期权 P	股票	现金	合计
0.500	3.23	0.611 2	3.152 4	0.177 3	0.099 7	1.974 2	1.355 5	3.329 7
0.460	3.25	0.632 7	3.156 1	0.182 3	0.088 4	1.986 4	1.357 1	3.343 5
0.421	3.31	0.700 5	3.159 9	0.214 6	0.064 4	2.023 1	1.358 8	3.381 8
0.381	3.39	0.786 0	3.163 6	0.266 4	0.040 0	2.071 9	1.360 4	3.432 3
0.341	3.35	0.752 8	3.167 4	0.227 7	0.045 1	2.047 5	1.362 0	3.409 5
0.302	3.29	0.687 1	3.171 2	0.176 0	0.057 1	2.010 8	1.363 6	3.374 4
0.262	3.26	0.649 0	3.175 0	0.146 8	0.061 8	1.992 5	1.365 2	3.357 7
0.222	3.21	0.569 0	3.178 7	0.106 6	0.075 3	1.961 9	1.366 9	3.328 8
0.183	3.19	0.527 4	3.182 5	0.085 2	0.077 8	1.949 7	1.368 5	3.318 2
0.143	3.15	0.431 0	3.186 3	0.054 9	0.091 3	1.925 3	1.370 1	3.295 4
0.103	3.2	0.535 2	3.190 1	0.066 5	0.056 6	1.955 8	1.371 8	3.327 6
0.063	3.27	0.739 5	3.193 9	0.095 9	0.019 8	1.998 6	1.373 4	3.372 0
0.024	3.3	0.915 0	3.197 7	0.105 3	0.003 0	2.016 9	1.375 0	3.392 0

表 9‑15(D) 相隔 10 个交易日的模拟路径的动态组合保险策略(2021 年 11 月 24 日)

时间段	目前价格	标准正态	现值	认购期权	认沽期权	调整保险比例		
t	S	$N(d_1)$	$Xexp(-rt)$	期权 C	期权 P	股票	现金	合计
0.500	3.23	0.611 2	3.152 4	0.177 3	0.099 7	1.974 2	1.355 5	3.329 7
0.460	3.25	0.632 7	3.156 1	0.182 3	0.088 4	2.056 2	1.287 4	3.343 5

时间段	目前价格	标准正态	现值	认购期权	认沽期权	调整保险比例		
t	S	$N(d_1)$	$Xexp(-rt)$	期权 C	期权 P	股票	现金	合计
0.421	3.31	0.700 5	3.159 9	0.214 6	0.064 4	2.318 6	1.064 4	3.383 0
0.381	3.39	0.786 0	3.163 6	0.266 4	0.040 0	2.664 7	0.775 7	3.440 3
0.341	3.35	0.752 8	3.167 4	0.227 7	0.045 1	2.522 0	0.887 8	3.409 8
0.302	3.29	0.687 1	3.171 2	0.176 0	0.057 1	2.260 7	1.105 0	3.365 7
0.262	3.26	0.649 0	3.175 0	0.146 8	0.061 8	2.115 9	1.230 5	3.346 4
0.222	3.21	0.569 0	3.178 7	0.106 6	0.075 3	1.826 4	1.489 0	3.315 4
0.183	3.19	0.527 4	3.182 5	0.085 2	0.077 8	1.682 3	1.623 5	3.305 8
0.143	3.15	0.431 0	3.186 3	0.054 9	0.091 3	1.357 6	1.929 0	3.286 6
0.103	3.2	0.535 2	3.190 1	0.066 5	0.056 6	1.712 6	1.597 9	3.310 5
0.063	3.27	0.739 5	3.193 9	0.095 9	0.019 8	2.418 2	0.931 7	3.349 9
0.024	3.3	0.915 0	3.197 7	0.105 3	0.003 0	3.019 4	0.353 8	3.373 1

表 9 - 16(A)　相隔 10 个交易日的真实路径的动态组合保险策略(2021 年 11 月 24 日)

时间段	利率	执行价格	目前价格	波动率	标准正态	现值	认购期权	认沽期权
t	r	X	S	波动	$N(d_1)$	$Xexp(-rt)$	期权 C	期权 P
0.500	0.03	3.2	3.23	0.15	0.611	3.152	0.177	0.100
0.460	0.03	3.2	3.301	0.15	0.689	3.156	0.216	0.071
0.421	0.03	3.2	3.244	0.15	0.625	3.160	0.171	0.087
0.381	0.03	3.2	3.193	0.15	0.558	3.164	0.133	0.103
0.341	0.03	3.2	3.214	0.15	0.583	3.167	0.136	0.090
0.302	0.03	3.2	3.128	0.15	0.450	3.171	0.083	0.126
0.262	0.03	3.2	3.043	0.15	0.303	3.175	0.043	0.175
0.222	0.03	3.2	2.913	0.15	0.115	3.179	0.011	0.277
0.183	0.03	3.2	2.884	0.15	0.066	3.183	0.005	0.304
0.143	0.03	3.2	2.832	0.15	0.020	3.186	0.001	0.355
0.103	0.03	3.2	2.662	0.15	0.000	3.190	0.000	0.528
0.063	0.03	3.2	2.702	0.15	0.000	3.194	0.000	0.492
0.024	0.03	3.2	2.725	0.15	0.000	3.198	0.000	0.473

表 9 - 16(B) 相隔 10 个交易日的真实路径的动态组合保险策略(2021 年 11 月 24 日)

时间段	目前价格	标准正态	现值	认购期权	认沽期权	初始保险比例		
t	S	$N(d_1)$	$Xexp(-rt)$	期权 C	期权 P	股票	现金	合计
0.500	3.23	0.611	3.152	0.177	0.100	1.974	1.356	3.330
0.460	3.301	0.689	3.156	0.216	0.071	2.273	1.099	3.372
0.421	3.244	0.625	3.160	0.171	0.087	2.028	1.303	3.331
0.381	3.193	0.558	3.164	0.133	0.103	1.782	1.514	3.296
0.341	3.214	0.583	3.167	0.136	0.090	1.875	1.429	3.304
0.302	3.128	0.450	3.171	0.083	0.126	1.408	1.846	3.254
0.262	3.043	0.303	3.175	0.043	0.175	0.923	2.295	3.218
0.222	2.913	0.115	3.179	0.011	0.277	0.336	2.854	3.190
0.183	2.884	0.066	3.183	0.005	0.304	0.191	2.997	3.188
0.143	2.832	0.020	3.186	0.001	0.355	0.057	3.130	3.187
0.103	2.662	0.000	3.190	0.000	0.528	0.000	3.190	3.190
0.063	2.702	0.000	3.194	0.000	0.492	0.000	3.194	3.194
0.024	2.725	0.000	3.198	0.000	0.473	0.000	3.198	3.198

表 9 - 16(C) 相隔 10 个交易日的真实路径的动态组合保险策略(2021 年 11 月 24 日)

时间段	目前价格	标准正态	现值	认购期权	认沽期权	不变保险比例		
t	S	$N(d_1)$	$Xexp(-rt)$	期权 C	期权 P	股票	现金	合计
0.500	3.23	0.611	3.152	0.177	0.100	1.974	1.356	3.330
0.460	3.301	0.689	3.156	0.216	0.071	2.018	1.357	3.375
0.421	3.244	0.625	3.160	0.171	0.087	1.983	1.359	3.341
0.381	3.193	0.558	3.164	0.133	0.103	1.952	1.360	3.312
0.341	3.214	0.583	3.167	0.136	0.090	1.964	1.362	3.326
0.302	3.128	0.450	3.171	0.083	0.126	1.912	1.364	3.275
0.262	3.043	0.303	3.175	0.043	0.175	1.860	1.365	3.225
0.222	2.913	0.115	3.179	0.011	0.277	1.780	1.367	3.147
0.183	2.884	0.066	3.183	0.005	0.304	1.763	1.368	3.131

时间段	目前价格	标准正态	现值	认购期权	认沽期权	不变保险比例		
t	S	$N(d_1)$	$Xexp(-rt)$	期权 C	期权 P	股票	现金	合计
0.143	2.832	0.020	3.186	0.001	0.355	1.731	1.370	3.101
0.103	2.662	0.000	3.190	0.000	0.528	1.627	1.372	2.999
0.063	2.702	0.000	3.194	0.000	0.492	1.651	1.373	3.025
0.024	2.725	0.000	3.198	0.000	0.473	1.666	1.375	3.041

表 9-16(D)　相隔 10 个交易日的真实路径的动态组合保险策略(2021 年 11 月 24 日)

时间段	目前价格	标准正态	现值	认购期权	认沽期权	调整保险比例		
t	S	$N(d_1)$	$Xexp(-rt)$	期权 C	期权 P	股票	现金	合计
0.500	3.23	0.611	3.152	0.177	0.100	1.974	1.356	3.330
0.460	3.301	0.689	3.156	0.216	0.071	2.273	1.102	3.375
0.421	3.244	0.625	3.160	0.171	0.087	2.028	1.309	3.337
0.381	3.193	0.558	3.164	0.133	0.103	1.782	1.525	3.306
0.341	3.214	0.583	3.167	0.136	0.090	1.875	1.445	3.320
0.302	3.128	0.450	3.171	0.083	0.126	1.408	1.863	3.272
0.262	3.043	0.303	3.175	0.043	0.175	0.923	2.312	3.235
0.222	2.913	0.115	3.179	0.011	0.277	0.336	2.863	3.199
0.183	2.884	0.066	3.183	0.005	0.304	0.191	3.008	3.199
0.143	2.832	0.020	3.186	0.001	0.355	0.057	3.142	3.199
0.103	2.662	0.000	3.190	0.000	0.528	0.000	3.199	3.199
0.063	2.702	0.000	3.194	0.000	0.492	0.000	3.203	3.203
0.024	2.725	0.000	3.198	0.000	0.473	0.000	3.207	3.207

第10章

基于风险预算的组合保险

第 8 章介绍了什么是风险预算,第 9 章介绍了组合保险策略,本章在这两章内容的基础上,详细阐述风险均衡策略和积极风险均衡策略的思路和方法,重点讨论在风险预算控制的约束下收益最大化的组合保险方法。10.1 基于投资组合理论,综合考虑风险和收益,在效用最大化的原则下,给出了风险预算方法。10.2 主要针对两种情况给出了组合保险策略:一种情况是在控制风险的约束下,收益最大化;另一种情况是在收益保证的约束下,风险最小化。10.3 详细分析了几个典型例子。

10.1　控制风险的资产配置方法

资产配置理论是现代投资理论最重要的组成部分。通过稳健、科学的资产配置,不仅可以稳定增加投资者的利润,而且可以有效规避风险。资产配置对于机构投资者在提高投资业绩、分散投资风险等方面都起着重要作用。突出严格控制风险的资产配置意义更是重大,关于风险预算方法的研究主要集中在风险均衡策略和针对风险均衡策略的改进。针对风险均衡策略改进的一种思路是利用 Black-Litterman 模型的框架,在风险均衡策略中融入投资者观点,构建积极的风险均衡策略。早期的大类资产配置策略主要是恒定比例混合配置策略,包括等权重组合和 60/40 组合,60/40 组合广泛应用于 20 世纪的国际资产管理行业。正是由于股票资产和债券资产的相关性较弱,因此采用股票 60%、债券 40% 的权重分配来构建二者的资产组合,长期来看,可以获得比单一持有股票或者债券资产更优的夏普比率。

传统的资产配置模型,通常是基于马科维茨的均值方差模型,即根据每类资产的风险和收益,以及每类资产之间的相关性,来构建投资组合,以实现同等风险下收益最大,或者同等收益下风险最小的投资目标。这个模型在理论上是可行的,但在实际操作中会遇到很多问题。2004 年 Gretham 和 Hartnet 提出的美林投资时钟模型,近年来也在资产管理行业得到了广泛使用,该模型对美国过去 20 年的经济和金融市场的数据进行分析,建立了经济周期、大类资产表现与行业轮动之间的关系。美林时钟模型根据产出缺口和通货膨胀两个指标对经济周期进行划分,认为在不同的经济周期阶段存在不同的表现最优资产。例如在经济复苏阶段,股票资产表现最优;在经济过热阶段,大宗商品表现最优;在经济衰退阶段,债券资产将变得强势。有研究表明,根据中国的经济周期划分,虽然中国的大类资产也存在轮动效应,但是差异显著。中国在经济过热阶段,股票资产的表现优于大宗商品资产。美林时钟模型的缺点在于难以选择合适的宏观指标来准确划分经济周期,对资产轮动的解释也较为主观。

下面重点阐述风险预算方法,并总结国内外关于风险均衡策略的研究,包括风险均衡策略的起源,对策略取得良好业绩的解释,以及风险均衡策略在中国的实证研究等。

10.1.1 风险预算方法

1) 风险度量指标

在根据风险对资产进行配置之前,首先需要确定风险的度量指标 $R(x)$。风险度量指标需要满足一致性和凸性,损失的波动率是最常用的风险度量指标。其定义为:

$$
\begin{aligned}
L(x) &= -\mu(x) \\
R(x) &= \sqrt{Var(L(x))} = \sigma(x)
\end{aligned}
\tag{10-1}
$$

其中, $L(x)$ 代表权重为 $x = (x_1, x_2, \cdots, x_n)^T$ 的投资组合的损失(T 表示向量转置),$\mu(x)$ 为组合的收益率,$\sigma(x)$ 为组合收益率的波动率。

2) 风险贡献度

从只有两种资产的情况出发,组合波动率的计算公式如下:

$$
\sigma(x) = \sqrt{Var(\mu_1 x_1 + \mu_2 x_2)} = \sqrt{x_1^2 \sigma_1^2 + x_2^2 \sigma_2^2 + 2x_1 x_2 \rho \sigma_1 \sigma_2}
\tag{10-2}
$$

其中, μ_i 为资产 i 的收益率,x_i 为资产 i 的权重,满足 $x_1 + x_2 = 1$,ρ 为资产1和资产2的相关系数。资产1的边际风险定义如下:

$$
\begin{aligned}
MRC_1 &= \frac{\partial \sigma(x)}{\partial x_1} = \frac{2x_1 \sigma_1^2 + 2x_2 \rho \sigma_1 \sigma_2}{2\sqrt{x_1^2 \sigma_1^2 + x_2^2 \sigma_2^2 + 2x_1 x_2 \rho \sigma_1 \sigma_2}} \\
&= \frac{x_1 \sigma_1^2 + x_2 \rho \sigma_1 \sigma_2}{\sqrt{x_1^2 \sigma_1^2 + x_2^2 \sigma_2^2 + 2x_1 x_2 \rho \sigma_1 \sigma_2}}
\end{aligned}
\tag{10-3}
$$

资产1对整体组合的风险贡献度为:

$$
RC_1 = \frac{x_1 MRC_1}{R(x)} = \frac{x_1^2 \sigma_1^2 + x_1 x_2 \rho \sigma_1 \sigma_2}{x_1^2 \sigma_1^2 + x_2^2 \sigma_2^2 + 2x_1 x_2 \rho \sigma_1 \sigma_2}
\tag{10-4}
$$

类似的,资产2对整体组合的风险贡献度为:

$$
RC_2 = \frac{x_2 MRC_2}{R(x)} = \frac{x_2^2 \sigma_2^2 + x_1 x_2 \rho \sigma_1 \sigma_2}{x_1^2 \sigma_1^2 + x_2^2 \sigma_2^2 + 2x_1 x_2 \rho \sigma_1 \sigma_2}
\tag{10-5}
$$

资产1和资产2的风险贡献度的和为1,因此,以波动率为风险度量指标满足欧拉配置法则。

可以将两类资产的风险贡献度的计算公式推广到多种资产的情形。假设组合的总体风险即组合的波动率为 $\sigma(x) = \sqrt{x^T \Sigma x}$,$x = (x_1, x_2, \cdots, x_n)^T$ 为 $n \times 1$ 维权重向量,x^T 为 x 的转置。资产 i 的边际风险定义如下:

$$MRC_i = \frac{\partial \sigma(x)}{\partial x_i} = \frac{1}{2}(x^T \Sigma x)^{-\frac{1}{2}}(2(\Sigma x)_i)$$

$$= \frac{(\Sigma x)_i}{\sqrt{x^T \Sigma x}} \tag{10-6}$$

其中，$(\Sigma x)_i$ 代表列向量 Σx 的第 i 个元素。由此可得，资产 i 对整体组合的风险贡献度为：

$$RC_i = \frac{x_i \dfrac{\partial \sigma(x)}{\partial x_i}}{\sigma(x)} = x_i \frac{(\Sigma x)_i}{x^T \Sigma x} \tag{10-7}$$

所有资产的风险贡献度的和可以证明等于 1：

$$\sum_{i=1}^n RC_i = \sum_{i=1}^n x_i \frac{(\Sigma x)_i}{x^T \Sigma x} = \frac{x^T \Sigma x}{x^T \Sigma x} = 1 \tag{10-8}$$

3）风险预算模型与求解

假设 $b = (b_1, b_2, \cdots, b_n)^T$ 为一组给定的风险预算，$RC_i(x)$ 为组合 $x = (x_1, x_2, \cdots, x_n)^T$ 中资产 i 的风险贡献比例。这里只考虑基础的做多策略，不考虑对资产进行卖空，因此，所有资产的风险贡献度均大于或等于 0。考虑以上约束条件的风险预算组合的定义如下：

$$\begin{cases} RC_i = x_i \dfrac{(\Sigma x)_i}{x^T \Sigma x} = b_i \\ b_i \geqslant 0 \\ x_i \geqslant 0 \\ \sum_{i=1}^n x_i = 1 \end{cases} \quad i = 1, 2, \cdots, n \tag{10-9}$$

从式（10-9）中可以看出，组合中资产 i 的风险贡献比例与对资产 i 分配的风险预算相匹配，模型对资产 i 分配的权重完全取决于为资产 i 分配的风险预算。

风险预算组合对应的资产权重计算需要求解上述非线性方程组。首先分析只有两类资产的情况。假设 ρ 为资产 1 和资产 2 的相关系数，$x = (w, 1-w)^T$ 为权重向量，$B = (b, 1-b)^T$ 为风险预算向量，两类资产的风险贡献度向量为：

$$\begin{pmatrix} RC_1 \\ RC_2 \end{pmatrix} = \frac{1}{\sigma^2(x)} \begin{pmatrix} w^2 \sigma_1^2 + w(1-w)\rho\sigma_1\sigma_2 \\ (1-w)^2 \sigma_2^2 + w(1-w)\rho\sigma_1\sigma_2 \end{pmatrix} \tag{10-10}$$

在满足 $0 \leqslant w \leqslant 1$ 的约束条件时，上述非线性方程组存在唯一的解析解：

$$w^* = \frac{\left(b - \dfrac{1}{2}\right)\rho\sigma_1\sigma_2 - b\sigma_2^2 + \sigma_1\sigma_2\sqrt{\left(b - \dfrac{1}{2}\right)^2 \rho^2 + b(1-b)}}{(1-b)\sigma_1^2 - b\sigma_2^2 + 2\left(b - \dfrac{1}{2}\right)\rho\sigma_1\sigma_2} \tag{10-11}$$

当资产类别 $n \geqslant 3$ 时,一般情况下不存在权重向量 $x^* = (x_1^*, x_2^*, \cdots, x_n^*)^{\mathrm{T}}$ 能使方程组(10-9)的所有子方程成立,因此,可以将上述方程组转化为求解下列最优化问题:

$$x^* = \mathrm{argmin} f(x; b) = \sum_{i=1}^{n} (RC_i - b_i)^2 \tag{10-12}$$

满足如下约束条件:

$$\sum_{i=1}^{n} x_i = 1, \ 0 \leqslant x_i \leqslant 1 \tag{10-13}$$

最优化问题(10-12)的目标函数可以转化为式(10-14)所示的函数:

$$f(x; b) = \sum_{i=1}^{n} \sum_{j=1}^{n} \left(\frac{RC_i}{b_i} - \frac{RC_j}{b_j} \right)^2 \tag{10-14}$$

序列二次规划(SQP)算法可用于求解风险预算的权重问题,SQP 算法求解问题的一般形式为:

$$\begin{aligned} x^* &= \mathrm{argmin} f(x; b) \\ \mathrm{s.\,t.} \ &\begin{cases} A(x) = 0 \\ B(x) \geqslant 0 \end{cases} \end{aligned} \tag{10-15}$$

其中,$A(x)$ 和 $B(x)$ 是两个多维非线性函数。该算法本质是用一个序列二次规划问题替代非线性规划,从而使用迭代法对变量进行求解。MATLAB 软件的最优化函数 fmincon 中可以选择 SQP 算法,通过设定合适的初始解对方程(10-15)求解。对于风险预算问题而言,$A(x)$ 和 $B(x)$ 的形式如下:

$$\begin{cases} A(x) = x^{\mathrm{T}} \cdot I - 1 \\ B(x) = x \end{cases} \tag{10-16}$$

其中,I 是元素全为 1 的 n 维列向量。

10.1.2 风险均衡模型

风险均衡策略是风险预算方法的特殊情况。风险均衡策略根据风险来分配资金,通常会分配更多的资金在风险较低的资产,而分配更少的资金在高风险的资产。因为市场的风险机制在不断改变,资产组合需要进行动态调整,以保持投资组合整体风险和不同种类资产风险的长期相对稳定。这样做的目的是减少投资于资本市场相关的尾部风险,并能够使投资者在更加艰难的市场环境中仍然可以投资。风险均衡策略的目标是各类资产的风险贡献度相等,即各类资产的风险预算相等,而从后视的角度来检验模型是否达到了该目标。在不加杠杆的模型中,从风险均衡的角度来看,大多数情况下各类资产在组合中的风险贡献是不平衡的,尤其是债券类资产。风险均衡策略强调的是资产组合中风险的完全分散。不考虑卖空的风险均衡组合描述如下:

$$\begin{cases} RC_i = x_i \dfrac{(\Sigma x)_i}{x^{\mathrm{T}} \Sigma x} = \dfrac{1}{n} \\ x_i \geqslant 0 \qquad\qquad\quad i = 1,2,\cdots,n \\ \displaystyle\sum_{i=1}^{n} x_i = 1 \end{cases} \qquad (10-17)$$

当只有两类资产时,风险均衡组合的风险预算为 $B = \left(\dfrac{1}{2}, \dfrac{1}{2}\right)^{\mathrm{T}}$, $x = (w, 1-w)^{\mathrm{T}}$ 为权重向量。此时,风险均衡组合的权重向量为各类资产波动率倒数的加权:

$$x^* = \begin{pmatrix} w \\ 1-w \end{pmatrix} = \begin{pmatrix} \dfrac{\sigma_2}{\sigma_1 + \sigma_2} \\ \dfrac{\sigma_1}{\sigma_1 + \sigma_2} \end{pmatrix} \qquad (10-18)$$

当资产类别 $n \geqslant 3$ 时,与一般的风险预算组合类似,风险均衡组合也不存在解析解,风险均衡组合的权重确定等价于求解下列最优化问题:

$$x^* = \operatorname*{argmin} f(x) = \sum_{i=1}^{n} \sum_{j=1}^{n} (RC_i - RC_j)^2$$

$$\text{s.t.} \begin{cases} \displaystyle\sum_{i=1}^{n} x_i = 1 \\ 0 \leqslant x_i \leqslant 1 \end{cases} \qquad (10-19)$$

10.1.3　积极的风险均衡策略

风险均衡策略对各类资产赋予相同的风险预算,强调风险的分散。各类资产权重的确定只和风险有关,而完全不考虑资产的预期收益率,是一种不融入投资者个人观点的被动投资策略。而基础的马科维茨均值方差模型则完全依赖于估计的预期收益率,组合中各类资产的权重受预期收益率参数的影响很大,是一种激进的主动投资策略。积极的风险均衡策略是指将风险均衡策略作为一种中性配置策略,通过在风险均衡策略中融入投资者对资产收益率的观点,对风险均衡策略的资产权重进行适当调整,从而实现一种比基础风险均衡策略更为积极的投资策略。

Roncalli(2016)提出,可以利用 Black-Litterman 模型实现在风险均衡策略中融入趋势跟踪思想,构建积极的风险均衡策略。Black-Litterman 模型是一种贝叶斯方法,常用来减少模型计算的最优权重对估计的预期收益率参数的敏感度,它被看成马科维茨的最优化理论、资产配置中引入约束条件等多种方法的综合体。

首先,对 Black-Litterman 模型的步骤和思想进行介绍。Black-Litterman 模型从马科维茨的效用最大化资产组合模型出发,资产配置的核心问题是求解如下二次优化问题,使得组合的权重能够最大化投资者的效用:

$$\begin{cases} x^*(\phi) = \arg\max u(x) = x^\mathsf{T}\mu - \dfrac{\phi}{2}x^\mathsf{T}\Sigma x \\ \text{s. t.} \ \ x^\mathsf{T} \cdot I = 1 \end{cases} \tag{10-20}$$

其中，$\mu = (\mu_1, \mu_2, \cdots, \mu_n)^\mathsf{T}$ 为资产的收益率向量，ϕ 为投资者的风险厌恶系数，$u(x)$ 为效用函数。如果不考虑上述问题的约束条件 $x^\mathsf{T} \cdot I = 1$，则马科维茨效用最大化问题的解为：

$$x^* = \frac{1}{\phi}\Sigma^{-1}\mu \tag{10-21}$$

在 Black-Litterman 模型中，如果给定一个初始权重向量 x_0，并且认为 x_0 是马科维茨模型的一个最优解，则初始权重 x_0 对应的资产隐含期望收益率向量为：

$$\tilde{\mu} = \phi\Sigma x_0 \tag{10-22}$$

$\tilde{\mu}$ 的计算需要估计两个参数，即协方差矩阵 Σ 和风险厌恶系数 ϕ，由于 ϕ 比较主观，测定相对困难，因此可以用组合的预期夏普比率（sharp ratio）来代替 ϕ。在(10-22)式两边同时左乘 x_0^T，可得：

$$x_0^\mathsf{T}\tilde{\mu} = \phi x_0^\mathsf{T}\Sigma x_0 \tag{10-23}$$

由式(10-23)可以推出风险厌恶系数与预期夏普比率的关系式。假设无风险收益率为 0，$SR(x_0)$ 是组合的预期夏普比率，则有：

$$\phi = \frac{x_0^\mathsf{T}\tilde{\mu}}{x_0^\mathsf{T}\Sigma x_0} = \frac{SR(x_0)}{\sigma(x_0)} \tag{10-24}$$

如果无风险收益率 r_f 不为 0，则初始权重的隐含期望收益率为：

$$\tilde{\mu} = r_f + SR(x_0)\frac{\Sigma x_0}{\sigma(x_0)} \tag{10-25}$$

在 Black-Litterman 模型中，期望收益率 μ 的取值是不确定的，为一个正态分布的 n 维随机列向量，μ 的数学期望为初始权重的隐含期望收益率 $\tilde{\mu}$（implied views），协方差矩阵为 Γ，μ 的表达式如下：

$$\mu \sim N(\tilde{\mu}, \Gamma) \tag{10-26}$$

Black-Litterman 模型除了将初始权重组合的隐含期望收益率 $\tilde{\mu}$ 作为收益率的先验均值，还引入了投资者的个人观点对先验分布进行修正，以得到后验收益率。用下式描述投资者对资产未来表现的个人观点：

$$\begin{aligned} \boldsymbol{P}\mu &= Q + \varepsilon \\ \varepsilon &\sim N(0, \boldsymbol{\Omega}) \end{aligned} \tag{10-27}$$

其中，Q 为 k 维列向量，代表投资者对各类资产预期收益率的观点向量（investor's views），$\boldsymbol{P}$ 为 $k \times n$ 维矩阵，$\boldsymbol{\Omega}$ 为 $k \times k$ 维矩阵，代表投资者对自身观点的置信度。

在 Black-Litterman 模型中，存在投资者个人观点时资产的后验期望收益率向量为：

$$\bar{\mu} = E[\mu \mid \boldsymbol{P}\mu = Q + \varepsilon] \tag{10-28}$$

在求解(10-28)中的条件均值之前,介绍一种简单的计算公式。考虑正态分布随机向量 $(X, Y)^{\mathsf{T}}$,其均值为 $\mu = (\mu_x, \mu_y)^{\mathsf{T}}$,协方差矩阵为 $\Sigma = \begin{pmatrix} \Sigma_{xx} & \Sigma_{xy} \\ \Sigma_{yx} & \Sigma_{yy} \end{pmatrix}$。在给定 $Y = y$ 的条件下,X 的均值为:

$$\mu_{x|y} = \mu_x + \Sigma_{xy} \Sigma_{yy}^{-1} (y - \mu_y) \tag{10-29}$$

对于后验期望收益率向量而言,随机向量 $(\mu, \nu = P\mu - \varepsilon)^{\mathsf{T}}$ 的分布如下:

$$\binom{\mu}{\nu} = N\left(\binom{\tilde{\mu}}{\boldsymbol{P}\tilde{\mu}}, \begin{pmatrix} \Gamma & \Gamma\boldsymbol{P}^{\mathsf{T}} \\ \boldsymbol{P}\Gamma & \boldsymbol{P}\Gamma P^{\mathsf{T}} + \boldsymbol{\Omega} \end{pmatrix} \right) \tag{10-30}$$

令 $X = \mu$,$Y = \nu$,利用条件期望计算公式(10-29)可得后验期望收益率向量 $\bar{\mu}$ 的计算公式。从式(10-31)中可以看出,$\bar{\mu}$ 由初始组合的隐含收益率 $\tilde{\mu}$ 和修正项两部分组成:

$$\begin{aligned} \bar{\mu} &= E[\mu \mid \boldsymbol{P}\mu = Q + \varepsilon] = E[\mu \mid \nu = Q] \\ &= \tilde{\mu} + \Gamma\boldsymbol{P}^{\mathsf{T}}(\boldsymbol{P}\Gamma P^{\mathsf{T}} + \boldsymbol{\Omega})^{-1}(Q - \boldsymbol{P}\tilde{\mu}) \end{aligned} \tag{10-31}$$

将修正后的后验期望收益率向量 $\bar{\mu}$ 代入马科维茨的效用最大化函数公式(10-20),即可求解存在约束条件的最优修正权重。在 Black-Litterman 模型中,$\boldsymbol{P}$、$\boldsymbol{Q}$ 和 $\boldsymbol{\Omega}$ 需要投资者自己设定,而 $\tilde{\mu}$ 的协方差矩阵一般设为 $\Gamma = c\Sigma$,可以通过调节 c 的值来控制修正组合相比于初始组合的跟踪误差。跟踪误差 TE 的定义如式(10-32)所示,其中,e 代表修正组合与基准组合的收益率的差值,x 是修正组合的权重向量,x_0 是初始组合的权重向量。

$$TE = \sigma(e) = \sqrt{(x - x_0)^{\mathsf{T}}\Sigma(x - x_0)} \tag{10-32}$$

本质上,c 代表后验收益率在初始权重的隐含收益率和投资者个人观点两者之间的倾斜程度。如果 $c = 0$,则后验收益率等于初始权重的隐含收益率,Black-Litterman 模型输出的修正组合等于初始组合;如果 c 很大,则后验收益率会偏向于投资者个人观点,修正组合接近预期收益率等于投资者个人观点的最优夏普比率组合。

10.2 离散时间组合保险方法

假设有一风险资产当前价格是 S 元,对应认购期权价格是 C 元,认沽期权价格是 P 元。假设期权的定价是合理的,年无风险收益率为 r,不存在套利。T 年后,风险资产的价格变化只有两种情况,或者上涨到 uS 元,或者下跌到 dS 元,其中,u、d 和 r 的关系满足:$d < 1 + rT < u$(rT 为 T 年的无风险收益率)。如何确定认购期权价格 C 和认沽期权价格 P?

根据无套利定价来推导认购期权价格 C 需要满足的关系。无套利定价的基本逻辑为:如果构建一个风险资产和期权的投资组合 $h = (\alpha, \beta)$,完全复制货币市场在不同情况下的支付($payoff$),那么期末这个组合不管对应资产价格上升还是下降,在期初的价格应该和货币的价格一样。表10-1为不同资产在不同情况下的支付。

表 10-1 无套利操作方法推导认购期权价格

	期 初	期末(T 年)	
		上 升	下 降
风险资产	S	uS	dS
认购期权	C	$uS-K$	0
货币	1	$1+rT$	$1+rT$

无套利定价意味着,如果存在资产组合 $h=(\alpha,\beta)$,在期末满足:

$$\begin{cases} uS \times \alpha + (uS-K) \times \beta = 1+rT \\ dS \times \alpha + 0 \times \beta = 1+rT \end{cases} \tag{10-33}$$

那么,在期初,期权价格 C 应该满足:

$$S \times \alpha + C \times \beta = 1 \tag{10-34}$$

由式(10-33)可知:

$$\begin{cases} \alpha = \dfrac{1+rT}{dS} \\ \beta = \dfrac{(d-u) \times (1+rT)}{d \times (uS-K)} \end{cases} \tag{10-35}$$

因此,认购期权的价格为:

$$C = \frac{[(1+rT)-d] \times (uS-K)}{(u-d) \times (1+rT)} \tag{10-36}$$

类似的道理可以得到认沽期权 P 的价格。表10-2为考虑认沽期权时不同资产在不同情况下支付。

表 10-2 无套利操作方法推导认沽期权价格

	期 初	期末(T 年)	
		上 升	下 降
风险资产	S	uS	dS
认沽期权	P	0	$K-dS$
货币	1	$1+rT$	$1+rT$

无套利定价意味着,如果存在资产组合 $h = (\alpha, \beta)$,在期末满足:

$$\begin{cases} uS \times \alpha + 0 \times \beta = 1 + rT \\ dS \times \alpha + (K - dS) \times \beta = 1 + rT \end{cases} \tag{10-37}$$

那么,在期初,期权价格 P 应该满足:

$$S \times \alpha + P \times \beta = 1 \tag{10-38}$$

由(10-37)可知,

$$\begin{cases} \alpha = \dfrac{1 + rT}{uS} \\ \beta = \dfrac{(u - d) \times (1 + rT)}{u \times (K - dS)} \end{cases} \tag{10-39}$$

因此,认沽期权的价格为:

$$P = \frac{[u - (1 + rT)] \times (K - uS)}{(u - d) \times (1 + rT)} \tag{10-40}$$

10.2.1　基于认购期权的组合保险

1) 考虑收益约束的风险最小化问题

若某投资者只有资金 M 元,市场上能够以 C 元的价格买到还有 T 年到期的行权价格为 K 的欧式认购期权,其中, $dS < K < uS$。 如何配置这 M 元资金,才能在有利的条件下获得的收益率不低于 Y,在不利的条件下损失最小? 若这种配置 T 年不发生变化,当资产上涨到 uS 元时,该投资者的总资产是多少? 当资产下跌到 dS 元时,该投资者的总资产是多少?

分析:首先,根据无套利定价来推导认购期权价格 C,即公式(10-36):

$$C = \frac{[(1 + rT) - d] \times (uS - K)}{(u - d) \times (1 + rT)}$$

接着,配置 M 元资金以达到题中的要求。假设货币市场配置 X 元,剩下的 $M - X$ 元买认购期权(此时,投资者无需配置风险资产),则不利条件下的总资产为:

$$(1 + rT) \times X$$

损失为:

$$L(X) = M - (1 + rT) \times X$$

有利条件下的总资产为:

$$A(X) = (1 + rT) \times X + (M - X) \times \frac{uS - K}{C}$$

于是,题中的投资要求可以转化为下列优化问题:

$$\min_{X} M - (1+rT) \times X$$

$$\text{s. t. } (1+rT) \times X + (M-X) \times \frac{uS-K}{C} \geqslant M \times (1+Y) \qquad (10-41)$$

目标函数表示"不利的条件下损失最小",约束(10-41)表示"有利的条件下获得的收益率不低于 Y"。

约束条件(10-41)可简化为：

$$\left[(1+rT) - \frac{uS-K}{C}\right] \times X \geqslant M \times \left[(1+Y) - \frac{uS-K}{C}\right] \qquad (10-42)$$

X 前系数的正负对于上述不等式的求解至关重要,这时需要用到认购期权的无套利价格公式(10-36),简单变形可得：

$$\frac{uS-K}{C} = \frac{u-d}{(1+rT)-d} \times (1+rT) > 1+rT \qquad (10-43)$$

上式中的大于号之所以成立是因为题中给定的条件: $d < 1+rT < u$,说明 $\dfrac{u-d}{(1+rT)-d} > 1$。

因此, X 前的系数小于 0。其实, $\left[(1+rT) - \dfrac{uS-K}{C}\right]$ 小于 0 是符合直觉的,因为 $1+rT$ 表示 T 年总无风险收益率, $\dfrac{uS-K}{C}$ 为有利条件下投资期权的总收益率。如果投资期权在有利情况下的总收益率 $\dfrac{uS-K}{C}$ 小于 T 年总无风险收益率 $1+rT$,那么投资者就没有必要投资期权,直接将所有资金存入银行而不用承担任何风险就可以达到投资要求。

从而,约束条件(10-41)最终可以简化为：

$$X \leqslant \frac{M \times \left[(1+Y) - \dfrac{uS-K}{C}\right]}{(1+rT) - \dfrac{uS-K}{C}} \qquad (10-44)$$

由于目标函数 $L(X) = M - (1+rT) \times X$ 关于 X 是递减的,所以当 X 取最大值时, $L(X)$ 达到最小。最终,可得 $X = \dfrac{M \times \left[(1+Y) - \dfrac{uS-K}{C}\right]}{(1+rT) - \dfrac{uS-K}{C}}$ 时,不利条件下的损失最小。

注意：(1) X 可以为负数,即从银行贷款。取决于在有利条件下,题中要求的总收益率 $1+Y$ 与投资期权的总收益率 $\dfrac{uS-K}{C}$ 之间的关系。如果要求的总收益率超过了投资期权的总收益率,那么投资者就需要从银行贷款投资期权。

(2) X 不可以超过 M。 X 超过 M 表示投资者卖出认购期权,并将获得的资金和原始资

金 M 一起存在银行。如果题中要求的收益率 Y 非常小,低于 T 年无风险收益率 rT,会出现 X 超过 M 的情形。但是,当这种情况发生时,投资者的目标函数和约束条件会所有不同。上述讨论只适用于买入认购期权的情形。

(3) 只有当 Y 满足 $1+rT<1+Y<\dfrac{uS-K}{C}$ 时,X 为正,投资者将 X 元存入银行,剩下的 $M-X$ 元买入认购期权。

若这种配置 T 年不发生变化,当资产上涨到 uS 元时,投资者的总资产是:$(1+rT)\times X+(M-X)\times\dfrac{uS-K}{C}=M\times(1+Y)$;当资产下跌到 dS 元时,投资者的总资产是:$(1+rT)\times X$。

2) 考虑风险约束的收益最大化问题

若市场上能够以 C 元的价格买到还有 T 年到期的行权价格为 K 的欧式认购期权,其中,$dS<K<uS$。问:如何配置这 M 元资金,才能在有利的条件下获得的收益尽可能高,在不利的条件下损失不超过 Y? 若这种配置 T 年不发生变化,当资产上涨到 uS 元时,该投资者的总资产是多少? 当资产下跌到 dS 元时,该投资者的总资产是多少?

分析:同第 1)小节的思路一样,只不过此时投资者的优化问题为:

$$\max_{X}(1+rT)\times X+(M-X)\times\frac{uS-K}{C} \tag{10-45}$$
$$\text{s.t. } (1+rT)\times X\geqslant M\times(1-Y)$$

同样,由认购期权的无套利价格公式(10-36)可知,$\left[(1+rT)-\dfrac{uS-K}{C}\right]<0$,说明目标函数关于 X 是递减的。约束条件(10-45)可简化为:$X\geqslant\dfrac{M\times(1-Y)}{1+rT}$。因此,优化问题的解为:$X=\dfrac{M\times(1-Y)}{1+rT}$。即投资者将 $\dfrac{M\times(1-Y)}{1+rT}$ 元存入银行,剩下的 $\dfrac{M\times(Y+rT)}{1+rT}$ 元购买认购期权。

若这种配置 T 年不发生变化,当资产上涨到 uS 元时,投资者的总资产是 $(1+rT)\times X+(M-X)\times\dfrac{uS-K}{C}$;当资产下跌到 dS 元时,投资者的总资产是 $(1+rT)\times X=M\times(1-Y)$。

10.2.2　基于认沽期权的组合保险

1) 考虑收益约束的风险最小化问题

若市场上能够以 P 元的价格买到还有 T 年到期的行权价格为 K 的欧式认沽期权,其中,$dS<K<uS$。问:如何配置这 M 元资金,才能在有利的条件下获得的收益率不低于 Y,在不利的条件下损失尽可能小? 若这种配置 T 年不发生变化,当资产上涨到 uS 元时,该

投资者的总资产是多少？当资产下跌到 dS 元时，该投资者的总资产是多少？

分析：同 10.2.1 一样，先确定认沽期权价格 P 需要满足的无套利条件。由式(10-40)可知：

$$P = \frac{[u-(1+rT)] \times (K-uS)}{(u-d) \times (1+rT)}$$

实际上，也可以根据期权平价公式来推导认沽期权的价格，即 $P+S=C+\dfrac{K}{1+rT}$，其中，C 由式(10-36)给出。

接着，配置 M 元资金以达到题中的要求。10.2.1 节的分析结果表明，题中要求的收益率 Y 与 T 年无风险收益率 rT 之间的关系会影响到分析过程。不失一般性，这里只讨论 $Y > rT$ 的情形。此时，要想满足"在有利的条件下获得的收益率不低于 Y"的要求，仅投资货币市场是不够的，而投资认沽期权会封锁住有利情况下的收益，达不到收益率不低于 Y 的要求。为此，投资者必须买入资产，但是只买资产会使得投资者在不利情况下的损失无法控制，因此投资者应该同时买入认沽期权冲销不利情况下资产带来的损失，从而达到"在不利的条件下损失尽可能小"的要求。实际上，购买资产和购买认沽期权的组合相当于购买认购期权。

假设期初买入 e 份风险资产，花费 $S \times e$ 元，要达到完全对冲的目的，则认沽期权也应该购买 e 份，化费 $P \times e$ 元，剩下的 $M-S \times e-P \times e$ 元投资于货币市场。期末（T 年后），不利条件下的总资产为：

$$dS \times e + (K-dS) \times e + (1+rT) \times (M-S \times e-P \times e)$$

损失为：

$$L(e) = M-K \times e-(1+rT) \times (M-S \times e-P \times e)$$
$$= [(1+rT) \times (S+P)-K] \times e-rT \times M$$

有利条件下的总资产为：

$$A(e) = uS \times e + (1+rT) \times (M-S \times e-P \times e)$$

于是，题中的投资要求可以转化为优化问题：

$$\begin{cases} \min_{e} [(1+rT) \times (S+P)-K] \times e-rT \times M \\ \text{s.t. } uS \times e + (1+rT) \times (M-S \times e-P \times e) \geqslant M \times (1+Y) \end{cases} \quad (10-46)$$

目标函数表示"不利的条件下损失尽可能小"，约束(10-46)表示"有利的条件下获得的收益率不低于 Y"。式(10-46)可简化为：

$$[uS-(1+rT) \times (S+P)] \times e \geqslant M \times (Y-rT)$$

对于 e 前系数正负的判断可以使用期权平价公式，由 $S+P=C+\dfrac{K}{1+rT}$ 可知，$(1+rT) \times (S+P) = C \times (1+rT)+K$。容易看出：

$$(1+rT) \times (S+P) - K = C \times (1+rT) > 0$$

说明目标函数 $L(e)$ 关于 e 是递增的。再根据认购期权价格公式(10-36)可知，

$$
\begin{aligned}
(1+rT) \times (S+P) &= C \times (1+rT) + K \\
&= \frac{[(1+rT)-d] \times (uS-K)}{u-d} + K \\
&= \frac{(1+rT)-d}{u-d} \times uS + \left[1 - \frac{(1+rT)-d}{u-d}\right] \times K < uS
\end{aligned}
$$

上式中小于号成立的条件：① 由题中给定条件 $d < 1+rT < u$ 可知，$0 < \dfrac{(1+rT)-d}{u-d} < 1$；② $uS > K$。

因此，约束条件中 e 前的系数 $[uS-(1+rT) \times (S+P)]$ 大于 0，约束条件可进一步简化为：

$$e \geqslant \frac{M \times (Y-rT)}{uS-(1+rT) \times (S+P)} \tag{10-47}$$

于是，约束条件(10-47)结合目标函数为 e 的增函数，就可以推出优化问题的解为：

$$e = \frac{M \times (Y-rT)}{uS-(1+rT) \times (S+P)} \tag{10-48}$$

注意：(1) 由 $Y > rT$ 的假设条件可知，$e = \dfrac{M \times (Y-rT)}{uS-(1+rT) \times (S+P)} > 0$。也就是说投资者在期初会买入 e 份风险资产和 e 份认沽期权，花费 $(S+P) \times e$ 元。

(2) 当题中要求的收益率 Y 特别大时，则需要买入的风险资产和认沽期权的份数 e 特别多，导致 $M-(S+P)e < 0$，表示投资者需要从银行贷款。

若这种配置 T 年不发生变化，当资产上涨到 uS 元时，投资者的总资产是：$uS \times e + (1+rT) \times (M-S \times e - P \times e) = M \times (1+Y)$；当资产下跌到 dS 元时，投资者的总资产是：$K \times e + (1+rT) \times (M-S \times e - P \times e)$。

2) 考虑风险约束的收益最大化问题

若市场上能够以 P 元的价格买到还有 T 年到期的行权价格为 K 的欧式认沽期权，其中 $dS < K < uS$。如何配置这 M 元资金，才能在有利的条件下获得的收益尽可能高，在不利的条件下损失不超过 Y；若这种配置 T 年不发生变化，当资产上涨到 uS 元时，该投资者的总资产是多少？当资产下跌到 dS 元时，该投资者的总资产是多少？

分析：同第 1)小节的思路一样，只不过此时投资者的优化问题为：

$$
\min_{e} uS \times e + (1+rT) \times (M-S \times e - P \times e)
$$
$$
\text{s. t.}\ K \times e + (1+rT) \times (M-S \times e - P \times e) \geqslant M \times (1-Y) \tag{10-49}
$$

由第 1)小节的分析可知，目标函数中的 $[uS-(1+rT) \times (S+P)] > 0$，约束条件中的 $[K-(1+rT) \times (S+P)] < 0$，说明目标函数为 e 的增函数。约束条件可简化为：$e \leqslant$

$\dfrac{M \times (Y+rT)}{(1+rT) \times (S+P)-K}$。因此，优化问题的解为 $e = \dfrac{M \times (Y+rT)}{(1+rT) \times (S+P)-K}$。即，投

资者买入 $\dfrac{M \times (Y+rT)}{(1+rT) \times (S+P)-K}$ 份风险资产和认沽期权，其剩下的 $M-S \times e-P \times e$ 元

（可能为负）投资于货币市场。

若这种配置 T 年不发生变化，当资产上涨到 uS 元时，投资者的总资产是：$uS \times e+(1+rT) \times (M-S \times e-P \times e)$；当资产下跌到 dS 元时，投资者的总资产是：$K \times e+(1+rT) \times (M-S \times e-P \times e)=M \times (1-Y)$。

10.2.3 基于构造期权的组合保险

1）考虑风险约束的收益最大化问题

构造期权就是没有期权制造期权。若市场上没有任何期权，如何配置这 M 元资金，才能在有利的条件下获得的收益尽可能高，在不利的条件下损失不超过 Y？若这种配置 T 年不发生变化，当资产上涨到 uS 元时，该投资者的总资产是多少？当资产下跌到 dS 元时，该投资者的总资产是多少？

分析： 要想达到题中的投资要求，投资者只能购买风险资产和投资于货币市场。假设投资者将 X 元（可能为负）投资于货币市场，剩下的 $M-X$ 元购买风险资产。则不利条件下的总资产为：

$$(1+rT) \times X+(M-X) \times d$$

有利条件下的总资产为：

$$A(X) = (1+rT) \times X+(M-X) \times u$$

投资者面临的优化问题为：

$$\begin{cases} \min\limits_{X} \left[(1+rT)-u\right] \times X+M \times u \\ \text{s.\,t.}\quad \left[(1+rT)-d\right] \times X+M \times d \geqslant M \times (1-Y) \end{cases} \tag{10-50}$$

因为 $d<1+rT<u$，所以目标函数关于 X 是递减的，约束条件（10-50）可简化为：

$$X \geqslant \frac{M \times (1-Y-d)}{(1+rT)-d} \tag{10-51}$$

于是，优化问题的解为：

$$X = \frac{M \times (1-Y-d)}{(1+rT)-d} \tag{10-52}$$

注意：（1）当 $1-Y>d$ 时，即题中要求的不利条件下损失 Y 小于风险资产在不利条件下的损失 $d-1$，此时 X 为正，投资者将 $\dfrac{M \times (1-Y-d)}{(1+rT)-d}$ 元存入银行，剩下的 $\dfrac{M \times (Y+rT)}{(1+rT)-d}$ 元购买风险资产。

（2）当 $1-Y<d$ 时，X 为负。投资者将从银行贷款 $\dfrac{M\times(1-Y-d)}{(1+rT)-d}$ 元。

（3）当 $1-Y=d$ 时，X 等于零。投资者将所有资金 M 购买风险资产。

若这种配置 T 年不发生变化，当资产上涨到 uS 元时，投资者的总资产是 $[(1+rT)-u]\times X+M\times u$；当资产下跌到 dS 元时，投资者的总资产是 $[(1+rT)-d]\times X+M\times d=M\times(1-Y)$。

　　2）考虑收益约束的风险最小化问题

若市场上没有任何期权，如何配置这 M 元资金，才能在有利的条件下获得的收益率不低于 Y，在不利的条件下损失尽可能小？若这种配置 T 年不发生变化，当资产上涨到 uS 元时，该投资者的总资产是多少？当资产下跌到 dS 元时，该投资者的总资产是多少？

　　分析：同第 1）小节的思路一样，此时投资者的优化问题为：

$$\begin{cases}\min\limits_{X}[(1+rT)-u]\times X+M\times d\\ \text{s. t.}\ \ [(1+rT)-u]\times X+M\times u\geqslant M\times(1+Y)\end{cases}\tag{10-53}$$

因为 $d<1+rT<u$，所以目标函数关于 X 是递增的，约束条件（10-53）可简化为：

$$X\leqslant\frac{M\times(1+Y-u)}{(1+rT)-u}\tag{10-54}$$

于是，优化问题的解为：

$$X=\frac{M\times(1+Y-u)}{(1+rT)-u}\tag{10-55}$$

　　注意：（1）当 $1+Y>u$ 时，即题中要求的有利条件下收益 Y 大于风险资产在有利条件下的收益率 $u-1$，此时 X 为负，投资者将从银行贷款 $\dfrac{M\times(1+Y-u)}{u-(1+rT)}$ 元，剩下的 $\dfrac{M\times(Y-rT)}{u-(1+rT)}$ 元购买风险资产。

（2）当 $1+Y<1+rT<u$ 时，$X>M$。即题中要求的有利条件下收益 Y 小于 T 年的无风险收益率 rT。此时，投资者需要卖出风险资产获得 $\dfrac{M\times(1+Y-u)}{(1+rT)-u}-M=\dfrac{M\times(rT-Y)}{u-(1+rT)}$ 元，并和原始资金 M 一起存在银行。

（3）当 $1+rT<1+Y<u$ 时，$0<X<M$。即题中要求的有利条件下收益 Y 大于 T 年的无风险收益率 rT，但是小于风险资产在有利条件下的收益率 $u-1$。此时，投资者将 $\dfrac{M\times(1+Y-u)}{(1+rT)-u}$ 元存入银行，剩下的 $\dfrac{M\times(rT-Y)}{u-(1+rT)}$ 元购买风险资产。

（4）当 $1+Y=u$ 时，$X=0$。投资者将所有资金 M 用于购买风险资产。

（5）当 $Y=rT$ 时，$X=M$。投资者将所有资金 M 存入银行。

若这种配置 T 年不发生变化，当资产上涨到 uS 元时，投资者的总资产是 $[(1+rT)-u]\times X+M\times u=M\times(1+Y)$；当资产下跌到 dS 元时，投资者的总资产是 $[(1+rT)-d]\times X+M\times d$。

10.3 组合保险方法算例分析

10.3.1 算例分析1

假设有一风险资产当前价格是 20 元,6 个月后其价值变化只有两种情况：或者是 26 元,或者是 16 元。不考虑中间情况,年无风险收益率为 10%。某投资者以当前价格购买该股票 10 万股。

(1) 若投资者希望保证 6 个月后该投资至少为 200 万元,同时亦有可能达到 260 万元的水平,他应该另外多投入多少资金购买平价认沽期权,才能实现目标?

(2) 若投资者不另外投入任何资金,能否保证 6 个月后该投资至少为 200 万元,同时亦有可能达到 260 万元的水平?

(3) 若投资者不另外投入任何资金,能否保证 6 个月后该投资在不利环境下至少为 200 万元,在有利的环境下收益尽可能高?

(4) 若投资者不另外投入任何资金,能实现在最不利的环境下损失尽可能少,在有利的环境下收益不低于 7%?

根据无套利原理求出不同行权价格情况下套期比 h、借入资金 B、认购期权价格 C 和认沽期权价格 P,具体如表 10-3 所示。例如,在行权价格是 20 元的情况下,套期比 $h = 0.6$,借入资金 $B = 9.1429$,认购期权价格 $C = 2.8571$,认沽期权价格 $P = 1.9048$。

表 10-3　不同行权价格下的无套利定价参数($r = 0.1$)

期初价格 S(元)	期末价格(元)		行权价格 X(元)	套期比 h	借资金 B(万元)	认购期权 C(元)	认沽期权 p(元)
	上升	下降					
20	26	16	17	0.9	13.7143	4.2857	0.4762
20	26	16	18	0.8	12.1905	3.8095	0.9524
20	26	16	19	0.7	10.6667	3.3333	1.4286
20	26	16	20	0.6	9.1429	2.8571	1.9048
20	26	16	21	0.5	7.6190	2.3810	2.3810
20	26	16	22	0.4	6.0952	1.9048	2.8571
20	26	16	23	0.3	4.5714	1.4286	3.3333
20	26	16	23.6364	0.2364	3.6017	1.1255	3.6364
20	26	16	24	0.2	3.0476	0.9524	3.8095
20	26	16	25	0.1	1.5238	0.4762	4.2857
20	26	16	25.5	0.05	0.7619	0.2381	4.5238

分析:(1)这个问题事实上就是当资产价格往不利的方向变动时,希望把风险完全规避掉,不承担任何损失;当资产价格往有利的方向变动时,收益不减少,好处全拿到。因为没有免费的午餐,就必须买一个平价认沽期权。根据计算可得,买入等于风险资产的 10 万个单位的认沽期权需要 19.048 万元。也就是说,投资者投入 200 万元买入 10 万股风险资产,同时,必须另外多支出 19.048 万元买认沽期权,这样才能完全实现投资者的目标。实际上,投资者的总投入是 219.048 万元,这 19.048 万元是不可能收回的。同样的道理,如果运用认购期权,投资者可以把 219.048 万元的总资产分成两部分:一部分 28.572 万元购买认购期权 10 万份,另一部分 190.476 万元存银行,也完全可以实现投资者的目标。如果不用认购期权,也不用认沽期权,也可以把 219.048 万元的总资产分成两部分:一部分 120 万元购买风险资产 60 万股,另一部分 99.048 万元存银行,也完全可以实现投资者的目标。具体如表 10－4 所示。

表 10－4　种情况下实现目标的方法途径　　　　　　单位:万元

	期 初 资 金	期 末 资 金	
		涨	跌
面板 A:认购期权加存款的组合			
认购期权	28.571	$260-200=60$	0
存款	190.476	$190.476\times1.05=200$	$190.476\times1.05=200$
面板 B:认沽期权加资产的组合			
认沽期权	19.048	0	$200-160=40$
资产	200	260	160
面板 C:存款加资产的组合			
存款	99.048	$99.048\times1.05=104$	$99.048\times1.05=104$
资产	120	$120\times1.3=156$	$120\times0.8=96$

(2)回答是否定的,不可能实现该投资目标。

(3)完全可以实现该投资目标。如果运用认购期权,投资者可以把 200 万元的总资产分成两部分:一部分 9.5238 万元购买认购期权 3.3333 万份,另一部分 190.4762 万元存银行。或者把 200 万元的总资产分成两部分:一部分 40 万元购买风险资产 2 万股,另一部分 160 万元存银行。当风险资产上涨到 26 元时,卖出风险资产,回收 52 万元。存银行的 160 万元半年到期,本利和为 168 万元。投资者可以获得的总资产为 220 万元,收益率是 10%。当风险资产下跌到 16 元时,卖出风险资产,回收 32 万元。存银行的 160 万元半年到期,本利和为 168 万元。投资者可以获得的总资产为 200 万元,收益率是 0%,没有产生任何损失。具体见表 10－5 面板 A 的第 4 行。

表 10-5 不同行权价格不同情况下的资产配置策略($r=0.1$)

有认购期权的资产配置			有认沽期权的资产配置			无期权的资产配置	
存银行资金 （万元）	买看涨期权 （万元）	期权份数 （万元）	买看跌期权 （万元）	买股票 （万元）	存银行资金 （万元）	股票 （万元）	存银行资金 （万元）
面板 A：总资产 200 万元不产生损失的资产配置结果							
190.476 2	9.523 8	2.222 2	1.058 2	44.444 4	154.497 4	40	160
190.476 2	9.523 8	2.500 0	2.381 0	50.000 0	147.619 0	40	160
190.476 2	9.523 8	2.857 1	4.081 6	57.142 9	138.775 5	40	160
190.476 2	9.523 8	3.333 3	6.349 2	66.666 7	126.984 1	40	160
190.476 2	9.523 8	4.000 0	9.523 8	80.000 0	110.476 2	40	160
190.476 2	9.523 8	5.000 0	14.285 7	100.000 0	85.714 3	40	160
190.476 2	9.523 8	6.666 7	22.222 2	133.333 3	44.444 4	40	160
190.476 2	9.523 8	8.461 5	30.769 2	169.230 8	0.000 0	40	160
190.476 2	9.523 8	10.000 0	38.095 2	200.000 0	−38.095 2	40	160
190.476 2	9.523 8	20.000 0	85.714 3	400.000 0	−285.714 3	40	160
190.476 2	9.523 8	40.000 0	180.952 4	800.000 0	−780.952 4	40	160
面板 B：总资产 200 万元不低于 190 万元的资产配置结果							
180.952 4	19.047 6	4.444 4	2.116 4	88.888 9	108.994 7	80	120
180.952 4	19.047 6	5.000 0	4.761 9	100.000 0	95.238 1	80	120
180.952 4	19.047 6	5.714 3	8.163 3	114.285 7	77.551 0	80	120
180.952 4	19.047 6	6.666 7	12.698 4	133.333 3	53.968 3	80	120
180.952 4	19.047 6	8.000 0	19.047 6	160.000 0	20.952 4	80	120
180.952 4	19.047 6	10.000 0	28.571 4	200.000 0	−28.571 4	80	120
180.952 4	19.047 6	13.333 3	44.444 4	266.666 7	−111.111 1	80	120
180.952 4	19.047 6	16.923 1	61.538 5	338.461 5	−200.000 0	80	120
180.952 4	19.047 6	20.000 0	76.190 5	400.000 0	−276.190 5	80	120
180.952 4	19.047 6	40.000 0	171.428 6	800.000 0	−771.428 6	80	120
180.952 4	19.047 6	80.000 0	361.904 8	1 600.000 0	−1 761.904 8	80	120

续　表

有认购期权的资产配置			有认沽期权的资产配置			无期权的资产配置	
存银行资金 （万元）	买看涨期权 （万元）	期权份数 （万元）	买看跌期权 （万元）	买股票 （万元）	存银行资金 （万元）	股票 （万元）	存银行资金 （万元）

面板 C：总资产 200 万元不低于 206 万元的资产配置结果

196. 190 5	3. 809 5	0. 888 9	0. 423 3	17. 777 8	181. 798 9	16	184
196. 190 5	3. 809 5	1. 000 0	0. 952 4	20. 000 0	179. 047 6	16	184
196. 190 5	3. 809 5	1. 142 9	1. 632 7	22. 857 1	175. 510 2	16	184
196. 190 5	3. 809 5	1. 333 3	2. 539 7	26. 666 7	170. 793 7	16	184
196. 190 5	3. 809 5	1. 600 0	3. 809 5	32. 000 0	164. 190 5	16	184
196. 190 5	3. 809 5	2. 000 0	5. 714 3	40. 000 0	154. 285 7	16	184
196. 190 5	3. 809 5	2. 666 7	8. 888 9	53. 333 3	137. 777 8	16	184
196. 190 5	3. 809 5	3. 384 6	12. 307 7	67. 692 3	120. 000 0	16	184
196. 190 5	3. 809 5	4. 000 0	15. 238 1	80. 000 0	104. 761 9	16	184
196. 190 5	3. 809 5	8. 000 0	34. 285 7	160. 000 0	5. 714 3	16	184
196. 190 5	3. 809 5	16. 000 0	72. 381 0	320. 000 0	−192. 381 0	16	184

（4）完全可以实现该投资目标。如果运用认购期权，投资者可以把 200 万元的总资产分成两部分：一部分 3. 809 5 万元购买认购期权 1. 333 3 万份，另一部分 196. 190 5 万元存银行。或者把 200 万元的总资产分成两部分：一部分 16 万元购买风险资产 0. 8 万股，另一部分 184 万元存银行。当风险资产上涨到 26 元时，卖出风险资产，回收 20. 8 万元。存银行的 184 万元半年到期，本利和为 193. 2 万元。投资者可以获得的总资产为 214 万元，收益率是 7%。当风险资产下跌到 16 元时，卖出风险资产，回收 12. 8 万元。存银行的 184 万元半年到期，本利和为 193. 2 万元。资产总和是 206 万元，收益率是 3%。具体如表 10 - 5 面板 C 的第 4 行所示。

行权价格和相关的无套利定价参数见表 10 - 3。

10. 3. 2　算例分析 2

继续运用 10. 3. 1 中的例子，假设投资者只有 200 万元，希望投资在风险资产上，在有利的条件下获得的收益尽可能高，在不利条件下损失不超过 5%，问：若市场上只有行权价格是 23 元的还有半年到期的期权，如何配置这 200 万元才能实现目标？若这种配置半年不发生变化，分别计算当资产上涨到 26 元和下跌到 16 元时，该投资者的总资产是多少？

运用无套利原理可以求出，在行权价格是 23 元的情况下，套期比 $h = 0.3$，借入资金 $B =$

4.5714 万元，认购期权价格 $C=1.4286$ 元，认沽期权价格 $P=3.3333$ 元，如表 10-3 所示。有 3 种可能路径可以实现投资目标，结果如表 10-5 面板 B 的第 7 行所示：

第一，若市场上能够以 1.4286 元的价格买到还有半年到期的行权价格是 23 元的欧式认购期权。首先，计算当不利情况发生时，为了保证损失不超过 5%，需要存入银行的金额为 $200 \times (1-0.05)/1.05=180.9524$ 万元。然后，将剩余资金 $200-180.9524=19.0476$ 万元购买认购期权 $19.0476/1.4286=13.3333$ 万份。这种配置半年不发生变化，当资产价格上涨到 26 元时，执行认购期权，期权总值是 $13.3333 \times (26-23)=40$ 万元，存银行的本利和是 $180.9524 \times 1.05=190$ 万元，该投资者的总资产是 230 万元。当资产价格下跌到 16 元时，不执行认购期权，期权总值是 0 万元，存银行的本利和是 190 万元，该投资者的总资产是 190 万元。

第二，若市场上能够以 3.3333 元的价格买到还有半年到期的行权价格是 23 元的欧式认沽期权。假设购买认沽期权 X 万份，购买对等的股票 X 万股，这样购买认沽期权的资金是 $3.3333 \times X$ 万元，购买对等股票的资金是 $20 \times X$ 万元，存入银行的资金则为 $200-3.3333 \times X-20 \times X$ 万元。根据在不利条件下损失不超过 5% 的要求，必然有：

$$(200-3.3333 \times X-20 \times X) \times 1.05+23 \times X=200 \times (1-0.05)$$

解得 $X=13.3333$ 万份。所以，购买认沽期权的资金是 $3.3333 \times 13.3333=44.444$ 万元，购买对等的股票的资金是 $20 \times 13.3333=266.667$ 万元，存入银行的资金是 $200-44.444-266.667=-111.111$ 万元，负数表示从银行借出资金 111.111 万元。若这种配置半年不发生变化，当资产上涨到 26 元时，不执行认沽期权，风险资产总值是 $26 \times 13.3333=346.66$ 万元，到期偿还银行的本利和是 $111.111 \times 1.05=116.66$ 万元，该投资者的总资产是 $346.66-116.66=230$ 万元。当资产下跌到 16 元时，执行认沽期权，风险资产总值是 $23 \times 13.3333=306.66$ 万元，到期偿还银行的本利和是 $111.111 \times 1.05=116.66$ 万元，该投资者的总资产是 $306.66-116.66=190$ 万元。

第三，若市场上没有任何期权，可以通过制造期权来实现目标。因为制造认购期权和认沽期权结果是完全一样的，所以这里通过制造还有半年到期的行权价格是 23 元的欧式认购期权计算资产配置比例。根据前面的计算可知，需要购买这个认购期权 13.3333 万份，根据套期比 $h=0.3$ 的含义，即每制造 1 份认购期权需要购买 0.3 份股票，因此制造 13.3333 万份期权需要购买 $13.3333 \times 0.3=4$ 万份股票，所需金额为 $20 \times 4=80$ 万元，剩余资金 $200-80=120$ 万元存银行获取无风险收益。若这种配置半年不发生变化，当资产上涨到 26 元时，风险资产总值是 $80 \times 1.3=104$ 万元，存银行资金的本利和是 $120 \times 1.05=126$ 万元，该投资者的总资产是 $104+126=230$ 万元。当资产下跌到 16 元时，风险资产总值是 $80 \times 0.8=64$ 万元，存银行资金的本利和是 $120 \times 1.05=126$ 万元，该投资者的总资产是 $64+126=190$ 万元。

10.3.3　算例分析 3

继续运用 10.3.1 小节中的例子，假设投资者只有 100 万元，希望投资在风险资产上，如何配置这 100 万元资金，才能在有利的条件下获得的收益不低于 100%，在不利条件下损失最小？若这种配置半年不发生变化，分别计算当资产上涨到 26 元和下跌到 16 元时，该投资者的总资产是多少？

只分析以下 3 种情况：

(1) 若市场上只有行权价格是 22 元的还有半年到期的认购期权，期权价格是 1.904 8 元，如何配置？

(2) 若市场上只有行权价格是 22 元的还有半年到期的认沽期权，期权价格是 2.857 1 元，如何配置？

(3) 若目前市场上所有需要的期权都没有，如何配置这 100 万资金，才能达到目标？

分析：(1) 若市场上能够以 1.904 8 元的价格买到还有半年到期的行权价格是 22 元的欧式认购期权。假设存入银行的资金是 X 万元，那么购买认购期权的资金是 $(100-X)$ 万元，相应的认购期权份数是 $(100-X)/1.904\,8$ 万份。按照有利情况收益率不低于 100% 的要求，则有：

$$1.05 \times X + [(100-X) \times (26-22)]/1.904\,8 = 100 \times (1+100\%)$$

解得 $X = 9.523\,8$。也就是说，存入银行 9.523 8 万元，剩下的 90.476 1 万元用于购买认购期权，所购买的认购期权份数是 47.5 万份。若半年后风险资产价格上升 30%，执行认购期权的收入为 $47.5 \times (26-22) = 190$ 万元，存银行半年的本利和是 $9.523\,9 \times 1.05 = 10$ 万元，投资者获得的净资产为 200 万元，净利润 $200-100 = 100$ 万元。若半年后风险资产下跌 20%，不执行认购期权，存银行半年的本利和是 $9.523\,9 \times 1.05 = 10$ 万元，投资者获得的净资产为 10 万元，净利润 $10-100 = -90$ 万元。

(2) 若市场上只有行权价格是 22 元的还有半年到期的认沽期权，期权价格是 2.857 1 元。假设购买认沽期权 X 万份，那么购买对等的股票 X 万股，相应的认沽期权的资金是 $2.857\,1 \times X$ 万元，股票的资金是 $20 \times X$ 万元，存入银行的资金是 $100-2.857\,1 \times X-20 \times X$ 万元。根据在有利条件下收益不低于 100% 的要求，必然有：

$$(100-2.857\,1 \times X-20 \times X) \times 1.05 + 26 \times X = 100 \times (1+100\%)$$

解得 $X = 47.5$ 万份。所以，购买认沽期权的资金是 $2.857\,1 \times 47.5 = 135.712$ 万元，购买对等股票的资金是 $20 \times 47.5 = 950$ 万元，存入银行的资金是 $100-135.712-950 = -985.712$ 万元，负数表示从银行借入资金 985.712 万元。若这种配置半年不发生变化，当资产上涨到 26 元时，不执行认沽期权，风险资产总值是 $26 \times 47.5 = 1\,235$ 万元，到期偿还银行的本利和是 $985.712 \times 1.05 = 1\,035$ 万元，该投资者的总资产是 $1\,235-1\,035 = 200$ 万元，收益率是 100%。当资产下跌到 16 元时，执行认沽期权，风险资产总值是 $22 \times 47.5 = 1\,045$ 万元，到期偿还银行的本利和是 $985.712 \times 1.05 = 1\,035$ 万元，该投资者的总资产是 $1\,045-1\,035 = 10$ 万元，收益率是 -90%。

(3) 若目前市场上所有需要的期权都没有，就需要通过制造还有半年到期的行权价格是 22 元的欧式认购期权计算资产配置比例。根据前面的计算可知，需要购买这个认购期权 47.5 万份。根据套期比 $h = 0.4$ 的含义，即每制造 1 份认购期权需要购买 0.4 份股票，因此制造 47.5 万份期权需要购买 $47.5 \times 0.4 = 19$ 万份股票，所需资金 $20 \times 19 = 380$ 万元，剩余资金 $100-380 = -280$ 万元存银行获取无风险收益，负数表示从银行借入资金 280 万元。若这种配置半年不发生变化，当资产上涨到 26 元时，风险资产总值是 $380 \times 1.3 = 494$ 万元，偿还银行资金的本利和是 $280 \times 1.05 = 294$ 万元，该投资者的总资产是 $494 - 294 = 200$ 万元。当资产下跌到 16 元时，风险资产总值是 $380 \times 0.8 = 304$ 万元，偿还银行资金的本利和是 $280 \times 1.05 = 294$ 万元，该投资者的总资产是 $304 - 294 = 10$ 万元。

10.4   本章小结

本章是第 6 章和第 7 章的结合，着重根据风险预算制定组合保险策略，介绍了风险预算方法的一类特殊情况：风险均衡策略，即控制风险的资产配置，通过组合保险策略最大限度地接近风险预算目标。具体分析了离散时间组合保险策略的两类问题：一类是有期权，另一类是没有期权。分别对这两类情况下的组合保险策略进行了算例分析。

复习思考题

1. 假设有一风险资产当前价格是 20 元，6 个月后其价值变化只有两种情况：或者是 26 元，或者是 16 元，不考虑中间情况。年无风险收益率为 10%。某投资者只有资金 200 万元，问在下列情况下如何配置这 200 万元资金：

（1）若市场上能够以 1.428 6 元的价格买到还有半年到期的行权价格是 19 元的欧式认沽期权，如何配置这 200 万元资金，才能在有利的条件下获得的收益尽可能高，在不利条件下损失不超过 10%？若这种配置半年不发生变化，分别计算当资产上涨 30% 和资产下跌 20% 时，该投资者的总资产是多少？

（2）若目前市场上所有需要的期权都没有，如何配置这 200 万元资金，才能在最有利的条件下获得的收益尽可能高，在最不利条件下不产生任何损失？若这种配置半年不发生变化，分别计算当资产上涨 30% 和资产下跌 20% 时，该投资者的总资产是多少？（注：行权价格是 19 元的欧式认购期权套期比是 0.7。）

2. 假设有一风险资产当前价格是 20 元，6 个月后其价值变化只有两种情况：或者是 26 元，或者是 16 元，不考虑中间情况。年无风险收益率为 10%。某投资者只有资金 200 万元，问在下列情况下如何配置这 200 万元资金，才能在有利的条件下获得的收益不低于 200%，在不利条件下损失最小：

（1）若市场上能够以 2.857 1 元的价格买到还有半年到期的行权价格是 22 元的欧式认沽期权；

（2）若市场上能够以 1.904 8 元的价格买到还有半年到期的行权价格是 22 元的欧式认购期权；

（3）若目前市场上所有需要的期权都没有（注：行权价格是 22 元的欧式认购期权套期比是 0.4）。

3. 如果有一个保本产品或保本基金,在市场很差的情况下能基本保本,在市场很好的情况下能获得一定的超额收益,你认为是否可以基本实现,为什么?

4. 2022 年 4 月 1 日上证 50ETF 和沪深 300ETF 的收盘价分别为 2.923 元和 4.269 元,如果投资者分别以 2.9 元和 4.2 元购买了上证 50ETF 和沪深 300ETF 各 10 000 单位,投资者根据表 10 - 6 和表 10 - 7 中在 2 个月和 6 个月的时间窗口下的 6 种情况预测,找到最接近客观情况的一种预测,以最低的成本按照平值期权购买认购或认沽期权,需要另外投入多少资金,才能保证购买上证 50ETF 和沪深 300ETF 的资金不产生任何损失? 上证 50ETF 期权和沪深 300ETF 期权在 2022 年 4 月 1 日收盘价及交易信息见附录 A。

表 10 - 6　50ETF 期权定价

	现价 S(元)	期末价格(元)		行权价格 X(元)	无风险收益率 R(%)	套期比 h	认购期权 C	认沽期权 P
		上升	下降					
面板 A: 2 个月时间窗口								
波动大	2.9	3.9	2.3	2.9	1.01	0.63	0.39	0.36
波动中	2.9	3.5	2.5	2.9	1.01	0.60	0.25	0.23
波动小	2.9	3.1	2.7	2.9	1.01	0.50	0.11	0.08
很乐观	2.9	3.7	2.8	2.9	1.01	0.89	0.11	0.08
中观	2.9	3.3	2.6	2.9	1.01	0.57	0.19	0.16
很悲观	2.9	3.2	2.2	2.9	1.01	0.30	0.22	0.19
面板 B: 6 个月时间窗口								
波动大	2.9	3.9	2.3	2.9	1.03	0.63	0.42	0.33
波动中	2.9	3.5	2.5	2.9	1.03	0.60	0.28	0.20
波动小	2.9	3.1	2.7	2.9	1.03	0.50	0.14	0.05
很乐观	2.9	3.7	2.8	2.9	1.03	0.89	0.16	0.08
中观	2.9	3.3	2.6	2.9	1.03	0.57	0.21	0.13
很悲观	2.9	3.2	2.2	2.9	1.03	0.30	0.23	0.14

表 10 - 7　沪深 300ETF 期权定价

	现价 S(元)	期末价格(元)		行权价格 X(元)	无风险收益率 R(%)	套期比 h	认购期权 C	认沽期权 P
		上升	下降					
面板 A: 2 个月时间窗口								
波动大	4.2	4.9	3.3	4.2	1.01	0.44	0.41	0.37

续　表

	现价 S（元）	期末价格（元）		行权价格 X（元）	无风险 收益率 R（%）	套期比 h	认购期权 C	认沽期权 P
		上升	下降					
波动中	4.2	4.6	3.7	4.2	1.01	0.44	0.24	0.20
波动小	4.2	4.4	3.8	4.2	1.01	0.33	0.15	0.10
很乐观	4.2	5.1	4.1	4.2	1.01	0.90	0.13	0.08
中观	4.2	4.6	3.9	4.2	1.01	0.57	0.19	0.15
很悲观	4.2	4.4	3.2	4.2	1.01	0.17	0.17	0.13
面板 B：6 个月时间窗口								
波动大	4.2	4.9	3.3	4.2	1.03	0.44	0.44	0.31
波动中	4.2	4.6	3.7	4.2	1.03	0.44	0.27	0.15
波动小	4.2	4.4	3.8	4.2	1.03	0.33	0.17	0.05
很乐观	4.2	5.1	4.1	4.2	1.03	0.90	0.20	0.08
中观	4.2	4.6	3.9	4.2	1.03	0.57	0.24	0.11
很悲观	4.2	4.4	3.2	4.2	1.03	0.17	0.18	0.06

第11章

商业银行风险管理

商业银行风险管理是指商业银行通过风险识别、风险评估和风险处理等环节预防回避风险和分散转移风险,从而减少或避免经济损失,保证经营资金安全的行为。商业银行是经营风险的金融机构,银行业的竞争就是风险管理能力的竞争,风险管理能力构成了商业银行竞争力的核心要素,风险管理是商业银行管理的一项重要工作。本章的内容安排如下:11.1首先介绍商业银行的风险类型及风险管理的方法,然后对商业银行的内部控制进行简单介绍;11.2重点介绍经济资本测度方法,首先介绍经济资本的基本概念,然后对基本指标法、资产波动法和收益波动法等经济资本测度方法进行介绍和比较;11.3介绍新旧巴塞尔协议的内容;11.4介绍商业银行静态和动态的资本配置方法;11.5介绍商业银行的压力测试。

11.1 商业银行的风险类型与管理方法 ————●

中国日益融入全球经济,银行业面临的风险日趋复杂多变,国内银行不良资产中等偏高,信用风险形势不容乐观,利率和汇率市场化进程加快,使得市场风险逐渐显现;大案要案屡屡发生,操作风险日益严峻。并且,国内商业银行竞争日益国际化,《巴塞尔新资本协议》已经公布实施,银行业风险监管更加严格。因此,尽快构筑起健全、有效的全面风险管理体系,提升风险管理水平,对于中国商业银行已刻不容缓。本节对商业银行的风险类型与管理方法进行概述,首先对商业银行面临的风险类型进行了介绍;其次介绍商业银行风险管理理论,包括商业银行针对信用风险、市场风险和操作风险等各类风险的管理策略;最后,概述商业银行内部控制的基本内容和与风险管理的关系。

11.1.1 商业银行的风险类型

商业银行所面临的风险种类很多,从不同的角度可进行不同的划分。从来源上看,可以将商业银行所面临的风险划分为内部风险和外部风险:由于商业银行外部经济因素变化造成的风险称为外部风险;由于商业银行内部经营管理不善造成的风险称为内部风险。实际上,许多风险都是由内部因素造成的,否则无法解释处于同样环境的商业银行,为何有的能较好地防范风险,有的却遭受了严重损失。从另一角度考虑,商业银行的风险又可划分为系

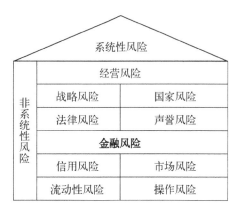

图 11 - 1　商业银行风险金字塔

统性风险和非系统性风险,其中,非系统性风险又可分为经营风险和金融风险。按照巴塞尔委员会的划分标准,商业银行面临的风险主要包括信用风险、市场风险、操作风险、流动性风险、国家风险、声誉风险、法律风险和战略风险八大类(见图 11 - 1)。

（1）信用风险又称违约风险,即交易对象无力履约的风险,是指债务人或交易对手未能履行合约所规定的义务或信用质量发生变化,从而给银行带来损失的可能性。对大多数银行来说,信用风险几乎存在于银行的所有业务中,信用风险是银行最为复杂的风险种类,也是银行面临的最主要的基本风险。

（2）市场风险是由于市场价格的变动,而使银行表内和表外业务发生损失的风险。市场风险存在于银行的交易和非交易业务中,市场价格包括利率、汇率、股票、商品等。

（3）操作风险主要在于内部控制及公司治理机制的失效,是指由于不完善或有问题的内部程序,以及员工所造成损失的风险。

（4）流动性风险指银行无力为负债的减少或资产的增加提供融资,即当银行流动性不足时,它无法以合理的成本迅速增加负债或变现资产获得足够的资金,从而影响其盈利水平的情况。流动性风险包括资产流动性风险和负债流动性风险。资产流动性风险是指资产到期不能如期足额收回,进而无法满足到期负债的偿还和新的合理贷款及其他融资需求,从而给商业银行带来损失的风险。负债流动性风险是指商业银行过去筹集的资金特别是存款资金由于内外因素的变化而发生不规则的波动,对其产生冲击,从而引发相关损失的风险。商业银行作为资金的中介人,需要随时持有用于支付的资金,且需要的流动性资金只占负债总额的很小部分,如果出现大量集中需求,商业银行就有可能面临流动性风险。

国家风险是指经济主体在和非本国居民进行国民经济贸易往来时,由于不同国家经济、政治和社会等方面的变化而遭受损失的风险。

声誉风险是指在市场表现或日常经营活动中不遵守合同、不守信誉或违反有关法规和其他问题,可能给商业银行因长期信用建立起来的宝贵的无形资产造成损失的风险。

法律风险包括因不完善、不正确的法律意见、文件而造成同预计情况相比资产价值下降或负债加大的风险,是指商业银行的日常经营活动中,因为无法满足或违反法律要求,导致商业银行不能履行合同,发生争议或其他法律纠纷,而可能给商业银行造成经济损失的风险。

战略风险是指商业银行在谋求长远发展目标和追求短期商业利益的过程中,不适当的规划和战略决策可能影响商业银行的发展。

在金字塔的最上方是系统风险,如出现大的社会动荡、政治危机,发生战争和出现金融危机等。它对银行的经营影响较大,但这是银行所不能控制的,可以将其称为第一级风险。在金字塔的中间是经营风险,主要包括战略风险、国家风险、声誉风险、法律风险,这些风险是银行在经营过程中,因战略和业务决策失误以及外部竞争环境和监管环境变化所导致的损失,对银行的经营影响也很大。但是银行可以影响却不能控制这些风险,我们称其为第二级风险。在金字塔的下方,是银行所面临的金融风险,包括信用风险、市场风险、流动性风险和操作风险,这些风险是银行基本可以控制的,我们称其为第三级风险。

信用风险在第 6 章中已有论述,这里要突出说明的是:商业银行针对不同的客户,可以利用不同的方法识别其信用风险。对大型企业客户,目前欧美银行的信用风险管理主要采用 4 种不同的计算模型,它们分别是 JP Morgan 集团的 Credit Metrics 模型,KMV 公司的 Credit Monitor/Portfolio Manager 模型,Mckinsey 公司的 Credit Portfolio View 模型和 CSFP 公司的 Credit Risk＋模型,其中前 2 个模型已经在信用风险管理这一章中进行了详细叙述,这里不再赘述。对中型企业客户,银行采用自身开发的信用管理工具进行风险的识别和管理。一些银行的内部分析工具,是由其风险管理部按照 Credit Metrics 的一些思路来开发的。对个人客户或小型企业客户,国外银行广泛采用由银行外机构的个人信用登记系统(如 Equi Fax 和 Trans Union)来了解和确定客户的信用风险情况,从而快速审批客户的信用申请,如信用卡、住房贷款、消费信贷等。同时,银行内部开发了一种信用打分系统(credit scoring)来识别客户的风险。

商业银行市场风险可以概括为图 11 - 2。需重点关注的是如何保持资产负债的平衡。

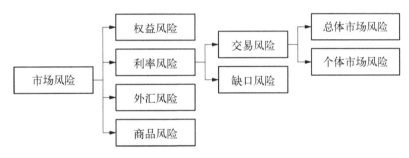

图 11 - 2　市场风险分解图

关于银行操作风险这里只给出巴塞尔委员会定义的 7 种不同的操作风险类型:内部欺诈,外部欺诈,就业政策和工作场所安全,客户、产品和业务操作,实物资产损坏,业务中断和系统失败,以及执行交付及流程管理。上述 7 种来源的操作风险类型可以按照发生的频率(特定时间内发生的损失事件数)和损失强度(事件导致的财务损失)进行分类。表 11 - 1 给出了一个包括投资银行、商业银行和典型零售银行中每一风险类型的频率和强度。

表 11 - 1　操作风险损失频率和强度

风　险　类　型	频　率	损　失　强　度
内部欺诈	低	高
外部欺诈	高／中	低／低
就业政策和工作场所安全	低	低
客户、产品和业务操作	低／中	高／中

续　表

风 险 类 型	频　率	损 失 强 度
实物资产损坏	低	低
业务中断和系统失败	低	低
执行交付和流程管理	高	低

　　银行操作风险的产生并不仅仅来自日益复杂的业务活动与操作,它可能是银行与其他金融机构为获得期望回报而有意承担的风险。在利润不断降低的国内或国际市场上,高效的风险管理与递增的规模效益是利润的主要来源。风险不可能被完全消除,昨天的信用风险与市场风险至少部分是今天和明天的操作风险。复杂的风险度量技术、风险细分以及更为复杂的产品设计,使化解市场与信用风险的综合性产品与实施方法得到广泛应用。这些复杂的技术为提高风险控制水平提供了可能,但同时增大了公司的操作风险。例如:

　　(1) 用于化解信用风险和市场风险的复杂技术(如抵押、对冲、信贷衍生工具、资产证券化)将这些风险转变为操作风险。

　　(2) 对日益复杂的产品或者基于复杂套利战略的交易活动使银行不承担或仅承担有限的市场风险,却大幅度地增加了操作风险。

　　(3) 操作风险日益成为银行和其他金融机构面对的重要风险。它可能以不同的方式、不同的程度影响银行业务,但是,无论何种风险暴露,操作风险都不能被看成仅仅与成本相联系的风险;相反,它应该被看作是为获取利润而承担的业务活动风险。

11.1.2　商业银行的风险管理理论

1) 商业银行的风险管理理论发展

一般认为商业银行的经营管理理论经历了资产管理、负债管理、资产负债综合管理以及资产负债表内表外统一管理四个阶段。

(1) 资产管理(the asset management)。20 世纪 60 年代以前,在商业银行为信用中介的间接融资占主导地位的环境下,在当时较稳定的资金来源的基础上,对资产进行管理。资产管理理论是最早产生的一种银行经营管理理论,它的发展依其提出的顺序又有以下三种理论基石:商业性贷款理论、资产可转移理论、预期收入理论。

(2) 负债管理(the liability management)。20 世纪 60 年代,西方商业银行资产负债管理的重心由资产管理转向负债管理。负债管理理论是在金融创新中产生的一种银行管理理论,认为银行可以通过主动负债以增强其流动性。负债管理的基本内容是:商业银行的资产负债管理和流动性管理,不仅可以通过加强资产管理来实施,也可以通过在货币市场上主动性负债,即通过"购买"资金来实施。

(3) 资产负债综合管理(asset-liability management)。这一理论于 20 世纪 70 年代末、80 年代初,伴随着金融自由化浪潮而产生。资产负债综合管理理论不是简单相加,而是兼顾了银行的资产与负债结构,强调资产与负债两者之间的规模与期限协调搭配,在利率波动的情况下实现利润最大化。在资产负债综合管理理论付诸实践的基础上建立起一系列基本模型,主要包括线性规划模型、财务规划模型、利率敏感性缺口管理与存续期间缺口管理等模型。资产负债综合管理的基本思想是在资金的配置、运用以及在资产负债管理的整个过程中,根据金融市场的利率、汇率及银根松紧等变动情况,对资产和负债两个方面进行协调和配置,通过调整资产和负债双方在某种特征上的差异,达到合理搭配的目的。资产负债管理理论吸取了资产管理理论和负债管理理论的精华,强调对资产业务、负债业务的协调管理,通过对资产结构和负债结构的共同调整,在确保商业银行资产具有一定收益性、流动性的前提下,谋求经营风险的最小化。资产负债管理理论主要是从资产与负债均衡的角度去协调银行经营的安全性、流动性和营利性之间的矛盾,使商业银行的管理走向科学化。

(4) 资产负债表内表外统一管理(in balance-sheet and off balance-sheet management)。资产负债表内表外统一管理产生于 20 世纪 80 年代末,为了对商业银行的经营风险进行控制和监管,同时也为了规范不同国家的银行之间同等运作的需要,1987 年 12 月巴塞尔委员会通过了《统一资本计量与资本标准的国际协议》,即著名的《巴塞尔协议》。《巴塞尔协议》的目的:一是通过协调统一各国对银行资本、风险评估及资本充足率标准的界定,促使世界金融稳定;二是将银行的资本要求同其他活动的风险,包括表外业务的风险系统地联系起来。《巴塞尔协议》的通过是商业银行资产负债管理理论和风险管理理论完善与统一的标志。

2) 商业银行资产负债管理的作用

首先,资产负债管理的实施表明中国金融调控已逐步向间接方式转变,中央银行将更多地运用存款准备金、再贴现、利率和公开市场业务等货币政策工具来调整,有利于深化金融体制改革。其次,用资金来源制约资金运用,能有效地防止货币和信用扩张;通过资产负债结构调整来优化经济结构还有利于资源的有效配置,提高全社会资金使用效率,促进国民经济快速、持续、健康发展。再次,将促使国有商业银行加快建立现代金融企业制度的步伐,按照国际惯例运作,促使商业银行加强经营管理力度,形成"自主经营、自担风险、自负盈亏、自我约束"的机制。最后,实行资产负债比例管理,可为商业银行运作提供制度规范,保证商业银行资金在安全性、流动性和盈利性三方面的协调,使中国商业银行在日趋激烈的竞争中增强抵御风险的能力。

3) 商业银行资产负债管理容易出现的问题

制定的监测指标体系在一定程度上仍缺乏科学性,且监管乏力。首先是比例指标缺乏层次性。在总行—分行体制下,商业银行资产负债管理应具有层次性,中央银行必须针对不同层次采取不同的监管指标。但是,目前资产负债比例管理监测、监控指标都是针对法人即商业银行总行进行考核,人民银行分支机构也只是机械地用考核商业银行总行的指标来考核商业银行分支行,从而降低了考核指标的针对性和有效性。其次是一些指标适用性差。在商业银行一级法人制度下,资本集中于总行,故监控指标中所有涉及"资本类"的指标如"资本充足率""单个贷款比例"等都不适用于商业银行分支机构;同时,在上级行统一调度资金的情况下,用存贷款比例指标考核基层商业银行也没有意义。而另一个比例指标"资产流动性比例"即流动性资产与流动性负债的比率不少于 25% 的规定,亦缺乏科学性。按照西方国家的管理经验,流动性资产与流动性负债的比重(流动资产相对比率)在 1.5～2 的水平才能保证银行的支付能力。最后,中央银行监管不力。目前的指标监控、监测仅限于几张报表,只做一下比例关系的统计分析,所报数据的真实性也缺乏强硬的监督控制。

商业银行的执行情况没有达到资产负债管理的真正要求。一级法人的银行体制使得商业银行分支机构只注重存款规模简单的数量增长以及由此推动贷款规模的扩张,而忽视内部控制制度的完善和资产负债的风险管理。这种粗放式的经营方式导致资产负债管理结果上的缺憾:一是总量不平衡,一些商业银行上级行对下级行实行的贷款规模管理,存在"有资金无规模"和"有规模无资金"的矛盾,普遍存在不计成本揽存款和存款波动影响正常放款等被动经营和消极经营的问题,无法根据资金来源自主支配资金运用;二是期限结构不对称,商业银行的长期负债过多用于短期资产,实际上违背"效益性"和"安全性"的协调;三是资产负债结构单一,资产中贷款比重过高,其他资产比重极低,不利于银行分散风险,负债中绝大部分是一般性存款,其他负债如金融债券、拆入资金等比重极低,致使银行支付压力较大;四是资产、负债管理脱节,目前的资金统一高度管理体制迫使商业银行分支机构组织的存款需上存,贷款审批权由总行层层下拨,使商业银行分支机构没有条件加强自身的资产负债管理。

4) 完善资产负债管理的措施

(1) 建立和完善以效益为核心的资产负债比例管理考核指标体系。各项考核指标要以利润为目标,通过资产负债的量本利分析,合理确定资金的盈亏平衡点,并据以确定存款的成本、结构和贷款的规模及投向,改变存贷款经营方式;中央银行在制定各项考核指标时,要科学界定不同类型商业银行的经营侧重点,进行区别对待,分类指导;各商业银行总行也要以央行核定的指标为参考,按照优化配置、集约经营、提高效益的原则编制综合经营比例计划,并根据各一级分行的不同情况,下达不同的考核指标和监测指标,对非比例范围的经营项目实行授权管理。

(2) 核定资产负债余额基数,区别资产负债存量和增量,实行分类管理,分别考核。针对中国国有商业银行脱胎于国家专业银行,受诸多因素影响,资金存量普遍存在资产质量较差、经营效益不高等问题,在彻底摸清家底后,以一定时点的资产负债余额为基数,实行新老划断。对新增资金严格按照资产负债管理的要求进行管理,对原有资金存量区别不同情况,认定基数,进行分类管理。

(3) 深化商业银行内部改革,充分调动各级分行的积极性。在明确各级商业银行的职责和相应的考核指标的基础上,深化商业银行的内部机构改革,精简分支机构,适当扩大基层行的经营自主权;鼓励各级经营行发展一定的中间业务,允许负债结构的多样化,实现资产负债结构战略性调整,提高经营效益;利用资金内部计价的利益驱动机制和把行长经营目标考核与资产负债比例管理考核有机结合的手段,激发各级分行的积极性。

11.1.3 商业银行的风险管理方法

1) 风险管理方法概述

风险管理主要包括风险识别、风险度量、风险控制等几个阶段,表 11-2 列出了商业银行不同业务单位所对应的主要风险类型。本节介绍商业银行针对各种风险的管理方法和银行的内部控制框架,关于各类风险的测度将会在经济资本和监管资本的部分和本书的其他章节分别进行介绍。

表 11-2　商业银行部分业务面临的主要风险类型

业　　务	主要的风险类型	适用统计模型吗?
私人银行/资产管理	面临金融市场变化风险(部分收入将因组合头寸而下降)	是
	面临金融市场情绪风险(牛市中高额组合头寸带来的高额收入)	否
	面临信用风险(贷款给私人客户)	是
零售银行业	面临信用风险(贷款给私人客户)	是
	利率风险	部分
商业银行业	信用风险	是
	利率风险	部分
外汇交易和买卖	面临市场风险(持有头寸价值的变化)	是
	面临信用风险(主要是衍生工具)	是
投资银行业:证券/衍生工具的交易买卖	面临市场风险(持有头寸价值的变化)	是
	面临信用风险(主要是衍生工具)	是
投资银行业:公司融资	面临市场风险(主要的头寸)	是
	面临信用风险(贷款给公司顾客)	是
总的(所有业务)	法律风险(法庭判决合同无效的风险,或是银行因某些问题而遭到起诉)	否
	业务风险(市场、法规、竞争及其他业务环境的变化)	否
	其他操作风险(产生过失的风险导致损失)	否

从总体上来说,商业银行针对不同风险的管理方法有:

(1)风险预防方法。这是指商业银行设置各层预防线的办法。商业银行抵御风险的最终防线是保持充足的自有资本,但是要达到预防风险的目的,还是要加强商业银行的内部管理,主动调整资产结构,使之与资本状况相适应。另外,商业银行还可以通过设置各种准备金,如一般准备金、贷款坏账准备金等预防损失。

(2)风险规避方法。这是指对风险明显的经营活动采取避重就轻的方法。例如,贷款风险管理原则中首要的一条是贷款规避和拒绝原则。主要有:资产结构短期化,以降低流动性风险和利率风险；债权互换扬长避短、趋利避害，即商业银行利用自己的优势，将不同期限、利率或币种的债权互换，达到彼此取长补短的效果；在开展外汇业务时，对有关货币汇率走势做出明智的判断，努力保持硬通货债权、软通货债务，避免汇率风险。

（3）风险转移方法。这是指利用某些合法的交易手段和业务手段将风险全部或部分转移出去，包括：风险资产出售策略，即将银行自身不愿承担的风险资产出售出去；担保方法，将银行承担的信用风险转移给担保人；保险策略和衍生产品交易方法；等等。

（4）资产的多样化分散风险方法。这是指将资产在不同区域、行业或借款者之间充分分散化。

（5）风险抑制方法。这是指商业银行在承担风险之后，要加强对风险的监督，发现问题及时处理，争取在损失发生之前阻止情况继续恶化或提前采取措施减少风险造成的损失。风险抑制策略常用于信用放款过程。从放款到借款人出现财务问题而倒闭清算，都会有一段时间，商业银行可以在这段时间内凭借自己作为债权人的有利地位，采取抑制风险的措施，以避免或减少损失。风险抑制的手段有：向借款公司派驻财务专家，帮助公司分析财务恶化的原因，提出解决问题的指导性意见；发现借款人财务出现困难时，立即停止对该客户的新增放款，并尽一切努力尽早收回已发放的贷款本息；追加担保人和担保金额；追加资产抵押。

（6）风险补偿方法。这是指银行用资本、利润、抵押品拍卖收入等资金补偿其在某种风险上遭受的损失。抵押品可以是存款、有价证券、固定资产、流动资产等多种形式。当借款人不能按照抵押贷款合同履行偿付贷款本息责任时，贷款银行有权按照协议接管、占有、拍卖有关抵押品，以弥补银行的呆账损失。商业银行也可以在利润中提取一定数额的呆账准备金，用作信用风险的补偿手段。为保障银行经营安全，呆账准备金应随时保持充足。例如，对一项发生问题的贷款而言，贷款的残值加上呆账准备金应大于或等于该项贷款的本息总额。

2）信用风险的管理方法

每家银行都应该确定一个信用风险管理策略，比如应按什么期限，对什么客户，提供多少贷款。管理人员应确定信用风险容忍度，并对贷款进行限制，还应设定贷款规模和风险敞口的审批权限，此外，还需要建立一个跟踪信用风险敞口的报告体系，并定期对借款人的信息进行更新。

另外，商业银行应该站在风险组合的角度对贷款进行分析，同时，更多地采取积极的风险管理策略，寻求最佳的资产组合。充分利用银团贷款、贷款买卖、信用衍生工具及证券化等金融工具，提高银行在信用风险管理方面的主动性，可以更好地管理债务人和资产组合的集中度、持续期及信贷规模等风险因素。

3）市场风险的管理方法

大中型商业银行内部设立投资银行和证券部，主要从事外汇买卖、债券业务、股票交易、衍生工具和商品期货等。所有这些产品都与市场变化有关。银行内部应专门设立交易风险管理部，对市场风险进行管理。目前，各种规模的机构在利率风险管理过程中都会运用久期、凸性、期权调整差等方法。先进的利率风险管理手段可以帮助银行管理层和股东获得更好的风险回报，也有助于提高整个银行系统承受利率风险的能力。

在市场风险的管理方法上,一方面,风险价值(VaR)和压力测试等重要概念已成为风险管理的标准做法;另一方面,风险管理手段也从简单的设置限额发展到运用越来越复杂的技术手段,并广泛使用数据分析和多样化的新金融工具,如远期利率协议、利率远期和期货、利率互换和期权互换。与此相适应,监管当局也制定了反映业界最新进展的监管指引,以鼓励银行不断完善其市场风险管理体系。

管理人员还应决定在各项业务和各个部门间如何分配资本和风险,以实现其目标。市场风险越大,银行的预期收益率越高,管理人员应该确定能够承担的市场风险敞口的大小,并明确可以接受风险的高低。

4)操作风险的管理方法

众多的银行业务和交易活动都面临着操作风险。这类风险源自人工失误、计算机故障,以及使用了不合适的定价模型等。管理人员应决定对哪种操作风险投保,对哪种风险进行管理。对操作风险的管理主要有购买保险、进行内部控制和计算经济资本三种方式。

银行对操作风险的管理,可以采用区别对待的方式:

(1)对一些发生频率高、金额较小的风险,银行可以利用自己的内部经验判断什么事情容易出现偏差,建立自己的全面风险管理框架,努力使自己保持在事先确定的置信水平范围内,保证损失保持在可以接受的程度以内;也可以计算出一个内部的保险费用或者购买保险。

(2)对一些潜在的重大事件风险,银行应当尽可能多地购买保险,因为这些事件造成的损失巨大,并且是直接的可见损失。购买灾难保险可能是对这些风险进行套保的最好方式。

(3)当银行购买的保险达到了自己预期的要求,并且建立了自己良好的操作风险内控管理体系,那么银行便应当只为剩余的事件风险提取相应的经济资本。

11.2　资本的概念与测度方法

11.2.1　资本在银行中的作用

商业银行资本是银行从事经营活动必须注入的资金,可以用来吸收银行的经营亏损,缓冲意外损失,保护银行的正常经营,为银行的注册、组织营业以及存款进入前的经营提供启动资金等。克力斯·马腾在《银行资本管理》一书中从四个不同的角度对资本进行了分析(见图 11 - 3)。

(1)从银行司库的角度:主要关心资本的可获得程度以及投资方式,同时努力降低资本的总成本。司库就是指负责为银行筹集资本的个人或者部门。

(2)从监管者的角度:主要关心银行是否有足够的资本以保证存款者和其他债权人获得资金。

(3)从风险管理者的角度:风险管理者主要关心损失的风险,而不是公布的比例或者资本的构成。他们经常提出的问题是:在没有任何监管要求下我们会认为需要多少资本?风险管理者的模型常常用于资本配置、绩效评估和激励补偿。

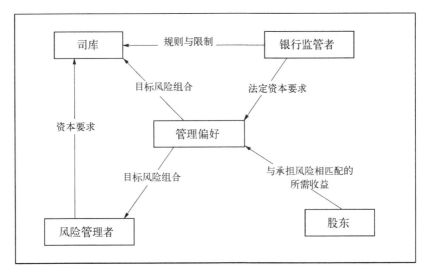

图 11-3   观察资本的四个角度

（4）从股东的角度：股东主要关心自己的投资能够获得多少收益以及获得的回报能否适当地补偿风险。这种角度最为重要，因为它促使银行实现股东回报的最大化，而股东回报的最大化也是股份公司的首要目标。应该将这种角度和风险管理者的角度结合起来，因为正是发生损失的可能性使得股东希望获得特定的回报以补偿自身的风险。可以用股东在银行所拥有的权益来衡量其投资多少，并计算投资的收益。股东衡量风险时，并不经常用自下而上的风险头寸逐步分析法，而是通过观察实际收益的波动情况来估计。因此，在对金融机构内部的业务配置资本时，可以仿效股东的资本观，以业务收益的变动性为基础配置资本。

资本管理主要包括两方面的内容：一是银行需要保证资本金总额符合以下几方面的要求，比如信用评级机构的期望、银行承担风险的评估、监管者的要求和股东的投资回报；二是，要充分利用资本投资工具和资本管理手段（红利政策、股票回购等）优化资本金的财务比率，两者之间的联系产生于资本作为承担风险的一个衡量指标所扮演的特殊角色。下面主要从风险管理的角度介绍经济资本的概念、测度和经济资本配置的过程和方法。

11.2.2   资本的概念

1）三种资本的概念

资本可以被简单地定义为对公司现金流的剩余索取权（residual claim）。对银行和其他金融机构而言，资本的作用就是吸纳盈利的波动性，从而使公司能够管理对信用敏感客户和贷方的业务。根据不同的管理需要和本质特性，银行管理的资本有 3 种不同的定义：权益资本（账面资本）、监管资本和经济资本。下面用标准形式的资产负债表解释各种资本的概念。

（1）权益资本，也称为会计资本或账面资本。账面资本是银行持股人的永久性资本投入，即资产负债表上的所有者权益，主要包括普通股股本/实收资本、资本公积、盈余公积、未分配利润、投资重估储备、一般风险准备等，即资产负债表上银行总资产减去总负债后的剩余部分，反映了银行实际拥有的资本水平。权益资本是一个财务会计的概念，反映的是金融机构实际拥有的资本水平,而不是应该拥有的资本水平,因此尚未反映商业银行资本的核心功能。

(2) 监管资本,是监管当局规定的银行必须持有的与其业务总体风险水平相匹配的资本,一般指商业银行自身拥有的或者能长期支配使用的资金,以备非预期损失出现时随时可用,故其强调的是抵御风险、保障银行持续稳健经营的能力,并不要求其所有权归属。以监管资本为基础计算的资本充足率,是监管当局限制银行过度承担风险、保证金融市场稳定运行的重要工具。现在银保监会对商业银行的"最低资本要求"即是针对监管资本的要求。

从根本上讲,银行是经营风险的企业,尽管银行可以通过具体准备金的形式在理论上对预期损失进行覆盖,但在实践中,超出事先计算的预期损失造成巨额损失的事例也不胜枚举。无数案例已经证明,仅仅依靠风险准备金是不足以保证银行稳健运行的,必须通过银行自有资本进行抵补。监管资本指资本协议下基于风险的资本要求,监管资本的目的是确保银行有足够的可用资源来吸收整个银行的非预期损失。尽管监管资本是基于资产风险计算的,却从来没有在交易水平上产生精确的资本配置。然而,增加银行自有资本是与银行股东利益相悖的。这是因为在银行最传统的借贷业务中,在假设零风险的前提下,银行股东最理性的选择是:不投入任何资本,单纯随着信贷规模的扩大来获得利差,以获得超额的股东利益。

假设某家银行信贷差固定为 3%,当信贷期限完全一致,金额完全相等,没有任何违约事件,股东投入资本可以忽略不计时,假如信贷总额为 10 亿元,则归属于股东的收益为 3 000万元,假如信贷总额为 500 亿元,则归属于股东的收益就是 15 亿元。故而银行股东具有极强的动机,以有限的自有资本撬动杠杆(leverage),去获取自身价值的最大化。而这种特点本质上决定了金融机构,尤其是商业银行有强烈的动机去监管化,运用杠杆来获取超额收益。而在金融监管缺位的 20 世纪 30 年代,因为银行股东自有资本不足,在挤兑危机之下,到 1933 年初美国约有半数银行倒闭,这直接导致了后期各国监管机构对银行自有资本的重视。

(3) 经济资本,又称风险资本,是指在一定的置信度和期限下,为了覆盖和抵御银行超出逾期的所有风险带来的非预期损失的资本,是银行抵补风险所要求拥有的资本,它是衡量银行真正所需资本的一个风险尺度,并不必然等同于银行所持有的账面资本。

经济资本是根据资产负债表内和表外的资产风险来进行定义的。需要注意的是,经济资本是针对一定置信区间而言的,在该置信区间之下的非预期损失由经济资本来吸收,而超过该容忍水平的损失则称为极端损失或灾难性损失,这些损失不足以被经济资本吸收,若不对其进行保险或风险转移,当这种极端损失发生时,金融机构尤其是银行将会面临破产倒闭的风险。就是说经济资本是一种在给定确定性水平下(如 99% 或 97% 等)弥补给定时期(如 1 年)内非预期损失所需资源的测度。1 减去确定性水平有时称为破产率(insolvency rate)或相当于信用评级。时至今日,经济资本的计量正被广泛地纳入金融机构各管理层的决策制定过程中,在盈利测算、定价以及投资组合最优化等公司业务中,都已成为制定决策所需要考虑的关键性指标之一。同时,经济资本的计量规避了以往采用净现值(net present value,NPV)法仅考虑项目间现值大小而罔视项目风险的弊端,在并购及衍生品交易等高层决策过程中起到了日益重要的作用。事实上,金融机构通过对经济资本的计量,能够使资本与风险相对应,促使管理层实现对资本的合理配置,从而更好地实现股东的价值。

在实际工作中,风险来自各个业务单元,包括不同部门、分行和业务条块等。各业务单元因承担风险而必然会面临潜在损失,这种损失又分为预期损失和非预期损失。它们事实上都要求被抵御或消化,因为预期损失已计入了经营成本,并通过产品定价、计提风险准备金得到了补偿。故而事实上对金融机构的影响程度是可控的,而非预期损失才是真正意义上的风险,需要通过经济资本加以抵御。既然经济资本由资产的风险确定,那么银行所要求的经济资本就有可能比它实际拥有的权益资本更多——这种情况在长期内是不可维持的。然而在业务单元水平上,某些业务单元所要求的权益资本相对较少,而对经济资本要求却非常大,由于银行必须持有较大规模的经济资本,因此对业务单元的风险资本(而不仅是权益资本)进行恰当收费是最根本的。

经济资本可用于风险管理、投资决策、业绩衡量、资本预算、战略管理以及监管资本衡量。其最主要的作用是把股东回报的价值最大化要求和责任通过经济资本配置落实到不同的层面(分行、产品、部门、客户和员工),把风险和收益的平衡通过经济资本的配置联系起来。

经济资本应该覆盖所有的风险因子,包括市场风险、信用风险、操作风险等,应该考虑风险因子彼此之间的相关性和风险分散化效应。对各种风险的计量是经济资本确定和配置的基础,经济资本反映风险的准确程度与金融机构的风险量化水平直接相关。

具体需要多少经济资本则取决于各业务单元的非预期损失。值得注意的是,银行总行根据经济资本头寸,按照一定方法分配给业务单元的资本并不是实际账面资本的拨付,而是仅仅在于资源配置或评估考核时,在概念的意义下,予以计算和分配的金额,即相对于物理状态下的资本金。经济资本是一种经济计算分配到的资本金,它既不是风险本身,也不是真实的资本,而是对应着风险的一种虚拟资本,随银行承担风险大小的变化而变化。

经济资本在整个金融体系中具有非常重要的意义,它与企业风险组合、资本资源、价值创造是紧密相连的。经济资本决定着风险资本的结构,解决的是到底需要多少资本的问题;企业风险组合决定着风险回报的多寡,解决的是究竟回报多高处于合适区间的这个问题;资本资源决定着资本的结构,解决的是究竟需要何种资本来满足企业的需求这个问题;价值创造依托于前面所述的三个方面,资本资源尤为重要,因为企业只有超越资本成本,才能创造出真正的价值。

2)三种资本间的关系

(1)经济资本与监管资本的关系。从风险的角度来看,经济资本与监管资本都是风险缓冲。两者的区别在于监管资本是由监管当局从外部来认定这种缓冲;不能代表银行实际弥补消化非预期损失的能力,也不一定反映银行的风险特征。经济资本是由银行管理者从内部来认定和安排这种缓冲,反映了已有股东价值最大化对银行管理的要求,是为承担风险真正需要的资本,完全反映了银行自身的风险特征。

从数量关系的角度来看,如果银行监管资本大于其经济资本,意味着银行自有资本足以补偿非预期损失,银行的风险抵御能力较强而处于安全状态;如果其监管资本等于经济资本,意味着银行自有的资本金恰好补偿非预期损失,银行处于安全临界状态;如果其监管资本小于经济资本,则意味着其监管资本不足以弥补非预期损失,如果出现异常的情况,银行可能会因无法抵御非预期损失风险而破产。

监管资本逐渐向经济资本靠拢。由于经济资本是银行实际承担风险的最直接反映，而监管当局也日益重视监管资本是否能够敏感地反映银行实际风险状况，于是开始重视发挥银行风险度量的作用，把监管资本的计算依据建立在银行实际的状况之上，在《巴塞尔协议》中不断鼓励有条件的商业银行使用内部评级法即是这种倾向的重要佐证之一。当然，只要银行和监管者之间存在差异，经济资本和监管资本就不可能完全一致。在监管资本大于经济资本时，监管者不会干预；监管资本少于经济资本时，银行必须采取行动使两者对齐。总体来讲，两者关系的主流趋势是收敛和一体化。

（2）经济资本与账面资本的关系。银行账面资本的数量应当大于等于经济资本的数量。账面资本虽然不直接与银行实际承担的风险挂钩，但是在实际中，银行因为承担风险而遭受的损失最终要反映为账面资本的减少，比如银行不断地要用当年利润或者资本来核销不良资产，而当银行真正面临破产时，银行实际需要付出的也必然是账面实际存在的资本，其中股东权益首先要承担清偿责任。这种联系说明银行账面资本的数量应当大于等于经济资本的数量。

（3）监管资本与账面资本的关系。监管资本是金融监管机构为了保持金融体系的稳定和防范风险要求商业银行必须持有的最低资本要求。两者的不同之处在于监管资本中包括了一部分不属于账面资本的部分，例如长期次级债，从会计角度看属于负债，但由于是商业银行长期稳定的资金来源，可以满足商业银行流动性管理的要求，在监管角度讲可以等同于自有资金，记入监管资本。

11.2.3　经济资本测度方法

随着电子科学技术的发展，风险计量方法的飞速发展，以获取高额收益或规避监管为目的的金融创新层出不穷，复杂多变的投资组合不断推陈出新，加之银行高层持续的高回报预期，使以银行为主的金融业迫切需要发明一种风险计量工具，它将能够较好地反映整个机构、职能部门或业务条线所需要承担的风险大小，又要能通过内部计量方法比监管资本更有效地获得。在这样的背景下，经济资本从概念推出之日开始就不断受到以银行业为主的金融机构的追捧。

1）简单系数法

简单系数法假设经济资本是资产特征的函数，资产特征包括资产余额、资产期限和资产质量等，用公式表示：

$$经济资本 = f(资产特征) = f(额度，期限，质量) \tag{11-1}$$

因此，可以设计一套方案，使银行的每一种资产对应一定的经济资本，也就是给每一类资产确定一个经济资本分配系数：

$$经济资本 = 资产余额 \times 经济资本分配系数 \tag{11-2}$$

根据资产对象的不同，经济资本分配系数的求取可分为两类：一是在交易基础上进行测算，主要方法是根据每个交易额度大小、交易对象信用等级和交易时间等确定经济资本分配系数;二是在资产组合的基础上进行测算,主要按照产品类别确定经济资本分配系数,需要综合分析产品的余额、期限、内部风险评级和授信使用情况等。系数法比较直观易懂,因此被一些银行采用,其难点是在系数的确定上。

2)资产波动法

资产波动法是指通过度量资产价值的波动性和相关性,计算出银行组合和交易层面的经济资本额度。从银行总体经济资本的角度上看,市场风险、信用风险和操作性风险是所有银行共同面临的风险,经济资本主要覆盖的也是这三类风险;从当前银行风险管理的实践上看,大多数银行在总体经济资本的计量上采用对信用风险、市场风险和操作风险三者经济资本的简单加总,这样做的前提是假设三类风险之间是完全不相关的。不过,由于实践中对不同类型风险之间相关性的估计是相当困难的,所以简单加总的做法也是不得不做出的妥协。关于三种风险类型的具体经济资本计算,在接下来的内容中进行介绍。

资产波动法需要解决的几个问题:

(1)实践问题。三种模型的发展程度相差很远,一个非常完善的市场模型可能会与一个仍有待发展的信用风险模型和一个简陋的初期操作风险模型并存。

(2)风险的加总问题。大部分银行都有自己独立的内部模型建模方法,根据不同的风险(信用、操作和市场风险)来配置资本,但由于不同风险类别间的关系很难量化,故独立计算各种风险的资本并简单加总。简单相加法假设风险之间完全不相关,该假设不太合理。

(3)持有期的确定。通常的做法是设定持有期为 1 年,但这样会高估市场风险,低估信用风险。

解决上述问题的一种处理方法就是利用自上而下的风险模型来确定银行总的资本水平,以此来校正自下而上的风险模型。

3)收入波动法

收入波动法是通过度量收益的波动性和相关性来计算经济资本额度的,其含义是需要多少经济资本才能保证获得的无风险盈利可以抵消收入的一般波动。通过观察收益在一段时间内的波动额来估计各类业务活动的风险大小。这种方法适用于业务比较稳定的企业(即每期的业务基本不发生变化),但它需要大量的数据支持(最好是每天的收入观测数据,而实际仅能得到每月或每季度的数据)。

收益波动法的基本模型是关于风险收益的定义,该定义运用了衡量收入或盈利偏离平均值的程度,风险收益定义为:

$$EVR = k\sigma_r \tag{11-3}$$

其中,k 为倍数值,σ_r 为银行或业务收入或盈利的标准差。就是说风险收益定义为收益分布标准差的某个倍数。

确定了风险收益后,如何转化为资本数呢?现在的问题是:支持该收益所需的资本是多少?一种处理方法是可以作为永久年金(perpetual annuity)来处理,需要的资本为:

$$EC = EVR/R \tag{11-4}$$

其中,EC 表示经济资本,R 表示无风险利率。

收益波动法的优点在于提供了总体经济资本的一个估算值。通过考虑业务单元或整个公司的收益,就可以测度信用风险、市场风险和操作风险,但问题是很少有业务能使用自上而下法,因为该方法不仅要求业务具有稳定性,还需要提供大量高重复率的数据。收益波动法在以下三方面是有用的:① 因为它能正确地衡量某一期间的回报以及相应的风险,所以可以用它来评定与业绩挂钩的薪酬指标;② 它能很好地反映银行在市场上的地位,即银行的资本成本,最终反映银行的股东价值;③ 当银行制定边际决策时,如进入或退出某项业务时,可以用它来判断业务的边际影响。有些业务尽管本身的波动性很大,但是实际上可以减弱整个银行的波动性。

收益波动模型还存在以下局限性:① 假设变量符合正态分布,这是为了得到某些衡量指标,如标准差。但实际中,收益并不一定满足正态分布。② 使用的是后验方法。这种做法能告诉我们过去已经遇到的风险,但它假设将来银行还会遇到同样的风险。然而风险是瞬息万变的,利用这种方法很难捕捉住真实变化。③ 该模型无法帮助控制经济资本。它只能告诉我们某项业务的风险很大,应该设法降低,除此之外,没有提供给管理层任何手段来降低这种风险。

4) 三种方法的比较

系数法比较直观易懂,因此容易被银行所采用,其缺点在于未能与非预期损失挂钩,风险要素不够突出;没有考虑资产之间的相关性;对风险的变动不够敏感;计量的结果不够精细;无法体现银行的风险偏好。

收益波动法的好处在于它是从上至下的,而且可以将单项业务的风险资本和股东感觉到的风险联系起来。它的问题是很难细分到更低的层次,而且不能用它来为单项业务定价。

资产波动法恰恰相反:这种方法擅长在较低层次以先验方法来估计潜在的资产价值波动额,甚至可以为某项业务定价;但是它依赖于不稳定的相关性,从而使这种方法的用途受限。资产波动法与收益波动法的比较如表 11-3 所示。

表 11-3　资产波动法与收益波动法的比较

资 产 波 动 法	收 益 波 动 法
直观	不直观
可以作为定价工具	不能作为定价工具
向前看的	向后看的
提供控制杠杆	不提供控制杠杆
要求为所有的风险建立明确的模型	涵盖所有的风险类型
严重依赖统计指标	不怎么需要统计指标
创建成本和运行成本较高	廉价、计算简单
将不同类型的风险加总令人质疑	直接与股东对风险的理解相联系

资料来源:《银行资本管理——资本配置和绩效评价》。

最好的方法是将收益波动法和资产波动法相结合。利用收益波动法将银行的经济资本分配到下一个或两个层次，然后在业务层次分别研究波动的主要驱动因素，利用资产波动法建模。

11.2.4　经济资本及风险调整后绩效度量方法

传统上经济资本主要用来回答这个问题：考虑金融机构所从事的业务的风险承担状况，该机构需要多少资本来保证足够的偿付能力？一旦金融机构能够回答这些问题，许多其他的管理问题便能迎刃而解。因此，近年来风险管理者们开始用所有风险类别所需的经济资本来评估总体风险，这一资本也被称作风险资本，其计量基础就是高置信水平下的风险价值。近10多年来，经济资本在实务中得到了更多发展，被用于应对越来越多的新问题，在银行及其他金融机构中尤其如此。这些新的应用包括：对企业、业务单元、个人层次上的绩效度量以及薪酬激励；进入/退出政策的积极组合管理；为合同、交易进行定价。

经济资本的度量可以帮助我们实现以上应用。例如，假如一家银行有两个非常优秀的交易员，他们在去年都表现出色，每个人都为部门贡献了1 000万元人民币的利润。问题是，我们如何来比较他们的业绩？给他们的薪酬、激励是否应有所区分？他们两个中谁在创造收益的过程中更善于把控风险？谁正在做的业务应该被大力扶持？这对于为其提供与其风险、绩效相匹配的报酬，并决定随后进行扩张的业务种类而言是至关重要的。在经济资本概念出现前的绩效考评中，如资产报酬率（return on assets，ROA）和权益回报率（return on equity，ROE），虽然计算非常简便，但因为未考虑风险的因素，可能会导致一些危险的行为。比如，在那些预期回报很高但风险可能高到超出金融机构风险容量的市场或业务线进行扩张，当环境一旦恶化时，很可能导致该机构损失惨重。在系统考虑风险与收益之间关系的工具出现之前，风险管理者仅仅只能出于对交易产生的直观感觉来做类似判断，缺乏足够科学客观的工具来支持决策，第13章摩根大通的案例就说明了这个问题。

为了解决类似这样的问题，美国信孚银行（Rankers Trust）在20世纪70年代末提出了风险调整后资本收益率（risk-adjusted return on capital，RAROC）这一概念。另一个历史的概念是风险调整后绩效度量（risk-adjusted performance measurement，RAPM）。这个概念可以为各个业务提供统一的经风险调整的绩效度量，无论是管理层还是外部利益相关者，都可以利用这些绩效度量指标比较金融机构的经济盈利能力，而不是会计盈利能力，比如账面权益的回报率。RAROC还可以作为平衡计分卡的一部分，帮助金融机构根据特定部门的高管层和基层员工对股东价值的贡献确定他们应得的酬劳；RAROC可以辅助进行进入或退出一项特定业务的政策决策，可以协助回答这样一个问题：向一项新业务或已有业务配置资源，或是取消之，究竟可以创造多少价值？RAROC可以对单个交易进行风险调整定价，以保证金融机构在交易过程中遇到的经济风险可以获得补偿。例如，像财务状况相对脆弱的非投资级企业的贷款应比投资级企业定价更高，即利率更高，但是，只有在计算出预期损失的数额以及对每项交易设定的风险资本成本后，方能确定这种差别的数额。在RAROC和RAPM出现前，这种差额更多来自风险管理者的主观判断，缺乏说服力。

回到最初的例子,假定这两个交易员具有如表 11 - 4 所示的名义金额和波动率。A 交易员拥有更多的名义金额(2 亿元人民币),市场波动率较低(每年 4%),而 B 交易员拥有的名义金额为 1 亿元人民币,市场波动率为 12%。风险资本(risk capital,RC)可以按照 VaR 度量的方法计算。例如,一年 99%的置信水平,就像信孚银行所做的一样。假定在正态分布下,转换成 B 交易员的风险资本为 2 800 万元人民币,而 A 交易员的风险资本为 1 900 万元人民币。

表 11 - 4　两名交易员的 RAPM 比较　　　　　　　　　　单位: 万元人民币

	计算 RAPM				
	利　润	名义金额	波动率(%)	VaR	RAPM(%)
A 交易员	1 000	20 000	4	1 900	52.7
B 交易员	1 000	10 000	12	2 800	35.8

风险调整后业绩的计算方法是用美元利润除以风险资本

$$RAPM = \frac{利润}{RC} \qquad (11 - 5)$$

该数字显示在最后一列。因为 A 交易员的行为要求更少的风险资本,它实际上比 B 交易员的业绩更好。由表 11 - 4 可以很容易看出,A 交易员的风险调整后绩效度量明显更高,应对其配置更高的头寸来放大其收益,并给予更高的薪酬激励。

应当指出的是,本方法从一个独立的角度来考察风险。例如,使用每一个产品的波动率。从理论上来说,为了进行资本分配,应当在银行所有的投资组合环境中考察风险,并按照其对银行整体风险的边际贡献来度量。然而,在实践中,最好能像交易者针对在其控制范围内的风险核算成本及对他们掌控的投资组合的波动率进行相应的成本分摊。

11.2.5　风险调整后资本非收益率

管理者在战略决策中经常遇到这样的情况:无论是选择进入一个新的业务、项目,或者是并购一家新的机构,或是决定对已有的业务进行已有的项目进行扩张或关闭,管理者都不得不在已知经营活动的业绩之前做出决策。进行资本预算时,实务界通常根据下面的公式计算税后 RAROC:

$$RAROC = \frac{预期收益 - 成本 - 预期损失 - 税收 + 风险回报 \pm 转移支付}{经济资本} \qquad (11 - 6)$$

预期收益是指该经营活动的预期产品的收益。在此过程中假设不存在财务损失。

成本是指与经营活动运行相关的直接费用,如工资、奖金、基础设施支出等。

预期损失对银行业来说,主要是指信贷违约造成的预期亏损,相当于贷款损失准备金,这是银行为维持经营所必须承担的一项成本。和其他经营成本一样,这项成本已计入借款成本,并在交易价格中得到反映,因此不再需要风险资本作为吸收风险的缓冲器。预期损失还包括其他风险造成的预期亏损,比如市场风险和操作风险。

税收是根据公司有效税率计算得到的经营活动的预期税额。

风险资本回报是指在这项经营活动中配置的风险资本的回报。该回报通常以无风险证券(比如政府债券的利率)计算。

转移支付与转移定价机制相联系,主要指各业务单元和资金部门之间的转移支付,比如向各业务单元提供资金并因此而收取费用,以及由于对冲利率或者外汇风险而向业务单元收取费用,还包括公司总部管理费用的分摊。

11.2.6　经济资本与风险管理的关系

经济资本是银行自身业务发展过程中实际承担风险水平的真实反映。因此,经济资本与风险管理相辅相成、密不可分,具体而言,可概括为以下几点:

第一,资本是银行确定风险管理边界的基础。资本是商业银行防范风险的最后一道防线,资本的这种属性决定了商业银行资产规模的大小应取决于资本金总量和风险偏好。也就是说,商业银行应当从持有的资本金总量出发,在考虑了风险偏好后,再确定其经营产品的种类、范围和总量。当经济资本在数量上接近或超过银行的实际资本时,说明银行所面临的风险水平接近或超过其风险承受能力。此时,银行要么采取补充实际资本,要么调整业务结构,降低经济资本总量,使风险处于可承受范围之内,否则将威胁整个银行的安全性。

第二,经济资本是进行全面风险管理的重要工具。经济资本管理范围涵盖了信用风险、市场风险和操作风险,全面提升了对银行风险的管理范围和内涵。经济资本管理使利润计划、不良贷款计划和信贷业务计划协调联动,三者有机结合,同时更好地整合银行的财务资源、信贷资源和有关政策资源,是更为完整的银行风险管理工具。推动经济资本的管理必然会促进银行内部评级法等风险管理技术的发展,进而带动了银行风险管理水平的进一步提高。

第三,经济资本是对风险的精确量化。经济资本等于非预期损失,而非预期损失正是银行面临的真正风险。因此,经济资本是对风险的精确量化,是银行风险状况的真实反映。通过经济资本,银行可以精确估计资产或组合风险的大小,从而可以增强防范风险的主动性和灵活性。

第四,经济资本可以实现资本与风险的匹配。银行的各分行和业务线存在多少风险,就应该分配等额的经济资本。经济资本直接反映银行的风险状况,并可以方便地进行分解、合并,通过对经济资本进行计量,不仅显示了银行各分行和各业务线的真实风险,而且还实现了资本与风险的匹配。

第五,经济资本为风险调整业绩度量奠定了基础。在经济资本分配的基础上,通过风险调整后的收益率和经济增加值等指标可以实现对各部门、分行和业务线实施科学的绩效考核,这种考核既考察盈利能力,又充分考虑承担的风险,实现收益与风险的匹配,从而达到资源的优化配置。

11.3 《巴塞尔协议》

介绍银行面临的主要风险类型及对商业银行风险管理的基本理论,尤其是资本的概念与测度方法是非常重要的,但是还远远不够。接下来必须介绍《巴塞尔协议》,因为商业银行风险管理所取得的发展有很大一部分要归功于《巴塞尔协议》的颁布和实施,两者在发展的过程中起到了互相促进、互相借鉴的作用。由于金融创新和套利的原因,《巴塞尔协议》经过了多次修正。当前开发的新资本协议主要关心的问题是协议是否具有潜在的灵活性以适应不断发展的金融市场;另一个关心的问题就是新协议是否阻碍了银行业向多元化发展的趋势。这一节对银行监管的历史和新旧《巴塞尔协议》的主要内容进行介绍,并且着重对《巴塞尔协议》中有关信用风险监管资本计量方法的演进和发展进行说明,而操作风险和市场风险监管资本的计算在本节不做重点介绍。

11.3.1 《巴塞尔协议》的发展

国内外商业银行资本充足率的管理是由《巴塞尔协议》开始的,该协议只考虑了信用风险作为计算资本充足率的依据,并未考虑市场风险的因素。其原因是传统的商业银行收入主要来源于存贷款利率差,并且利率水平受到政府的监管而相对稳定,利率风险不突出。

随着布雷顿森林体系的解体,各国利率、汇率逐步取消了管制。金融自由化和全球化趋势的发展、银行混业经营的出现、金融衍生工具的迅速发展使银行面临的市场风险越来越大。为了将市场风险纳入商业银行的整体风险管理框架之中,巴塞尔委员会于 1996 年 1 月颁布了《资本协议市场风险补充规定》。

随后,1997 年亚洲爆发了金融危机,并且波及全世界的金融体系,全球的银行体系受到了巨大的冲击。金融危机的爆发使得银行界及各国金融监管当局纷纷对现行银行业的国际监管标准产生了怀疑,开始考虑进行修订和完善。1999 年 6 月巴塞尔委员会发布了《新资本充足率协议框架》,向全世界征求意见,新巴塞尔协议第一轮征询意见稿(consultative document,CP1),确定了以最低资本要求、监管约束和市场约束的三大支柱为特点的基本框架;2001 年 1 月,再次发布了内容更加翔实的新资本协议草案第二稿(CP2);2003 年 4 月,发布新巴塞尔协议草案第三稿(CP3)。随后,2004 年 1 月,巴塞尔委员会针对第三轮征询意见,发布了三篇技术性的回应报告:① 资产证券化框架改动;② 预期和未预期损失资本处理的修改;③ 高级法下操作风险资本要求的本国监管当局认可原则。2004 年 6 月发布新巴塞尔协议定稿。新资本协议成为各国监管机构和银行界配置资本的指导性文件。

新协议对信用风险的资本计量规定了三种方法:修正的标准法、内部评级初级法和内部评级高级法。修正的标准法主要根据 1988 年的《巴塞尔协议》有关内容修订而成。与旧协议主要的不同之处在于该协议根据外部评级所反映出的债务人信用价值来确定每个资产的风险权重。内部评级初级法规定银行计算违约概率可使用内部评级体系,其他的输入变量(如违约损失率)则从外部机构得到。内部评级(IRB)高级法是唯一允许银行可以使用自己的输入数据估计风险的方法。信用缓释技术和资产证券化都融合到三个方法之中。监管者还对如抵押条款、信用衍生工具、净折扣和证券化等许多重点内容进行了严密的定义。

11.3.2 《巴塞尔协议》的三大支柱

巴塞尔委员会对实施新协议的条件做了明确的规定。首先,巴塞尔委员会对用于定量数据的收集和使用给出了很多相关的说明。此外,由两个外部监控活动来补充内部资本金的要求以实现委员会的目标:监督检查和信息披露。为了强调后面两个部分与第一个部分同等重要,委员会把最低资本要求、监督检查和信息披露作为合理监管的三个支柱。

支柱 1 是最低资本要求。《新巴塞尔资本协议》草案关于风险的度量有很大的变化。主要改变在于两个方面。第一方面,1988 年《巴塞尔协议》及其 1996 年所做的修改主要涵盖信用风险和市场风险(包括交易账户中的利率风险、汇率风险、商品风险等),而新协议试图涵盖所有的风险,将商业银行资本充足率管理的风险范围确定为包括信用风险、市场风险和操作风险,增加了对操作风险的资本要求管理。第二方面,新协议对信用风险的衡量及风险资产的计算方法做了重大修改。其目的在于推行一种新的标准化方法:将风险加权资产建立在可获得外部信用评级基础上的违约风险计算方法。风险控制经验丰富的银行可以使用以其内部评级为基础的其他模型。但是有两个问题需要注意:一是如何证实内部评级的有效性;二是怎样将风险加权计算同银行内部评级结合起来,以确保不同的银行对相同风险的处理保持一致。

支柱 2 是监督检查。监督检查使监管者可以在早期采取行动和防止银行使用不可靠的数据。监管者还应处理一些诸如可能引起对银行资本金有较高风险敏感性的顺周期效应。监管者需要对银行业务进行审查,以确保银行在实践中严格遵循有关规定,正确评估其风险敞口并保有足够的资本金。金融监管机构对商业银行资本充足性进行监管,可以促使银行的资本状况与其经营战略和所承受的总体风险度相匹配,以便于监管当局在银行资本水平低于其应达到的水平时,及时地对该银行实施干预。

巴塞尔委员会认为有效的监管约束有四个基本原则。第一个原则是监督当局应该根据银行的风险状况和外部经营环境,要求银行保持高于最低水平的资本充足率;第二个原则是银行应按照其承担风险的大小,建立起关于资本充足整体状况的内部评价机制,并制定维持资本充足水平的战略,使其资本水平同其经营战略及所承受的总体风险程度相匹配;第三个原则是监管当局应对银行的内部评价程序与资本战略以及资本充足率状况进行检查和评价;第四个原则是监管当局应及时对银行实施干预,以防止银行的资本水平低于审慎水平(prudent level)。

金融监管当局可以通过现场和非现场稽核来审核银行的资本充足程度。在对资本充足程度实施监管时,监管当局应在综合考虑银行的风险化解情况、风险管理状况、所在的市场性质、收益状况的可靠性和有效性、会计核算制度和评价制度的一贯性、经营活动类型的划分以及国际国内金融市场对该银行的重要性等一系列因素的基础上进行。

支柱 3 是信息披露。要求银行向它的竞争对手和金融市场披露信息,以便实施外部监控和使社会能很好地识别银行风险。

巴塞尔委员会认为,有效的市场约束机制有利于增强监管者对银行资本及其他方面的监管,有利于促使银行以安全、稳健、有效的方式开展经营活动,有利于银行体系和整个金融体系的稳健运行。稳健的、经营良好的银行可以更容易和以更低的成本从投资者、债权人、存款人和其他交易对手那里获得资金;风险较高的商业银行的债权人将向其加收风险收益金,使其交易成本增大。因此,商业银行会努力合理、有效地分配自有资金,保持合理的资本结构。市场对商业银行的激励机制将有利于促使商业银行更有效地分配资金和控制风险。并且,市场约束机制还有利于监管当局强化对商业银行的监管。

有效的市场约束必须通过提高银行信息披露的水平、加大透明度来达到,商业银行应该提供及时、可靠、全面、准确的信息,以便于市场参与者根据商业银行的信息披露做出有效的判断。商业银行应及时公开包括资本结构、风险敞口、资本充足率、对资本的内部评价机制和风险战略管理等在内的信息,披露的频率至少一年一次。

11.3.3 最新版的《巴塞尔协议》

2006 年的巴塞尔银行监管委员会有效银行监管核心原则是 1997 年 9 月巴塞尔银行监管委员会颁布的有效银行监管核心原则的修订本。为了达到良好监管实践的基本要求,许多国家都将核心原则作为评估本国监管体系的质量和明确未来工作要求的标杆。实践证明,各国核心原则达标情况的自我评估效果良好,有助于各国发现监管制度和实施方面存在的问题并为解决这些问题确定工作的重点。巴塞尔核心原则的修订本再次突出了开展自我评估的重要性。国际货币基金组织和世界银行一直在金融部门评估计划中利用核心原则评估各国银行监管体系和实践。

《巴塞尔协议Ⅲ》的最大变化是增加了资本要求:第一,最低普通股要求,即弥补资产损失的最终资本要求,将由现行的 2%严格调整到 4.5%。这一调整将分阶段实施到 2015 年 1月 1 日已经结束。同一时期,一级资本(包括普通股和其他建立在更严格标准之上的合格金融工具)也要求由 4%调整到 6%。普通股权资本在《巴塞尔协议Ⅲ》中被称为持续经营资本金(going concem capital)。这是指银行处于持续经营状态时(即股权资本为正时),普通股权资本可用于承担损失。第二,建立资本留存超额资本,即在最低监管要求之上的资本留存超额资本应达到 2.5%,以满足扣除资本扣减项后的普通股要求。留存超额资本的目的是确保银行维持缓冲资金以弥补在金融和经济压力时期的损失。在经济金融处于压力时期,银行的资本充足率越接近监管最低要求,越要限制收益分配。第三,建立反周期超额资本。反周期超额资本,比率范围在 0%~2.5%的普通股或者是全部用来弥补损失的资本,将根据经济环境建立。反周期超额资本的建立是为了达到保护银行部门承受过度信贷增长的更广的宏观审慎目标。

资本留存超额资本过渡期安排。将在 2016 年 1 月到 2018 年 1 月间分阶段实施,并自 2019 年正式生效。在 2016 年,计提风险加权资产的 0.625%,随后每年增加 0.625 个百分点,直至达到 2019 年的风险加权资产的 2.5%。经历过信贷过度增长的国家应尽快考虑建立资本留存超额资本和反周期超额资本。

《巴塞尔协议Ⅲ》没有三级资本,只有两个资本等级:一级资本和二级资本。一级资本又包括核心一级资本和其他一级资本。核心一级资本又叫产权资本,是指权益资本和公开储备,包括实收资本、资本公积、盈余公积、未分配利润、一般风险准备、少数股东可计入部分,这部分至少要占资本总额的 50%,不得低于兑现金融资产总额的 4.5%。核心一级资本是指在银行持续经营条件下无条件用来吸收损失的资本工具,具有永久性、清偿顺序排在所有其他融资工具之后的特征。其他一级资本是非累积性的、永久性的、不带有利率跳升及其他赎回条款,本金和收益都应在银行持续经营条件下参与吸收损失的资本工具。

根据银行资本的性质、职能等对构成银行资本的不同成分进行的划分,是银行资产中最重要的组成部分,具体包括少数股东可计入部分和其他一级资本工具及其溢价(优先股、永续债)。二级资本是指在破产清算条件下可以用于吸收损失的资本工具,二级资本的受偿顺序列在普通股之前,在一般债权人之后,不带赎回机制,不允许设定利率跳升条款,收益不具有信用敏感性特征,必须含有减计或转股条款。具体说来,各类监管资本所包含的内容可由表 11-5、表 11-6 和表 11-7 说明。

表 11-5　一级资本与二级资本基本内容

一级资本	核心一级资本	实收资本、资本公积、盈余公积、未分配利润、一般风险准备、少数股东可计入部分
	其他一级资本	少数股东可计入部分、其他一级资本工具及其溢价(优先股、永续债)
二级资本		少数股东可计入部分、二级资本工具及其溢价(次级债、可转债)、超额贷款准备损失

表 11-6　核心资本与附属资本基本内容

《巴塞尔协议》	核心资本/产权资本	实收资本和公开储备
	附属资本/补充资本	非公开储备、混合资本债务工具及长期次级债、普通准备金或普通呆账准备金

表 11-7　商业银行主要资本补充工具对比

资本金类别	补充工具	优　点	劣　势
核心一级资本	利润留存	直接补充核心一级资本	容易受当期分红率影响
	定增	可在短期内实现较快的资本补充、直接补充核心一级资本	摊薄 EPS 和 ROE;审批时效受监管政策影响大;有股东愿意购买,且价格需高于最近一期净资产
	可转债	发行较为便利;转股后可补充核心一级资本	摊薄 EPS 和 ROE;需要业绩和股价支撑,才能顺利转股补充核心一级资本金

续　表

资本金类别	补充工具	优　　点	劣　　势
一级资本	优先股	兼有债券和普通股的双重特点,发行较为便利;持有者不参与公司的经营决策	有定期的股利支付;无法补充核心一级资本
二级资本	二级资本债	发行较为便利	计入二级资本的金额按比例逐年递减;无法补充核心一级资本

资料来源:平安证券研究所。

　　这里要说明一下什么是少数股东可计入部分。少数股东指持有 50% 以下投票权股票的公司股东。这种股东在公司没有绝对经营和管理权利。要计算少数股东可计入部分,需要强调子公司的性质。资本管理要求中规定,可计入资本的子公司需为银行或银行性质的金融机构,因此子公司也需要满足资本充足率的要求,在这个前提下,在存在资本盈余的时候,其扣除了属于第三方的资本盈余的部分即为能够计入并表的部分,即少数股东可计入部分。少数股东权益简称少数股权。在母公司拥有子公司股份不足 100%,即只拥有子公司净资产的部分产权时,子公司股东权益的一部分属于母公司所有,即多数股权,其余部分仍属外界其他股东所有,由于后者在子公司全部股权中不足半数,对子公司没有控制能力,故被称为少数股权。

　　二级资本被称为破产清算(gone concern)资本,是指银行不能再持续经营时(即股权资本为负时),由二级资本承担损失。在破产过程中,二级资本优先权低于存款人。如果在银行破产时,二级资本为正,则从理论上讲,存款人可以收回全部存款。

　　《巴塞尔协议Ⅲ》规定商业银行资本充足率/一级资本充足率/核心一级资本充足率的最低标准分别为 8%/6%/4.5%。

　　中国银保监会以此为基础确定了自己的指标:资本充足率/一级资本充足率/核心一级资本充足率的最低标准分别为 8%/6%/5%。资本充足率计算公式如表 11-8 所示。

表 11-8　资本充足率计算公式

资本充足率	(总资本-资本扣减项)/风险加权资产
一级资本充足率	(一级资本-对应资本扣减项)/风险加权资产
核心一级资本充足率	(核心一级资本-对应资本扣减项)/风险加权资产

其中:

(1)总资本=一级资本+二级资本。

(2)资本扣减项:商誉、转让困难的无形资产、损失引起的递延收益等;风险加权资产。

(3)表内资产×风险权重+表外资产×转换系数×风险加权重(表内外风险加权资产与总资产之比)。

（4）加权的时候，又可以分为：信用风险加权/市场风险加权/操作风险加权。

中国银保监会对银行进行动态分类监管，商业银行还应该在风险加权资本上计提储备资本（缓冲资本），计提比例为 2.5%；另外还有逆周期资本 0~2.5%；系统重要性银行附加资本 1%；这些均由核心一级资本满足。

中国系统重要性银行资本充足率/一级资本充足率/核心一级资本充足率的最低标准分别为 11.5%/9.5%/8.5%；中国非系统重要性银行资本充足率/一级资本充足率/核心一级资本充足率的最低标准分别为 10.5%/8.5%/7.5%。

11.4　商业银行资本管理

《巴塞尔协议》是商业银行资本管理的基本依据，虽然 11.3 介绍了商业银行总体经济资本的计量与测度方法和巴塞尔新资本协议规定的利用内部计量方法计算信用风险经济资本的方法，但是还不够，因此，本节介绍如何将银行的经济资本分配到各个业务单元和交易客户的静态经济资本配置方法，以及银行绩效评估和实现银行价值最大化目标的动态资本配置方法。从本质上来说，经济资本的计量方法也是经济资本配置的方法，只是考虑的角度不同，在本质上经济资本配置是考虑在已经确定了总体经济资本的情况下，如何向更低级层次进行分配。首先介绍风险管理准备金制度，然后介绍经济资本配置的方法。

11.4.1　风险准备金制度

商业银行作为金融系统的主体，在风险管理方面充当着非常重要的角色。因此，越来越多的经济金融界人士认同"商业银行的本质是经营风险"这种观点。而在经营风险的过程中，为了获取预期的收益，银行必然会选择承担符合管理层要求的一定量的风险，并将该部分风险造成的损失视为运营成本的一部分。

商业银行所面临的损失分为预期损失、非预期损失和极端损失三类。预期损失又称为期望损失，是指一般业务发展占用风险资产的损失均值，可以通过计提损失准备金（专项准备金、资产组合的一般准备）计入损益加以弥补。预期损失等于预期损失率与资产风险敞口的乘积。非预期损失是指银行在一定置信区间下超过预期损失的损失，是对预期损失的偏差——标准差（σ）。换言之，非预期损失就是除预期损失之外具有波动性的资产价值的潜在损失，非预期损失随置信区间的改变而不同。极端损失是指那些超出银行承受能力的事件所造成的损失，例如战争和重大灾难等。对于极端损失，银行一般无法做出更有效的准备，只能通过极端情景假设进行压力测试。

风险准备金制度的建立，就是为了有效应对可能出现的预期损失，以及完成金融机构必须能够支持的及时实现资产清算功能的流动性需要。风险准备金分为在资产项下的准备金和负债项下的准备金两种。资产（贷款）项下的准备金主要是为了冲抵预期损失，以计提呆账准备金的形式被计入经营成本，并在银行提供的产品价格（如贷款利率）中得到了补偿，实际上已不构成风险。在各国银行的实践中，在资产项下一般有以下三种呆账准备金：普通准备金、专项准备金、特别准备金。

普通准备金是商业银行按照贷款余额的一定比例提取的贷款损失准备金。中国商业银行现行的按照贷款余额 1% 计提的贷款呆账准备金就相当于普通准备金。

专项准备金，即按照贷款分类的结果，对各类别的贷款根据其内在损失程度按照一定的风险权重分别计提。专项准备金应该针对每一笔贷款，根据借款人的偿还能力、贷款本息的偿还情况、抵质押品的市场、担保人的支持度等因素，分析风险程度和回收的可能性并合理计提。大多数国家要求商业银行同时计提普通准备金和专项准备金。中国现行的《贷款损失准备金计提指引》规定，专项准备金要根据贷款风险分类的结果，对不同类别的贷款，按照建议的计提比例进行计提。

特别准备金是针对贷款组合中的特定风险，按照一定比例提取的贷款损失准备金。特别准备金与普通和专项准备金不同，只有遇到特殊情况才计提特别准备金，具有非常态的特点。

普通准备金主要用于弥补贷款组合的不确定损失，这就使它具有了资本的性质，可以计入资本基础。但是，普通准备金的多寡只与贷款的总量有关，而与贷款的实际质量无关，故其无法反映贷款的真实损失程度。从经济意义上来看，真正的呆账准备金应该是用来弥补损失的。这要求呆账准备金的数量和贷款的真实质量相对应：贷款质量高，呆账准备金就少；反之，则必然要增加呆账准备金的数量。专项准备金是根据贷款的内在损失程度计提的，计提时已充分考虑了贷款遭受损失的可能性，反映了贷款在评估日的真实质量。因此，专项准备金不计入资本基础。它的变动直接与贷款的质量相关，而与数量无关。银行建立的普通准备金制度、专项准备金制度和特别准备金制度共同构成了银行的呆账准备金体系，保护了银行经营的安全性。

负债项下的存款准备金制度则是中央银行用于控制商业银行的贷款规模，进而对经济进行宏观调控的重要货币政策工具，与预期损失无关。所以，此处只进行简单描述而不再展开论述。

存款准备金是指金融机构为保证客户提取存款和资金清算需要而准备的在中央银行的存款。中央银行要求的存款准备金占其存款总额的比例就是存款准备金率。中央银行通过调整存款准备金率，可以影响金融机构的信贷扩张能力，从而间接调控货币供应量。举例来说，如果存款准备金率为 12%，就意味着金融机构每吸收 1 000 万元存款，要向央行缴存 120 万元存款准备金，用于发放贷款的资金为 880 万元；倘若将存款准备金率提升到 15%，那么，金融机构的可贷资金将减少到 850 万元。在存款准备金制度下，金融机构不能将其吸收的存款全部用于发放贷款，必须保留一定的资金及存款准备金，以备客户提款的需要，因此，存款准备金制度有利于保证金融机构应对客户的正常支付。

存款准备金应分为法定准备金和超额准备金两部分，央行在国家法律授权中规定金融机构必须将自己吸收的存款按照一定比率存交央行，这个比率就是法定存款准备金率，按这个比率交存央行的存款为法定准备金存款。而金融机构在央行存款超过法定准备金存款的部分，为超额准备金存款，超额准备金存款与金融机构自身保有的库存现金构成超额准备金，也称备付金。超额准备金与银行存款总额的比例是超额准备金率，也即备付率。金融机构缴存的法定准备金，一般情况下是不准动用的。而超额准备金则可由金融机构自主动用，其保有金额也由金融机构自主决定。

11.4.2 经济资本配置概述

1）经济资本配置的内涵

随着 20 世纪 90 年代后银行业危机的不断发生，人们开始意识到，需要建立灵活、动态、及时、有效的手段对银行的安全性进行衡量，以真实地反映出银行内部各部门、各业务、各资产的实际情况，保证银行能保持足够的资本来缓冲风险损失。商业银行资本的合理配置成了银行风险管理的核心。

在经济学的研究领域内，"资源配置"是一个永恒的研究主题，资源配置就是对稀缺的资源在各种不同用途上加以比较做出的选择。在社会经济发展的一定阶段，相对于人们的需求而言，资源总是表现出相对的稀缺性，从而要求人们对有限的、相对稀缺的资源进行合理配置，以便用最少的资源耗费，生产出最适用的商品和劳务，获取最佳效益。从这个意义上说，商业银行经济资本同样是一种稀缺资源，其经济资本配置同样是对有限的经济资本在不同的经济部门（包括各个分支行、具体业务部门）甚至不同的业务对象之间分配和使用的选择。从经济学的角度出发，资源配置的最优状态就是实现"帕累托最优"。

具体到商业银行的经济资本配置中，就在于实现经济资本对风险的完全或最优覆盖，实现资本收益最大化。商业银行经济资本配置就是对已经确定的经济资本限额向不同业务领域并根据不同客户的风险状况进行合理的分配，以防范银行的非预期损失。虽然这是对观念上的资本进行分配，但同时还必须处理好其与账面资本的关系，一般是通过一定的转换系数在两者之间建立联系，使得经济资本的配置与考核和账面资本的管理融为一体。总的来说，银行损失的最后实际承担者是可用资本，所以经济资本配置的总数在正常情况下不应超过可得到的资本总数。

2）静态资本配置与动态资本配置

从商业银行对经济资本配置的流程和具体操作来看，可以将经济资本的配置分为静态配置和动态配置，或者更形象地说成"被动"配置与"主动"配置。"被动"经济资本配置法是经济资本配置的初级方法，是指银行按既定业务的风险状况配置经济资本，但并未以配置的经济资本为依据对业务部门进行绩效考核，经济资本的配置不影响业务部门对经营项目的选择，仅把经济资本量限定在银行所能承受的范围内。

而"主动"经济资本配置则是运用资本配置方法影响业务结果，它不仅按业务的风险状况配置经济资本，而且对配置的经济资本进行绩效考核，影响部门业绩及部门负责人的报酬，因而此种方法能够引导业务部门以提高资本回报率为导向，优化资产结构。"主动"经济资本配置又包括了半"主动法"和完全"主动法"。通过这种方法，银行的管理者可以调整业务可用的经济资本。可见，当商业银行仅仅根据对银行非预期损失的风险计量而被动地进行资本配置时，仍停留在静态经济资本配置阶段，当资本配置的方法作为绩效衡量方法的正式组成部分被管理者所接受，并进而影响到下一步经济资本配置的结果时，静态资本配置才真正过渡到动态资本配置。动态资本配置是经济资本配置的一个更高级阶段，使得资本配置更为合理和科学。

需要指出的是，在商业银行的现实经济资本配置中，很难将静态资本配置与动态资本配置截然分开。一方面,静态资本配置是动态资本配置的基础,动态资本配置是静态资本配置的发展和更优化的阶段,动态资本配置中包含了资本的静态配置;另一方面,在资本的静态配置中,也往往会涉及一定的动态配置。但从商业银行经济资本配置的发展看,存在着从静态配置到动态配置的过渡与升级。因此,为体现这个发展过程,必须清楚哪种配置方式在商业银行的经济资本配置中起主导作用。

11.4.3　静态经济资本配置

针对商业银行的总体经济资本的测度方法,可以将静态经济资本的配置方法分为业务部门的经济资本配置方法和基于交易单位的经济资本配置方法。两者强调的重点不同,业务部门的配置方法一般与收益波动法相对应,强调在根据收益波动法确定了银行总体经济资本的条件下,如何向各个业务部门进行分配;而基于交易的经济资本配置方法一般与资产波动法相对应,强调单个交易对整体组合的风险贡献。两者之间也存在一定的联系,将业务部门的所有交易的风险贡献相加,就得到业务部门分配的经济资本,将两种计算的结果进行比较,能够提高经济资本分配的准确性和稳健性。

11.4.3.1　业务部门的资本配置

资本配置不仅是商业银行所面临的问题,也是其他金融机构很感兴趣的问题。然而资本配置的困难在于目前还没有单独的方法来实现它。实际上,公司各业务风险资本的完全配置一般是不可行的,这种完全配置的尝试会明显地歪曲各业务单元的真实盈利能力。

但是,这并不意味着资本配置是不可能的。只是上述忠告对资本向业务单元的配置过程强调 2 个需要注意的问题:① 特定活动对所需资本的测度有各种不同的方法;② 这些不同的测度方法有不同的用途,并且每一种测度方法都有其局限性,因为并没有一种测度方法能适用于所有的实际情况。

资本配置的主要问题是怎样将投资组合的收益分配到该组合的各个组成部分。主要有三种方法:单个处理法、增量处理法和多元化法。下面给出说明:

设 $EC(t)$ 表示银行在 t 时的经济资本金, $EC_j^A(t)$ 表示分配到业务 j 的资本金数量, $j=1,2,\cdots,n$,则整个经济资本金配置的公式为:

$EC_j^A(t) = \omega_j(t)EC(t)$,其中, $\omega_j(t)$ 是对应的权重,满足 $\sum\limits_{j=1}^{n}\omega_j(t)=1$,资本金公式满足

$$EC(t) = \sum_{j=1}^{n} EC_j^A(t) \tag{11-7}$$

1) 单个处理法

单个处理资本就是各业务单元单独要求的资本数额。因此,单个处理资本由业务单元收益的波动性确定。

由于不包括多元化效应,所以单个处理资本主要用来评价业务的绩效。这种做法的缺点在于仅涉及一部分业务,这将导致银行的管理者忽略业务间的相互关系,对这一点应该持谨慎态度。

2）增量处理法

增量资本金的计算等于银行按所有业务计算出的资本金减去对该银行减少一个业务后所需要的资本金。

定义业务 j 的增量资本金为：

$$IC_j(t) = EC(t) - EC_{-j}(t) \tag{11-8}$$

其中，$EC_{-j}(t)$ 表示除 j 外其他业务所需的经济资本金。

总的增量资本金为：

$$IC(t) = \sum_{j=1}^n IC_j(t) \tag{11-9}$$

研究表明，增量资本金的总和有可能少于银行所需要的总的经济资本。增量资本用来测度业务单元对整个公司资本增加的数额。增量资本是一般公认的、最适合评价收购或出售的测度方法。但因为增量资本总是过低地分派银行总的经济资本，所以它并不是一个恰当的绩效评价工具。而且尽管增量资本的数值是按比例增长的，但用它来代表盈利水平的话将会在很大程度上导致潜在的误解。

3）多元化方法

多元化测度也称为 β 测度，因为它是基于各业务单元与整个机构的协方差来分摊风险，这和基于股票与市场的协方差来计算股票的 β 值类似。具体方法为：

用 $V_j(t)$ 表示第 j 个商业部门的现值（该值可根据需要取市场价值、公允价值或会计价值），收益是 R_j，那么银行的 $V_j(t+1) = V_j(t)R_j(t)$，银行在 $t+1$ 时的价值总和为：

$$V(t+1) = \sum_{j=1}^n V_j(t)R_j(t) \tag{11-10}$$

方差为：

$$Var[V(t+1)] = \sum_{j=1}^n V_j(t) \sum_{k=1}^n \sigma_{j,k} V_k(t) \tag{11-11}$$

其中，$\sigma_{j,k} = \text{cov}(R_j, R_k)$。

经济资本配置的权重可定义为：

$$w_j(t) = V_j(t) \sum_{k=1}^n \frac{\sigma_{j,k} V_k(t)}{Var[V(t+1)]} = \frac{\text{cov}[V_j(t), V(t)]}{Var[V(t+1)]} = \beta_j(t) \tag{11-12}$$

利用这个 β 权重函数可以对业务 j 配置的经济资本金为：$EC_j^A(t) = \beta_j(t)EC(t)$。因此，相关性越大，其风险越大，从而所需要的经济资本金也就越多。

11.4.3.2 交易的资本配置

交易的资本配置问题与在业务单元上讨论的配置问题相似，可以完全按等价于多元化测度的形式来配置，也可考虑按增量配置——即这一交易在 99.9% 的置信水平上所要求的额外风险资本。但是单个处理资本的思想不适用于交易情况。

单个交易资本的配置通过计算单项资产或交易对资产组合的"风险贡献"（risk

contribution)来计算经济资本。要计算风险贡献,需要选择一个最佳的风险贡献测度,本节将介绍以标准差、风险价值(VaR)和预期下跌(expected shortfall, ES)为风险测度的经济资本的多元化和增量资本配置。

1) 基于风险价值的经济资本配置

目前,度量风险使用最多的指标是风险价值。在一定时期(市场风险通常为 10 天,信用风险通常为 1 年),置信水平 α(如 95%)的风险价值可表示为:

$$VaR(\alpha) = \min\{j \mid P(L_p > j) \leqslant 1 - \alpha\} \tag{11-13}$$

其中,L_P 表示资产或交易的损失。

在大多数情况下,银行管理者计算 1 年期经济资本金的公式可表示为:

$$EC_P(\alpha) = VaR(\alpha) - EL_P \tag{11-14}$$

其中,EL_P 表示预期损失。经济资本可以解释为银行在置信水平 α 下为了防止破产而预先提留的资本金。通常资本金与银行的信用评级相联系。若银行的信用评级为 A 级,则对应的资本金数量为 $EC_P(\alpha)$,$1 - \alpha$ 对应于 A 级资产的违约概率。

总体来说,这个方法的主要缺陷是评级机构的分析师考虑的许多因素并未包括在资本金中。经济资本的另一个缺点是经济资本直接继承了风险价值的特性,对置信水平的选择非常敏感,而且在高置信水平下也表现得十分不稳定:

$$\frac{\partial EC_P(\alpha)}{\partial \alpha} = \frac{\partial VaR(\alpha)}{\partial \alpha} \tag{11-15}$$

(1) 增量 VaR 经济资本。可以使用增量和边际 VaR 作为一个交易或资产对组合风险的作用。一个资产 j 的增量 VaR($IVaR_j$)定义为整个资产组合的风险价值(VaR_P)减去资产组合中不包含资产 j 的 VaR 的值(VaR_{P-j}):

$$IVaR_j(\alpha) = VaR_P(\alpha) - VaR_{P-j}(\alpha) \tag{11-16}$$

一般情况下,增量风险价值的总和并不等于组合的总风险价值,即:

$$EC_P(\alpha) \neq \sum_j^n IVaR_j(\alpha) - \sum_j^n EL_j \tag{11-17}$$

一种处理方法是引入权重函数 $w_j' = IVaR_j(\alpha) / \sum_j^n IVaR_j(\alpha)$,则每个交易的经济资本为:$EC_j(\alpha) = w_j' EC_P(\alpha)$,并且有

$$EC_P(\alpha) = \sum_j^n w_j' EC_j(\alpha) \tag{11-18}$$

(2) 边际 VaR 经济资本。另一种处理方法是考虑边际 VaR($MVaR$),它是通过求偏导数来获得的:

$$MVaR_j(\alpha) = \frac{\partial VaR_P(\alpha)}{\partial A_j} A_j \tag{11-19}$$

其中，A_j 表示资产组合中资产 j 的数量。$MVaR$ 满足可加性，即：

$$VaR_P(\alpha) = \sum_j^n MVaR_j(\alpha) \qquad (11-20)$$

用这个方法计算的各资产或交易的经济资本为：

$$EC_{P,j}(\alpha) = MVaR_j(\alpha) - EL_j \qquad (11-21)$$

写成 $EC_{P,j}(\alpha)$ 而非 $EC_j(\alpha)$，主要是强调资产 j 的经济资本配置是根据资产组合，而非仅仅是组合中的资产 j。

同样，预期下跌也可以讨论增量预期下跌和边际预期下跌。

2）基于标准差的经济资本配置

最常用的计算风险贡献的方法就是先计算整个投资组合的标准差，然后再把该标准差分配到单个资产或交易。如果组合损失服从正态分布，资产组合损失的期望和方差与资产组合的损失分布完全一致。下面就假设信贷资产组合的损失服从正态分布，以标准差作为风险测度介绍单个资产风险贡献和经济资本测度的思想。

信用风险经济资本测度就是关注一定时间内、一定置信水平上组合的最大可能性损失，并且使用资产波动法的分析模型来评估。建模的方法大体可分为四步：

第一步，在既定时间内计算每个风险头寸的预期损失水平；

第二步，计算每个风险头寸预期损失的波动性；

第三步，计算组合预期损失的波动性；

第四步，计算整个组合信用损失的概率分布状态，确定在给定时间内、给定置信水平上，每个风险头寸对所需资本的影响。

（1）单个资产的预期损失。预期损失不是损失的一部分，而是经营业务的一项成本。然而它是确定经济资本的基础和第一步，因为经济资本随银行承担风险大小的变化而变化，是一种与预期损失对应的虚拟资本，预期损失就是某段时间内风险头寸或其组合的平均损失。计算预期损失需要三个要素：

违约概率 PD：一定时间内借款人违约的概率。

违约风险暴露 EAD：违约时信用余额的可能总额。

违约损失 LGD：如果借款人违约，信用风险头寸的损失量。

对资产 j 的预期损失可定义为：$EL_j = EAD_j \times PD_j \times LGD_j$。

其中，EL 表示预期损失，EAD 表示违约的风险暴露，PD 表示违约概率，LGD 表示违约损失率。

（2）单个资产的非预期损失。单个资产 j 的非预期损失即资产 j 随机损失的标准差，可表示为下式：

$$UL_j = EAD_j \times \sqrt{PD_j \times \sigma_{j,LGD}^2 + LGD^2 \times \sigma_{j,PD}^2} \qquad (11-22)$$

其中，假设违约概率 PD 服从二项分布，那么它的方差 $\sigma_{j,PD}^2$ 为：

$$\sigma_{j,PD}^2 = PD_j \times (1 - PD_j) \qquad (11-23)$$

注意上述推导非预期损失的前提是假设导致债务人违约的随机因素（即 PD 的决定因素）与损失程度（LGD）相互独立，具体证明可参见内部信用风险模型——资本分配与绩效测度。

（3）资产组合的预期损失。资产组合中 N 个资产的预期损失等于组合的预期损失：

$$EL_P \equiv E(L_P) = \sum_{j=1}^{n} EL_j = \sum_{j=1}^{n} EAD_j \times PD_j \times LGD_j \qquad (11-24)$$

其中，L_P 表示组合投资中投资的损失，资产组合的预期损失 EL_P 就是资产组合中所有风险资产各自预期损失的简单加总，这是由期望算子的线性决定的。

（4）资产组合的非预期损失。定义资产组合的非预期损失等于组合损失的标准差：

$$UL_P = \sqrt{E\{[L_P - E(L_P)]^2\}} \qquad (11-25)$$

如果组合损失服从正态分布，预期的和非预期的损失分布将和组合损失分布完全一致。

由于组合损失的方差是单个资产损失协方差的总和，因此组合的非预期损失为：

$$UL_P = \sqrt{\sum_{j=1}^{n} \sum_{i=1}^{n} UL_i \times UL_j \times \rho_{ij}} \qquad (11-26)$$

其中，ρ_{ij} 表示资产 i 和 j 的违约相关性。

从上面的公式可以看出 $UL_P \neq \sum_{j=1}^{n} UL_j$。

这意味着资产组合整体的非预期损失并不等于所包含资产的非预期损失的线性总和。由于分散化效应，资产组合的非预期损失小于所包含资产的非预期损失之和。因此，当对资产组合中单个资产的风险特征进行评估时，就需要知道这个资产的风险贡献是多少，风险贡献这个指标能够解决上述问题。

定义资产 j 对组合非预期损失的单个风险贡献 RC 为：

$$RC_j = \frac{\partial UL_P}{\partial UL_j} UL_j \qquad (11-27)$$

将式（11-26）代入式（11-27）得资产 j 的风险贡献为：

$$RC_j = \frac{2UL_j + 2\sum_{i \neq j} UL_i \rho_{ji}}{2UL_P} UL_j \qquad (11-28)$$

$$= \frac{\sum_{i=1}^{n} UL_j \times UL_i \times \rho_{ji}}{UL_P}$$

风险贡献的大小等于资产 j 与其他资产的协方差之和除以组合损失的非预期损失，因此满足：

$$UL_P = \sum_{j=1}^{n} RC_j \qquad (11-29)$$

式(11-29)表示组合的总体风险等于单个风险的总和。根据这个性质可以得到一个在组合水平上配置经济资本金的公式。

风险贡献是度量资产组合中每项资产不可分散风险的指标,这部分风险无法用在资产组合中添加新资产的方法而予以抵消。因此可将风险贡献视为既定资产组合中信用风险的最小单位。下面分析风险贡献与违约相关性的关系,实际中,给定银行的资产组合,很难确定两个资产之间的违约相关性。但是不能确定组合中债务人之间的两两违约相关系数,就无法计算单个资产的风险贡献。下面采取一种按照行业标准的粗略分类,会有效减少计算的两两相关系数的个数。

由式(11-28),得到资产 k 对资产组合的风险贡献为:

$$
\begin{aligned}
RC_k &= \frac{\partial UL_P}{\partial UL_k} UL_k \\
&= UL_k \times \frac{1}{2UL_P} \left[2UL_k + 2\sum_{j \neq k} UL_j \rho_{jk} \right] \\
&= \frac{UL_k}{UL_P} \left[UL_k + \sum_j UL_j \rho_{jk} - UL_k \rho_{kk} \right] \\
&= \frac{UL_k}{UL_P} \left[UL_k(1 - \rho_{kk}) + \sum_j UL_j \rho_{jk} \right]
\end{aligned}
\tag{11-30}
$$

实践中,可以将资产按恰当的行业标准分类,以减少需要计算的违约相关系数的数量。引入两个行业的相关系数 α 和 β,分别表示 k 和 j 所在行业的相关系数。基于标准差的风险贡献测度实际上是度量交易头寸数额一个微小变动所导致的组合标准差变化的大小。那么,用行业相关系数代替资产相关系数得到资产 k 的风险贡献可表示为:

$$
RC_k = \frac{UL_k}{UL_P} \left[UL_{k \in \alpha}(1 - \rho_{\alpha\alpha}) + \sum_\beta \left[\sum_{j \in \beta} UL_j \right] \rho_{\alpha\beta} \right]
\tag{11-31}
$$

同样,资产组合的非预期损失也可表示为:

$$
UL_P = \sqrt{\sum_k UL_k \left\{ UL_{k \in \alpha}(1 - \rho_{\alpha\alpha}) + \sum_\beta \left[\sum_{j \in \beta} UL_j \right] \rho_{\alpha\beta} \right\}}
\tag{11-32}
$$

(5)经济资本计算。如前所述,经济资本的需求量就是在给定的置信水平上,预期结果与非预期结果之间的距离。实际中,风险管理者一般假定银行经济资本金和非预期损失的公式关系为:

$$
EC_P(\alpha) = M_\alpha \times UL_P
\tag{11-33}
$$

其中,M_α 为经济资本的乘数,在实际使用中取值范围为 $7 \sim 8$。由于资产组合中所有 UL_j 之和等于 UL_P,因此,单笔资产或贷款 j 配置的经济资本金为:

$$
EC_{P,j}(\alpha) = M_\alpha \times RC_j
\tag{11-34}
$$

也就是说,单笔资产或交易所需要的经济资本与它对整体资产组合的风险贡献成比例关系。

其中,经济资本乘数的计算与资产组合的损失分布有关。在已知损失的概率分布函数时,经济资本的乘数 M_a 可通过下式来确定:

$$\rho\left(\frac{X_H - EL_P}{UL_P} \leqslant M_a\right) \leqslant \alpha \tag{11-35}$$

实际中,由于信贷资产的损失分布一般不服从正态分布,并且具有尖峰厚尾的特征,一般用 β 分布来拟合。β 分布使用非常灵活,可以用于不同形状的分布,它的概率密度函数为:

$$\beta(a, b; x) = \frac{\Gamma(a+b)}{\Gamma(a)\Gamma(b)} x^{a-1}(1-x)^{b-1}, \, 0 < x < 1 \tag{11-36}$$

其中,a、b 两个参数能刻画 β 分布的各种形状;$\Gamma(b) = \int_0^\infty y^{b-1} e^{-y} dy, \, b > 0$ 表示伽马函数。

若已知违约损失的期望值 EL_P 和方差 UL_P,则贝塔分布的两个参数 a 和 b 可分别表示为:

$$b = \frac{EL_P(1-EL_P)^2}{UL_P} + EL_P - 1 \tag{11-37}$$

$$a = \frac{b \times EL_P}{(1-EL_P)} \tag{11-38}$$

基于标准差的风险贡献及经济资本测度在实践中容易实施,尤其是在银行信贷资产的经济资本测度中已经得到了广泛的应用。该方法之所以有这么大的吸引力,是因为计算出的单个风险贡献之和就是资产组合总的经济资本。不过对这种风险贡献测度有以下几点需要使用者注意:

第一,这种方式假设信贷资产属于变现能力较弱的资产,它衡量的是对现有的资产组合的风险贡献(本质上属于内部 β 法),而不是同流通市场中风险因素之间的协方差。随着银行信贷资产的流通性越来越高,并可以在资本市场中进行交易,采用价值衡量的方式将会更合适。

第二,在利用方差和协方差度量风险时,如果损失服从正态分布,用这种方法比较合理,但不太适合损失服从其他分布的情况。

第三,风险贡献超过风险敞口的例子是存在的。如果一个交易和组合的其他部分高度相关,那么它的风险贡献就可能大于风险敞口。

第四,当从标准差向损失分布的高分位点变动时,交易的相对风险可能发生转移。

如果详细分析,融会贯通地思考这部分内容,可以发现这恰恰就是风险预算管理在银行风险管理中的应用。

迄今为止,尽管经济资本已经得到了金融机构的广泛重视,但在使用方法、范围以及实施效果中依然存在着很多挑战:一是计算经济资本的模型众多,但各类模型的适用范围及局限性各异,如何选择最适宜金融机构自身的经济资本模型成为一大难题;二是集中度风险、系统性风险的存在导致对覆盖这些风险的经济资本模型的设计及验证变得非常困难;三是对于分布缺乏稳定性或缺乏足够的数据来构建分布的风险而言,如何选用适宜的经济资本模型是一个难以绕过的话题;四是通过单一的风险测度指标,经济资本是否真的就可以掌握银行内部所有的复杂风险,一直未在理论界取得共识;五是经济资本作为虚拟资本的一种,单纯进行计量而不做资本的事实配置将会导致风险发生时没有足够的资本予以覆盖,但若是按照计量结果足额提取经济资本又非常不经济,如何保证金融性资产的数量既能不影响金融机构的盈利要求,又能在一定程度内保证金融机构的安全,亟待探索;六是按照经济资本配置的资金,如何保证在业务经营的过程中,不会因为其他因素而被挪用,这些问题值得深入思考。

11.5   商业银行压力测试

从1987年美国股市的"黑色星期一"、1994年的墨西哥金融危机、1997年的亚洲金融危机,到2008年由美国次贷危机引发的全球金融风暴,可以看到,危机的波及范围、影响的深度和强度在不断增大。危机中很多金融机构遭受重创乃至破产倒闭,像长期资本管理公司(LTCM)、雷曼兄弟、贝尔斯登这样的金融巨擘也未能幸免。在震惊之余,人们逐渐认识到,金融危机等极端事件发生的概率远超大家的估计,而现代金融机构在市场动荡和金融风暴中的生存能力,似乎也远比我们原先想象的要脆弱,因此,商业银行压力测试越来越引起了高度重视。

11.5.1   压力测试

压力测试是一种以定量分析为主的风险分析方法,通过测算银行在遇到假定的小概率事件等极端不利情况下可能发生的损失,分析这些损失对银行盈利能力和资本金带来的负面影响,进而对银行的脆弱性做出判断,并采取必要措施。压力测试能够帮助银行充分了解潜在的风险因素与财务状况之间的关系,深入分析银行的风险状况和抵御风险的能力,预防极端事件可能对银行带来的冲击。国际清算银行全球金融体系委员会(BCGFS2000)将压力测试定义为金融机构衡量潜在的、可能(plausible)发生异常(exceptional)损失的模型。压力测试是指透过情景设定或历史事件,根据可能的风险因子变动情形,重新评估金融商品或投资组合的价值,以作为判断银行承受不利影响时能否承受风险因子变动的参考。换言之,压力测试为金融机构尤其是银行,衡量自身一旦遭遇极端不利的历史事件或假设情景时,是否能拥有足够的资本及能力渡过难关,并为建立风险应急预案提供参考。进行压力测试,首先测算银行在遭遇假定的小概率事件等极端不利情况下,可能发生的损失;其次,对这些损失造成银行盈利能力和资本金带来的负面影响进行分析;最后,对单家银行、银行集团和银行体系的脆弱性做出评估和判断,并采取必要措施。

压力测试是风险管理中的关键步骤,它包括: ① 情景分析;② 压力模型,变量、相关性设定;③ 开发应对策略(developing response strategy)。情景分析要考虑多个可能对资产发生影响的因素同时变化对资产质量产生的影响。

单一因素敏感性分析法。此方法的主要思想是通过改变模型中的某个或某种特定的风险因子,来观测模型结果随之发生的变化,从而得到相应的资产变化。这是一种非常简单且直观的方法。然而不幸的是,评估金融变量间的共同变动情况是非常困难的,这是因为,所有变量在同一时间均向最极端糟糕的情况变动的可能性极低。即便像次贷危机和欧债危机这样的极端事件发生后,我们可以观察到,各国政府为了救市、增加市场流动性可以说是不遗余力,根本不可能在经济已经如此艰难的情况下采用紧缩的货币政策和财政政策。

历史情景模拟法。该方法就是观察在特定历史事件发生时期,市场风险因子在某一天或者某一阶段的历史变化将导致金融机构拥有的投资组合市场价值的变化。国际先进银行一般会采用如下情景来进行模拟,如:1987 年股市突然崩盘、1992 年英镑贬值、1994 年债券市场崩溃、2008 年雷曼兄弟倒闭等。这种方法的优点是测试结果的可信度高,且测试结果易于沟通和理解。缺点在于,难以测试那些在该历史事件发生后才出现的创新性金融衍生品,或是在该事件发生后因为监管要求或行为特性变化而发生改变的风险因素。

建立预期情景,例如假设本国资本市场突然崩溃会给金融机构造成的直接或间接影响。理论上讲,这种情景在评估最极端市场条件发生时会给金融机构投资组合的当前头寸造成影响大小时最为合适。

反向压力测试(reverse stress test)法。这种方法是以假设一种巨大的损失发生为开端,继而考虑发生什么样的情形方能造成这种规模的损失。这种分析方法强迫金融机构想出其他可能发生的情景,有助于找出那些通过寻常的压力测试发现不了的情况,如金融危机的蔓延。这一条对于风险管理者的专业判断经验要求极高,能够设计反向压力测试并从中找到致命问题。

压力测试在应对重大事件风险(event risk)方面非常有用。重大事件风险是指由政治或经济事件所导致损失的风险。这种事件的发生概率很小且难以预测,包括以下情况:

(1) 政府变更导致的经济政策变化。

(2) 经济政策变化,如违约、资本账户管控、税法变更等。

(3) 政变、内战、敌国入侵及其他政局不稳的信号。

(4) 货币快速而非稳步贬值,这经常伴随着市场变量的猛烈变化而产生。

11.5.2 压力测试监管

商业银行的压力测试包括敏感性测试和情景测试等。敏感性测试是指在测量单个重要风险因素或少数几项关系密切的因素,由于假设变动对银行风险暴露和银行承受的风险能力的影响。情景测试假设分析多个风险因素同时发生变化,以至于某些极端不利情况发生,对银行风险暴露,银行承受风险能力的影响,根据银行业务发展风险状况和某项压力测试具体内容的复杂程度,确定不同的测试方法,包括选择复杂模型,根据经验做出合理判断,银行应该采取措施不断改善压力测试技术手段,提高压力测试结果的可靠性。

巴塞尔委员会要求当银行采用内部 VaR 模型计算市场风险资本金时,要同时伴有"严格以及全面"的压力测试。与此类似,银行采用《巴塞尔协议》中的内部评级法(高级法和基础法)来计算信用风险资本金时,也必须同时通过压力测试来检验模型假设的合理性。

2009 年 5 月,巴塞尔委员会发表了关于压力测试在实践中的应用以及监管机构如何对其进行监督的最终建议。建议强调，银行在计算能够用于吸收由于市场巨大变动而触发损失的资本金变量时，要重视压力测试。公司最高管理层以及董事会在压力测试中应扮演重要角色。特别是，最高管理层及董事会应该积极参与压力测试管理，并积极参与制定压力测试的目标、定义压力测试情景、讨论压力测试结果以及对潜在应对措施进行评估，从而做出决策。在 2008 年金融危机中表现好的银行的高级管理层都积极参与了压力测试的开发及运作，并以压力测试结果为基础制定银行的发展战略。压力测试必须针对银行的所有领域进行，而不是每个领域只进行自身的压力测试。

巴塞尔委员会的建议指出，2007 年以前压力测试的情景大多是基于历史数据，变化的幅度比市场上真正的变化幅度要低很多。特别的建议包括以下方面：

（1）压力测试应成为一家银行整体治理和风险管理文化的组成部分。压力测试应具备可操作性，压力测试的相关分析结果应当被用于管理决策，包括董事会和高管层做出的战略性业务决策。董事会和高管层的参与对压力测试的有效实施至关重要。

（2）银行应通过开展压力测试，促进风险识别和控制，弥补其他风险管理工具的不足，改善资本和流动性管理，加强内部与外部的沟通与交流。

（3）压力测试应综合考虑银行内部各方的意见并采纳一系列不同的观点和技术。

（4）银行应制定书面的压力测试政策和流程。对项目的运作应进行适当的文档记录。

（5）银行应有一个稳健、强有力的基础设施，该设施应具备足够的灵活性以便适当开展不同精细度的、不断变化的压力测试。

（6）银行应定期维护和更新其压力测试框架，并定期由独立部门评估压力测试项目的有效性和主要环节的稳健性。

（7）压力测试应覆盖全银行范围内各类风险和各个业务领域。银行应有效地整合压力测试活动，以提供一个银行全面风险情况的描述。

（8）压力测试应该涵盖包括前瞻性压力情景在内的一系列情景，旨在充分考虑和体现系统范围内的相互作用和反馈效果。

（9）压力测试应能产生不同严重程度的场景，包括能导致严重后果的事件，无论这些后果是因为损失的规模还是因为银行的声誉受到伤害而导致。压力测试方案也应确定哪些情景会影响银行的生存能力（反向压力测试），从而可以发现潜在风险以及风险之间的相互作用。

（10）银行在整体压力测试方案中，应考虑同时来自融资和资产市场的双重压力以及市场流动性下降对风险暴露估值造成的影响。

（11）风险缓释技术的有效性应接受系统性检验。

（12）压力测试方案应明确阐明，测试包括复杂和定制产品（bespoke product），例如，证券化风险暴露。针对证券化资产开展的压力测试应考虑标的资产、受系统因素影响的风险暴露、相关合同安排、嵌入式触发条款和杠杆效应等。

11.5.3　监管当局选择的场景

银行监管机构要求银行考虑极端情景，并且确保在不同情景下仍有足够多的资本金。很明显，银行希望监管资本金越低越好，所以银行管理人员不会主动考虑那些会触发监管人员提高其资本金的极端情景。正是由于这个原因,银行很自然会在分析过程中只考虑那些被淡化过的、相对温和的情景。一种克服这一弊端的方法是由银行监管机构亲自提供压力测试情景。这么做会给监管当局增加许多难度,但对所有的银行使用相同的测试场景这一做法还是有吸引力的。

监管机构通过亲自选定场景,可以使得银行关注的重点和自己关注的重点一致。特别是当监管当局发现许多银行进行风险相近的交易时,可以要求这些银行考虑同一组特殊的情景,来分析其对这些交易所带来的不良影响。由同一监管当局对整个系统选定压力情景会降低整个金融体系的系统风险。由监管当局提出压力情景也有缺点,监管当局之所以投入越来越多的精力在压力测试上,部分原因是希望金融机构在压力测试上也投入更多精力。如果压力情景完全由监管部门来产生,那么监管部门的目的就可能无法完全达到,一种折中的做法是对银行内部管理层及监管部门所生成的情景都要进行检测分析。

11.5.4　压力测试结果应用

压力测试后一个最大的问题就是如何应用测试结果。一种非常普遍的现象是压力测试结果常常被高管忽略。高管的一种典型的态度是:"总会有一种情景给我们带来灾难,但我们不可能对所有的情景都加以防护。"一种避免这种回应的做法是(如前所述)让高管提出压力情景。来自高管的另外一种更积极的回应是:"与这些情景相关的风险是否可以接受? 如果不能接受,我们应该如何进行交易,以保证风险被控制在可以被接受的范围之内?"高管及风险管理人员所面临的难题是,他们要面对两个分开的风险报告:一个报告是通过 VaR 模型生成的,另一种报告是通过压力测试生成的。管理人员的决策应基于哪一个报告呢? 一种很自然的倾向是利用 VaR 模型的结果,因为 VaR 直接与监管资本金有关。

1) 将压力测试与 VaR 计算进行结合

如果能做到将压力测试的结果与 VaR 计算结合起来,那么压力测试会得到更多重视。为了达到这一目的,我们可以给每个情景赋予一定概率。假定某金融机构考虑了 n_s 数量的压力测试情景,而这些情景所对应的总概率为 p,进一步假定有 n_h 数量的情景是由通过历史模拟来生成的,从而我们可以假定共有 $n_s + n_h$ 数量的情景,其中,n_s 数量的压力情景概率为 p,n_h 数量的历史情景概率为 $1-p$。

不幸的是,人类并不擅长估计极端事件出现的概率。为了使压力测试委员会能够完成这一任务,一种合理的做法是对压力情景进行分类,对每一个分类,事先赋予一个概率。分类可能如下:

(1) 概率＝0.05％,非常极端事件,每 2 000 个情景中出现一次。

(2) 概率＝0.2％,非常事件,在一个具有 500 个情景的历史模拟法中,每一个情景都对应于这一概率。

(3) 概率＝0.5％,小概率事件,这一分类中每一个事件发生的概率都大于历史模拟法中的 500 个情景所对应的概率。

Rebonato(2010)提出了一个更加精确地估计场景概率的方法。该方法用到了统计学中广为人知的贝叶斯定理(Bayes' theorem)和贝叶斯网络(Bayersian network)户。一个包含两个事件的场景的概率等于第一个事件发生的概率乘以第一个事件发生为前提的第二个事件发生的条件概率。类似地,一个包含三个事件的场景发生的概率等于第一个事件发生的概率乘以第一个事件发生的前提下的第二个事件发生的条件概率,再乘以第一个和第二个事件发生的前提下的第三个事件发生的条件概率,Rebonata 的方法提供了估测条件概率的一种方法。

2) 客观概率与主观概率

我们现在讨论不同形式的概率估计。客观概率(objective probability)是通过进行若干次实验来观察某个事件出现的频率从而得出的概率。一个很好的例子是假定某个罐子中有红球和黑球,红球和黑球的比例为未知,我们想求得从罐子中抽取任意一球为红球的概率。为此,我们可以从罐子中随意抽取一球,并观察颜色,然后将球放回罐子中;之后我们再随机抽取一球,并观察颜色,又将球放回罐子中;我们可以持续地进行 100 次这样的实验,实验后发现有 30 次为红球,70 次为黑球,我们由此估计出抽取红球的概率为 0.3。不幸的是,对实际生活中的大多数客观概率的估计要远比以上给出的例子更为困难,因为实际生活中事件的概率在每次抽样中并不等同,同时抽样之间并不独立。

主观概率(subjective probability)是指该概率通过某个人对某一特定事件发生机会的判断而设定。主观概率估计不基于历史数据,这一概率反映了一种信念程度。对于同样的事件,不同的人可能会给出不同的主观概率。

历史模拟中的概率为客观概率,而我们给压力测试情景所设定的概率为主观概率。许多分析员不喜欢主观概率,因为这些概率并不是基于数据。另一个问题是出于责任方面的考虑,金融机构也更偏重于历史数据。假定你采用历史数据进行管理,如果管理出现失误,你可以将过错怪罪于数据;但是,假定你采用由一些人所估计的主观概率,如果管理出现失误,那些提供主观概率的人就要承担责任。

如果所有的概率估计仅仅是局限于客观概率,风险管理无疑也只能做到回望型,这样我们也就不能充分利用高管的判断及特长。金融机构高管的职责就是要对机构本身的运作进行掌控,从而设法避免灾难性风险。

综上所述,压力测试是风险管理过程的重要组成部分,压力测试促使金融机构考虑那些被 VaR 模型所忽略的但时常会发生的极端情景。一旦合理情景被审定后,金融机构可以采取措施来减缓不利情景对于自身的影响。全面压力测试的优点是金融机构可能通过测试结果来了解产品组合中的风险特性。

我们可以采用几种形式产生压力测试情景。一种做法是假定某个市场变量会有剧烈变化,而其他变量保持不变;另一种做法是考虑所有市场变量在市场出现振荡时所对应的变化。最好的方法是由高管和经济学家成立专门的委员会,利用他们的判断和经验来产生合理的极端情景。有时金融机构要进行反向压力测试,即利用计算机算法来搜索会导致大幅损失情景。情景的设定要尽量全面,并且要考虑连带效应和市场变量初始变化造成的影响。2007 年夏天开始的市场波动说明,连带效应有时可能会非常严重,甚至会造成信用溢差的增大以及市场流动性的枯竭。

监管人员要求银行自身要持有足够多的资本金以应对压力情景。有时监管机构会亲自出马设计压力场景,供所有金融机构一起使用。这有助于识别那些资本金不足的金融机构并发现与系统性风险有关的问题。如果对极端情景设定主观概率,可以将压力测试与 VaR

模型结合到一起,虽然这一想法很好,但 2009 年 5 月巴塞尔委员会公布的压力测试指导意见中并没有包括这一做法。

11.6　本章小结

　　银行是一个高风险的行业,任何环节都可能出现风险,但只要我们针对战略规划、产品研发、投融资、市场运营、财务结算、内部审计、法律事务、人力资源、物资采购等各个环节建立和完善风险管理的基本流程,培育良好的风险管理文化,建立包括风险管理策略、风险理财措施、风险管理的组织职能体系、风险管理信息系统和内部控制系统在内的全面风险管理体系,加强对支行负责人、客户经理、会计、出纳和守库员等重要岗位人员的管理,加强银企对账工作,就能有效控制风险。实施全面风险管理有利于防范各种金融风险。

　　从金融行业的普遍情况来看,凡是问题出得多的地方,都是忽视风险管理、不求质量的盲目发展造成的恶果。而一些发展较好的银行,是那些一直坚持稳健经营、时时能够把握风险的银行,它们普遍具有健康的风险意识。所以,要建设发展好一个银行,信贷风险文化必不可少,除了必须具有清晰的信贷管理理念、完善的信贷管理手段、健全的信贷操作规范和自觉的风险管理行为外,还要有高度的风险管理意识。信贷风险处处存在,防范风险人人有责,信贷标准不应因追求规模、短期利润和外部压力而降低。然而,要建立以风险控制为核心的信贷文化理念,必须依赖于全面风险管理体系的建设,也就是说,全面风险管理体系的建设有利于培养健康的信贷文化。

　　本章主要介绍了与商业银行风险管理相关的内容,如商业银行的风险来源、面临的主要风险和相应的风险管理方法,使我们了解到理论的发展是随着实践的要求而不断创新的,未来商业银行面临的新环境也会促使新理论出现。随着商业银行面临的来自银行和非银行金融机构竞争的加剧,商业银行表外业务发展迅速,银行面临的风险也日趋复杂,传统的资产负债管理已经不能适应银行风险管理的要求。《新巴塞尔资本协议》的实施,鼓励商业银行采用先进的内部方法来计量风险,资本日益成为稀缺的资源,股东价值最大化的管理理念也日益深入。围绕上述背景,本章对以经济资本配置为核心的相关内容,从概念到理念,从静态到动态都进行了比较全面的介绍。相信随着实践的发展,理论会逐步完善,商业银行的风险管理能力一定会不断提高。

复习思考题

　　1. 分析中国金融市场的结构,从而分析商业银行与其他金融结构(保险公司、证券公司、基金等)面临风险的异同。

　　2. 以中国某商业银行为例,分析中国商业银行的组织结构和风险管理框架的优缺点。

3. 巴塞尔委员会关于压力测试在实践中的应用以及如何对其进行监督的建议是什么?

4. 总结分析资产波动法、收入波动法;向业务部门和向交易部门的资本配置方法,以及两组概念的关系。

5. 什么是 RAROC 方法? 什么是 RAPM 方法? 怎样计算? 需要注意什么问题?

6. 什么是优先股? 什么是累计优先股?

7. 什么是资本管理? 新巴塞尔协议对商业银行的资本充足率的最低要求是多少?

8. 怎样理解监管资本与账面资本?

9. 什么是经济资本? 怎样计算经济资本?

10. 金融机构为什么需要风险准备金?

11. 简述商业银行压力测试的重大意义。

12. 如何监管商业银行压力测试?

13. 大型国际银行一般保持在 AA 以上的信用等级,具有 AA 级别的公司一年的违约概率小于 0.03%,这说明银行应该选择的置信水平至少是 99.97%。假设 M 银行的一个新业务在 99.97% 置信水平所对应的最坏损失为 4 000 万美元,若一年的预期损失为 200 万美元,那么,M 银行在该业务上的经济资本金应该是多少? 如果 M 银行每年从该新业务中从客户处收到的资产管理费用为 1 200 万美元,管理费用预计为 500 万美元,则这项业务的税前 RAROC 是多少?

第12章

累计期权合约

本章先介绍累计期权合约的概念与特征,中信泰富的发展简史与主营业务,然后分析中信泰富在 2008 年 7 月与渣打银行、花旗银行等 13 家国际金融机构签订多种外汇衍生合约,总结了中信泰富签订的外汇衍生合约存在的问题,指出了投机交易的本质特征。12.1 介绍了累计期权合约的概念与特征,12.2 介绍了中信泰富的发展简史与主营业务,12.3 详细分析了中信泰富签订的外汇累计期权合约,12.4 分析了中信泰富巨亏的根源。

12.1 累计期权合约的含义

累计期权合约(knock out discount accumulator,KODA)也被称为 accumulator,这是一种极其复杂的金融衍生工具。投行尽量兜售这种复杂的衍生产品,因为有很大的激励机制,在复杂衍生产品上赚得越多,这些销售员的奖金也拿得越多。简单来说,accumulator 代表一系列买进一份认购期权(call)合约加上卖出一份以上(多数情况下)认沽期权(put)合约的组合,也即一买(付出权利金)一卖(收进权利金)的关系。投资银行与私人银行能将合约价格做到极低甚至免费,但事实上,卖出认沽期权合约需承受许多对冲基金都不愿暴露的Gamma 值(期权的风险指标之一)为负的高风险。Accumulator 累计股票期权合约在国际金融市场上不算主流,但中国香港在 2006—2008 年却销售得红红火火,在 2007 年的大牛市中,很多投资者曾靠这种合约大发横财。或许就是因为一丝贪婪之心,倾家荡产的人也不计其数。投资银行一旦交易了这类产品会立刻将结构性产品分拆出售给其他客户,毕竟投资银行要做的是生意(赚取手续费),而不是跟客户对赌输赢。而越复杂、期限越长、流动性越小的商品,其利润就越高。

涉及股票的累计期权称为累计股票期权,简称累股期权。

累计期权合约设有触销价(knock out price)及执行价(strike price),而执行价通常比签约时的市价有折让。合约生效后,当挂钩资产的市价在触销价及执行价之间时,投资者可定期以执行价买入指定数量的资产。当挂钩资产的市价高于触销价时,合约便终止,投资者不能再以折让价买入资产。可是当该挂钩资产的市价低于执行价时,投资者便须定时用执行价买入双倍、甚至若干倍数量的资产,直至合约完结为止。

累计期权近似投资者向庄家出售认沽期权,而所得的折让购入权就是变相的期权金,但是玩法较期权更复杂。累计期权的游戏规则较偏袒投资银行一方。因为就算投资者看对了趋势,如果挂钩资产升破触销价,合约会提早终止,为庄家的损失设立上限;但是投资者如果看错了趋势,合约没有止蚀限制,而且合约条款会以倍数扩大亏损。如果挂钩资产价格大跌,投资者可被要求增加保证金,资金不足的投资者便被迫停损沽货套现,再以执行价接货,若当该挂钩资产价值持续下跌时,投资者的损失便变成无底深渊。沽货也会加速资产价格的跌势。投资者如无法补仓,可被斩仓,并须承担所有亏损。由于累计期权的设计有如用些许甜头吸引投资者承担极高风险,一旦市况大幅逆转,投资者就会损失惨重,有人便根据其英文名称"accumulator"的谐音,戏称它为 I kill you later。

12.2　中信泰富事件的背景

中信泰富是中信集团的子公司,成立于 1990 年,主营业务包括钢铁、房地产和航空。中信泰富曾有多次业务转型。20 世纪 90 年代初,中信泰富参与了香港电讯、国泰航空等股权投资。2004 年起,中信泰富陆续脱手原有投资,开始参与特钢及澳洲磁铁矿等生产及资源项目投资。由于铁矿石是钢铁业的主要成本,中信泰富为了降低成本,在澳大利亚西部直接经营铁矿。为了管理外汇风险,中信泰富以投资累计外汇期权(KODA)的方式进行风险对冲。2006 年,出于中国对特种钢的需求,中信泰富公司与澳大利亚采矿企业 Mineralogy Pty Ltd. 达成股权购买协议,同意中信泰富以 4.15 亿美元收购 Sino-Iron 及 Balmoral Iron 公司的全部股权,并在收购后由其澳洲全资子公司中信泰富矿业公司负责该项目。此铁矿项目开采期长、产量大,总投资大约需要 42 亿美元,其中多数资金投入都需要以澳元来支付。因此,中信泰富要面对较大的汇率变动风险,而中国境内没有外汇的金融衍生品市场,要借助境外的衍生品市场来对冲汇率风险。出于风险管理的考虑,中信泰富在 2008 年 7 月与渣打银行、花旗银行等 13 家国际金融机构签订了多种外汇衍生合约,包括澳元累计目标可赎回远期合约、每日累计澳元远期合约、双币累计目标可赎回远期合约和人民币累计目标可赎回远期合约等。2008 年 10 月,中信泰富召开新闻发布会,表示因澳元贬值,之前签署的澳元合约产生巨大亏损,且未来损失会继续增加。按照当时的市值,损失金额将达到 18.8 亿美元。该消息公布后,中信泰富的股价暴跌,1 个月内市值萎缩超 200 亿港元。

中信泰富为一家投资控股公司,进行与中国业务有关的投资,包括特钢制造、铁矿石开采、物业发展及投资、发电、航空、隧道、信息业,以及全中国分销汽车及消费品。近年,特钢制造占中信泰富收益贡献的最大部分。中信泰富在西澳洲拥有 20 亿吨磁铁矿石的开采权及拥有可购入另外 40 亿吨磁铁矿石的选择权,这些铁矿石开采是中国内地特钢制造投资相关部分。估计该矿场 20 亿吨磁铁矿石可每年生产 2 760 万吨铁矿产品,满足中国内地及中信泰富本身的钢铁厂的需要。

根据中信泰富 2008 年 6 月 30 日的中期报告,中信泰富仍在继续澳洲铁矿石开采项目的基础建设,该项目当时两期的最新资本开支预计达 35 亿美元(相当于约 273 亿港元),其中约 75% 为已承诺开支。另一笔约 3.5 亿美元(相当于约 27 亿港元)的资本开支预期将于该项目第三期展开时产生。此项投资将为加工及基础建设(包括港口设施、矿浆管道、发电站及海水淡化厂)提供资金。

由于以澳元及人民币支出重大开支承诺(少数以欧元做出),而项目贷款以美元列支,中信泰富账目的呈报货币为港元(港元乃与美元挂钩),当时全球铁矿石价格以美元计价,此项投资为中信泰富的货币管理带来了重大挑战。因此,董事局计划 5 年内此项投资将需要约 35 亿澳元及 1.23 亿欧元。按 2008 年 6 月 30 日的未经审核账目所示的中信泰富集团综合资产总额约港元 1 242 亿元计算,澳洲铁矿石开采项目占中信泰富资产的主要部分。

2008 年 10 月 20 日,香港恒指成分股中信泰富突然惊爆,因投资杠杆式外汇产品(以澳元产品为主)而巨亏 155 亿港元,其中包括约 8.07 亿港元的已实现亏损和 147 亿港元的潜在亏损,而且亏损在不断扩大。21 日,中信泰富股价开盘即暴跌 38%,盘中更一度跌至 6.47 港元,跌幅超过 55.4%,当日收报于 6.52 港元,跌幅达 55.1%,远远超过业界预计的 20% 左右的跌幅。从 11 月 11 日至 11 月 26 日,中信泰富集团澳元累计认购期权合约的亏损由 155 亿港元扩大到 186 亿港元。通过观察中信泰富股价指数变动情况,及其他指数的变动情况,可以清晰地看到这次事件对中信泰富的影响,具体如表 12-1 所示。

表 12-1　中信泰富股价及指数水平的变动

	2007-12-31	2008-12-31	变动(%)
中信泰富	港元 43.55 元	港元 5.22 元	-88
指数			
恒生指数	27 812.65	13 888.24	-50
恒生中国内地流通指数	8 927.61	3 907.43	-56
恒生中国企业指数	16 124.72	7 207.48	-55
上海综合指数	5 261.56	1 871.16	-64
道琼斯工业平均指数	13 264.80	8 829.04	-33
标准普尔 500 指数	1 468.36	896.24	-39
W-iltshire5000	14 753.60	8 835.38	-40
日经 225 指数	15 307.78	8 512.27	-44
富时综合指数	3 286.67	2 098.01	-36
摩根士丹利资本国际(亚太)(不含日本)指数	1 574.55	871.15	-45
摩根士丹利资本国际全球指数	1 588.80	892.93	-44
标准普尔/澳洲证券交易所 300 金属及矿业指数	5 286.50	2 998.30	-43
中国铁粉矿(中国港口每吨价格)	188	72.5	-61
FIBER 美国商品钢铁价格	270.33	101.67	-62

续　表

	2007 - 12 - 31	2008 - 12 - 31	变动(%)
波罗的海干散货指数	9 143.00	715	−92
上市联属公司			
国泰航空	港元 20.40 元	港元 7.52 元	−63
中信 1 616	港元 2.16 元	港元 0.78 元	−64
大昌行	港元 3.50 元	港元 1.00 元	−71
中信国安	人民币 17.25 元	人民币 6.02 元	−65

12.3　中信泰富合约条款详解

2007—2008 年,中信泰富分别与花旗银行香港分行、渣打银行、Rabobank、NATIXIS、瑞信国际、美国银行、巴克莱银行、法国巴黎银行香港分行、摩根士丹利资本服务、汇丰银行、国开行、Calyon、德意志银行等 13 家银行,共签下了 24 款外汇累计期权合约,构成了所谓的魔鬼条款。正是这些合约让中信泰富陷入了巨亏深渊。

中信泰富已订立的杠杆式外汇合约可分为 2 类,即澳元每日累计远期合约和累计目标可赎回远期合约。前者的结算方式为每日结算,后者为每月结算。此外,后者的累计收益存在上限,达到合约规定的利润上限后,剩余合约便被终止。

按币种进行细分,又可分为 4 类: 每日累计澳元远期合约(AUD daily accrual),澳元累计目标可赎回远期合约(AUD target redemption forward),双货币累计目标可赎回远期合约(dual currency target redemption forward),人民币累计目标可赎回远期合约(RMB target redemption forward)。其中,大部分澳元累计目标可赎回远期合约已通过约定更替的方式转让给中信集团 57 亿元后,自己留下了 30 亿元。

12.3.1　条约内容详解分析

1) 每日累计澳元远期合约,澳元累计目标可赎回远期合约

所有澳元累计目标可赎回远期合约需接收的最高金额为 90.5 亿澳元,每月接收,至 2010 年 10 月。所有每日累计澳元远期合约需接收的最高金额为 1.033 亿澳元,每月接收,至 2009 年 9 月。

中信泰富当时预计铁矿石项目至 2010 年的资本开支对澳元的需求为 16 亿澳元。此外,该项目(预计项目为期 25 年)若完全营运的每年度营运开支估计最少需要 10 亿澳元。仍在生效的澳元杠杆式外汇合约的加权平均价为: 1 澳元=0.87 美元。

仍在生效的澳元累计目标可赎回远期合约,尚余之最高利润总额为 5 150 万美元。每份

澳元累计目标可赎回远期合约当达到其规定中信泰富可收取的最高利润时(幅度为150万美元至700万美元)便须终止,但亏损则无类似终止之机制。

　　2)双货币累计目标可赎回远期合约

双货币累计目标可赎回远期合约须接收的最高金额为2.907亿澳元或1.604亿欧元,每月接收,至2010年7月。中信泰富当时预计铁矿石项目资本开支对欧元的需求为8 500万欧元。仍在生效的澳元杠杆式外汇合约的加权平均价为:1澳元=0.87美元或1欧元=1.44美元(视哪种货币更疲弱)。

仍在生效的双货币累计目标可赎回远期合约,尚余之最高利润总额为200万美元。每份双货币累计目标可赎回远期合约当达到其规定的最高利润时(幅度为80万美元至140万美元)便须终止,但亏损则无类似终止之机制。

　　3)人民币累计目标可赎回远期合约

人民币累计目标可赎回远期合约须每月结算,直至2010年7月。按照最后实际可执行日期的1美元=6.84人民币的汇率计算,应付的美元结算金额不会超过4 280万美元(当中并无实质人民币交收,此为中信泰富的最高实际风险)。

中信泰富预计对人民币的需求约为100亿元人民币。

仍在生效的澳元累计目标可赎回远期合约,尚余之最高利润总额为730万人民币。每份人民币累计目标可赎回远期合约当达到其规定的最高利润时(幅度为240万人民币至380万人民币)便须终止,但亏损则无类似终止之机制。

澳元累计目标可赎回远期合约是亏损最严重的合约,也是下面重点研究的合约。因为中信泰富并没有公布一份完整的合约,但是根据中信泰富的几次公告和媒体上披露的信息进行综合分析,可以推算得到一些合约的情况。中信泰富在2008年7月的前3周内密集签署了至少13份合约。中信泰富签订的这些外汇合约本质上是一个累计期权。其特点是:向上利润封顶(本例中为350万美元),但向下亏损不限而且加倍。

中信泰富在公告中说,该合约规定中信泰富须以固定汇率(加权汇率0.87美元/澳元)每月买入一定数额的澳元,到期日为2010年10月,累计最大买入数额为90.5亿澳元;其中每一份合约都有最大收益终止(knock out)条款,每份合约的最大赢利为150万至700万美元。由此推算,这些合约的杠杆倍数有2倍和3倍,取平均值2.5倍。其公告中也说合约中最大的加权行权价为0.89元,7月16日澳元兑美元的汇率基本达到最大值,中信泰富的最大赢利为5 150万美元,相当于每份合约最大的赢利为350万美元左右。综合这些信息可以基本推断出一个合约的基本情况,如表12-2所示。

表 12-2　中信泰富外汇合约的结构(一份合约)

合 约 名 称	澳元累计目标可赎回远期合约
标的证券	澳元兑美元汇率(AUD∶USD)
合约签署时间	2008年7月16日
合约开始结算时间	2008年10月15日

续 表

合 约 名 称	澳元累计目标可赎回远期合约
合约签署时汇率价格	0.974 9 美元/澳元
加权协议汇率	0.89 美元/澳元
到期时间	2010 年 9 月（24 个月）
结算方式	每月结算；累计赢利 350 万美元，合约敲出并终止
	汇率高于协议汇率，中信泰富每月购买 1 000 万澳元
	汇率低于协议汇率，中信泰富每月购买 2 500 万澳元
敲出条件	累计赢利 350 万美元

12.3.2　中信泰富合约理论损益图

中信泰富的这个外汇合约可以分解成触销和触发两种障碍期权的组合：一种是向上触销的认购期权（up-and-out call）；另一种是向下触发的认沽期权（down-and-in put）。从障碍触销期权结构看（见表 12-3），认购期权和认沽期权的条款是一样的。通常这种合约在签订之时，双方没有现金支付，相当于在未来 2 年内的每一个月，中信泰富获得 1 个向上敲出的认购期权，同时送给对方 2 个或多个向下触发的认沽期权作为对价。

表 12-3　中信泰富外汇合约的障碍期权结构

	认 购 期 权	认 沽 期 权
标的证券	澳元兑美元汇率	澳元兑美元汇率
汇率现价	0.974 9 美元/澳元	0.974 9 美元/澳元
到期时间	1～24 个月	1～24 个月
敲出条件	累计赢利 350 万美元	澳元兑美元的结算汇率低于 0.87
协议汇率	加权汇率 0.87 美元/澳元	加权汇率 0.87 美元/澳元
交易数量	1 000 万澳元	2 000 万澳元
敲出方式	向上触销	向下触发

假如未来澳元兑美元持续升值，中信泰富会获利，但其总赢利被"敲出障碍期权"封顶，最多只能赢利 350 万美元。但是，一旦未来澳元兑美元贬值，中信泰富需要加倍以约定的汇率买入澳元，而且没有相应的敲出条款防范下跌风险，亏损可以达到十几亿美元。

这种合约具有很大的风险,特别是在牛市中。很多投资者认为只要价格不大幅度下跌,就可以包赚不赔。在牛市末期,投资者通常比较亢奋,风险意识比较低,容易误入歧途。而这种合约时间跨度比较长(本例中为 2 年),为市场反转预留了足够的空间,例如,中信泰富第 8 款外汇合约就是目标累计赎回合约(target accrue redemption note,TARN)(刘海龙,2013),合约的基本结构是:

合约类型:TARN

每月交易量:1 000 万澳元

合约期限:24 个月

敲出条件:累计盈利 350 万美元

认购期权执行价:0.87 美元/澳元

认沽期权执行价:0.87 美元/澳元

杠杆比率:2

澳元现价(CL1):0.974 9 美元/澳元

下面以表 12-3 这份合约为例画图分析每月损益情况,首先画出该合约的到期损益图(见图 12-1)。

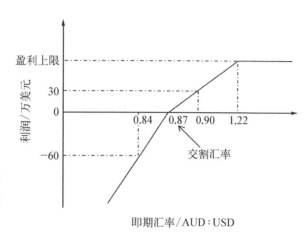

图 12-1　中信泰富第 8 款合约的到期损益图

从图 12-1 中可以看出,对于单期 1 个月的情况,当澳元兑美元的结算汇率低于 0.87 时是加倍亏损的,当澳元兑美元的结算汇率高于或等于 0.87 但小于等于 1.22 时最多获利 350 万美元,当澳元兑美元的结算汇率高于 1.22 时,期权是不起作用的。

对于几个月的多期情况分析要复杂一些,为了清晰分析这个合约每月的损益情况,可以进一步将该合约拆解成以下两份简单合约:① 卖出 1 份以 0.87 美元为执行价的认沽期权;② 卖出 1 份以 1.22 美元为行权价格的认沽期权。这两份认沽期权的权利金总额为 350 万美元。这个是第一个月的图,比较容易理解。再复杂一点,假如第一个月产生盈利,且盈利金额低于 350 万美元,那么,第二个月的图就变为:① 卖出 1 份以 0.87 美元为执行价的认沽期权;② 卖出 1 份以(1.22 减第一个月盈利金额/1 000 万)美元为行权价格的认沽期权。这两份认沽期权的权利金总额为 350 万美元减第一个月盈利金额。假如第一个月产生亏损,那么,第二个月的图就变为:① 卖出 1 份以 0.87 元为执行价的认沽期权;② 卖出 1 份以(1.22 加第一个月盈利金额/1 000 万)美元为行权价格的认沽期权。这 2 份认沽期权的权利金总额为 350 万美元加第一个月的盈利金额。

以此类推,后面的第二份认沽期权的行权价格和两份期权的权利金总额完全取决于前面从合约开始到当时的总体盈亏,这就是目标累计赎回合约的特征。从图 12-1 可以看出,要是澳元兑美元的汇率向上攀升,中信泰富的收益是被封住的,最多只能到达 350 万美元,但要是澳元兑美元的汇率向下走的话,中信泰富的损失是没有下限的。

对于单期 1 个月的情况,还可以把图 12-1 看成是如下 3 个简单期权合成的结果:① 买入 1 份以 0.87 美元为行权价格的认购期权;② 卖出 2 份以 0.87 美元为行权价格的认沽期权;③ 卖出 1 份以 1.22 美元为行权价格的认购期权。因为双方没有现金支付,可以这样理解,买入 1 份认购期权的权利金相当于卖出 2 份认沽期权和 1 份认购期权权利金之和。

类似地可以画出其余 23 款合约的到期损益图(刘海龙,2013)。

12.3.3 中信泰富亏损计算

由表 12-4 可以看出,中信泰富共计亏损达到 15 亿美元,约 116 亿港元(按 2008 年 10 月 20 日美元兑港元汇率计算),与官方公布的数据基本一致。

表 12-4 根据合约内容一次计算每个合约的亏损额度以及总体亏损额度

单位:万美元

合约类型								
每月结算	汇率:AUD:USD							
		合约编号	合约份数	交割汇率	估值日期	已生效月数	已发生损失(万美元)	预计(浮动)亏损(24 个月)(万美元)
澳元目标	估算	1	1	0.87	每月 4 日	0	0	−12 355.2
	估算	2	24	0.87	每月 16 日	1	−459.75	−11 034
	估算	3	24	0.87	每月 16 日	1	−689.625	−16 551
	估算	4	1	0.87	每月 20 日	1	−417.75	−10 026
	估算	5	1	0.87	每月 29 日	1	−504.75	−12 114
	估算	6	1	0.87	每月 23 日	1	−320.623 327	−7 694.959 843
	估算	7	24	0.87	每月 23 日	1	−204.479 167	−4 907.500 004
	估算	8	1	0.87	每月 25 日	2	−559.2	−6 710.4
	估算	9	1	0.87	每月 28 日	1	−546.5	−13 116
	估算	10	1	0.87	每月 26 日	2	−739.25	−8 871
	估算	11	24	0.87	每月 2 日	1	−486.5	−11 676
		12	24	0.797 5	每月 12 日	2	−215.6	−2 587.2
	估算	13	1	0.87	每月 15 日	1	−1 071.5	−25 716
		14	24	0.79	每月 10 日	2	−286.7	−3 440.4
		15	1	0.786	每月 10 日	2	−346.15	−4 153.8
		16	1	0.79	每月 11 日	2	−279.1	−3 349.2
每日结算					10 月 20 日截止			

续　表

澳元目标		17	1	0.768		50 天	−4.676	−68.269 6
		18	19	0.78		49 天	−17.689	−258.259 4
		19	19	0.768		50 天	−14.028	−204.808 8
						合计	−7 163.870 49	−154 833.997 6
						即亏损	7 163.870 494	154 833.997 6

双币种	汇率：AUD：USD；EUR：USD						
每月结算								
		20	24	0.845	每月 14 日	3	−131.92	−1 055.36
	估算	21	1	0.870 3	每月 20 日	3	−101.28	−810.24
						合计	−233.2	−1 865.6
						即亏损	233.2	1 865.6
						总亏损	7 397.070 494	156 699.597 6
					换算为港币的总亏损		57 401.267 03	1 215 988.878

人民币	汇率：USD：RMB						
每月结算								
	估算	22	18	6.5	每月 7 日	3	317.7	2 541.6
	估算	23	1	6.5	每月 14 日	3	321.6	2 572.8
	估算	24	1	6.5	每月 20 日	3	254.16	2 033.28
						合计	893.46	7 147.68
						总合计	6 503.610 494	149 551.917 6
2008 年 10 月 20 日美元：港币汇率为 7.76					换算为港币的总合计		50 468.017 43	1 160 522.881

12.4　中信泰富事件根源分析

　　自 2007 年 12 月 31 日及 2008 年 6 月 30 日中期未经审核账目发布以来,全球市场出现了不寻常的高度波幅,而许多市场亦出现逆转。各货币之间的汇价大幅变动,在中信泰富经营业务的所有主要市场中,一直处于上升趋势的股票市场及商品价格亦大幅下跌;而普遍用于衡量全球贸易情况的波罗的海证券交易所,自 2008 年 5 月的高位下跌约 93%。有关波幅及多项重大逆转造成全球普遍出现亏损,使资本市场资金捉襟见肘,并令中国及其他地方的商品价格和资本资产价格大幅波动。具体分析主要有以下 5 点原因。

12.4.1　大宗商品价格下跌

澳大利亚是一个资源十分丰富的国家,由于资源需求近年猛增,因而对澳元的需求也同步增加,澳元在一定程度上成了大宗商品货币。在全球流动性泛滥、通胀抬头的背景下,从 2007 年 8 月中旬开始,原油、铁矿石等大宗商品价格大举上升,澳元兑美元也从 0.8 升至 2008 年的 0.98。但随着次贷危机的进一步扩散,世界经济形势日益严峻,集聚在大宗商品市场的资金火线撤离,全球市场大宗商品价格一路下滑。澳元兑美元于 7 月 15 日见到最高点 0.984 8 后迅速下跌至最低点 0.605 6(见图 12 - 2)。澳洲金属及矿业类股份、钢铁及铁矿石价格的重大跌幅对中信泰富的资产账面价值造成了极其严重的负面影响。

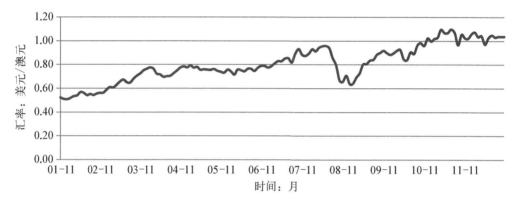

图 12 - 2　澳元兑美元汇率 2001—2012 年的走势图

12.4.2　结构性理财产品助跌

由于 2007—2008 年中,澳元一直是世界上少有的强势货币,因此吸引了不少金融机构开发与之挂钩的结构性理财产品,并进一步推动了澳元的上涨。但随着世界经济走弱,澳元突然转势,市场波动加大,而结构性产品的收益主要由与其连接的金融衍生品而定,这些衍生品挂钩对象的波动范围一般设定得较小,并且少有完全看空的产品发行,这导致停损盘蜂拥而出,澳元跌势被突如其来的平仓潮放大。

12.4.3　利率影响

澳元除了是大宗商品货币外,也是世界少有的高息货币。20 世纪 90 年代初,澳元存款利率高达 17% 以上。尽管之后的澳元利率一路下行,但未出现过低于 4% 的情形。由于全球金融危机的不断深化,澳大利亚开始降息以对冲经济风险,令不少原准备享受澳元高息的投资者沽出澳元。

12.4.4　美元短期升值的影响

不少投资者原本认为,金融危机起源于美国,2008 年上半年处于弱势的美元反弹空间应该有限。但未想到的是,欧洲及一些新兴市场受到的冲击更大,美元近期反而成为国际资本的避风港,而且随着市场避险情绪的加剧,美元走势得到进一步支撑,令美元对全球其他主要货币持续出现大幅升值。当美元开始走强,全球经济进入衰退期,全球需求减少,又加速了大宗商品价格泡沫的破灭,这对澳大利亚等资源出口国的经济无疑是一次打击,进而导致了这些国家本币的贬值。

12.4.5　管理失控的教训

中信泰富的外汇合约十分复杂,涉及美元、欧元、澳元和人民币 4 种货币,有关合约加起来可能获得的最高收益,只有约 4.3 亿港元,但是需要接货的外币数量,却超过 500 亿港元。中信泰富购买的合约价值远远超过了实际需要,是加大风险的重要诱因。中信泰富的问题归结起来有四点:一是工具使用不当,只解决了澳元升值时的风险,未控制澳元贬值的风险;二是脱离了实际需要使用衍生工具;三是误判走势;四是对风险认识不足。

中信泰富出现巨额亏损,金融环境、汇率变化是外因,违规操作是内因。外因是条件,内因才是根本。以贸易和投资为主的公司,不应该考虑从金融衍生品上取得收益,而只应该做对冲来防止业务上的汇率风险。如果把外汇交易当作一个业务,则应该有防火墙制度,给予一定的额度限制,并且在操作上要有内部管理制度约束。中信泰富此次在风险极大的外汇交易中赌这个工具,表面看是澳元投机失败,但核心的原因仍然是大公司内部风险控制失效,更深层次的原因是国有企业的公司治理存在严重问题。任何投资,尤其是巨额的金融投资,事先都要有压力测试,要有止损,这是最基本的常识。

中国的企业经营者必须充分意识到外汇汇率波动给企业带来风险的危害,不可等闲视之,不能遇到了损失才临时抱佛脚,而应该未雨绸缪、提早布局。第一,应该从公司治理上把财资及风险管理列为与经营同等重要的地位,建立框架制度和实施细则,不以拍脑门方式做决策,整个决策、实施和监管流程要纳入制度体系;第二,财务必须与主管外汇头寸的司库分开职能。

12.5　本章小结

本章介绍了累计期权合约的概念与特征,中信泰富的发展简史与主营业务,分析了中信泰富在 2008 年 7 月与渣打银行、花旗银行等 13 家国际金融机构签订的多种外汇衍生合约,总结了中信泰富签订的外汇衍生合约存在的问题,指出了投机交易的本质特征。中信泰富事件值得我们深思和研究,中信泰富掀开外汇巨亏的冰山一角后,中国铁路建设最重要的两家上市公司中国中铁和中国铁建分别爆出了汇兑损失。里昂证券 2008 年 10 月 23 日发表报告指出,由外汇衍生工具所引发的新一轮风暴中,估计香港有 27 家上市公司受累,当中包括多家 H 股及红筹股公司,如湖南有色、中国高速传动、粤海投资及平安保险。因为这一肆虐全球的金融危机,中信泰富亏损成为业界最为关注的焦点事件,它的警示意义不仅涉及大型国有企业的内部管理和风险防范,更延伸为整个中国企业在全球化进程中暴露出的劣势。金融衍生工具因为其杠杆效应,既能以小博大赚取巨额收益,也能给投资者带来巨额亏损,如何正确发挥它的作用,仍然是各大企业急需解决的问题。

复习思考题

1. 累计期权合约与雪球产品有什么异同?
2. 中信泰富事件的教训是什么?
3. 目标累计赎回合约(TARN)的基本结构有什么特征?

第13章

摩根大通巨亏事件

本章先介绍摩根大通巨亏事件,然后分析事件的过程,随后深入分析事件的原因及影响,最后总结经验教训。13.1介绍摩根大通巨亏事件,13.2分析摩根大通巨亏事件的原因与影响,13.3总结摩根大通巨亏事件的深远影响和沉痛教训,13.4分析摩根大通事件对中国的启示。

13.1 事件背景介绍

2012年5月11日,摩根大通CEO杰米·戴蒙(Jamie Dimon)在电话会议上说,摩根大通首席投资办公室在合成债券上的仓位出现了20亿美元交易损失,现在预期公司二季度出现8亿美元亏损。下面介绍事件背景。

13.1.1 摩根大通的首席投资办公室

摩根大通设有一个特殊的部门叫首席投资办公室(Chief Investment Office,简称CIO),CIO是摩根大通企业分部之下的一个业务部门,摩根大通对这个部门的正式描述是负责管理整个公司所有主要业务的日常运营所产生的结构性利息、汇率和某些信用风险。摩根大通称CIO运营可以对冲结构性风险。CIO的直接负责人——德鲁(Ina Drew)是华尔街最具权势的、最富裕的女性之一,55岁的德鲁是摩根大通的首席投资官。她为摩根大通服务可追溯至1982年,当时她加盟了摩根大通的前身Chemical银行集团。2005年出任摩根大通首席投资官,负责管理首席投资办公室。德鲁曾在已破产的对冲基金长期资本管理公司(Long-Term Capital Management)中任职。德鲁出任摩根大通首席投资官的第二年聘用马克里斯(Achilles Macris)负责伦敦的交易,首席投资办公室团队开始把业务扩张至风险更大的衍生品,即从基本金融指数或产品中衍生的投资工具,马克里斯就是CIO伦敦地区的最高领导人。据摩根大通的证管文件,截至2011年12月31日,CIO持有约3 500亿美元的投资证券,相当于摩根大通资产总额的约15%。摩根大通CEO戴蒙曾驱使CIO通过投资高收益的资产来增加盈利,其中包括投资于结构化信用产品、股票和衍生品。戴蒙在过去5年中将CIO转型了,增加了CIO的规模,并提升CIO在投机方面的风险。在马克里斯的领导下,CIO开始对企业和抵押债务投资,2010年CIO的投资组合最高达2 000亿美元,产生了

50 亿美元利润,这相当于摩根大通 2010 年净利润的 1/4 还多。摩根大通内部可能存在一个强大的 CIO 帮,而此前的良好盈利纪录给了他们更大的话语权。

摩根大通还设首席风险官(chief risk officer,CRO),2012 年 1 月管理摩根大通投行部门风险管理负责人约翰·霍根(John Hogan)出任整个摩根大通集团的首席风险官。霍根和德鲁都是摩根大通 14 人组成的运营委员会的成员,也都是涵盖全公司高管的 68 人执行委员会的成员。执行委员会的成员还包括来自 CIO 的马克里斯、理查德·萨博(Richard Sabo)和谢爱琳(Irene Tse),CIO 可能不太服从 CRO 在风险管理方面的领导。

摩根大通通过 CIO 来管理基差风险、凸性风险(convexity risk)及汇率风险等的对冲。许多年以来,摩根大通一直通过持有对冲敞口来管理信贷资产组合的"灾难性损失(stress-loss)"风险。相比摩根大通投行分支交易业务的花样百出,CIO 的业务显得非常单调,CIO 是处于此次丑闻核心的大型交易部门。该部门主要的交易活动最初是为了给银行其他资产提供一种经济对冲来防止损失,负责管理银行的整体风险。CIO 负责对冲摩根大通日常业务产生的规模庞大的信用敞口风险及管理该行的"多余存款"。正是这个原因,导致 CIO 的雇员从交易利润中的提成比例要少于投行部门,这也让 CIO 与摩根大通投行及销售部门的关系十分紧张。

摩根大通 2008 年收购陷入困境的华盛顿互惠银行(Washington Mutual Bank)以后,由于华盛顿互惠银行持有风险更大的需要对冲的证券和资产,CIO 部门业务得到了进一步扩张。2008 年金融危机以来,首席投资办公室的部分交易逐渐变成了基本相当于大型方向性押注的交易,其盈利和影响力也日益扩大。2011 年,马克里斯中止了要求交易员在损失超过 2 000 万美元时退出头寸的风险控制规定。监管文件显示,CIO 过去 3 年实现净利润 50.9 亿美元,占摩根大通同期总利润 480.8 亿美元的 10% 以上。

在以成本控制著称的戴蒙眼里,CIO 的人员以及融资的低成本优势非常明显,因此戴蒙将越来越多的交易业务放到 CIO 进行。事实上,随着时间的推移,除了对冲风险的本职工作,CIO 已经变成了利润中心。监管机构和摩根大通高管即将启动的追查可能集中在 CIO 可能导致多大的亏损上,但不容忽视的是,CIO 存在的目的原本是平衡风险,而不是加大风险甚至豪赌。事件无疑凸显了控制风险部门由谁控制的问题。

13.1.2　交易员伊科希尔

摩根大通巨亏事件的关键人物伊科希尔(Bruno Iksil)出生于希腊的马克里都,国籍为法国,曾就读于巴黎中央理工学院(Ecole Centrale Paris),1991 年毕业,这是法国最负盛名的工科院校之一。他可是一个重要人物,美国双线资本公司的主管巴哈(Bonnie Baha)指出:"伯南克对国债市场的地位有多重要,伊科希尔在衍生品市场的地位就有多重要。"但是,相对他的业界地位而言,伊科希尔在圈外实在是不为人知,要知道近年来他每年都为摩根大通赚取约 1 亿美元。当然,现在他一下子亏了 20 亿美元。

2006 年,伊科希尔受雇于摩根大通,2007 年年底进入 CIO。伊科希尔是摩根大通首席投资办公室驻伦敦的交易员,他每周在伦敦办公室和巴黎的家之间往返。在办公室他有时穿黑色牛仔裤,几乎不打领带,因持有超大规模头寸而被称为"伦敦鲸(London whale)"。2012 年 4 月,伊科希尔导致摩根大通出现了逾 20 亿美元的损失。在几个月之前他曾有另一个绰号："野人"（caveman），因为他所进行的交易有时候在对手看来过于急进，但常能带来巨额利润。伊科希尔不是有的人想象的那样，极度自我、无视风险的流氓交易员形象，至少在纽约办公室里，大家普遍都受过良好的教育，很多人都是数理博士，大家的工作主要是基于建立模型分析市场和产品的内在价值来做出投资决定，从来没有听说靠直觉而不是可靠的论证来做决定的。

加入摩根大通前，他曾于1997—1999年在法国银行 CDC Ixis 担任资金经理，此后加盟 Natexis 国民银行，担任信用衍生品主管。谁第一个给伊科希尔取了"伦敦鲸鱼"的绰号不得而知。但据摩根大通披露的信息看，伊科希尔还没有因为巨亏 20 亿美元被解雇。摩根大通的 CEO 戴蒙指出，伊科希尔事件的出现源自摩根大通上上下下出现了太多的失误、粗心草率和误判。

2008 年，伊科希尔曾大举做空追踪次级抵押贷款的 ABX 指数。这一头寸的风险相当大，因为这些指数的交易并不活跃，要退出很难。该银行最终从押注 ABX 的各种头寸中赚了差不多 10 亿美元。2011 年 6 月，伊科希尔开始交易一种衍生品指数，该指数追踪 100 家债券评级为垃圾级的公司的信用状况。这个名为 CDX High Yield 11 的指数是 2008 年推出的，基于该指数的 3 年期交易定于 2011 年 12 月 20 日到期。伊科希尔对这些公司采取了做空策略。他赌组成该指数的一部分公司将会违约。这样的交易只有在 2 家或 2 家以上的成分公司在 2011 年 12 月底之前深陷困境的情况下，才有可能获得巨额收益。

伊科希尔开始做空该指数的时候，该指数报价为合约面值的 87% 左右。在伊科希尔卖空的同时，与他对赌的对冲基金和其他投资者则在积极建立多头头寸。伊科希尔卖得越多，押注该指数走强的对冲基金就买得越多。对冲基金认为，只要发生违约的指数成分公司不超过 1 家，到年底就可以获得 14% 左右的回报，该指数成分公司的状况都还算健康，只有 Dynegy 可能有违约风险。为缓冲下行风险，一些对冲基金另外购买了 Dynegy 违约保险。

2011 年 9 月下旬，该指数报价在面值的 82% 左右，当时指数成分公司伊士曼柯达公司（Eastman Kodak Co.）意外动用了信贷额度，令违约风险增加，导致 CDX 跌破面值的 70%。这时伊科希尔获得了账面盈利，而与他对赌的交易员则蒙受了账面损失。一些对冲基金减持了多头头寸，令该指数进一步走软，使摩根大通获得了更多利润。到了 11 月份，剩下的一些与摩根大通对赌的交易员开始增持多头头寸。还有一些交易员新建了多头头寸。这一轮买进浪潮推动该指数再度上涨，报价升至面值的 83% 左右，对伊科希尔的头寸构成了一定压力。

伊科希尔继续做空该指数，该指数很快就走软了，这一结果引起了对手的震动。一家机构的交易员称，这次交易叫"痛苦交易"和"夺命交易"，价格莫名其妙地不断下跌。经纪人告诉他所有做空操作都出自伊科希尔之手，这名交易员说，感觉伊科希尔在试图把所有人都清除出局。在 11 月 29 日发生了一件令人震惊的事情，美国航空的母公司申请了破产保护，因为其属于该指数成分公司，所以该指数大幅走软，使摩根大通从这项交易中总共获得 4.5 亿美元左右的利润，而竞争对手则蒙受了规模相当的损失。

13.1.3　Markit CDX. NA. IG 指数

摩根大通巨亏事件主要出现在 Markit CDX. NA. IG 系列指数上，该系列指数是合成信用违约互换（CDS）指数，是专为信贷市场编制的指数，由一家叫 Markit 的数据公司提供。

公司以提供信用违约互换(CDS)的价格数据起家，成立于 2001 年，创办人是加拿大人 Lance Uqgla，曾在多家投行任职。NA(North America)代表北美，该指数包括北美 125 家公司债券的 CDS 产品，指数是用这些企业的 CDS 信贷溢价(credit spread)平均值来计算的，也就是说价格由息差计算。指数越高，信贷风险越大。该指数会根据其等级划分滚动更新成分公司。IG(invest grade)表示投资级，一般是指评级在 BBB-以上的发债主体，反之则是 HY(high yield)，高息或垃圾级发债主体。当时共有编号 IG9 至 IG18 的 10 个指数，图 13-1 所示为是 Markit CDX. NA. IG. 9-Markit CDX. NA. IG. 18 各指数的市场名义净值。

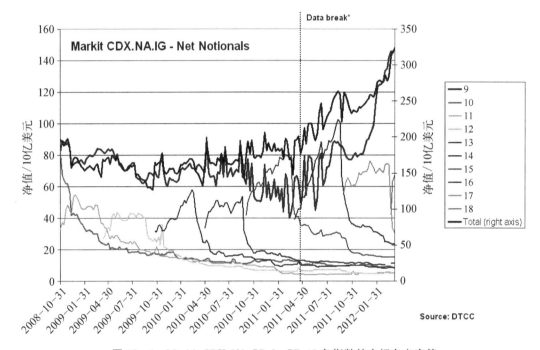

图 13-1 Markit CDX. NA. IG. 9-IG. 18 各指数的市场名义净值

图 13-1 中深色的线就是 IG9，IG9 是 Markit CDX. NA. IG. 9 指数的简称，其净名义价值在 2012 年大幅上升。但这是违背常理的。平常信贷衍生品指数最具流动性的期限品种都是 5 年期和 10 年期品种。IG9 的 5 年期合约将于 2012 年 12 月到期，10 年期合约将于 2017 年 12 月到期。该指数显然已是发行很久的旧指数，最新的系列是 IG18。

这些指数每半年滚动一次。在每年 9 月和 3 月，将有一个程序来确定 125 家投资级企业，从而产生新的指数。一些公司将被剔除出指数，另一些会替换它们。当一个新的指数开始交易时，它被称为是当期券(on the run)，通常最近开始交易的指数流动性最好。这个市场的许多参与者都会转移头寸以确保自己持有最具流动性的指数。这就是为何在图 13-1 中，每个系列都是在刚问世时，净名义价值增加得最多。同样，净名义价值在成为非当期券(off the run)时下跌。

摩根大通 CIO 办公室伊科希尔的信贷衍生品交易的核心是 IG9 指数。IG9 指投资等级的高评级 CDS 第 9 号，发行于 2007 年 9 月，该指数针对 121 家美国领先公司的信用状况提供保护。这 121 家公司基本上都是大名鼎鼎的，其中包括麦当劳、美国运通、惠普、迪士尼和梅西百货。最初该指数涵盖 125 家公司的信用保护,后来随着房利美、房地美、贷款提供商美联信集团(CIT)和华尔街互惠银行 WaMu 陷入违约,它们都从这个指数中被移除,结果就剩下 121 家。因为市场 CDS 的年期可以是 1、2、3、4、5、7 和 10 年,所以 CDX 指数亦按同样年期再分类。IG9 的合约将于 2012 年 12 月到期,一般来说应该缺乏活跃性。但 IG9 流通量一直高企,这是因为它是 2008 年金融海啸爆发前最后发行的系列,此后,信贷衍生市场便一蹶不振,跟随的系列流通量一直比不上它。图 13 - 2 是 IG9 的走势。

以 5 年期为例,IG9 的未平仓合约由 2011 年 11 月开始暴升,从图 13 - 2 中可以看出 IG9 指数净名义敞口价值在快速增长。在 2011 年年底,该指数的净名义敞口总额为 900 亿美元,但到了 4 月份的第一周,该数值上升至 1 480 亿美元,该金额已经是主体债券市场的倍数。其交易量近期大幅上升的一些解释是因为 IG9 是最后一个危机全面爆发前发行的指数。当时,受益于"当期券",它沐浴在充裕的流动性之中,此后,世界在它周围崩溃,其成分债券中有违约券。IG9 曾被用来构建结构化产品、对冲其他更传统的结构化产品。它还是最后的拥有以其为基础的交投活跃的衍生品交易的指数。所以该指数相对于其他指数的高名义净值并非怪事。

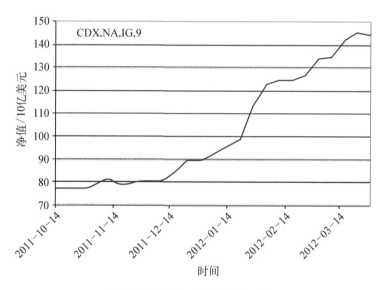

图 13 - 2　IG. 9 的市场名义净值

IG9 是最后拥有指数分层衍生品的指数。金融危机前信贷指数被大量用来构筑结构化产品(CDO),所以每个指数都有相对应的指数分层衍生品。从 IG10 开始,因为 CDO 市场崩溃,没有客户需要新的指数分层衍生品来构建或者对冲基于新指数的 CDO。伊科希尔可能是看中指数分层衍生品的某些特性,例如购买处于资本结构高端的指数分层衍生品,可以用很小的代价来购买只有 121 家 IG9 指数,公司总共的破产损失达到或者超过 40% 的情况下才开始赔付的保险合同,可用来防范系统性风险。但是指数分层衍生品拥有很大的金融杠杆和复杂的风险,必须用大量的指数去随时动态对冲,如果不能用指数对冲,就会有很大的单向看空或看多的市场风险。而且为了减少其他的复杂风险,或者减少成本,他还做了曲线交易(curve trade)。从他们自己的模型来看,可能这桩交易很完美。

13.2   事件过程和策略 ————————————————————— ●

13.2.1   事件过程与对冲策略基本原理

对冲交易策略最重要的是对冲交易与被对冲的风险敞口相关度高；对冲交易执行成本较被对冲的风险敞口更低，对冲交易工具必须有很好的流动性。对冲策略的主要风险是基差风险（basis risk），即对冲策略中的对冲交易与被对冲的风险敞口价格波动不完全同步。如果对冲产品与被对冲风险敞口变化不同步的话，投资者就要承担基差风险。如果投资者用来对冲的工具不再与被对冲的风险敞口相关，只要这一对冲工具有足够的流动性使得投资者可以退出，风险就可以控制；如果对冲交易变得过于昂贵，只要流动性足够好，风险仍然可以控制；如果对冲工具流动性变差，只要对冲工具仍然具有相关性并且成本较低，那么对冲仍然有效。所以，好的流动性是构成"优良的对冲策略"最重要的因素。

在2011年中期，欧元区危机看似遥遥无期，人们对美国经济日渐担忧。CIO开始考虑采取大动作，对冲摩根大通的整体信用风险和既有交易头寸。摩根大通当时面临两个问题：第一，直接做空信用衍生品成本高昂，因为摩根大通并非仅有的一家对未来感到担忧的机构，许多中小机构都没有采取类似的做法，使当时简单的对冲工具更昂贵；第二，市场的剧烈波动性使得任何方向性敞口在短期内都有可能蒙受损失。

摩根大通的CIO的任务是针对摩根大通集团整体的高评级债券投资风险敞口进行对冲，他们采取的对冲策略是针对北美优质评级企业CDS指数进行对冲。该策略的优点在于成本较低且符合摩根大通整体战略对冲目标。CIO采取的策略是针对Markit CDX. NA. IG（北美投资级评级企业CDS）指数中的IG9系列指数实施熨平（flattener）策略，也就是曲线交易。在实施这一曲线交易时，CIO并未简单地直接购买短期合约，而是购买了构建在IG9 5年期合约之上的份额产品（tranches）。所谓份额产品是结构性金融产品的一种，它能够给予买家更大的杠杆以及在相关企业违约的相关度上更大的敞口。为了能够达到中性对冲策略目标，CIO必须出售更多便宜的IG9指数的远端合约（10年期合约）来对冲其在近端合约的敞口。

对于摩根大通而言，在此后的一段时间里，这一策略非常有效。在2011年下半年，部分投资级企业如美国航空申请破产等事件的发生，使得CIO的对冲组合起到了很好的效果。然而到了12月时，欧洲央行实施了大规模的LTRO操作，向市场注入大量流动性，这导致了所有债券的反弹。短期债券价格走高，违约率降低，CDS价格下降，CDX也跟随之价格变低，做多短期的部分发生亏损。

摩根大通的风险对冲组合的两个部分（近端与远端合约敞口），此时却未按照此前所预计的那样波动，这意味着CIO的敞口没有被完美地对冲。如同此前许多债券模型那样，摩根大通似乎是错判了投资组合的相关性，这是最难用数学来准确把握的市场现象之一。

为了维持对冲策略的风险中性，这一动态对冲策略要求出售更多的远端合约。CIO持续出售IG9的10年期合约，巨大的头寸导致了市场的价格扭曲，异常的市场现象也引起了越来越多对冲基金的注意。但是 CIO 运用的对冲工具被自己高估了，而且流动性很差；由于体量太大，导致市场偏离相对均衡，大量套利者的出现最终导致了摩根大通巨亏事件。

13.2.2 熨平策略

所谓熨平策略，也就是曲线交易策略，即下注该曲线会变得平坦的策略，比如买短期 CDS，卖长期 CDS。采取这种交易意味着你对市场是看空的。实施熨平策略有多重不同方式，关键点是这种对冲策略赌的是该指数曲线的形状会如何变化。

熨平策略的第一步是选择合适的指数。假设摩根大通的 CIO 在 2011 年年初计划采取熨平策略，并且希望通过 CDS 指数来进行，就必须找到最具流动性并将继续保持流动性的指数，其交易发生在 Markit CDX. NA. IG 指数是合理的，该指数每 6 个月滚动生成新的系列指数。根据观察，在 2011 年 1 月 1 日，最具流动性的指数有两个。一个是 IG15，但该指数在当时是当期券(on the run)。当指数不再是当期券时，随着市场参与者转移头寸，它们的流动性将变差。事实上，IG15 的未结清合约金额也在 IG16 出现后大幅下滑。另一个是 IG9，作为金融危机全面爆发前的最后一个指数，它具有高流动性，这有一些结构性的原因，它被嵌入许多结构化产品。因此，如果由于看空后市并希望对冲此前使用多余存款购买的高评级债券敞口，投资者希望采取熨平策略，那么 IG9 是个合适的操作对象。

第二步是曲线交易，即 CIO 不直接针对该指数购买保险来表达看空的意图。当然，这么做没错，但此类针对债券的直接的风险敞口风险很高并且波动性较大，而更重要的是，成本较高。曲线向上倾斜的形状是健康的，而当反过来的曲线(向下倾斜)形状出现时就要非常小心。2011 年在意大利 CDS 曲线上实施这一策略的投资者赚到了很多钱，因为意大利的曲线迅速变平。

例如，在 2011 年在意大利 CDS 曲线上单独采用购买保险的方法，购买这条曲线上任何一个期限保护合约的投资者都会赚钱，但需要支付昂贵的保费。然而，如果投资者实施曲线交易，那么他们将会获利，同时成本和风险都更低。因为购买曲线近端保险的成本能够由出售曲线远端保护的收入来支付。

摩根大通 CIO 采取的大额交易是针对 IG9 指数的熨平交易，因而导致了 IG9 净名义金额的上升。这种类型的交易是对冲指数标的公司的短期信用下滑，因而是对投资级债券整体状况恶化的对冲。针对 IG9 熨平策略就是购买 5 年期合约的保险(到期时间 2012 年 12 月)，假设名义金额 3 亿美元，出售 10 年期合约的保险(到期时间 2017 年 12 月)，假设名义金额 1 亿美元。通过在 2011 年年初实施这一交易，信贷息差可能改善或恶化，但只要变动在整个曲线上是相等的，这种交易策略的市场价值变动就是 0，即中性交易。然而，当信贷息差开始显示市场认为近期局势将恶化而长期将再度转好时，该曲线形状开始变平，曲线的近端(短期)息差扩大幅度超过远端(长期)，即熨平策略的方式获利。

13.2.3 偏斜度

如果交易规模足够大，熨平策略下曲线交易的两个部分可能导致被卖出的 10 年期合约变得过于便宜，即基差点数过低，而被买入的 5 年期合约变得过于昂贵，即基差点数过高。如何判断信贷衍生品的公允价格和一个指数是便宜还是昂贵？偏斜度(skew)就是判断信贷衍生品和交易的公允价值的一个指标。

首先要衡量 CDS 指数的公允基差。基于构成该指数的公司的单一 CDS 基差,该指数的基差的公允价值是所有这些公司单一 CDS 的平均值。模型计算出来的公允基差与市场交易指数的实际基差之间的差额就是偏斜度。偏斜度从长期看应该非常小,因为市场参与者的套利会缩小偏斜度。摩根大通的巨额体量及不断操作控制了市场价格,使市场价格得不到修正,许多做该策略的对冲基金发生亏损。

偏斜度越大,指数相对于单一 CDS 就越便宜。此时,摩根大通 CIO 就抛售 10 年期合约。对冲基金交易员可能在 2011 年夏末和秋季看到了如此大的偏斜度,因而对其做了套利交易,就是购买(便宜的)IG9 指数的 10 年期合约,出售(昂贵的)单一公司 CDS,然后,坐等市场在越来越多的此类交易涌入后的修正。然而,偏斜度此后仍然维持高位,偏斜度十分异常。即使在 IG9 指数的基差收紧时,该偏斜度仍在增加。此外,关于 IG9 的 5 年期合约偏斜度相对于单一公司 CDS 的比例,显示出 IG9 的 5 年期合约变得昂贵。

在一个流动性较好的指数里,出现上述持续性的偏斜程度是不正常的,这种偏斜度本应被市场的套利交易所抹平。由于伊科希尔的交易规模非常巨大,导致偏斜度仍在持续增加。通过 IG9 的 10 年期合约偏斜度与更新的指数 IG17 的 5 年期合约(生成于 2011 年 9 月)偏斜度的比较发现,两个指数的到期日相差 1 年(前者在 2017 年 12 月到期,后者在 2016 年 12 月到期),但这并不会产生显著影响,像 IG9 这种偏斜度对于一个流动性较好的指数是不同寻常的。

2011 年 12 月,欧洲央行(ECB)向市场注入了大量流动性,引发了猛烈的信用市场回升。但摩根大通上述交易两部分头寸的变动关系,却背离了该行此前的预期,这意味着这些头寸开始得不到完全对冲。摩根大通继续卖出针对 IG.9 的信用保护,导致定价出现扭曲,而越来越多的对冲基金注意到这种扭曲并试图从中谋利,但这种扭曲却不肯消失。

13.3 深远影响与沉痛教训

摩根大通巨亏的影响是深远的,这些影响绝不仅仅体现在摩根大通本身,更重要的是给金融机构和金融监督管理部门上了生动沉痛的一课。具体分析如下。

13.3.1 为什么用 CDS 衍生品来对冲债券风险

摩根大通 CEO 戴蒙在事件发生后曾说,摩根大通之所以需要 CIO 的交易,是因为摩根大通的负债(即存款)为 1.1 万亿美元,超过其约 7 200 亿美元的贷款资产。摩根大通使用多余的存款进行投资,至今这些投资组合的总金额大约为 3 600 亿美元。摩根大通的投资集中在高评级、低风险的证券上,包括 1 750 亿美元的 MBS、政府机构证券、高评级及担保(covered)债券、证券化产品、市政债券等。这些投资中的绝大部分都是政府或政府支持的证券。摩根大通投资这些证券以对冲银行因负债与资产错配而产生的利率风险。因此,使用 CDS 衍生品来对冲债券风险的原因主要有以下几点。第一,随着企业越来越依赖债券市场,企业的贷款需求下降。而对于摩根大通来说,保持其在企业部门的贷款上的净息差要比在二级市场购买企业债券更有吸引力。第二,戴蒙多次公开表示美国房地产市场已接近底部,所有的迹象都是向好的,因此摩根大通承担投资级企业风险的做法就说得通了。第三,他们可能同时做空高收益级(high yield)企业债券 CDS,他们已经开始垄断了当期债券 CDS的发行市场,因此很可能做空这些债券。第四,美联储的压力测试可能促使摩根大通采用份额交易和衍生品来对冲风险。

13.3.2　对冲基金向媒体曝光

由于偏斜度一直没有得到修正,对冲基金经理们始终无利可图,他们如往常那样,利用 IG9 这种异常大的偏斜度进行套利,并准备等待市场纠正行为发生后赚取丰厚利润。然而市场的纠正却迟迟不来,相反,一直有参与者在大量出售 CDS。对冲基金经理们眼睁睁地看着市场处于不正常状态,不仅没有收益,反而一直在亏钱。

对冲基金经理们开始猜测有交易员在幕后操纵市场,猜测是摩根大通的 CIO 交易部门的交易员干的。然而对冲基金经理们投诉无门,因为这是在场外市场(OTC),CDS 衍生品的场外市场不受监管。对冲基金经理们相信正是这家银行的操纵让自己的交易亏损了,开始向记者抱怨。于是就有了 4 月份华尔街主流媒体对伦敦鲸铺天盖地的报道,一贯神秘的衍生品敞口问题突然暴露在媒体的聚光灯下。媒体的关注加大了摩根大通的压力,摩根大通起初对此不以为然。更多的对冲基金开始进行套利,同时也要求摩根大通停止操纵市场行为,美国监管部门也针对市场操纵事件进行了司法调查。

13.3.3　对冲模型的缺陷

曲线交易对冲策略的成本很低,但需要相当小心地每天关注和维护、调整对冲敞口等。而随着市场的反弹,这些敞口要求出售大量的 CDS 来维持对冲策略。熨平策略意味着需要保持在 CDS 指数期限曲线的近端(短期合约)购买与远端(长期合约)出售之间的比例。由于摩根大通的对冲头寸巨大,一旦对冲错误,其敞口风险将变得巨大。

随着信用市场在 4 月份急剧恶化,伊科希尔押注的多头头寸的规模不断扩大,最后逐渐变成了流动性很差的公司信用多头头寸,这笔交易已无法再保持平衡。摩根大通立即从投行部门抽调了两名顶尖的风控经理,帮助评估该交易模型及模型的假设条件,结果发现风险管理模型有重要错误,这让摩根大通不得不尴尬地彻底改变此前的态度。摩根大通在发现风险敞口计算错误后,停止管理对冲交易比例。但是停止管理对冲交易比例意味着摩根大通的敞口变为单向的看空或看多,违背了对冲的初衷,同时也使自己的敞口暴露在市场风险之下。

对冲敞口过大,造成了本就流动性不算很好的 CDX 市场扭曲,对冲基金的针锋相对,获取了利益。摩根大通 CEO 戴蒙称,这笔交易的亏损按市价计算已达 20 亿美元,而且 CIO 的一个关键风险管理模型是存在缺陷的。由于 IG9 的交易活动在 1 月至 4 月上旬持续增加,但随后又再度平静下来。到了 4 月上旬,随着欧债危机的传染以及美国宏观数据不佳的消息出现,债市和股市开始受到较大波动。而摩根大通持有的 CDX 指数也经历了大幅波动。有几天波动超过 3sigma,CIO 的巨量敞口在这种市场波动中遭受了重大损失。

摩根大通决定减少其在 CDS 指数上的对冲敞口,即对此前的对冲敞口进行"再对冲(re-hedge)"。CIO 开始使用高收益级企业债券 CDS 市场上的当期券指数来对冲此前的风险敞口。但未结清合约净名义金额仅仅小幅下降。从 CDX 指数的未结清合约净名义金额及指数偏斜度的变化看,随着市场稍显平静,CIO 再度尝试关闭更多此前的巨额敞口,但 CIO 的补救措施显然未能奏效。

13.3.4　深远影响

摩根大通一直以优秀的风险管理著称,如果连摩根大通都可以在风控毫无预警的情况下巨亏,那其他银行呢? 真正的问题是内控。一家内控水平被公认为业内优秀的银行出现这种问题说明了什么呢? 随着市场波动,可以预见会有更多的问题出现,因为摩根大通的问题,反映的是银行业最基本的资产负债的管理。

根据美国货币监理署 2011 年第 4 季度的银行交易和衍生品活动报告,美国所有 230.8 万亿美元衍生品未结清余额中,五大银行(摩根大通、美银、花旗、高盛和汇丰)共计占据 95.7％的份额。在所有未结清衍生品余额中,高达 92.2％的信用敞口已是"双边净额结算"(bilaterally netted,即部分完全对冲)。但有分析认为,前五大银行衍生品风险敞口巨大。2011 年第二季度报告更糟,其中前 5 大银行占据 250 万亿美元衍生品余额中的 95.9％。一旦引发连锁反应,足以震动整个世界。

根据国际清算银行(BIS)2011 年上半年的报告,全球衍生品总敞口增加 107 万亿美元至创纪录的 707 万亿美元。欧洲银行业在 2011 年增加了数以百万亿美元计的衍生品,且绝大部分是利率互换敞口。这意味着一旦央行失去对政府债券曲线的控制导致利率再度走高,因而产生的全球催缴保证金的量将是史无前例的。摩根大通公布巨亏消息后,主要银行股价盘后重挫,花旗集团下挫 2.4％,美国银行下跌 1.7％,摩根士丹利大跌 3.2％,高盛重挫 2.7％。

13.3.5　沉痛教训

摩根大通发生巨大亏损后,其股价持续下跌,其他银行股价也受到冲击。美国银行板块在债券市场上遭受打击,给美国经济复苏的前景蒙上了阴影。认真总结经验教训主要有如下几点:

第一,风险管控制度形同虚设。CIO 部门最根本的职责是控制摩根大通的整体风险,而不是以盈利为考核目的,因为 CIO 以对冲为目的的交易策略,为摩根大通贡献了巨额利润。随着从最高的管理层到 CIO 的交易员的盲目乐观和麻痹大意,为了追求盈利,CIO 开始不断承担更大的风险,管理层对部门的交易风险也没有严格的控制。交易员伊科希尔不及时向上级提供其交易头寸的一些细节,最终导致巨大损失。

第二,流动性风险失控。当市场的对冲金融产品流动性发生巨大变化,想要改变对冲头寸非常困难时,亏损极有可能发生。由于选用流动性不好的 IG9 指数对冲,没办法及时平仓,而交易对手都是以套利对赌为目的,没有太多的参与者接盘,加上摩根大通持有的合约数量巨大,一旦开始平仓,价格势必大幅朝不利的方向变动,亏损就迅速发生了。

第三,交易员赌博心理膨胀。交易员伊科希尔持有的头寸巨大,他试图出售头寸时就很困难,这时伊科希尔以与对手叫板赌博的心态,增加了自己的头寸规模,从市场参与者变成单向的大庄家,和整个市场作对,最终以失败告终。

第四,盲目自信导致过度投机。伊科希尔的熨平策略是建立在对整个市场不乐观、过分看空市场的态度基础上的。但 2011 年 12 月,欧洲央行实施了大规模的 LTRO 操作,向市场注入大量流动性,导致了所有债券的反弹。短期债券价格走高,违约率降低,CDS 价格下降,CDX 也跟随着价格变低,最后逐渐变成公司信用的单一多头,导致了实际亏损的不断扩大。

第五,风险对冲过于集中。由于 CIO 及伦敦鲸的使命是对摩根大通整体的债券投资风险敞口的对冲,并且交由在伦敦的一个交易员来对冲。这种对冲策略与让负责交易的交易员自行对冲自己的风险不同。组合对冲将所有担子都压在一个人身上,一旦这个人犯错,影响范围将非常大。如果把对冲任务分给几个交易员,那么即使某个策略出问题,也不会造成如此巨大的亏损。

第六,监管流于形式。监管没有起到真正控制风险的作用,此次巨亏事件中,涉及一个著名的 VaR 模型的调整。模型调整后出现头寸数额的调整,最后出现了单向的敞口。模型所起的作用不过是满足监管者在报告中披露的需要。交易时的实际数额是按照交易员的自行判断进行的,VaR 模型在实际中起到的约束令人质疑。

13.4　对中国的启示

无论是 2018 年美国第四大投资银行、具有 158 年历史的雷曼兄弟公司倒闭,还是 2012 年摩根大通巨亏事件都充分说明金融机构的风险控制有多么重要。尽管原因很多,但过度、无序和放任衍生品交易都是重要原因之一,特别是在金融市场还处于发展初期的中国,更应该引起重视,不仅如此,还需要深入研究,制定行之有效的政策和策略,加强法律法规和各项规章制度的建设。2022 年 9 月 2 日,国内 4 家商品交易所就已经相继发布公告,宣布合格境外机构投资者(QFII)和人民币合格境外机构投资者(RQFII)可以参与相关期货、期权合约交易,首批共涉及 41 个品种,主要包括上期所旗下的黄金、白银、铜、铝、锌、螺纹钢、热轧卷板期货合约,以及黄金、铜、铝、锌期权合约;上海国际能源交易中心旗下的原油、20 号胶、低硫燃料油、国际铜期货合约,以及原油期权合约;郑商所旗下的 PTA、甲醇、白糖、菜籽油、短纤期货合约,以及 PTA、甲醇、白糖、菜籽油期权合约;大商所旗下的黄大豆 1 号、黄大豆 2号、豆粕、豆油、棕榈油、铁矿石、线型低密度聚乙烯等的期货和期权合约。这标志着中国期货市场对外开放的坚定信心和一贯性。截至 2022 年 8 月 26 日,中国期货期权品种总数已达 101 个,其中 9 个为对外开放品种;境外投资者在股指期货市场的客户权益为 317.55 亿元,在原油期货、铁矿石期货、PTA 期货、20 号胶、棕榈油、国际铜、低硫燃料油期货市场的客户权益合计 212.97 亿元;中国商品期货的交易规模已连续多年位居全球第一。30 多年来,期货市场飞速发展,2021 年中国期货市场成交量 75.14 亿手,成交额 581.2 万亿元,同比分别增长 22.13% 和 32.84%,创下历史新高。2021 年中国债券市场发行总量 61.78 万亿元,各类债券存量总值 130 多万亿元。截至 2022 年 10 月 21 日,沪深两市上市公司总数 4 857

家,市价总值 79.85 万亿元,北京证券交易所集合竞价交易的股票 6 257 只,做市交易的股票 395 只。2022 年 10 月 31 日,科创板做市业务正式启动,42 只股票有 14 家做市商报价。 2022 年三季度末,银行业总资产 373.9 万亿元,保险业总资产 26.7 万亿元。2022 年 8 月出炉的全球 500 强企业,中国上榜的数量 145 家,位居全球第一,利润总和 4.46 万亿元,营收总额首次超过百万亿元,营收占 500 家上榜企业总营收的 31%,万亿元级企业首次达到 12 家。

　　中国的金融市场体量巨大,涉及面广泛,在中国金融市场高速发展和加速对外开放的大背景下,高度重视国家金融安全,深入研究金融风险的防控至关重要。从历史上看,国储铜事件、中航油事件和原油宝事件等都向人们敲响了警钟。深入分析摩根大通巨亏事件对中国的金融机构和金融监督管理部门有重大意义。2022 年 9 月 5 日结束的首届中国国际服务贸易交易会和 2022 年 10 月 16 日召开的中国共产党第二十次全国代表大会,都进一步明确了深化改革与扩大开放的大政方针。继续稳步扩大商品和金融期货国际化品种,实现金融市场开放路径多元化是必然选择,这毫无疑问对金融安全和金融风险管控提出了更高的要求。那么摩根大通巨亏案例对中国的启示是什么呢?

　　第一,健全法律体系。在法律体系相对比较完善的美国都有摩根大通巨亏事件和安然事件发生,对新兴的、不够成熟的中国金融市场而言,第一步是不断完善法律体系。继经济法、证券法、公司法、基金法等相关法律实施后,2022 年 4 月 20 日,十三届全国人大常委会第三十四次会议表决通过了《中华人民共和国期货和衍生品法》,这部法律自 2022 年 8 月 1 日起施行。期货和衍生品法是健全中国金融市场法律体系的重要一步,为促进规范行业和市场发展、保护投资者权益、推动市场功能发挥、更好地服务实体经济提供了强有力的法律保障。金融市场未来进一步开放是必然的,那么在对外开放和合作过程中必然存在风险控制、市场的微观结构和法律、文化等方面的差异,相关部门应该加强跨境监管的合作和协调,构建数据信息交流机制,加强交易基础设施建设,提高风险监控能力是十分必要的。

　　期货和衍生品法的制定将防范和化解市场风险作为重中之重,进一步完善风险控制,夯实市场稳定运行的基础。特别是两个规定:一个是规定异常情况紧急措施和突发性事件处置措施,完善市场监测监控制度,构建立体多元的风险防控体系;另一个是规定期货交易实行持仓限额、当日无负债结算、强行平仓等风控制度,明确期货结算机构对手方法律地位,加强期货市场的风险识别、预防和处置环节,加大对违法违规行为的惩处,维护市场的平稳正常运行。

　　第二,加强制度建设。因为摩根大通风险控制形同虚设,因此,除了有健全的法律体系外,还要有各项制度保障,比如《公开募集证券投资基金运作管理办法》第三十二条规定:基金管理公司运用基金财产进行证券投资时有"双十"限制。第一个是一只基金持有一家上市公司的股票,其市值不能超过基金资产净值的 10%。第二个是同一基金管理公司管理的全部基金持有一家公司发行的证券,不得超过该证券流通市值的 10%。这样规定的目的是控制基金投资风险集中和防范操纵市场。当然,因证券市场波动、上市公司合并、基金规模变动等基金管理公司之外的因素致使基金投资不符合规定的比例或者基金合同约定的投资比例的,基金管理公司应当在 10 个交易日内进行调整完成。《中华人民共和国期货和衍生品法》在持仓限制和风险集中方面也有类似的要求,除此之外,还要有监督、协调和反馈机制,有了这些要求,类似于摩根大通交易员伊科希尔持有的头寸巨大、交易风险集中的概率就大大降低。因此,仅仅有健全法律体系只是控制风险的基础,还远远不够,还要有监督、评估、执行和反馈等一系列过程控制。

第三,完善监管流程。加强金融监管,限制金融机构和投资公司投资高风险业务要基本符合经济规律,因为金融机构从事各项业务,必然会承担一定的风险,风险无法完全控制。那么就存在一个风险承受能力评估和风险管控方法流程问题。监管部门要从两个方面特别加以注意:一方面要限制金融机构承担的风险,另一方面要评估与防范金融机构发生巨亏后引发的市场恐慌,对经济造成不良影响。摩根大通的巨额亏损为限制金融机构承担风险提供了理由,要事先规定好,一旦风险变成现实,损失要由投资者自身承担,决不能转移给纳税人承担,这样即便金融机构倒闭,也不会造成不可承受的后果。应加强监督管理,加大对违法违规行为的惩处,显著提高违法违规行为的成本,有效维护市场秩序。

第四,加强内部控制。加强内部控制,完善公司治理结构是核心,发挥股东大会、董事会、监事会对高级管理层的监督和约束作用是重点,在电子信息和网络技术高度发达共享的今天,充分发挥信息系统和信息传递直通作用,及时将各类信息传递至最高管理层是很容易做到的。交易者加强自身内控,是防止其因过度投机而引发系统性风险的第一道防线。《期货和衍生品法》明确规定,要强化期货交易者的内控制度建设。期货交易场所和结算机构负有对期货市场进行自律管理的权利和义务,且自律管理往往更加快速、有效和有针对性。作为金融市场的中介机构,证券公司、商业银行、期货公司和信用评级机构肩负着切实保护交易者权益、防范化解金融风险这一承上启下的重任。《期货和衍生品法》明确规定,期货经营机构应当勤勉尽责,以可持续经营和维护交易者权益为宗旨,通过报送相关资料、防范利益冲突等具体规则,确保市场平稳运行。金融机构根据实施新资本协议的原则,建立与自身金融市场业务性质、规模和复杂程度相适应的市场风险资本分配机制,根据业务组合的变化扩展和修正计量模型的评估范围,既要包括表内的各项资产负债,也要关注表外所有受市场影响的资产负债项目。加强对基金经理、交易员和风险控制相关人员的绩效考核和约束机制也是内部控制的重要环节,各金融机构要制定科学的绩效考核指标,树立常态化的强制休息和轮岗制度。提高衍生品交易员的业务水平和风险控制意识是一项专业性很强的长期任务,一旦相关业务人员缺乏交易产品的知识和经验,或者一时风险防控意识降低,或给交易员不当的操作授权,风险管控的第一道防线的作用塌陷,就容易产生严重后果。

第五,加强投资者教育。摩根大通交易员伊科希尔的赌博心理和盲目自信说明,对广大投资者和相关人员进行教育是一项长期而艰巨的任务。所谓投资者教育就是要引导投资者树立正确的投资理念和投资模式,从投机博弈转换为投资博弈,逐步地学习掌握在资本市场进行理财的必要知识,是提高投资者素质的一项系统的社会活动。其目的就是用简单的语言向投资者解释他们在投资过程中所面临的各种风险以及应对措施。投资者是资本市场的重要参与主体,由于市场信息的不对称性,个人投资者在资本市场这个高风险环境中处于天然的弱势地位,因此,加强投资者教育工作任务繁重。摩根大通巨亏事件告诉我们,一个交易者要切实做好风险管理和控制,正确认识风险,评估自身面临的风险是重要的一步,针对交易者以利润为中心、鲁莽投资进行教育是一项长期的日常工作。无论是成熟市场还是新兴市场的证券市场发展的历史都表明,做好投资者教育是各个国家或地区监管机关和自律组织的一项重要工作。加强投资者教育是实现行业自律的需要,对于金融机构来说,要有理有力地说明产品的收益与风险对应关系;向投资者介绍选择投资品种的特征是中介机构的基本职责,但又不能代替投资者作出具体判断和决策。投资者教育的主要内容包括:① 提高全社会的投资者教育意识和重要性认识;② 普及金融产品投资基础知识;③ 解释和宣传证券期货监管方面新的政策法规;④ 认识市场收益和风险之间的逻辑关系,注意各类风险的特征;⑤ 投资者教育也是证券行业的一项诚信教育,是对证券行业诚信意识的检验。各类金融机构既要保护社会公众的投资热情,维护资本市场的持续发展,又要做好风险揭示工作,保护投资者的合法权益,防止各类金融欺诈。

13.5 本章小结

本章介绍了摩根大通巨亏事件,分析了事件的过程、原因和影响,以及该事件对中国的启示。摩根大通巨亏事件表明公司对风险控制不严格,潜在风险经常被掩盖,忽略了流动性风险,交易员盲目自信,不严格执行交易制度。具体来说:① 如果评级机构质疑美国银行的风控能力,进而影响其评级决定的话,考虑到大银行们手里持有的衍生品规模,对银行的资金压力非常大;② 美国制定的沃克尔规则禁止银行以自身资金从事对冲交易,以禁止银行自营交易为核心的沃克尔规则一旦重新提上日程,那么对美国的银行交易业务是重大打击,对其盈利预期同样如此;③ 摩根大通如果未来发生更大的亏损,其股价持续下跌的话,其他银行股价也将受到影响;④ 如果本就惜贷的银行业再遭打击,美国经济复苏的前景也将蒙上阴影;⑤ 风险价值评估指标未能提示即将发生的亏损,这表明风险控制是一件非常困难的事情,各金融机构要有辅助指标和方法评估与控制金融风险。

复习思考题

1. 从你所了解和掌握的众多案例中,总结一下哪些是目标累计赎回合约,哪些是展期三项式(extendible 3-ways)。这两类合约各有什么特征。
2. 从摩根大通亏损案例中可以总结出哪些深刻的经验教训?
3. 简单说明 CDS 和 CDX 的意义与作用。
4. 在 CDS 的交易双方中谁的风险更大? 什么风险发生后最难应对?
5. 如何评价交易员伊科希尔?

第14章

原油宝事件

石油是最重要的战略物资,原油期货是期货市场的重要品种。第 14 章原油宝事件,首先介绍原油期货发展的历史背景和原油宝事件始末,然后分析原油宝事件产生的根源,最后总结原油宝事件的经验教训。14.1 介绍原油期货发展的历史背景,14.2 介绍原油宝事件始末,14.3 详细剖析了原油宝事件的根源,14.4 总结原油宝事件的经验教训。

14.1 原油期货发展的历史背景

14.1.1 全球原油及原油期货概况

原油期货是以远期石油价格为标的物的期货,由期货交易所统一制定交易规则,以原油为标的的标准化合约。1978 年,NYMEX(纽约商业交易所)推出了第一个成功的石油期货合约——纽约取暖油期货合约。1981 年 4 月,伦敦国际石油交易所(IPE)推出重柴油(gas oil)期货交易,上市后交易量一直保持稳步上升的走势。1983 年以后,随着原油期货的引入和石油价格的日益不稳,大型的炼油商和上下游一体化的大型石油公司也纷纷进入了石油期货市场。据统计,到 1984 年,50 个最大的石油公司中 80% 都使用石油期货来规避风险。大终端用户(例如航空公司)和其他能源用户,也出现在石油期货市场上。此外,由于交易量和未平仓合约数已上升到符合资本流动性要求的程度,广大的投机者也涌入石油期货市场。1983 年,NYMEX 推出轻质低硫原油期货合约。1988 年 6 月 23 日,IPE 推出国际三种基准原油之一的布伦特原油期货合约。2002 年 11 月 2 日,新加坡交易所(SGX)推出了中东迪拜石油期货合约。

20 世纪 70 年代初发生的石油危机,给全球石油市场带来了巨大冲击,石油价格剧烈波动,直接导致了石油期货的产生。石油期货诞生以后,其交易量一直呈现快速增长之势,已经超过金属期货,是国际期货市场的重要组成部分。在石油期货合约中,世界上交易量最大、影响最广泛的原油期货(oil fut)合约共有 4 个:纽约商业交易所(NYMEX)的轻质低硫原油即 WTI(西德克萨斯中质原油)期货合约,伦敦国际石油交易所(IPE)的北海布伦特原油期货合约,新加坡国际金融交易所(SIMEX)的迪拜酸性原油期货合约,以及迪拜商品交易所的高硫原油期货合约。石油期货市场的基本功能是价格发现与风险规避。2001 年全球原油产量为 31.8 亿吨,2007 年全球原油产量为 36.18 亿吨,前 5 位的产油大国依次为俄罗斯、沙特阿拉伯、美国、伊朗和中国。石油是"工业生产的血液",是重要的战略物资。2010—2020 年,全球已经探明石油储量、生产量和消费量的变化情况如图 14-1、图 14-2 和图 14-3 所示。(资料来源:中国原油加工及石油制品行业市场前瞻与投资规划分析报告)

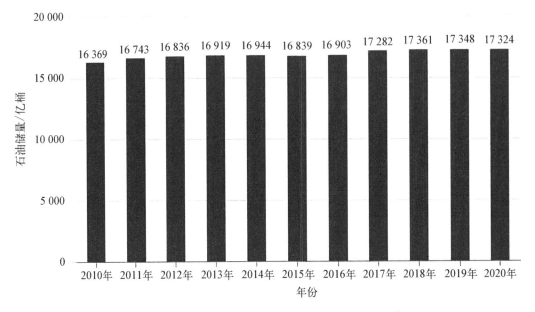

图 14-1　2010—2020 年全球已经探明石油储量变化情况

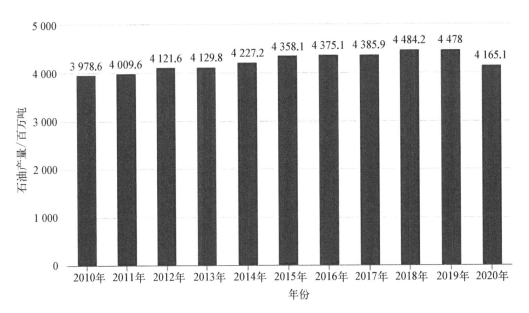

图 14-2　2010—2020 年全球石油产量变化情况

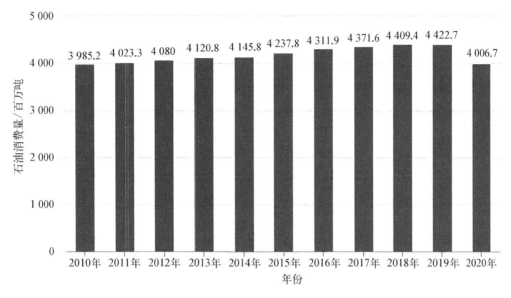

图 14 - 3　2010—2020 年全球石油消费量变化情况(单位：百万吨)

14.1.2　原油期货发展的经济环境与过程

20 世纪 50 年代中后期到 70 年代是全球石油工业急速成长的时期,一方面,美国的剩余石油产能迅速下降,动摇了其在世界石油体系中的主导地位;另一方面,中东陆续发现一批特大型油田,此消彼长,中东成为世界石油工业的中心和世界最主要的石油供应地。世界产油国为了维护自身利益,于 1960 年 9 月 14 日由伊朗、伊拉克、科威特、沙特阿拉伯和委内瑞拉 5 国宣告成立石油输出国组织(Organization of the Petroleum Exporting Countries——OPEC,简称"欧佩克"),总部设在奥地利首都维也纳,现有 14 个成员国:伊拉克、伊朗、科威特、沙特阿拉伯、阿联酋、委内瑞拉、阿尔及利亚、厄瓜多尔、加蓬、印度尼西亚、利比亚、尼日利亚、卡塔尔及阿拉伯联合酋长国。欧佩克石油蕴藏量最新达到 1 133 亿吨,占世界总储量的近 80%。随着成员国的增加,欧佩克已经发展成为亚洲、非洲和拉丁美洲一些主要石油生产国的国际性石油组织。欧佩克旨在通过消除不必要的价格波动,确保国际石油市场上石油价格的稳定,保证各成员国在任何情况下都能获得稳定的石油收入,并为石油消费国提供足够和长期的石油供应。其宗旨是协调和统一各成员国的石油政策,并确定以最适宜的手段来维护它们各自和共同的利益。欧佩克成立后,与跨国石油公司展开了长期的斗争,逐步取得了对世界石油市场和本国石油资源的控制权。然而欧佩克各成员国心怀鬼胎,导致内部频频出现了分裂,冲突不断。1973 年,中东国家对抗西方跨国公司垄断,实行石油禁运,造成油价大幅上涨,同年 10 月,第四次中东战争爆发,欧佩克限制石油产量,宣布收回原油标价权,将原油基准价格从每桶 3.011 美元提高到 10.651 美元,引发了最严重的全球经济危机。原油危机发生后,经济合作与发展组织(OECD)发起建立了国际能源署(International Energy Agency,IEA),总部设在巴黎,有 30 个成员国和 8 个加入国。它的成员国共同控制着大量原油库存以应对紧急情况,这些原油存储在美国、欧洲、日本和韩国。1978—1980 年,就在第一次石油危机尚未完全平息之际,发生了两次石油危机,油价从每桶13美元猛涨至34美元,令全球经济雪上加霜。虽然欧佩克成为世界石油市场的主导力量,但其所主张的高油价政策严重损害了世界经济的发展,此时,一种新兴的市场机制正酝酿发生。

1983—1998年世界石油工业在经历了三次石油危机,经济出现萧条后,80年代初全球石油出现了供大于求的局面,这一方面是由于非欧佩克国家产量增长;另一方面则是欧佩克为了保护自身的利益,实行限产保价政策,然而从历史来看,欧佩克做了一个错误的决策。1981年4月,伦敦国际石油交易所(The International Petroleum Exchange;IPE)推出重柴油(gas oil)期货交易,重柴油在质量标准上与美国取暖油十分相似,该合约是欧洲第一个能源期货合约。1983年3月30日,纽约商业交易所(NYMEX)推出了轻质低硫原油期货合约,这也是目前世界上成交量最大的商品期货品种之一。时至今日,在世界范围内来看,有两种基准原油:一种是WTI,在美国纽约商品交易所(NYMEX)进行交易;另一种是布伦特,在英国伦敦国际石油交易所(IPE)进行交易。人们通常所谈论的国际原油价格是多少美元一桶,指的就是纽约商品交易所的WTI或者英国国际石油交易所的布伦特的期货价格。两大原油期货品种的出现,彻底打击了欧佩克的定价权力,油价因此从1985年11月的31.75美元/桶降到1986年4月的10美元/桶,由此开始,世界进入了为期16年的低油价时代。

14.1.3　21世纪的世界原油局势

进入21世纪,尽管国际石油市场也时常出现大幅波动,而美国始终是国际石油体系中最重要的力量。美国主要通过国际能源机构(IEA)影响石油消费国,通过控制沙特阿拉伯等主要产油国,控制国际石油体系的基本稳定,并通过强大的军事力量对产生威胁或破坏规则的国家进行威慑,确保美国全球战略的实施。布雷顿森林体系崩溃后,美元国际货币的地位被保留下来。以石油为基础、以美元金融垄断地位为支持的"石油—美元体制"是战后美国实现全球霸权目标最为重要的经济手段之一,它为美国获得在中东乃至全球的战略利益提供了极为有效的金融支持。

从总量上看,全球石油需求仍将保持上升趋势。虽然以美国、欧洲国家和日本为代表的国家需求比重不断下降,但它们仍然是世界主要的石油消费和进口地区。随着经济的快速发展,以中国、印度为代表的新兴经济体的原油消费量和进口量都将大幅增长;一些产油国石油消费量近年来也呈不断增长趋势。尤其是全球金融危机发生后,一些大型的发展中国家推出了庞大的能源密集型的经济刺激方案,更加剧了这种趋势。

未来10年内,随着美国国内页岩油气的革命,美国对于进口石油的依赖很可能发生根本性的改变,这种改变,也许将扭转世界格局和地缘政治。2012年11月12日,国际能源署发布的《世界能源展望》年度报告预计,美国将取代沙特阿拉伯成为世界上最大的石油生产国,并在10年后实现能源自主。悄然降临的"页岩气革命"开始对全球天然气供需关系变化和价格走势产生重大影响,并引起天然气生产和消费大国的关注。

而亚洲地区如迪拜交易所、新加坡交易所以及印度交易所等也都上市过原油期货,但交易并不活跃且未能成为亚洲地区的定价基准,也就是说亚洲地区的原油现货贸易定价基准以及原油期货避险工具一直是缺失的。中国实力雄厚的央企有能力在欧美原油市场进行相关的保值交易,但大多数国内中小型企业就很难找到保值避险的渠道。2013年11月22日,上海国际能源交易中心在上海自贸区挂牌成立,2014 年 12 月 12 日,原油期货交易正式获批。2018 年 3 月 26 日,中国原油期货以"国际平台、净价交易、保税交割、人民币计价"的制度设计基础,作为中国期货市场对外开放的第一个品种,在上海期货交易所正式上市交易,开启了中国期货市场国际化元年。上海原油期货上市,在交易时区上能够与纽约、伦敦组成全球范围内 24 小时不间断交易网络,它是国内第一个允许境外交易者参与的国内期货品种,交易油种为中质含硫原油,是国内原油进口的主要油种,有着广阔的现货基础,同时采用保税交割的方式,规避了企业进口资质的限制,方便境外参与者参与上海原油期货交割。上海原油期货的上市不仅丰富了国内市场的期货品种,也为国内以及境外相关企业提供了保值避险工具,尤其是对于国内的一些中小型油企来说,以前只能被动接受原油价格变动给企业带来的经营风险,而现在可以利用国内上市的原油期货进行相应的风险管理,满足了企业套期保值的需求。现在的上海原油期货不仅与国际油价保持高度联动,同时还能反映亚洲市场特点,与 WTI 和 Brent 原油期货形成良好互补。上海原油期货已基本能代表中国甚至亚太地区的原油供需变化,更加高效地反映亚洲市场特点,已经成为仅次于美国纽约 WTI 原油期货与英国 Brent 原油期货的世界第三大原油期货品种。尤其是在亚洲现货市场,上海原油价格作为定价基准的接受程度不断地上升。许多境外机构认为,上海原油期货的价格公平合理、地位重要、意义深远。

现阶段国际上有 10 多家交易所推出了原油期货。芝加哥商品交易所集团旗下纽约商业交易所(NYMEX)和洲际交易所(ICE)为影响力最大的世界两大原油期货交易中心,其对应的 WTI、布伦特两种原油期货也分别扮演着美国和欧洲基准原油合约的角色。另外,上海国际能源交易中心(INE)的上海原油(SC)、迪拜商品交易所(DME)上市的阿曼(Oman)原油期货也是重要的原油期货基准合约。

2019 年 10 月,在波斯湾船舶受袭、运费飙升的混乱局面中,中东至中国油轮运费出现大幅上涨,上海原油期货率先启动行情,引领价格变化,成为东北亚地区唯一反映到岸原油价格的期货合约。2020 年 4 月,受疫情、地缘政治、宏观形势、石油价格战等多重因素影响,原油价格大幅波动,WTI 原油期货甚至出现"负油价"的极端行情。2020 年 4 月 20 日,纽约商品交易所 5 月交货的轻质原油期货价格崩盘,暴跌 55.90 美元,最低至−40.32 美元,收于每桶−37.63 美元,跌幅为 305.97%(见图 14−4)。4 月 21 日,纽约商品交易所 5 月交货的轻质原油期货价

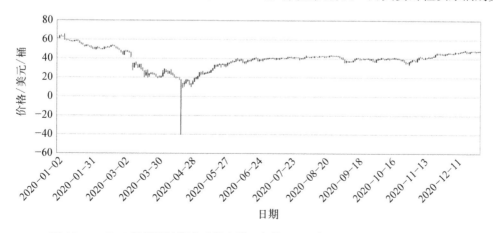

图 14−4　WTI 轻质原油期货连续合约日行情(2020 年 1 月 2 日—12 月 31 日)

格 21 日出现大幅反弹。上海商品期货市场经受住了严峻考验。相比纽约、伦敦两地基准市场,上海原油期货的规则和制度设计存在很大差异,会否符合这一国际化品种的"惯例"曾是市场的担忧。但是随着交易量的不断扩大,目前上海原油期货反映中国乃至亚太原油市场的期货基本功能已经显现,建立了体现中国石油生产和消费关系的期货定价机制,逐渐成为亚太地区原油新的定价基准,价格影响力与日俱增,对于中国的能源安全和经济发展有重要的意义。

14.2 原油宝事件始末

14.2.1 原油宝事件产生的背景

2020 年 3 至 4 月,国际原油市场大幅波动,国际油价大幅快速下跌,3 月 9 日,WTI、Brent 原油期货盘中最大跌幅均超过 30%。2020 年 4 月 3 日,CME 发布通知,允许原油期货出现负价格,2020 年 4 月 15 日,全球最大的期货期权市场——美国芝加哥商品交易所(以下简称 CME)修改了一条交易规则,允许期货合约的期权可以负值交易结算(在此之前,全世界做空原油期货都是到 0 为止)。

截至北京时间 4 月 20 日晚 11 点,WTI 的原油 2005 合约的单边持仓超过 15 000 手(一手为 1 000 桶原油)。但库欣地区储油已满,出现严重流动性风险,多头方面被迫不断降价。北京时间 4 月 21 日凌晨 2 点,美国东部时间 4 月 20 日,WTI 原油 5 月期货合约 CME 官方结算价收报－37.63 美元/桶,盘中最低触及－40.32 美元/桶(见图 14－5),为自 1946 年美国原油期货交易以来最低水平,历史上首次收于负值。4 月 21 日,WTI 原油 6 月期货合约盘中下跌 40%,一度跌破 12 美元/桶。

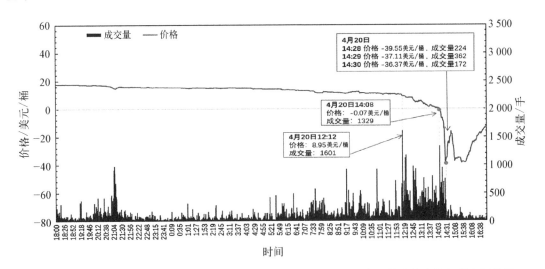

图 14－5 美国时间 4 月 19 日 18:00 至 4 月 20 日 16:59WTI2005 合约的分钟价格与成交量数据

CME 允许原油期货出现负价格可能主要出于三方面考虑。第一,宏观环境的变化。从需求端看,受新冠肺炎疫情影响,原油需求大幅萎缩。从供给端看,原油贸易战促使原油供给端不降反增。3 月 8 日 OPEC 会议,沙特阿拉伯与俄罗斯减产谈判破裂。沙特发动价格战,计划增加石油产量,日产量将超过 1 000 万桶,同时出口的原油价格削减幅度达到近 20 年来的最高水平。后续谈判中,各国在分配减产上也屡现争议。第二,地理条件因素。临近 4 月 20 日,库欣镇储油地几乎全满。且库欣镇位于内陆地区,原油也无法通过相对便宜的油轮进行储运。第三,市场交易制度。原油期货交割制度致使处置成本过高。WTI 原油期货由多头支付仓储费用,使多头成本迅速上升。4 月 3 日,CME 临时修改规则允许出现负油价。随后,CME 进一步表达出现负油价的可能性,并进行压力测试确认负油价情况下系统运行有效。CME 引入负价格机制,一定程度上扭曲了期货价格,且新规则立刻用于本期合约。

美国商品期货交易委员会(CFTC)于 2020 年 11 月 23 日发布了一份关于 2020 年 4 月"负油价"事件的调查报告(*Interim Staff Report*,*Trading in NYMEX WTI Crude Oil Futures Contract Leading up to*,*on*,*and around April 20*,*2020*),报告透露"负油价"事件由基本面因素和技术面在内的多种因素导致,包括油市供应过剩,疫情导致需求减少,供需不确定,等等。CFTC 报告中指出,第一个导致"负油价"的基本面因素主要是由于全球经济放缓、新冠肺炎疫情等因素影响。报告认为,新冠肺炎疫情的流行显著降低了对原油的需求,推动油价走低,并将 90 天原油历史价格波动推到极端水平。2020 年 1 月 2 日至 2 月 6 日,WTI 的合约价格从 61.18 美元/桶稳步下降到 50.95 美元/桶,到了 3 月 2 日,油价已跌至 41.28 美元/桶。CFTC 在报告中解释道,1—2 月的油价下跌,部分原因可能来自中国及其他亚洲国家对于原油需求的减少。第二个导致"负油价"的基本面因素则来自原油储藏方面。报告指出,新冠肺炎疫情使本已供过于求的全球原油市场需求大幅下降。而欧佩克减产预计要到 2020 年 5 月才会开始,因此,在短期内,对原油生产供过于求和原油仓储能力供应不足的担忧持续增加。报告认为,原油行业对新冠肺炎疫情的需求反应快于供给反应,导致原油市场供过于求的问题加剧。随着全球经济增速放缓,精炼石油和原油的消费量迅速下降,同时削减产量的努力也滞后于需求的急剧下降,这导致了现货石油库存上升,从而降低了原油的近月价格。CFTC 在报告中总结认为,"负油价"是一系列广泛的基本面因素共同作用的结果。供过于求的全球原油市场遭遇前所未有的需求下降,将市场波动性推至历史水平。尽管如此,但市场对此反应冷淡,主要原因是调查报告除了此前的已知信息外,并没有给出更多内容。交易所应当有能力和责任通过市场监控、合规以及规则执行措施和程序来防止操纵、价格扭曲,以及扰乱交割或现金结算过程的行为。CME 于 4 月 3 日公布允许部分能源品种价格为负,以促使期现价格的收敛和期货市场价格发现功能的发挥,并防止出现可能的交割违约。WTI 原油期货的交割机制更易产生空头逼仓行为,WTI 实物交割的规则,即管道阀门交割,在库欣指定若干个交割点,在交割过程中从一侧通过该交割点到另一侧即完成交割,买方需要自行寻找储罐,实际交割中并不存在真正的交割库,在库欣库容紧缺的情况下,更有助于"空逼多"。该事件引发了全球关于对商品期货负价格的思考。CME 在可以采取措施防止对交易附属设施炒作的情况下,却放任了这种炒作行为以致出现负价格,CME 的做法损害了期货市场的定价能力,损害了投资者的利益,增加了市场风险控制成本。

14.2.2　原油宝产品简介

原油宝也就是纸原油,是指中国部分金融机构面向个人客户发行的挂钩境外原油期货合约的交易产品,按照报价参考对象不同,包括美国原油产品和英国原油产品。其中美国原油对应的基准标的为"WTI原油期货合约",英国原油对应的基准标的为"布伦特原油期货合约",并均以美元(USD)和人民币(CNY)计价。中国部分金融机构作为做市商提供报价并进行风险管理。个人客户在金融机构银行开立相应综合保证金账户,签订协议,存入100%保证金后,可进行做多与做空双向选择。

从图14-6的产品结构上看,原油宝可分为内盘与外盘:内盘指原油宝与投资者直接相关部分,即投资者通过交易系统与金融机构进行交易;外盘指金融机构通过场外交易找到境外投行或者通过境内期货公司进行CME的交易(见图14-6)。

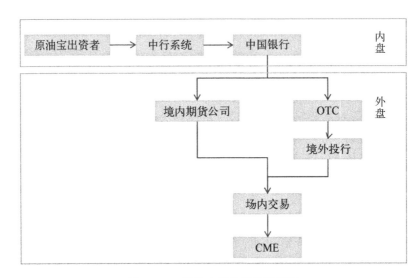

图14-6 原油宝产品结构示意图

原油宝产品的主要特征是:① 原油宝支持美元和人民币同时交易;② 原油宝是账户交易类产品,账户中的原油份额不能提取实物;③ 原油宝采用保证金交易形式,暂不提供杠杆,可以进行多空操作;④ 交易起点低,交易起点数量为1桶,交易最小递增单位为0.1桶;⑤ 渠道便捷,客户可通过中国银行网上银行、手机银行等银行渠道办理交易业务;⑥ T+0交易,日内可多次进行交易,最大限度提高资金效率。

原油宝交易的基本原理是:银行面向个人投资者的理财产品,银行首先是给自己开了一个大账户,这个大账户可以在境外交易所直接进行原油期货交易;原油期货的交易结算单都是银行跟交易所之间的,所有的仓位都在银行的名下,从未到过原油宝投资者个人的名下;原油宝投资者拿到的交易明细,都是跟银行之间的,是银行根据自己设置的交易系统生成的,投资者赚取价格波动所产生的差价利益。

原油宝又称纸原油,类似的产品还很多,比如纸黄金、纸白银和纸橡胶等,相当于期货,但与期货又不同,期货合约在2.2节中有详细介绍,保证金交易制度是期货市场的重要特性,投资者不需要支付合约价值的全额资金,只需要支付一定比例的保证金就可以交易。保证金制度的杠杆效应在放大收益的同时也成倍地放大风险。而原油宝不允许有杠杆,也非场内市场集中交易的标准化远期合约,且无法进行实物交割,因此,原油宝实质上与期货交易不同。

14.2.3　原油宝事件

2018 年 1 月,中国银行开办"原油宝"产品(个人账户原油业务),为境内个人客户提供挂钩境外原油期货的交易服务,中国银行提供报价并进行风险管理,客户自主进行交易决策。2020 年 4 月 22 日,中国银行公告称,原油宝跟随 WTI 原油 5 月期货合约官方结算价以 −37.63 美元/桶进行结算。投资人不仅亏光了本金,还倒欠中国银行数倍于本金的保证金。保证金也被强制抵扣,没有补足交割款的投资者还将面临欠款和征信问题。中行发布了关于"原油宝"业务的情况说明中强调,操作主要按"原油宝"合约规定执行。对于投资者质疑为何没有及时平仓的问题,中行表示,在跌到负价格前,多头头寸不存在强平制度,而跌至负价格是发生在 22：00 后,中行不再盯市,不可能强平。5 月 4 日,国务院金融委召开的第二十八次会议指出,要高度重视当前国际商品市场价格波动所带来的部分金融产品风险问题,增强风险意识,强化风险管控;要控制外溢性,把握适度性,提高专业性,尊重契约,理清责任,保护投资者的合法利益。

5 月 9 日,银保监会因中国银行、工商银行、交通银行等 8 家银行的监管标准化数据(EAST)系统,数据质量及报送存在违法违规行为,对其进行行政处罚。5 月 16 日,中行有关部门负责人就"原油宝"产品问题表示,中行已经和超过80%的客户完成和解。中行"原油宝"事件发生后,建设银行、工商银行、中国银行均暂停该产品新开仓交易。除了中行"原油宝"持仓至结算前一个交易日外,建设银行、工商银行的账户原油产品以及全球最大的原油上市基金 USO(ETF 基金)之前都已经完成移仓,因此得以逃过一劫。

通过 WTI 原油期货负价格事件,中国期货交易所既要对自然因素影响进行监管,也要对人为因素和交易附属设施的影响进行监管,以有效发挥期货市场功能,确保期货价格代表性。2020 年 7 月以来,上海原油期货价格较境外贴水,交割原油开始运送到韩国部分炼油厂,流向从单向进口开始向亚太其他地区辐射,初步实现了由境内到岸价向亚太地区贸易集散价的转变。随着交割原油流向的多样化,价格影响力也开始向周边国家辐射。另外,实体企业参与程度提升,风险管理效果显著,为众多实体企业提供套期保值服务,反映了实体企业利用期货进行风险管理的意愿。2020 年 3 月以来全球原油市场供远大于求、原油库存告急等现货市场原因是 WTI 原油期货 5 月合约出现负价格的客观基础。

14.3　原油宝事件根源

第一,原油宝事件的外部原因。CME 集团在 4 月 15 日正式启动负价格交易清算机制是原油宝事件发生的外部根源。负油价的出现,一方面加剧了现货市场对期货作为定价基准是否公允的忧虑,导致终端产业客户对期货定价的有效性和权威性产生了质疑;另一方面,导致部分投资者因负油价引发巨亏,如 ETF 等金融产品由于未能平仓所持有的 WTI 原油期货 5 月合约,触发多头结算巨亏与交割风险,产生大量诉讼纠纷。事实上,CME 并不试图吸引那些可能不知道规则的散户投资者,而是在市场上寻找专业的参与者,他们需要确保自己了解规则,而这取决于他们的期货经纪商,以确保每个参与者都知道这些规则。

第二,原油宝事件的内部原因。在各类"宝宝"产品中,金融中介机构实质上是"做市商",直接买进就能成交。在国内期货交易所中的交易是集合竞价,是基于实际交易产生价格,竞价制度能够有效避免极端情况的出现。原油宝的盈利模式和投资者存在利益冲突。原油宝投资者买的是"虚拟盘",是银行按照国际石油期货提供的"仿真数据"。如果原油宝中,多头和空头的数量相等,那么做市商实际上赚取了手续费。而如果多头远远超过空头,或者空头远远超过多头,实际上是投资者和做市商进行对赌。以多头远超空头为例,如果期货结算价上涨,那么投资者获利,做市商亏损。所以做市商为了保证稳定赚取手续费,它在 CME 上按照原油宝中的多头或空头购买实盘,以此对冲自己和原油宝投资者的对赌。

第三,原油宝事件的理论原因。工商银行、建设银行以及全球最大的石油 ETF 基金 USO 等金融机构认识到了合约末期的不可预见性,为了避免临近交割时的流动性不足选择提前移仓或平仓,风控措施做得相对较好。但是,价格一旦可以为负数,原有的最大亏损额为本金的假设将不再成立。大多数投资者愿意做多是因为最大亏损限定为本金,而 CME 的规则改变将这一个预设的亏损条件打破了。产品的风险等级陡然提高,客户现在可能面临无限的亏损。因此,以前签订的《客户风险告知书》已不再适用,中国银行应负起通知客户的责任。具体如图 14-7 和图 14-8 所示。

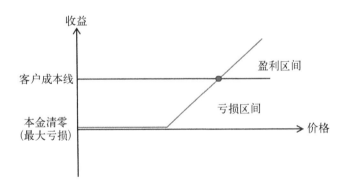

图 14-7　CME 调整交易机制前的做多损益图

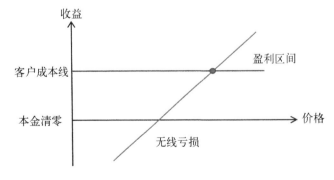

图 14-8　CME 调整交易机制后的做多损益图

产品协议中约定,"中介机构做市商可以根据实际的市场情况,确定强制平仓最低保证金比例要求,并至少提前 5 个工作日公告告知。目前强制平仓保证金最低比例要求为20％。"即中介机构在保证金低于 20％ 时应强行平仓。但直至原油宝结算为负价通知至投资者手中,投资者也未接到中介机构的平仓消息,说明中介机构并未强行平仓,违反合同约定。

第四,中介机构未尽到风险控制和提示义务。中介机构对原油宝的风险意识不足,产品的客户定位存在偏差。中介机构原油宝产品面向社会不特定公众,门槛极低,交易起点数量为 1 桶,交易最小递增单位为 0.1 桶,风险评级为 R3(稳健型),符合公募产品特征。大量普通投资者对期货交易以及中介机构原油宝与 CME 挂钩交易了解有限,直观认为在 100％ 保证金交易且不带杠杆的情况下,最多将保证金亏完,难以想象会倒贴钱。但目前看来原油宝风险极高,甚至会倒贴本金,不应面向普通投资者,应面向具备高风险承受能力的投资者。

中介机构对市场变化的重视度和敏锐度不高,金融警惕性不足。在 2020 年 4 月 8 日,CME 就已发出主要能源产品价格可能为负的通告函。4 月 15 日,芝加哥清算所发布测试公告,出现零或者负价格,CME 的所有交易和清算系统将继续正常运行。2019 年 11 月 14 日最高人民法院颁布的《九民会议纪要》第 76 条规定,金融商品销售者"告知说明义务的履行是金融消费者能够真正了解各类高风险等级金融产品或者高风险等级投资活动的投资风险和收益的关键"。按照通用风险等级判断,原油宝本身风险等级达到 R5 以上,适合超高风险承受能力人群。金融机构将原油宝归类为 R3 风险等级理财产品并推送给广大普通投资者,没有尽到区分不同风险等级产品说明的义务,且故意将其宣传为低风险、稳健收益,无疑构成了虚假宣传。

14.4　原油宝事件的经验教训

原油宝事件给投资者、金融机构、金融监管部门带来了深刻的反思,金融专业性和金融高科技被提到更重要的层面,同时也说明中国资本市场完善风险控制任重道远。在金融消费者权益保护机制缺失的情况下,原油宝从诞生之初就被包装成银行理财产品,银行对其低门槛性、低风险性等特点大力宣扬。然而,原油宝本质上却是期货合约,具有高风险性、高杠杆性的特点。银行在这样的"幌子"遮掩下,不断吸纳新的投资者进入,在原油宝产品设计、推广、营销之初,其已经背离用户思维导向、契约精神,对金融消费者的利益形成事实性侵害。原油宝"穿仓"后,中国银行的诸多行为也进一步对这一隐患形成印证。

中国银行风险控制机制不健全,大宗商品原油宝交易界面就明确提出:"保证金充足率低于 20％ 时系统将按照单笔亏损比例从大到小顺序的原则对未平仓合约产品进行逐笔强制平仓"。然而,在客户保证金充足率低于 20％ 时,中国银行并未进行强制平仓。这种行为在一定程度上暴露出中国银行原油宝产品风险控制不达标、履职责任不到位的隐患。WTI 原油期货 2005 合约多空双方在 4 月初出现较大分歧,成交量和持仓量明显增加,而多方后期因移仓成本增加而离场意愿下降,给空头提供了逼仓的机会;同时,WTI 原油期货交割机制采用买方备库,更易产生空头逼仓行为。还有一点就是产品在移仓日期的选择上存在设计的漏洞,国内投资者交易时间和美国期货市场不吻合,造成了无法掌控的局面。

14.4.1 对投资者的启示

投资者应做好风险预期和专业准备,不应将所有的风险归于金融机构,尤其在全球疫情风险扩散、经济十分不确定的环境下,投资者更应该提高自身判断力和风险意识,审慎做出选择。在投资者金融素养方面,原油宝产品折射出当前中国散户投资者金融素养有待进一步提升的迫切性问题。很多购买中行原油宝产品的散户,在不了解交易规则、不清楚产品性质、不明晰产品风险等级的情况下,仅凭产品营销人员的片面说辞以及个人的浅薄认知就贸然进入高风险市场,最终酿成了惨重的后果。投资者应抑制盲目投机行为,提升风险意识,增加专业知识储备,充分了解不同金融产品的特征与风险,深入了解金融产品管理机构的风险控制情况,认真阅读理财产品合同,多渠道及时接收相关信息,及时了解交易规则变更所带来的交易风险。

假如投资者持有 2 万手原油宝的 5 月合约,在到期结算时,投资者有两个选择:一是履行期货合约购入对应桶数的原油,但是由于原油宝实际上是虚拟的纸面交易,所以并不进行现货交割;二是购入对应数量的空头来平仓。这里要注意,原油宝的 1 手＝1 桶,而非国际原油期货的 1 手＝1 000 桶。若投资者持有 2 万桶原油的持仓均价是 194.23 元,本金为 20 000×194.23 元＝388.46 万元。最后给出平仓价是－266.12 元,2 万桶原油亏损 920.7 万元。投资者除了亏完 388.46 万元本金,还欠银行 532.24 万元(见表 14-1)。

表 14-1 平仓 20 000 手原油宝交易损益说明

合 约 名 称	人民币美国原油 2005 合约
持仓方向	多头
交易方向	空头
平仓价(元/桶)	－266.12
交易前持仓量(手)	20 000
交易后持仓量(手)	0
持仓均价(元/桶)	194.23
平均损益(元)	9 207 000.00
保证金币种	人民币
交易时间	2022-4-22 3:58

在原油宝中持有 5 月合约的多头投资者因为期货合约的负值结算价承担的损失如上,那么如果有人按照行业内默认规则提前一周进行了移仓,损失会如何呢?

如果有人在 3 月 30 日,按照当时的超低油价 20 美元价格抄底,后来油价涨到 29 美元,如果该投资者盈利近 50% 后,选择平仓盈利,那么该投资者投机成功。但是如果该投资者选择继续持仓,比如工行就在 4 月 14 日进行了移仓。WTI 原油的 5 月合约收盘价是 20.82 美元,6 月合约收盘价是 27.91 美元,二者有近 7 美元的差价。以 20 美元抄底 5 月合约的投资者,在 4 月 14 日移仓之后,在持有同样市值原油的情况下,成本会增加 7 美元。银行会自动帮投资者平掉 5 月合约,然后从投资者的保证金里扣掉相应金额,来购买高了 7 美元的 6 月合约。并且在 4 月 14 日之后,国际油价一路暴跌,WTI 原油的 6 月合约也一度暴跌到 6.47 美元。

14.4.2 对金融机构的教训

对于金融机构而言,应客观评估金融产品风险,提高商品及衍生品类理财产品投资门槛,加强投资者适当性管理,做好投资者风险承受能力评估,提升专业管理能力,尤其是从事非主要业务的产品时。回到原油宝,作为虚拟盘,只要银行想平仓是肯定可以平的。银行平不了的原因是银行在 CME 存在真实交易单,所以 20 日晚上 10 点,中行停止了客户交易的权限,也就是投资者不能自己进行平仓。

在原油期货价格暴跌的突发黑天鹅事件中,工行提前察觉到了价格可能的大幅波动,而提前采取移仓换月的措施,虽然提前锁定了收益,使得投资者不能获得更高的回报,但也避免了因价格的大幅波动而导致的巨额损失,从而避免了类似"中行原油宝"事件的出现,保护了投资者的利益。这对银行风险管理也有一定的启示:首先,要强化产品管理和市场风险监测,产品运作过程中要做好风险监测与风险预警;其次,是审慎开展风险分类和客户推介,产品推介要充分考虑投资者的风险承受能力;最后,还要关注同业动态,严防流动性风险,并且合理设计合同条款,并将风险提示做到位。

尽管如此,这样的操作在锁定风险的同时,也使得部分投资者丧失了获得更高收益的可能性,因此也有部分投资者对工行的行为提出异议,希望工行能够赔偿因提前移仓而减少的收益。商业银行在设计类期货等创新型投资产品时,应注意其投资过程中可能产生的各种风险,完善产品设计,做好事前、事中、事后的风险评估、风险监控与反馈。此外,应全面、及时、准确地告知投资者该产品的风险,并对投资者进行风险测试,推荐适合其风险承受能力的产品,尽量避免再次发生原油宝事件。

金融机构事前应进行风险评估并尽到告知义务,原油宝与波动性较大的原油期货产品挂钩、为跨境交易、100% 保证金等特性都使得其风险较高,然而中行没有进行全面的风险评估,且中行没有将原油宝的复杂性和相关的风险告知投资者,其在宣传时声称本产品适合没有理财基础的小白,且允许低风险承受者购买该产品,未履行金融机构应负有的保障投资者适当性义务。金融机构还应完善事中风险控制措施,中行没有时刻监控挂钩产品的价格变化情况,导致投资者没有收到风险警示,设计的平仓、移仓仅限最后一天,冒着流动性风险加大的可能。此外,中行缺乏灵活的风险管控能力。芝加哥交易所允许"负油价"申报和成交,但中国银行并未给予重视也未及时告知投资者。

14.4.3 对监管机构的启示

在监管方面,事实上原油宝产品属于类期货合约产品,但其推出的机构却是银行。如果从监管机构的角度来划分监管归属的话,这款产品到底是归银保监会监管,还是证监会监管,或是由中国期货市场监控中心监管呢？监管的归属无法确认。对于监管机构而言,应对银行投资账户产品做好充分监管,对于边缘类产品,明确监管责任,切实保障投资者利益。同时,对此次出现的负价格做好监控,警惕负价格的再次出现,防范负价格出现带来的经济伤害。

原油宝事件对于中国的金融机构以及投资者都有重要的教育意义。对于金融机构来讲,在推出理财产品的同时,首先应当充分了解和把握产品的性质,对风险和收益做出客观的评价。同时,在向投资者进行宣传的时候,要从产品实际出发,不能为了拓展客户做虚假宣传,产品说明应当充分体现出产品的性能和可能带来的风险。

14.5 本章小结

本章首先介绍了原油期货发展的历史背景和原油宝事件始末,然后分析了原油宝事件产生的根源,最后总结了原油宝事件经验教训。原油宝事件对于中国的金融机构以及投资者都有重要的教育意义。金融机构在推出理财产品的同时,首先应当充分了解和把握产品的性质,对风险和收益做出客观的评价。同时,产品说明应当充分体现出产品的性能和可能带来的风险。此外,应加强国际交流,开放金融市场,发展相关机构,深入研究全球的经典案例,通过双向的交流与合作,弥补中国衍生品市场存在的不足。

复习思考题

1. 通过原油宝事件,金融机构和投资者如何正确认识各类宝宝产品的收益与风险？
2. 如何分析原油期货修改交易规则对事件产生的重大影响？
3. 怎样科学合理监管各类宝宝产品？
4. 金融机构推出原油宝理财产品的盈利模式是什么？
5. 原油宝事件的经验教训是什么？

第15章

包商银行案例

第 15 章包商银行的破产案例,结合前人对包商银行公司治理结构的探索,从公开财务数据和公司治理结构两方面分析包商银行破产的原因,总结商业银行资本管理和风险控制需重点关注的问题。先介绍包商银行的发展历程和破产事件经过,然后分析包商银行破产这一中国金融发展史上的重大事件,着重从财务与公司治理两个方面剖析包商银行破产的原因。15.1 介绍包商银行的发展历程和破产事件经过,15.2 从财务数据对比角度剖析包商银行破产的原因,15.3 从公司治理结构分析包商银行破产的原因。

15.1 包商银行的发展历程

20 世纪 70 年代末,改革开放后的城市经济发展对金融机构具有现实的需求,城市信用社应运而生,在不足 10 年的时间里有了飞速增长。1986 年,中国城信社数量增至 1 300 多家,1989 年为 3 330 家,1994 年则为 5 200 多家,总资产规模达到 3 171 亿元。1995 年,国务院决定撤并全国数千家城市信用社,吸收地方财政、企业入股,组建城商行。1995 年 9 月,国务院下发《关于组建城市合作银行的通知》,决定从 1995 年起在全国 35 个大中城市进行第一批城市合作银行的组建工作。1998 年 3 月,央行与国家工商管理局联名发文,将将城市合作银行统一更名为城市商业银行。

包商银行股份有限公司(Baoshang Bank Limited,简称包商银行),前身为包头市商业银行,由包头市财政局和 12 家法人股东在包头市 17 家城市信用社的基础上,于 1998 年 12 月 28 日经中国人民银行批准设立。包商银行注册资本为 47.31 亿元,是内蒙古自治区第一家股份制商业银行。趁着第一波城商行改制潮来临,"明天系"的明天科技出资 2 000 万元持有包商银行 13.9% 的股权。2002 年,李某担任包商银行行长,此后包商银行通过小微企业业务飞速发展。2003 年 4 月 28 日,中国人民银行分拆出的银监会正式挂牌成立。2003 年,包商银行顺利通过了 ISO9001:2000 国际质量标准管理体系认证,2004 年,由于经营业绩突出,包商银行被银监会确定为首批 32 家城商行公开信息披露行之一。2005 年率先引进国际先进的小微企业信贷技术和成功经验,共有 92 个营业网点开展小微企业信贷业务。2006 年、2007 年被内蒙古自治区人民政府授予"全区金融发展突出贡献奖",被中国银监会授予"全国小企业贷款工作先进单位";是全国城市商业银行仅有的 7 家监管评级二级行之一;在

《银行家》综合竞争力排名中列全国城市商业银行第 7 位,西部城商行第 1 位。截至 2012 年年末,总资产达到 2 022 亿元,各项存款余额 1 184 亿元,各项贷款余额 545 亿元;五级分类不良贷款余额 5.04 亿元,不良率为 0.93%。

2007 年 9 月 28 日,经中国银监会批准,包头市商业银行更名为包商银行。2011 年后,包商银行通过大量设立支行、入股异地地方银行、开设村镇银行进行异地扩张。截至 2011 年年底,包商银行的村镇银行迅猛增至 24 家,同时斥资 4 800 万元收购甘肃银行 11% 的股权。

2012 年,包商银行荣获"中国企业品牌文化管理十佳单位",多家主流媒体多次深入报道了包商银行的小微企业金融服务工作。2013 年 8 月,包商银行已经有 130 多个营业网点,16 家分行,员工 8 646 人。2013 年,同业存单业务开始推出。2014 年,包商银行开始借发放同业存单扩张规模。2015 年 12 月,包商银行发行 65 亿元为期 10 年的二级资本债。

2017 年,监管部门开始整顿同业存单,二季度《中国货币政策执行报告》宣布将从 2018 年起将同业存单归入同业负债,纳入 MPA 进行考核。同年,"明天系"的主导者肖某接受调查;保监会原书记项某,中纪委驻财政部纪检组原组长、财政部原党组成员莫某,因"严重违纪"被开除党籍和公职,这两位负责人与"明天系"有千丝万缕的联系。但在 2018 年中国银行业百强榜中,包商银行仍排在 37 位。

2021 年 2 月,北京市第一中级人民法院作出《民事裁定书》,裁定包商银行破产。包商银行破产事件发生后,学界对其进行了多方面的研究。桂旭勇(2021)详细介绍了包商银行风险处置工作的四个阶段;郭煦(2020)指出包商银行作为中国第一家经由司法破产程序完成清算并退出市场的商业银行,对中国银行监管事业具有里程碑意义。而大部分研究从公司治理失灵的角度进行了归因:周学东(2020)指出了包商银行大股东委托代理问题下股东大会形式化、董事会形同虚设、监管部门徇私舞弊等现象;贺童语(2021)以包商银行为例,分析了中国中小银行公司治理现存的主要问题;刘炳堃(2021)介绍了明天集团掏空包商银行的三种具体业务方式。

包商银行的破产是中国金融发展史上的一个重大事件。包商银行是中国(除港澳台地区)第一家触发二级债减记条款的银行,也是第一家自建立存款保险制度以来采用收购承接模式处置的银行,其破产与处置具有开拓性的意义,其经验教训也值得借鉴。对于这些问题的探究,可以帮助商业银行提升自身管理水平,提示商业银行监管的重点和方向,从而有效降低中小商业银行的信用风险,避免类似事件再次发生,稳定银行在金融领域的地位和大众对中小商业银行的信心,对中国金融的稳定健康发展具有重大意义。从包商银行快速发展到最终破产,其发展历程可以为中国商业银行的风险控制和资本管理总结出哪些教训?能否尝试从包商银行披露的财报数据中发现其风险端倪?包商银行的股权结构和公司治理又存在哪些不足?希望能从本案例分析中找到答案。

15.2　财务数据分析

大多数研究均从包商银行的公司治理方面探源索隐,缺少对包商银行公开财务指标的详细分析讨论。本节意图在前人研究的基础上,通过对包商银行公开财务数据的分析,寻找包商银行破产的蛛丝马迹,总结商业银行资本管理和风险控制需重点关注的财务指标,为商业银行提升管理水平、监管部门提高监管效率提供参考。

在公开财务数据方面,出于数据的可获得性,又因为包商银行在破产前的资产规模与现今上市银行相近,从 wind 上采集 2021 年 10 月 1 日前内地和香港上市银行从 2009—2020 年的公开披露的数据(见附录 B),并进行趋势分析和同业对比。在进行同业对比时,由于包商银行属于城市商业银行,接下来将包商银行的经营指标与当时上市的所有 56 家银行指标总体均值和 27 家上市城市商业银行指标均值进行比较。

在进行财务数据和公司治理的分析讨论时,本节主要采用调研法和文献分析法。通过收集包商银行债券交易数据和银行相关数据,根据已有资料,结合相关研究和公司公告、新闻报道等相关文献,运用相关理论进行综合分析。

15.2.1 盈利能力分析

银行盈利能力是商业银行生存和发展的基础。这里主要从净利润、利息净收入占营收比重、成本收入比和净息差四个重要指标分析比较包商银行的盈利能力变化。

1)净利润

净利润指扣除税收后企业的利润存留。净利润的多少决定了企业所有者可分配利益的大小以及投入下一期经营的内部资金的多少,是衡量企业盈利的基本指标。

由于国有商业银行的资产规模和利润规模均远超股份制商业银行、城商行和农商行,根据资产规模权重计算的上市银行净利润均值与上市城商行净利润均值存在较大差异,因此,这里仅比较包商银行净利润数据与上市城商行均值。可以看出,包商银行的净利润低于城商行平均水平,且在 2011 年后差距逐渐拉大,这表明,包商银行的盈利能力较弱(见图 15‑1 和表 15‑1)。

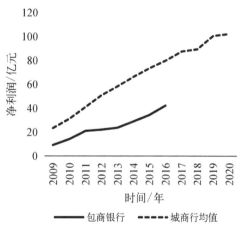

图 15‑1 包商银行净利润同业对比

表 15‑1 包商银行净利润同业对比 单位:亿元

年 份	包商银行	所有城商行平均值	所有银行平均值
2009	9.14	23.34	719.71
2010	14.10	31.13	875.90
2011	20.94	40.99	1 075.88
2012	22.05	50.70	1 206.14
2013	23.65	58.17	1 322.29
2014	28.86	66.34	1 376.47

续 表

年 份	包商银行	所有城商行平均值	所有银行平均值
2015	34.18	73.45	1 346.87
2016	42.1	79.82	1 334.25
2017		87.46	1 388.35
2018		89.31	1 452.49
2019		100.56	1 535.42
2020		102.15	1 549.53

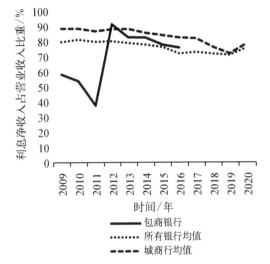

图 15-2 包商银行利息净收入占营业
收入比重同业对比

2）利息净收入占营业收入比重

利息净收入为银行利息收入与总收入支出的差额，可以衡量银行传统信贷业务的发展水平。除了利息净收入以外，商业银行的重要收入来源是资管产品、理财产品业务的手续费和佣金收入等，利息净收入占营业收入的比重可以衡量商业银行的业务结构。总体来看，中国上市银行利息净收入占营收比重较高，但有波动下行的趋势，在 2019 年达到接近 70% 的低点。同时，城商行由于更多面向传统信贷客户，利息净收入占比较总体更高，但是差距正在缩小。包商银行利息净收入占比波动较大，在 2011 年达到 37.6% 的最低点，2012 年又达到 90%（见图 15-2），超过行业平均水平和城商行平均水平，值得关注。

分析包商银行的营业收入结构，在 2009—2011 年，包商银行营收结构短期变化的主要原因是投资收入的变化而非业务结构改善。投资收益主体为债券投资收益，政府债券、政策性银行债券和对联营企业的股权投资为主要投资项目。在包商银行利息净收入回到接近平均水平的程度后，包商银行利息净收入占比确实在缓慢下降，手续费及佣金净收入占比却在相应提升，其业务结构优于城商行整体水平（见图 15-3）。

表 15-2 包商银行利息净收入占营业收入比重同业对比   单位：%

年 份	包商银行	所有城商行平均值	所有银行平均值
2009	58.24	88.50	79.66
2010	53.95	88.49	81.20

续　表

年　份	包 商 银 行	所有城商行平均值	所有银行平均值
2011	37.62	86.71	79.78
2012	91.32	88.13	80.14
2013	82.69	88.19	78.90
2014	82.51	85.61	77.78
2015	77.78	84.01	76.17
2016	75.77	82.51	71.90
2017		81.89	72.93
2018		76.19	71.76
2019		71.95	70.95
2020		78.55	75.77

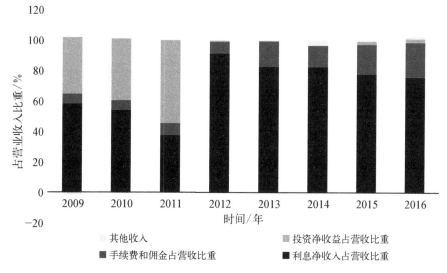

图 15 - 3　包商银行营收结构变化

3）成本收入比

成本收入比是银行的经营费用与收入的比重，比值越低，表明银行的盈利能力越好。总体上银行成本收入比逐渐下降，城商行与银行总体情况差别不大。而包商银行的成本收入比远高于同行，这表明，包商银行的成本控制能力较弱，使得其利润压力较大。同时，2011 年后，部分城商行通过大量设立支行、入股异地地方银行、大设村镇银行进行异地扩张，其中就包括包商银行，使得包商银行管理费用上升，因此，成本收入比上升（见图 15 - 4）。

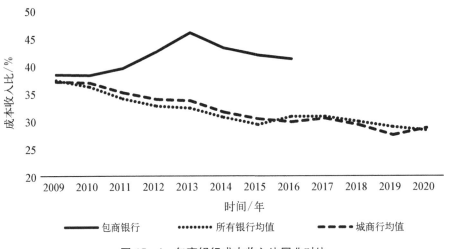

图 15 - 4   包商银行成本收入比同业对比

表 15 - 3   包商银行成本收入比同业对比   单位：%

年　份	包商银行	所有城商行平均值	所有银行平均值
2009	38.35	37.06	37.29
2010	38.23	36.84	36.12
2011	39.47	35.07	33.98
2012	42.44	33.86	32.66
2013	45.93	33.63	32.27
2014	43.19	31.56	30.60
2015	41.83	30.33	29.27
2016	41.13	29.76	30.76
2017		30.40	30.75
2018		29.17	29.77
2019		27.37	28.84
2020		28.67	28.23

4）净息差

银行净息差指银行净利息收入和银行全部生息资产的比值。净息差较高，则资产获益能力较强，但高息差也可能存在高风险。总体上净息差收窄，城商行的净息差水平从最初较上市银行净息差水平更高到 2018 年后收窄至低于总体水平。由于城商行客户信用水平相对国有银行来说较低，贷款利率较高是合理的。

包商银行的净息差远高于行业平均水平。包商银行以发达的小微业务为卖点，生息资产收益率较高是可能的,但同时也意味着包商银行的资产风险处于较高水平。由此导致的资产减值损失可能是其净利润较低的原因之一。

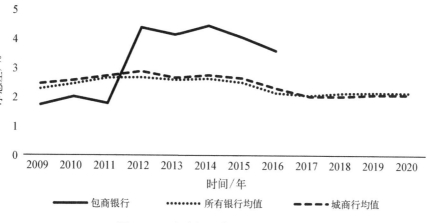

图 15 - 5　包商银行净息差同业对比

表 15 - 4　包商银行净息差同业对比

单位:%

年　份	包 商 银 行	所有城商行平均值	所有银行平均值
2009	1.73	2.45	2.28
2010	2.01	2.57	2.45
2011	1.78	2.72	2.65
2012	4.38	2.88	2.67
2013	4.14	2.65	2.58
2014	4.45	2.75	2.63
2015	4.05	2.64	2.50
2016	3.59	2.31	2.14
2017		2.02	2.05
2018		2.03	2.13
2019		2.08	2.15
2020		2.08	2.15

5) 包商银行的盈利能力

包商银行的盈利模式主要是吸收存款、发放贷款,以赚取存贷款利差,这也是传统商业银行的主要利润来源。随着近年来互联网金融的发展,零售端金融用户显示出体量庞大、资金集聚效应明显的特征,商业银行的利差普遍减小。作为"明天系"核心金融机构的包商银行,在 2017 年"明天系"受到强监管时期,盈利水平急剧下降。从包商银行披露的 2013—

2016 年年报,以及企查查搜集的数据显示,包商银行的净利润从 2016 年年底至 2017 年年底连续下滑,2017 年前三季度净利润同比下降 13.93%,至 2017 年年底,净利润同比下降幅度为 21.43%。2017 年上半年,包商银行实现营业收入 60.87 亿元,较上年同期下降了 3.17%,其中实现利息净收入、手续费及佣金收入、投资收益分别为 44.73 亿元、15.79 亿元、-0.09 亿元,较上年同期下降了 9.29%、-29.3%、110.66%(见图 15-6)。

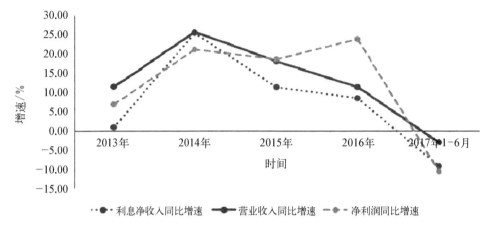

图 15-6 包商银行盈利能力指标趋势图

除了净利润同比增速为负,银行营业收入同比增速在 2017 年首次降至负数,作为包商银行主要营业收入来源的利息净收入,2017 年同比增速降为 -9.29%,银行亏损严重,经营风险突出。除收入同比增速、净利润同比增速外,成本收入比、净资产收益率、资产净利率也是衡量银行盈利能力的常用指标。经计算整理得到指标数据如表 15-5 所示。

表 15-5 包商银行盈利水平指标　　　　　　　　单位:%

	2013 年	2014 年	2015 年	2016 年	2017 年前三季度
成本收入比	45.93	43.19	41.81	41.12	38.14
净资产收益率	12.44	13.81	14.05	15.11	10.14
资产净利率	0.97	0.92	0.97	0.73	0.60

数据来源:包商银行历年年报及企查查数据。

15.2.2 资产负债分析

下面将从资产负债率、流动性比率和同业负债/总负债 3 个指标出发,将包商银行的相关数据与所有银行的平均值以及所有城商行的平均值进行对比,从数据角度发现包商银行的异常情况。

1) 资产负债率

资产负债率用以衡量企业利用债权人提供的资金进行经营活动的能力,以及反映债权人发放贷款的安全程度。比率通过将企业的负债总额与资产总额相比较得出，反映在企业全部资产中所有负债的占比。

所有银行资产负债率的平均值和所有城商行资产负债率的平均值均呈现出明显的下降趋势。包商银行的资产负债率呈现出先降低，在 2011 年后上升的趋势，且在 2014 年前明显偏离均值。除此之外，2015 年以后呈现出上升趋势（见图 15-7、表 15-6），此趋势一直延续到 2017 年（2017 年没有年报，2017 年 3 个季报呈现上升趋势）。

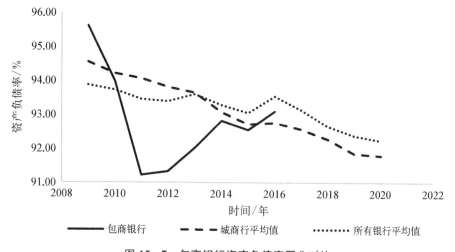

图 15-7　包商银行资产负债率同业对比

表 15-6　包商银行资产负债率同业对比　　　　　　　单位：％

年　份	包　商　银　行	所有城商行平均值	所有银行平均值
2009	95.63	94.55	93.88
2010	93.97	94.22	93.74
2011	91.22	94.07	93.45
2012	91.34	93.82	93.40
2013	92.03	93.66	93.61
2014	92.82	93.07	93.28
2015	92.56	92.72	93.06
2016	93.01	92.76	93.54
2017		92.57	93.14
2018		92.27	92.66
2019		91.85	92.38
2020		91.79	92.24

2011—2014 年资产负债率增速较快,主要源于向央行的借款及同业拆借,这一点在同业负债占比较高上也有所体现。负债的增长主要是为了满足其放贷需求。包商银行贷款投放比较激进,在存款增速显著下降的时候贷款增速并未放缓。

2016 年年底中国开始去杠杆,但包商银行的资产负债率却逆势而行,从 2016 年第三季度的 92.59%攀升至 2017 年第三季度的 94.36%。根据包商银行三季报,截至 2017 年第三季度末,包商银行向央行借款 105.9 亿元,而 2016 年年底这一数据为 12.2 亿元,2015 年年末也仅为 19 亿元。包商银行在不到 1 年的时间内向央行借款比之同期增加 8 倍有余,原因或为偿还到期的同业存单,相关分析接下来详述。

2) 流动性比率

流动比率指企业流动资产和流动负债的比率,是衡量企业财务安全状况和短期偿债能力的重要指标。所有银行和所有城商行流动性比率在 2016 年以前相对比较稳定,2016 年以后呈现出上升趋势。包商银行流动性比率波动较大,除 2011 年外均高于平均水平。2009—2011 年明显降低,2014 年以后则急剧升高,2015 年达到顶峰(见图 15 - 8、表 15 - 7)。

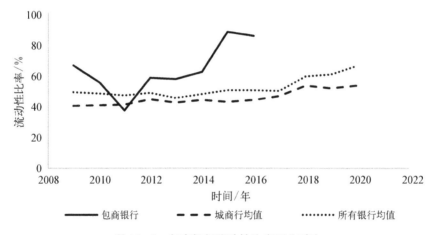

图 15 - 8　包商银行流动性比率同业对比

表 15 - 7　包商银行流动性比率　　　　　　　　　　　　　　　　单位: %

年　份	包 商 银 行	所有城商行平均值	所有银行平均值
2009	66.08	40.37	48.81
2010	55.30	40.44	48.13
2011	37.08	40.94	46.83
2012	58.13	44.37	48.38
2013	57.53	42.45	45.10
2014	62.22	43.78	47.56

续　表

年　份	包 商 银 行	所有城商行平均值	所有银行平均值
2015	87.57	42.79	50.35
2016	85.23	44.10	50.21
2017		46.65	49.86
2018		53.40	59.20
2019		51.61	60.19
2020		53.40	65.72

截至 2012 年包商银行在全国各地进行扩张,扩张前期需要大量的成本投入,这就是流动性比率降低的原因。2014 年后流动性比率升高并保持在较高水平,这与包商银行通过同业存单取代同业拆借的融资策略相关,具体情况在 15.3 节进行详述。

总体而言包商银行的流动性比率波动比较大,这可能与包商银行贷款集中度较高(就行业而言贷款主要集中在制造业、批发和零售业,就地区而言贷款主要集中在内蒙古地区)有关。风险受行业景气度影响较大,在某一行业不景气时极易导致大面积违约风险的发生,从而影响银行贷款的质量及流动性。

3) 同业负债占总负债比重

同业负债指银行在同行业间因拆借资金而形成的负债。所有银行和所有城商行同业负债与总负债比值呈现出先增加后减少、最后趋于平稳的趋势。包商银行同业负债与总负债比值的变化趋势与平均水平基本相同,但是其变化幅度较大,2011 年同业负债占比急剧增加,2011—2014 年同业负债占比均保持在较高水平,在 2015 年又出现回落(见图 15-9、表 15-8)。

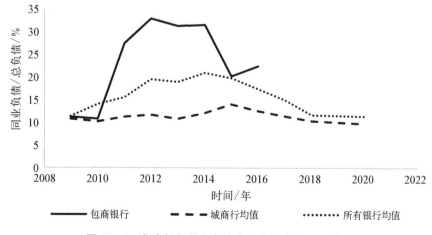

图 15-9　包商银行同业负债占总负债比重同业对比

表 15-8 包商银行同业负债占总负债比重同业对比 单位：%

年 份	包 商 银 行	所有城商行平均值	所有银行平均值
2009	11.26	10.86	11.38
2010	10.82	10.29	14.09
2011	27.48	11.30	15.64
2012	32.97	11.67	19.52
2013	31.37	10.87	18.95
2014	31.61	12.25	20.98
2015	20.36	14.11	19.87
2016	22.53	12.56	17.47
2017		11.42	14.93
2018		10.35	11.76
2019		10.17	11.60
2020		9.74	11.41

《关于规范金融机构同业业务的通知》(银发〔2014〕127 号)第十四条规定："单家商业银行同业融入资金余额不得超过该银行负债总额的三分之一。"而包商银行 2011—2014 年同业负债占比均保持在较高水平,已经接近政策上限,远超于城市商业银行的平均值。

据公开资料显示,包商银行于 2014 年 8 月开始发行同业存单,此后频繁借助同业存单进行融资。而根据当时的政策,同业存单不计入同业负债,受到的监管限制相对较少,因此,较多银行通过发行存单筹集资金,在弥补负债缺口的同时不断加杠杆,拉长资金链条,规避监管。商业银行通过期限错配获取收益,以新还旧,在这个过程中存单规模滚大,流动性风险积聚。2017 年,二季度《中国货币政策执行报告》宣布将从 2018 年起将同业存单归入同业负债,纳入 MPA 进行考核。而同年,在新的监管政策下,包商银行无法再借新还旧,2017 年三个季度向央行借款较同期增加 8 倍有余,暴露了较大的流动性风险。

4) 指标重要性比较

对银行进行资产负债分析时,资产负债率虽然能反映银行的负债规模,但是这个负债由储蓄存款、同业存放、债券融资等多方面组成,这些负债有些是相对比较安全的负债,而有些则风险较高,这部分风险在资产负债率指标中没有反映出来。同样,流动性比率这一指标会受很多因素的影响,比如银行短时间内增加了很多同业负债,在流动性比率上的反映则是短时间内上升,表明该银行的流动性很好,但是没有考虑到同业负债可能带来的风险,此时的流动性较高并不能反映该银行运营很好。因此应深入分析银行的负债结构和性质。

相比之下,同业负债与总负债的比值这一指标需要受到格外关注。首先,同业负债相比于存款,稳定性较差。因为同业存放和同业拆借都是短期负债,如果银行吸收了较多的短期同业负债而将其投资在长期项目上,则会面临很大风险。其次,相关研究表明,2017 年以来,同业负债成本一直高于银行存款成本,所以,如果一个银行的负债中同业负债占比较多,给银行带来的负债成本相对较高,会给银行带来一定的经营压力。

15.2.3　资产质量分析

资产质量是指资产在企业管理的系统中发挥作用的质量,对于判断一个企业的价值、发展能力和偿债能力都有重要的作用。这里用以下 3 个重要指标来分析资产质量变化: 不良贷款率、贷款拨备率和不良贷款拨备覆盖率。

1) 不良贷款率

不良贷款率表示不良贷款占总贷款余额的比重,是评价金融机构信贷资产安全状况的重要指标之一。不良贷款率越高,说明金融机构可能无法收回的贷款占总贷款的比例越大;不良贷款率越低,说明金融机构可能无法收回的贷款占总贷款的比例越小。计算公式为:
不良贷款率=(次级类贷款+可疑类贷款+损失类贷款)/各项贷款×100%。

所有银行与所有城商行的不良贷款率在 2009—2012 年呈下降趋势,在 2012 年之后上升。包商银行的不良贷款率总体与其他城市商业银行差距不大,在 2009—2011年,其不良贷款率甚至低于其他银行的均值,从 2011 年开始有急剧上升的趋势,超过了其他银行的不良贷款率均值,但是总体上与其他银行的不良贷款率比较相近(见图 15-10、表 15-9)。

图 15-10　包商银行不良贷款率同业对比

表 15-9　包商银行不良贷款率同业对比　　　　　　　　　单位: %

年　份	包 商 银 行	所有城商行平均值	所有银行平均值
2009	0.52	1.280 1	1.589 4
2010	0.46	1.119 4	1.106 4

年　份	包 商 银 行	所有城商行平均值	所有银行平均值
2011	0.43	0.862 8	0.925 9
2012	0.87	0.752 9	0.877 2
2013	1.00	0.799 6	0.935 7
2014	1.37	1.022 5	1.169 1
2015	1.41	1.220 6	1.557 8
2016	1.68	1.358 1	1.632 7
2017		1.323 4	1.529 5
2018		1.585 2	1.513 3
2019		1.659 4	1.458 3
2020		1.551 0	1.498 0

这有以下几个原因。第一,包括包商银行在内的很多银行从 2011 年开始在全国范围内进行扩张,推行零售战略转型,深化小微企业金融战略。在这个过程中,包商银行为谋求扩张速度,降低审批标准,发放了大量信用水平较低的贷款,导致贷款质量下降,不良贷款快速攀升。第二,包商银行内部管理缺失,一些经办人员未履职,信贷内控制度仅仅流于形式。在包商银行发放贷款的过程中,未对用款企业的信用等级及提交的虚假资料进行认真审核,也未到该企业进行实地调查,而是利用职务之便,以"咨询费"的名义收受贿赂,且数额较大。

更进一步,报表中的数据也并不完全可信。在账面上,只要这些贷款正常还本付息,那就是正常类贷款。然而事实上,"明天系"通过数百家空壳公司向包商银行贷款,而这些空壳公司的借款一直是持续循环,以贷养贷,并不健康。

2) 贷款拨备率

贷款拨备率(又称拨贷比),是指贷款损失准备金与贷款余额的比率,是反映商业银行拨备计提水平的重要监管指标之一。从经营的角度上来看,贷款拨备率越低越好,因为损失小,利润高。但是从风险把控的角度来看,贷款拨备率越高越好,因为贷款损失准备金越多,就可以抵御更多风险。这就存在一个合理优化的问题。

由图 15 - 11 和表 15 - 10 中可以看出,所有银行与城商行的贷款拨备率逐年上升。包商银行的贷款拨备率在 2009—2011 年显著低于其他银行,在 2012—2016 年与其他银行接近,2011 年后银监会提出的基本标准是商业银行贷款拨备率不低于 2.5%。从数据上来看,包商银行的贷款拨备率不符合银监会的要求,说明包商银行的抵御风险能力较弱。

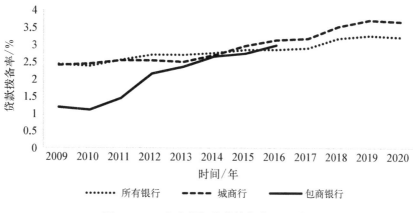

图 15 - 11　包商银行贷款拨备率同业对比

表 15 - 10　包商银行贷款拨备率同业对比 单位：%

年　份	包　商　银　行	所有城商行平均值	所有银行平均值
2009	1.18	2.40	2.42
2010	1.10	2.44	2.37
2011	1.44	2.53	2.55
2012	2.15	2.54	2.70
2013	2.35	2.49	2.70
2014	2.65	2.69	2.76
2015	2.74	2.96	2.85
2016	2.98	3.13	2.86
2017		3.18	2.90
2018		3.53	3.19
2019		3.71	3.26
2020		3.67	3.22

3）不良贷款拨备覆盖率

不良贷款拨备覆盖率为贷款损失准备金与不良贷款余额之比,是衡量商业银行贷款损失准备金计提是否充足的一个重要指标。这项指标从宏观上反映银行贷款的风险程度与社会经济环境、诚信状况。不良贷款拨备覆盖率不是越低越好,也不是越高越好,因为要在损失小、利润高、抵御风险能力强之间均衡把握。银监会提出的基本标准是,商业银行的不良贷款拨备覆盖率不低于 150%。所有银行和城商行的拨备覆盖率在 2009—2011 年上升,之后缓缓下降。包商银行的不良贷款拨备覆盖率比其他城市商业银行要低(见图 15 - 12 和表

15－11)。在 2011 年有小幅度上升,但之后有所下降。总体上低于其他银行。从数据中可以看出,包商银行的不良贷款拨备覆盖率符合银监会的要求,但是明显低于其他银行,抵御风险的能力较弱。

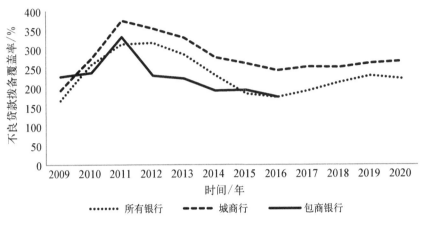

图 15－12　包商银行不良贷款拨备覆盖率同业对比

表 15－11　包商银行不良贷款拨备覆盖率同业对比　　　　　　　　　　　单位:%

年　份	包 商 银 行	所有城商行平均值	所有银行平均值
2009	229.15	193.98	167.54
2010	239.46	276.72	260.90
2011	333.26	375.56	314.48
2012	232.27	354.89	318.01
2013	224.63	331.26	287.20
2014	192.89	279.75	233.47
2015	194.61	263.67	185.16
2016	176.77	245.51	176.37
2017		255.29	193.10
2018		253.91	215.10
2019		264.65	231.84
2020		269.38	224.19

4) 指标重要性比较

这三个指标是紧密相关的,具体的关系可以这样表示:

$$不良贷款率 \times 不良贷款拨备覆盖率 = 贷款拨备率 \qquad (15-1)$$

将这三个指标写成分数形式,就会得到以下更加完整清晰的公式:

$$\frac{不良贷款余额}{总贷款余额} \times \frac{贷款损失准备金}{不良贷款余额} = \frac{贷款损失准备金}{总贷款余额} \qquad (15-2)$$

其中,不良贷款率表示在所有贷款中不良贷款的占比,这可以看作一种客观的资产质量。而不良贷款拨备覆盖率和贷款拨备率都表示银行的贷款损失准备金是否充足,是否能够抵御不良贷款带来的风险,这可以看成银行自身对于风险的一种主观准备。

需要注意的是,不良贷款率不一定反映银行的风险,不良贷款率上升不一定代表资产质量的恶化。主要有两方面的原因:第一,当不良贷款确认标准趋严时,一些贷款之前被认定为正常贷款,而现在被确认为不良贷款,导致不良贷款加速暴露,这类不良贷款的增加并不意味着资产质量恶化;第二,近年来中国在推动企业去杠杆的过程中,部分过度负债企业难以借新还旧、以贷养息,从而出现违约,带来不良贷款的增加。这类增加主要是存量风险的显性化和及时暴露,也不一定代表资产质量恶化,当然也要引起注意,找出变化的原因。

风险应对能力是决定风险是否可控的关键因素。所以,贷款拨备率和不良贷款拨备覆盖率亦能较为真实地反映银行的风险水平。但是,单一的指标往往有片面性,会受到各种因素的干扰。比如,仅仅用不良贷款拨备覆盖率不能准确反映银行的风险,因为各个银行中次级、可疑、损失三类贷款的比例不同,这也就意味着拨备资金对应的贷款损失不同,它也就不能准确说明信用风险的程度。所以,应该综合使用不良贷款拨备覆盖率和贷款拨备率这两个指标。

15.2.4　资本管理分析

商业银行的资本充足情况主要由资本充足率和一级资本充足率反映,其次是资本量。

1) 资本充足率

商业银行的资本充足情况主要由资本充足率反映,包括资本充足率、一级资本充足率和核心一级资本充足率。资本充足率即扣减后的对应资本与风险加权资产之比。由于一级资本充足率和一级核心资本充足率差异较小,且一级核心资本数据缺失较严重,此处以一级资本充足率为代表进行分析。

由图 15-13、图 15-14 和表 15-12 可以看出,包商银行资本充足率处于相对正常的水准,一方面是通过控股贷款人减小对应资本扣减项,从而完成对资本充足率的保证。根据《商业银行资本管理办法(试行)》规定:"商业银行直接或间接持有本银行发行的其他一级资本工具和二级资本工具,应从相应的监管资本中对应扣除。"另一方面,非真实评级问题很可能产生对充足率的正面影响。由于包商银行评级为 AA-,根据《管理办法规定》,其风险权重可以达到 0%,这种评级可以使其避开表内资产的风险加权,从而使分母下降,保证最终资产充足率在正常水准。

2015 年包商银行发行二级资本债,对二级资本进行了大量融资补充,使其资本充足率短期上升,而一级资本充足率下降趋势不变。但是,发行二级资本债本身是一种短期补充的行为。二级资本债一般是"5+5"的减计型债券,根据监管部门规定,10 年期减计型债券在第 5 年后,二级资本债可计入二级资本的金额将每年减少 20%,因此,5 年后 2020 年包商银

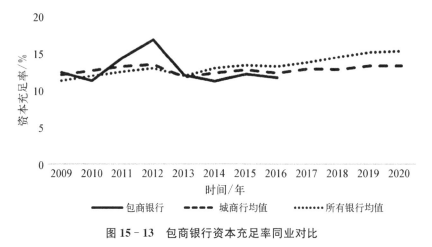

图 15‑13 包商银行资本充足率同业对比

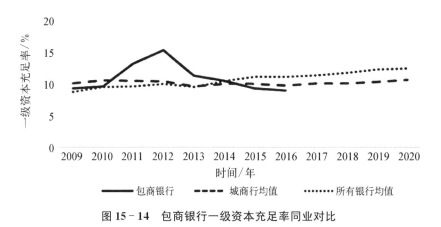

图 15‑14 包商银行一级资本充足率同业对比

表 15‑12 包商银行一级资本充足率同业对比   单位：%

年　份	包 商 银 行	所有城商行平均值	所有银行平均值
2009	9.38	10.14	8.78
2010	9.72	10.64	9.60
2011	13.35	10.60	9.73
2012	15.52	10.54	10.10
2013	11.42	9.66	9.63
2014	10.59	10.08	10.52
2015	9.34	10.09	11.24
2016	9.07	9.83	11.26
2017		10.19	11.49

续　表

年　份	包 商 银 行	所有城商行平均值	所有银行平均值
2018		10.17	11.87
2019		10.39	12.41
2020		10.75	12.57

行产生正式危机已经有所预示。

包商银行的一级资本充足率出现了较大的变化,并在 2015 年以后持续走低,该趋势相较于大部分银行均值的上升存在反常之处。原因一方面在于前期急剧扩张,贷款不规范,导致不良贷款增加,同时吸储成本上升。银行发放贷款,增加了银行的风险资产,导致了银行资本充足率的下降,因为发放了大量的不良贷款,为解决资金流动问题需要吸纳储蓄,致使成本上升,进一步导致一级资本充足率下降,形成了恶性循环。另一方面在于已经开始的"明天系"利用了银行融资的行为,具体情况在 15.3 节进行详述。

2)资本量

由于国有银行体量较大,与包商银行差距较大,因此仅将包商银行与城商行进行对比。可以看出,对于资本总量来说,包商银行属于较低水准(见图 15 - 15、表 15 - 13)。这与包商银行多地开展业务的规模不相符,说明存在利润留存问题,其主要隐患在于利润下滑、贷款回收存在较多坏账等。

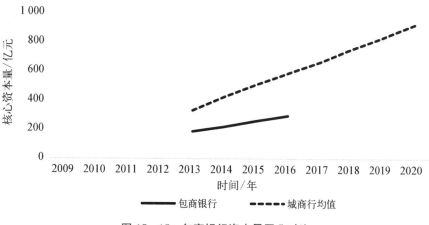

图 15 - 15　包商银行资本量同业对比

表 15 - 13　包商银行一级资本量同业对比　　　　　　　单位: 亿元

年　份	包 商 银 行	所有城商行平均值	所有银行平均值
2009	36.42	143.74	3 557.22
2010	66.02	182.15	4 326.11

续　表

年　份	包商银行	所有城商行平均值	所有银行平均值
2011	155.1	227.73	4 957.60
2012	176.65	277.37	5 658.23
2013	188.81	325.60	6 677.46
2014	221.11	416.93	7 833.09
2015	261.03	504.43	8 957.67
2016	295.77	622.35	9 610.65
2017		750.91	10 485.10
2018		850.68	11 637.12
2019		938.23	13 381.14
2020		1 052.18	14 227.59

3) 指标重要性比较

一级资本充足情况是衡量银行以自有资本承担损失的程度,在《巴塞尔协议 III》中也对其有着详细的规定,其重要性毋庸置疑。对于包商银行具体的分析也可以从这两个指标上看,包商银行相对于平均值有着较为特殊的表现。在具体分析过后,发现一级资本充足率对于银行风险有着更直观的反映。

首先,中国银行业监督管理委员会在 2012 年 6 月制定发布的《商业银行资本管理办法(试行)》中就对一级资本充足率作出了详细规定,可见其重要性。此外,目前大多数银行通过普通股补充核心一级资本,且工、农、中、建、交 5 家大型商业银行的 IPO 募资金额占到全部上市银行募资金额的 59.6%,可见对于大型银行得以保障其稳定性与市场占有率。

其次,相较于一级资本充足率而言,资本充足率有着更大的可操作性,对于银行真实指标的反应有所失真。从数据也可以看出,由于二级资本债的发行,包商银行的资本充足率在2015 年有着明显的改善,但随着经营不当,其入不敷出的现象并未得到好转,以致一级资本充足率在不断下滑。

从唐海涛等(2020)人的研究中,可以得知资本充足率的主要补充方式,除一级资本的补充外,即为二级资本债。二级资本债既可以提高资本充足率,又可以提高流动性,优化银行指标,因此目前得到了城商行和农商行的青睐。但是,二级资本债的投资者大部分是商业银行,银行互持导致风险体系并未得到有效的分散,因此对于市场风险的抵御能力相对较差,尤其是一种短期补充行为。根据以上论述,可计入二级资本的部分逐年减小,因此对银行而言,尽管通过此法提高了资本充足率,其根本的风险抵抗能力并未得到改善,这个指标相对而言就不如一级资本充足率的反映直观。

15.3　公司治理分析

15.3.1　大股东掏空

明天控股有限公司,是中国最早从事股权投资的公司之一,也是国内投资行业的中坚力量,它是由董事长肖某创立的金融控股公司。1998 年,"明天系"率先涉足上市公司明天科技(600091),通过参与当地国有企业经营上市的方式,随后拿下华资实业(600191)和西水股份(600291),后来这三家公司成为"明天系"旗下著名的三家支撑企业。借助华资实业等公司,"明天系"加快资本拓展的步伐,除上述三家公司外,"明天系"先后参股并控股了爱使股份、北方创业、鲁银投资、新黄浦、金地集团等。

从 1998—2001 年,在农村商业银行重组的第一波浪潮中,"明天系"成了包商银行和泰安银行的股东。这两家城市商业银行,一个位于"明天系"负责人肖某的妻子的家乡内蒙古包头,另一个位于肖某的家乡山东泰安。2001—2004 年,A 股市场处于熊市时期。金融业分业经营,"明天系"吸纳了恒泰证券、太平洋证券和新华信托等一大批证券信托机构,当时证监会清理整顿证券业,其必须与银行业、财政和信托业完全脱钩。2001—2005 年的 A 股熊市也使得大量证券公司濒临破产,迫切需要社会资本的参与。

包商银行大量资金被大股东违规占用,致使包商银行出现严重信用危机。包商银行大股东是明天集团,该集团合计持有包商银行 89% 的股权。根据包商银行公开的前十大股东名单,表面上看前十大股东持股较为分散,根据年报披露,前十大股东无任何关联情况。然而实际上,肖某的"明天系"通过注册壳公司直接、间接控制了数千家公司,包括数十家上市公司,形成网状结构,实际控制了包商银行。自 2014 年起到 2016 年年底,包商银行的前十大股东保持一致性且总持股比接近 50%,各年份持股比例如表 15 - 14 所示。

表 15 - 14　2014—2016 年包商银行十大股东及持股比

公　司　名　称	持股比例(%)		
	2014 年	2015 年	2016 年
包头市太平商贸集团有限公司	7.530 0	7.530 0	9.070 0
包头市大安投资有限责任公司	5.510 0	5.510 0	5.510 0
包头市精工科技有限责任公司	5.310 0	5.320 0	5.320 0
包头市百川投资有限责任公司	4.990 0	4.990 0	4.990 0
包头浩瀚科技实业有限公司	4.970 0	4.970 0	4.970 0
内蒙古网通计算机有限责任公司	4.850 0	4.850 0	4.850 0

公　司　名　称	持股比例(%)		
	2014 年	2015 年	2016 年
内蒙古森海旭腾商贸有限责任公司	4.210 0	4.210 0	4.210 0
包头市精翔印刷有限责任公司	3.870 0	3.880 0	3.880 0
鄂尔多斯市天泓威科商贸有限责任公司	3.320 0	3.320 0	3.320 0
包头市康安机电有限责任公司	2.810 0	2.800 0	2.810 0
合计	47.370 0	47.380 0	48.930 0

利用 Wind 及天眼查的数据对包商银行的十大股东进行关联分析,可发现这些股东与"明天系"之间又有着千丝万缕的联系。以第一大股东包头市太平商贸集团有限公司为例,其执行董事及经理为周学琴(后转为周雪飞),实际控制人与最终受益人为周志强。根据股权穿透图,周志强控股深圳博满投资有限公司(控股 90%),而深圳博满投资有限公司 100%控股深圳君晟鸿商贸有限公司,深圳君晟鸿商贸有限公司又以 72.31%的比例参股包头市太平商贸集团有限公司,从而达到周志强以 56%大比例持股成为控制包商银行的第一大股东。

其余公司以类似方式,通过影子公司间接持股,以周志强、周学琴、周雪飞为首的几人形成核心利益团体,互相担任监事、法人,从而完成对前十大股东的掌控,使"明天系"达到对包商银行的绝对控制。"明天系"通过交叉持股、金字塔式的所有权结构成为包商银行的控股股东,复杂的网状结构在使肖某得以利用大量资金的同时带来了强烈的掏空动机,引发严重的大股东代理问题。肖某利用自己的控股地位任命李某,控制了包商银行的实际经营权,而其现金流权又由于复杂的股权结构而受到削弱,形成控制权和现金流权不匹配的结构。此外,包商银行作为金融机构,有着吸纳资金、转移资金的能力,潜藏着巨大的利益。

由于制度存在缺陷,2005 年以来,明天集团通过大量的不正当手段进行利益输送。"明天系"通过注册 209 家空壳公司,以 347 笔借款的方式套取信贷资金,形成的占款高达 1 560 亿元,且全部成了不良贷款。

"明天系"掏空包商银行主要利用了股权质押、发放贷款和非标投资三种手段。

1) 股权质押

包商银行对"明天系"相关企业采用股权质押贷款的模式输送利益。除了直接的表内股权质押,"明天系"控股的信托公司之一新时代信托以金融机构股权质押产品为发力点开展业务,这些产品绝大部分以包商银行股权质押进行融资。据相关研究,这些产品涉及的融资方及担保方均为明天集团控制的"影子公司"或关联方。明天集团将内部持有的包商银行股权质押给新时代信托,利用信托平台向投资者募集资金,并用募集来的资金给自己的内部企业发放贷款。

2) 发放贷款

通过 Wind 数据库,采集了包商银行 2009 年以来的单一客户贷款比例和最大十家客户贷款比例。单一客户贷款比例是指银行对同一贷款人的贷款余额与银行资本余额之间的比例,最大十家客户贷款比例是指银行对最大十个贷款人的贷款余额总数与银行资本余额之间的比例。这两个指标反映了银行的贷款结构是否平衡,如对少数客户贷款过多将造成风险过于集中,存在利益输送的嫌疑,可能影响银行安全。《中国商业银行法》规定单一客户贷款比例不得超过 10%。所有银行与所有城商行的单一最大客户贷款比例在 2009 年比较高,之后保持在比较平稳的水平。包商银行的最大十家客户贷款比例总体与其他城市商业银行差距不大,甚至在大多数年份比其他银行要小,在 2009—2011 年有下降趋势,在 2011—2015 年又逐年上升。包商银行的单一最大客户贷款比例和最大十家客户贷款比例总体与其他城市商业银行差距不大,较为正常,贷款结构比较合理(见图 15 - 16、图 15 - 17)。

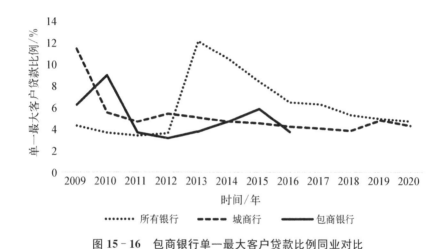

图 15‐16 包商银行单一最大客户贷款比例同业对比

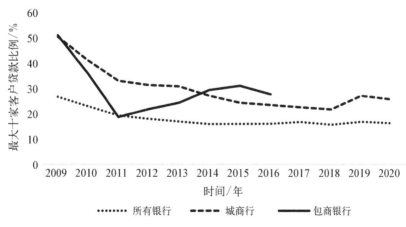

图 15‐17 包商银行最大十家客户贷款比例同业对比

同样利用 Wind 及天眼查,还发现包商银行披露的贷款客户中,部分与明天集团存在密切关系,大部分被列为被执行人,信用风险较大。通过披露的年报,分析发现 2015—2016 年包商银行债务人的变更相对较大,具体情况如表 15 - 15 所示:

表 15-15　2015—2016 年包商银行十大贷款客户按贷款占比列示

序　号	2015 年	2016 年
1	中国庆华能源集团有限公司	包头市荣泰置业有限责任公司
2	北京万方恒泰资产管理有限公司	满洲里联众木业有限责任公司
3	包头市荣泰置业有限责任公司	深圳市中华联合能源发展有限公司
4	深圳市中华联合能源发展有限公司	深圳郎信天下金属供应链管理有限公司
5	包头交通投资集团有限公司	满洲里木材交易市场有限公司
6	苏宁电器集团有限公司	宁夏银行
7	内蒙古庆华集团有限公司	北大方正集团有限公司
8	北京正和鸿远置业有限责任公司	中国庆华能源集团有限公司
9	泰安佳缔纳贸易有限公司	宝恒（北京）投资控股集团有限公司
10	北京华业资本控股股份有限公司	吉林省九州能源集团股份有限公司

2015 年第一大、2016 年第八大贷款客户中国庆华能源集团有限公司在 2013 年就存在债务庞大、资产结构不合理、环保等问题，甚至因欠款未清偿问题等被列入失信被执行人名单，霍庆华本人也成为被限制消费人员。且其旗下的中国信达资产管理股份有限公司的独立董事孙宝文，同时兼任沈阳农村商业银行股份有限公司董事，该银行第一大股东杭州永原网络科技有限公司持股 10%，其主要人员正是"明天系"核心人员之一周雪飞。同时，内蒙古庆华集团有限公司作为中国庆华能源集团有限公司的子公司，在 2015 年位列包商银行第七大贷款客户。

2015 年第二、第八大贷款客户北京万方恒泰资产管理有限公司及其子公司北京正和鸿远置业有限责任公司，疑似控制人为包头市钧天成物业服务有限公司，由包商银行 100%控股。

2015 年第三大、2016 年第一大贷款客户包头市荣泰置业有限责任公司在 2016 年就被列入被执行人名单，法定代表人被限制消费。该公司由宝恒（北京）投资控股集团有限公司控股，宝恒（北京）投资控股集团有限公司同时为包商银行 2016 年第九大贷款客户。

2015 年第九大贷款客户泰安佳缔纳贸易有限公司实际控制人周学琴，为包商银行执行董事、经理，是"明天系"核心人员之一（见表 15-16）。

表 15-16　2015 年包商银行十大贷款客户可能存在风险

序　号	公　司　名　称	存　在　风　险
1	中国庆华能源集团有限公司	信用状况不佳，疑似与"明天系"关联
2	北京万方恒泰资产管理有限公司	包商银行控股
3	包头市荣泰置业有限责任公司	信用状况不佳

续 表

序 号	公 司 名 称	存 在 风 险
4	深圳市中华联合能源发展有限公司	信用状况不佳
5	包头交通投资集团有限公司	—
6	苏宁电器集团有限公司	—
7	内蒙古庆华集团有限公司	为第一大贷款客户子公司
8	北京正和鸿远置业有限责任公司	为第二大贷款客户子公司
9	泰安佳缔纳贸易有限公司	实控人为包商银行高管周学琴
10	北京华业资本控股股份有限公司	信用状况不佳

2016 年第二大贷款客户满洲里联众木业有限公司与第五大贷款客户满洲里木材交易市场有限公司实际控制人相同,2017 年失信,2018 年实控人王秀权被限制消费。

2016 年第三大贷款客户的深圳市中华联合能源发展有限公司,被多家银行告上了法庭。

2016 年第七大贷款客户北大方正集团有限公司债券多次违约。

2016 年第十大贷款客户北京华业资本控股股份有限公司 2018 年失信,列为被执行人,法定代表人被限制消费(见表 15 - 17)。

表 15 - 17 2016 年包商银行十大贷款客户可能存在风险

序 号	公 司 名 称	存 在 风 险
1	包头市荣泰置业有限责任公司	信用状况不佳
2	满洲里联众木业有限责任公司	信用状况不佳
3	深圳市中华联合能源发展有限公司	信用状况不佳
4	深圳郎信天下金属供应链管理有限公司	—
5	满洲里木材交易市场有限公司	与第二大贷款客户同一实控人
6	宁夏银行	—
7	北大方正集团有限公司	信用状况不佳
8	中国庆华能源集团有限公司	信用状况不佳,疑似与"明天系"关联
9	宝恒(北京)投资控股集团有限公司	为第一大贷款客户母公司
10	吉林省九州能源集团股份有限公司	—

综上所述,可以看出大多数包商银行贷款大客户信用状况不佳,或诉讼缠身,或多次违约,被列为被执行人,法定代表人被限制消费。包商银行在放款给失信企业的同时,还为自

己控股的企业放款。明天集团控制包商银行向内部企业发放贷款,形成逾期,从而将资金转移到集团内部。

3) 非标投资

包商银行规避常规发放贷款的监管,通过银行理财产品等"影子银行"的方式,将募集资金投资于明天集团内部的非标准化债权资产,为"明天系"输血。

15.3.2 管理层掏空

"明天系"成为绝对大股东后,"明天系"掌权人肖某亲自提拔李某成为行长,此后包商银行处于李某一人当家的局面。李某一直在帮助"明天系"从包商银行套取资金,对于可疑业务,"明天系"董事会称之为"特殊业务",对内部审计保密。与此同时,包商银行的监事会超过一半的监事同时为包商银行的中高层管理者,双重身份导致监事会很大程度上听命于董事会,银行内部的监督审计完全失效。

除此之外,负责"明天系"业务的相关人员,明知这些业务为不良业务,但是为了自己的绩效,他们选择闭口不言。2012 年以后,"明天系"的融资重心转移到保险领域,李某借机另起一摊形成了自己的"后天系",利用相似的手法从包商银行套取资金。包商银行各部门老总也形成了自己的"独立王国",包商银行从上到下都在拼命从银行内套取资源。

综合来看,包商银行的控制权过度倾斜向大股东"明天系"和李某等管理人员,导致治理结构难以发挥其制衡作用。尽管包商银行搭建了现代化的"董事会—监事会—经营管理层"的内部监督结构(见图 15 - 18),但由于大股东和内部控制人(李某)权力过大,监事会被架空,难以发挥监督职责。同时,由于不良的公司文化,包商银行的经营管理层欺上瞒下,且缺乏内部强制审查措施,使得审计部门形同虚设。

15.3.3 监管者缺位

李某通过行贿等与内蒙古银监局领导班子取得紧密联系,整个银监局领导班子集体贪腐,从包商银行获取高额利益,弃守监管职责,监管全方位失守失责。原内蒙古银监局、包头银监分局收受贿赂、以权谋私,对包商银行开展现场检查 50 多次,多次查出严重问题,却从未实施行政处罚,更未对责任人采取监管措施,同时准入监管避实就虚,蓄意拔高监管评级,信访举报核查敷衍了事,放任了包商银行的违规操作。

15.4 包商银行的信用评级 ————————————————————•

2018 年,包商银行未发布 2017 年年报,并自此不再公布财务数据。同年,根据外汇交易中心数据,包商银行同业存单和二级资本债成交量显著下降,市场对其预期不佳。2019 年 5月 24 日,包商银行因出现严重信用风险,被人民银行、银保监会联合接管。2020 年 4 月,银保监会发布公告,决定由蒙商银行和徽商银行承接包商银行的相关业务。2020 年 11 月 13日,人民银行和银保监会认定该行已经发生"无法生存触发事件",因此,该行对已发行的 65

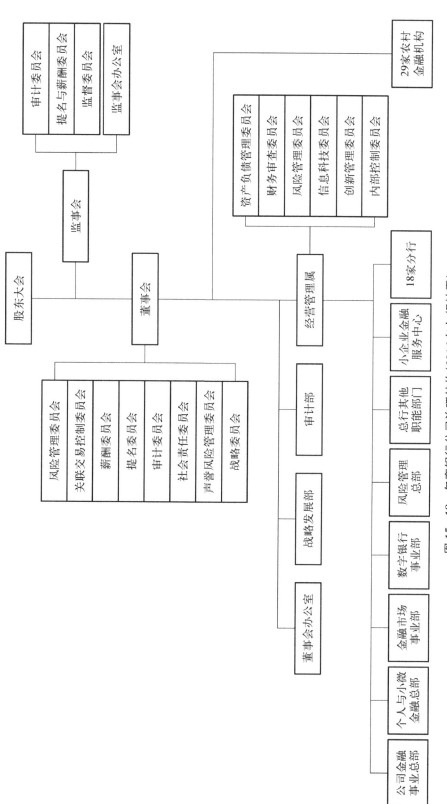

图 15 - 18　包商银行公司治理结构（2016 年年报披露）

亿元二级资本债券本金实施全额减记,并对任何尚未支付的累计应付利息(总计5.86亿元)不再支付,并已经通知中央国债登记结算有限责任公司。同时,包商银行以无法清偿到期债务且资产不足以清偿全部债务为由申请破产清算。包商银行是历史上第一家触发二级债减记条款的银行。包商银行主体评级和债项长期评级如表15-18和表15-19所示。

表 15-18　包商银行主体长期信用评级

时　间	评 级 机 构	等　级
2012-08-03	上海新世纪资信评估投资服务有限公司	AA+
2013-07-26	上海新世纪资信评估投资服务有限公司	AA+
2014-09-02	上海新世纪资信评估投资服务有限公司	AA+
2015-07-28	上海新世纪资信评估投资服务有限公司	AA+
2015-08-28	大公国际资信评估有限公司	AA+
2016-05-31	大公国际资信评估有限公司	AA+
2017-07-27	大公国际资信评估有限公司	AA+
2017-10-30	大公国际资信评估有限公司	AA+
2018-12-14	大公国际资信评估有限公司	AA+
2019-07-31	大公国际资信评估有限公司	AAA
2019-08-02	大公国际资信评估有限公司	AAA

表 15-19　包商银行债项长期信用评级

时　间	评 级 机 构	等　级
2015-08-28	大公国际资信评估有限公司	AA
2016-05-31	大公国际资信评估有限公司	AA
2017-07-27	大公国际资信评估有限公司	AA
2017-10-30	大公国际资信评估有限公司	AA

15.5　启示与教训

包商银行的破产并非无迹可寻。对治理结构的分析追根溯源,展现了"明天系"的操纵在包商银行破产案例中的根源性作用。在财务数据方面,同业负债占总负债比重、不良贷款率、贷款拨备率、不良贷款拨备覆盖率和一级资本充足率五个重要财务指标集中体现出了包商银行经营过程中的风险控制和资本管理问题。

为了掌握更多金融资源以向集团输送更多利益,包商银行以贷款质量下降、资本短缺的代价进行快速扩张。在这一扩张过程中,包商银行以风险较高的小微业务为盈利重点,并对关联公司发放大量贷款输送利益,造成了包商银行资产质量下降,不良贷款率升高。然而,这一激进的贷款策略和利益输送需要大量资金,城商行本身客户基数小,收入水平和信用水平较低,吸纳的存款较少,难以满足其激进贷款策略的需要,因而出现了资金短缺的问题。

一方面,为了融资发放贷款,包商银行利用成本较高的短期同业负债进行融资,使其同业负债占总负债比重远高于行业水平,进行利差套利、期限套利。而这种借短贷长存在期限错配的风险,短期内提升了流动性,但潜在风险较大,较高的同业借款成本又进一步提高了经营风险。2014 年后包商银行使用同业存单替代同业负债进行融资,当时同业存单不计入同业负债,不纳入监管,同业负债占总负债比重因此陡降,然而同业负债比重下降、流动性比率增高的表面,是规避监管过量发行的同业存单,这为包商银行最终的破产埋下了流动性隐患。

另一方面,扩张过程需要较大的投资和管理成本,经济增长速度的放缓和不良贷款造成的损失,对“明天系”的利益输送又进一步压缩了包商银行的利润空间,使得包商银行利润难以提振。利润不足导致银行资本缺少内源性补充,同时不良贷款拨备也不得不相对保守,以免进一步削减利润,造成了一级资本充足率、贷款拨备率和不良贷款拨备覆盖率均较低的问题。在这一过程中,包商银行多有违规,而“明天系”一派的李某等管理层与当地监管部门沆瀣一气,使法规条款形同虚设,在“保护伞”的荫庇下最终达成了利益的持续输送。

2017 年后,随着监管趋紧,包商银行经营背后隐藏的风险也暴露出来。2015 年二级资本债的发行对于资本补充只是杯水车薪,同业存单纳入监管使得利用同业存单借短贷长的策略难以为继,“明天系”的倒台更使得其资本后台无法再提供庇护,包商银行随即被接管,最后走向破产的终点。

2020 年 4 月 30 日,包商银行接管组报请中国人民银行、银保监会等相关监管机构批准,包商银行拟将相关业务、资产及负债,分别转让至蒙商银行和徽商银行。包商银行原个人存款、对公存款和同业负债等分别由蒙商银行、徽商银行承接,各项权利及业务办理不受影响,并由存款保险基金依法保障。

同时,蒙商银行也正式宣告设立,注册地为内蒙古自治区包头市,注册资本为人民币 200 亿元。新成立的蒙商银行主要股东如表 15 - 20 所示。

表 15 - 20　蒙商银行主要股东

股　东　名　称	持股数量(股)	持股比例(%)
内蒙古自治区财政厅	3 333 333 333	16.67
包头市财政局	416 666 666	2.08

续　表

股　东　名　称	持股数量(股)	持股比例(%)
包头稀土高新技术产业开发区管理委员会	1 000 000 000	5.00
内蒙古电力(集团)有限责任公司	1 666 666 666	8.33
内蒙古高等级公路建设开发有限责任公司	1 666 666 666	8.33
内蒙古金融资产管理有限公司	1 000 000 000	5.00
内蒙古公路交通投资发展有限公司	1 000 000 000	5.00
中国北方稀土(集团)高科技股份有限公司	416 666 666	2.08
存款保险基金管理有限责任公司	5 500 000 003	27.50
徽商银行股份有限公司	3 000 000 000	15.00
建信金融资产投资有限公司	1 000 000 000	5.00
合计	20 000 000 000	100

　　最后,需要特别注意的是,银行少数股东权益简称少数股权,是反映除母公司以外的其他投资者在子公司中的权益,表示其他投资者在子公司所有者权益中所拥有的份额。所谓其他投资者,多数情况下是指关联企业。大股东通过借用上市公司的融资来做自己的项目,养好下金蛋的鸡之后微利转让,把风险留给投资者,把效益留给自己,这就是所谓的现金流权和控制权分离。之后大股东把上市公司做得越差,反而会越能图利自己,吃干抹净之后,再把壳子一卖又是个宝。不明真相的投资者一定要擦亮眼睛,提高警惕,谨慎投资。因此,金融监管部门要认真总结经验教训,特别要深挖制度上的漏洞,找出科学合理的解决方案,方能使金融市场行稳致远,长治久安。

15.6　本章小结

　　本章主要介绍了包商银行的发展历程和破产事件经过,然后分析包商银行的破产这一中国金融发展史上的重大事件,着重从财务与公司治理两个方面剖析了包商银行的破产原因,最后介绍了包商银行主体信用评级和债项长期评级。结果表明:包商银行财务指标不理想,每况愈下,经营管理千疮百孔与治理结构存在的严重问题有密切关系,评级公司的管理水平和技术能力有待进一步提高。明天系集团金字塔结构和交叉持股控制了包商银行这一金融机构,使之成为敛财渠道,通过股权质押、发放贷款和非标投资等方式对包商银行进行掏空,这是包商银行实行一系列激进策略、违规操作并最终破产的根源。前事不忘,后事之师。监管部门应肃清内部蠹虫,严管系族企业,总结经验教训,同时对于商业银行重点关注同业负债占总负债比重、不良贷款率、贷款拨备率、不良贷款拨备覆盖率和一级资本充足率五个涉及资本管理和风险控制的重要财务指标,方能促进商业银行健康发展。

复习思考题

1. 包商银行的公司治理结构存在问题的根源是什么?
2. 包商银行的资产质量下降与盈利能力变弱是什么原因造成的?
3. 如何从包商银行的破产看制度和监管漏洞?
4. 如何从包商银行的信用评级看中国的信用评级行业发展?
5. 从包商银行的案例中,你思考最多的是什么?

第16章

道道全套保巨亏事件

本章介绍并分析道道全粮油股份有限公司套期保值巨亏事件。16.1 介绍道道全粮油股份有限公司的发展背景和期货市场背景,16.2 介绍期货套期保值巨亏事件,16.3 分析套期保值的主要原因,16.4 从内部控制制度上分析存在的问题,16.5 总结期货套期保值亏损的经验教训。

16.1 背景分析

16.1.1 公司背景

成立于 1999 年 7 月 8 日的道道全粮油股份有限公司(简称道道全)是一家集食用植物油及其相关副产品生产、科研、贸易、仓储、物流于一体的综合性油脂加工企业。公司总部位于岳阳市经济技术开发区,资产总额 23 亿元,年产值近 30 亿元,2017 年在 A 股主板上市,成为菜籽油第一股,是国内第一家以菜籽油加工为主的上市公司(股票代码:002852)。公司以菜籽油类产品为主,主要原材料为菜籽原油,原料油成本占营业成本的 80% 以上。公司实行集团化管理运作模式,下设 4 家全资子公司、7 个中心、3 个部室,分别在岳阳、南京、重庆三地设有生产加工基地。公司有员工 600 多名,注册资本 7 500 万元人民币,拥有国际先进的年加工能力 40 万吨的油菜籽、大豆预榨生产装置,年加工能力 35 万吨的油脂精炼深加工生产装置,以及年灌装能力 60 万吨的 11 条中小包装全自动化生产流水线。

道道全粮油股份有限公司的主要产品为包装食用植物油,包括菜籽油、大豆油、玉米油、葵花油及其调和油等植物油品种,其中以包装菜籽油类产品为主。"道道全"是国内食用植物油菜籽油类代表性品牌,已经取得一定的市场认可度和品牌美誉度,成为国内食用植物油主要消费品牌之一。

2020 年 12 月 16 日,道道全公告修改期货套期保值内部控制制度,将管理层可自主投入期货交易的保证金最高额度提升至不超过公司最近一期经审计净资产的 50%,仅由董事会审议批准即可。同日,道道全发布《关于增加 2020 年套期保值占用期货保证金余额的公告》一文,称截至 2020 年 12 月 14 日,公司套期保值买入占用期货保证金余额为 4 742.25 万元,卖出占用期货保证金余额为 2 661.79 万元,显然已经超过 2020 年年初公司公告预计在 2020 年占用期货保证金余额的上限 5 000 万元。

2021 年 1 月 12 日晚间,道道全粮油股份有限公司披露了 2020 年业绩预告,预期实现净利润为－4 000 万元至－6 000 万元,同比下降－146.57％至－131.05％。业绩变动原因一方面在于通过产品提价无法抵消原材料菜籽原油价格单边上行对公司当期利润的影响;另一方面,由于受国际贸易关系等因素影响,公司对报告期内原材料市场单边上行的行情判断有所偏差,报告期内套期保值产生平仓亏损约 2.07 亿元。2020 年,公司对菜油生产、大豆压榨和贸易油业务开展套期保值业务,其中,菜油套保业务期货交易量卖出开仓量为 26.128 万吨,亏损 1.29 亿元;豆油卖出开仓量为 14.02 万吨,亏损达 7 418.69 万元。受业绩预亏消息影响,道道全股价连续两天出现了跌停(见图 16-1)。

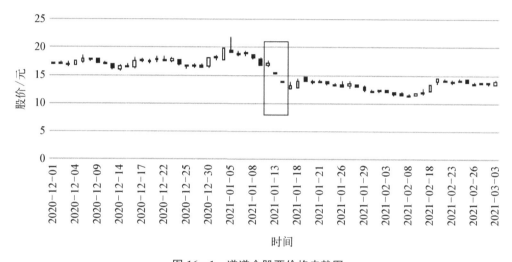

图 16-1 道道全股票价格走势图

据 2020 年年报显示,年内该公司实现营业收入 52.87 亿元,同比增长 28.43％,总投资损益－2.16 亿元,实现归属于上市公司股东的净利润－7 649.91 万元(见表 16-1)。

表 16-1 道道全 2019—2020 年营业收入及同比增长

	2020 年	2019 年	本年比上年增减
营业收入(元)	5 287 320 473.49	4 116 731 900.76	28.43％
归属于上市公司股东的净利润(元)	－76 499 092.75	128 835 318.91	－159.38％

16.1.2 市场背景

受全球新冠肺炎疫情的影响,2020 年国内油脂价格波动加大。2019 年年末油脂价格呈现上涨行情,但是疫情的暴发结束了其上升趋势。国家为了防止疫情蔓延开始陆续采取封禁等相关规定,导致国内经济与消费活动的趋冷。2020 年,中国餐饮行业和团体消费食用植物油需求量下降,导致总体需求量下降,以至于在 2020 年上半年造成了国内菜油价格整体下降,还一度跌破 7 000 元/吨(见图 16 - 2),2020 年菜籽油期货主力连续合约月度交易数据如表 16 - 2 所示。

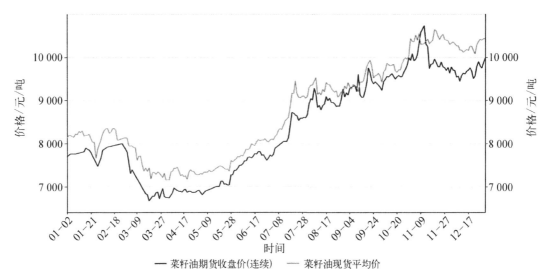

图 16 - 2 2020 年菜籽油期货收盘价及菜油现货平均价格

数据来源:道道全.《关于对深圳证券交易所关注函的回复公告》。

表 16 - 2 2020 年菜籽油主力连续期货合约月价格数据   单位:元/吨

时　　间	开盘价	最高价	最低价	收盘价
2020 - 01 - 23	7 665	7 918	7 513	7 587
2020 - 02 - 28	7 064	7 792	7 064	7 315
2020 - 03 - 31	7 268	7 481	6 570	6 773
2020 - 04 - 30	6 730	6 957	6 627	6 639
2020 - 05 - 29	6 610	7 028	6 592	6 978
2020 - 06 - 30	6 978	7 540	6 945	7 439
2020 - 07 - 31	7 428	9 047	7 411	8 660
2020 - 08 - 31	8 659	9 379	8 321	8 661
2020 - 09 - 30	8 676	9 425	8 514	8 820
2020 - 10 - 30	9 040	9 791	8 883	9 545
2020 - 11 - 30	9 580	10 024	9 476	9 693
2020 - 12 - 31	9 700	9 865	9 173	9 658

随着 2020 年下半年疫情开始得到有效控制,整体行业开始正常运转,市场信心重新恢复。2020 年 1—4 月份菜油期货价格一路下探至最低 6 468 元/吨,植物油价格在下半年开始上涨。5 月起,菜油期货价格飞涨,最高触及 10 236 元/吨,年内涨幅超过 30%,整体走势一直处于震荡向上。油脂价格上涨可以分为两个阶段:三季度受到南方洪水以及进口受阻影响,菜油拉动整体植物油价格上涨,四季度国内植物油供需进入实质性收紧阶段。在进口端,巴西大豆可供出口量下降;在国内端,植物油库开始进入了库存周期。由于菜油此前价格的过度上涨,使得市场下游消费转向豆油偏移,进一步加剧了豆油供给收缩。此外,由于中国开始大量进口美豆,拉动了美豆价格上涨,从而对全球植物油价格直接造成影响,拉动国内植物油价格大幅上行。2020 年豆粕期货收盘价及豆粕现货平均价如图 16 - 3 所示,2020 年豆粕和豆油期货主力连续合约月度交易数据如表 16 - 3 和表 16 - 4 所示。

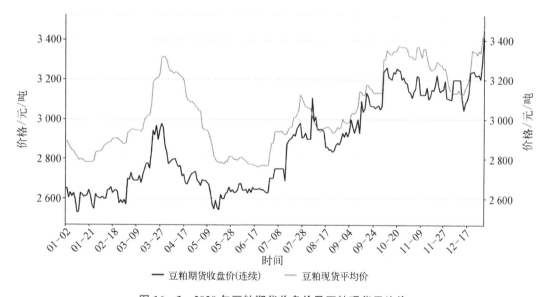

图 16 - 3　2020 年豆粕期货收盘价及豆粕现货平均价

数据来源:道道全,《关于对深圳证券交易所关注函的回复公告》。

表 16 - 3　2020 年豆粕期货主力连续合约月数据　　　　单位:元

时　间	开盘价	最高价	最低价	收盘价
2020 - 01 - 23	2 780	2 786	2 635	2 640
2020 - 02 - 28	2 573	2 689	2 527	2 616
2020 - 03 - 31	2 634	3 011	2 631	2 940
2020 - 04 - 30	2 939	2 945	2 713	2 729
2020 - 05 - 29	2 740	2 841	2 689	2 804
2020 - 06 - 30	2 799	2 868	2 776	2 813

续　表

时　　间	开盘价	最高价	最低价	收盘价
2020 - 07 - 31	2 818	3 037	2 816	2 937
2020 - 08 - 31	2 938	2 993	2 831	2 981
2020 - 09 - 30	2 976	3 170	2 923	3 087
2020 - 10 - 30	3 220	3 321	3 177	3 192
2020 - 11 - 30	3 200	3 299	3 128	3 236
2020 - 12 - 31	3 220	3 480	3 067	3 479

表 16 - 4　2020 年豆油期货主力连续合约月数据　　　　　　　单位：元/吨

时　　间	开盘价	最高价	最低价	收盘价	5 月均价
2020 - 01 - 23	6 722	6 950	6 374	6 440	6 327.2
2020 - 02 - 28	6 040	6 262	5 564	5 566	6 267.6
2020 - 03 - 31	5 600	5 832	5 114	5 468	6 115.2
2020 - 04 - 30	5 504	5 696	5 304	5 378	5 932
2020 - 05 - 29	5 358	5 664	5 284	5 646	5 699.6
2020 - 06 - 30	5 656	5 830	5 564	5 644	5 540.4
2020 - 07 - 31	5 622	6 324	5 592	6 224	5 672
2020 - 08 - 31	6 230	6 726	6 092	6 682	5 914.8
2020 - 09 - 30	6 690	7 472	6 570	6 752	6 189.6
2020 - 10 - 30	6 900	7 358	6 788	7 166	6 493.6
2020 - 11 - 30	7 200	8 036	7 100	7 726	6 910
2020 - 12 - 31	7 746	8 056	7 332	7 894	7 244

16.2　期货套期保值亏损事件

　　2020 年，公司菜油现货采购量为 34.56 万吨，大豆采购量为 39.006 万吨。从总体的会计数据来看，公司全年开展期货交易的数量并未超过公司规定的实际生产数量的 80%，属于正常套期保值范围。2020 年下半年,随着国际形势逐步稳定,国际经济逐步恢复,大宗商品价格一路反弹,逐步回暖。若如公司所说,坚持遵循公司套期保值的原则,进行对期货主力合约 1 月、5 月和 9 月 3 个月的操作,在大宗商品市场持续开出空单显然是不合理的,豆油和菜籽油主力合约 2020 年价格走势分别如图 16－4 和图 16－5 所示(数据来源:Wind)。

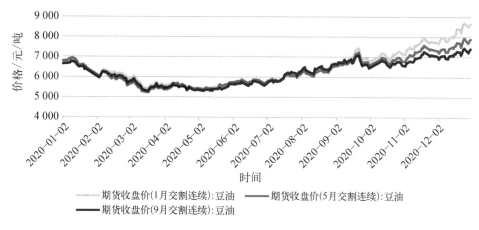

图 16－4 豆油主力合约 2020 年价格走势图

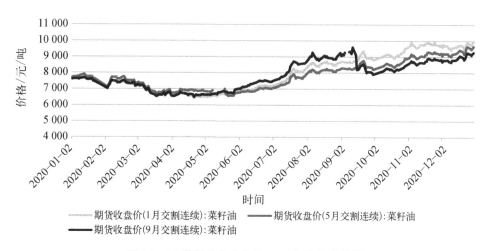

图 16－5 菜籽油主力合约 2020 年价格走势图

以菜籽油为例,2020 年年初受疫情影响,国际经济形势动荡,大宗商品市场低迷,2 月 3 日 CBOT2005 合约标价 7 108 元/吨,菜籽油价格持续走低,直到合约最后结算日 5 月 8 日,合约价格来到 6 900 元/吨,回落 208 点。若公司在 2 月初做一次卖出套期保值业务,按照覆盖全年套期保值交易量的 1/4 计算是 34.56×0.8×0.25＝6.912(万吨),那么理论上公司可以从期货交易中获利约 6.912×208＝1 437.696(万元),实际获利 1 358.66 万元,成功实现套期保值目的。

2020 年 7 月 1 日,CBOT2009 合约标价 7 492 元/吨,2020 年 7 月 15 日,合约标价 8 046 点,已连续 10 日持续增长,如若公司在此处及时平仓止损,仍假设公司在 7 月初做一次套期保值业务,覆盖全年套期保值交易量的 1/4,那么公司在此次期货交易中理论上仅损失 6.912×

554＝3 829.25 万元,实际损失 3 618.73 万元。2020 年 9 月 4 日,CBOT2009 合约标价 9 277
元/吨,若持有到期,理论上损失 6.912×1 785＝12 337.92 万元,公司实际损失 1.17 亿元。

　　道道全的套期保值数量既然处在规定的生产数量 80％之内,如果要产生如此大的亏损
金额,一定是因为公司没能在开展期货交易的时候及时进行平仓止损。结合公司在 12 月份
突然公告修改期货套期保值内部控制制度的行为和公司披露投入期货保证金数额明显过高
的情况下,可以合理推测道道全开展期货交易的目的并不是套期保值,而是投机。加上公司
在爆出套保失利消息前后,既实行了董事会换届,又增发了非公开发行股票,公司又公告选
择用实物交割的方式对投资的期货合约进行平仓,显然,在会计意义上,公司期货交易损失
的 2 亿多元变成了公司的递延收益。加上定向增发,股权再次集中,此次交易动机背后可能
有高管套现的嫌疑,因此,一定要深入研究公司治理存在的问题。

　　根据披露,公司 2020 年度具体现货交易和期货套期保值开展情况如表 16－5、表 16－6
和表 16－7 所示:

表 16－5　菜油生产业务

项　　目	菜油买入开仓数量及损益	菜油卖出开仓数量及损益
现货交易量(万吨)	34.56	44.50
期货开仓量(万吨)	17.16	26.128
期货平仓量(万吨)	17.16	26.428
期货平仓损益(万元)	1 891.91	−12 930.28

表 16－6　大豆压榨业务

项　　目	大豆采购量(进口报关量)	粕类销售量
现货交易量(万吨)	39.006	25.13
项　　目	豆粕买入开仓数量及损益	豆粕卖出开仓数量及损益
期货开仓量(万吨)	1.50	20.60
期货平仓量(万吨)	1.50	13.30
期货平仓损益(万元)	345.26	−807.78
项　　目	豆油买入开仓数量及损益	豆油卖出开仓数量及损益
期货开仓量(万吨)	1.05	14.02
期货平仓量(万吨)	1.05	13.96
期货平仓损益(万元)	127.10	−7 418.69

表 16 - 7　贸易油业务

项　　目	贸易油采购量	贸易油销售量
现货交易量(万吨)	6.25	7.47

项　　目	贸易油买入开仓数量及损益	贸易油卖出开仓数量及损益
期货开仓量(万吨)	0.75	3.75
期货平仓量(万吨)	0.75	3.75
期货平仓损益(万元)	16.59	−1 951.00

在这个案例中,在市场形势已经相对明朗的情况下,公司坚定逆市而行的原因值得深思。毕竟大多数正常经营、有生存需求的企业,做风险管理的目的就是为了在成本可控的情况下避免企业蒙受损失,以实现正常盈利。

本应靠正常经营业务实现盈利,却因使用期货工具进行套期保值致使公司出现上市 4 年来首次亏损,不禁使人产生怀疑。套期保值作为一种规避风险的手段,遵循"数量相等、方向相反"原则,以此实现风险对冲。即使在期货市场产生亏损,也会由现货市场盈利予以抵消,正常情况下不会出现大赚或巨亏。道道全套保失败的背后,是企业对于期货套期保值业务内部控制的严重失职,根源是套保变投机。

16.3　套期保值的主要原因

由于企业生产经营过程中原材料的采购、运输、加工及销售周期较长,价格波动较大,并且在 2020 年 7 月至 10 月,业务规模扩大,加上油脂、油料价格持续上行,需要采用衍生品交易以规避原材料价格波动带来的风险。

更重要的是从业务情况来看,公司目前盈利增长乏力,而盈利未能明显改善的根本原因在于道道全产品的销售毛利率低。2016 年道道全未上市前,其销售毛利率为 16.58%,销售净利率为 7.65%,之后几年双率逐年下降,2019 年毛利率甚至降到了 9%,净利率降至 2%。背后原因在于采购成本的增长幅度超过销售收入的增长幅度,导致毛利率不断降低,这使通过套期保值规避成本上升风险的必要性更强。

当公司未在现货市场购入所需原材料时,为了提前锁定成本,会根据生产销售计划在期货市场进行买入套保。假设交割价格为 100 元/吨,后若价格上涨到 120 元/吨,公司仍然可以 100 元/吨的价格买入菜油;若菜油价格下跌到 90 元/吨,公司虽在期货市场上会产生亏损,但在现货市场上能够以更低的价格购买到原材料。理论上来说,虽然由于期货市场价格与现货市场价格走势并不完全一样,难以达到百分之百保值,但通过该方法能够大体实现企业避免原材料价格波动的风险。

　　根据中国《企业会计准则第 24 号》对套期保值的定义,套期保值一般是指对价格风险进行对冲管理,是暂时替代未来现金头寸或抵消当前现金头寸带来的风险所采取的头寸状态。传统上,套期保值有所谓"四原则"理论,强调目标是转移价格风险。第一原则是商品种类相同原则。不同的商品种类即便价格走势相关,也无法达到一致性。第二原则是商品数量相当原则。传统套期保值策略强调数量相等,而从实务角度看,鉴于生产过程的随机性,将现货生产完全同期货交易相匹配十分困难,在较小的风险敞口下,适当灵活的生产组合往往更符合企业的利益,如同时符合套期比小于 1 和最小风险套期。第三原则是方向相反原则。传统的套期保值思想需要严格恪守方向相反的操作策略,唯有套期保值交易和现货交易形成相反的方向,才能使得一个市场出现亏损时,另一个相关市场出现盈利,从而起到收益和损失对冲的效果。事实上,常常存在提前解除对冲交易头寸的情况,积极主动的套期保值策略可以接受。第四原则是期限相对原则。理论上,只有现货交易和套期保值到期的期限相同,才能在两个市场价格波动幅度相对应的前提下,实现损益的同步。但实际套期保值交易的期限以超过预期的现货交割期限较为常见,这样做也是为了使套期保值的交易时间可以涵盖生产周期,一般两者时间间隔不超过15 天。

16.4　内部控制制度存在的问题

　　《期货套期保值内部控制制度》旧版第十五条规定的套期保值交易金额的审批权限是:拟投入的单边持仓保证金金额在 3 000 万元以下的,由公司期货领导小组审批通过;拟投入的单边持仓保证金金额超过 3 000 万元且低于公司最近一年经审计净资产 10%的,则须上报公司董事会,由公司董事会审批通过后增加;拟投入的单边持仓保证金在公司最近一年经审计净资产 10%以上的,须提交股东大会审议通过后增加。期货合约临近交割月,需要增加的期货保证金不计入上述保证金范围。《期货套期保值内部控制制度》新版第十五条规定的套期保值交易金额的审批权限是:拟投入的单边持仓保证金金额在5 000 万元以下的,由公司期货领导小组审批通过;拟投入的单边持仓保证金金额超过5 000 万元且低于公司最近一年经审计净资产 10%的,则须上报公司董事会,由公司董事会审批通过后增加;拟投入的单边持仓保证金在公司最近一年经审计净资产 10%以上的,须提交股东大会审议通过后增加。期货合约临近交割月,需要增加的期货保证金不计入上述保证金范围。

　　根据 2020 年 12 月 16 日道道全发布公告显示,董事会审议套保保证金额度标准由原"单边持仓保证金金额超过 5 000 万元且低于公司最近一年经审计净资产 10%"大幅提升至"不超过公司最近一期经审计净资产的 50%"。2019 年年底经审计净资产将近 20 亿元,按照 10%计算,套保额度相当于 2 亿元。即套期保值额度由 2 亿元直接提高到 10 亿元。按照当时公告:截至 2020 年 12 月 14 日,公司套期保值占用期货保证金余额共 7 404.04 万元,显然已经超过 2020 年初公司公告预计在 2020 年占用期货保证金余额的上限 5 000 万元,仅占净资产约 3.7%,正常来讲仍在 10% 范围内,完全没有修订的必要,修改更像是事后的"亡羊补牢"做法。从此可以看出其内部对于风险控制存在缺陷。

根据各业务的买入与卖出的开仓数量来看,公司都是在大量做空期货市场,结合企业年报信息以及企业套保的交易方式,中国的油料油脂对国际市场依存度很高,60% 以上的原料依赖进口。据此可以推测的一种情况是,除回复公告中的已定价采购的大豆之外,平仓亏损主要涉及的菜油也是当前时点企业已定价购买的现货,并且认为该原材料的价值会进一步下跌,但矛盾点在于这与当时的行情并不符合。一般来说,像道道全这种需要大量采购原料的制造加工企业,面对消费市场相对刚性的价格时,需要在经营资产价值链的进项端敞口套期,应该是买入套期保值,使得公司少亏损或不亏损。那么,在菜油价格不断上涨的情况下,期货市场端应当大幅盈利,但道道全却是大幅亏损,由此可以认为,道道全实际上没有对应现货敞口风险做套期保值,而是在做对"行情判断有所偏差"的投机业务。

16.5　套期保值失败教训

受新冠肺炎疫情影响,2020 年以来,大宗商品市场环境复杂多变,价格波动频繁,这时期货及衍生品市场的避险功能不断凸显,利用期货工具套期保值进行风险管理成为企业规避风险、保障经营的重要手段,也逐渐被市场认可。但切忌将"套保"变成"投机",企业在进行套期保值时,一定要严格进行风险控制,并且控制套保数量,勿超过现货经营规模,需对现货的经营模式和期货交易模式有较深的理解。同时,在企业风险管理制度不成熟以及相关人才缺乏时,建议与第三方专业金融机构合作,避免"走弯路"。衍生品市场上经常会使用期货期权作为风险规避的有效手段,通过交付一定数额的期权费就可以将单边损失封住,甚至可以通过复合式期权实现更好的风险管控。

企业无视市场规律,盲目自信,不遵守风险控制制度,存在严重投机现象,没有充分认识到"高风险,高收益;低风险,低收益"适用于所有事件当中,套期使风险转移但交易无法获得大额收益,而投机可能获得杠杆收益,却有巨大风险。

16.6　本章小结

本章先是介绍了道道全粮油股份有限公司的发展背景和期货市场背景,然后介绍了期货套期保值巨亏事件,最后分析了巨亏的原因,总结了经验教训。结论是企业从事套期保值交易一定要严格遵守《期货套期保值内部控制制度》第十五条规定的套期保值交易金额的审批权限,灵活运用金融衍生工具,准备好各种应急预案,绝不能凭主观判断进行投机交易。

复习思考题

1. 根据道道全粮油股份有限公司的背景分析,应该做买入套期保值还是卖出套期保值?

2. 道道全粮油股份有限公司在 2020 年经济背景下,是否应该做套期保值? 应怎样进行套期保值交易?

3. 从道道全粮油股份有限公司套期保值交易的实际情况看存在的主要问题是什么?

总复习题

一、填空题

1. TIPP 策略与 CPPI 策略的区别是（　　　　　　　　）。

2. 《巴塞尔协议》Ⅲ规定商业银行资本充足率/一级资本充足率/核心一级资本充足率最低标准分别为（　　/　　/　　）。

3. 中国系统重要性银行资本充足率/一级资本充足率/核心一级资本充足率最低标准分别为（　　/　　/　　）；

4. 中国非系统重要性银行资本充足率/一级资本充足率/核心一级资本充足率最低标准分别为（　　/　　/　　）。

5. 如果投资某风险资产，要求有 95％的可靠度在一年内最大损失不超过 5％，则该风险资产的年化波动率最大不能超过（　　），半年波动率最大不超过（　　）。假设波动率不变，若要求可靠度是 99％，那么一年内最大损失不超过（　　）。

6. 描述流动性的三要素是（　　）、（　　）与（　　）。

7. 购买牛市价差的交易者认为牛市价差标的资产价格走势是（　　）。

8. 期货之所以能套期保值是因为期货与（　　）走势基本一致。

9. CDS 的非对称性相当于（　　）。

10. 有效市场是一个充分反映（　　）。

11. 金融风险的双重性是指（　　）。

12. 投资组合中某资产的边际 VaR 乘上该资产的头寸就是（　　）VaR。

13. 购买认购期权比例价差的投资者认为对应标的资产价格的走势变化是（　　　　）。

14. 利率互换的前提条件是（　　　　　　）。

15. 在强有效市场中，运用技术分析和基本面分析都不可能获得（　　　）。

二、判断下列陈述是否正确，正确的画圈〇，错误的画叉×。

1. 购买熊市价差的交易者认为熊市价差标的资产价格走势是下跌的。（　　）

2. 买入一个以公司资产为标的、以其负债为执行价的认购期权，就相当于买入股权。（　　）

3. 买入一个以公司资产为标的、以其负债为执行价的认沽期权，就相当于买入 CDS。（　　）

4. 风险贡献率与收益贡献率永远是相等的。（　　）

5. 当金融市场发生突如其来的事件时，投资者仍然可以运用 VaR 度量风险。（　　）

6. 弱有效市场是一个充分反映所有可获信息的市场。（　　）

7. 金融风险的双重性是指金融风险可以控制又不可以控制。（　　　）

8. 风险是需要优化配置的稀有资源。（　　　）

9. 描述流动性的三要素是数量、价格与速度。（　　　）

10. 运用历史数据和正态分布法计算的 VaR 一定是相对 VaR。（　　　）

11. 购买认沽期权比例价差的投资者认为对应标的资产价格波动极小。（　　　）

12. 如果风险厌恶系数的经济意义是每承担一个单位的风险获得的超额收益，那么风险厌恶系数越大越厌恶风险。（　　　）

13. 包商银行案例说明公司治理结构存在重大问题，严重破坏了公司风险控制制度。（　　　）

14. 购买牛市价差的交易者认为牛市价差标的资产价格走势是上涨的。（　　　）

15. CDS 的非对称性相当于期权。（　　　）

16. 如果市场是弱有效市场，那么运用技术分析投资方法是不会获得超额收益的。（　　　）

17. 金融风险的可控性是指金融风险完全可以控制。（　　　）

18. 风险是需要优化配置的稀有资源。（　　　）

19. 投资组合中某资产的边界 VaR 乘上该资产的头寸就是增量 VaR。（　　　）

20. 组合保险策略在任何环境下都完全可以达到风险控制目标。（　　　）

21. 远期与期货在风险管理上的作用是完全一样的。（　　　）

22. 运用正态分布法与历史模拟法计算 VaR 差别不大。（　　　）

23. 相对损失加上平均收益就是绝对损失。（　　　）

24. 任何环境下投资年化收益率达到 70%，而不产生任何损失都是不可能的。（　　　）

三、简答题

1. 通过举例，画图说明牛市价差的风险和收益特征，并解释购买牛市价差的交易者对标的资产价格走势是如何认识的。

2. 通过举例，画图说明牛市认购期权比率反价差的风险和收益特征，并解释对其标的资产价格走势是如何认识的。

3. 举例说明 CDS 卖家的风险，你是怎样理解的？

4. 怎样理解 CDS 像期权而不是期权？

5. 资本资产定价模型中 β 的经济意义是什么？

6. 怎样理解投资组合的 VaR、边际 VaR 和成分 VaR 的关系与用途？

7. KMV 模型依据的基础金融理论是什么？

8. 怎样理解投资目标？风险预算和组合保险策略的关系？

9. 怎样理解风险预算？风险预算一定能完成吗？

10. 你认为 VaR 有用吗？为什么？

11. 怎样理解资本管理？资本管理的核心是什么？

12. 你认为止损策略是一种风险管理方式吗？

13. 投资组合与组合保险策略有什么区别？

14. 组合保险策略与组合套期保值有什么区别？

15. 你认为压力测试有用吗？为什么？

16. 你认为资金管理是一种风险管理方式吗？

17. 买入一个公司的股权相当于买入一个什么期权？有什么风险？

18. 买入一个公司的债权相当于卖出一个什么期权？有什么风险？

19. 期权费用的大小与风险高低有什么关系？

20. 什么是互换利率？

21. 怎样理解发生在 2022 年 3 月的伦镍逼空事件？从内外因素举例分析该事件对中国公司的影响。

四、假设有一风险资产当前价格是 20 元，6 个月后其价值变化只有两种情况，或者是 26 元，或者是 16 元。不考虑中间情况，再假设无风险收益率为 10%。某投资者只有资金 1 000 万元，问在下列情况下如何配置这 1 000 万元资金：

(1) 若市场上能够以 1.428 6 元的价格买到还有半年到期的行权价格是 23 元的欧式认购期权，如何配置这 1 000 万元资金，才能在有利的条件下获得的收益不低于 50%，在不利条件下损失最小；

(2) 若目前市场上所有需要的期权都没有，如何配置这 1 000 万元资金，才能达到相同的目标。（注：套期比 $h = 0.3$）

第 1 个问题答案：

存入银行资金 571.43 万元，购买认购期权的资金 428.57 万元。

第 2 个问题答案：

存入银行资金 −800 万元，购买风险资产的资金 1 800 万元。

附　录

A．期权交易信息 ●————————————————————————

附表 A‑1　2022 年 4 月 1 日上证 50ETF4 月认购与认沽期权合约交易数据

名　　称	现价（元）	杠杆比率	实际杠杆	隐含波动率（%）	Delta	理论价格（元）
50ETF 购 4 月 2850	0.102 7	28.46	19.65	18.99	0.691	0.113 2
50ETF 购 4 月 2900	0.069 4	42.12	24.36	18.53	0.578	0.082 5
50ETF 购 4 月 2950	0.043 3	67.51	31.15	18.15	0.461	0.057 8
50ETF 购 4 月 3000	0.026 4	110.72	38.71	18.51	0.35	0.038 7
50ETF 购 4 月 3100	0.009	324.78	55.44	19.56	0.171	0.015 1
50ETF 购 4 月 3200	0.003 2	913.44	61.2	21.16	0.067	0.004 9
50ETF 购 4 月 3300	0.001 5	1 948.67	41.51	23.61	0.021	0.001 3
50ETF 沽 4 月 2850	0.029 8	98.09	−30.35	21.18	−0.309	0.034 8
50ETF 沽 4 月 2900	0.046 3	63.13	−26.61	20.41	−0.421	0.054 1
50ETF 沽 4 月 2950	0.069 9	41.82	−22.52	19.94	−0.539	0.079 2
50ETF 沽 4 月 3000	0.102 2	28.6	−18.6	20.22	−0.65	0.11
50ETF 沽 4 月 3100	0.184 7	15.83	−13.12	22.28	−0.829	0.186 2
50ETF 沽 4 月 3200	0.279 5	10.46	−9.76	26.43	−0.933	0.275 8
50ETF 沽 4 月 3300	0.377	7.75	−7.59	30.68	−0.979	0.372 1

附表 A‑2　2022 年 4 月 1 日上证 50ETF5 月认购与认沽期权合约交易数据

名　　称	现价（元）	杠杆比率	实际杠杆	隐含波动率（%）	Delta	理论价格（元）
50ETF 购 5 月 2800	0.165 4	17.67	12.76	18.98	0.722	0.180 1
50ETF 购 5 月 2850	0.129 8	22.52	14.63	18.7	0.65	0.147 5

名　称	现价（元）	杠杆比率	实际杠杆	隐含波动率（%）	Delta	理论价格（元）
50ETF 购 5 月 2900	0.101 8	28.71	16.44	19.17	0.573	0.118 7
50ETF 购 5 月 2950	0.074	39.5	19.52	18.57	0.494	0.093 9
50ETF 购 5 月 3000	0.053 5	54.64	22.79	18.55	0.417	0.072 9
50ETF 购 5 月 3100	0.026 1	111.99	31.15	18.71	0.278	0.041 6
50ETF 购 5 月 3200	0.011 8	247.71	42.01	19.02	0.17	0.022
50ETF 沽 5 月 2800	0.038 6	75.73	−21.04	21.25	−0.278	0.045 4
50ETF 沽 5 月 2850	0.053	55.15	−19.32	20.75	−0.35	0.062 6
50ETF 沽 5 月 2900	0.073 9	39.55	−16.9	20.87	−0.427	0.083 6
50ETF 沽 5 月 2950	0.097 7	29.92	−15.13	20.64	−0.506	0.108 5
50ETF 沽 5 月 3000	0.125 2	23.35	−13.6	20.27	−0.583	0.137 3
50ETF 沽 5 月 3100	0.197 8	14.78	−10.67	20.95	−0.722	0.205 6
50ETF 沽 5 月 3200	0.28	10.44	−8.67	20.98	−0.83	0.285 6

附表 A-3　2022 年 4 月 1 日上证 50ETF6 月认购与认沽期权合约交易数据

名　称	现价（元）	杠杆比率	实际杠杆	隐含波动率（%）	Delta	理论价格（元）
50ETF 购 6 月 2900	0.128 5	22.75	13.07	19.74	0.574	0.146 5
50ETF 购 6 月 2950	0.102 3	28.57	14.61	19.56	0.511	0.121 6
50ETF 购 6 月 3000	0.081 7	35.78	16.07	19.73	0.449	0.099 9
50ETF 购 6 月 3100	0.049 2	59.41	19.77	19.82	0.333	0.065 2
50ETF 购 6 月 3200	0.029 6	98.75	23.06	20.34	0.234	0.040 7
50ETF 购 6 月 3300	0.019	153.84	23.91	21.4	0.155	0.024 3
50ETF 沽 6 月 2900	0.092 8	31.5	−13.4	20.89	−0.426	0.104 7
50ETF 沽 6 月 2950	0.116 5	25.09	−12.26	20.72	−0.488	0.129 6
50ETF 沽 6 月 3000	0.146 2	19.99	−11.01	21.02	−0.551	0.157 5
50ETF 沽 6 月 3100	0.215 5	13.56	−9.05	21.77	−0.667	0.222 1
50ETF 沽 6 月 3200	0.293 3	9.97	−7.64	22.23	−0.766	0.297
50ETF 沽 6 月 3300	0.380 3	7.69	−6.49	23.22	−0.845	0.38

附表 A-4　2022 年 4 月 1 日上证 50ETF9 月认购与认沽期权合约交易数据

名　称	现价（元）	杠杆比率	实际杠杆	隐含波动率（%）	Delta	理论价格（元）
50ETF 购 9 月 2850	0.220 1	13.28	8.35	19.67	0.628	0.246 6
50ETF 购 9 月 2900	0.193 8	15.08	8.85	19.85	0.587	0.219 7
50ETF 购 9 月 2950	0.170 1	17.18	9.37	20.04	0.545	0.195
50ETF 购 9 月 3000	0.147 2	19.86	10	20.03	0.504	0.172 3
50ETF 购 9 月 3100	0.108	27.06	11.45	19.98	0.423	0.132 9
50ETF 购 9 月 3200	0.077 4	37.76	13.13	19.95	0.348	0.100 8
50ETF 购 9 月 3300	0.055	53.15	14.89	20.05	0.28	0.075 4
50ETF 沽 9 月 2850	0.128	22.84	−8.48	22.55	−0.371	0.132 4
50ETF 沽 9 月 2900	0.147 1	19.87	−8.2	22.15	−0.413	0.154 8
50ETF 沽 9 月 2950	0.172 7	16.93	−7.69	22.3	−0.455	0.179 4
50ETF 沽 9 月 3000	0.199	14.69	−7.29	22.27	−0.496	0.206
50ETF 沽 9 月 3100	0.259 2	11.28	−6.51	22.38	−0.577	0.265 1
50ETF 沽 9 月 3200	0.320 7	9.11	−5.94	21.66	−0.652	0.331 6
50ETF 沽 9 月 3300	0.400 7	7.29	−5.25	22.54	−0.72	0.404 7

附表 A-5　2022 年 4 月 1 日沪深 300ETF4 月认购与认沽期权合约交易数据

名　称	现价（元）	杠杆比率	实际杠杆	隐含波动率（%）	Delta	理论价格（元）
300ETF 购 4 月 3900	0.368 8	11.58	10.97	0.01	0.947	0.382
300ETF 购 4 月 4000	0.271 9	15.7	13.84	0.01	0.882	0.291 3
300ETF 购 4 月 4100	0.189	22.59	17.52	15.84	0.776	0.209 7
300ETF 购 4 月 4200	0.119 2	35.81	22.71	17.59	0.634	0.141 1
300ETF 购 4 月 4300	0.063	67.76	32.17	17.24	0.475	0.088
300ETF 购 4 月 4400	0.031	137.71	44.47	17.84	0.323	0.050 5
300ETF 购 4 月 4500	0.014 6	292.4	58.01	18.7	0.198	0.026 6
300ETF 沽 4 月 3900	0.010 5	406.57	−21.3	26.68	−0.052	0.005 6
300ETF 沽 4 月 4000	0.018 3	233.28	−27.55	24.72	−0.118	0.014 7
300ETF 沽 4 月 4100	0.033 7	126.68	−28.39	23.34	−0.224	0.032 9

名　称	现价（元）	杠杆比率	实际杠杆	隐含波动率（%）	Delta	理论价格（元）
300ETF沽4月4200	0.061 1	69.87	−25.56	22.34	−0.366	0.064 2
300ETF沽4月4300	0.106	40.27	−21.15	21.96	−0.525	0.110 9
300ETF沽4月4400	0.176 7	24.16	−16.36	24	−0.677	0.173 2
300ETF沽4月4500	0.258 9	16.49	−13.22	26.23	−0.802	0.249 1

附表 A - 6　2022 年 4 月 1 日沪深 300ETF5 月认购与认沽期权合约交易数据

名　称	现价（元）	杠杆比率	实际杠杆	隐含波动率（%）	Delta	理论价格（元）
300ETF购5月3900	0.375 6	11.37	9.92	0.01	0.873	0.409 6
300ETF购5月4000	0.291 2	14.66	11.74	12.3	0.801	0.328 3
300ETF购5月4100	0.214 7	19.88	14.16	15.04	0.712	0.255 6
300ETF购5月4200	0.149 5	28.56	17.43	15.92	0.61	0.192 9
300ETF购5月4300	0.100 3	42.56	21.42	16.73	0.503	0.140 8
300ETF购5月4400	0.063 8	66.91	26.64	17.24	0.398	0.099 4
300ETF购5月4500	0.039	109.46	33.06	17.69	0.302	0.067 7
300ETF沽5月3900	0.028 5	149.79	−19.07	24.32	−0.127	0.024 3
300ETF沽5月4000	0.045 5	93.82	−18.65	23.74	−0.199	0.042 6
300ETF沽5月4100	0.069 9	61.07	−17.58	23.18	−0.288	0.069 5
300ETF沽5月4200	0.105 6	40.43	−15.75	22.98	−0.389	0.106 3
300ETF沽5月4300	0.152 6	27.98	−13.9	22.91	−0.497	0.153 8
300ETF沽5月4400	0.215 6	19.8	−11.92	23.69	−0.602	0.212
300ETF沽5月4500	0.291 5	14.64	−10.22	25.16	−0.698	0.279 9

附表 A - 7　2022 年 4 月 1 日沪深 300ETF6 月和 9 月认购与认沽期权合约交易数据

名　称	现价（元）	杠杆比率	实际杠杆	隐含波动率（%）	Delta	理论价格（元）
300ETF购6月4100	0.251 3	16.99	11.69	16.92	0.688	0.293 2
300ETF沽6月4100	0.096 5	44.24	−13.8	22.93	−0.312	0.097 7

续　表

名　　称	现价（元）	杠杆比率	实际杠杆	隐含波动率（％）	Delta	理论价格（元）
300ETF 购 9 月 4100	0.331 8	12.87	8.54	17.08	0.664	0.395 8
300ETF 沽 9 月 4100	0.178 3	23.94	−8.05	24.08	−0.336	0.167 6
300ETF 购 6 月 4200	0.189 8	22.49	13.6	17.41	0.605	0.233
300ETF 沽 6 月 4200	0.134 1	31.83	−12.58	22.74	−0.395	0.136 8
300ETF 购 9 月 4200	0.276 5	15.44	9.38	17.58	0.607	0.339 3
300ETF 沽 9 月 4200	0.221 1	19.31	−7.58	24.11	−0.393	0.209 6
300ETF 购 6 月 4300	0.137 5	31.05	16.1	17.55	0.519	0.181 4
300ETF 沽 6 月 4300	0.183	23.33	−11.23	22.9	−0.481	0.184 6
300ETF 购 9 月 4300	0.227 9	18.73	10.3	17.95	0.55	0.288 5
300ETF 沽 9 月 4300	0.266 9	15.99	−7.19	23.91	−0.45	0.257 4

附表 A - 8　2022 年 1 月 21 日 50ETF6 月到期的认购与认沽期权的收盘价格

名　　称	收盘价（元）	历史波动率（％）	隐含波动率（％）	Delta	理论价格（元）
50ETF 购 6 月 2900	0.38	13.32	19.4	0.912	0.353 5
50ETF 购 6 月 2950	0.351 2	13.32	21.02	0.876	0.310 2
50ETF 购 6 月 3000	0.306 1	13.32	19.55	0.832	0.269
50ETF 购 6 月 3100	0.237 7	13.32	19.21	0.719	0.194 8
50ETF 购 6 月 3200	0.180 9	13.32	19.17	0.583	0.133 5
50ETF 购 6 月 3300	0.134 5	13.32	19.19	0.441	0.086 3
50ETF 沽 6 月 2900	0.036 6	13.32	19.13	−0.087	0.011 5
50ETF 沽 6 月 2950	0.047 2	13.32	19.11	−0.124	0.017 5
50ETF 沽 6 月 3000	0.059 7	13.32	19.06	−0.168	0.025 7
50ETF 沽 6 月 3100	0.088 9	13.32	18.63	−0.281	0.050 3
50ETF 沽 6 月 3200	0.132	13.32	18.78	−0.417	0.087 8
50ETF 沽 6 月 3300	0.188 5	13.32	19.31	−0.559	0.139 3

附表 A - 9　2022 年 1 月 21 日 50ETF3 月到期的认购与认沽期权的收盘价格

名　　称	现价(元)	历史波动率 (%)	隐含波动率 (%)	Delta	理论价格 (元)
50ETF 购 3 月 2900	0.337 4	13.32	22.25	0.975	0.322 2
50ETF 购 3 月 2950	0.294 5	13.32	21.98	0.95	0.274 5
50ETF 购 3 月 3000	0.249 9	13.32	20.65	0.91	0.228 5
50ETF 购 3 月 3100	0.170 9	13.32	19.2	0.769	0.145 6
50ETF 购 3 月 3200	0.109 4	13.32	18.81	0.561	0.081
50ETF 购 3 月 3300	0.064 4	13.32	18.59	0.34	0.038 4
50ETF 沽 3 月 2900	0.010 6	13.32	19.53	−0.025	0.001 7
50ETF 沽 3 月 2950	0.016 1	13.32	19.33	−0.05	0.003 7
50ETF 沽 3 月 3000	0.022 1	13.32	18.64	−0.09	0.007 5
50ETF 沽 3 月 3100	0.044 2	13.32	18.05	−0.23	0.024 1
50ETF 沽 3 月 3200	0.081 9	13.32	17.75	−0.439	0.058 9
50ETF 沽 3 月 3300	0.137 4	13.32	17.69	−0.66	0.115 9

附表 A - 10　2022 年 1 月 21 日 50ETF2 月到期的认购与认沽期权的收盘价格

名　　称	现价(元)	历史波动率 (%)	隐含波动率 (%)	Delta	理论价格 (元)
50ETF 购 2 月 2900	0.321 2	13.32	23.82	0.995	0.314 1
50ETF 购 2 月 2950	0.271 8	13.32	21.04	0.985	0.264 7
50ETF 购 2 月 3000	0.226 9	13.32	20.61	0.96	0.216 3
50ETF 购 2 月 3100	0.140 1	13.32	18.05	0.823	0.126 9
50ETF 购 2 月 3200	0.072 8	13.32	17	0.553	0.058 8
50ETF 购 2 月 3300	0.032 6	13.32	17.11	0.263	0.020 1
50ETF 沽 2 月 2900	0.003 9	13.32	20.74	−0.005	0.000 2
50ETF 沽 2 月 2950	0.006	13.32	19.73	−0.015	0.000 7
50ETF 沽 2 月 3000	0.009 3	13.32	18.76	−0.04	0.002 1
50ETF 沽 2 月 3100	0.022 1	13.32	16.84	−0.177	0.012 5
50ETF 沽 2 月 3200	0.050 2	13.32	14.92	−0.446	0.044 1
50ETF 沽 2 月 3300	0.113 6	13.32	15.92	−0.737	0.105 1

附表 A-11　2022 年 1 月 21 日沪深 300 指数认购期权合约 2 月到期的市场信息

代　码	收盘价	理论价	隐含波动率（%）	杠杆率	真实杠杆率	delta
IO2202 - C - 4500	313. 20	281. 527	25. 60	0. 152 6	0. 146 1	0. 957 3
IO2202 - C - 4550	271. 40	234. 697	24. 77	0. 176 1	0. 162 2	0. 921 1
IO2202 - C - 4600	226. 40	190. 265	22. 76	0. 211 1	0. 182 7	0. 865 3
IO2202 - C - 4650	185. 20	149. 301	21. 31	0. 258 1	0. 203 2	0. 787 4
IO2202 - C - 4700	144. 80	112. 883	19. 55	0. 330 1	0. 227 4	0. 688 9
IO2202 - C - 4750	113. 40	81. 882 8	19. 02	0. 421 5	0. 242 6	0. 575 6
IO2202 - C - 4800	83. 40	56. 764 4	17. 99	0. 573 1	0. 261 8	0. 456 8
IO2202 - C - 4850	59. 20	37. 484 5	17. 29	0. 807 3	0. 276 7	0. 342 8
IO2202 - C - 4900	43. 20	23. 515 2	17. 37	1. 106 3	0. 268 3	0. 242 5
IO2202 - C - 4950	29. 20	13. 985	17. 07	1. 636 8	0. 264 1	0. 161 4
IO2202 - C - 5000	21. 40	7. 872 8	17. 52	2. 233 3	0. 225 3	0. 100 9
IO2202 - C - 5100	10. 40	2. 108 3	18. 02	4. 595 5	0. 150 0	0. 032 6
IO2202 - C - 5200	6. 40	0. 45	19. 58	7. 467 7	0. 061 3	0. 008 2
IO2202 - C - 5300	4. 00	0. 076 6	21. 01	11. 948	0. 019 3	0. 001 6

附表 A-12　2022 年 1 月 21 日沪深 300 指数认沽期权合约 2 月到期的市场信息

代　码	收盘价（元）	理论价（元）	隐含波动率（%）	杠杆率	真实杠杆率	delta
IO2202 - P - 4500	12. 80	2. 781 6	18. 35	3. 733 8	−0. 151 8	−0. 040 7
IO2202 - P - 4550	16. 60	5. 850 3	17. 27	2. 879 1	−0. 221 2	−0. 076 8
IO2202 - P - 4600	21. 20	11. 316 1	15. 99	2. 254 4	−0. 299 0	−0. 132 7
IO2202 - P - 4650	28. 60	20. 250 2	14. 96	1. 671 1	−0. 351 8	−0. 210 5
IO2202 - P - 4700	40. 00	33. 731 1	14. 21	1. 194 8	−0. 369 3	−0. 309 1
IO2202 - P - 4750	53. 80	52. 628 5	13. 08	0. 888 3	−0. 375 2	−0. 422 4
IO2202 - P - 4800	77. 00	77. 408 3	12. 75	0. 620 7	−0. 335 9	−0. 541 2
IO2202 - P - 4850	105. 00	108. 026	12. 20	0. 455 2	−0. 298 2	−0. 655 2
IO2202 - P - 4900	134. 00	143. 955	10. 22	0. 356 7	−0. 269 5	−0. 755 5
IO2202 - P - 4950	176. 60	184. 323	10. 04	0. 270 6	−0. 226 4	−0. 836 6

代　码	收盘价（元）	理论价（元）	隐含波动率（%）	杠杆率	真实杠杆率	delta
IO2202 - P - 5000	219.00	228.109	0.02	0.218 2	−0.195 8	−0.897 1
IO2202 - P - 5100	310.80	322.141	0.02	0.154 1	−0.148 7	−0.965 3
IO2202 - P - 5200	401.00	420.279	0.02	0.119 2	−0.118 0	−0.989 8
IO2202 - P - 5300	484.00	519.703	0.02	0.098 7	−0.098 4	−0.996 3

附表 A‑13　2022 年 1 月 21 日沪深 300 指数认购期权合约 3 月到期的市场信息

代　码	收盘价（元）	理论价（元）	隐含波动率（%）	杠杆率	真实杠杆率	delta
IO2203 - C - 4500	340.8	290.845 0	23.21	0.140 2	0.124 5	0.887 6
IO2203 - C - 4550	301.8	248.135 6	22.64	0.158 4	0.133 1	0.840 6
IO2203 - C - 4600	257.6	208.182	21.01	0.185 5	0.145 2	0.782 6
IO2203 - C - 4650	221.4	171.510 5	20.38	0.215 9	0.154 2	0.714 5
IO2203 - C - 4700	191.2	138.560 5	20.30	0.250 0	0.159 5	0.638 2
IO2203 - C - 4750	159.6	109.636 6	19.68	0.299 5	0.166 7	0.556 7
IO2203 - C - 4800	131.8	84.873 0	19.20	0.362 6	0.171 7	0.473 4
IO2203 - C - 4850	108.2	64.221 7	18.95	0.441 7	0.173 2	0.392 1
IO2203 - C - 4900	88.2	47.463 5	18.80	0.541 9	0.171 2	0.315 9
IO2203 - C - 4950	71.2	34.240 4	18.67	0.671 3	0.166 1	0.247 5
IO2203 - C - 5000	58.4	24.100 3	18.85	0.818 4	0.154 2	0.188 4
IO2203 - C - 5100	37.4	11.076 6	18.95	1.277 9	0.128 0	0.100 2
IO2203 - C - 5200	25.8	4.602 70	19.68	1.852 4	0.087 9	0.047 5
IO2203 - C - 5300	15.8	1.729 70	19.78	3.024 9	0.060 8	0.020 1

附表 A‑14　2022 年 1 月 21 日沪深 300 指数认沽期权合约 3 月到期的市场信息

代　码	收盘价（元）	理论价（元）	隐含波动率（%）	杠杆率	真实杠杆率	delta
IO2203 - P - 4500	32.20	12.687 9	17.49	1.484 3	−0.160 7	−0.108 3
IO2203 - P - 4550	39.20	19.771 2	16.76	1.219 2	−0.189 2	−0.155 2

续　表

代　　码	收盘价（元）	理论价（元）	隐含波动率（%）	杠杆率	真实杠杆率	delta
IO2203 - P - 4600	50.60	29.610 7	16.49	0.944 5	−0.201 4	−0.213 2
IO2203 - P - 4650	63.20	42.732 0	16.01	0.756 2	−0.212 8	−0.281 4
IO2203 - P - 4700	82.60	59.575 0	16.14	0.578 6	−0.206 9	−0.357 7
IO2203 - P - 4750	100.40	80.444 0	15.56	0.476 0	−0.209 1	−0.439 2
IO2203 - P - 4800	124.60	105.473 0	15.43	0.383 6	−0.200 4	−0.522 4
IO2203 - P - 4850	150.60	134.615 0	15.08	0.317 4	−0.191 6	−0.603 8
IO2203 - P - 4900	180.00	167.649 8	14.68	0.265 5	−0.180 5	−0.680 0
IO2203 - P - 4950	214.40	204.219 6	14.53	0.222 9	−0.166 8	−0.748 4
IO2203 - P - 5000	251.00	243.872 4	14.21	0.190 4	−0.153 7	−0.807 5
IO2203 - P - 5100	328.80	330.434 6	12.32	0.145 4	−0.130 2	−0.895 7
IO2203 - P - 5200	421.20	423.546 5	11.30	0.113 5	−0.107 6	−0.948 4
IO2203 - P - 5300	508.60	520.259 0	0.02	0.094 0	−0.091 7	−0.975 8

附表 A‑15　2022 年 1 月 21 日沪深 300 指数认购期权合约 6 月到期的市场信息

代　　码	收盘价（元）	理论价（元）	隐含波动率（%）	杠杆率	真实杠杆率	delta
IO2206 - C - 4200	624.6	581.494 7	21.01	0.076 5	0.071 8	0.938 3
IO2206 - C - 4300	549.8	490.570 0	21.46	0.086 9	0.078 3	0.900 3
IO2206 - C - 4400	468.0	404.759 4	20.48	0.102 1	0.086 4	0.845 8
IO2206 - C - 4500	379.8	325.783 7	18.50	0.125 8	0.097 4	0.774 4
IO2206 - C - 4600	334.6	255.219 5	20.13	0.142 8	0.098 3	0.687 9
IO2206 - C - 4700	261.0	194.232 8	18.57	0.183 1	0.108 2	0.590 9
IO2206 - C - 4800	209.0	143.388 2	18.35	0.228 7	0.111 9	0.489 6
IO2206 - C - 4900	165.8	102.570 3	18.25	0.288 3	0.112 6	0.390 6
IO2206 - C - 5000	133.2	71.050 5	18.52	0.358 8	0.107 6	0.299 8
IO2206 - C - 5200	81.0	30.930 9	18.67	0.590 0	0.092 8	0.157 3
IO2206 - C - 5400	50.0	11.844 2	19.17	0.955 9	0.067 8	0.070 9

代　码	收盘价（元）	理论价（元）	隐含波动率（%）	杠杆率	真实杠杆率	delta
IO2206 – C – 5600	30.4	4.007 60	19.63	1.572 1	0.043 5	0.027 7
IO2206 – C – 5800	19.6	1.206 10	20.83	2.438 4	0.023 0	0.009 5

附表 A‑16　2022 年 1 月 21 日沪深 300 指数认沽期权合约 6 月到期的市场信息

代　码	收盘价（元）	理论价（元）	隐含波动率（%）	杠杆率	真实杠杆率	delta
IO2206 – P – 4200	41.0	8.527 4	19.42	1.165 7	−0.059 2	−0.050 8
IO2206 – P – 4300	53.2	16.507 6	18.62	0.898 4	−0.079 8	−0.088 8
IO2206 – P – 4400	70.6	29.601 0	18.02	0.677 0	−0.096 9	−0.143 2
IO2206 – P – 4500	98.4	49.529 8	17.97	0.485 7	−0.104 3	−0.214 6
IO2206 – P – 4600	130.6	77.870 0	17.72	0.366 0	−0.110 2	−0.301 1
IO2206 – P – 4700	169.8	115.787 7	17.49	0.281 5	−0.112 1	−0.398 2
IO2206 – P – 4800	220.4	163.847 5	17.57	0.216 8	−0.108 3	−0.499 5
IO2206 – P – 4900	279.4	221.934 2	17.77	0.171 1	−0.102 4	−0.598 5
IO2206 – P – 5000	338.8	289.318 8	17.39	0.141 1	−0.097 2	−0.689 2
IO2206 – P – 5200	487.0	447.008 1	17.59	0.098 1	−0.081 6	−0.831 8
IO2206 – P – 5400	655.0	625.730 3	17.97	0.073 0	−0.067 0	−0.918 1
IO2206 – P – 5600	825.4	815.702 6	16.19	0.057 9	−0.055 7	−0.961 4
IO2206 – P – 5800	1 017.6	1 010.709 9	17.04	0.047 0	−0.046 0	−0.979 6

附表 A‑17　2022 年 1 月 26 日上证 50ETF 期权合约 2 月到期的市场信息

名　称	现价（元）	杠杆比率	实际杠杆	隐含波动率（%）	Delta
50ETF 购 2 月 2900	0.261 4	12.03	11.87	24.38	0.987
50ETF 购 2 月 2950	0.217 6	14.45	13.89	23.87	0.961
50ETF 购 2 月 3000	0.173 4	18.13	16.44	22.13	0.906
50ETF 购 2 月 3100	0.096 4	32.61	22	19.68	0.674
50ETF 购 2 月 3200	0.043 1	72.95	25.48	18.43	0.349

续　表

名　　称	现价(元)	杠杆比率	实际杠杆	隐含波动率 （%）	Delta
50ETF购2月3300	0.017 7	177.63	20.41	18.98	0.115
50ETF沽2月2900	0.008 2	383.41	−5.06	22.67	−0.013
50ETF沽2月2950	0.012 3	255.61	−9.92	21.54	−0.039
50ETF沽2月3000	0.018 6	169.03	−15.79	20.5	−0.093
50ETF沽2月3100	0.040 5	77.63	−25.26	18.22	−0.325
50ETF沽2月3200	0.086 8	36.22	−23.57	16.95	−0.651
50ETF沽2月3300	0.161 7	19.44	−17.21	17.08	−0.885

附表 A‑18　2022 年 1 月 26 日上证 50ETF 期权合约 3 月到期的市场信息

名　　称	现价(元)	杠杆比率	实际杠杆	隐含波动率 （%）	Delta
50ETF购3月2900	0.280 7	11.2	10.62	22.48	0.948
50ETF购3月2950	0.238 6	13.18	11.91	21.76	0.904
50ETF购3月3000	0.198 3	15.85	13.3	20.95	0.839
50ETF购3月3100	0.130 3	24.13	15.6	20.23	0.647
50ETF购3月3200	0.077 4	40.62	16.82	19.55	0.414
50ETF购3月3300	0.043	73.12	15.65	19.46	0.214
50ETF沽3月2900	0.018 9	166.35	−8.67	20.9	−0.052
50ETF沽3月2950	0.025 3	124.27	−11.94	20.04	−0.096
50ETF沽3月3000	0.036 2	86.85	−13.99	19.84	−0.161
50ETF沽3月3100	0.066 7	47.14	−16.65	19.1	−0.353
50ETF沽3月3200	0.114 6	27.43	−16.07	18.71	−0.586
50ETF沽3月3300	0.179 5	17.52	−13.77	18.43	−0.786

附表 A‑19　2022 年 1 月 26 日上证 50ETF 期权合约 6 月到期的市场信息

名　　称	现价(元)	杠杆比率	实际杠杆	隐含波动率 （%）	Delta
50ETF购6月2900	0.343 5	9.15	7.94	22.21	0.868
50ETF购6月2950	0.307 1	10.24	8.4	21.94	0.821

名　　　称	现价(元)	杠杆比率	实际杠杆	隐含波动率（％）	Delta
50ETF购6月3000	0.2691	11.68	8.94	21.18	0.765
50ETF购6月3100	0.2045	15.37	9.76	20.46	0.635
50ETF购6月3200	0.1526	20.6	10.13	20.21	0.492
50ETF购6月3300	0.1089	28.87	10.2	19.8	0.353
50ETF沽6月2900	0.0492	63.9	−8.45	19.6	−0.132
50ETF沽6月2950	0.0616	51.04	−9.15	19.46	−0.179
50ETF沽6月3000	0.0761	41.31	−9.69	19.31	−0.235
50ETF沽6月3100	0.1113	28.25	−10.3	18.9	−0.365
50ETF沽6月3200	0.1589	19.79	−10.06	18.8	−0.508
50ETF沽6月3300	0.2162	14.54	−9.4	18.63	−0.646

附表 A‑20　2022 年 1 月 27 日上证 50ETF 期权合约 9 月到期的市场信息

名　　　称	收盘现价（元）	杠杆比率	实际杠杆	隐含波动率（％）	Delta
50ETF购9月2850	0.4	7.77	6.54	21.43	0.842
50ETF购9月2900	0.365	8.51	6.82	21.24	0.802
50ETF购9月2950	0.3305	9.4	7.11	20.92	0.757
50ETF购9月3000	0.2997	10.37	7.34	20.84	0.708
50ETF购9月3100	0.2388	13.01	7.82	20.19	0.601
50ETF购9月3200	0.1905	16.31	7.98	20.09	0.489
50ETF购9月3300	0.1469	21.15	8.08	19.73	0.382
50ETF沽9月2850	0.0721	43.09	−6.81	19.64	−0.158
50ETF沽9月2900	0.0844	36.81	−7.3	19.36	−0.198
50ETF沽9月2950	0.1004	30.95	−7.53	19.31	−0.243
50ETF沽9月3000	0.1182	26.29	−7.68	19.26	−0.292
50ETF沽9月3100	0.1597	19.46	−7.77	19.15	−0.399
50ETF沽9月3200	0.2118	14.67	−7.49	19.31	−0.511
50ETF沽9月3300	0.2643	11.76	−7.26	18.75	−0.618

附表 A‑21　2022 年 1 月 26 日沪深 300ETF 期权合约 2 月到期的市场信息

名　　　称	现价(元)	杠杆比率	实际杠杆	隐含波动率（%）	Delta
300ETF 购 2 月 4300	0.423 3	11.12	11.06	21.82	0.995
300ETF 购 2 月 4400	0.333 6	14.11	13.74	21.99	0.974
300ETF 购 2 月 4500	0.247 6	19.01	17.24	20.9	0.907
300ETF 购 2 月 4600	0.167 3	28.13	21.44	19.13	0.762
300ETF 购 2 月 4700	0.104 1	45.21	24.71	18.39	0.547
300ETF 购 2 月 4800	0.056 3	83.59	26.77	17.52	0.32
300ETF 购 2 月 4900	0.029 2	161.16	24.09	17.64	0.149
300ETF 购 2 月 5000	0.014	336.14	18.45	17.84	0.055
300ETF 沽 2 月 4300	0.008 2	573.9	−2.75	22.32	−0.005
300ETF 沽 2 月 4400	0.015 1	311.66	−8.01	21.05	−0.026
300ETF 沽 2 月 4500	0.025 9	181.7	−16.84	19.4	−0.093
300ETF 沽 2 月 4600	0.046 5	101.2	−24.05	18.2	−0.238
300ETF 沽 2 月 4700	0.083	56.7	−25.7	17.56	−0.453
300ETF 沽 2 月 4800	0.135 9	34.63	−23.53	16.83	−0.68
300ETF 沽 2 月 4900	0.208 8	22.54	−19.17	16.83	−0.85
300ETF 沽 2 月 5000	0.295 5	15.93	−15.05	17.46	−0.945

附表 A‑22　2022 年 1 月 26 日沪深 300ETF 期权合约 3 月到期的市场信息

名　　　称	现价(元)	杠杆比率	实际杠杆	隐含波动率（%）	Delta
300ETF 购 3 月 4300	0.451	10.43	10.12	21.67	0.97
300ETF 购 3 月 4400	0.365 1	12.89	11.91	20.91	0.924
300ETF 购 3 月 4500	0.283 1	16.62	13.96	19.78	0.84
300ETF 购 3 月 4600	0.212 2	22.18	15.82	19.24	0.713
300ETF 购 3 月 4700	0.153 5	30.66	17.05	19	0.556
300ETF 购 3 月 4800	0.106 5	44.19	17.35	18.84	0.393
300ETF 购 3 月 4900	0.071 1	66.19	16.5	18.77	0.249

续 表

名　　　称	现价(元)	杠杆比率	实际杠杆	隐含波动率(%)	Delta
300ETF 购 3 月 5000	0.046 2	101.86	14.43	18.85	0.142
300ETF 沽 3 月 4300	0.024 5	192.08	−5.69	21.47	−0.03
300ETF 沽 3 月 4400	0.036 7	128.23	−9.69	20.45	−0.076
300ETF 沽 3 月 4500	0.057 3	82.13	−13.15	19.93	−0.16
300ETF 沽 3 月 4600	0.084 5	55.69	−15.97	19.15	−0.287
300ETF 沽 3 月 4700	0.125 3	37.56	−16.67	18.91	−0.444
300ETF 沽 3 月 4800	0.178 1	26.42	−16.04	18.79	−0.607
300ETF 沽 3 月 4900	0.241 2	19.51	−14.64	18.56	−0.751
300ETF 沽 3 月 5000	0.316 2	14.88	−12.77	18.67	−0.858

附表 A‑23　2022 年 1 月 26 日沪深 300ETF 期权合约 6 月到期的市场信息

名　　　称	现价(元)	杠杆比率	实际杠杆	隐含波动率(元)%	Delta
300ETF 购 6 月 4300	0.516 5	9.11	8.2	18.93	0.9
300ETF 购 6 月 4400	0.444 5	10.59	8.91	19.23	0.842
300ETF 购 6 月 4500	0.374 7	12.56	9.63	19.07	0.767
300ETF 购 6 月 4600	0.310 9	15.14	10.27	18.88	0.678
300ETF 购 6 月 4700	0.256 9	18.32	10.63	18.96	0.58
300ETF 购 6 月 4800	0.209	22.52	10.79	18.97	0.479
300ETF 购 6 月 4900	0.167 1	28.16	10.74	18.91	0.382
300ETF 购 6 月 5000	0.131 3	35.84	10.48	18.81	0.292
300ETF 沽 6 月 4300	0.070 9	66.38	−6.65	20.42	−0.1
300ETF 沽 6 月 4400	0.094 9	49.59	−7.84	20.22	−0.158
300ETF 沽 6 月 4500	0.125 6	37.47	−8.72	20.12	−0.233
300ETF 沽 6 月 4600	0.161 1	29.21	−9.39	19.9	−0.321
300ETF 沽 6 月 4700	0.204 4	23.02	−9.66	19.81	−0.419
300ETF 沽 6 月 4800	0.252 2	18.66	−9.71	19.54	−0.521

续　表

名　　称	现价(元)	杠杆比率	实际杠杆	隐含波动率 (元)%	Delta
300ETF 沽 6 月 4900	0.316 1	14.89	−9.21	20.08	−0.618
300ETF 沽 6 月 5000	0.377 4	12.47	−8.82	19.89	−0.707

附表 A‐24　2022 年 1 月 27 日沪深 300ETF 期权合约 9 月到期的市场信息

名　　称	收盘现价 (元)	杠杆比率	实际杠杆	隐含波动率 (%)	Delta
300ETF 购 9 月 4300	0.517	8.95	7.32	18.17	0.818
300ETF 购 9 月 4400	0.453 6	10.2	7.72	18.43	0.757
300ETF 购 9 月 4500	0.389 4	11.88	8.17	18.2	0.688
300ETF 购 9 月 4600	0.331 5	13.95	8.56	18.05	0.614
300ETF 购 9 月 4700	0.284	16.29	8.74	18.22	0.536
300ETF 购 9 月 4800	0.240 3	19.25	8.84	18.26	0.46
300ETF 购 9 月 4900	0.203 3	22.75	8.77	18.4	0.386
300ETF 购 9 月 5000	0.170 9	27.06	8.58	18.51	0.317
300ETF 沽 9 月 4300	0.139 8	33.08	−6.01	20.93	−0.182
300ETF 沽 9 月 4400	0.170 8	27.08	−6.57	20.69	−0.243
300ETF 沽 9 月 4500	0.209 6	22.07	−6.88	20.68	−0.312
300ETF 沽 9 月 4600	0.253 9	18.22	−7.03	20.71	−0.386
300ETF 沽 9 月 4700	0.302 5	15.29	−7.09	20.69	−0.463
300ETF 沽 9 月 4800	0.357 7	12.93	−6.99	20.78	−0.54
300ETF 沽 9 月 4900	0.417 3	11.08	−6.81	20.86	−0.614
300ETF 沽 9 月 5000	0.484 2	9.55	−6.52	21.12	−0.683

B. 中国部分商业银行财务数据

附表 B－1　中国上市银行的主要财务指标

银行简称	年份	总资产规模（亿元）	净资产（亿元）	净利润（亿元）	一级资本（亿元）	一级资本充足率（%）	资本充足率（%）	利息净收入比营业收入（%）	成本收入比（%）	不良贷款率（%）	净息差（%）	存贷比（%）	流动性比率（%）	同业负债/总负债（%）
工商银行	2016	241 372.65	19 811.63	2 791.06	19 547.70	13.42	14.61	69.81	25.91	1.62	2.16	70.9	35.7	11.76
	2017	260 870.43	21 410.56	2 874.51	21 100.60	13.27	15.14	71.86	24.46	1.55	2.22	71.1	41.7	11.5
	2018	276 995.40	23 448.83	2 987.23	23 121.43	13.45	15.39	73.99	23.91	1.52	2.3	71	43.8	9.19
	2019	301 094.36	26 920.03	3 133.61	26 575.23	14.27	16.77	70.97	23.28	1.43	2.24	71.6	43	9.23
	2020	333 450.58	29 095.15	3 176.85	28 727.92	14.28	16.88	73.27	22.3	1.58	2.15	72.8	43.2	10.11
建设银行	2016	209 637.05	15 896.54	2 323.89	15 695.75	13.15	14.94	69.05	27.49	1.52	2.2	76.33	44.21	10.97
	2017	221 243.83	17 958.27	2 436.15	17 711.20	13.71	15.5	72.78	26.95	1.49	2.21	78.85	43.53	8.83
	2018	232 226.93	19 915.94	2 556.26	19 691.10	14.42	17.19	73.8	26.42	1.46	2.31	81.19	47.69	8.85
	2019	254 362.61	22 351.27	2 692.22	22 096.92	14.68	17.52	72.37	26.53	1.42	2.26	82.54	51.87	9.95
	2020	281 322.54	23 893.53	2 735.79	23 615.17	14.22	17.06	76.19	25.12	1.56	2.19	82.33	55.66	9.13

续 表

银行简称	年份	总资产规模（亿元）	净资产（亿元）	净利润（亿元）	一级资本（亿元）	一级资本充足率（%）	资本充足率（%）	利息净收入比营业收入（%）	成本收入比（%）	不良贷款率（%）	净息差（%）	存贷比（%）	流动性比率（%）	同业负债/总负债（%）
农业银行	2016	195 700.61	13 215.91	1 840.60	13 109.34	11.06	13.04	78.67	34.59	2.37	2.25	64.63	46.74	9.12
	2017	210 533.82	14 293.97	1 931.33	14 198.59	11.26	13.74	82.29	32.96	1.81	2.28	66.2	50.95	8.02
	2018	226 094.71	16 747.87	2 026.31	16 638.33	12.13	15.12	79.81	31.27	1.59	2.33	69.48	55.17	7.68
	2019	248 782.88	19 597.62	2 129.24	19 404.78	12.53	16.13	77.62	30.49	1.4	2.17	72.78	57.74	8.21
	2020	272 050.47	22 107.46	2 164.00	21 952.56	12.92	16.59	82.84	29.23	1.57	2.2	75.28	59.15	7.58
中国银行	2016	181 488.89	14 870.92	1 840.51	13 843.64	12.28	14.28	63.28	28.08	1.46	1.83	77.08	45.6	10.34
	2017	194 674.24	15 766.79	1 849.86	14 610.90	12.02	14.19	70.02	28.34	1.45	1.84	79.78	47.1	10.76
	2018	212 672.75	17 253.97	1 924.35	15 752.93	12.27	14.97	71.36	28.09	1.42	1.9	79.41	58.7	11.99
	2019	227 697.44	19 766.96	2 018.91	18 064.35	12.79	15.59	68.15	28	1.37	1.84	83.29	54.6	11.1
	2020	244 026.59	21 628.37	2 050.96	19 926.21	13.19	16.22	73.54	26.73	1.46	1.85	84.96	54.5	10.47
交通银行	2016	84 031.66	6 324.07	676.51	6 280.51	12.16	14.02	69.83	31.6	1.52	1.88	73.98	50.92	23
	2017	90 382.54	6 762.71	706.91	6 694.29	11.86	14	64.98	31.85	1.5	1.58	90.4	58.66	22.12
	2018	95 311.71	7 053.08	741.65	6 948.32	12.21	14.37	61.56	31.5	1.49	1.51	84.8	67.28	18.61
	2019	99 056.00	8 009.12	780.62	7 895.46	12.85	14.83	61.98	30.11	1.47	1.58	88.33	—	15.83
	2020	106 976.16	8 786.28	795.7	8 622.21	12.88	15.25	62.28	28.29	1.67	1.57	89.44	—	13.33

续表

银行简称	年份	总资产规模（亿元）	净资产（亿元）	净利润（亿元）	一级资本（亿元）	一级资本充足率（%）	资本充足率（%）	利息净收入比营业收入（%）	成本收入比（%）	不良贷款率（%）	净息差（%）	存贷比（%）	流动性比率（%）	同业负债/总负债（%）
邮储银行	2016	82 656.22	3 468.88	397.76	3 448.23	8.63	11.13	83.46	66.47	0.87	2.24	41.32	38.37	5.38
	2017	90 125.51	4 313.57	477.09	4 295.60	9.67	12.51	83.77	61.57	0.75	2.4	45.02	42.1	2.76
	2018	95 162.11	4 753.13	523.84	4 696.05	10.88	13.76	89.7	56.41	0.86	2.67	49.57	61.17	2.75
	2019	102 167.06	5 448.79	610.36	5 401.60	10.87	13.52	86.78	56.57	0.86	2.5	53.41	—	1.78
	2020	113 532.63	6 729.30	643.18	6 703.01	11.86	13.88	88.53	57.88	0.88	2.42	55.19	—	1.33
招商银行	2016	59 423.11	4 033.62	623.8	3 887.80	11.54	13.33	64.39	28.01	1.87	2.5	85.79	—	17.47
	2017	62 976.38	4 833.92	706.38	4 597.82	13.02	15.48	65.57	30.23	1.61	2.43	87.72	—	14.4
	2018	67 457.29	5 436.05	808.19	5 164.33	12.62	15.68	64.53	31.02	1.36	2.57	89.37	—	12.14
	2019	74 172.40	6 177.07	934.23	5 844.36	12.69	15.54	64.18	32.09	1.16	2.59	92.7	—	11.54
	2020	83 614.48	7 303.54	979.59	6 941.84	13.98	16.54	63.7	33.3	1.07	2.49	89.35	—	13.23
兴业银行	2016	60 858.95	3 544.10	543.27	3 510.88	9.23	12.02	71.51	23.39	1.65	2.07	77.18	—	35.22
	2017	64 168.42	4 227.52	577.35	4 173.60	9.67	12.19	63.19	27.63	1.59	1.73	78.74	—	31.09
	2018	67 116.57	4 725.84	612.45	4 663.35	9.85	12.2	60.43	26.89	1.57	1.83	88.82	—	28.79
	2019	71 456.81	5 496.52	667.02	5 408.88	10.56	13.36	56.8	26.03	1.54	1.94	91.55	—	24.56
	2020	78 940.00	6 248.03	676.81	6 143.94	10.85	13.47	70.65	24.16	1.25	2.36	98.09	—	24.64

续表

银行简称	年份	总资产规模（亿元）	净资产（亿元）	净利润（亿元）	一级资本（亿元）	一级资本充足率（%）	资本充足率（%）	利息净收入比营业收入（%）	成本收入比（%）	不良贷款率（%）	净息差（%）	存贷比（%）	流动性比率（%）	同业负债/总负债（%）
浦发银行	2016	58 572.63	3 729.34	536.78	3 607.99	9.3	11.65	67.24	23.16	1.89	2.03	92.03	—	27.94
	2017	61 372.40	4 309.85	550.02	4 184.25	10.24	12.02	63.4	24.34	2.14	1.86	105.2	—	28.7
	2018	62 896.06	4 783.80	565.15	4 653.98	10.79	13.67	65.2	25.12	1.92	1.94	110	—	22.99
	2019	70 059.29	5 610.51	595.06	5 455.55	11.53	13.86	67.57	22.58	2.05	2.08	109.5	—	21.58
	2020	79 502.18	6 458.17	589.93	6 296.53	11.54	14.64	70.57	23.78	1.73	2.02	111.2	—	21.88
中信银行	2016	59 310.50	3 844.96	417.86	3 826.70	9.65	11.98	69.02	27.56	1.69	2	79.08	91.12	21.37
	2017	56 776.91	4 124.33	428.78	4 033.78	9.34	11.65	63.59	29.92	1.68	1.79	93.82	97.98	19.18
	2018	60 667.14	4 530.86	453.76	4 411.22	9.43	12.47	63.55	30.57	1.77	1.94	99.78	114.33	18.13
	2019	67 504.33	5 325.24	489.94	5 217.58	10.2	12.44	67.85	27.7	1.65	2.12	98.99	149.27	18.58
	2020	75 111.61	5 600.38	495.32	5 489.61	10.18	13.01	77.29	26.65	1.64	2.26	98.78	135.14	18.65
民生银行	2016	58 958.77	3 520.27	487.78	3 492.63	9.22	11.73	61	30.98	1.68	1.86	79.86	—	27.44
	2017	59 020.86	3 898.12	509.22	3 854.14	8.88	11.85	59.99	31.72	1.71	1.5	94.54	—	25.82
	2018	59 948.22	4 310.01	503.3	4 265.50	9.16	11.75	48.91	30.07	1.76	1.73	96.51	—	21.24
	2019	66 818.41	5 308.29	549.24	5 259.59	10.28	13.17	54.28	26.74	1.56	2.11	96.77	—	20.56
	2020	69 502.33	5 412.48	351.02	5 323.48	9.81	13.04	73.11	26.19	1.82	2.14	103.4	—	17.71

银行简称	年份	总资产规模（亿元）	净资产（亿元）	净利润（亿元）	一级资本（亿元）	一级资本充足率（%）	资本充足率（%）	利息净收入比营业收入（%）	成本收入比（%）	不良贷款率（%）	净息差（%）	存贷比（%）	流动性比率（%）	同业负债/总负债（%）
光大银行	2016	40 200.42	2 510.68	303.88	2 488.73	9.34	10.8	69.43	28.77	1.6	1.78	84.65	63.18	25.66
	2017	40 882.43	3 054.36	316.11	3 030.38	10.61	13.49	66.36	31.92	1.59	1.52	89.41	59.93	19.29
	2018	43 573.32	3 224.73	337.21	3 196.59	10.09	13.01	55.37	28.79	1.59	1.74	94.14	64.26	16.92
	2019	47 334.31	3 860.54	374.41	3 828.65	11.08	13.47	76.74	27.27	1.56	2.31	90.86	72.63	14.63
	2020	53 681.10	4 549.98	379.05	4 510.45	11.75	13.9	77.69	26.38	1.38	2.29	87.56	66.07	13.14
平安银行	2016	29 534.34	2 021.71	225.99	1 900.41	9.34	11.53	70.94	25.97	1.74	2.75	75.21	47.62	16.86
	2017	32 484.74	2 220.54	231.89	2 042.93	9.18	11.2	69.96	29.89	1.7	2.37	83.58	52.57	15.37
	2018	34 185.92	2 400.42	248.18	2 197.35	9.39	11.5	64.04	30.32	1.75	2.35	93.84	59.23	13.38
	2019	39 390.70	3 129.83	281.95	2 935.94	10.54	13.22	65.21	29.61	1.65	2.62	93.72	61.46	11.99
	2020	44 685.14	3 641.31	289.28	3 437.35	10.91	13.29	64.9	29.11	1.18	2.53	99.74	60.64	13.3
华夏银行	2016	23 562.35	1 529.73	197.56	1 529.00	9.7	11.36	76.52	34.5	1.67	2.42	81.65	31.45	18.38
	2017	25 089.27	1 694.98	199.33	1 689.29	9.37	12.37	71.28	32.96	1.76	2.01	86.04	45.08	15.66
	2018	26 805.80	2 187.15	209.86	2 183.13	10.43	13.19	71.36	32.58	1.85	1.95	95.05	51.23	15.62
	2019	30 207.89	2 693.37	221.15	2 693.02	11.91	13.89	76.19	30.59	1.83	2.24	113.1	—	18.18
	2020	33 998.16	2 826.55	215.68	2 824.13	11.17	13.08	86	27.93	1.8	2.59	116	—	19.03

续　表

银行简称	年份	总资产规模（亿元）	净资产（亿元）	净利润（亿元）	一级资本（亿元）	一级资本充足率（%）	资本充足率（%）	利息净收入比营业收入（%）	成本收入比（%）	不良贷款率（%）	净息差（%）	存贷比（%）	流动性比率（%）	同业负债/总负债（%）
北京银行	2016	21 163.39	1 437.79	179.23	1 430.11	9.44	12.2	79.07	25.81	1.27	2.14	78.19	50.1	21.9
	2017	23 298.05	1 767.14	188.82	1 759.22	9.93	12.41	78.2	26.85	1.24	2.12	84.9	41.28	17.6
	2018	25 728.65	1 941.34	201.37	1 936.58	9.85	12.07	82.1	25.19	1.46	2.28	91.04	55.93	18.95
	2019	27 370.40	2 089.63	215.91	2 085.64	10.09	12.28	78.54	23.23	1.4	2.07	94.59	—	17
	2020	29 000.14	2 211.43	216.46	2 162.50	10.28	11.49	80.26	22.07	1.57	1.92	95.75	—	17.28
上海银行	2016	17 553.71	1 162.19	143.25	1 155.56	11.13	13.17	75.56	22.89	1.17	1.73	65.25	51.92	25.79
	2017	18 077.67	1 474.41	153.37	1 467.50	12.37	14.33	57.71	24.47	1.15	1.25	71.9	41.71	27.65
	2018	20 277.72	1 617.69	180.68	1 610.23	11.22	13	68.21	20.52	1.14	1.76	81.61	44.17	26.71
	2019	22 370.82	1 772.27	203.33	1 729.81	10.92	13.84	60.88	19.98	1.16	1.71	81.89	—	25.83
	2020	24 621.44	1 909.39	209.15	1 863.18	10.46	12.86	71.72	18.93	1.22	1.82	83.21	66.35	25.81
江苏银行	2016	15 982.92	842.07	106.37	836.01	9.02	11.51	80.5	29.21	1.43	1.7	71.56	52.15	26.84
	2017	17 705.51	1 128.28	120.16	1 122.08	10.4	12.62	82.2	28.8	1.41	1.58	74.15	52.75	18.88
	2018	19 258.23	1 245.05	132.63	1 240.37	10.28	12.55	72.24	28.68	1.39	1.59	81.33	52.23	12.26
	2019	20 650.58	1 364.36	149.6	1 349.84	10.1	12.89	56.78	25.64	1.38	1.94	87.77	—	11.27
	2020	23 378.93	1 820.79	156.2	1 803.10	11.91	14.47	71.09	23.46	1.32	2.14	91.99	—	8.78

续 表

银行简称	年份	总资产规模（亿元）	净资产（亿元）	净利润（亿元）	一级资本（亿元）	一级资本充足率（%）	资本充足率（%）	利息净收入比营业收入（%）	成本收入比（%）	不良贷款率（%）	净息差（%）	存贷比（%）	流动性比率（%）	同业负债/总负债（%）
宁波银行	2016	8 850.20	503.86	78.23	500.27	9.46	12.25	72.15	72.15	0.91	1.95	53.68	44.95	17
	2017	10 320.42	572.06	93.56	568.1	9.41	13.58	64.74	64.74	0.82	1.94	58.06	51.54	17.22
	2018	11 164.23	812.3	112.21	806.16	11.22	14.86	66.09	66.09	0.78	1.97	65.88	57.43	9.86
	2019	13 177.17	1 007.36	137.91	1 000.09	11.3	15.57	55.77	55.77	0.78	1.84	66.51	—	11.04
	2020	16 267.49	1 189.93	151.36	1 180.73	10.88	14.84	67.77	67.77	0.79	2.3	71.85	—	13.69
南京银行	2016	10 639.00	623.78	83.46	619.26	9.77	13.71	79.75	24.8	0.87	2.16	50.64	47.71	11.99
	2017	11 411.63	682.11	97.61	670.02	9.37	12.93	80.88	29.2	0.86	1.85	53.83	42.02	9.54
	2018	12 432.69	787.66	111.88	778.13	9.74	12.99	78.69	28.61	0.89	1.89	62.34	51.62	7.09
	2019	13 434.35	879.28	125.67	868.07	10.01	13.03	65.9	27.39	0.89	1.85	66.93	58.68	5.29
	2020	15 170.76	1 080.33	132.1	1 068.25	10.99	14.75	68.75	28.46	0.91	1.86	71.33	51.32	6.49
浙商银行	2016	13 548.55	674.75	101.53	674.38	9.28	11.79	75.31	27.72	1.33	2.07	62.41	42.11	30.61
	2017	15 367.52	896.88	109.73	894.55	9.96	12.21	71.27	31.91	1.15	1.81	78.19	50.92	24.66
	2018	16 466.95	1 024.49	115.6	1 021.07	9.83	13.38	67.75	29.69	1.2	1.93	89.44	52.8	18.13
	2019	18 007.86	1 280.28	131.43	1 273.37	10.94	14.24	73.06	26.24	1.37	2.34	84.4	54.56	15.95
	2020	20 482.25	1 325.43	125.59	1 315.03	9.88	12.93	77.76	25.96	1.42	2.19	83.7	40.98	10.32

续表

银行简称	年份	总资产规模(亿元)	净资产(亿元)	净利润(亿元)	一级资本(亿元)	一级资本充足率(%)	资本充足率(%)	利息净收入比营业收入(%)	成本收入比(%)	不良贷款率(%)	净息差(%)	存贷比(%)	流动性比率(%)	同业负债/总负债(%)
杭州银行	2016	7 204.24	385.62	39.87	384.52	9.95	11.88	85.17	30.23	1.62	1.98	60.9	52.8	17.37
	2017	8 333.39	518.31	45.5	517.2	10.76	14.3	86.87	31.74	1.59	1.65	59.18	52.08	17.07
	2018	9 210.56	571.65	54.12	570.39	9.91	13.15	82.05	29.91	1.45	1.71	64.16	55.43	12.32
	2019	10 240.70	625.45	66.02	623.89	9.62	13.54	72.93	28.71	1.34	1.83	67.23	—	12.86
	2020	11 692.57	808.63	71.36	799.86	10.83	14.41	77.69	26.35	1.07	1.98	68.91	—	11.99
渤海银行	2016	8 561.20	414.63	64.73	413.83	7.89	11.44	73.14	34.61	1.69	1.7	72.15	45.92	23.99
	2017	10 025.67	484.65	67.54	483.75	8.12	11.43	67.53	34.28	1.74	1.6	79.86	40.77	20.11
	2018	10 344.51	558.59	70.8	557.36	8.61	11.77	65.71	35.46	1.84	1.46	94.81	55.39	11.39
	2019	11 131.17	827.81	83.36	825.49	10.63	13.07	81.01	29.09	1.78	2.03	111	59.98	11.95
	2020	13 935.23	1 032.46	84.45	1 030.65	11.01	12.08	87.64	26.52	1.77	2.18	118.9	48.7	16.63
渝农商行	2016	8 027.18	537.5	80.01	527.97	9.86	12.7	89.4	35.88	0.96	2.74	57.98	37.88	17.89
	2017	9 053.38	648.06	90.08	637.81	10.4	13.03	89.63	33.94	0.98	2.62	59.13	44.2	13.8
	2018	9 501.78	717.09	91.64	709.79	10.96	13.52	76.63	30.33	1.29	2.45	61.86	51.56	6.64
	2019	10 297.90	893.62	99.88	886.8	12.44	14.88	87.46	28.54	1.25	2.33	64.91	—	5.39
	2020	11 359.26	946.32	85.65	938.14	11.97	14.28	86.03	27.09	1.31	2.25	70.05	—	6.58

续　表

银行简称	年份	总资产规模（亿元）	净资产（亿元）	净利润（亿元）	一级资本（亿元）	一级资本充足率（%）	资本充足率（%）	利息净收入比营业收入（%）	成本收入比（%）	不良贷款率（%）	净息差（%）	存贷比（%）	流动性比率（%）	同业负债/总负债（%）
成都银行	2016	3 609.47	219.84	25.83	220.26	10.23	13.34	87.19	30.77	2.21	2.45	50.39	41.6	10.28
	2017	4 345.39	250.24	39.13	250.27	10.48	13.66	77.30	28.27	1.69	2.16	48.06	63.91	11.41
	2018	4 922.85	312.76	46.54	313.36	11.15	14.08	83.47	25.77	1.54	2.21	53.72	79.22	4.33
	2019	5 583.86	356.3	55.56	358.61	10.14	15.69	81.11	26.52	1.43	2.16	62.27	—	5.25
	2020	6 524.34	461.15	60.28	464.76	10.65	14.23	81.01	23.87	1.37	2.19	66.66	—	6.43
重庆银行	2016	3 731.04	238.12	35.02	237.16	9.82	11.79	80.11	23.6	0.96	2.38	65.78	59.95	16.72
	2017	4 227.63	324.6	37.64	312.61	10.24	13.6	79.99	21.51	1.35	2.11	74.24	—	13.84
	2018	4 503.69	346.12	38.22	335.41	9.94	13.21	63.43	22.22	1.36	1.79	83.1	—	12.95
	2019	5 012.32	386.14	43.21	375.26	9.82	13	73.98	21.68	1.27	2.11	88.27	—	12.47
	2020	5 616.41	419.94	45.66	409.34	9.57	12.54	84.77	20.64	1.27	2.27	90.06	—	13.41
贵阳银行	2016	3 722.53	220	36.89	217.61	11.51	13.75	82.69	25.6	1.42	2.88	38.97	78.64	9.47
	2017	4 641.06	256.3	45.88	252.68	9.54	11.56	87.05	28.1	1.34	2.67	42.19	67.59	11.57
	2018	5 033.26	358.43	52.29	355.62	11.22	12.97	87.51	26.73	1.35	2.33	54.5	85.84	9.25
	2019	5 603.99	403.27	59.98	398.71	10.77	13.61	82.41	26.3	1.45	2.4	61.37	—	9.56
	2020	5 906.80	444.52	61.43	438.47	10.53	12.88	85.3	23.84	1.53	2.52	65.05	—	12.32

续　表

银行简称	年份	总资产规模（亿元）	净资产（亿元）	净利润（亿元）	一级资本（亿元）	一级资本充足率（%）	资本充足率（%）	利息净收入比营业收入（%）	成本收入比（%）	不良贷款率（%）	净息差（%）	存贷比（%）	流动性比率（%）	同业负债/总负债（%）
齐鲁银行	2016	2 071.68	128.79	16.54	125.07	9.42	12.09	86.47	31.1	1.68	2.6	56.97	55.86	12.87
	2017	2 362.95	184.35	20.26	183.28	11.54	14.49	89.1	31.29	1.54	2.23	59.33	58.54	12.61
	2018	2 657.37	208.77	21.69	207.61	11.77	14.5	88.41	31.49	1.64	2.29	59.89	—	10.34
	2019	3 075.20	226.56	23.57	225.11	11.15	14.72	79.35	29.43	1.49	2.27	59.18	—	9.86
	2020	3 602.32	272.99	25.45	270.96	11.64	14.97	80.81	28.81	1.43	2.15	58.71	—	9.56
青岛银行	2016	2 779.88	176.36	20.89	174.64	10.08	12	83.2	34.57	1.36	2.23	58.24	53.48	26.5
	2017	3 062.76	261.23	19.04	256.08	12.57	16.6	86.02	31.6	1.69	1.72	59.13	56.36	15.2
	2018	3 176.59	274.97	20.43	271.63	11.82	15.68	60.55	32.97	1.68	1.63	71.94	60.55	11.61
	2019	3 736.22	304.78	23.36	301.26	11.33	14.76	71.19	31.88	1.65	2.13	81.2	68.84	12.36
	2020	4 598.28	309.07	24.53	302.94	11.31	14.11	77.29	33.61	1.51	2.13	75.95	—	14.7
厦门银行	2016	1 889.72	92.55	10.33	90.46	9.42	12.22	95.61	28.81	1.51	2.96	47.2	28.77	22.82
	2017	2 128.07	122.99	12.23	121.17	10.43	14.62	114.62	29.67	1.45	2.83	54.22	—	25.66
	2018	2 324.14	139.56	14.15	137.73	10.87	15.03	99.32	27.78	1.33	2.27	68.97	—	14.16
	2019	2 468.68	155.72	17.36	153.65	11.16	15.21	75.03	29.13	1.18	1.51	72.18	—	13.34
	2020	2 851.50	196.74	18.56	194.94	11.97	14.49	83.01	28.64	0.98	1.65	91.19	—	12.65

续 表

银行简称	年份	总资产规模（亿元）	净资产（亿元）	净利润（亿元）	一级资本（亿元）	一级资本充足率（%）	资本充足率（%）	利息净收入比营业收入（%）	成本收入比（%）	不良贷款率（%）	净息差（%）	存贷比（%）	流动性比率（%）	同业负债/总负债（%）
苏州银行	2016	2 604.18	209.05	19.87	201.66	10.46	13.6	84.17	35.91	1.49	2.25	65.47	79.42	15.47
	2017	2 841.18	222.79	21.5	216.8	10.45	13.51	86.08	38.04	1.43	2.01	70.77	57.9	22.11
	2018	3 110.86	245.86	23.14	241.14	10.1	12.96	85.19	37.73	1.68	2.11	73.35	51.66	15.33
	2019	3 434.72	289.53	26.11	284.74	11.34	14.36	64.35	31.68	1.53	2.09	74.06	—	15.48
	2020	3 880.68	312.31	27.25	303.45	11.3	14.21	72.61	29.74	1.38	2.22	77.18	—	12.97
西安银行	2016	2 179.68	159.72	20.14	159.43	11.76	14.18	82.12	30.4	1.27	1.94	72.99	—	8.17
	2017	2 341.21	177.15	21.01	177.02	11.59	13.83	84.37	30.09	1.24	2.01	77.18	—	6.51
	2018	2 434.90	199.94	23.65	199.65	11.87	14.17	85.41	27.97	1.2	2.23	84.58	—	1.73
	2019	2 782.83	236.68	26.79	236.23	12.62	14.85	82.11	25.68	1.18	2.26	87.63	—	2.42
	2020	3 036.92	256.24	27.59	255.58	12.37	14.5	86.96	25.33	1.18	2.16	79.98	—	3.47
长沙银行	2016	3 835.05	203.62	32.52	201.26	9	12.28	89.26	32.08	1.19	2.64	43.42	39.67	7.57
	2017	4 705.44	239.97	39.85	234.63	8.72	11.74	91.69	33.67	1.24	2.67	45.89	34.36	7.9
	2018	5 266.30	317.81	45.78	311.72	9.55	12.24	82.85	34.12	1.29	2.45	59.91	57.53	6.28
	2019	6 019.98	418.33	52.59	408.22	10.76	13.25	72.15	30.72	1.22	2.42	66.8	—	6.54
	2020	7 042.35	457.23	55.61	447.53	9.97	13.6	83.01	29.69	1.21	2.58	66.64	—	5.63

续 表

银行简称	年份	总资产规模(亿元)	净资产(亿元)	净利润(亿元)	一级资本(亿元)	一级资本充足率(%)	资本充足率(%)	利息净收入比营业收入(%)	成本收入比(%)	不良贷款率(%)	净息差(%)	存贷比(%)	流动性比率(%)	同业负债/总负债(%)
郑州银行	2016	3 661.48	218.61	40.45	213.13	8.8	11.76	83.86	22.34	1.31	2.69	51.34	40.61	22.7
	2017	4 358.29	334.39	43.34	322.63	10.49	13.53	79.52	26.15	1.5	2.08	50.29	61.72	16.25
	2018	4 661.42	378.63	31.01	366.18	10.48	13.15	59.54	27.96	2.47	1.7	66.06	56.39	14.01
	2019	5 004.78	398.92	33.73	383.53	10.05	12.11	66.61	26.46	2.37	2.16	72.33	—	10.73
	2020	5 487.13	459.72	33.21	444.93	10.87	12.86	76.95	22.4	2.08	2.4	82.63	—	12.35
常熟银行	2016	1 299.82	104.31	10.55	100.44	10.93	13.22	89.69	37.4	1.4	3.81	74.79	43.31	16.13
	2017	1 458.25	111.09	13.22	107.66	9.92	12.97	86.54	37.14	1.14	3.63	78.59	43.09	6.44
	2018	1 521.06	135.36	4.01	118.48	10.57	15.65	88.09	38.68	1.08	3.51	73.37	—	5.78
	2019	1 667.04	178.99	15.85	132.42	10.53	15.12	87.56	36.53	0.99	3.7	82.05	54.21	7.9
	2020	1 848.39	191.07	19	173.25	12.49	15.1	88.29	38.24	0.96	3.44	81.62	—	4.88
广州农商银行	2016	6 609.51	378.40	51.06	369.26	9.92	12.16	70.19	32.64	1.81	1.98	58.03	—	13.48
	2017	7 357.14	484.78	58.91	465.78	10.72	12	86.71	37.08	1.51	1.7	60.17	—	10.31
	2018	7 632.90	555.81	68.32	536.81	10.53	14.28	65.05	28.41	1.27	2.12	69.70	76.91	10.82
	2019	8 941.54	737.09	79.11	696.61	11.65	14.23	78.47	27.25	1.73	2.61	72.92	88.51	6.31
	2020	10 278.72	758.85	52.77	705.12	10.74	12.56	83.17	31.95	1.81	2.01	73.09	87.52	5.58

续 表

银行简称	年份	总资产规模（亿元）	净资产（亿元）	净利润（亿元）	一级资本（亿元）	一级资本充足率（%）	资本充足率（%）	利息净收入比营业收入（%）	成本收入比（%）	不良贷款率（%）	净息差（%）	存贷比（%）	流动性比率（%）	同业负债/总负债（%）
江阴银行	2016	1 040.85	90.13	7.67	89.71	13.08	14.18	91.59	35.96	2.41	2.34	71.33	—	14.95
	2017	1 094.03	93.54	7.58	91.95	12.95	14.14	83.76	38.29	2.39	2.33	70.43	—	12.77
	2018	1 148.53	106.39	7.8	105.48	14.04	15.21	73.5	32.03	2.15	2.67	74.31	—	3.09
	2019	1 263.43	118.73	10.12	117.42	14.17	15.29	72.63	31.66	1.83	2.46	75.39	—	8.76
	2020	1 427.66	122.6	10.7	121.3	13.36	14.48	76.36	31.47	1.79	2.19	77.84	—	7.58
九台农商银行	2016	1 914.71	137.23	23.16	112.06	10.52	13.79	76.42	41.61	1.41	2.67	48.74	—	12.54
	2017	1 870.09	166.51	16.38	136.72	9.66	12.2	81.09	50.77	1.73	2.38	60.69	—	9.41
	2018	1 642.53	151.08	11.84	124.97	9.5	11.83	69.88	54.72	1.75	2.49	70.79	48.81	9.54
	2019	1 732.76	156.6	11.96	136.97	9.66	11.98	78.42	51.08	1.68	2.75	78.24	—	8.42
	2020	2 003.63	162.51	12	147.51	9.15	11.37	91.92	47.96	1.63	2.75	86.85	—	9.83
瑞丰银行	2016	1 095.01	79.35	7.98	78.12	10.59	11.65	91.35	31.75	1.81	2.22	60.61	64.36	14.23
	2017	1 069.15	85.52	8.15	84.07	11.45	15.35	93.39	36.14	1.56	2.26	60.88	47.95	9.99
	2018	1 049.78	96.09	9.78	94.23	13.51	17.53	91.88	30.68	1.46	2.55	69.02	—	4.8
	2019	1 099.19	104.5	10.54	102.92	15.63	18.94	93.39	32.66	1.35	2.56	79.29	—	4.33
	2020	1 295.16	112.53	11.2	111.28	14.67	18.25	99.11	32.86	1.32	2.51	84.45	—	5.14

续　表

银行简称	年份	总资产规模（亿元）	净资产（亿元）	净利润（亿元）	一级资本（亿元）	一级资本充足率（%）	资本充足率（%）	利息净收入比营业收入（%）	成本收入比（%）	不良贷款率（%）	净息差（%）	存贷比（%）	流动性比率（%）	同业负债/总负债（%）
苏农商行	2016	813.48	78.79	6.59	77.12	13.04	14.18	92.95	34.03	1.78	2.9	69.50	39.77	8.56
	2017	952.71	84.73	7.39	80.58	12.27	13.42	92.64	32.63	1.64	2.97	68.68	49.1	8.31
	2018	1 167.82	95.21	8.1	89	10.99	14.89	85.23	34.18	1.31	2.64	71.77	67.53	7.54
	2019	1 259.55	116.25	9.15	108.92	12.17	14.67	83.25	34.61	1.33	2.71	72.38	—	6.39
	2020	1 394.40	121.4	9.59	112.04	11.38	13.53	80.01	32.72	1.28	2.5	75.06	—	7.16
无锡银行	2016	1 246.33	88.73	8.84	87.6	10.28	12.65	91.78	32.45	1.39	1.96	63.12	45.86	7.61
	2017	1 371.25	93.52	9.93	92.31	9.93	14.12	94.18	30.03	1.38	2.15	61.85	47.29	7.03
	2018	1 543.95	109.29	10.76	108.32	10.44	16.81	93.64	29.18	1.24	2.16	65.06	88.06	2.97
	2019	1 619.12	117.3	12.52	116.23	10.2	15.85	83.19	29.66	1.21	2.02	66.25	94.1	2.22
	2020	1 800.18	140.7	13.22	130.46	10.2	15.21	84.12	27.15	1.1	2.07	70.54	—	0.92
张家港银行	2016	901.78	74.49	6.96	71.56	12.26	13.42	81.53	37.25	1.96	2.24	67.92	41.59	16.65
	2017	1 031.73	83.89	7.54	80.22	11.82	12.93	88.03	36.33	1.78	2.33	69.62	37.6	16.39
	2018	1 134.46	100.11	8.18	96.03	11.94	15.65	90.7	35.43	1.47	2.56	75.67	51.38	13.45
	2019	1 230.45	107.37	9.37	99.26	11.02	15.1	82.61	31.15	1.38	2.74	78.64	—	8.4
	2020	1 438.18	113.1	9.96	105.28	10.35	13.75	85.85	31.27	1.17	2.74	79.18	—	9.93

续 表

银行简称	年份	总资产规模（亿元）	净资产（亿元）	净利润（亿元）	一级资本（亿元）	一级资本充足率（%）	资本充足率（%）	利息净收入比营业收入（%）	成本收入比（%）	不良贷款率（%）	净息差（%）	存贷比（%）	流动性比率（%）	同业负债/总负债（%）
紫金银行	2016	1 338.03	93.14	10.33	92.98	11.45	14.42	90.07	31.37	1.98	2.53	72.84	42.51	12.23
	2017	1 709.49	99.55	11.38	99.15	9.69	13.94	92.17	35.01	1.84	2.11	71.43	60.44	11.32
	2018	1 931.65	122.94	12.54	122.45	9.7	13.35	88.96	33.42	1.69	2.27	75.97	61.22	10.98
	2019	2 013.19	137.49	14.17	137.03	11.07	14.78	85.42	29.69	1.68	2.12	77.72	74.62	9.16
	2020	2 176.64	148.15	14.41	144.77	11.19	16.81	85.79	30.36	1.68	1.91	81.45	—	11.99
东莞银行	2016	3 476.88	234.24	39.9	226.12	12.11	13.23	76.03	32.97	1.42	2.22	59.84	79.89	19.2
	2017	3 741.88	255.99	42.71	252.95	11.15	14.06	78.92	33.58	1.29	2.13	60.6	77.68	18.06
	2018	4 081.57	301.02	45.05	298.38	12.09	14.84	82.82	31.39	1.27	2.22	62.99	90.3	13.44
	2019	4 612.09	354.72	48.7	343.9	12.63	15.3	71.9	28.36	1	2.03	66.41	89.53	10.89
	2020	5 484.02	386.43	50.55	365.91	11.54	14	82.36	31.43	0.82	2.24	68.1	71.62	8.53
甘肃银行	2016	2 450.56	133.44	19.21	135.55	8.72	11.85	96.17	25.16	1.81	3.08	65.76	47.83	17.42
	2017	2 711.48	166.13	33.64	165.69	8.71	11.54	92.98	24.81	1.74	2.91	67.77	—	10.63
	2018	3 286.22	252.48	34.4	250.11	11.01	13.55	80.34	24.72	2.29	2.37	76.35	—	10.06
	2019	3 350.44	246.89	5.11	244.23	9.92	11.83	73.1	31.53	2.45	1.96	71.96	45.2	6.42
	2020	3 423.64	314.65	5.62	312.03	12.85	13.39	88.56	34.3	2.28	1.97	72.82	—	6.55

续 表

银行简称	年份	总资产规模（亿元）	净资产（亿元）	净利润（亿元）	一级资本（亿元）	一级资本充足率（%）	资本充足率（%）	利息净收入比营业收入（%）	成本收入比（%）	不良贷款率（%）	净息差（%）	存贷比（%）	流动性比率（%）	同业负债/总负债（%）
贵州银行	2016	2 299.58	164.79	21.68	161.56	10.67	11.81	98.47	32.51	1.87	3.92	42.23	49.67	11.08
	2017	2 873.26	213.33	22.81	210.48	11.07	12.06	101.07	32.55	1.54	3.41	44.12	60.33	3.11
	2018	3 414.91	258.94	28.83	256.86	10.62	12.83	96.38	33.5	1.36	2.82	64.05	65.31	3.84
	2019	4 093.89	338.89	35.64	337.17	12.3	14.45	92.45	30.84	1.18	2.82	69.6	96.29	6.68
	2020	4 564.01	360.28	36.71	357.84	11.63	13.67	89.99	30.29	1.15	2.55	74.63	91.94	10.72
哈尔滨银行	2016	5 390.16	373.35	49.62	368.84	9.35	11.97	81.6	28.19	1.53	2.65	58.76	49.17	18.78
	2017	5 642.55	424.09	53.09	415.86	9.74	12.25	80.09	29.71	1.7	2.15	62.76	50.97	5.41
	2018	6 155.88	474.92	55.74	467.4	9.75	12.15	70.74	30.88	1.73	1.87	64.16	86.1	5.57
	2019	5 830.89	516.41	36.35	503.14	10.24	12.53	71.79	32.71	1.99	1.95	61.92	42.82	5.82
	2020	5 986.04	511.09	7.96	497.86	10.2	12.59	84.35	32.06	2.97	2.2	59.79	57.56	3.18
江西银行	2016	3 137.41	211.72	16.78	210.24	10.87	11.94	86.86	29.75	1.68	3.05	56.49	58.77	10.71
	2017	3 700.05	232.72	29.15	231.02	9.43	12.88	79.06	32.18	1.64	2.26	53.04	58.77	10.92
	2018	4 190.64	328.11	27.71	323.16	10.79	13.6	78.55	30.48	1.91	2.31	65.46	57.93	12.48
	2019	4 561.19	350.88	21.09	346.19	9.97	12.63	81.98	26.08	2.26	2.59	73.81	58.74	12.7
	2020	4 586.93	359.42	19.05	352.2	10.3	12.89	88.02	32.96	1.73	2.1	70.75	78.17	8.47

续 表

银行简称	年份	总资产规模（亿元）	净资产（亿元）	净利润（亿元）	一级资本（亿元）	一级资本充足率（%）	资本充足率（%）	利息净收入比营业收入（%）	成本收入比（%）	不良贷款率（%）	净息差（%）	存贷比（%）	流动性比率（%）	同业负债/总负债（%）
锦州银行	2016	5 390.60	428.94	81.99	399.83	9.8	11.62	94.32	14.83	1.14	3.67	40.36	58.23	34.27
	2017	7 234.18	601.65	90.9	566.51	10.24	11.67	98.55	15.71	1.04	2.88	53.68	—	28.2
	2018	8 459.23	607.63	−45.38	545.05	7.43	9.12	89.75	15.91	4.99	2.46	72.12	—	29.14
	2019	8 366.94	595.05	−11.1	488.4	6.47	8.09	83.49	15.02	7.7	2.48	123.4	—	27.79
	2020	7 779.92	712.42	1.54	677.47	9.65	11.76	99.89	32.35	2.07	1.42	115.8	—	27.28
晋商银行	2016	1 733.86	96.71	10.32	95.51	9.65	12.5	89.21	39.34	1.86	3.17	59.07	75.54	19.16
	2017	2 068.70	146.76	12.3	145.52	10.16	12.52	91.29	37.01	1.64	2.98	71.86	49.95	11.59
	2018	2 275.71	165.02	13.23	163.43	10.63	12.99	81.95	36.88	1.88	1.7	70.99	83.91	5.33
	2019	2 475.71	201.59	14.82	199.83	11.47	13.6	63.82	34.74	1.86	1.61	75.49	90.01	8.06
	2020	2 709.44	210.41	15.71	208.44	10.72	11.72	70.68	36.01	1.84	1.54	78.49	102.62	6.46
九江银行	2016	2 252.63	135.98	15.59	135.75	8.89	11.45	97.45	34.09	1.99	3.63	54.6	55.18	13.77
	2017	2 712.54	176.51	17.62	176.13	8.75	10.51	96.31	32.5	1.62	3.27	57.2	49.02	10.56
	2018	3 116.23	235.99	17.87	235.17	8.9	11.55	70.28	27.86	1.99	2.65	65.08	54.99	7.9
	2019	3 633.52	253.58	18.81	252.25	8.97	11.64	75.33	28.12	1.71	2.56	70.11	75.57	7.62
	2020	4 157.94	266.3	17.09	263.67	9.02	10.71	77.13	27.28	1.55	2.18	67.06	72.65	8.03

续　表

银行简称	年份	总资产规模（亿元）	净资产（亿元）	净利润（亿元）	一级资本（亿元）	一级资本充足率（%）	资本充足率（%）	利息净收入比营业收入（%）	成本收入比（%）	不良贷款率（%）	净息差（%）	存贷比（%）	流动性比率（%）	同业负债/总负债（%）
泸州银行	2016	530.93	40.2	5.82	39.9	12.84	13.89	23.79	29.95	0.35	1.02	46.3	44.99	25.25
	2017	708.79	43.36	6.19	43.36	10.4	13.69	93.68	31.89	0.99	2.55	44.57	48.42	18.13
	2018	825.5	63.67	6.58	63.3	10.69	13.29	91.59	34.54	0.8	2.53	58.49	73.4	11.39
	2019	916.81	68.9	6.34	68.49	9.31	12.09	96.79	35.95	0.94	3.08	72.89	83.72	4.66
	2020	1 188.86	89.49	5.76	89.49	10.01	13.87	87.38	36.09	1.83	2.78	70.57	83.02	4.39
盛京银行	2016	9 054.83	463.75	68.78	461.65	9.1	11.99	82.11	19.24	1.74	1.75	56.69	64.99	25.91
	2017	10 306.17	522.56	75.74	516.05	9.04	12.85	91.26	26.22	1.49	1.5	59.02	60.58	28.68
	2018	9 854.33	570.29	51.26	563.73	8.52	11.86	78.19	24.13	1.71	1.43	73.24	—	16.82
	2019	10 214.81	791.22	54.38	784.47	11.48	14.54	77.85	21.31	1.75	1.76	71.28	39.61	17.35
	2020	10 379.58	800.47	12.32	792.93	11.07	12.23	89.5	29.76	3.26	1.62	80.28	—	19.36
天津银行	2016	6 573.10	417.55	45.18	414.73	9.48	11.88	86.96	27.29	1.48	1.76	58.57	34.39	31.95
	2017	7 019.14	447.56	39.43	440.71	8.65	10.74	82.48	29.42	1.5	1.25	69.56	35.41	22.89
	2018	6 593.40	477.21	42.3	469.61	9.84	14.53	55.48	27.3	1.64	1.59	85.59	50.29	13.68
	2019	6 694.01	511.77	46.09	502.33	10.63	15.24	77.54	22.2	1.96	2.21	85.05	51.38	16.11
	2020	6 877.60	539.48	43.43	528.88	11.12	14.48	79.35	21.8	2.14	2.26	87.06	60.57	21.11

续　表

银行简称	年份	总资产规模（亿元）	净资产（亿元）	净利润（亿元）	一级资本（亿元）	一级资本充足率（%）	资本充足率（%）	利息净收入比营业收入（%）	成本收入比（%）	不良贷款率（%）	净息差（%）	存贷比（%）	流动性比率（%）	同业负债/总负债（%）
威海银行	2016	1 863.40	101.54	16.35	99.38	8.93	12.3	83.56	31.61	1.42	2.24	48.72	41.39	19.63
	2017	2 044.98	110.71	16.03	109.1	8.32	12.82	93.59	35.92	1.47	2.37	51.78	30.5	16.2
	2018	2 033.32	140.41	10.09	139.29	10.6	15.12	92.36	33.85	1.82	2.27	60.91	47.4	12.41
	2019	2 244.77	182.31	16.04	181.06	12	16.06	91.6	28.45	1.82	2.08	63.49	61.89	12.23
	2020	2 676.02	216.74	16.48	214.62	11.53	15.18	77.23	25.08	1.47	1.99	67.78	52.61	10.11
中原银行	2016	4 326.03	350.3	33.6	345.34	11.25	12.37	96.34	41.64	1.86	3.26	67.2	48.27	20.86
	2017	5 215.21	456.22	39.06	449.34	12.16	13.15	95.66	44.54	1.83	2.76	64.85	41.59	18.11
	2018	6 199.76	552.09	23.65	541.96	11.49	14.37	82.07	40.59	2.44	2.83	73.48	—	18.96
	2019	7 094.17	573.63	32.06	555.28	10.31	13.02	82.44	38.45	2.23	2.65	77.71	—	23.95
	2020	7 570.14	588.87	33.55	569.36	10.35	13.2	85.46	35.61	2.21	2.48	84.01	—	19.59
徽商银行	2016	7 547.74	531.83	69.96	526.06	9.94	12.99	87.35	27.55	1.07	2.59	60.04	39.54	18.7
	2017	9 081.00	592.12	78.12	587.66	9.46	12.19	89.4	25.9	1.05	2.31	61.36	44.32	23.11
	2018	10 505.06	702.77	88.6	695.12	9.18	11.65	66.68	23.02	1.04	2.37	66.53	37.19	17.78
	2019	11 317.21	894.94	100.62	876.41	10.85	13.21	79.03	22.76	1.04	2.51	78.13	43.22	19
	2020	12 717.01	1 056.73	99.21	865.14	9.89	12.12	79.75	23.71	1.98	2.42	80.36	56.47	14.52

注："—"代表数据未披露。

附表 B-2　乐清农商行、包商银行和华润银行的主要财务指标

银行名称	年份	总资产规模(亿元)	净资产(亿元)	净利润(亿元)	一级资本(亿元)	一级资本充足率(%)	资本充足率(%)	利息净收入比营业收入(%)	成本收入比(%)	不良贷款率(%)	净息差(%)	存贷比(%)	流动性比率(%)	同业负债/总负债(%)
乐清农商行	2013	261.12	27.77	4.53	27.77	16.35	17.43	93.06	32.99	0.65	5.19	73.39	45.63	—
	2014	297.6	31.26	5.03	31.26	15.81	16.89	92.82	32.67	0.68	4.91	76.74	35.2	4.98
	2015	326.78	35.08	5.38	35.08	15.83	16.91	86.95	31.94	0.93	4.78	80.04	41.18	5.73
	2016	431.4	41.95	8.27	41.95	14.35	15.45	81.13	29.53	0.98	4.32	82.78	44.66	15.46
	2017	457.26	49.21	9.05	49.21	14.41	15.52	73.10	28.31	0.96	3.94	79.82	48.42	10
	2018	504.1	57.94	10.01	57.94	16.79	17.83	75.70	27.3	0.96	3.97	76.34	—	8.42
包商银行	2013	1 295.8	77.6	6.6	76.5	10.64	11.19	88.4	47.41	0.59	2.23	53.18	47.51	43.23
	2014	1 075.3	86.9	6.8	85.2	11.55	12.13	87.2	43.86	1.72	2.67	72.78	34.25	29.78
	2015	1 163.9	88.5	0.7	85.5	10.38	11.27	77.2	40.22	2.51	2.62	73.05	43.34	26.75
	2016	1 377.3	97.2	10.3	94.3	9.74	12.81	75.9	42.62	2.28	2.29	77.34	37.02	18.58
华润银行	2017	1 525.5	108.2	11.9	104.9	9.48	12.42	85.7	45.32	1.88	2.86	82.35	42.19	11.99
	2018	1 745.1	128.5	13.7	124.6	10.00	12.77	85.0	37.12	1.91	2.74	78.24	57.66	1.26
	2019	2 016.8	157.81	17.5	154.07	11.08	13.67	85.4	34.39	1.86	2.90	78.73	71.1	3.19
	2020	2 297.05	192.98	19.97	188.80	11.79	14.62	89.98	33.11	1.81	2.89	79.76	58.98	4.38
	2021	2 793.17	213.03	18.53	185.98	10.96	13.71	79.50	32.92	1.78	2.35	72.71	80.03	6.29

续 表

银行名称	年份	总资产规模（亿元）	净资产（亿元）	净利润（亿元）	一级资本（亿元）	一级资本充足率（%）	资本充足率（%）	利息净收入比营业收入（%）	成本收入比（%）	不良贷款率（%）	净息差（%）	存贷比（%）	流动性比率（%）	同业负债/总负债（%）
包商银行	2009	816.49	35.64	9.14	36.42	9.38	12.4	58.24	38.35	0.52	1.73	41.34	66.08	11.26
	2010	1 148.44	69.2	14.1	66.02	9.72	11.34	53.95	38.23	0.46	2.01	37.14	55.3	10.82
	2011	1 819.41	159.69	20.94	155.1	13.35	14.36	37.62	39.47	0.43	1.78	41.38	37.08	27.48
	2012	2 076.18	179.9	22.05	176.65	15.52	16.84	91.32	42.44	0.87	4.38	47.64	58.13	32.97
	2013	2 425.56	193.3	23.65	188.81	11.42	12.05	82.69	45.93	1	4.14	49.77	57.53	31.37
	2014	3 128.65	224.57	28.86	221.11	10.59	11.19	82.51	43.19	1.37	4.45	55.92	62.22	31.61
	2015	3 525.95	262.35	34.18	261.03	9.34	12.22	77.78	41.83	1.41	4.05	68.56	87.57	20.36
	2016	4 315.83	298	42.1	295.77	9.07	11.69	75.77	41.13	1.68	3.59	80.82	85.23	22.53

附表 B - 3　2021 年中国上市银行的主要财务指标

银行简称	总资产规模（亿元）	净资产（亿元）	净利润（亿元）	核心资本（亿元）	一级资本充足率（%）	资本充足率（%）	利息净收入比营业收入（%）	成本收入比（%）	不良贷款率（%）	拨备覆盖率（%）	净息差（%）	存贷比（%）	流动性比率（%）	同业负债/总负债（%）
工商银行	351 713.83	32 752.58	3 502.16	28 863.78	14.94	18.02	73.26	23.97	1.42	205.84	2.11	77.3	41.5	10.31
建设银行	302 539.79	26 141.22	3 039.28	24 754.62	14.14	17.85	73.45	27.43	1.42	239.96	2.13	85.18	59.32	8.2
农业银行	290 691.55	24 213.59	2 419.36	20 424.80	13.46	17.13	80.29	30.46	1.43	299.73	2.12	79.35	62.01	7.32
中国银行	267 224.08	23 505.53	2 273.39	18 438.86	13.32	16.53	70.21	28.17	1.33	187.05	1.75	87.47	49.6	12.68

续 表

银行简称	总资产规模（亿元）	净资产（亿元）	净利润（亿元）	核心资本（亿元）	一级资本充足率（%）	资本充足率（%）	利息净收入比营业收入（%）	成本收入比（%）	不良贷款率（%）	拨备覆盖率（%）	净息差（%）	存贷比（%）	流动性比率（%）	同业负债/总负债（%）
交通银行	116 657.57	9 772.36	889.39	7 838.77	13.01	15.45	60.02	29	1.48	166.5	1.56	94.31	67.11	15.05
邮储银行	125 878.73	7 955.49	765.32	6 350.24	12.39	14.78	84.51	59.01	0.82	418.61	2.36	56.84	72.86	1.97
招商银行	92 490.21	8 656.81	1 208.34	7 043.37	14.94	17.48	61.56	33.12	0.91	483.87	2.48	87.76	48.33	12.9
兴业银行	86 030.24	6 942.98	838.16	5 985.56	11.22	14.39	65.85	25.68	1.1	268.73	2.29	102.72	56.26	27.19
浦发银行	81 367.57	6 782.18	537.66	5 792.12	11.29	14.01	71.19	26.17	1.61	143.96	1.83	108.7	49.94	17.17
中信银行	80 428.84	6 426.26	563.77	5 140.78	10.88	13.53	72.3	29.2	1.39	180.07	2.05	102.52	59.99	18.26
民生银行	69 527.86	5 865.39	348.53	4 865.52	10.73	13.64	74.51	29.17	1.79	145.3	1.91	107.15	46.11	20.9
光大银行	59 020.69	4 843.66	436.39	3 747.92	11.41	13.37	73.42	28.02	1.25	187.02	2.16	91.35	75.58	14.52
平安银行	49 213.80	3 954.48	363.36	3 065.49	10.56	13.34	71.04	28.3	1.02	288.42	2.79	103.43	53.98	9.4
华夏银行	36 762.87	3 007.02	239.03	2 400.73	10.98	12.82	83.03	29.06	1.77	150.99	2.35	116.23	61.10	20.81
浙商银行	22 867.23	1 668.83	129.16	1 226.02	10.8	12.89	77.02	25.31	1.53	174.61	2.27	91	52.1	13.11
渤海银行	15 827.08	1 065.64	86.3	841.48	10.76	12.35	86.32	32.88	1.76	135.63	1.72	116.42	56.68	20.32
北京银行	30 589.59	2 970.78	223.92	2 141.02	13.45	14.63	77.55	24.96	1.44	210.22	1.83	98.46	71.82	16.91
上海银行	26 531.99	2 057.68	220.8	1 783.00	9.95	12.16	71.91	21.52	1.25	301.13	1.74	83.59	75.47	25.92
江苏银行	26 188.74	1 980.56	204.09	1 551.11	11.07	13.38	71.32	22.44	1.08	307.72	2.28	96.48	93.8	11.91
宁波银行	20 156.07	1 500.00	196.09	1 340.36	11.29	15.44	61.96	36.95	0.77	525.52	2.21	79.75	64.25	13.27

续　表

银行简称	总资产规模（亿元）	净资产（亿元）	净利润（亿元）	核心资本（亿元）	一级资本充足率（%）	资本充足率（%）	利息净收入比营业收入（%）	成本收入比（%）	不良贷款率（%）	拨备覆盖率（%）	净息差（%）	存贷比（%）	流动性比率（%）	同业负债/总负债（%）
南京银行	17 489.47	1 225.65	159.66	1 114.23	11.07	13.54	66.23	29.22	0.91	397.34	1.88	73.77	59.38	11.12
贵阳银行	6 086.87	540.6	62.56	481.68	11.75	13.96	86.6	27.46	1.45	271.03	2.26	70.88	89.13	11.93
常熟银行	2 465.83	211.37	23.41	199.77	10.26	11.95	87.41	41.4	0.81	531.82	3.06	99.91	49.34	5.78
苏农银行	1 587.25	132.68	11.61	121.3	10.72	12.99	79.17	32.88	1.01	412.22	2.24	77.68	62.04	5.73
青农商行	4 304.38	350.5	30.92	292.79	11.27	13.07	78.16	29.22	1.74	231.77	2.16	88.28	89.95	7.15
江阴银行	1 531.28	131.66	12.85	129.92	12.97	14.11	84.09	33.4	1.31	330.62	2.14	79.92	93.57	8.6
杭州银行	13 905.65	900.71	92.61	728.67	10.4	13.62	71.64	27.3	0.86	567.71	1.83	72.51	66.44	11.03
无锡银行	2 017.70	159.24	16.18	126.37	10.13	14.35	80.57	28.77	0.93	477.19	1.95	75.14	84.85	2.71
渝农商行	12 658.51	1 060.44	97.18	1 010.74	12.98	14.77	85.06	27.52	1.25	340.25	2.17	76.67	79.86	7.11
成都银行	7 683.46	520.22	78.31	462.11	9.84	13	80.61	22.8	0.98	402.88	2.13	74.76	67.68	4.8
长沙银行	7 961.50	566.46	65.7	491.43	10.9	13.66	77.21	28.44	1.2	297.87	2.4	69.7	60.24	6.64
重庆银行	6 189.54	492.47	48.59	432.14	10.45	12.99	79.89	21.44	1.3	274.01	2.06	93.91	86.36	9.94
西安银行	3 458.64	276.03	28.07	275.33	12.09	14.12	83.2	26.06	1.32	224.21	1.91	78.33	114.86	2.3
苏州银行	4 530.29	342.89	32.87	331.86	10.41	13.06	69.56	32.02	1.11	422.91	1.91	78.59	72.63	10.25
青岛银行	5 222.50	333.28	29.93	249.11	11.04	15.83	68.66	33.91	1.34	197.42	1.79	77.89	73.28	9.93
厦门银行	3 294.95	232.65	22.13	204.11	11.77	16.4	83.35	34.56	0.91	370.64	1.62	95.23	70.43	12.37

续　表

银行简称	总资产规模（亿元）	净资产（亿元）	净利润（亿元）	核心资本（亿元）	一级资本充足率（%）	资本充足率（%）	利息净收入比营业收入（%）	成本收入比（%）	不良贷款率（%）	拨备覆盖率（%）	净息差（%）	存贷比（%）	流动性比率（%）	同业负债/总负债（%）
郑州银行	5 749.80	594.12	33.98	399.49	13.76	15	80.73	22.98	1.85	156.58	2.31	98.13	63.72	15.07
张家港银行	1 645.79	145.66	13.37	115.2	11.53	14.3	79.96	31.11	0.95	475.35	2.43	82.4	71.82	7.15
紫金银行	2 066.66	159.99	15.15	157.24	10.65	15.2	87.93	35.85	1.45	232	1.83	89.65	58.6	4.46
齐鲁银行	4 334.14	326.05	30.72	269.76	11.63	15.31	73.62	26.27	1.35	253.95	2.02	58.5	80.89	8.03
沪农商行	11 583.76	973.31	100.47	953.04	13.1	15.28	80.16	29.95	0.95	442.5	1.86	73.21	55.74	6.5
瑞丰银行	1 368.68	138.16	12.95	136.63	15.42	18.85	90.5	32.22	1.25	252.9	2.34	84.51	43.06	3.48
兰州银行	4 003.41	290.08	16.03	238.33	10.38	11.56	76.73	29.05	1.73	191.88	1.72	71.38	53.89	8.04
广州农商银行	11 616.29	868.85	37.76	716.18	11.06	13.09	83.3	26.08	1.83	167.04	2.01	77.39	—	6.51
九台农商银行	2 341.40	177.75	13.36	158.97	8.96	11.63	94.67	46.9	1.88	157.33	2.91	81.22	—	3.88
东莞农商银行	5 933.61	499.82	57.03	476.89	13.94	16.29	80.29	34.18	0.84	375.34	1.96	72.11	80.63	7.4
甘肃银行	3 585.05	320.56	5.73	317.88	11.95	12.44	78.44	34.52	2.04	132.04	1.65	77.58	—	7.32
贵州银行	5 038.80	389.88	37.06	382.69	11.79	13.78	80.68	31.09	1.15	426.41	2.29	82.94	112.85	10.86
哈尔滨银行	6 450.46	627.8	3.99	502.04	11.33	12.54	81.84	38.28	2.88	162.45	1.78	58.67	65.21	5.44
江西银行	5 085.60	416.33	21.12	358.12	11.8	14.41	78.62	31.46	1.47	188.26	1.94	80.8	79.03	10.2

续　表

银行简称	总资产规模（亿元）	净资产（亿元）	净利润（亿元）	核心资本（亿元）	一级资本充足率（%）	资本充足率（%）	利息净收入比营业收入（%）	成本收入比（%）	不良贷款率（%）	拨备覆盖率（%）	净息差（%）	存贷比（%）	流动性比率（%）	同业负债/总负债（%）
锦州银行	8 496.62	710.1	1.02	568.81	9.73	11.5	95.86	22.68	2.75	166.82	1.6	124.01	—	33.63
九江银行	4 615.03	354.13	17.85	266.51	11.08	13.21	81.73	28.57	1.41	214.66	2	72.41	81.42	4.68
泸州银行	1 345.10	97.02	7.34	80.05	9.75	13.36	77.85	38.59	1.42	262.49	2.49	69.17	87.79	4.21
盛京银行	10 061.26	805.03	4.31	796.98	10.54	12.12	80.32	36.26	3.28	130.87	1.4	79.51	—	16.18
天津银行	7 199.04	575.41	32.14	563.3	10.74	13.49	73.05	23.81	2.41	154.26	2.12	88.7	60.8	18.41
威海银行	3 045.21	241.7	18.92	196.62	11.33	14.59	82.04	20.5	1.47	171.56	2.24	70.3	63.22	9.31
晋商银行	3 032.92	221.58	16.79	218.73	10.1	12.02	65.93	36.84	1.84	184.77	1.43	78.18	122.42	5.99
中原银行	7 677.65	619.11	36.33	500.83	10.39	13.3	86.22	35.95	2.18	153.49	2.31	86.56	—	13.41
徽商银行	13 836.62	1 115.16	117.85	803.06	9.54	12.23	75.2	24.45	1.78	239.74	2.2	85.19	58.63	17.19

注："—"代表数据未披露。

C. 典型期权策略的目的、成本及盈亏平衡点

附表 C-1　典型期权策略的目的、成本及盈亏平衡点

策略	目 的	构建成本	平 衡 点	损 益
备兑策略	增收益，降成本	买股成本－所得权利金	买股成本－所得权利金	到期价格－买股价格＋权利金－内在价值
保险策略	防资产下跌风险	买股成本＋支付权利金	买股成本＋支付权利金	到期价格－买股价格－权利金＋内在价值
买入认购	低成本锁定买入价格	支付权利金	行权价格＋权利金	收益＝证券价格－行权价－权利金，损失＝权利金
买入认沽	锁定收益，防下跌风险	支付权利金	行权价格－权利金	收益＝行权价－证券价格－权利金，损失＝权利金
卖出认购	收取权利金，增加收益	交易费＋保证金利息	行权价＋权利金	权利金－max(到期股价－行权价,0)
卖出认沽	收取权利金，增加收益	交易费＋保证金利息	行权价－权利金	权利金－max(行权价－到期股价,0)
合成多头策略	低成本复制多头	认购权利金－认沽权利金	行权价＋构建成本	最大损失＝行权价＋构建成本,最大收益＝没有上限
合成空头策略	低成本复制空头	认沽权利金－认购权利金	行权价－构建成本	最大收益＝行权价－构建成本,最大损失＝没有上限
牛市认购价差	适度看涨,损失和收益都有限	行权价低的权利金－行权价高的权利金	低行权价＋构建成本或高行权价－最大收益	最大收益＝高行权价－低行权价－构建成本 最大损失＝构建成本
牛市认沽价差	适度看涨,损失和收益都有限	行权价高的权利金－行权价低的权利金	低行权价＋最大损失或高行权价－构建成本	最大收益＝构建成本 最大损失＝低行权价－高行权价＋构建成本
熊市认购价差	适度看跌,损失和收益都有限	行权价低的权利金－行权价高的权利金	低行权价＋构建成本或高行权价－最大损失	最大收益＝构建成本 最大损失＝低行权价－高行权价＋构建成本
熊市认沽价差	适度看跌,损失和收益都有限	行权价高的权利金－行权价低的权利金	低行权价＋最大收益或高行权价－构建成本	最大收益＝高行权价－低行权价－构建成本 最大损失＝构建成本

续 表

策略	目 的	构建成本	平 衡 点	损 益
领口策略	低成本、低波动	买股价格＋认股权利金－认购权利金	买股价格＋认股权利金－认购权利金	最大收益＝认股行权价－买股价－认沽权利金＋认购权利金 最大损失＝买股价－认股行权价＋认沽权利金－认购权利金
蝶式认购策略	波动小，收益和损失都有限	行权价低的权利金＋行权价高的权利金－2＊行权价中间的权利金	向上：2＊中行权价－低行权价－构建成本 向下：低行权价＋构建成本	最大收益＝中间行权价－低行权价－构建成本 最大损失＝构建成本
蝶式认沽策略	波动小，收益和损失都有限	行权价低的权利金＋行权价高的权利金－2＊行权价中间的权利金	向下：2＊中行权价－高行权价＋构建成本 向上：高行权价－构建成本	最大收益＝高行权价－中间行权价－构建成本 最大损失＝构建成本
勒形组合策略	波动大，损失有限，收益高	行权价低的权利金＋行权价高的权利金	向上：高行权价＋构建成本 向下：低行权价－构建成本	最大收益＝(到期价格－高行权价－构建成本)或(低行权价＋构建成本－到期价格)， 最大损失＝构建成本
认购期权比率价差	波动大：下跌可能性高于上涨，或波动小	行权价低的权利金－2＊行权价高的权利金	向上：2＊高行权价－低行权价－构建成本 向下：低行权价＋构建成本(可能)	最大收益＝高行权价－低行权价－构建成本 最大损失＝到期价格－2＊高行权价＋低行权价＋构建成本
认购期权比率反价差	波动大：下跌可能性小于上涨可能性	2＊行权价高的权利金－行权价低的权利金	向上：2＊高行权价－低行权价－构建成本 向下：低行权价＋构建成本(可能)	最大损失＝高行权价－低行权价－构建成本 最大收益＝到期价格－2＊高行权价＋低行权价＋构建成本
认沽期权比率价差	波动大：上涨可能性高于下跌，或波动小	行权价高的权利金－2＊行权价低的权利金	向上：高行权价＋构建成本(可能) 向下：2＊低行权价－高行权价－构建成本	最大收益＝高行权价－低行权价＋构建成本 最大损失＝2＊低行权价－高行权价－构建成本－到期价格
认沽期权比率反价差	波动大：上涨可能性小于下跌可能性	2＊行权价低的权利金－行权价高的权利金	向上：高行权价＋构建成本(可能) 向下：2＊低行权价－高行权价－构建成本	最大损失＝高行权价－低行权价＋构建成本 最大收益＝2＊低行权价－高行权价－构建成本－到期价格

参考文献

阿曼，2004. 信用风险评估——方法·模型·应用(第2版)[M]. 杨玉明，译. 北京：清华大学出版社.

安东尼·桑德斯，马西娅·米伦，科尼特. 金融风险管理[M]. 王中华，陆军，译. 北京：人民邮电出版社，2012.

彼得·F·克里斯托弗森. 金融风险管理：第2版[M]. 北京：中国人民大学出版社，2015.

布赖恩·科伊尔. 信用风险管理[M]. 周道许等译. 北京：中信出版社，2000.

陈选娟，柳永明. 金融机构与风险管理：第2版[M]. 上海：格致出版社，2018.

大连银行博士后工作站课题组. 2012年城商行发展评述[EB/OL]. (2016 - 07 - 07)[2022 - 09 - 22]. https://www. docin. com/p - 1668750003. html.

道道全粮油股份有限公司董事会. 道道全粮油股份有限公司关于对深圳证券交易所关注函的回复公告[EB/OL]. (2021 - 01 - 26)[2022 - 09 - 13]. https://pdf. dfcfw. com/pdf/H2_AN202101251454209529_1. pdf? 1611604389000. pdf.

道道全粮油股份有限公司董事会. 道道全粮油股份有限公司关于延期回复深圳证券交易所关注函的公告[EB/OL]. (2021 - 01 - 19)[2022 - 09 - 14]. http://finance. sina. com. cn/roll/2021 - 01 - 19/doc-ikftssan8062669. shtml.

第一财经. 央行"增信"锦州银行发行同业存单 定向提供流动性支持[EB/OL]. (2019 - 06 - 10)[2022 - 09 - 17]. https://www. yicai. com/news/100218392. html.

方凤娇，徐芸茜. 秦安股份跃升"期货大神"背后：4个月赚超公司三年利润，套期保值对冲经营风险[EB/OL]. (2020 - 08 - 26)[2022 - 10 - 15]. https://finance. sina. com. cn/wm/2020 - 08 - 26/doc-iivhvpwy3204140. shtml.

冯帅，2020. 金控企业集团内部资本市场运营风险与制度优化[D]. 南京大学，2020. DOI：10. 27235/d. cnki. gnjiu. 2020. 000389.

冯帅. 金控企业集团内部资本市场运营风险与制度优化[D]. 南京：南京大学，2020.

冯燮刚，杨文化，2005. 风险、风险资本与风险偏好[J]. 国际金融研究，(2)：23 - 29.

高晓燕. 金融风险管理[M]. 北京：清华大学出版社，2019.

格兰特，2010. 交易风险管理——通过控制风险提高获利能力的技巧[M]. 蒋少华，代玉簪，译. 沈阳：万卷出版公司.

桂旭勇. 包商银行风险处置对中小银行风险处置的启示[J]. 中国银行业，2021(06)：63 - 66.

郭煦. 包商银行事件反思[J]. 小康,2020(30):60-62.

贺童语. 国内中小银行公司治理问题研究[D]. 天津:天津商业大学,2021.

鞠荣华. 金融风险管理[M]. 北京:经济科学出版社,2019.

零壹财经. 包商银行镜鉴:城商行信用风险研究[EB/OL]. (2019-06-30)[2022-09-19]. https://baijiahao. baidu. com/s? id=1637770769230499372&wfr=spider&for=pc.

刘炳堃. 包商银行破产事件案例研究[D]. 保定:河北金融学院,2021.

刘海龙. 金融风险分析与管理[M]. 北京:中国财政经济出版社,2013.

刘海龙,王惠. 金融风险管理[M]. 北京:中国财政经济出版社,2009.

刘海龙,仲黎明,吴冲锋. 开放式基金流动性风险的最优控制[J]. 控制与决策,2003,18(1):217-220.

刘园. 金融风险管理:第4版[M]. 北京:首都经济贸易大学出版社,2019.

陆静. 金融风险管理:第2版[M]. 北京:中国人民大学出版社,2019.

吕双梅. 鸡蛋企业"妙用"金融工具化解市场风险[EB/OL]. (2018-7-11)[2022-10-16]. http://news. ctafund. cn/2018/qihuoxinwen_0711/43758_2. html.

洛伦兹·格利茨. 金融工程学[M]. 唐旭等译. 北京:经济科学出版社,1998.

马爽. 一名"蛋商"的期货经[EB/OL]. (2018-07-09)[2022-10-13]. https://www. cs. com. cn/zzqh/01/201807/t20180709_5837519. html.

马昕田. 金融风险管理[M]. 北京:中国金融出版社,2021.

马竺萱. "期权垂直价差组合"套期保值策略研究——以良运集团玉米采购与库存业务为例[D]. 大连:大连理工大学,2020.

米歇尔·科罗赫等. 风险管理[M]. 曾刚等译. 北京:中国人民大学出版社,2005.

潘闯. 增强商业银行风险管理能力的思考[J]. 广西金融研究,2004(12):27-28.

潘秀红. 完善我国商业银行内部控制的思考[J]. 经济师,2005(02):230-232.

皮埃特罗·潘泽,维普·班塞尔. 用 VaR 度量市场风险[M]. 綦相译. 北京:机械工业出版社,2001.

齐琦. 期货账户累计浮亏近3亿,秦安股份高调期货投机该休矣[EB/OL]. (2020-09-25)[2022-10-14]. http://finance. sina. com. cn/roll/2020-09-25/doc-iivhuipp6299664. shtml.

乔加伟. 城商行异地扩张换马甲 支行村镇银行调包分行[EB/OL]. (2012-10-11)[2022-09-16]. https://www. cs. com. cn/xwzx/jr/201210/t20121011_3618555. html.

乔瑞,2005. 风险价值 VAR(第二版)[M]. 陈跃,等译. 北京:中信出版社.

任涛. 城商行简史:134家城商行的前世今生[EB/OL]. (2019-09-06)[2022-09-15]. https://www. iyiou. com/analysis/20190906111662.

任泽平. 包商银行事件——成因、影响及展望[EB/OL]. (2019-06-18)[2022-09-19]. https://www. sohu. com/a/321384824_114984

撒普,2001. 通向金融王国的自由之路[M]. 鲍健儿,译. 北京:机械工业出版社.

瑟维吉尼,雷劳特,2005. 信用风险:度量与管理[M]. 任若恩,徐晓肆,马向莉,等译. 北京:中国财政经济出版社.

申林.浅析 PTA 期货和 PTA 现货及原油期货价格的相关性[J].现代商业,2010(08)：76-78.

沈宁.绿科禽业总经理张颖：养殖企业长远发展需要期货护航[EB/OL].(2018-7-13)[2022-10-13].https://futures.eastmoney.com/a2/20180713905934731.html.

斯文.基于 Python 的金融分析与风险管理：第 2 版[M].北京：人民邮电出版社,2021.

宋清华,李志辉.金融风险管理[M].北京：中国金融出版社,2003.

孙同徽.完善银行内部控制系统初探[J].现代财经-天津财经学院学报,2004,24(10)：25-28.

唐海涛.我国商业银行资本补充机制研究[J].西部金融,2020(01)：43-47.

唐纳德等.高级金融风险管理[M].朱世武等译.北京：中国人民大学出版社,2006.

唐纳德等.信用风险模型与巴塞尔协议[M].燕清联合,周天芸译.北京：中国人民大学出版社,2005.

腾讯网.银行主要监管指标大全[EB/OL].(2021-10-08)[2022-09-19].https://xw.qq.com/cmsid/20211008A0256K00? pgv_ref＝baidutw&ivk_sa＝1024320u.

甜瓜说.从辉煌到破产,包商银行是怎么倒掉的[EB/OL].(2020-08-09)[2022-09-18].https://zhuanlan.zhihu.com/p/176608551.

王金安,陈蕾.金融风险管理[M].北京：中国人民大学出版社,2021.

王明涛等.证券市场风险测度——管理模型研究[M].上海：上海财经大学出版社,2006.

王勇,关晶奇,隋鹏达.金融风险管理[M].北京：机械工业出版社,2020.

王著,李志辉.内部信用风险模型研究：资本分配和绩效度量[M].天津：南开大学出版社,2004.

威廉·庞德斯通.无价[M].闾佳译.北京：华文出版社,2011.

韦艳华,张世英,郭焱.金融市场相关程度与相关模式的研究[J].系统工程学报,2004(04)：355-362.

魏丽,满博宁.信用风险度量[M].北京：高等教育出版社,2015.

温红梅,姚凤阁,刘千.金融风险管理[M].大连：东北财经大学出版社有限责任公司,2021.

温红梅,姚凤阁,娄凌燕.金融风险管理[M].大连：东北财经大学出版社有限责任公司,2018.

吴冲锋,刘海龙,冯芸,吴文锋.金融工程学[M].北京：高等教育出版社,2005.

吴雨.包商银行接管组负责人就有关问题答记者问[EB/OL].(2019-06-17)[2022-09-18].http://www.gov.cn/xinwen/2019-06/17/content_5400862.htm.

谢非,赵宸元.金融风险管理实务案例[M].北京：经济管理出版社,2019.

谢云山.信用风险与利率风险的相关性分析——利率市场化下商业银行的新型风险管理模式[J].国际金融研究,2004(10)：51-60.

新浪博客.论不良贷款拨备覆盖率的跌宕起伏[EB/OL].(2016-07-27)[2022-09-13].http://blog.sina.com.cn/s/blog_157247b820102whxe.html.

胥帅. 前内蒙古首富霍庆华断臂求生，卖庆华集团优质资产[EB/OL]. (2018 - 08 - 24)[2022 - 09 - 14]. http://finance. sina. com. cn/chanjing/gsnews/2018 - 08 - 24/doc-ihicsiav9356219. shtml.

徐永. 发展资本补充工具 纾解资本约束之困[J]. 债券，2018(11)：86 - 91.

杨宝峰. 投资组合保险策略应用研究[D]. 上海：上海交通大学，2005.

杨亚茹. 康美药业独立董事被判，连带赔偿或达数亿元，一窥中国"独董生态"[EB/OL]. (2021 - 11 - 16)[2022 - 09 - 21]. https://new. qq. com/omn/20211116/20211116A05ZMJ00. html.

叶斯琦. 期货与企业发展案例系列报道(25)，南京钢铁：钢铁行业迎变局，期货工具"点石成金"[EB/OL]. (2016 - 12 - 23)[2022 - 10 - 14]. http://www. dce. com. cn/dalianshangpin/xwzx93/mtkdss/6023998/index. html.

叶征. 银行信用风险计量实战[M]. 北京：中国人民大学出版社，2019.

伊里·维查尼. 信用风险管理[M]. 北京：中国金融出版社，2018.

喻平. 金融风险管理：第 2 版[M]. 北京：高等教育出版社，2022.

约翰·赫尔. 风险管理与金融机构：第 5 版[M]. 北京：机械工业出版社，2020.

约翰·赫尔. 期权、期货和衍生证券[M]. 张掏伟译. 北京：华夏出版社，1997.

张文斐. 蛋鸡养殖业的华丽转身，离不开期货这位"贤内助". [EB/OL]. (2019 - 09 - 18)[2022 - 10 - 12]. https://www. thepaper. cn/newsDetail_forward_4452293.

张小东. 起诉高盛[M]. 北京：中国经济出版社，2011.

赵昌文. 不良贷款率上升代表着银行资产质量显著恶化吗？[EB/OL]. (2018 - 08 - 23)[2022 - 09 - 12]. https://www. sohu. com/a/249674624_674079.

中国经济网. 职员违规放贷造 2 亿元损失，包商银行亟需"补血"[EB/OL]. (2019 - 03 - 14)[2022 - 09 - 21]. https://baijiahao. baidu. com/s? id=16279496402962399098&wfr=spider&for=pc.

仲黎明. 股市投资者内生流动性风险管理研究[D]. 上海：上海交通大学，2004.

周大庆. 风险价值理论与应用[M]. 北京：中国人民大学出版社，2004.

周学东. 中小银行金融风险主要源于公司治理失灵——从接管包商银行看中小银行公司治理的关键[J]. 中国金融，2020(15)：19 - 21.

朱淑珍. 金融风险管理[M]. 北京：北京大学出版社，2020.

朱忠明，张淑艳. 金融风险管理学[M]. 北京：中国人民大学出版社，2004.

CITICS 债券研究. 究竟是同业负债成本高，还是存款负债成本高？[EB/OL]. (2020 - 06 - 29)[2022 - 09 - 15]. https://www. sohu. com/a/404866697_618350? _f=index_pagefocus_7&_trans_=000014_bdss_dksytzh.

XIAOPI. 伦敦鲸的覆灭-摩根大通巨亏全解析[EB/OL]. (2012 - 05 - 12)[2022 - 10 - 11]. http://wallstreetcn. com/node/13913.

ALEXANDER C，SHEEDY E A. Model-based stress tests：linking stress tests to var for market risk[J]. MAFC Research Paper，2008，33.

ALEXANDER G，BAPTISTA A．Value at risk and mean-variance analysis［R］．working paper，University of Minnesota，1999．

ALLOWAY T，JONES S．How a storm in a teapot became a tidal wave［EB/OL］．(2012 - 05 - 24)［2022 - 10 - 11］．https：//www. ftchinese. com/story/001044699/en.

ALMGREN R，CHRISS N．Optimal execution of portfolio transactions［J］．Journal of Risk，2001，3：5 - 40．

ALMGREN R，CHRISS N．Value under liquidation［J］．Risk，1999，12：62 - 64．

ARAGONES J，BLANCO C，DOWD K．Incorporating stress tests into market risk modeling［J］．Derivatives Quarterly，2001，7：44 - 49．

ARAGONES J，BLANCO C，DOWD K．Stress tests，market risk measures，and extremes：bringing stress tests to the forefront of market risk management［M］//RISCH D，H SCHEULE H．Stress testing for financial institutions：applications，regulations，and techniques. London：Risk Books，2008．

BANKS E．Liquidity Risk Managing Asset and Funding Risk［M］．London：Palgrave Macmillan，2005．

BASAK S，SHAPIRO A．Value-at-risk-based risk management：optimal policies and asset prices［J］．The Review of Financial Studies，2001，14(2)：371 - 405．

Basel Committee on Banking Supervision．International convergence of capital measurement and capital standards：A revised framework［EB/OL］．(2004 - 06 - 10)［2022 - 10 - 11］．https：//www. bis. org/publ/bcbs107. pdf.

Basel Committee on Banking Supervision．Principles for sound stress testing practices and supervision［EB/OL］．(2009 - 05 - 20)［2022 - 10 - 11］．https：//www. bis. org/publ/bcbs155. pdf.

Basel Committee on Banking Supervision．The New Basel Capital accord third consultative document［EB/OL］．(2003 - 07 - 31)［2022 - 10 - 11］．https：//www. bis. org/bcbs/bcbscp3. pdf.

BERKOWITZ J．A coherent framework for stress testing［J］．Journal of Risk，2000，2(1)：1 - 11．

BLACK F，LITTERMAN R．Global portfolio optimization［J］．Financial Analysts Journal，1992，48(5)：28 - 43．

BOGLE J C．Black Monday and black swans［J］．Financial Analysts Journal，2008，64(2)：30 - 40．

BOUYE，E．DURRLEMAN V，NIKEGHBALI A，et al．Copulas：an open field for risk management［R］．Discussion paper，Groupe de Recherche Operationnelle Posted：2007．

CLEMEN R T，Winkler R L．Combining probability distributions from experts in risk analysis［J］．Risk Analysis，1999，19(2)：187 - 203．

COX J C，ROSS S A，RUBINSTEIN M．Option pricing：a simplified approach［J］．

Journal of Financial Economics，1979，7(3)：229 - 263.

CRUZ M G. Modeling，measuring and hedging operational risk[M]. Chichester：John Wiley，2002.

DUFFIE D，SINGLETON K J. Modeling term structures of defaultable bonds[J]. The Review of Financial Studies，1999，12(4)：687 - 720.

DUFFIE D. Systemic risk exposures：a 10-by - 10-by - 10 approach[M]//. Risk topography：Systemic risk and macro modeling. Chicago：University of Chicago Press，2013：47 - 56.

ELLSBERG D. Risk，ambiguity，and the Savage axioms[J]. The Quarterly Journal of Economics，1961：643 - 669.

EMBRECHTS P，HÖING A，JURI A. Using copulae to bound the value-at-risk for functions of dependent risks[J]. Finance and Stochastics，2003，7(2)：145 - 167.

EMBRECHTS P，MCNEIL A，STRAUMANN D. Correlation and dependence in risk management：properties and pitfalls[J]. Risk management：Value at risk and beyond，2002，1：176 - 223.

ESTEP T，KRITZMAN M. TIPP：Insurance without complexity[J]. Journal of Portfolio Management，1988，14(4)：38.

FAMA E F，FRENCH K R. The cross-section of expected stock returns[J]. the Journal of Finance，1992，47(2)：427 - 465.

FAMA E F. Multiperiod consumption-investment decisions [J]. The American Economic Review，1970：163 - 174.

GRETHAM T，HARTNET M. The investment clock[R]. Research Paper in Meril Lynch，2004.

GROSSMAN S J，STIGLITZ J E. Information and competitive price systems[J]. The American Economic Review，1976，66(2)：246 - 253.

GROSSMAN S J，STIGLITZ J E. On the impossibility of informationally efficient markets[J]. The American Economic Review，1980，70(3)：393 - 408.

GRUNDKE P. Computational aspects of integrated market and credit portfolio models [J]. OR Spectrum，2007，29(2)：259 - 294.

HIRSHLEIFER D. Investor psychology and asset pricing[J]. The Journal of Finance，2001，56(4)：1533 - 1597.

HIRSHLEIFER D，SHUMWAY T. Good day sunshine：Stock returns and the weather[J]. The Journal of Finance，2003，58(3)：1009 - 1032.

HUA P，WILMOTT P. Crash courses[J]. Risk，1997，10(6)：64 - 67.

HULL J，WHITE A. Pricing interest-rate-derivative securities[J]. The Review of Financial Studies，1990，3(4)：573 - 592.

KAHNEMAN D，TVERSKY A，PROBABILITY S. Judgments of and by representativeness[M]. London：Cambridge University Press，1982.

KAHNEMAN D, TVERSKY A. Prospect theory: An analysis of decision under risk [J]. Econometrica, 1979, 47(2): 263 - 291.

KAHNEMAN D, TVERSKY A. The psychology of preferences [J]. Scientific American, 1982, 246(1): 160 - 173.

KAST R, LUCIANO E, PECCATI L. Value-at-risk as a decision criterion [R]. Turin: University of Turin, 1999.

KIM J, FINGER C C. A stress test to incorporate correlation breakdown[J]. Journal of Risk, 2000, 2: 5 - 20.

KUPIEC, P. Stress testing in a value at risk framework[J]. Journal of Derivatives, 1999, 6: 7 - 24.

LUCIANO E. Fulfillment of regulatory requirements on VaR and optimal portfolio policies[R]. working paper, Turin: University of Turin, 1998.

MARSHALL C L, MARSHALL D C. Measuring and managing operational risks in financial institutions: tools, techniques, and other resources [M]. Hoboken: John Wiley, 2001.

MEDOVA E. Extreme value theory: extreme values and the measurement of operational risk[J]. Operational Risk, 2000, 1(7): 13 - 17.

MERTON R C. On the pricing of corporate debt: The risk structure of interest rates [J]. The Journal of Finance, 1974, 29(2): 449 - 470.

PLOUS S. The psychology of judgment and decision making [M]. New York: Mcgraw-Hill Book Company, 1993.

POLLACK L. Too big to hedge[EB/OL]. (2012 - 05 - 11)[2022 - 10 - 11] http://ftalphaville. ft. com/2012/05/11/996131/too-big-to-hedge/.

REBONATO R. Coherent stress testing: a Bayesian approach to the analysis of financial stress[M]. Hoboken: John Wiley & Sons, 2010.

REDINGTON F M. Review of the principles of life-office valuations[J]. Journal of the Institute of Actuaries, 1952, 78(3): 286 - 340.

ROLL R, ROSS S A. On the cross-sectional relation between expected returns and betas[J]. The Journal of Finance, 1994, 49(1): 101 - 121.

ROSENBERG J V, SCHUERMANN T. A general approach to integrated risk management with skewed, fat-tailed risks[J]. Journal of Financial Economics, 2006, 79(3): 569 - 614.

SANJIV D, TUFANO P. Pricing credit-sensitive debt when interest rates, credit ratings, and credit spreads are stochastic[J]. Journal of Financial Engineering, 1996, 5: 161 - 198.

SAUNDERS E M. Stock prices and Wall Street weather[J]. The American Economic Review, 1993, 83(5): 1337 - 1345.

SHEFRIN H, STATMAN M. Behavioral capital asset pricing theory[J]. Journal of

Financial and Quantitative Analysis, 1994, 29(3): 323 - 349.

TALEB N N. The black swan: the impact of the highly improbable[M]. New York: Random House, 2007.

THALER R H. Mental accounting and consumer choice[J]. Marketing Science, 1985, 4(3): 199 - 214.

THALER R H. The end of behavioral finance[J]. Financial Analysts Journal, 1999, 55(6): 12 - 17.

THOMAS S, REPETTO R, DIAS D. Integrated environmental and financial performance metrics for investment analysis and portfolio management[J]. Corporate Governance: An International Review, 2007, 15(3): 421 - 426.

TVERSKY A, KAHNEMAN D. Availability: A heuristic for judging frequency and probability[J]. Cognitive Psychology, 1973, 5(2): 207 - 232.

TVERSKY A, KAHNEMAN D. Belief in the law of small numbers[J]. Psychological Bulletin, 1971, 76(2): 105.

TVERSKY A, KAHNEMAN D. Extensional versus intuitive reasoning: The conjunction fallacy in probability judgment[J]. Psychological Review, 1983, 90(4): 293.

TVERSKY A, KAHNEMAN D. Judgment under Uncertainty: Heuristics and Biases: Biases in judgments reveal some heuristics of thinking under uncertainty[J]. Science, 1974, 185(4157): 1124 - 1131.

TVERSKY A, KAHNEMAN D. Rational choice and the framing of decisions[J]. The Journal of Business, 1986, 59(4): S251 - S278.

TVERSKY A, KAHNEMAN D. The Framing of Decisions and the Psychology of Choice[J]. Science, 1981, 211(4481): 453 - 458.